Walter Kaspers
Hans-Jürgen Küfner
Berthold Heinrich
Wolfgang Vogt

Steuern – Regeln – Automatisieren

Aus dem Programm Grundgebiete des Maschinenbaus

Steuern – Regeln – Automatisieren
von W. Kaspers, H.-J. Küfner, B. Heinrich und W. Vogt

Fertigungsmeßtechnik
von E. Lemke

Elektrische Meßtechnik
von K. Bergmann

Angewandte Elektrische Meßtechnik
von A. und F. Haug

Angewandte Dehnungsmeßstreifentechnik
von P. Giesecke

Steuerungstechnik

Hydraulische Steuerungen
von E. Kauffmann

Speicherprogrammierte Steuerungen
von G. Wellenreuther und D. Zastrow

Elektrohydraulische und Elektropneumatische Steuerungen
von E. Kauffmann, E. Herion und H. Locher

Regelungstechnik für Maschinenbauer
von W. Schneider

Walter Kaspers
Hans-Jürgen Küfner
Berthold Heinrich
Wolfgang Vogt

Steuern – Regeln – Automatisieren

Lehr- und Arbeitsbuch

Mit über 800 Bildern

5., verbesserte Auflage

vieweg

Approbiert für den Unterrichtsgebrauch an Höheren technischen und gewerblichen Lehranstalten in der Republik Österreich unter Aktenzeichen ZI.25.396/1–14a/78

1. Auflage 1977
2., durchgesehene Auflage 1980
zwei Nachdrucke
3., neubearbeitete und erweiterte Auflage 1984
fünf Nachdrucke
4., vollständig überarbeitete und erweiterte Auflage 1994
5., verbesserte Auflage 1996

Der Verlag Vieweg ist ein Unternehmen der Bertelsmann Fachinformation GmbH.

Umschlaggestaltung: Klaus Birk, Wiesbaden
Satz: Vieweg, Braunschweig und Konrad Triltsch, Würzburg
Druck und buchbinderische Verarbeitung: Lengericher Handelsdruckerei, Lengerich
Gedruckt auf säurefreiem Papier
Printed in Germany

ISBN 3-528-44062-7

Vorwort

Die Steuerungs- und Regelungstechnik nimmt in der Betrachtung von Automatisierungs- und Optimierungsbestrebungen eine Schlüsselposition ein.

Sie ist eine übergreifende Disziplin für die technischen Fachgebiete: Verfahrenstechnik, Strömungs- und Kolbenmaschinen u.a.

Es ist heute unumgänglich, den Techniker auch den versierten Facharbeiter mit Prinzipien, Denkmodellen und Anwendungsmöglichkeiten der MSR-Technik vertraut zu machen. Da für diesen breiten Anwenderkreis die Methoden der höheren Mathematik sehr oft nicht zur Verfügung stehen, ist eine allgemeinverständliche Darstellung unverzichtbar. In dem vorliegenden Buch wird der Versuch gewagt, abstrakte Zusammenhänge mit relativ einfachen Mitteln zu interpretieren.

Im Abschnitt Meßtechnik wurde bewußt auf die Behandlung der Themenbereiche Längenmeß- und Prüftechnik verzichtet, da in allen technischen Bildungsgängen diese Bereiche anderen Fächern zugeordnet sind.

Im Abschnitt Steuerungstechnik werden die üblichen IEC-Symbole verwendet. Zusätzlich zur bisherigen Steuerungstechnik ist das Kapitel „Speicherprogrammierbare Steuerung“ eingefügt worden.

Der Abschnitt Regelungstechnik wurde völlig neu überarbeitet und strukturiert. Neu aufgenommen wurde die Beschreibung mittels Komplexer Zahlen, Ortskurven, Bode-Diagramm und PID-Algorithmus. Zusammenfassungen und durchgerechnete Beispiele zu den einzelnen Abschnitten wurden ergänzt.

Neu ist das Kapitel Automatisierungstechnik. Meß-, Steuerungs- und Regelungstechnik sind integrative Bestandteile der Automatisierungstechnik. Die Schwerpunkte sind Prozeßleittechnik, Produktionsleittechnik und Informationstechnik.

Wuppertal, August 1994

Walter Kaspers
Hans-Jürgen Küfner
Berthold Heinrich
Wolfgang Vogt

Inhaltsverzeichnis

1 Meßtechnik

Um zielbewußt handeln zu können, benötigt der im technischen Sinne aktive Mensch ebenso wie die regelnde technische Einrichtung Informationen über den Zustand physikalischer Größen. Im vortechnischen Dasein waren diese Informationen rein auf die Sinneswahrnehmung beschränkt. Unsere Sinnesorgane sind nach der Sprachregulierung dieses Faches Meßwertgeber, und die entsprechenden Nervenstränge sind die Übertragungsleitungen.

Der allgemeinen Entwicklung der Technik genau parallel verläuft die Entwicklung der Meßtechnik. Je höher die Ansprüche an die Qualität des handelnden Eingreifens, umso höher steigen auch die Ansprüche an die Qualität der Information, das heißt, an die Meßtechnik. Mit wachsender Ausreifung der Technik, mit wachsendem Automatisierungsgrad muß auch die Meßtechnik an Gewicht gewinnen. Der Entwicklungstrend der Meßtechnik bestätigt diese Aussage. Im Vergleich zur allgemeinen Entwicklung liegt hier sogar ein überproportionales Wachstum vor.

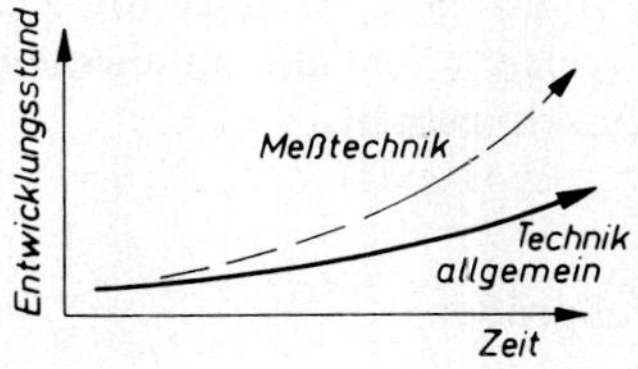

1.1 Grundbegriffe der Meßtechnik

1.1.1 Der Meßvorgang

Messen im weitesten Sinne ist die Feststellung des *Istzustandes* einer Größe. Meßvorgänge liefern die Informationen, die für den Erfolg des zielgerichteten technischen Handelns unerläßlich sind. Insbesondere liefern uns Meßvorgänge die Informationen über die im Prozeßverlauf entstehenden quantitativen Abweichungen vom angestrebten Ziel, vom Sollzustand des technischen Vorgangs. Erst die Kenntnis dieser Abweichungen ermöglicht den korrigierenden Eingriff.

Somit ist die Meßtechnik eine unbedingt notwendige Voraussetzung der Regeltechnik. Von der Zuverlässigkeit der Messung hängt die Genauigkeit des regelnden Eingriffs ab.

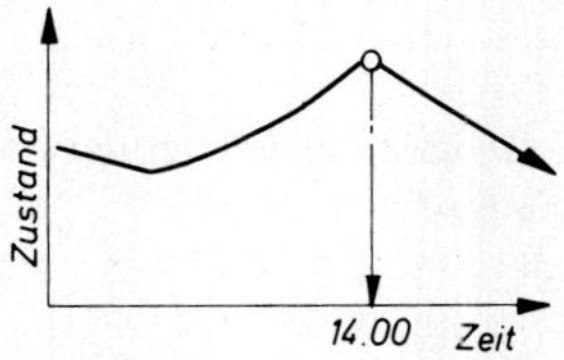

Istzustand: realer Zustand einer Größe im betrachteten Meßzeitpunkt
Sollzustand: vorgegebener Zielwert

1.1.2 Einmalige Messung, Meßreihe oder Dauermessung

Die Eigenart der Aufgabe bestimmt die Anzahl und gegebenenfalls auch das Zeitintervall der Messungen.

Wir unterscheiden die *Einzelmessung*, die sporadisch im Bedarfsfall vorgenommen wird,

Beispiele:

Temperaturmessung mit Seegerkegeln und Thermocolorstiften, Eichmessungen

die *Meßreihe*, die planmäßig vor allem in der Fertigungstechnik nach den Regeln der Statistik durchgeführt und ausgewertet wird,

Meßreihen in der statistischen Qualitätskontrolle

die *permanente Messung* als Bestandteil des Regelvorgangs und die

alle Messungen mit Fühlern (Sensoren), die während des gesamten Prozeßverlaufs die Meßgröße überwachen

registrierende Messung, die vor allem in der Verfahrens- und Energietechnik die Zustandsänderungen begleitet und die anfallenden Werte dokumentarisch festhält.

alle Meßverfahren mit schreibendem oder druckendem Festhalten der Momentanwerte.

1.1.3 Meßgrößen

Unter der Bezeichnung *Größe* ist in der MSR-Technik stets eine physikalische Größe zu verstehen. Größen in diesem Sinne können als Meßgröße, Steuergröße oder auch Regelgröße auftreten. In jedem Fall umfaßt die Bezeichnung Größe eine meßbare Eigenschaft physikalischer Objekte, Vorgänge oder Zustände.

Es ist üblich, die Meßgrößen in die beiden Großgruppen *elektrische* und *nichtelektrische Größen* einzuteilen.

Sprachlich im gleichen Sinne sind die sechs Basisgrößen des SI-Systems einzuordnen.

Dabei beziehen sich folgende Größen vorwiegend auf:

Objekte	Länge, Masse, Dichte
Vorgänge	Drehzahl, Drehmoment, Stromstärke, Durchfluß, Leistung
Zustände	Temperatur, Spannung, Strömungsdruck, Niveau.

Beispielhafte Größen der Fertigungs-, Verfahrens- und Energietechnik:

elektrisch	*nichtelektrisch*	
Spannung	Temperatur	Gaszusammensetzung
Stromstärke	Kraft	Drehzahl
Widerstand	Strömungsdruck	Drehmoment
Wirkleistung	Mengendurchfluß	Leistung bei rotierender Bewegung
Blindleistung	Niveau (Stand)	
el. Arbeit	Viskosität	
Kapazität	pH-Wert	
Frequenz	Feuchte	

► ***Zur Selbstkontrolle***

1. Definiere den Ausdruck *Istzustand*!
2. Nenne nichtelektrische Meßgrößen der Verfahrenstechnik!
3. Nenne Meßgrößen, die sich auf Vorgänge beziehen!
4. Zähle die sechs Basisgrößen des SI-Systems auf!

1.1.4 Die Anzeige

Die *Anzeige* macht das Meßergebnis sichtbar. In der Meßtechnik versteht man hierunter den Stand des Zeigers auf der Skala: *Analoganzeige* – oder die Zahlendarstellung des Meßwertes: *Digitalanzeige.* In der Analoganzeige entsprechen bestimmte Skalenteile und in der Digitalanzeige Zifferschritte den Einheiten der Meßgröße.

Skala mit Grobteilung und Pfeilzeiger

Die Genauigkeit der Analoganzeige hängt von der Feinheit der Skalenteilung und von der Ausbildung des Zeigers ab.

Der *Meßwert* ist der aus der abgelesenen Anzeige ermittelte Wert; er wird als Produkt aus Zahlenwert und Einheit der Meßgröße angegeben.

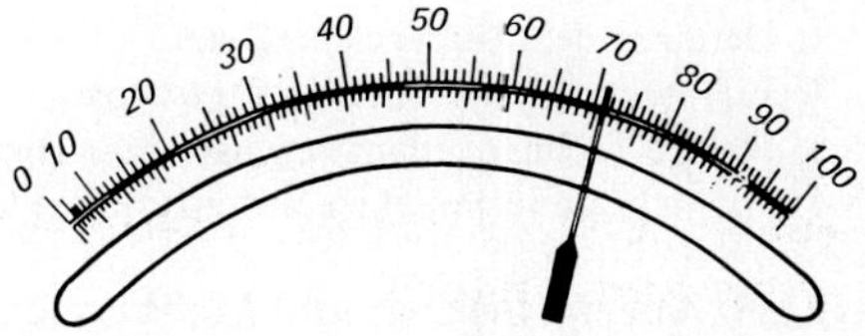

Skala mit Grobfeinteilung (oben) und Feinteilung (unten) und Messerzeiger für Genauanzeige

Zahlenwert × Einheit = Meßwert

Beispiele von Meßwerten

11,5 μm; 0,2 mA; 110 kV; 12 pF; 18,7 kN; 0,7 daN/mm^2; 7,2 bar; 55 % RF; pH 11,5; 1440 min^{-1}.

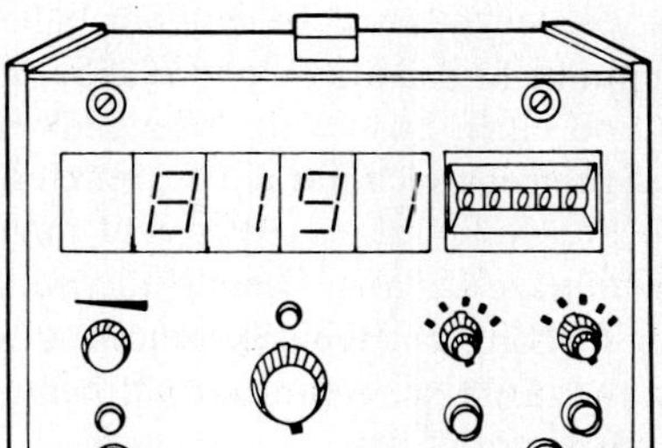

Digitalanzeige mit großem Ziffernschritt

Die *Analoganzeige* ist eine *stetige* Anzeige. Die Anzeige kann jede beliebige Zwischenstellung innerhalb des Anzeigebereiches einnehmen.

Das Wort *analog* bedeutet *entsprechend.* Der Weg des Zeigers oder der Ausdehnungsweg eines Flüssigkeitsfadens entspricht der Änderung des Meßwertes. Im allgemeinen Sprachgebrauch ist eine Analogie ein Vergleich zweier Sachverhalte mit parallelem Verlauf.

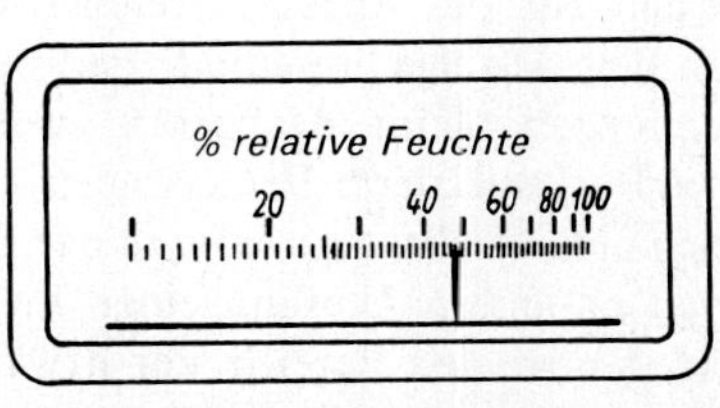

Analoganzeige mit nichtlinearer, gedrängter Skala. Die Anzeigegenauigkeit sinkt mit größer werdenden Meßwerten ab.

Beim Ablesen einer Analoganzeige ist die Schätzung des Markenstandes notwendig. Maschinelles Erfassen der Analoganzeige ist daher auf direktem Wege nicht möglich.

Die *Digitalanzeige* ist eine *unstetige* Meßwertanzeige. Ihre Genauigkeit hängt von der Größe der Ziffernschritte ab. Das Wort *digital* läßt sich mit *Ziffernschritt* übersetzen. Im Alltag bekannte Beispiele digitaler Meßwertdarstellung sind die Digitaluhr, die zählenden Meßgeräte Kilowattstundenzähler, Kilometerzähler im Kraftwagen und in der Längenmeßtechnik das Digitalmikrometer.

Digitalwerte lassen sich maschinell erfassen und somit dem Rechner eingeben.

Beispiel:

Fotolekteure erfassen Digitalwerte auf fotoelektronischem Wege.

Magnetolekteure erfassen Digitalwerte in Magnetschrift.

▶ ***Zur Selbstkontrolle***

1. Definiere den Ausdruck *Meßwert*!
2. Erläutere das Fachwort *Analoganzeige*!
3. Welche Technik verlangt zwingend die Digitalanzeige der Meßwerte?
4. Mit welchen technischen Mitteln können Meßwerte in Digitaldarstellung maschinell erfaßt werden?

1.1.5 Anzeigebereich und Meßbereich

Der *Anzeigebereich* ist nach DIN 1319 der gesamte Bereich der Meßwerte, die an einem Meßgerät abgelesen werden können. In vielen Fällen erstreckt sich der Meßbereich vom Nullpunkt bis zum Skalenendwert. In anderen Fällen liegt der Nullpunkt in der Mitte, und es gibt einen negativen und einen positiven Skalenendwert. Umfaßt der Anzeigebereich nur ein begrenztes Feld oberhalb des Nullpunktes, so spricht man von *Nullpunktunterdrückung*. Diese Nullpunktunterdrükkung führt in der Meßpraxis meist zu einer deutlicheren Anzeige, wenn nur ein begrenzter Ausschnitt benötigt wird.

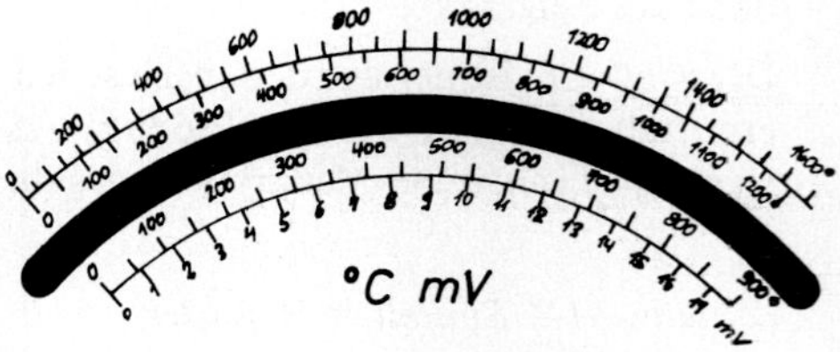

Meßinstrumente können auch mehrere nebeneinanderliegende Anzeigebereiche aufweisen. In diesem Falle ist der Anschluß des Millivoltmeters an drei verschiedene Thermoelemente mit unterschiedlichen Temperaturbereichen möglich.

Der *Meßbereich* kann mit dem Anzeigebereich identisch sein, in vielen Fällen beschränkt er sich jedoch auf einen Teilbereich. Man versteht hierunter den Teil des Anzeigebereiches, für den der Fehler der Anzeige innerhalb der vereinbarten Fehlergrenzen bleibt. Meßgeräte weisen festgelegte und klassifizierte Fehlertoleranzen auf. So wie sich eine Qualitätsgarantie in der Regel nicht auf den gesamten Umfang einer Lieferung erstreckt, so ist der Bereich der gewährleisteten Fehlergrenze innerhalb des Anzeigebereiches fixiert. Nur dieser Bereich ist der Meßbereich. Oft hat ein Anzeigebereich zwei Meßbereiche.

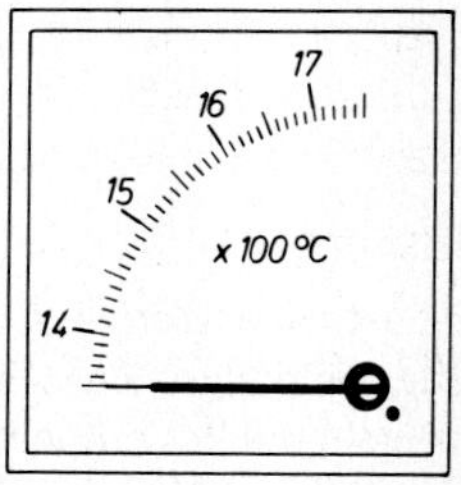

Der Anzeigebereich dieses Temperaturmeßgerätes reicht von 1350 °C bis 1750 °C. Der Bereich von Null bis 1350 °C ist unterdrückt. Damit ist für den praktisch interessanten Meßbereich eine deutliche Anzeige mit niedriger Fehlergrenze möglich.

Der untere Teil der Anzeige hat zumeist gröbere Fehlertoleranz als der obere Teil. Das liegt daran, daß der prozentuale Fehler in der Regel bei den kleinen Meßwerten größer ist als bei den Werten zum Skalenende hin.

Hieraus geht hervor, daß es nicht richtig ist, für eine in der Größenordnung der Meßwerte zu übersehende Meßaufgabe einen Meßbereich zu wählen, der weit über den zu erwartenden Maximalwert hinaus geht. In diesem Falle würde die Anzeige immer im unteren Bereich liegen und mit einem prozentual hohen Fehler behaftet sein.

Für die Meßbereichswahl sollte folgende grobe Richtlinie gelten:

Der zu erwartende Meßwert soll am Anfang des letzten Drittels der Anzeige liegen!

In diesem Bereich ist noch eine ausreichende Ausschlagreserve und außerdem genaue Anzeige gegeben.

Meßgeräte weisen oft eine Anzeigedifferenz für die gleiche Meßaufgabe auf, wenn sich der Zeiger einmal vom kleineren und dann vom größeren Ausgangswert aus langsam und stetig einstellt. Diese Differenz wird *Umkehrspanne* genannt. Sie ist der richtungsbedingte Unterschied bei gleicher Zielsetzung.

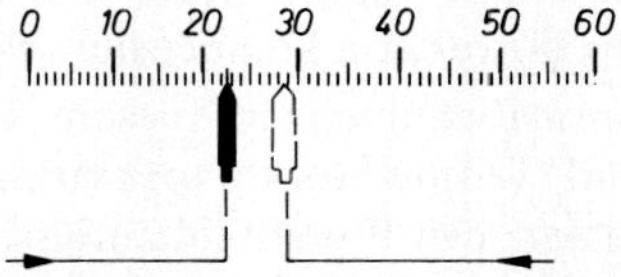

Die Umkehrspanne ist die Differenz, die beim Wechsel der Meßrichtung entsteht.

► ***Zur Selbstkontrolle***

1. Erläutere den Ausdruck *Nullpunktunterdrückung*!
2. Wie unterscheidet sich der Meßbereich vom Anzeigebereich?
3. In welchem Teil des Anzeigebereiches soll nach Möglichkeit der zu erwartende Meßwert liegen?
4. Erkläre den Ausdruck *Umkehrspanne*!

1.1.6 Meßfehler – Fehlerursachen und Fehlerbeurteilung

Sowohl in der Fertigungs- als auch in der Verfahrenstechnik ist das Erreichen des Sollwertes das unmittelbare Ziel jeder Aktion.

Aus wirtschaftlichen Gründen jedoch tolerieren wir Abweichungen innerhalb bestimmter Grenzen, die der gestellten Aufgabe entsprechen. Die Fehler, die innerhalb der tolerierten Fehlergrenze liegen, beeinträchtigen nicht die Meßaufgabe.

Bei kleinem Anzeigebereich kann auch ein kleiner Absolutwert des Fehlers stark ins Gewicht fallen, während der gleiche Fehler im großen Anzeigebereich unbedeutend erscheint. Dieser Tatsache trägt der Begriff des relativen Fehlers Rechnung.

> DIN 1319 definiert
> für anzeigende Meßgeräte:
> *Fehler der Anzeige =*
> *Istanzeige minus Sollanzeige*
> für feste Maßverkörperungen wie z. B. Endmaße, Urmaße und Normalien:
> *Fehler = Istmaß minus Sollmaß*

> DIN 1319 definiert
> *relativer Fehler =*
> $$\frac{\text{Istanzeige minus Sollanzeige}}{\text{Endwert des Meßbereichs}}$$

Systemfehler und Zufallsfehler

Die Entstehung von Meßfehlern kann ihre Ursache sowohl in der Unzulänglichkeit des Meßgerätes als auch in störenden Einflüssen der Umgebung des Meßortes und in der Unzulänglichkeit des Messenden haben. Der Abrieb von Meßflächen gehört beispielsweise zur ersteren Gruppe der Ursachen, während Temperaturschwankungen, Spannungsschwankungen und Feuchteeinfluß zur zweiten Gruppe gehören. Fehlablesung und Fehlübertragung sind dagegen subjektiv zu sehen.

Bei der Beurteilung von Fehlern, die gleichzeitig oder an mehreren Stellen auftreten, ist zu untersuchen, ob sie additiv, also mit verstärkender Tendenz, oder kompensierend wirken.

Fehler der oben angeführten Ursachen sind *Systemfehler*, sie sind nicht zufallsbedingt, sondern haben eine definitive Entstehungsquelle.

Systematische Fehler haben eine bestimmte Wirkungsrichtung, das heißt, sie haben ein eindeutiges Vorzeichen und oft einen berechenbaren Betrag. Sie können daher erfaßt und durch eine sogenannte Korrektion kompensiert werden. Korrektionsmaßnahmen in diesem Sinne sind Druck- und Temperaturkompensation und die Kompensation von Fremdfeldeinflüssen in Meßgeräten.

DIN 1319 definiert die Fehlerkorrektion:
Die Korrektion hat den gleichen absoluten Zahlenwert wie der Fehler, aber das entgegengesetzte Vorzeichen.

Liegt dagegen kein definierbarer Systemfehler vor, dann sind die Abweichungen vom Sollwert rein *zufallsbedingt*.

Liegt in diesem Falle eine ausreichend große Zahl von Meßwerten vor, so ist das Walten des reinen Zufalls eindeutig an der Streuung der nach der Größe klassifizierten Abweichung zu erkennen. Auskunft hierüber gibt uns die Kurve der *Normalverteilung*. Hierzu werden die Einzelmeßwerte nach der Größe der Abweichung und nach dem Vorzeichen der Abweichung klassifiziert. Dann werden sie im Maßstab der Häufigkeit derart aufgetragen, daß die positiven Abweichungen nach der Größe gestaffelt rechts vom Sollwert und die negativen Abweichungen links davon erscheinen.

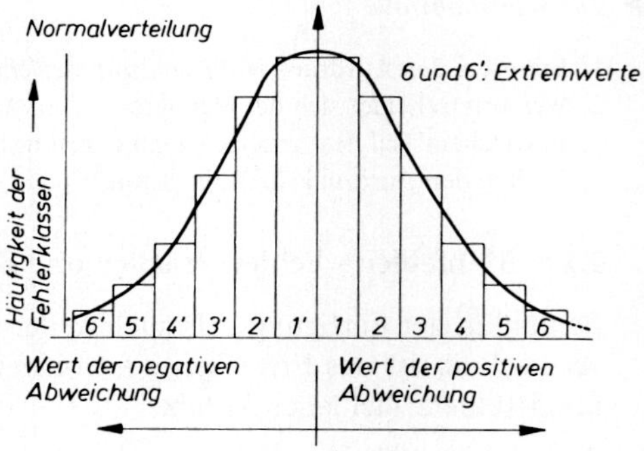

Wenn nur der Zufall reagiert und kein Systemfehler vorliegt, dann erscheint die Hüllkurve um die Fehlerklassen immer in der *Glockenform*, d. h. die größte Häufigkeit haben die kleinen Abweichungen, die dem Sollwert benachbart liegen. Extremwerte dagegen sind sehr gering in der Häufigkeit, und der Sollwert ist die Symmetrieachse zwischen den positiven und den negativen Werten. Liegt dagegen eine Verzerrung von der Glockenform vor, so ist die Ursache sicher ein Systemfehler, der genau zu untersuchen ist.

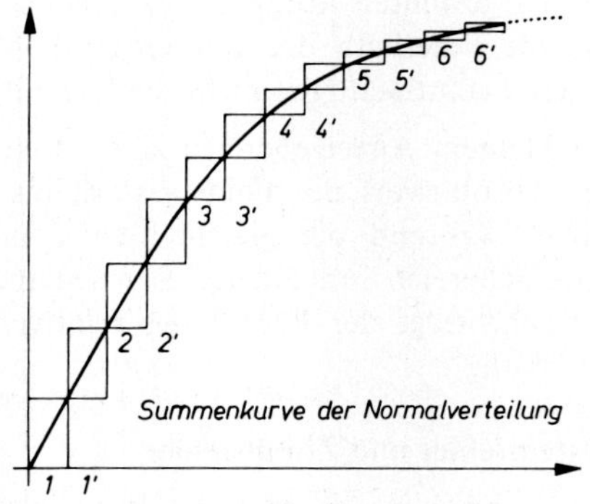

► ***Zur Selbstkontrolle***

1. Definiere den Begriff des Anzeigefehlers!
2. Erläutere den Ausdruck *relativer Fehler*!
3. Woran ist die Wirksamkeit des bloßen Zufalls in der Fehlerhäufigkeit erkennbar?
4. Erkläre den Begriff *Systemfehler*!

Die Mittelwertbildung

Der Mittelwert aus einer Meßreihe, die dem Häufigkeitsgesetz des Zufalls unterliegt, ist das arithmetische Mittel der Einzelmessungen.

Der Mittelwert $\overline{x}$ errechnet sich aus der Summe aller Einzelmessungen dividiert durch die Zahl der Messungen.

DIN 1319 definiert den Mittelwert:

$$\overline{x} = \frac{1}{n} \sum_{i=1}^{n} x_1 \quad \text{(sprich } x \text{ quer)}$$

$\overline{x}$ Mittelwert

$\sum_{i=1}^{n}$ Summe aller von 1 bis n

x_i Einzelmessung

Standardabweichung und Streuung

Die Standardabweichung, auch mittlere quadratische Abweichung genannt, kennzeichnet den Einfluß der zufälligen Fehler auf die Einzelmessungen.

Setzen wir an Stelle der Differenz $x_i - \overline{x}$ den Symbolbuchstaben δ für Abweichung und entsprechend δ^2 statt $(x_i - \overline{x})^2$, so läßt sich die Standardabweichung formelmäßig einfacher darstellen:

$$s = \pm\sqrt{\frac{\Sigma\,\delta^2}{n-1}}$$

DIN 1319 definiert die Standardabweichung:

$$s = \sqrt{\frac{1}{n-1} \sum_{i=1}^{n} (x_i - \overline{x})^2}$$

n Zahl der Messungen

x Istwert der Einzelmessung

$\overline{x}$ Mittelwert

Bei hinreichend großer Zahl der Einzelmessungen ist als weitere Vereinfachung statthaft:

$$\sigma = \pm\sqrt{\frac{\Sigma\,\delta^2}{n}}$$

Streuung $\sigma = \frac{\Sigma\delta^2}{n}$

In dieser vereinfachten Form wird die Standardabweichung auch als Streuung bezeichnet. Nach dem Häufigkeitsgesetz der Normalverteilung ist im Bereich der Glockenkurve der Standardabweichung eine Fehlerhäufigkeit von rund 68 % zugeordnet.

Das heißt, 68 % der Fehlerabweichungen liegen unterhalb des Bereiches $\pm\,\sigma$.

Nach dem gleichen Gesetz überschreitet der in der Praxis vorkommende Zufallsfehler nie den Wert ± 3 x.

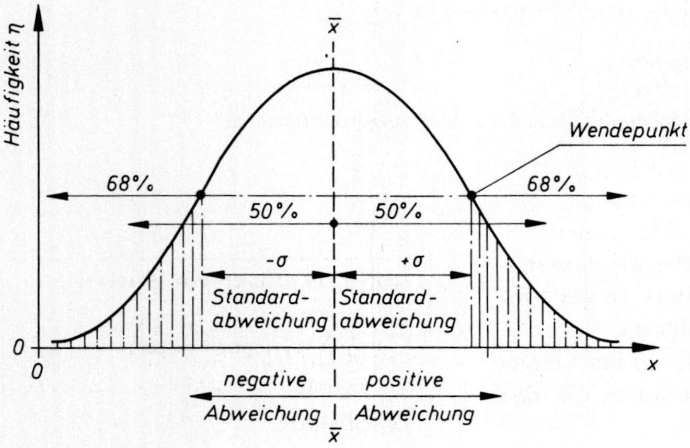

Im Schnittpunkt der Standardabweichung mit der Glockenkurve liegt der Wendepunkt, das heißt, bei größeren Abweichungen haben wir in Richtung auf den Schnittpunkt einen progressiven und bei kleineren Abweichungen einen degressiven Anstieg.

Beispiel der Ermittlung einer Fehlerstreuung:

Nr. der Messung	Meßwert	$\delta = x_i - \bar{x}$	δ^2
1	50,4	0,3	0,09
2	49,8	−0,3	0,09
3	50,3	0,2	0,04
4	50,15	0,05	0,0025
5	49,9	−0,2	0,04
6	50,2	0,1	0,01
7	49,8	−0,3	0,09
8	49,7	−0,4	0,016
9	50,7	0,6	0,36
10	50,05	−0,05	0,0025
$n = 10$	$\bar{x} = 50,1$	= 0	= 0,885

$$\sigma = \pm \sqrt{\frac{0{,}885}{10}} = \pm\, 0{,}29749$$

1.2 Temperaturmessung in der Verfahrenstechnik

Die Erfassung der Meßgröße *Temperatur* ist von außerordentlicher Bedeutung in der Hütten- und Gießereitechnik, in der chemischen Verfahrenstechnik, in der Lebensmittelindustrie und in der Klimatechnik. Dabei dominieren eindeutig zwei Verfahren, die Anwendung der Widerstandsthermometer und der Thermoelemente.

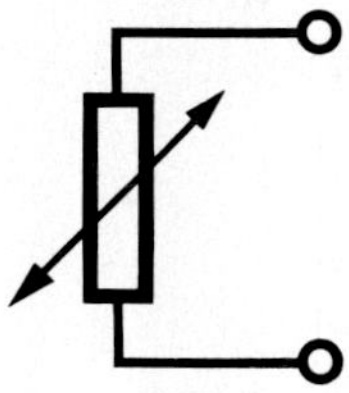

Der temperaturabhängige Widerstand formt die Meßgröße *Temperatur* anzeigegerecht in den entsprechenden Wert der Stromstärke um. Voraussetzung ist Spannungskonstanz.

1.2.1 Temperaturmessung mit dem Widerstandsthermometer

Kaltleiter-Werkstoffe weisen bekanntlich einen *positiven* Temperaturkoeffizienten auf, das heißt, ihr spezifischer Widerstand *steigt* mit steigender Temperatur. *Heißleiter*-Werkstoffe dagegen sind durch einen *negativen* Temperatur-Koeffizienten gekennzeichnet, ihr spezifischer Widerstand *sinkt* mit steigender Temperatur. Das Widerstands-Temperatur-Verhalten beider Gruppen ist meßtechnisch nutzbar. Die Widerstandsänderung ist ein Maß für die Temperatur.

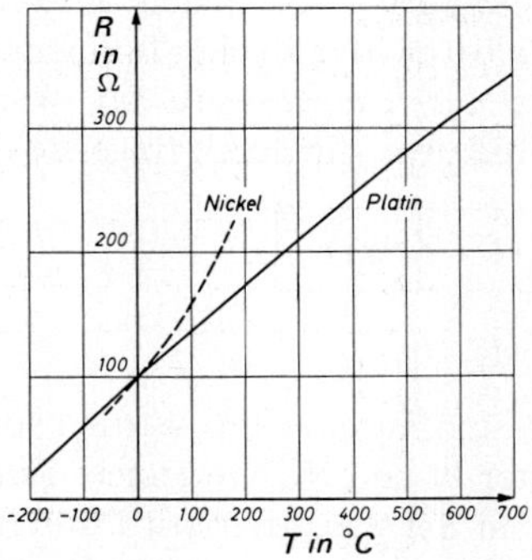

Meßwiderstände 100 Ohm bei 0 °C in Abhängigkeit von der Temperatur

Für Meßzwecke geeignete Kaltleiter-Werkstoffe sind Nickel und Platin. Beide zeigen einen nahezu linearen Verlauf der Temperaturabhängigkeit des Widerstandes. Ein solcher Verlauf erlaubt ohne besondere Linearisierungseinrichtungen die Anwendung einer proportional geteilten Skala im Anzeigeinstrument.

In der Praxis dominieren die beiden Standard-Ausführungen *Ni 100 DIN* und *Pt 100 DIN*. Beide Meßwicklungen sind so dimensioniert, daß sie bei 0 °C einen Widerstandswert von exakt 100 Ohm aufweisen. Im Schaubild ist das der Schnittpunkt der Nickel- und der Platin-Linie.

Der Meßbereich der Nickelwicklung liegt zwischen − 50 °C und + 150 °C. Der Meßbereich für Platin erstreckt sich im Normalfall von − 200 °C bis + 550 °C. Mit Sonderausführungen können kurzzeitige Messungen bis 700 °C durchgeführt werden.

Der Temperaturbeiwert α des Kaltleiters ist der Anstiegsfaktor des Widerstandes mit zunehmender Erwärmung. Da das Anstiegsverhalten nicht ganz exakt linear verläuft, errechnet man diesen Beiwert als Mittelwert zwischen 0 und 100 °C nach der Formel

$$\alpha = \frac{R_{100} - R_0}{100\,R_0}$$

Es bedeutet:

R_0 Widerstand bei 0 °C
R_{100} Widerstand bei 100 °C

Wie die Tabelle zeigt beträgt beim Standardwiderstand *Pt 100 DIN* der Anstieg des Widerstandes nahezu linear 0,4 Ohm pro °C. Da der Anstieg des Widerstandes bei den Kaltleitern stetig aufsteigend verläuft, hat der Temperaturkoeffizient α ein positives Vorzeichen, im Gegensatz zu den Heißleitern. Da bei diesen Werkstoffen der Widerstand mit steigender Temperatur sinkende Tendenz aufweist, muß der Koeffizient ein negatives Vorzeichen aufweisen. Mathematisch betrachtet ist der Temperaturkoeffizient stets der Tangenswert der Widerstands-Temperatur-Kurve, die durch folgende Gleichung

$$R = R_0\;(1 + \alpha \cdot \Delta t)$$

bestimmt ist.

In der Meß- und Regeltechnik werden vorwiegend die Kaltleiter Pt und Ni, für kleinere Temperaturbereiche und der gleichzeitigen Forderung nach schnellem Ansprechen auch die Heißleiter, als Thermometerwicklung genutzt. Von besonderem Interesse sind in diesem Zusammenhang die beiden Speziallegierungen Konstantan und Manganin, deren Temperaturbeiwert nahezu gleich Null ist. Meßwicklungen aus diesen Werkstoffen zeigen ein temperaturneutrales Verhalten, so daß die Störgröße *Temperaturschwankung* nicht ins Gewicht fällt.

Konstantan 60 % Cu 40 % Ni
Manganin 58 % Cu 42 % Ni

Widerstandswerte von *Pt 100 DIN* in Abhängigkeit von der Temperatur

T °C	*R* Ω	*T* °C	*R* Ω
−200	18,53	180	168,48
−190	22,78	190	172,18
−180	27,05	200	175,86
−170	31,28	210	179,54
−160	35,48	220	182,20
−150	39,65	230	186,85
−140	43,80	240	190,49
−130	47,93	250	194,13
−120	52,04	260	197,75
−110	56,13	270	201,35
−100	60,20	280	204,94
− 90	64,25	290	208,52
− 80	68,20	300	212,08
− 70	72,29	310	215,62
− 60	76,28	320	219,16
− 50	80,25	330	222,68
− 40	84,21	340	226,20
− 30	88,17	350	229,70
− 20	92,13	360	233,19
− 10	96,07	370	236,67
0	100	380	240,15
10	103,90	390	243,61
20	107,80	400	247,07
30	111,68	410	250,51
40	115,54	420	253,95
50	119,40	430	257,37
60	123,24	440	260,79
70	127,08	450	264,19
80	130,91	460	267,57
90	134,70	470	270,95
100	138,5	480	274,31
110	142,29	490	277,64
120	146,07	500	280,94
130	149,83	510	284,23
140	153,49	520	287,51
150	157,33	530	290,79
160	161,06	540	294,06
170	164,78	550	297,30

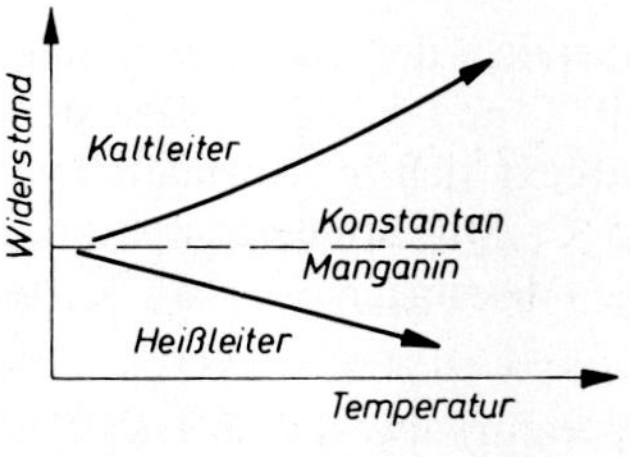

Allgemeine Tendenz des Widerstands-Temperatur-Verhaltens

► ***Zur Selbstkontrolle***

1. Unterscheide das Leitverhalten der Heißleiter und der Kaltleiter!
2. Erläutere die Bezeichnungen *Pt 100 DIN* und *Ni 100 DIN*!
3. Vergleiche den Meßbereich und die Empfindlichkeit von *Pt 100 DIN* und *Ni 100 DIN*!

1.2.1.1 Aufbau der Widerstands-Temperaturmeßeinrichtung

Eine Widerstands-Meßeinrichtung besteht aus dem eigentlichen Meßwiderstand, einem umhüllenden Schutzrohr als Abwehr gegen die agressive Einwirkung des umgebenden Mediums, einem Anzeigeinstrument (meist Drehspulinstrument) und einer Gleichspannungsquelle sowie einem Abgleichwiderstand für die Berücksichtigung des Widerstandes der Zuleitungen.

Die Eigenart der Meßaufgabe bestimmt die Auswahl des Widerstandsthermometers. Kriterien hierzu sind:

- der zu erwartende Meßbereich
- der zu erwartende Druck am Meßort
- die Agressivität des zu messenden Mediums.

So hat beispielsweise die Nickelwicklung zwar den kleineren Meßbereich im Vergleich zu Platin, dafür jedoch die höhere Empfindlichkeit und liefert daher bei niedrigen Temperaturen die deutlichere Anzeige.

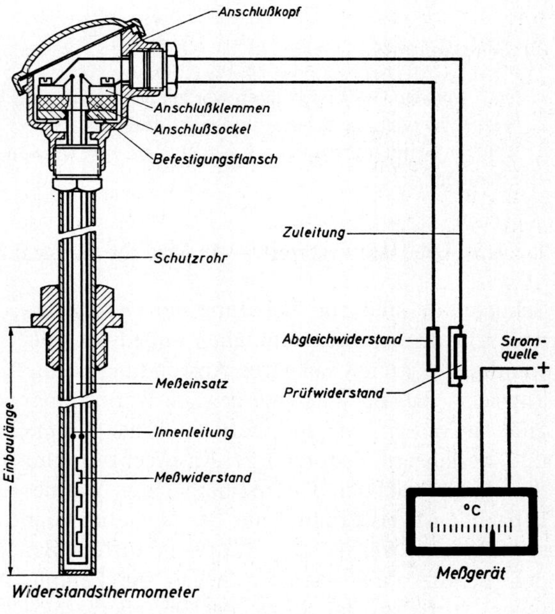

Meßwicklung, Schutzrohr, Abgleich und Anzeigegerät sind die Hauptteile der Meßeinrichtung.

1.2.1.2 Die Auswahl des Schutzrohrs

Vom regeltechnischen Standpunkt aus wäre es durchaus günstig, wenn die Meßwicklung unmittelbar im Medium positioniert wäre. In diesem Falle würde die Messung verzögerungsarm schnell zur Auswertung gelangen. Allerdings müßten wir die schnelle Reaktion mit hohem Verschleiß der direkt beaufschlagten Wicklung bezahlen. Ein umhüllendes Schutzrohr bringt uns zwar die unvermeidliche Trägheit aber auch den Schutz gegen Druck und chemische Aggressivität.

Je nach der Meßaufgabe verwendet man Metallschutzrohre oder keramische Schutzrohre. Typische Werkstoffe für Metallschutzrohre sind in ansteigender Reihenfolge hinsichtlich Resistenz gegen Temperatur, Druck und chemische Aggressivität:

CuZn 42
St 35.29
13 CrMo 44
X 10 CrNiMoTi 18 8

Während das Messingschutzrohr für die Messung in Rauchgasen bis zu 250 °C benutzt wird, ist der unlegierte Rohrstahl St 35 auch für Gastemperaturen bis zu 500 °C zulässig. Der martensitische Chrom-Molybdän-Stahl kann für überhitzten Dampf und zur Direktmessung von Zink-, Blei- und Zinnschmelzen benutzt werden. Das Schutzrohr aus dem austenitischen Stahl mit Molybdän- und Titanzusatz (V4A) eignet sich besonders gut zur Temperaturmessung in den Plastifizierungszonen der Kunststoff-Spritzgußmaschinen und Extruder.

► ***Zur Selbstkontrolle***

1. Nach welchen Gesichtspunkten werden Schutzrohre für Widerstandsthermometer ausgewählt?
2. Nenne vier wichtige Schutzrohrwerkstoffe!
3. Welcher Schutzrohrwerkstoff eignet sich zur Messung der Plastifizierungstemperatur im Kumststoff-Extruder?

1.2.1.3 Die Halbwertszeit – ein Maß für die Reaktionsgeschwindigkeit

Schutzrohre sind zur Sicherung der Gebrauchsdauer in den meisten Meßfällen unbedingt notwendig. Nachteilig bei ihrer Anwendung ist die Tatsache, daß sie stets eine gewisse Wärmekapazität aufweisen. Sie speichern zunächst Wärme und verlängern dadurch die Ansprechzeit und die Anlaufzeit der Thermometer. Die Wärmekapazität ist das Produkt aus der Masse und der spezifischen Wärme des Rohrwerkstoffes. Bei den Schutzrohrwerkstoffen liegen die keramischen Stoffe an der Spitze des Speichervermögens, gefolgt von den austenitischen säurebeständigen Stählen. Günstiger in dieser Beziehung liegen die Schutzrohre aus unlegiertem Rohrstahl, Bronze und Messing.

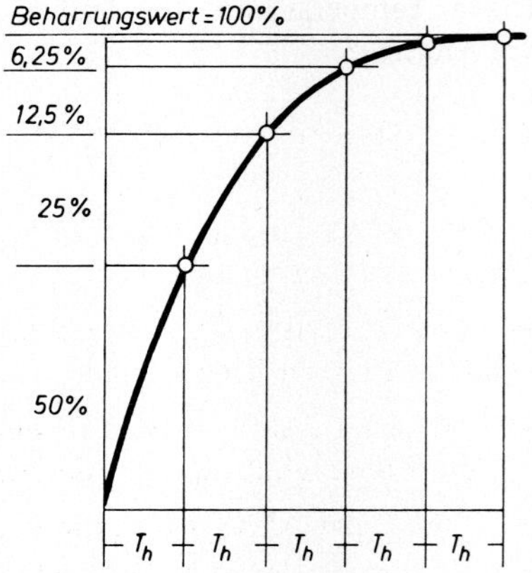

Funktionsverlauf der Halbwertszeit

Das Aufheizen eines Wärmespeichers folgt nun einem Zeitverlauf, der sich mathematisch bestimmen läßt. Ein charakteristischer Bestimmungswert dieses Zeitverlaufes ist die *Halbwertszeit*. Dieser Begriff ist bei allen Vorgängen anwendbar, die einem Beharrungswert zustreben. Vorgänge dieser Natur benötigen immer die gleiche Zeit T_h, um die jeweilige Hälfte des Restabstandes bis zum Beharrungswert zurückzulegen. Die Abzissenabschnitte auf der Zeitachse entsprechen dann stets dem Zeitabschnitt T_h, während die Ordinatenabschnitte in der Reihe 50 %, 25 %, 12,5 %, 6,25 %, 3,125 % usw. liegen, um sich in asymptotischer Annäherung in theoretisch unendlicher Zeit an den Beharrungswert anzuschmiegen.

Ein schnell verlaufender Meßvorgang hat eine kleine Halbwertszeit. Die wärmespeichernde Masse des Schutzrohres tendiert zur Vergrößerung der Halbwertszeit und wirkt daher verzögernd auf den Meßvorgang.

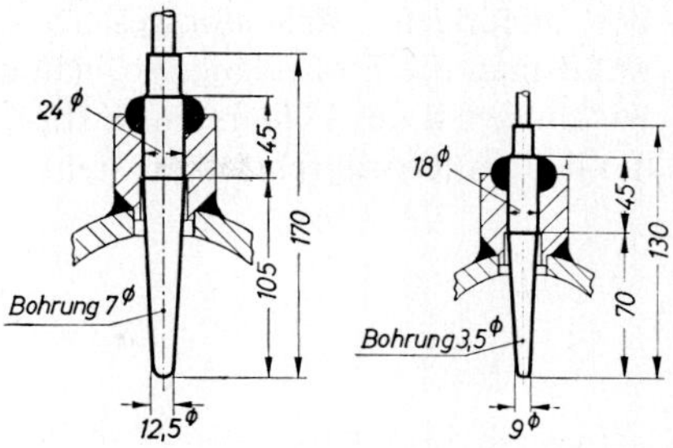

Die Ansprechzeit des Thermofühlers läßt sich durch Verringern der Speichermasse senken. Während das Widerstandsthermometer mit dem Schaftdurchmesser von 24 mm noch 70 % der Halbwertszeit einer Ausführung mit 30 mm Durchmesser aufweist, beträgt bei der Ausführung mit 18 mm Schaftdurchmesser die Halbwertszeit nur 45 % dieses Wertes.

► ***Zur Selbstkontrolle***

1. Definiere den Ausdruck *Halbwertszeit*!
2. In welcher charakteristischen Form nähert sich die Aufheizkurve dem Beharrungswert?
3. Welcher Prozentsatz vom Endwert ist nach der Zeit $t = 5\ T_h$ erreicht?

1.2.1.4 Einbaugrundsätze für Widerstandsthermometer

Folgende Gesichtspunkte sind für den sachgemäßen Einbau wesentlich:

- Am Meßort dürfen weder Wärmestrahlung noch Zugluft den Fühler beeinflussen.
- Die Einbaustelle soll im Bereich der größten Strömungsgeschwindigkeit des Mediums liegen.
- Die Einbaulänge der Schutzrohre ist so zu wählen, daß der Meßwiderstand als der eigentliche aktive Teil in seiner ganzen Länge der zu messenden Temperatur ausgesetzt ist.
- Hohe Geschwindigkeit der Strömung und volle Beaufschlagung setzen die Ansprechzeit herab.
- Bei hoher Strömungsgeschwindigkeit wählt man als Eintauchlänge den ein- bis eineinhalbfachen Wert der Länge der Meßwicklung.

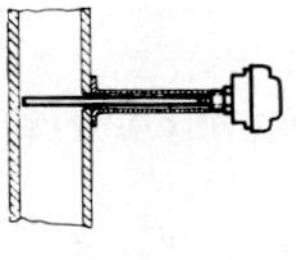

Falsch!

Die aktive Länge des Fühlers ist nur zum Teil genutzt. Dadurch verlängert sich die Ansprechzeit.

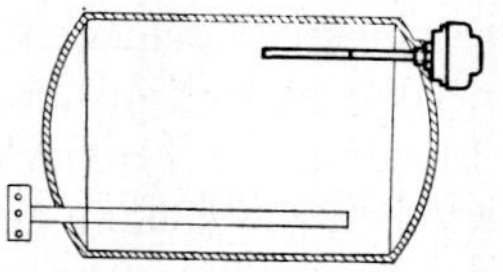

Falsch!

Der Fühler liegt zu weit vom Heizstab entfernt. Dadurch wird die Signallaufzeit länger.

– Bei niedrigen Strömungsgeschwindigkeiten wählt man die Einbaulänge so, daß der aktive Wicklungsteil des Fühlers im mittleren Drittel des lichten Rohrdurchmessers steht.

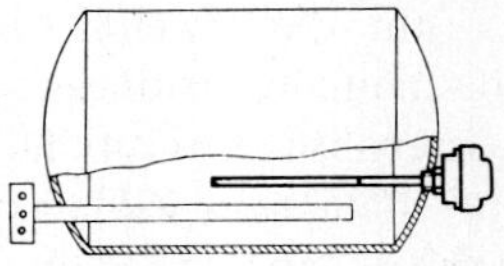

Ein geringer Abstand zwischen Meßort und Heizstab bewirkt eine geringe Signallaufzeit.

– Günstig für die Beaufschlagung ist der geneigte Einbau des Fühlers entgegen der Strömungsrichtung.

– Auf keinen Fall darf das Schutzrohr eine wärmeableitende Brücke zur Masse der Außenwand bilden, da dann das Meßergebnis mit Sicherheit verfälscht wäre.

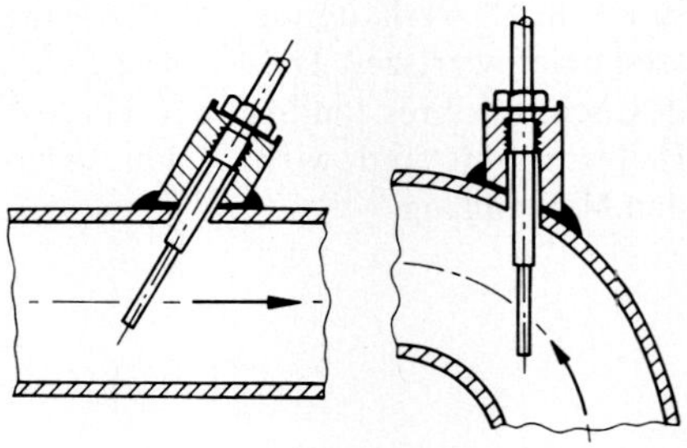

► ***Zur Selbstkontrolle***

1. Formuliere Grundsätze für den Einbau von Thermometern in Rohrleitungen!
2. In welcher Rohrzone soll der Wicklungsteil des Meßwiderstandes bei niedriger Strömungsgeschwindigkeit liegen?
3. Warum muß das Schutzrohr des Thermometers gegen die Masse der Außenwand wärmeisoliert sein?

1.2.2 Temperaturmessung mit Thermoelementen

Thermoelektrizität entsteht durch Direktumwandlung von Wärmeenergie in Elektroenergie. Der thermoelektrische Effekt (*Seebeckeffekt*) entsteht durch Wärmezufuhr an die Verbindungsstelle bestimmterMetallpaare.Wird das verlängerte Schenkelende der beiden verschiedenen Metalle des Paares in der Temperatur konstant gehalten, so entsteht im Element ein Temperaturgefälle und proportional zu diesem Gefälle eine Gleichspannung, die *Thermospannung*. Diese der Temperaturänderung an der Verbindungsstelle verhältnisgleiche Spannung kann für Meßzwecke genutzt werden.

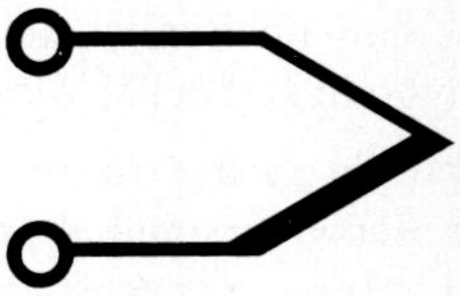

Schaltungszeichen des Thermoelementes

Thermostatisieren der Ausgleichstelle:

Aus praktischen Gründen verlängert man die freien Schenkelenden des Thermopaares durch sogenannte Ausgleichleitungen zur temperaturkonstanten Vergleichsstelle, die von der Temperatur am Meßort durch Strahlung und Konvektion nicht beeinflußt werden darf. Die Vergleichsstelle wird daher thermostatisiert, das heißt, auf einem konstanten Sollwert gehalten. An Prüfständen erreicht man das in einfacher Weise durch Einführen der Vergleichsstelle in Eiswasser. Aufwendiger, aber räumlich kompakter erzielt man die Temperaturkonstanz an der Vergleichsstelle durch Gegenschaltung eines zweiten Thermoelementes an dieser Stelle.

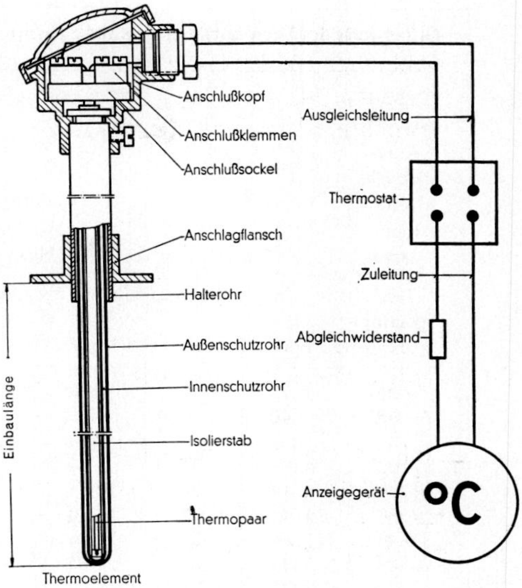

Schnitt durch ein Thermoelement mit Vergleichsstellenthermostat und Anzeige

Die Anzeige erfolgt über ein empfindliches Drehspulinstrument, dem die Thermospannung zugeführt wird. Die Skala dieses Instrumentes zeigt an Stelle der Millivoltangabe die der Grundwertreihe entsprechenden Temperaturwerte an.

Thermoelemente sind in Form, Größe und durch die Auswahlmöglichkeit des entsprechenden Thermopaares auch im Meßbereich dem jeweiligen Anwendungsfall gut anpaßbar. Ebenso wie die Widerstandsthermometer lassen sie sich durch geeignete Schutzrohre den Umgebungseinflüssen am Meßort gegenüber resistent machen.

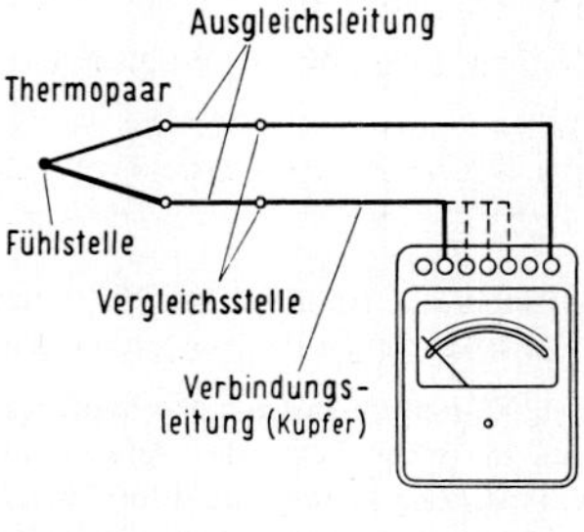

Tragbares Thermoelement mit Anzeigegerät

Direktumwandlung bestimmter Energiearten in Elektroenergie
chemische Energie in Elektroenergie → *Galvanisches Element*
Lichtenergie in Elektroenergie → *Fotoelement*
Wärmeenergie in Elektroenergie → *Thermoelement*

Für den praktischen Bedarf der Meß- und Regeltechnik sind die folgenden vier Thermopaare genormt.

Kupfer-Konstantan	Cu-Konst
Eisen-Konstantan	Fe-Konst
Nickel/Chrom-Nickel	NiCr-Ni
Platin/Rhodium-Platin	PtRh-Pt

Grundwerte der Thermospannungen und zulässige Abweichungen nach DIN 43710

Thermoelement	+ –		+ –		+ –		+ –	
Kurzbezeichnung	Cu-Konst		Fe-Konst		NiCr-Ni		PtRh-Pt	
Kennfarbe	braun		blau		grün		weiß	
Temperatur °C	mV = Thermospannung, ± = zulässige Abweichung in ° bzw. % d. jew. Meßtemp.							
	mV	±	mV	±	mV	±	mV	±
−200	−5,70		−8,15					
−100	−3,40		−4,75					
0	0		0	–	0	–	0	–
100	4,25	3°	5,37	3°	4,10	3°	0,643	3°
200	9,20	3°	10,95	3°	8,13	3°	1,436	3°
300	14,90	3°	16,56	3°	12,21	3°	2,316	3°
400	21,00	3°	22,16	3°	16,40	3°	3,251	3°
500	(27,41)	0,75 %	27,85	0,75 %	20,65	0,75 %	4,221	3°
600	(34,31)	0,75 %	33,67	0,75 %	24,91	0,75 %	5,224	3°
700			39,72	0,75 %	29,14	0,75 %	6,260	0,5 %
800			(46,22)	0,75 %	33,30	0,75 %	7,329	0,5 %
900			(53,14)	0,75 %	37,36	0,75 %	8,432	0,5 %
1000					41,31	0,75 %	9,570	0,5 %
1100					(45,16)	0,75 %	10,741	0,5 %
1200					(48,89)	0,75 %	11,935	0,5 %
1300					(52,46)	0,75 %	13,138	0,5 %
1400							(14,337)	0,5 %
1500							(15,530)	0,5 %
1600							(16,716)	0,5 %

Die Bezugstemperatur ist 0 °C: bei 20 °C Bezugstemperatur vermindern sich die Werte um 0,8 mV bei Cu-Konst, um 1,05 mV bei Fe-Konst, um 0,8 mV bei NiCr-Ni und um 0,113 mV bei PtRh-Pt.

Die Werte in Klammern liegen außerhalb des normalen Anwendungsbereiches bei Dauerbenutzung der Thermopaare in reiner Luft. Der Anwendungsbereich liegt jedoch nicht genau fest. Er wird herabgesetzt bei Verwendung kleiner Drahtdurchmesser, durch oxydierend oder korrodierend wirkende Gase sowie durch Änderung der Festigkeit mit höherer Temperatur. Umgekehrt kann der Anwendungsbereich hinaufgesetzt werden, wenn große Drahtdurchmesser gewählt und angreifende Gase ferngehalten werden.

Wie wir daraus ersehen, sind auch bestimmte Legierungen thermoelektrisch als einheitliches Metall zu betrachten. Das erstgenannte Metall der Paarung bildet immer den positiven Schenkel und das zweite entsprechend den negativen, so daß die Richtung des Gleichstromes in der Anordnung festliegt. Die nach DIN 43710 festliegende Grundwertreihe gibt uns Aufschluß über den Meßbereich, die Ausschlagempfindlichkeit und die Meßgenauigkeit der einzelnen Thermopaare.

Die Werkstoffkombinationen Cu-Konst, Fe-Konst und NiCr-Ni bezeichnen wir als *unedle* Thermopaare und die Kombination der Platinmetalle als *edle* Thermopaare. Auch das Rhodium gehört zur Gruppe der Platinmetalle. Der Rhodiumanteil im PtRh-Schenkel kann 10 bis 18 % betragen.

Die Ausgleichleitungen sind auf die jeweiligen Thermopaare in ihren Eigenschaften abgestimmt und mit genormten Kennfarben versehen:

Fe-Konst blau NiCr-Ni grün PtRh-Pt weiß

Der Pluspol der Ausgleichleitungen ist rot gekennzeichnet.

Die Temperatur am Thermofühler und die entstehende Thermospannung sind linear abhängig. Der Meßbereich ist nicht von der Größe des Fühlers, sondern nur von der Kombination der beiden Thermoschenkel abhängig.

Das Thermopaar PtRh-Pt hat zwar den größeren Meßbereich von minus 200 bis plus 1600 Grad C, die unedlen Thermopaare haben jedoch die größere Empfindlichkeit in der Anzeige.

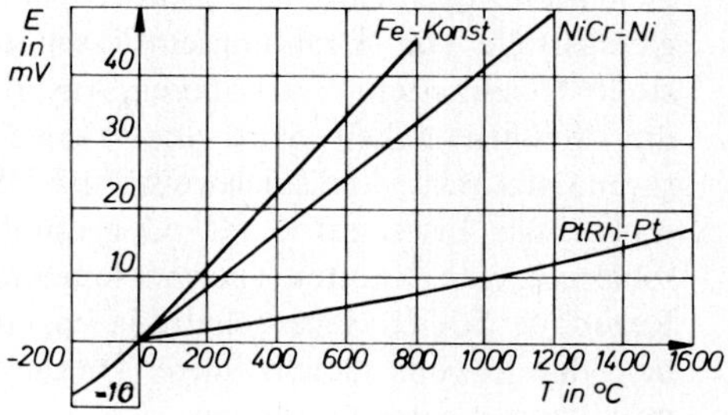

► ***Zur Selbstkontrolle***

1. Wie entsteht *Thermoelektrizität*?
2. Warum muß die Ausgleichstelle *thermostatisiert* sein?
3. Welches Anzeigegerät eignet sich zur Anzeige des Thermostroms?

1.2.2.1 Hohe Standzeit oder schnelles Ansprechen

Thermoelemente müssen der Meßaufgabe angepaßt sein. Für schnell wechselnde Vorgänge wird schnelle Reaktion des Fühlers und damit kurze Halbwertszeit verlangt. Für diese Meßfälle benutzt man zumeist Fühler mit nackter, das heißt freiliegender Meßstelle.

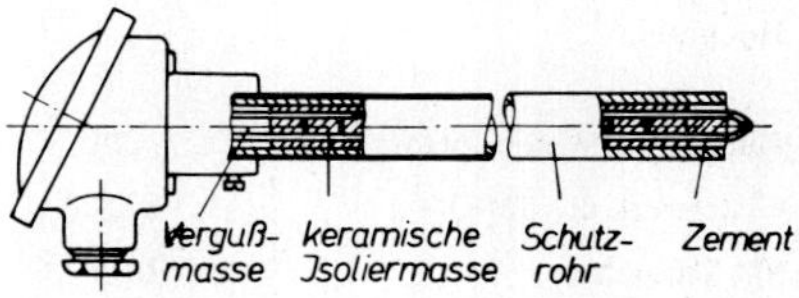

Thermoelement mit nackter Meßstelle zum schnellen Erfassen der Heißwindtemperatur im Hochofenbetrieb.

Bei langsam verlaufenden Prozeßänderungen und schwierigen Umgebungsbedingungen wie hoher Druck, hohe Strahlungstemperatur und aggressive Medien umhüllt man die teueren Thermopaare in gleicher Weise wie die Widerstands-Thermometer mit metallischen oder keramischen Schutzrohren. Da diese Schutzrohre oft beachtliche Wärmekapazität aufweisen, setzen sie die Halbwertszeit herauf und damit die Ansprechgeschwindigkeit herab. Die gewonnene höhere Standzeit wird mit größerer Trägheit erkauft. Das gilt besonders für die keramischen Schutzrohre mit ihrem hohen Wärmespeichervermögen. Sie werden vorwiegend für das teure Thermopaar PtRh-Pt im hohen Temperaturbereich angewendet. Für Temperaturen bis zu 1600 °C eignen sich Thermoporzellan und Oxydkeramik. Beide sind auch beständig gegen aggressive Medien und häufige Temperaturwechsel.

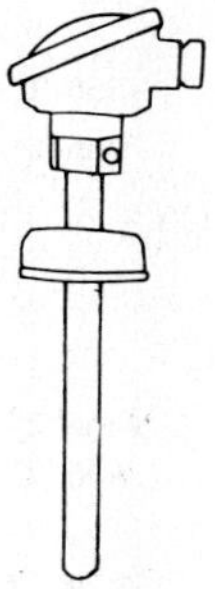

Thermofühler mit Metall-Schutzrohr

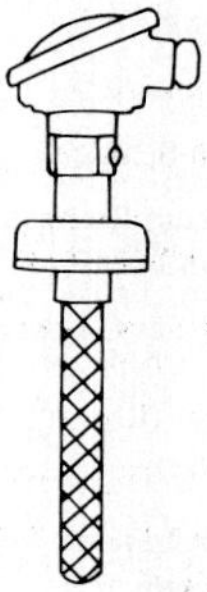

Thermofühler mit Keramikschutzrohr

1.2.2.2 Grundschaltungen des Thermoelements

Für mäßige Ansprüche an die Meßgenauigkeit genügt die einfache Grundschaltung ohne Korrektur der Vergleichsstelle, vorausgesetzt, die Ausgleichsleitungen sind lang genug, um die Vergleichsstelle von Strahlungseinflüssen der Meßstelle freizuhalten. Bei höheren Ansprüchen an die Meßgenauigkeit wird die Vergleichsstelle thermostatisiert, beispielsweise im Schmelzwasser des Eises auf 0 °C oder durch Gegenschaltung eines zweiten Thermoelementes auf im Regelfalle 50 °C. Gegenschaltung bedeutet hierbei, daß jeweils gleichnamige Thermoschenkel miteinander korrespondieren.

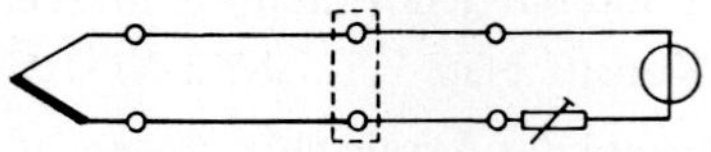

einfache Grundschaltung

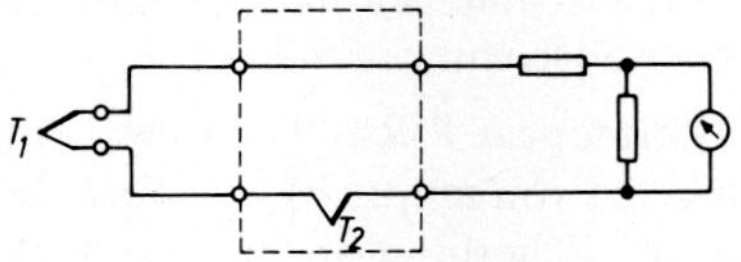

Thermoelementschaltung mit Thermostat

1.2.2.3 Typische Anwendungsbeispiele der Thermoelemente

Meßort	Meßtemperatur	Thermopaar	Schutzrohr
Heißwindleitung zum Hochofen	1000 °C	NiCr-Ni	offenes Schutzrohr mit freiliegender Meßstelle X 10 CrAl 18
Kuppel des Winderhitzers	1200 °C	PtRh-Pt	X 15 CrNiSi 24 19
Gitterwerk des SM-Ofens	1350 °C	PtRh-Pt	Siliziumkarbid
SM-Schmelze	1700 °C	PtRh-Pt	Tauchthermoelement für kurzzeitige Anwendung
Abgas vor dem Rekuperator	700 °C	NiCr-Ni	Thermoelement-Porzellan
Ofen zum Normalglühen	800 °C	NiCr-Ni	X 10 CrAl 18
Glühkammer für Feinblechstapel	700 °C bis 920 °C	NiCr-Ni	nacktes Element mit Wärmekontaktblech
Zinnbad	650 °C	Fe-Konst	St 35.8
Anlaßofen für hochlegierten Werkzeugstahl	550 °C	NiCr-Ni	St 35.8
Salzbadschmelze	550 °C	NiCr-Ni	Reineisen (ARMCO)
Aluminium-Schmelze	700 °C	NiCr-Ni	Perlitguß
Ringofen zum Brennen von Klinkern und Glasuren	1200 °C bis 1300 °C	PtRh-Pt	keramisches Material
Gitterwerk des Glaswannenofens			
oben	1300 °C	PtRh-Pt	keramisches Material
unten	600 °C	NiCr-Ni	Thermoelement-Porzellan
Zündkerzenzone im Verdichtungsraum	bis 700 °C	Fe-Konst.	nacktes Spezialelement mit kurzer Halbwertszeit
Oberfläche des Aluminium-Walz-Blocks	800 °C	NiCr-Ni	Sonderausführung mit Einschlagspitzen

Die Beispiele zeigen, daß die Auswahl stets die drei wichtigsten Gesichtspunkte: *Meßbereich, Ansprechgeschwindigkeit* und *Umgebungseinflüsse* am Meßort berücksichtigen muß. Dabei sind oft Kompromißlösungen notwendig, um den Ausgleich zwischen gegensätzlichen Forderungen zu erzielen.

kurze Ansprechzeit: kurze Lebensdauer
lange Ansprechzeit: lange Lebensdauer

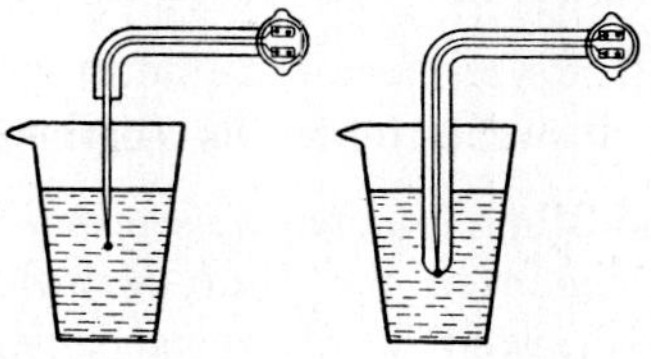

1.2.2.4 Thermoelemente für Spezialaufgaben

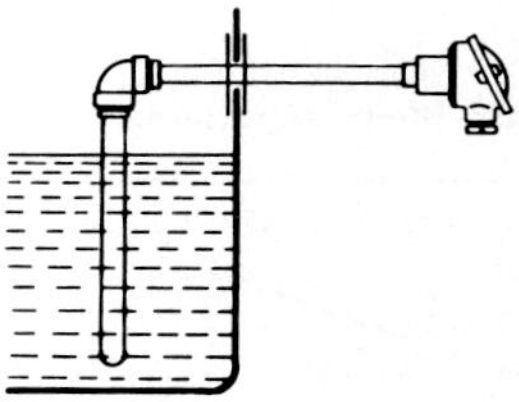

Das Eintauch-Winkel-Thermoelement zur Überwachung von Badtemperaturen

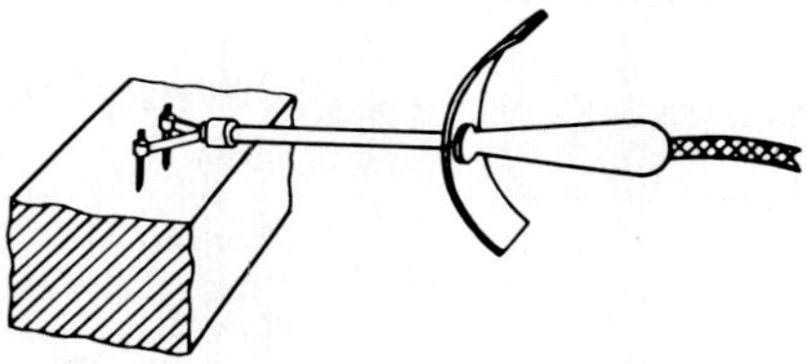

Das Thermoelement mit Einschlagspitzen aus NiCr-Ni ermöglicht die schnelle Erfassung der Oberflächentemperatur am Walzblock

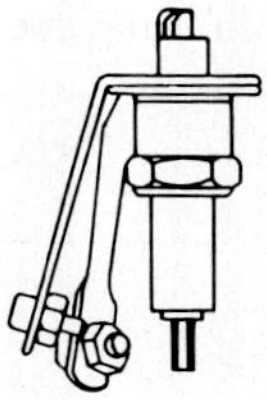

Vom Spezialelement zur Erfassung der Temperatur an der Zündkerze wird ein besonders schnelles Ansprechen gefordert. Thermopaar Fe-Konst

Anwendungsbeispiel

Thermoelement als Temperaturfühler zur Messung der Abgastemperatur auf einem Prüfstand für Kohleöfen.

In der Meßstrecke (3) werden dem Abgasstrom drei Meßgrößen entnommen. Die Abgaszusammensetzung wird im Abgasschreiber (8) registriert, nachdem die abgezweigte Probe über eine Filter- und Waschstation (7) gegangen ist. Der Kaminzug wird im Zugmesser (4) ermittelt, und die fühlbare Abgastemperatur wird in der Meßstrecke thermo-elektrisch gemessen. Die Vergleichsstelle (5) ist in einem Eiswassergefäß thermostatisiert. Anzeige und Registrierung der Temperatur befinden sich im Geräteteil (6). Der Prüfofen (1) steht auf einer Waage zur Feststellung des Brennstoffabbrandes während der Prüfzeit. Brennstoffmenge mal Heizwert ist Energieaufnahme, während die chemisch gebundene Energie und die fühlbare Wärme im Abgas die Verlustgrößen sind.

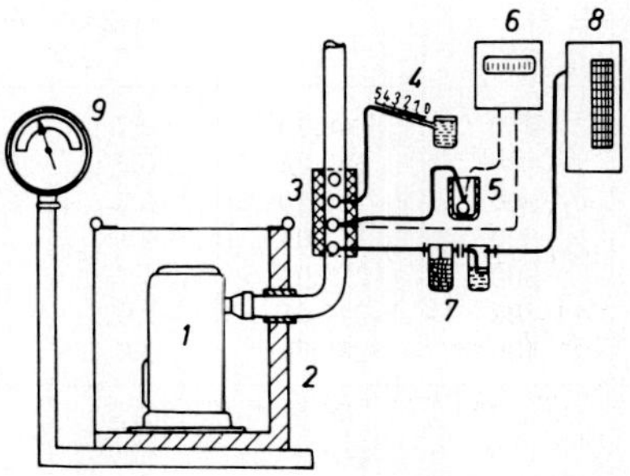

► ***Zur Selbstkontrolle***

1. Welches Thermoelement eignet sich zur Anwendung in der Aluminiumschmelze?
2. Bestimme ein Thermopaar für die Temperaturmessung der SM-Schmelze!
3. Wie kann die Zündkerzentemperatur im Zylinderkopf ermittelt werden?
4. Bestimme ein Thermoelement für die Salzbad-Härteeinrichtung des Werkzeugbaus!

1.2.2.5 Auswahlkriterien für Thermoelemente und Widerstandsthermometer

Widerstandsthermometer weisen eine vergleichsweise höhere Meßgenauigkeit auf. So liegen die Fehlergrenzen bei Platin-Meßwiderständen deutlich unter ± 1 % über den gesamten Meßbereich, während die Meßgenauigkeit der Thermoelemente etwa bei 1,5 % liegt. In der Ansprechgeschwindigkeit dagegen sind die Thermoelemente weit überlegen. Während die Halbwertszeit gängiger Thermoelemente beispielsweise 10–15 Sekunden beträgt, liegt sie bei vergleichbaren Widerstandsthermometern bei einer Minute. Lediglich die Heißleiterthermometer haben ähnlich kurze Halbwertszeiten wie Thermoelemente. Thermoelemente haben darüber hinaus noch den Vorzug der punktförmigen Meßstelle und in der PtRh-Pt Ausführung auch des Meßbereiches bis 1600 °C.

Fehlergrenzen für Platin-Meßwiderstände

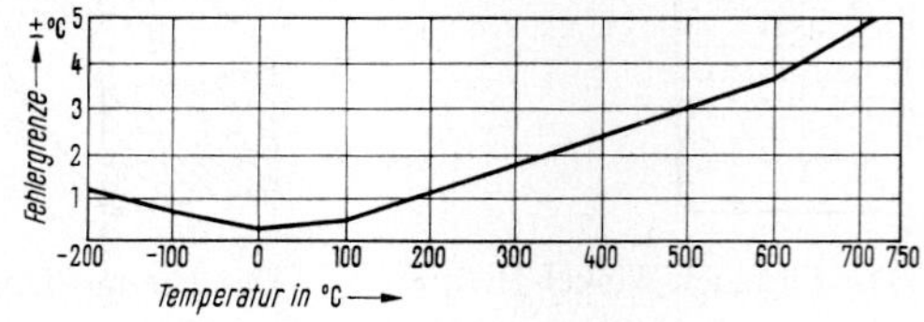

Anwendung

Aufgabe 1

a) Ermittle zu den Werten der Grundwertreihe für die Meßwiderstände Pt100 und Ni100 und deren maximal zulässigen Abweichungen die maximal zulässigen relativen Fehler!

	°C	Ω	maximaler Fehler in °C	maximaler Fehler in Ω
Pt 100	−100	60,20	± 0,7	± 0,3
	0	100,00	0,3	0,1
	100	138,50	0,5	0,2
	200	175,84	1,1	0,4
	300	212,03	1,7	0,6
	400	247,06	2,3	0,8
	500	280,93	3,0	1,0
Ni 100	− 60	69,5	2,1	1,0
	0	100,0	0,2	0,1
	100	161,7	1,1	0,8
	180	223,1	1,5	1,3

b) Stelle in einem Diagramm die Abhängigkeit des relativen Fehlers von der Meßtemperatur für beide Standardwiderstände dar!

c) Vergleiche die Anzeigeempfindlichkeit beider Widerstände im Meßbereich zwischen 0 und 200 °C!

Lösung:

a) Der relative Fehler ist gleich $\frac{\text{absoluter Fehler} \times 100}{\text{Grundwert}}$ in % z. B. für Pt100 und −100 °C ist der relative Fehler: $\frac{0{,}7}{100}\, 100 = \pm\, 0{,}7\ \%$. Auf diese Weise erhalten wir:

Pt100	rel. Fehler in %	
°C	bei °C	bei Ω
−100	± 0,7	± 0,5
0		0,1
100	0,5	0,14
200	0,55	0,23
300	0,57	0,28
400	0,58	0,32
500	0,60	0,36

Ni100	rel. Fehler in %	
°C	bei °C	bei Ω
− 60	± 3,5	± 1,4
0		0,1
100	1,1	0,5
200	0,8	0,6

b)

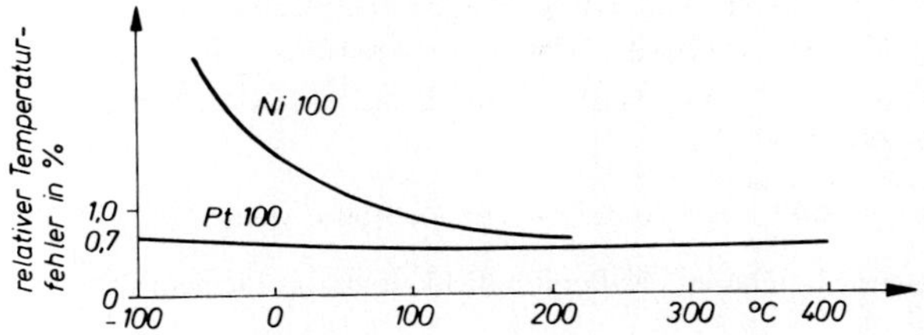

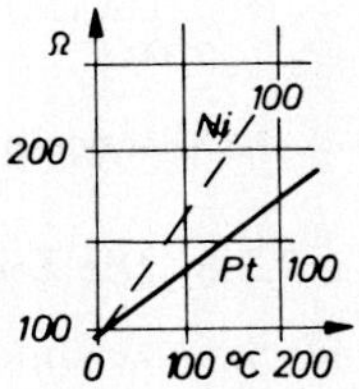

c) Die Anzeigeempfindlichkeit ist

$$\frac{\text{Anzeigeänderung}}{\text{Meßgrößenänderung}} = \frac{\Delta\Omega}{\Delta t}$$

Damit ist die Empfindlichkeit gleich dem Tangens des Anstiegswinkels. Da dieser Wert bei der Nickellinie wesentlich höher liegt, ist auch die Empfindlichkeit des Nickelthermometers höher.

Aufgabe 2

a) Ermittle zu den Werten der Grundwertreihe und der Fehlertoleranzen für die Thermopaare Fe-Konst und PtRh-Pt die maximal zulässigen relativen Fehler!

Fe-Konst		max. Fehler	
°C	mV	°C	mV
100	5,37	± 3	± 0,17
200	10,95	3	0,17
300	16,56	3	0,17
400	22,16	3	0,17
500	27,85	3,6	0,21
600	33,67	4,3	0,25
700	39,72	4,7	0,30
800	46,22	5,2	0,35
900	53,14	5,6	0,40

PtRh-Pt		max. Fehler	
°C	mV	°C	mV
100	0,643	± 3	± 0,0219
200	1,436	3	0,0254
300	2,316	3	0,0275
400	3,251	3	0,0287
500	4,221	3	0,0296
600	5,224	3	0,0306
700	6,260	3	0,0313
800	7,329	3,4	0,0366
900	8,432	3,7	0,0422
1000	9,570	4,1	0,0479
1100	10,741	4,5	0,0537
1200	11,935	5,0	0,0597
1300	13,138	5,5	0,0657
1400	14,337	6,0	0,0717
1500	15,530	6,5	0,0777
1600	16,716	7,0	0,0836

b) Stelle in einem Diagramm die Abhängigkeit des relativen Fehlers von der Meßtemperatur dar!

c) Vergleiche die Anzeigeempfindlichkeit beider Thermopaare!

Lösung:

a) max. rel. Fehler für Thermopaar Fe-Konst

°C	Fehler in %
100	± 3,0
200	1,5
300	1,0
400	0,8
500	0,72
600	0,72
700	0,67
800	0,65
900	0,62

max. rel. Fehler für Thermopaar PtRh-Pt

°C	Fehler in %
100	± 3
200	1,5
300	1,0
400	0,8
500	0,6
600	0,5
700	0,43
800	0,42
900	0,41
1000	0,41
1200	0,42
1300	0,42
1400	0,43
1500	0,43
1600	0,44

b)

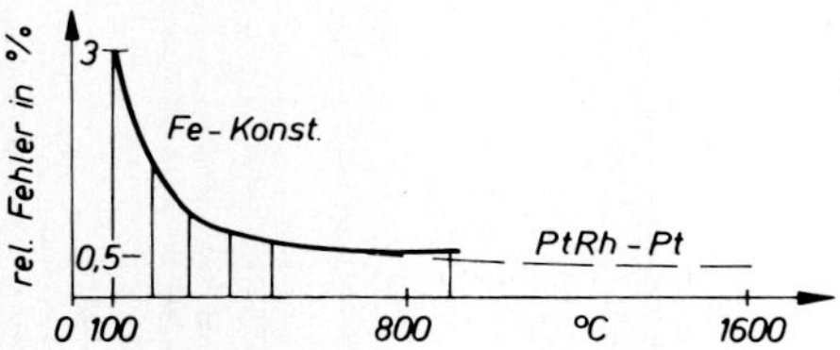

c) Das Thermoelement Fe-Konst ist wesentlich höher in der Empfindlichkeit als das Element PtRh-Pt.

1.2.2.6 Die Zeitkonstante – ein zweites Maß für den Zeitablauf eines Meßvorganges

Ein kennzeichnendes Kriterium für die Ansprechgeschwindigkeit eines Temperaturfühlers ist die *Halbwertszeit*. Um den gleichen Sachverhalt darzustellen, läßt sich neben der Halbwertszeit auch ein zweites Maß, die *Zeitkonstante* T_s, benutzen.

Hierunter versteht man den Zeitabschnitt zwischen dem Berührungspunkt der Tangente an den Kurvenverlauf und ihrem Schnittpunkt mit der Beharrungslinie. Wo auch immer die Tangente angelegt wird, der als Zeitkonstante definierte Abschnitt ist für den Zeitablauf eines bestimmten Meßvorganges immer gleich groß. Sind Zeitkonstante und Endwert der Messung bekannt, so kann der Zeitablauf in seiner Kurvenform genauso dargestellt werden wie mit der Halbwertszeit und dem Endwert. Zwischen der Zeitkonstante und der Halbwertszeit besteht die Beziehung

$$T_s = 1{,}4 \cdot T_h$$

Im späteren Verlauf werden wir auch eine Möglichkeit der rechnerischen Ermittlung der Kurvenpunkte bei gegebener Zeitkonstante finden.

Zeichnerische Ermittlung des Zeitablaufs eines Meßvorgangs mittels Hüllkurve.

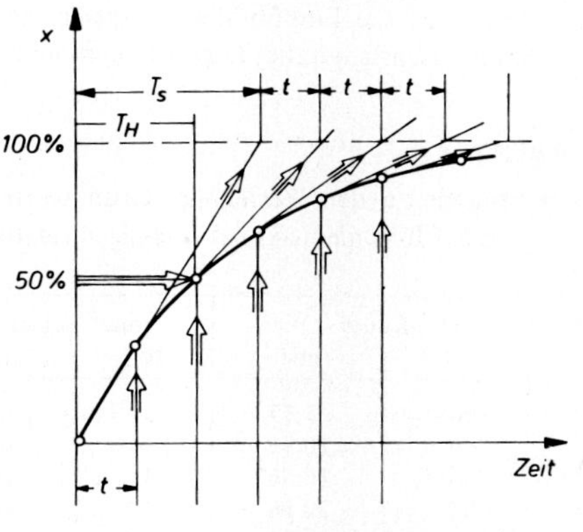

Die Hüllkurve entsteht durch das Anlegen eines Bündels von Tangenten, deren Berührungspunkte durch die Schnittpunkte der Senkrechten im gleichen Abstand *t* auf der Zeitachse mit der Tangente durch den vorhergehenden Berührungspunkt gebildet werden. Die Zeiteinheit *t* kann dabei beliebig gewählt werden.

Das Thermoelement hat eine kürzere Zeitkonstante und daher eine höhere Ansprechempfindlichkeit im Vergleich zum Widerstandsthermometer.

t_s Zeitkonstante des Thermoelementes
T_s Zeitkonstante des Widerstandsthermometers.

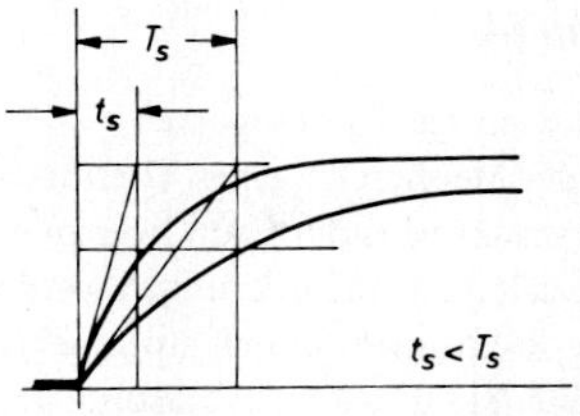

Zeitkonstanten von Thermoelement und Widerstandsthermometer

1.2.3 Der Flüssigkeits-Ausdehnungsfühler

Meßwertgeber, auch als Fühler oder Sensoren bezeichnet, leiten den am Meßort erfaßten Zustandswert der Meßgröße dem Meßwerk zur Umformung in eine anzeigefähige Größe zu.

Typische Meßwertgeber für die Größe Temperatur sind Thermoelemente, Widerstandsthermometer, Ausdehnungsstäbe, Bi-Metallelemente und Ausdehnungsfühler.

Der *Flüssigkeits-Ausdehnungsfühler* erfaßt den Meßwert der Meßgröße Temperatur. Er kann wie hier als Raumfühler direkt im Medium liegen oder auch als Anlagefühler die Temperatur einer Wand abtasten.

Die Fühlerflüssigkeit muß temperaturbeständig, antikorrosiv und nicht brennbar sein sowie einen hohen Ausdehnungs-Koeffizient aufweisen.

Wichtig ist der sachgemäße Einbau am Meßort! Störende Einflüsse wie Wärmestau und Eigengewicht der Fühlerflüssigkeit müssen neutralisiert werden.

Wichtige Kenngrößen für Temperaturfühler sind: Anzeigebereich, Ansprechempfindlichkeit und Dauer der Zeitkonstante.

Die Grenze zwischen dem Meßwertgeber und dem nachgeschalteten Wandler, der den Meßwert reglergerecht umformt, läßt sich nicht immer eindeutig ziehen. Im allgemeinen gilt: Meßwertgeber = (Fühler) sind direkt vom Stoff- oder Energiestrom *beaufschlagt*!

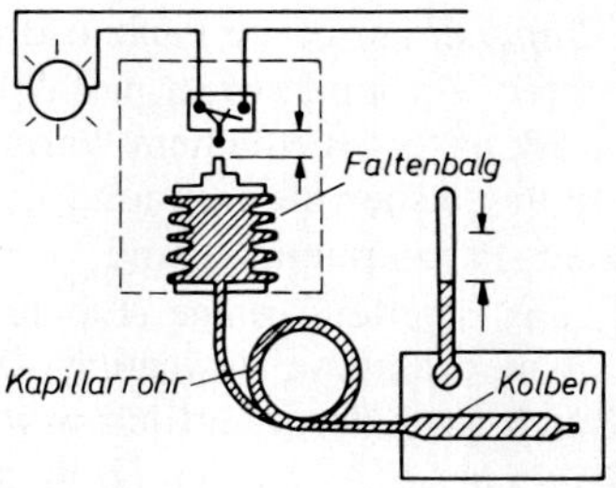

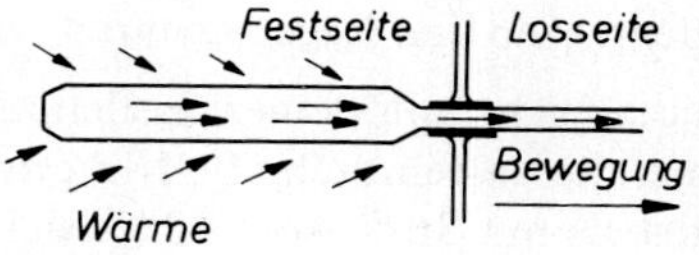

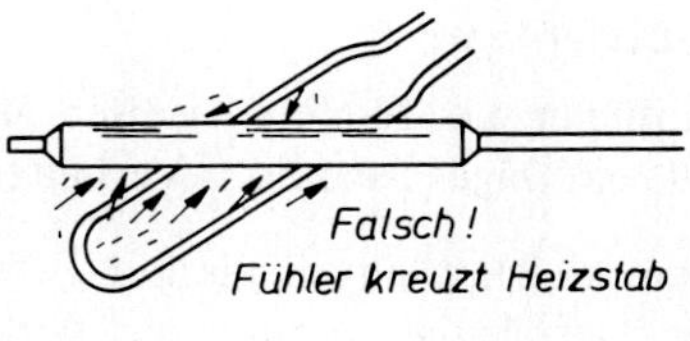

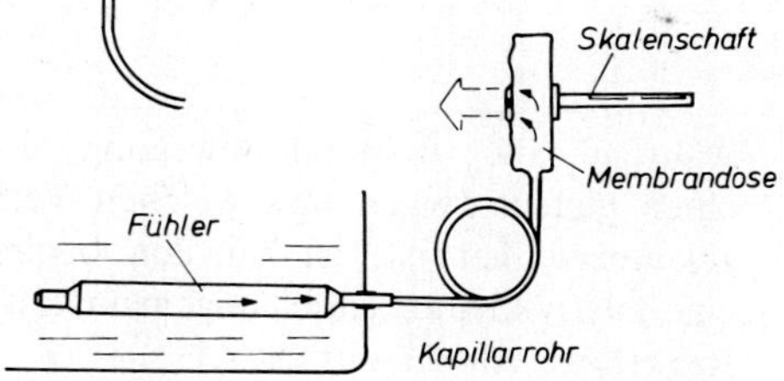

► ***Zur Selbstkontrolle***

1. Nenne vier wichtige Thermopaare!
2. Wovon ist der Meßbereich eines Thermoelementes abhängig?
3. Welche Daten sind aus der Grundwertreihe der Thermospannungen zu ersehen?
4. Welche spezifischen Anforderungen werden an eine Fühlerflüssigkeit gestellt?
5. Formuliere Richtlinien für den störungsfreien Einbau des Ausdehnungsfühlers!
6. Welche Fühlerbauart ist zur Abtastung der Verdampfertemperatur des Kälteaggregats geeignet?
7. Nenne drei wichtige Kennwerte für Temperaturfühler!

1.2.4 Thermo-Bi-Metalle und Invarstab als Temperaturfühler

Thermo-Bimetall lautet der Fachausdruck für den geschichteten Verbund zweier metallischer Streifen mit stark unterschiedlichem Wärme-Dehnverhalten. Je ungleicher die Dehnungskoeffizienten der beiden Partnermetalle sind, umso stärker wandelt das streifenförmige Element Wärmeenergie in mechanische Bewegung. Der Anwendungsbereich ist außerordentlich weit. Der *thermomechanische Effekt* kann zum Messen der Temperatur, aber auch zum Schalten und damit zum Begrenzen und Regeln genutzt werden.

Für die Schicht mit kleiner Ausdehnung verwendet man die austenitische Fe-Ni-Legierung *Invar* (invariabel) mit 36 % bzw. 42 % Nickel. Für die Schichtseite mit großer Ausdehnung bieten sich Ni-Mn-Legierungen an.

Thermofühler aus Bi-Metall weisen als typische Eigenart ein träges Reaktions-Verhalten auf.

Auf dem gleichen physikalischen Effekt, nur in anderer Gestaltung, beruht die Wirkungsweise des Invarstabes als Temperaturfühler, Der Kern dieses Ausdehnungsstabes besteht aus Invar, während das Hüllrohr, das mit dem Medium im unmittelbaren Kontakt steht, aus Kupfer ist. Auch hier führt das unterschiedliche Dehnverhalten zur thermomechanischen Bewegung.

Während die Bi-Metall-Bewegung durch einen gleichmäßigen und weichen Verlauf gekennzeichnet ist, ist für den Invarstab eine relativ kleine, jedoch ungemein kräftige Reaktionsbewegung typisch.

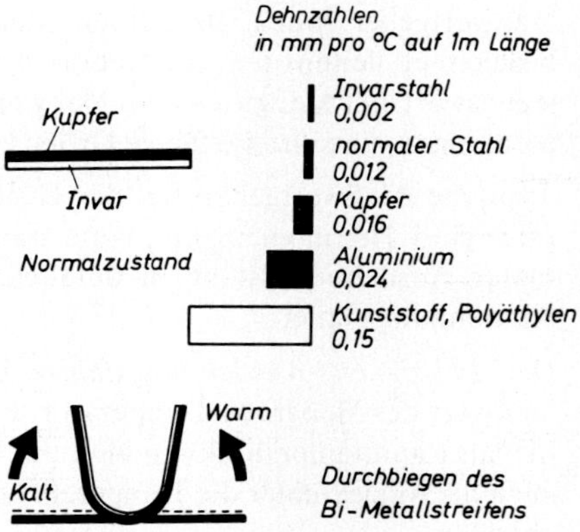

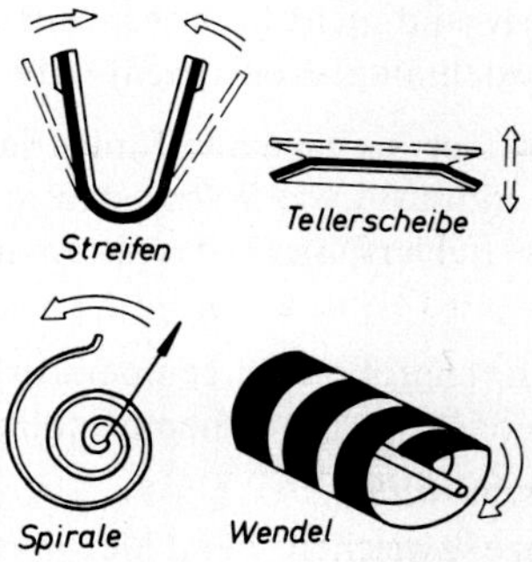

Vier Grundformen des Bi-Metall-Fühlers

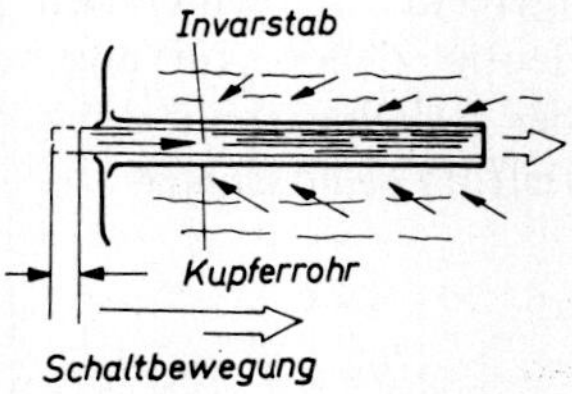

Der Invarstab-Fühler

► ***Zur Selbstkontrolle***

1. Erläutere die fachsprachliche Herkunft des Wortes *Bimetall*!
2. Erkläre die Fachbezeichnung *thermomechanischer Effekt*!
3. Wie ist die Speziallegierung *Invar* zusammengesetzt?
4. Wie unterscheidet sich das Schaltverhalten der Fühlerelemente Thermo-Bimetall und Invarstab?

1.3 Kraftmessung

1.3.1 Dehnungsmeßstreifen

1.3.1.1 Wirkungsweise

Wird ein Metalldraht durch eine Kraft auf Zug beansprucht, so dehnt sich der Draht. Es tritt eine Längenänderung ein, die sich über weite Bereiche proportional zur angreifenden Kraft verhält.

Eine Längenänderung eines Drahtes ruft eine Widerstandsänderung hervor. Beide Größen stehen wiederum in einem proportionalen Verhältnis, was sich aus der Widerstandsformel für metallische Leiter ergibt.

Die geringe Querschnittsverminderung, die im proportionalen Bereich eintritt, soll außer Acht gelassen werden.

$$\text{Dehnung} = \frac{\text{Längenänderung}}{\text{Ausgangslänge}}$$

$$\epsilon = \frac{\Delta l}{l}$$

$$\Delta l = \epsilon l$$

$$\Delta l \sim F$$

$$R = \frac{l}{\kappa A}$$

Es folgt

$$\frac{\Delta l}{l} = \frac{\Delta R}{R}$$

$$\Delta R = \frac{\Delta l}{l} R$$

$$\Delta R = \epsilon R$$

1.3.1.2 Anwendung

Diese Gesetzmäßigkeiten werden im *Dehnungsmeßstreifen* (DMS) ausgenützt, um elastische Dehnungen an statischen und dynamisch belasteten Bauteilen zu messen.

Beschreibung: Damit die Längenänderungen recht groß werden, führt man den Draht in rechteckigen Schleifen mehrfach hin und her. Diese Drahtschleifen kittet man fest auf einen Kunststoffstreifen auf, der mit einem Kunststoffkleber (z. B. *Araldit*) auf das belastete Bauteil aufgeklebt wird. Der Draht folgt dann kleinen Längenänderungen und Dehnungen, ohne sich dabei vom belasteten Bauteil zu lösen.

Neben Draht-DMS gibt es Folien-DMS. Diese werden aus einer Folie aus Widerstandsmaterial in der gewünschten Form ausgeätzt.

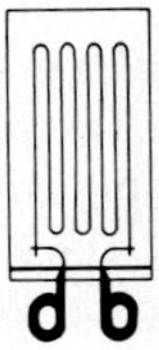

Draht-DMS
ϕ 0,025 mm, Konstantan

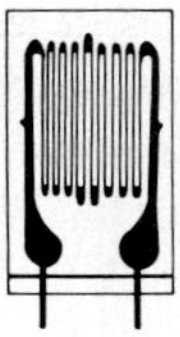

Folien-DMS
$d_{\text{Folie}} = 0{,}01$ mm
d = Folienstärke

1.3.1.3 Verschiedene Formen von Dehnungsmeßstreifen

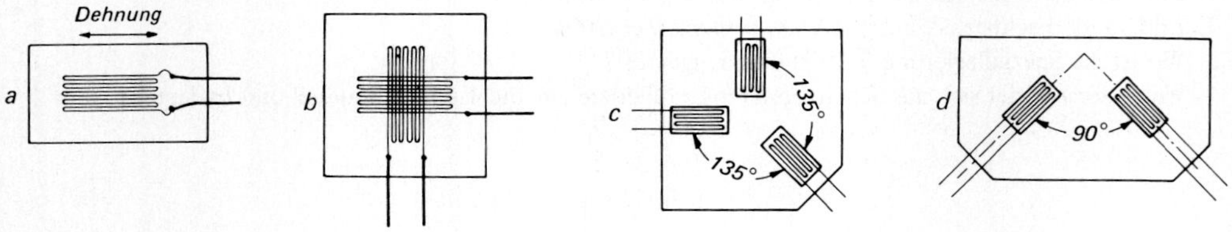

a Einfachstreifen
b zwei senkrecht zueinander angeordnete Streifen
c Rosettenstreifen
d Winkelstreifen
e Folienstreifen

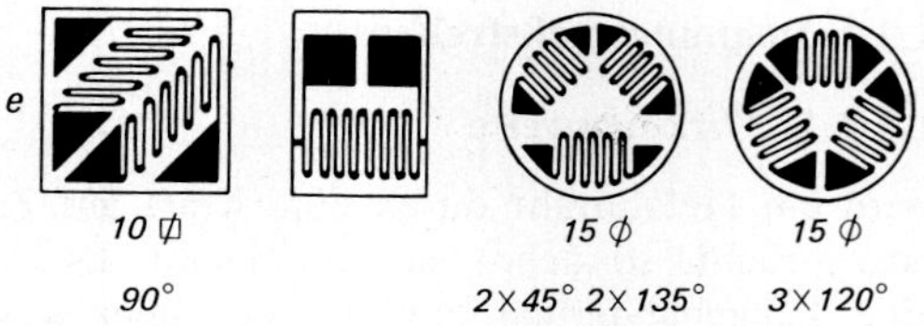

1.3.1.4 Temperaturkompensation durch Brückenschaltung

Temperaturschwankungen an der zu messenden Oberfläche verursachen Wärmedehnungen, die als überlagerte Meßfehler vom DMS registriert werden. Durch Anbringen eines zweiten gleichartigen DMS in einer Brückenschaltung können auftretende Fehler kompensiert werden.

Ändert sich durch Sonneneinstrahlung zum Beispiel die Temperatur in DMS 1, so wird DMS 2 – die beiden DMS müssen räumlich so angebracht werden, daß sie in der gleichen Temperaturzone liegen – bei gleicher Temperatur den gleichen Spannungsabfall besitzen wie DMS 1. Wenn $U_{v1} = U_{v2}$, dann wird das Meßgerät keinen Ausschlag anzeigen. Der Temperatureinfluß ist kompensiert. Wird jedoch DMS 1 gedehnt – DMS 2 ist um 90° versetzt und erfährt deshalb bei Zugbelastung keine nennenswerte Dehnung –, so ändert sich nur U_{v1} und nicht U_{v2}. Da U_{v3} und U_{v4} außerhalb des Bauteiles liegen und deshalb keine Veränderung erfahren, wird vom Meßgerät die Differenzspannung $U_{v1} - U_{v2}$ angezeigt.

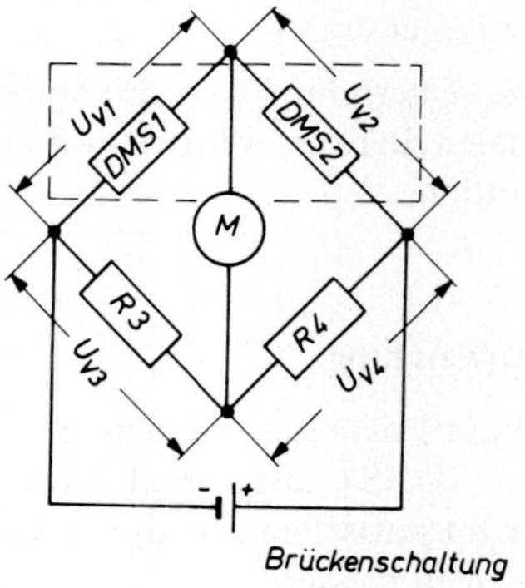

Brückenschaltung

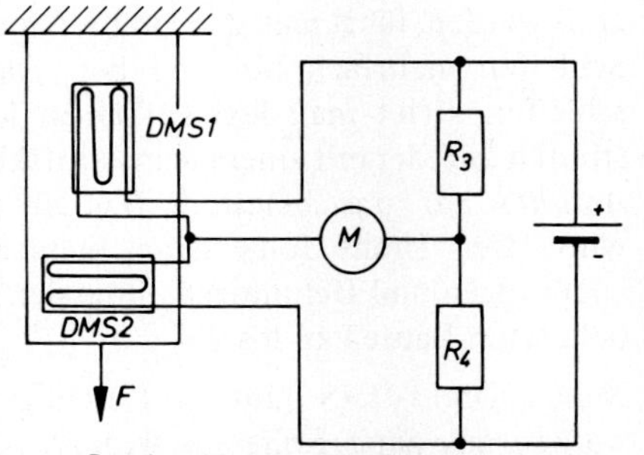

Brückenschaltung mit Temperaturkompensation

1.3.1.5 Vollbrückenschaltung mit 4 DMS und Verstärker

DMS 1 und DMS 3 dienen der Temperaturkompensation, sie haben die gleiche Temperatur wie DMS 2 und DMS 4, da sie nebeneinander angebracht sind. Wegen ihrer Querlage werden DMS 3 und DMS 1 bei Belastung nicht gedehnt. Bei Stauchung und Dehnung verändern nur DMS 2 und DMS 4 ihren Widerstand.

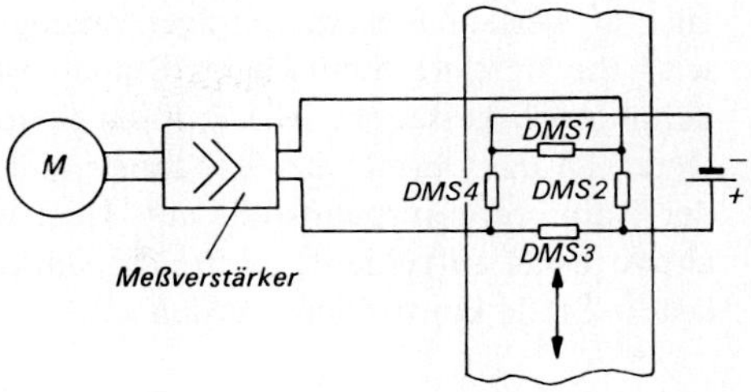

Vorteile der Vollbrückenschaltung:

- Die Brückenverstimmung wird größer, da sich 2 Differenzspannungen addieren.
- Der Temperatureinfluß wird völlig ausgeschaltet, da sich Temperaturschwankungen überall gleich auswirken.

1.3.1.6 Anwendungsbeispiele von Dehnungsmeßstreifen

Dehnungsmessung bei homogenen Spannungen

Ein langer Stab, nach unten hängend eingespannt, wird auf Zug belastet. Im mittleren Teil des Stabes entsteht in Richtung der Stabachse eine homogene Spannung. Der DMS wird in diesem mittleren Teil des Stabes so aufgeklebt, daß die Hauptrichtung des DMS mit der Richtung der Spannungsachse zusammenfällt. Der passive DMS wird in unmittelbarer Nähe des aktiven angebracht, damit gleiche Temperaturen gewährleistet sind.

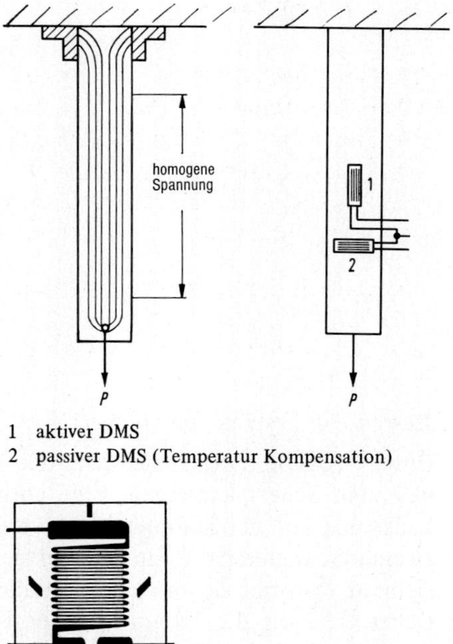

1 aktiver DMS
2 passiver DMS (Temperatur Kompensation)

In der Praxis werden oft fertige Doppel-Dehnungsmeßstreifen mit einer Anordnung 0°/90° verwendet.

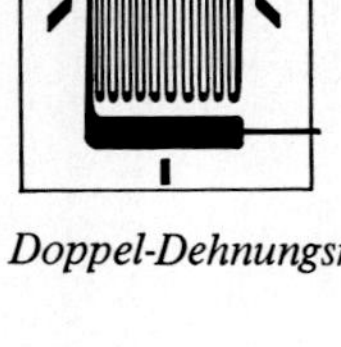

Doppel-Dehnungsmeßstreifen

Messen von Biegespannungen

Lenkt man den fest eingespannten Stab seitlich aus, so werden Biegespannungen erzeugt. Dabei wird die mittlere Schicht des Stabes weder gedehnt noch gestaucht. Die größten Spannungen treten an der Oberfläche des Stabes, und zwar in der Nähe der Einspannstelle auf. Dort wird der aktive DMS aufgeklebt, da die am stärksten belastete Stelle kontrolliert werden soll.

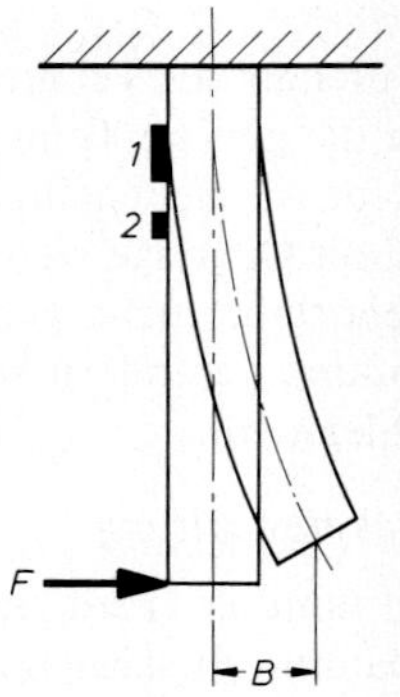

1 aktiver DMS
2 passiver DMS

Durch die Vollbrückenschaltung mit 4 DMS können Biegespannungen in zwei Richtungen gemessen werden. Gleichzeitig wird die Empfindlichkeit der Schaltung erhöht und der Einfluß unerwünschter Temperatur ausgeschaltet.

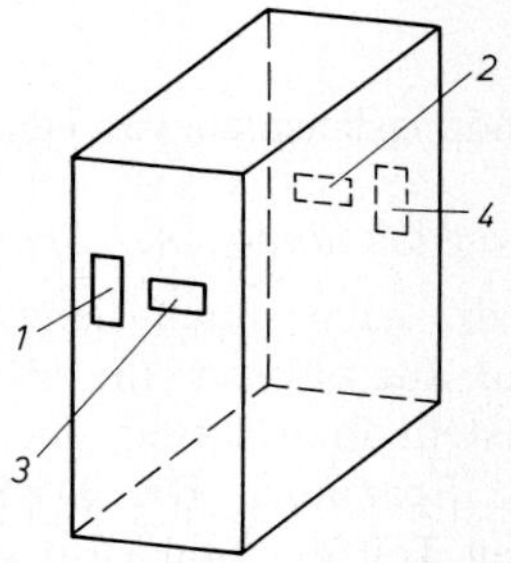

Vollbrückenschaltung bei beidseitigen Biegespannungen mit 4 DMS

Messen von Torsionsspannungen

Durch Torsion eines eingespannten Stabes erhält man Scherspannungen. Eine vorher gerade Längslinie auf der Staboberfläche verformt sich zu einer Schraubenlinie. Ein rechteckiges Flächenelement verformt sich zu einem Parallelogramm. Dabei erfahren die Diagonalen der Fläche die stärksten Veränderungen.

Aus diesem Grunde werden die DMS unter 45° zur Stabachse aufgeklebt.

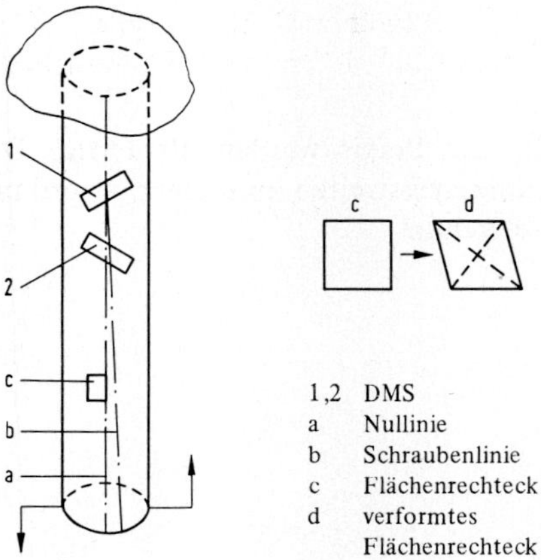

1,2 DMS
a Nullinie
b Schraubenlinie
c Flächenrechteck
d verformtes Flächenrechteck

Speziell für Torsionsspannungen bei Wellen werden Spezialrosetten mit 45°-Anordnung hergestellt.

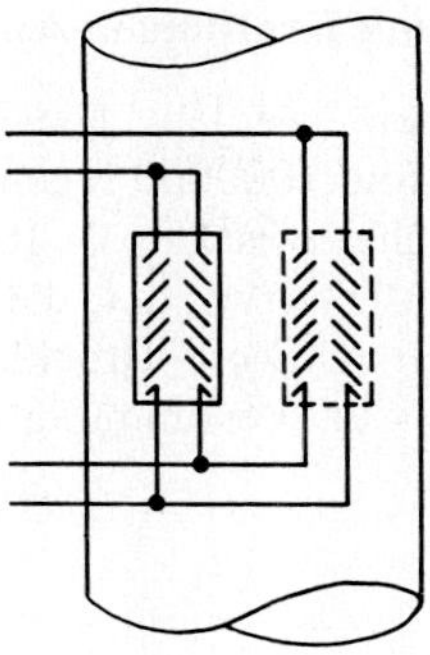

Vollbrückenschaltung mit 4 DMS

Doppel-DMS mit Anordnung ± 45°

Druckmessung mit Membrane und Sonderdehnungsmeßstreifen

Die Dehnung des Gehäusebodens wird auf die spiralförmige Leiterbahn des DMS übertragen.

Bei dieser Art von Messungen muß die Meßstelle geöffnet und die Gehäusekonstruktion aufgeflanscht werden.

Sind die Rohre bzw. Behälter nicht zu dick, so kann der Behälter oder das Rohr selbst als Meßelement benutzt werden.

Das nebenstehende Bild zeigt eine entsprechende Anordnung der DMS. Drei der DMS bilden zueinander einen Winkel von je 120°. Der vierte DMS wird auf einem Stück Material aufgeklebt, welches dem Rohrmaterial entspricht und guten Wärmekontakt zu diesem hat. Dieser vierte DMS dient der Temperaturkompensation. Ein Flüssigkeits- oder Gasdruck im Innern des Rohres bewirkt eine Dehnung des Rohres am Umfang und eine Dehnung in Richtung der Längsachse.

Auch hierfür gibt es entsprechende DMS-Rosetten in 0°, 120° und 240°-Anordnung.

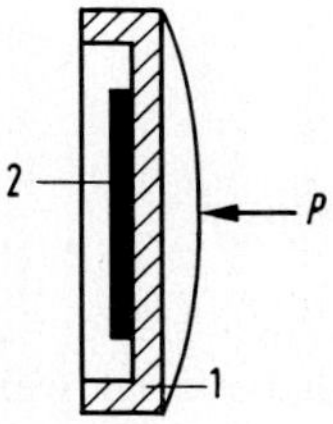

1 Gehäuse
2 DMS

Sonder-DMS für Druckmessungen

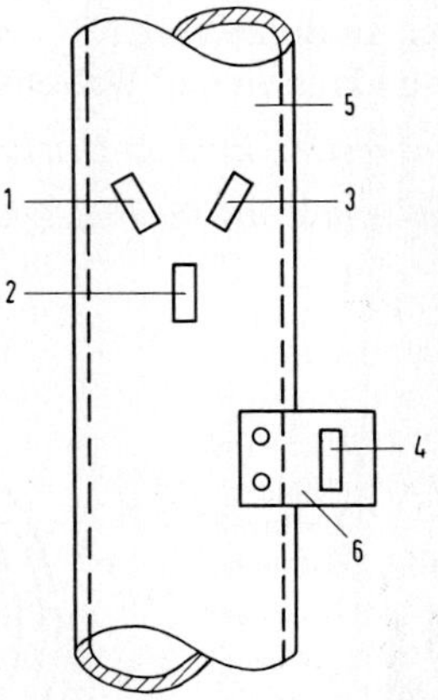

1 bis 4 DMS,
5 Rohr,
6 Blech

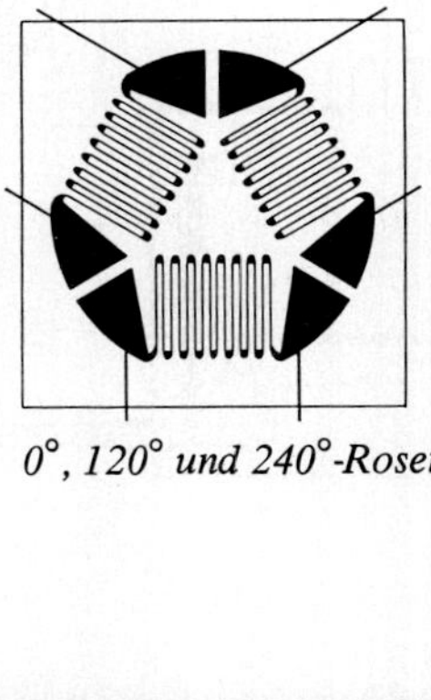

0°, 120° und 240°-Rosetten

1.3.2 Messungen mit Kraftmeßdosen

Mit Kraftmeßdosen werden Gewichte und Kräfte zwischen 0 und 1000000 N gemessen. Für kleinere Meßbereiche zwischen 0–1000 N werden Druckkraftmesser verwendet, die nach dem Federprinzip arbeiten. Diese Druckkraftmesser lassen sich auch zur Bestimmung von Zugkräften verwenden.

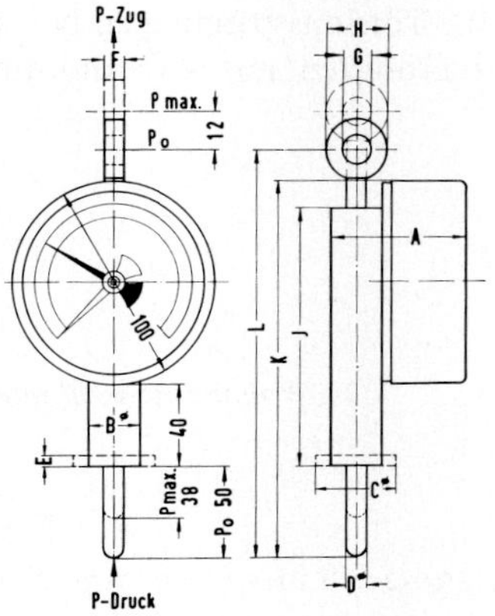

Druckkraftmesser mit Maximum-Zeiger zur Messung von Druck- und Zugkräften bis 500 N.

Hydraulische Kraftmeßdosen

Müssen mit Kraftmeßdosen größere Kräfte gemessen werden, so kommen Kraftmeßdosen infrage, die hydraulisch bestätigt werden. Der Anwendungsbereich für hydraulische Kraftmeßdosen läßt sich grob wie folgt bestimmen:

– *Statische Kraftmessung an Werkzeugmaschinen*
  z. B. Spitzendruck an Drehmaschinen
  Spindeldruck an Bohrwerken
  Lagerdruck an Pressen und Walzenstühlen.
– *Drehmomentbestimmung an Leistungsbremsen*
– *Behälterinhaltsmessung für Flüssigkeiten, Gase und Schüttgüter*

Hydraulische Kraftmeßdose

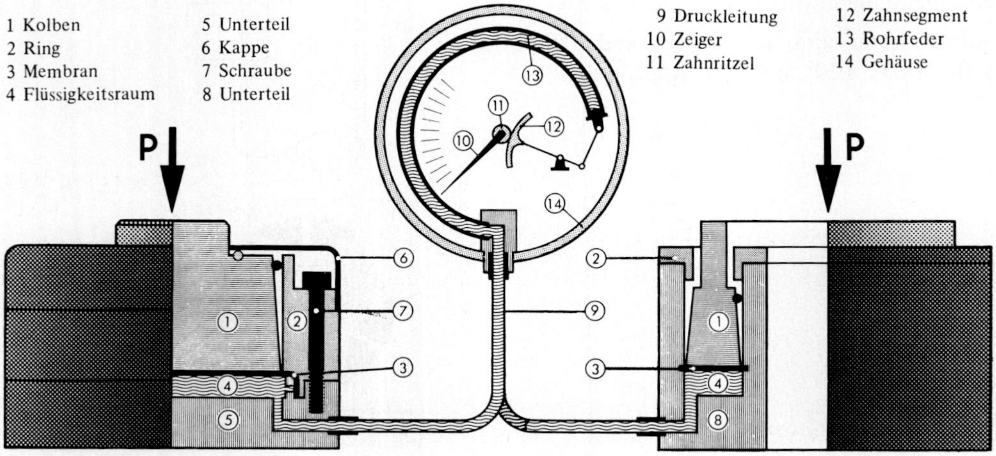

Die zu messenden Kräfte können bis zu 15 m durch Kapillarleitungen zum Anzeigeinstrument übertragen werden.

Als Überlastungssicherung gegen Überdruck verwendet man eine Überdruck-Schutzvorrichtung, die bei mehr als 10 % Überlastung die Verbindung zum Manometer unterbricht. Die Geräte sind in Temperaturbereichen zwischen −20 °C und +40 °C unempfindlich in Bezug auf die Meßgenauigkeit. Der zulässige Meßfehler beträgt ± 1 % vom Meßbereich.

Arbeitsweise: Die Kraftmeßdose arbeitet nach dem Prinzip der hydraulischen Kraftübertragung. Das Bild zeigt je eine Kraftmeßdose mit zylindrischem Kolben und mit Ringkolben im Schnitt.

Im Unterteil befindet sich der Flüssigkeitsraum, der durch eine elastische, selbstdichtende Membran abgeschlossen ist. Auf dieser Membran ruht ein Kolben, auf welchen die zu messende Kraft wirkt. Der Kolben der Kraftmeßdose macht bei max. Belastung einen Weg von 0,3 bis 0,5 mm.

Der Flüssigkeitsraum steht in druckdichter und luftfreier Verbindung mit der Rohrfeder eines Manometers. Bei Belastung der Kraftmeßdose drückt der Kolben auf die Membrane und erzeugt im Flüssigkeitsraum einen Druck, welcher sich in der Füllflüssigkeit bis zur Manometerfeder fortpflanzt. Unter der Einwirkung des Druckes bewegt sich das Ende der Manometerfeder. Diese Bewegung wird durch ein Zahnsegment auf das Ritzel der Zeigerwelle übertragen.

► ***Zur Selbstkontrolle***

1. Welche Gesetzmäßigkeiten werden bei der Messung von Spannungen und Kräften mit Hilfe von DMS ausgenutzt?
2. Erkläre die Bedeutung der Temperaturkompensation beim DMS!
3. Welche Vorteile bietet die Vollbrückenschaltung gegenüber Einfachschaltungen mit DMS?
4. Welche Arten von Spannungen und Kräften lassen sich mit DMS messen?
5. Erkläre die Wirkungsweise einer hydraulisch betriebenen Kraftmeßdose!
6. In welchem Kraftbereich lassen sich Kraftmeßdosen sinnvoll einsetzen?

1.4 Drehzahlmessung

1.4.1 Analoge Drehzahlmessung

1.4.1.1 Stroboskopische Drehzahlmessung

Bei der stroboskopischen Drehzahlmessung werden abschnittsweise Bewegungsvorgänge kurzzeitig sichtbar gemacht, während der Rest der Bewegung unsichtbar bleibt. Das Sichtbarmachen erfolgt über zeitweiliges Anstrahlen mit Hilfe einer Lampe.

Da das menschliche Auge die Bewegungsabläufe summiert erfaßt, ergibt sich wie beim Film ein stehendes Bild, wenn z. B. bei einer Drehbewegung das kurzzeitige Sichtbarmachen synchron zur Drehzahl erfolgt. Eine zu diesem Zweck auf der Welle angebrachte Markierung scheint dabei still zu stehen.

Weicht die Aufhellfrequenz (d. h. das kurzzeitige Sichtbarmachen) von der Drehfrequenz ab, so scheint die Markierung zu wandern. Ist die Frequenz größer als die Drehfrequenz der

Welle, so wandert die Markierung vorwärts, ist sie kleiner, so scheint sie sich rückwärts zu bewegen. Beim stehenden Bild braucht die stufenlos verstellbare Frequenz der Stroboskoplampe nur abgelesen werden. Sie ist dann identisch mit der Drehzahl der Welle.

Sollen hohe Drehfrequenzen gemessen werden, so reicht es aus, wenn nicht bei jeder Umdrehung die Markierung angestrahlt wird, sondern wenn dieses bei jeder 2., 3., 4. usw. Umdrehung erfolgt. Man erhält die Drehfrequenz dann indem man die Frequenz der Lampe mit dem entsprechenden Faktor multipliziert. Von Nachteil bei dieser Meßmethode ist es, daß schnell wechselnde Drehzahlen schwierig zu messen sind.

1.4.1.2 Drehzahlmessung mit Tachogenerator

Die von einem elektrischen Generator erzeugte Spannung ist abhängig von der magnetischen Induktion B, von der Anzahl der Leiterschleifen N im Generator und von der Geschwindigkeit v, mit der die Leiterschleifen vom magnetischen Feld geschnitten werden. Ersetzt man die Geschwindigkeit v durch die Drehzahl n, so erhält man folgende mathematische Beziehung:

$$E \approx NBn$$

E = Elektromotorische Kraft entspricht der Spannung U

Da Windungszahl N und Induktion B konstant gehalten werden, ergibt sich

$$E \approx kn$$

Die Spannung E verhält sich direkt proportional zur Drehzahl n.

Der Tachogenerator ist mit der Welle, deren Drehzahl gemessen werden soll, fest verbunden. Der Generator liefert eine Wechselspannung, die über einen Gleichrichter umgewandelt auf ein Drehspulmeßwerk gegeben wird, dessen Skala in U/min geeicht ist.

Die Genauigkeit der Drehzahlmessung bei Tachogeneratoren ist durch Streuinduktivitäten und Ankerrückwirkung allerdings beschränkt. Fehlerquoten von 1 % bis 3 % sind üblich.

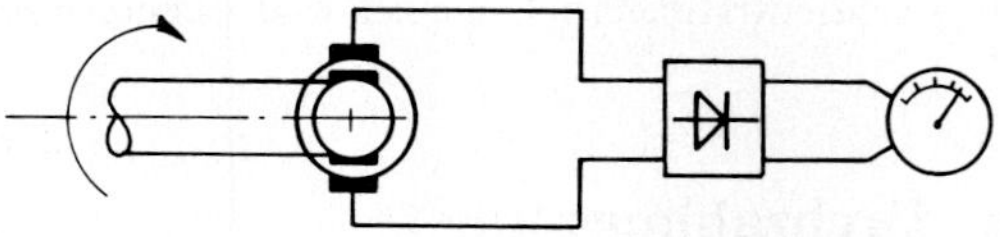

Tachogenerator

1.4.1.3 Drehzahlmessung mit Hilfe von Impulszählung

Bei diesem Verfahren der Drehzahlmessung werden über eine Lochscheibe Lichtimpulse auf eine Photozelle gegeben. Jeder Impuls erzeugt einen Spannungsstoß, der über einen Verstärker eine verwertbare Impulsspannung liefert. Gibt man diese Impulsspannung auf ein Drehspulmeßwerk, so werden die Impulse zu einer Summengleichspannung zusammengefaßt. Diese wird dann vom Meßwerk angezeigt.

Dreht sich die mit der Welle fest verbundene Lochscheibe schneller, so wächst die Anzahl der entstehenden Lichtimpulse proportional mit der Drehzahl. Bei der Summierung der Spannungsimpulse entsteht eine entsprechend größere Meßspannung, die auf dem Drehspulmeßwerk einen entsprechend höheren Spannungswert anzeigt.

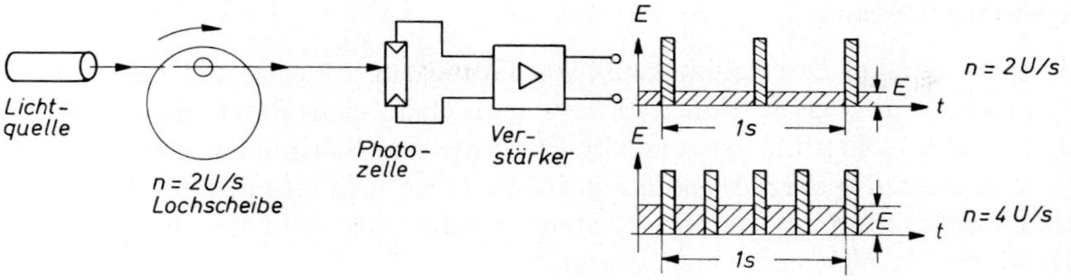

Außer Lichtimpulsen, die in einer Photozelle in Spannungsimpulse umgewandelt werden, verwendet man häufig magnetische Drehzahlimpuls-Aufnehmer, deren Wirkungsweise kurz dargestellt werden soll.

In der Welle, deren Drehzahl gemessen werden soll, ist ein Dauermagnet radial eingelassen und gegen seine Umgebung magnetisch abisoliert. Man wird diesen Dauermagneten oft so in den Rotationskörper einfügen können, daß er nach außen hin nicht überragt oder sonst stört. Mit jeder Umdrehung wird das mitrotierende Feld des Dauermagneten die Leiterschleifen der feststehenden Spule schneiden und in diesen einen Spannungsstoß erzeugen, der verstärkt als Impuls zur Drehzahlmessung verwendet werden kann.

Der magnetische Drehzahl-Aufnehmer kann bei niedrigen Drehzahlen nicht mehr verwendet werden, weil nach dem Induktionsgesetz $U \sim \Delta \Phi / \Delta t$ der Wert Δt zu groß wird, um noch eine verwertbare Spannung zu erzeugen.

Verwendet man statt dessen ein *Hall*-Element, so tritt dieser Nachteil nicht auf, da die wirksame Spannung U_H direkt proportional der Induktion B des Magneten bei konstantem Steuerstrom I_s ist.

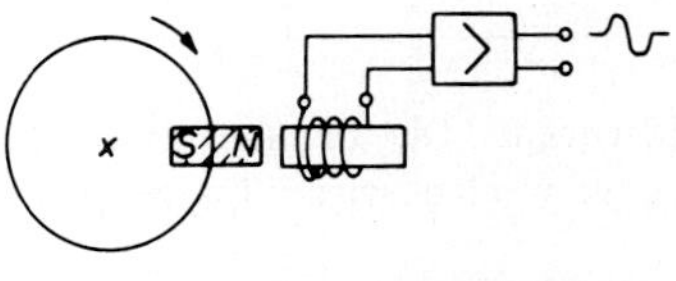

Magnetischer Drehzahl-Aufnehmer

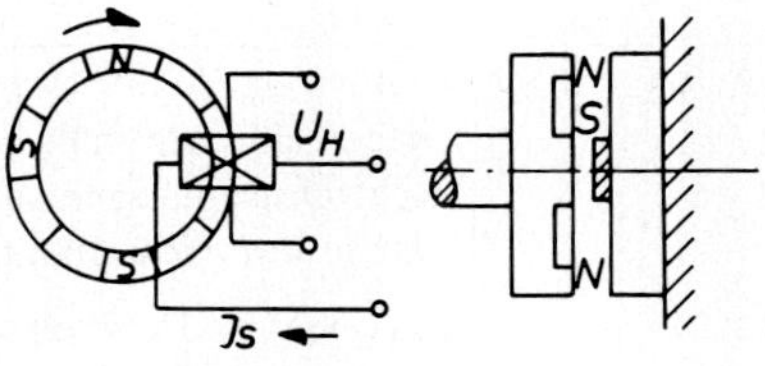

Drehzahlaufnehmer mit Hallplatte

1.4.2 Digitale Drehzahlmessung (Frequenzmessung)

Digitale Meßverfahren weisen gegenüber analogen Meßverfahren folgende Vorteile auf:

- *leichtere und sicherere Ablesbarkeit*
- *Irrtümer beim Ablesen sind selten*
- *Meßwerte können direkt in nachgeschalteten Geräten (Drucker, Rechner usw.) umgesetzt und verarbeitet werden.*
- *Genauigkeit kann beliebig erhöht werden, ohne daß der dafür notwendige Aufwand überproportional ansteigt.*

Aus diesen Gründen hat sich der praktische Anwendungsbereich für digitale Meßwerke stark erweitert. Da mit dem Bau größerer Serien auch die Fertigungskosten gesunken sind, treten digitale Meßwerke immer erfolgreicher in Konkurrenz zu den herkömmlichen analogen Meßwerken. Das gilt für den weiten Bereich der Zeit-, Frequenz- und Drehzahlmessungen.

1.4.2.1 Digitale Kurzzeitmessung

Um die Methode der Digitalen Drehzahlmessung von Grund auf erklären und beschreiben zu können, soll zunächst eine digitale Kurzzeitmessung an Hand eines Blockschaltbildes erläutert werden. Die im Blockschaltbild verwendeten Elemente und Bausteine werden als Subsysteme eines Systems *digitale Kurzzeitmessung* betrachtet. Sie werden mit ihren Eingangs- und Ausgangsgrößen betrachtet. Im Kapitel 2, Steuerungstechnik, wird im einzelnen auf die Wirkungsweise dieser Einzelelemente eingegangen.

Blockschaltbild eines digitalen Kurzzeitmessers, z. B. zur Zeitmessung bei Fallversuchen

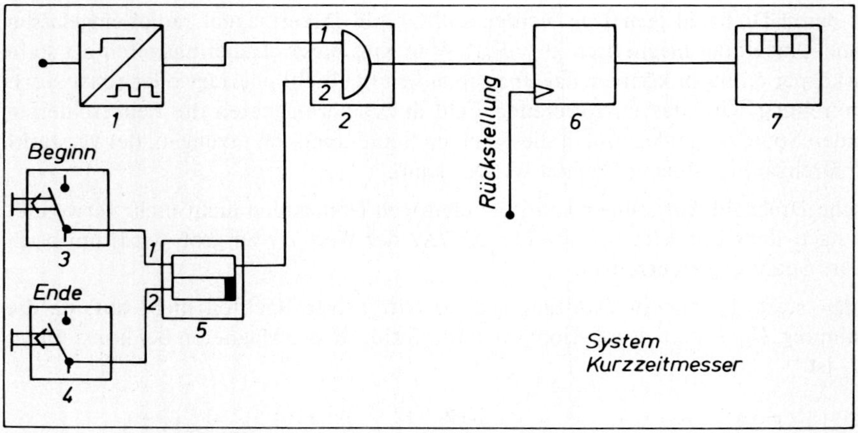

1 Taktgeber	Liefert eine gleichbleibende Taktimpulsfrequenz. Die Impulse treten als Rechteckspannungen auf. In der Elektronik werden solche Taktgeber als *astabile Multivibratoren* bezeichnet.
2 UND-Glied	Das UND-Glied besitzt zwei Eingänge und einen Ausgang. Am Ausgang erscheint nur dann ein Signal, wenn sowohl am Eingang *1* als auch am Eingang *2* gleichzeitig Signale vorhanden sind.
3 bzw. 4 Signalgeber	Mit dem Betätigen der Signalgeber *3* und *4* werden kurzzeitige Signale auf die Eingänge des Speichers *5* gegeben.
5 Speicher	Der Speicher *5* besitzt 2 Eingänge und einen Ausgang. Wird der Eingang *1* (Setzeingang) betätigt, so erscheint am Ausgang ein Signal. Dieses Signal bleibt solange erhalten – auch wenn das Signal an *1* wieder verschwindet – bis ein zweites Signal am Eingang *2* (Löscheingang) erscheint. Mit diesem Signal bei *2* verschwindet das Signal am Ausgang. In der Elektronik werden Speicherelemente mit *Flip-Flop-Elementen* bezeichnet.
6 Zähler	Der Zähler *6* addiert und summiert die Anzahl der ankommenden Impulse im dualen Zahlensystem und setzt sie anschließend in das gebräuchliche Dezimalsystem um. Zähler werden oft aus mehreren *Flip-Flops* und Logik-Gliedern aufgebaut. Über die Rückstellungsleitung kann der Zähler jederzeit auf 0 gesetzt werden.
7 Anzeigegerät	Das Anzeigegerät zeigt die im Zähler aufgelaufenen Zahlenwerte im Dezimalsystem auf.

Beschreibung der Kurzzeitmessung:

Es soll die Zeit gemessen werden, die eine Kugel im freien Fall benötigt, um eine bestimmte Strecke zurückzulegen. Mit dem Beginn der Meßzeit wird über den Taktgeber eine bestimmte Taktfrequenz über das UND-Glied auf den Zähler gegeben. Die Taktfrequenz erreicht den Zähler jedoch nur, solange über den Speicher *5* ein zweites Signal auf den anderen Eingang des UND-Gliedes gegeben wird. Dieses zweite Signal steht an *2* solange an, bis die fallende Kugel den Signalgeber *4* betätigt und damit den Speicher löscht. Die Anzahl der auf den Zähler gelangten Zählimpulse ist ein Maß für die zu messende Fallzeit.

Zahlenbeispiel:

Der Taktgeber liefert eine Taktfrequenz von 10 MHz auf den Eingang *1* des UND-Gliedes und damit auf den Eingang des Zählers. Ein Takt dauert damit 0,1 μs = 10^{-7} s. Es werden über den Speicher 1 636 450 Takte durchgelassen. Das bedeutet, daß $1\,636\,450 \cdot 10^{-7}$ s = 0,163645 s vergehen, bis die fallende Kugel den Zielschalter betätigt. Das Ergebnis wird auf 7 Stellen genau angezeigt.

Würde eine niedrigere Taktfrequenz verwendet, so wird das Ergebnis entsprechend ungenauer.

Bei einer Taktfrequenz von 10 KHz wäre die Taktdauer 100 μs = 10^{-4} s. Der Zähler würde bei der gleichen Meßzeit 1636 Takte zählen. Das Anzeigegerät würde 0,163 anzeigen.

Die Meßgenauigkeit ist außer von der Taktfrequenz noch davon abhängig, wie groß die Verzögerung der Signalgeber *3* und *4* ist. Wenn deren Verzögerungszeit relativ hoch ist, dann ist es kaum lohnend, das Ergebnis auf viele Stellen hinter dem Komma genau auszuweisen.

1.4.2.2 Digitale Frequenz und Drehzahlmessung

Bei der Frequenzmessung wird die während einer bestimmten Taktzeit auftretende Anzahl von Schwingungen oder Impulsen angezeigt. Man spricht dann von einer Frequenz von 50 Hz, wenn während einer Zeit von 1 s 50 Schwingungen oder Impulse auftreten.

Blockschaltbild eines digitalen Frequenzmessers (Drehzahlmessers)

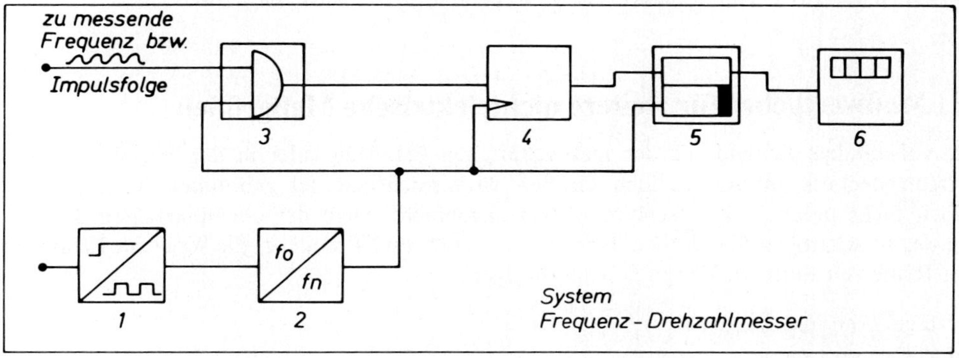

1 Taktgeber

2 Frequenzuntersetzerstufe Diese Untersetzerstufe setzt die Ausgangsfrequenz des Taktgebers auf eine niedrige Basisfrequenz herab. Da diese niedrige Frequenz als Zeitbasis dient, muß der Taktgeber sehr genau arbeiten. Oft wird deshalb ein Quarzgenerator verwendet, der Impulsfrequenzen mit sehr hoher Genauigkeit liefert.

3 UND-Glied *4 Zähler* *5 Speicher* *6 Anzeigegerät*

Sollen Drehzahlen gemessen werden, so braucht über einen Impulsgeber pro Umdrehung nur ein Impuls abgegeben zu werden um einen Frequenzmesser auch zur Messung von Drehzahlen benutzen zu können. Werden statt eines Impulses z. B. 60 Impulse während einer Umdrehung abgegeben, so wird vom Meßgerät die Anzahl der Umdrehungen pro Minute angezeigt.

Beschreibung der Frequenz-(Drehzahl-)messung

Der Taktgeber liefert eine Frequenz hoher Genauigkeit, die in dem Frequenzuntersetzer auf eine niedrige Taktfrequenz (z. B. 1 Hz) herabgesetzt wird. Die Impulse dieser Frequenz bestimmen die Taktzeit, in der der Zähler die Impulse der zu messenden Frequenz zählt und aufaddiert. Dieses Ergebnis wird bis zur nächsten Zählung im Speicher gespeichert und durch das Anzeigegerät ausgewiesen. Die Rückstellungsleitungen sorgen dafür, daß das Ergebnis noch vor der nächsten Zählung gelöscht wird und das neue Ergebnis gespeichert und ausgewiesen wird. Es erscheint also bei einer eingestellten Meßzeit von 1 s in jeder Sekunde ein neues revidiertes Meßergebnis.

Will man das Meßergebnis in kürzeren Zeitabständen abrufen können, so muß die Meßzeitdauer verkleinert werden. Wird als Meßzeit 1 ms eingestellt, so erscheint das Ergebnis pro Sekunde eintausendmal. Gleichzeitig wird jedoch das angezeigte Meßergebnis um drei Zehnerpotenzen ungenauer, da in der zur Verfügung stehenden Zählzeit weniger Impulse gezählt werden können.

Soll z. B. eine Frequenz von 381 248 Hz mit einer Meßzeit von 1 s gemessen werden, so kann der Zähler 381 248 Impulse zählen und das Ergebnis auf 1 Hz genau bestimmen. Wird eine Meßzeit von 0,001 S eingestellt, so kann der Zähler eben nur 381 Impulse zählen. Als Ergebnis erscheint dann 381 KHz.

► ***Zur Selbstkontrolle***

1. Was versteht man unter stroboskopischer Drehzahlmessung?
2. Welche wesentlichen Vorteile weisen digitale Drehzahlmesser gegenüber analogen Drehzahlmessern auf?
3. Zähle einige Arten von Impulsen auf, die bei der Drehzahlmessung verwendet werden.
4. Erkläre in einigen Sätzen die Methode einer digitalen Kurzzeitmessung!
5. Warum lassen sich Frequenzmesser oft auch als Drehzahlmesser und umgekehrt verwenden?

1.5 Meßwertgeber für weitere nichtelektrische Meßgrößen

Eine vollständige Behandlung der meßtechnischen Erfassung aller in der Verfahrens- und Fertigungstechnik interessierenden Größen ist hinsichtlich der gebotenen Beschränkung einfach nicht möglich. Es erscheint jedoch angebracht, nach der exemplarischen Behandlung der so wichtigen Meßgrößen Temperatur, Kraft und Frequenz, die Wege zur Erfassung einer Reihe von weiteren Meßgrößen aufzuzeigen.

Hierzu gehören insbesondere:

– *Druck in Flüssigkeiten und Gasen*
– *Durchfluß*
– *Niveau und Dichte*
– *Durchhang von bandförmigem Material*
– *pH-Wert*

Zur Erfassung dieser Meßgrößen sind spezielle Methoden mit hochinteressanten Anwendungen physikalischer Gesetzmäßigkeiten notwendig.

1.5.1 Meßwertgeber für die Regelgröße Druck

Die Erfassung des Druckes in Flüssigkeiten und Gasen erfolgt in der Mehrzahl der Anwendungsfälle über den Federweg elastischer Körper, die vom Druck direkt beaufschlagt werden.

Auch auf diese elastischen Elemente trifft die Definition des Meßwertgebers zu, denn die Eingangsgröße wird dem zu regelnden Stoff- oder Energiestrom direkt entnommen und die Ausgangsgröße einem Regler zugeführt. *Rohrfeder* (auch *Bourdonrohr* genannt), *Plattenfeder, Kapselfeder* und *Faltenbalg* (Wellrohr) sind die typischen Fühler für Absolutdruck.

Geeignete Werkstoffe sind *Tombak* (CuZn 30), kaltgewalzter Stahl und für korrodierende Medien auch Chrom-Nickel-Stahl.

Gemeinsam ist diesen federelastischen Meßwertgebern der Bezugspunkt Null (frühere Bezeichnung: *absoluter Druck*).

Ist eine Druckdifferenz zwischen zwei Punkten zu erfassen, ist also der Bezugspunkt nicht festgelegt, so sind als Meßwertgeber verschiebbare Flüssigkeitssäulen geeignet, z. B. *U-Rohr* und *Ringwaage*.

In besonderen Fällen wird jedoch auch zur Erfassung sehr hoher Differenzdrücke ein spezieller Meßwertgeber des federelastischen Typs, die *Bartonzelle*, verwendet. Als Fühler im engeren Sinne läßt sich hierbei nur der elastische Körper bezeichnen, der aus der Überdruckseite einen der Druckdifferenz proportionalen Teil der Flüssigkeit in die Unterdruckseite preßt.

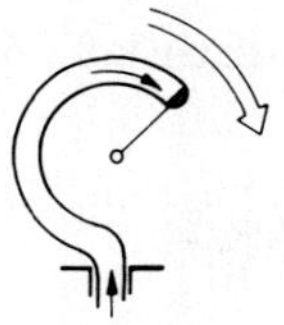
Rohrfeder

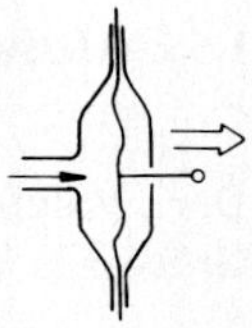
Plattenfeder

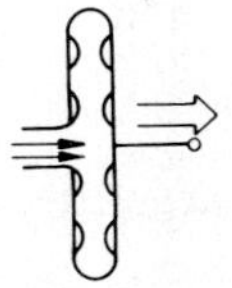
Kapselfeder

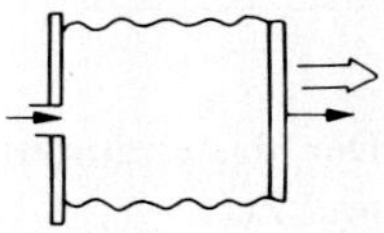
Balgfeder

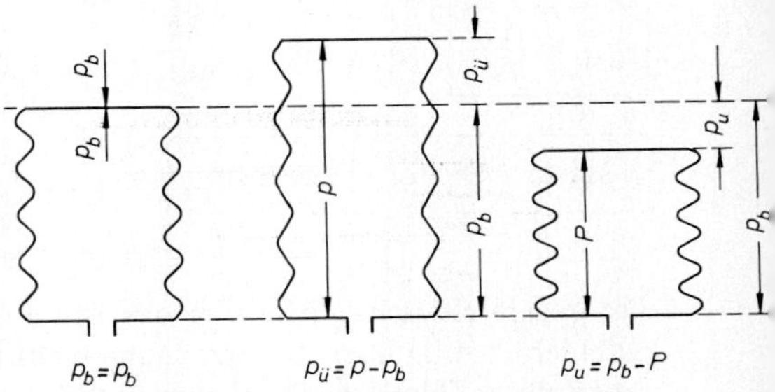

Balgfederzustand und Lage des Drucks zum Bezugspunkt

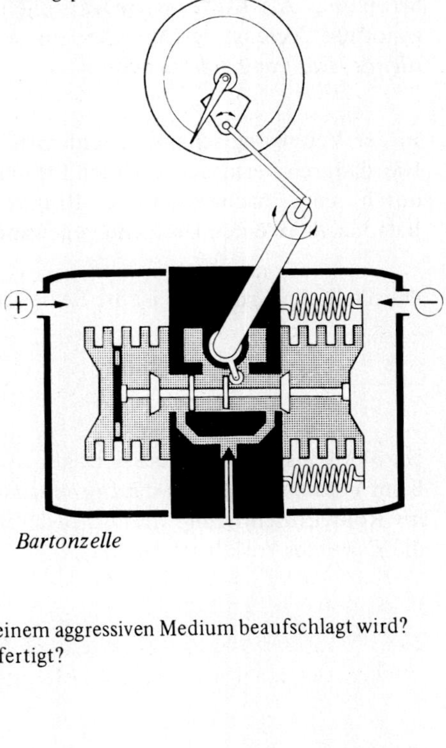

Bartonzelle

► ***Zur Selbstkontrolle***

1. Wie muß eine Plattenfeder ausgeführt werden, wenn sie von einem aggressiven Medium beaufschlagt wird?
2. Aus welchem Werkstoff werden in der Regel Balgfedern gefertigt?
3. Erläutere den Ausdruck *Bezugspunkt Null*!
4. Für welche Aufgaben ist die Bartonzelle speziell geeignet?

1.5.2 Meßwertgeber für Durchfluß (Wirkdruckverfahren)

Der Volumendurchfluß q_V ist die abgeleitete Größe aus Volumen und Zeit.

$$q_V = \frac{\Delta V}{\Delta t} \quad \textit{Einheiten} \quad \frac{m^3}{h} \quad \frac{dm^3}{min}$$

Der Massendurchfluß q_M ist abgeleitet aus Masse und Zeit,

$$q_M = \frac{\Delta m}{\Delta t} \quad \textit{Einheiten} \quad \frac{t}{h} \quad \frac{kg}{min}$$

Masse = Dichte × Volumen

Die regeltechnische Erfassung des Durchflusses geschieht häufig über die Erzeugung eines Differenzdruckes, hier *Wirkdruck* genannt, durch eine bewußt gestaltete Verengung der zu messenden Strömung. Als *Wirkdruckgeber* stehen uns drei genormte Verengungselemente zur Verfügung: *Blende, Düse* und *Venturidüse*.

In der Verengung schnürt sich die Strömung ein. Die dadurch verursachte Druckdifferenz p wird durch eine nachgeschaltete Ringwaage oder Bartonzelle in einen Drehwinkel gewandelt.

Physikalische Grundlage ist die Beziehung

$$q = C\sqrt{\Delta p}$$

Die Meßkonstante C berücksichtigt beispielsweise beim Volumendurchfluß das *Durchmesserverhältnis* Rohr/Einschnürung, die *Dichte* der Strömung, die *Form* des Wirkdruckgebers.

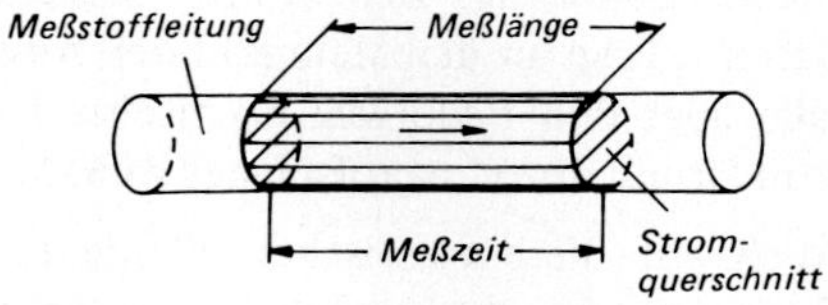

Der Volumendurchfluß q_V in einer Rohrleitung ermittelt sich aus:

$$q_V = \frac{\text{Meßlänge} \times \text{Stromquerschnitt}}{\text{Meßzeit}}$$

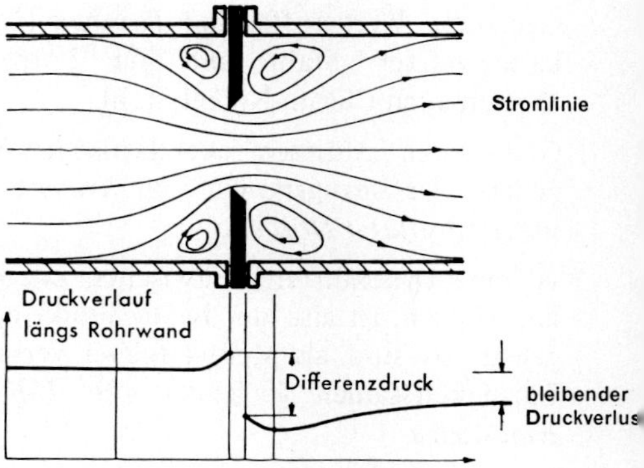

Wirkdruckgeber Blende – Die starke Verwirbelung bedingt einen relativ hohen bleibenden Druckverlust.

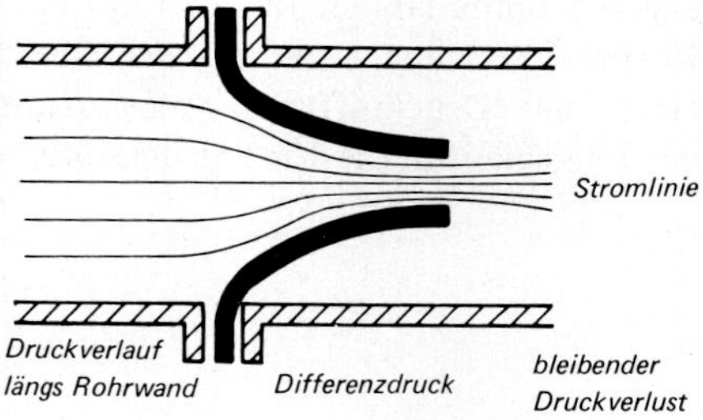

Im *Wirkdruckgeber Düse* ist die Strömung glatter und der bleibende Druckverlust entsprechend geringer.

Mithin bezieht sich die Konstante jeweils auf einen bestimmten Wirkdruckgeber und auf ein bestimmtes strömendes Medium. Ist die Konstante ermittelt, so bleibt als einzige Variable die Wurzel aus der Druckdifferenz.

Die drei Wirkdruckgeber unterscheiden sich durch einen unterschiedlich großen bleibenden Druckabfall. Abgestuft ist dieser in der Reihenfolge: Blende-Düse-Venturidüse.

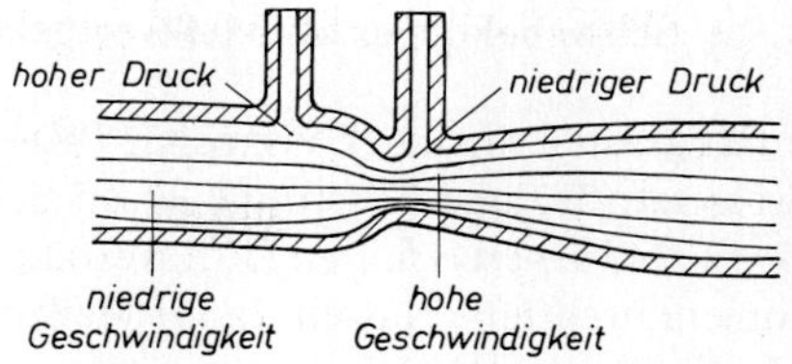

Im *Wirkdruckgeber Venturidüse* findet die Umsetzung von Druck in Geschwindigkeit strömungstechnisch optimal statt.

► ***Zur Selbstkontrolle***

1. Erläutere den Ausdruck *Wirkdruck*!
2. Welche Einflußgrößen bestimmen den Wert der Konstante *C* in der Gleichung zur Errechnung des Volumendurchflusses!
3. Skizziere den Verlauf des Druckes und der Strömungsgeschwindigkeit in einem Venturirohr!
4. Beurteile die verschiedenen Wirkdruckgeber nach dem Kriterium des bleibenden Druckverlustes!

1.5.3 Meßwertgeber für Durchfluß nach dem induktiven Meßverfahren

Ohne Beeinträchtigung der Strömung läßt sich der Durchfluß nach dem Induktionsprinzip erfassen. Im induktiven Durchflußgeber wird senkrecht zur Strömungsrichtung ein konstantes Magnetfeld erzeugt. Ist das strömende Medium elektrisch leitfähig, dann wird senkrecht zur Strömungsrichtung und ebenso senkrecht zur Richtung der Kraftlinien eine Spannung erzeugt, die der magnetischen Induktion und der Strömungsgeschwindigkeit proportional ist. Da die Strömungsgeschwindigkeit die einzige Variable ist, ist die erhaltene Meßspannung ein Maß für den Durchfluß. Meßbar ist auf diese Weise jede Flüssigkeit, die einen von Wert 7 abweichenden pH-Wert aufweist.

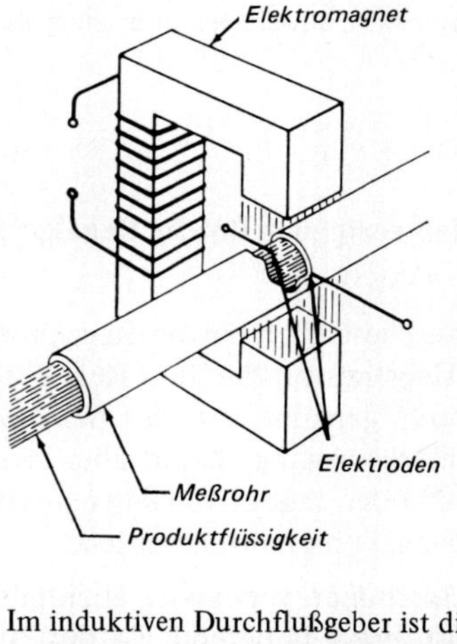

Im induktiven Durchflußgeber ist die erzeugte Meßspannung proportional der Durchflußgeschwindigkeit und damit des Durchflußvolumens.

Voraussetzung ist die Konstanz der magnetischen Induktion. Die leitfähigen Strömungsfäden entsprechen den Leiterdrähten im Generatorprinzip.

1.5.4 Schwebekörper als Meßwertgeber für Durchfluß

Flüssigkeiten niedriger Viskosität (Wasser, Kohlewasserstoffe) und Gasströme lassen sich mit dem *Schwebekörperverfahren* (Rotaverfahren) im Volumendurchfluß erfassen. In die Meßstrecke wird ein konisches Meßrohr senkrecht eingebaut. Ein Schwebekörper, dessen Eigengewicht auf die Dichte des zu erfassenden Mediums abgestimmt ist, erhält im Flüssigkeitsstrom einen von der Strömungsgeschwindigkeit abhängigen Auftrieb. Die Differenz zwischen Eigengewicht und Auftrieb wächst mit der Geschwindigkeit der Strömung und damit mit dem Durchsatz in der Zeiteinheit. Auf induktivem Wege kann die Schwebekörperbewegung regelgerecht gewandelt werden.

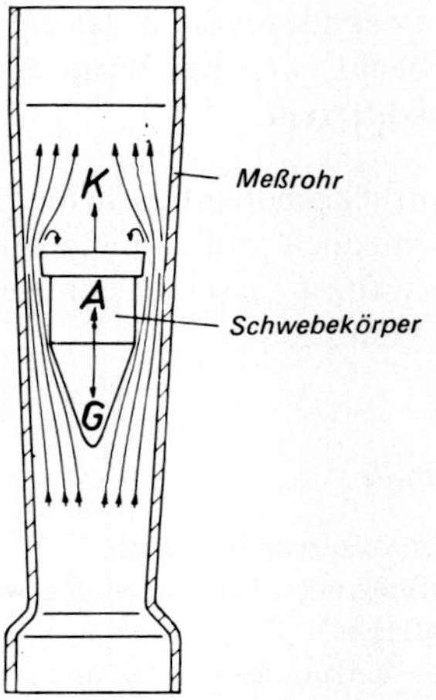

Die Höhenlage des Meßwertgebers Schwebekörper ist ein Maß für den Durchfluß

► ***Zur Selbstkontrolle***

1. Welche einzige variable Größe beeinflußt die Höhe der Induktionsspannung im induktiven Meßverfahren für Durchfluß?
2. Welche Vorteile bietet die induktive Durchflußmessung?
3. Welche Medien sind für die Schwebekörpermessung geeignet?
4. Wie kann eine Schwebekörpermessung als Fernmessung ausgeführt werden?

1.5.5 Meßwertgeber für die Regelgröße Niveau und Dichte

Der klassische Geber für die Regelgröße Niveau, in der Umgangssprache der Regeltechnik auch kurz *Stand* genannt, ist der *Schwimmer*. Die Schwimmerbewegung kann über Widerstands-Ferngeber oder induktive Geber in ein reglergerechtes Signal umgeformt werden.

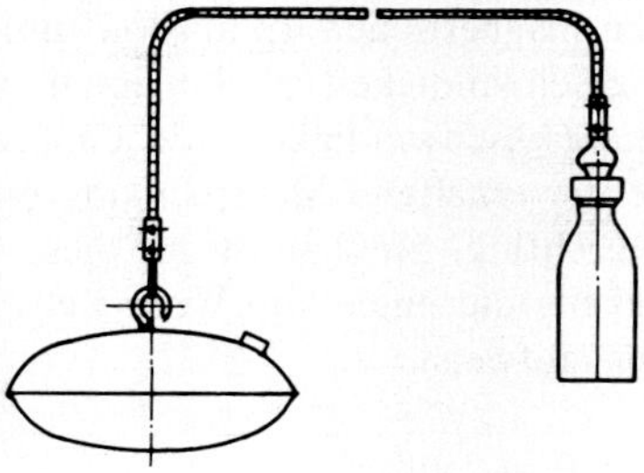

Schwimmer mit Seilzug und Gegengewicht

Dem Schwimmer verwandt, ebenfalls auf dem Auftriebsprinzip basierend, ist der Niveaugeber *Verdränger*. Während beim Schwimmer die Eingangsgröße *Auftriebskraft* und die Ausgangsgröße *Weg* ist, ist beim Verdrängerkörper die Eingangsgröße *Flüssigkeitsverdrängung* proportional zum Niveau und die Ausgangsgröße wirksame *Auftriebskraft*, die dem Wandler zugeführt wird.

Im gezeigten Beispiel ist der Wandler ein Druckbalg, dem ein konstanter Vordruck von 0,2 bar zugeführt wird. Diese 0,2 bar sind dem Nullpunkt gleichzusetzen. Berührt das steigende Niveau den Boden des Verdrängerkörpers, ist also noch kein verdrängtes Volumen vorhanden, so liegt dieser Druck noch an. Steigt das Niveau bis zur Mitte des Verdrängers, sind also 50 % des Meßbereiches vorliegend, so ist der Druck im Ausgang auf 0,6 bar angestiegen. Im Endstand des Meßbereiches, der gleichzeitig Stellbereich ist, liegt ein Druck von 1,0 bar am Ausgang, das entspricht 100 % der Regelgröße.

Der Druckbereich zwischen 0,2 und 1,0 bar ist als Einheitsdruck international eingeführt.

> *Pneumatische Einheitsregler* arbeiten im Signalbereich von 0,2–1,0 bar.
> *Elektrische Einheitsregler* arbeiten im Signalbereich von 0–20 mA oder von 0–50 mA.

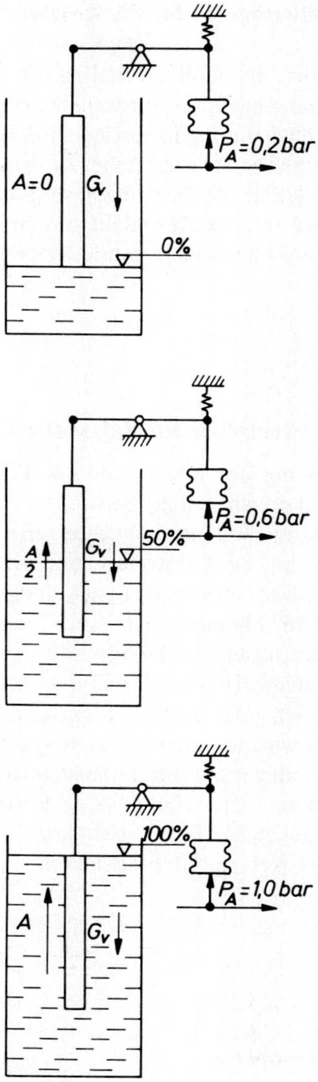

Verdränger und Niveauumformer in Einheitsdruck

▶ ***Zur Selbstkontrolle***

1. Worin unterscheiden sich die Niveaufühler *Schwimmer* und *Verdrängerkörper*?
2. Zeichne das Blocksymbol eines Niveauumformers mit dem Ausgang *Einheitsdruck*!
3. Wieviel Prozent des Signalbereiches zeigt ein Niveauumformer bei einem Ausgangsdruck von 0,8 bar an?
4. Ein elektrischer Einheitsregler arbeitet im Signalbereich von 0–20 mA. Welche Stromaufnahme liegt bei 75 % des Signalbereiches vor?

1.5.6 Meßwertgeber für die Regelgröße Durchhang

Überall dort, wo Bandmaterial zu verarbeiten ist, ist Durchhangregelung erforderlich, um die mechanische Bandspannung in vertretbaren Grenzen zu halten. Typische Meßwertgeber zur Erfassung des Istwertes der Größe Durchhang sind das *Drehpotentiometer* und das fotoelektronisch auf Helligkeitsschwankungen reagierende *Weitwinkelauge*.

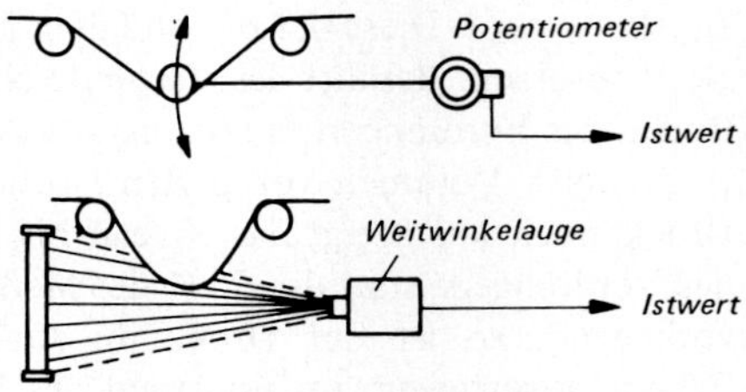

Geber zur Erfassung des Banddurchhangs

1.5.7 Meßwertgeber zur Erfassung des pH-Wertes

Die Erfassung der Regelgröße *pH-Wert* (Wasserstoffionenkonzentration) ist wichtig in Galvanikbetrieben, in Bodenuntersuchungen und heute besonders in der Kontrolle chemisch belasteter Abwässer. Der Geber besteht aus einem speziellen *galvanischen Element* mit einer vom Medium nicht beeinflußten Elektrode, die von einer Lösung mit dem pH-Wert 7, dem Neutralwert also, umgeben ist. Die zweite Elektrode, die Meßelektrode, wird von dem Meßmedium beeinflußt. Dadurch entsteht eine Potentialdifferenz, die pH-Spannung, die über einen Verstärker zur Anzeige gelangt. Diese Spannung ist ein Maß für den pH-Wert der Meßflüssigkeit.

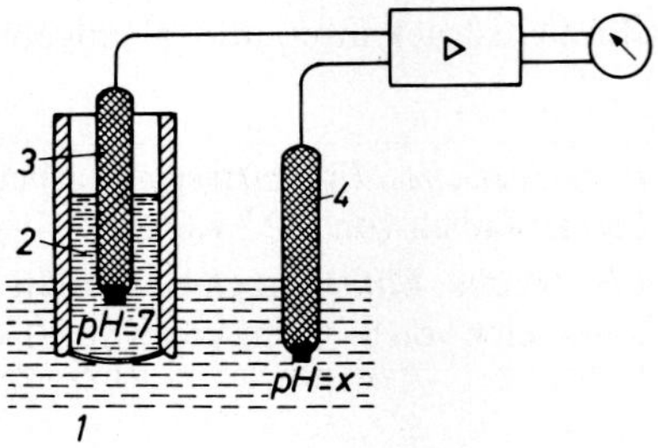

pH-Wert-Meßzelle als Geber

1 Glasmembran
2 Bezugslösung mit dem neutralen pH-Wert 7
3 Bezugselektrode
4 Meßelektrode

► ***Zur Selbstkontrolle***

1. Mit welchen technischen Mitteln läßt sich die Regelgröße *Durchhang* erfassen?
2. Nenne beispielhafte Anwendungen der Durchhangregelung!
3. In welchen Betriebszweigen sind pH-Wert-Regelungen wichtig?
4. Welchen pH-Wert hat die Bezugselektrode?
5. Welches technische Mittel ist erforderlich, um die Meßenergie auf ein höheres Niveau anzuheben?

1.6 Registrierung

Registrierung ist die fortlaufende Aufzeichnung von Meßwerten. Das Ergebnis dieser Aufzeichnung ist eine Dokumentation des Ablaufes eines Vorganges und hat damit die Aussagekraft eines *Protokolls*. Zur protokollfähigen Aussage gehört zwingend die Zuordnung der Zeit zum Meßwert.

So wie wir die analoge und die digitale Meßwertdarstellung unterscheiden, so treffen wir die gleichartige Unterscheidung bei der Registrierung. Die Koordinierung von Meßwert und zugeordneter Zeit in Kurvendarstellung ist die *analoge Registrierung*. Die Koordinierung von Meßwert und Meßzeit in Zifferndarstellung ist die *digitale Registrierung*. Beide Darstellungsarten haben ihre bevorzugten und zum Teil ausschließlichen Anwendungsbereiche.

Eine aus der Werkstoffprüfung bekannte Sonderform der Registrierung, bei der allerdings nicht Meßwert und Zeit, sondern Meßwert und Dehnungsweg, einander zugeordnet sind, ist das Aufzeichnen des Spannungs-Dehnungs-Diagramms. Eine allgemein bekannte Meßwert-Zeit-Registrierung ist die Funktion des Fahrtenschreibers.

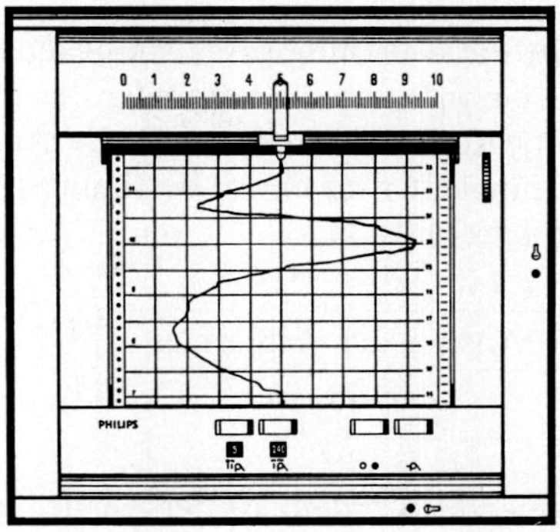

Die Registrierung sagt protokollfähig aus, welcher Zustand in welchem Zeitpunkt vorhanden war und in welche Richtung die Bewegung tendierte. Oft ist eine zusätzliche Meßwertdarstellung für den Momentanwert vorhanden.

1.6.1 Die analoge Registrierung

Die analoge Registrierung erfordert die Gleichzeitigkeit zweier Bewegungen, deren Überlagerung als zusammengesetzte Bewegung die Schreibspur des Kurvenzuges ergibt. Aus der Zusammensetzung der Zeitbewegung und der Meßwertbewegung entsteht die Aufzeichnung.

Das verwendete Papier enthält demnach auch zwei Teilungen, die längsgerichtete *Zeitteilung* und die quer zur Streifenbewegung verlaufende *Eichteilung* für den Meßwert.

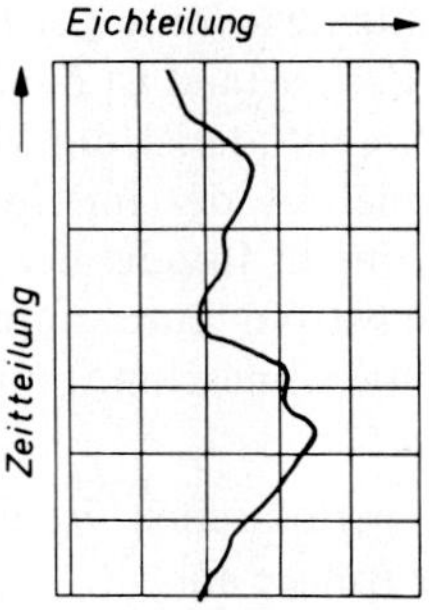

Zeitteilung und Eichteilung sind die Koordinaten der analogen Registrierung.

► ***Zur Selbstkontrolle***

1. Was muß den Momentanwerten der Registrierung zugeordnet sein, um eine protokollfähige Aussage zu erhalten?
2. Benenne die beiden Teilungen des Registrierpapiers!
3. Wodurch wird die Änderungsgeschwindigkeit eines Funktionsablaufes in der Kurve bestimmt?
4. Wie ist der Verbrauchswert über einem Zeitraum zu ermitteln?
5. Erläutere den Ausdruck *Schwankungsbreite*!

1.6.2 Beurteilung und Auswertung des Registrierstreifens

Oft ist die Änderungsgeschwindigkeit einer Meßgröße ein wichtiges Kriterium für den Verfahrensablauf. Rechnerisch läßt sich die Änderungsgeschwindigkeit v zu einem bestimmten Zeitpunkt wie folgt ermitteln.

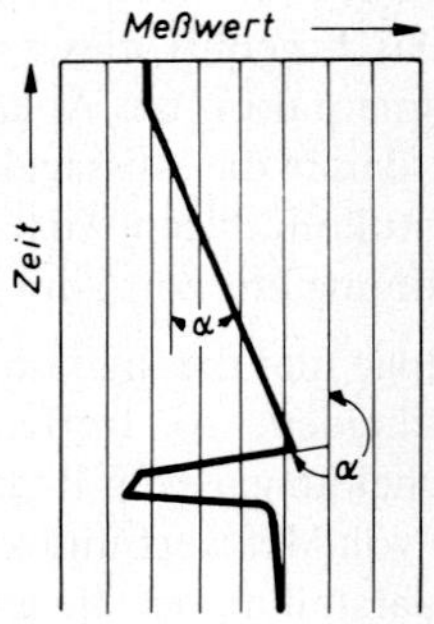

$$v = \frac{\text{Anstieg des Meßwertes}}{\text{Zeiteinheit}}$$

Bei fallender Tendenz ist der Anstieg negativ.

Zeichnerisch ist die Änderungsgeschwindigkeit gleich dem Tangenswert im jeweiligen Punkt der Schreibspur. Der Tangens des Anstiegswinkels ist ein Maß für die Größe und Richtung der Änderungsgeschwindigkeit. Bei fallender Tendenz ist der Tangens im zweiten Quadranten und daher negativ. Die mathematische Operation der Ermittlung der Änderungsgeschwindigkeit durch Feststellung des jeweiligen Tangenswertes im Kurvenpunkt heißt *Differenzieren*.

Zahlreiche Vorgänge weisen einen periodischen Verlauf in der Änderung der Meßgrößen auf. In gleichen Zeitabständen wiederholt sich das Änderungsereignis. Der Zeitabstand ist die *Zykluszeit*, und die Ausschlagamplitude ist die *Impulshöhe*. Im gezeigten Beispiel ist der im rhythmischen Abstand wiederkehrende Impuls der schlagartig ansteigende Schweißstrom einer automatischen Abbrenn-Stumpfschweißmaschine im Schweißzeitpunkt.

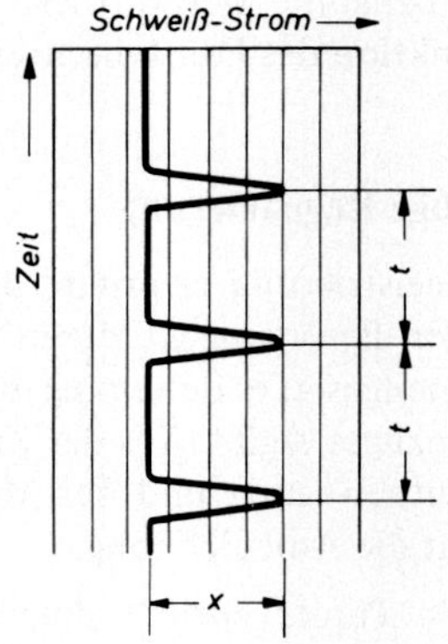

t = Zykluszeit
x = Impulshöhe

Eine Störung des periodischen Verlaufes zeigt einen Fehler in der Anlage an.

Oft ist aus dem langfristig beobachteten Verlauf des registrierten Meßwertes eine steigende oder fallende Tendenz, oder eine Vergrößerung der Schwankungsbreite zu erkennen. Kleinere zeitweilige Abweichungen vom generellen Trend können zufallsbedingt sein und entkräften dann nicht die Haupttendenz.

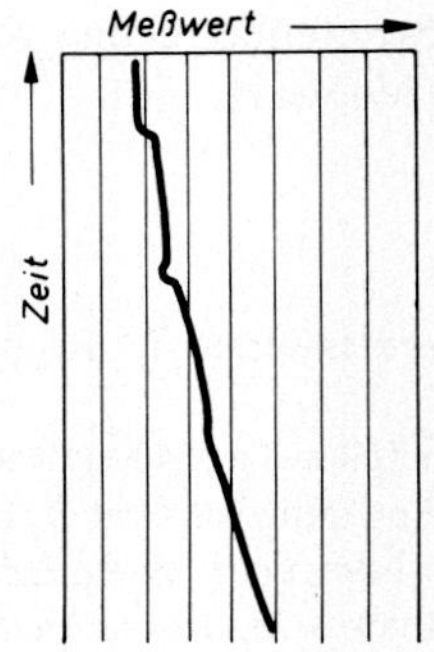

Die Flächenbildung unter einem bestimmten Zeitabschnitt der Registrierkurve ist ein Weg der Verbrauchsfeststellung für Energie- oder Massenströme während des gewählten Zeitabschnittes.

Die Fläche unter der Kurve liefert den Gesamtverbrauch aus der Summe aller Momentanwerte multipliziert mit dem Abtastintervall als Zeiteinheit. Die Genauigkeit des Verfahrens hängt von der Feinheit des Abtastintervalls, hier Streifenbreite genannt, ab.

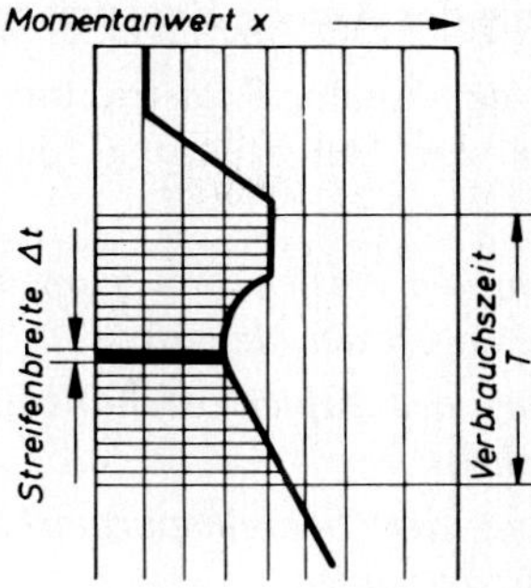

Verbrauch = $\Sigma\, x \cdot \Delta t$

Eine solche verfeinerte Summenbildung von Produktstreifen aus wechselnden Momentanwerten und der bewußt kleinen Streifenbreite heißt *Integration*.

Sehr wichtig ist oft die Feststellung der Meßwert-Extremwerte und ihrer Lage zum Sollwert. Der Abstand der Extremwerte zum Sollwert ist die maximale Abweichung. Die Summe des Maximum- und des Minimumabstandes ist die Schwankungsbreite.

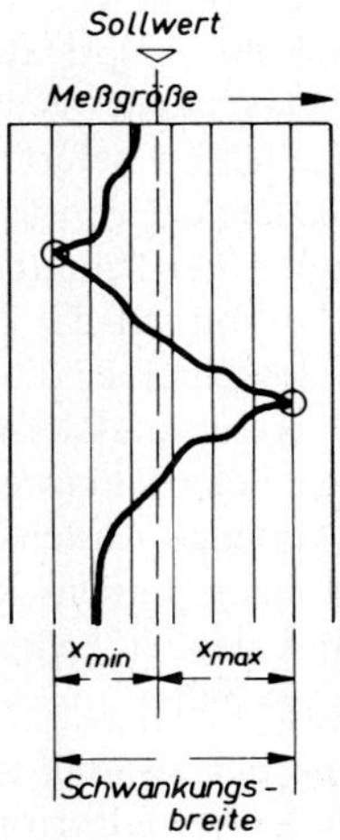

Auch Gefahrengrenzen lassen sich in das Registrierpapier eintragen. Damit sind Über- oder Unterschreitungen der Gefahrenschwellwerte deutlich sichtbar zu machen.

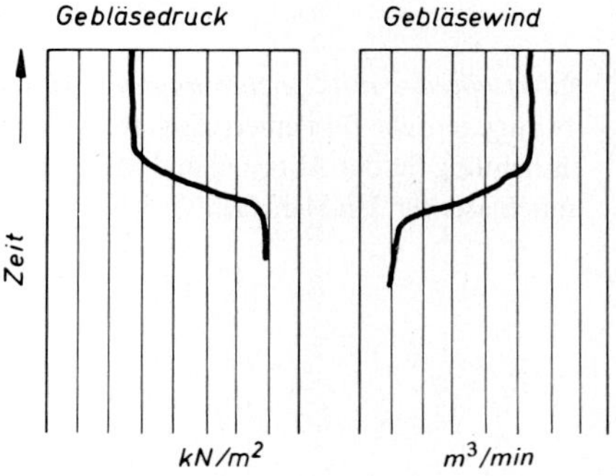

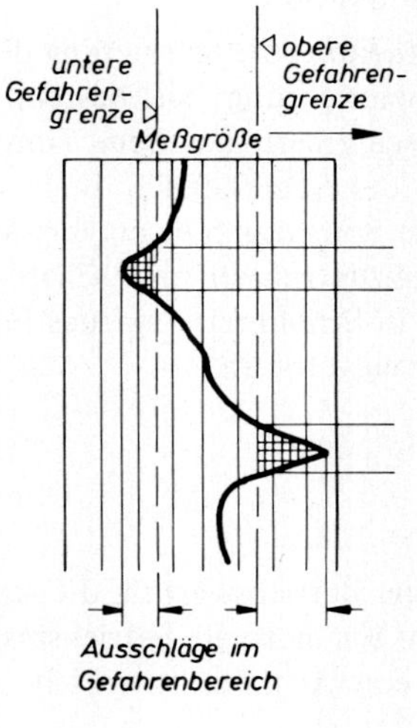

Oft sind Gefahrensituationen in der gleichzeitigen Aussage zweier Registrierungen zu erkennen. Wenn der Kupolofen eines Gießereibetriebes beispielsweise „hängt“, d. h. durch sperrigen Schrotteinsatz verstopft ist, sinkt die Gebläsewindmenge ab, und gleichzeitig steigt der Gebläsedruck zum Staudruck an.

1.6.3 Bauteile der Analog-Registriergeräte

Die Geräte der Analog-Registrierung enthalten Bauelemente zur Durchführung folgender drei Aufgaben:

1. *Ausführung der Auslenkbewegung analog dem Augenblickswert der Meßgröße*
2. *Ausführung des Papiervorschubs analog dem Zeitfortschritt*
3. *Ausführung der Schreibspurmarkierung auf dem Registrierpapier.*

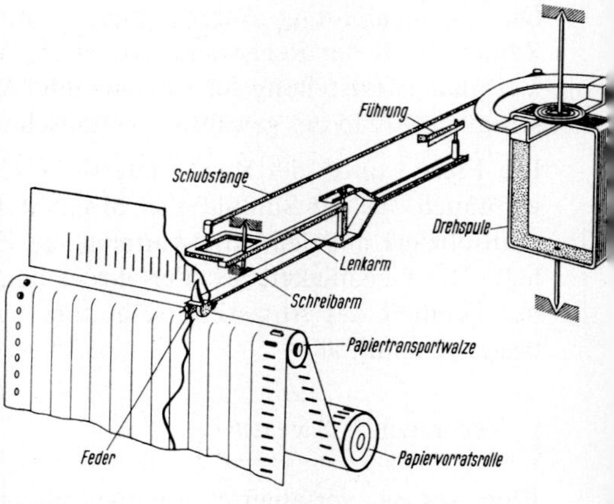

Linienschreiber mit Drehspulmeßwerk und Ellipsenlenker

Zur Ausführung der *ersten Aufgabe* liefert das Meßwerk die Antriebsenergie, die genau dem Zeitwert der Meßgröße entspricht. Der Ausschlag des Meßwerkzeigers dient genau genommen einer Doppelaufgabe. Er liefert wie bei jedem Meßgerät die Skalenanzeige für Sichtablesung und gibt gleichzeitig der Schreibeinrichtung die jeweils richtige Position auf der Eichteilung. Als Meßwerk für Analogschreiber dient im Regelfall ein Dreh- oder Kreuzspul-Meßwerk. Um die kreisbogenförmige Schwenkbewegung des Meßwerks in eine geradlinige Auslenkbewegung umzuwandeln, wird beim Linienschreiber ein kulissenartiger Ellipsenlenker zwischen Meßwerkwelle und Zeiger geschaltet.

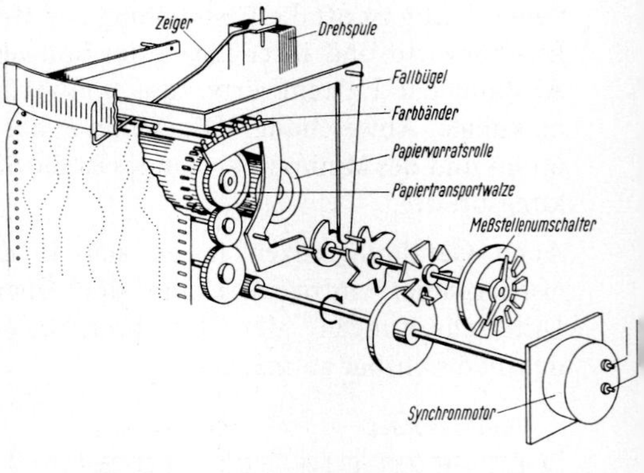

Punktschreiber mit Synchronmotor – Untersetzungsgetriebe für Papiervorschub, Abhebeeinrichtung für das Abtasten und Meßstellenumschalter für den Mehrfachbetrieb.

Zur Durchführung der *zweiten Aufgabe* ist ein zeitgenau rotierender Antrieb erforderlich. Hierzu eignet sich neben dem mechanischen Uhrwerk vor allem ein im Takt der Netzfrequenz rotierender Synchronmotor.

Die *dritte Aufgabe*, die Markierung der Spur, löst die Schreibeinrichtung. Sie besteht bei Linien- und Punktschreibern aus dem Tintenvorratsbehälter und der Schreibfeder. Beim Lichtschreiber wird die Spur durch einen vom Meßwerk gelenkten, konzentrierten und scharf begrenzten Lichtstrahl in Strichbreite auf das lichtempfindliche Papier eingetragen.

Ein wichtiger Betriebswert für die Analog-Registrierung ist der Papiervorschub in der Maßangabe mm/h. Für normale Betriebsinstrumente ist der Vorschub von 20 mm/h gerade günstig, weil damit eine Achtstundenschicht mit einem Blick zustandsmäßig zu erfassen ist.

1.6.4 Punktschreiber, Linienschreiber und Lichtschreiber im Vergleich

Linienschreiber liefern einen deutlichen und stetigen Kurvenzug. Sie neigen jedoch zum Einhaken der Schreibfeder, benötigen ein kräftiges Drehmoment des Meßwerkes und liefern pro Meßwerk nur einen Linienzug. Mehrfach-Linienschreiber enthalten auch mehrere Meß- und Schreibwerke in paralleler Anordnung.

Punktschreiber drücken in festgelegten Zeitabständen einen Punkt zur fortlaufenden Punktspur auf das Papier. Sie haken nicht ein, benötigen nur ein schwaches Meßwerkdrehmoment und können in festgelegter Folge mit dem gleichen Meßwerk und einer Meßstellen-Umschaltung mehrere Meßstellen nacheinander abtastend registrieren. Mehrfach-Meßschreiber können beispielsweise die Temperaturen mehrerer Zonen eines Durchlaufofens und sämtliche Temperatur-Meßpunkte einer Kunststoff-Spritzgußmaschine oder eines Extruders registrieren. Wichtige Kennwerte sind in diesem Zusammenhang die Punktfolge und der Papiervorschub. Bei schneller Punktfolge und kleinem Papiervorschub kommt ein fast geschlossener Linienzug zustande.

Lichtschreiber produzieren die Spur mit dem scharf konzentrierten Lichtpunkt einer Quecksilber-Höchstdrucklampe. Das intensive und UV-haltige Licht markiert auf dem UV-empfindlichen Papier ohne Entwicklung und Fixierung die Schreibspur. Der Störfaktor des mechanischen Widerstandes zwischen Papier und Schreiborgan entfällt dabei ganz. Die Papierkosten sind im Vergleich zu den anderen Schreibern jedoch wesentlich höher.

Strahlengang eines Lichtschreiber-Systems:

Die Lichtquelle, eine Quecksilber-Höchstdrucklampe, erzeugt einen hochkonzentrierten Lichtstrahl, der über die Zylinderlinse (*1*) zu den kleinen Registrierspiegeln und schließlich über die Zylinderlinse (*2*) auf das UV-empfindliche Papier geleitet wird. Die Registrierspiegel werden vom Meßwerk aus gelenkt. Dazu genügt ein winziges Drehmoment. Das Spezialpapier wird vom Normallicht nicht beeinflußt.

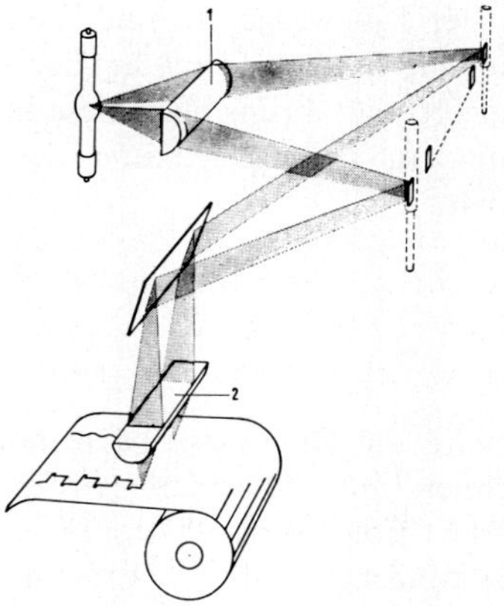

► ***Zur Selbstkontrolle***

1. Nenne drei Funktionen des Analog-Registriergerätes!
2. Welches Bauteil liefert die Antriebsenergie für die Auslenkbewegung?
3. Wie wird die kreisbogenförmige Schwenkbewegung in einen linearen Ausschlag umgewandelt?
4. Nach welchem Gesetz rotiert ein Synchronmotor?
5. Wann wird ein Meßstellenumschalter benötigt?
6. Wie groß ist der normale Papiervorschub für Instrumente zur Schichtüberwachung?
7. Nenne Vorzüge des Punktschreibers im Vergleich zum Linienschreiber!
8. Nenne besondere Vorzüge des Lichtschreibers!

1.6.5 Schreibeinrichtung und Meßgerät

Die Auslenkbewegung der analogen Schreibeinrichtung wird vom Meßwerk analog zum Momentanwert der Meßgröße betätigt. Nichtelektrische Meßgrößen werden in den meisten Fällen in einen sogenannten eingeprägten Gleichstrom umgeformt. Einhundert Prozent der Meßgröße entsprechen dann 20 mA. In diesem Falle läßt sich ein empfindliches Drehspulinstrument zur Erzeugung der Auslenkung benutzen.

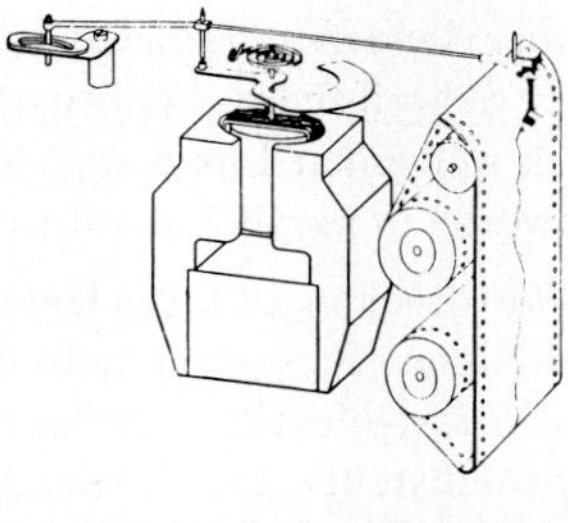

Drehspulmeßwerk zur Auslenkung eines Linienschreibers

In der Feuerungstechnik, wo ausgesprochene Niedrigdrücke und der ebenso niedrige Abgaszug überwacht werden müssen, setzte man früher gerne das nichtelektrische Meßwerk *Ringwaage* ein, um eine präzise Auslenkung für die Meßgrößen Saugzug oder Differenzdruck zu erhalten. Die Druckdifferenz zwischen den beiden Eingängen A und B wirkt auf die Sperrflüssigkeit in der Ringwaage ein und die Flüssigkeitsverschiebung führt zur Drehung der Waage. Über eine Zeigergeradführung wird diese analoge Drehbewegung in die Auslenkung des Schreibers gewandelt.

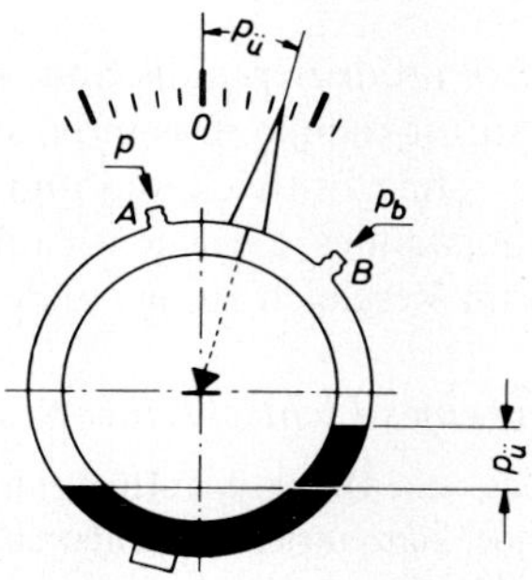

Prinzip der Ringwaage: Die Druckdifferenz zwischen den Eingängen A und B ist der Niveaudifferenz $p_{ü}$ und dem Zeigerausschlag $p_{ü}$ analog.

Heute wird die Ringwaage kaum noch benutzt. Die schnell ansprechenden Ausführungen der Meßwerke Rohrfeder, Plattenfeder, Balgfeder und Bartonzelle sind zur Erfassung schneller Zustandsänderungen der Ringwaage überlegen. Durch angeschlossene Meßumformer wird die Ursprungsmeßgröße in das Einheitssignal von 0 bis 20 mA umgewandelt, und mit dem Einheitssignal läßt sich der Schreiber zum analogen Ausschlag bringen.

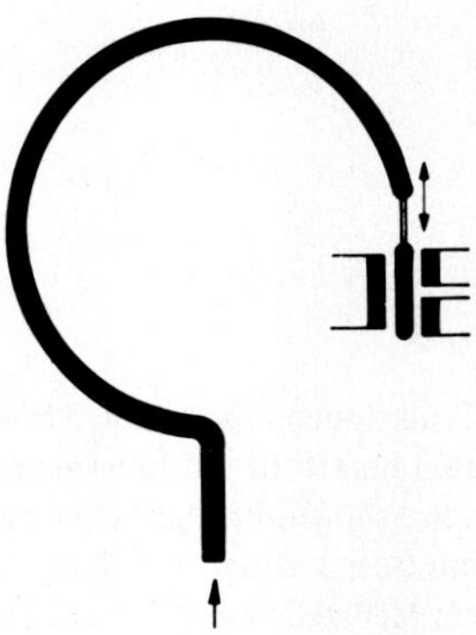

Ein Beispiel der induktiven Umformung zeigt das Wirkbild des *Rohrfeder-Meßwerks* mit induktivem Abgriff. Drucksteigerung in der Rohrfeder läßt den Eisenkern in der Spule eine Bewegung ausführen, die die Induktivität und damit die Stromaufnahme in der Spule verändert.

1.6.6 Auflösungsvermögen und Meßwertgenauigkeit beim Analogschreiber

Scharf begrenzte Schreibspur und hohe Vorschubgeschwindigkeit begünstigen das Auflösungsvermögen eines Linienzuges und damit die Genauigkeit der Anzeige.

Hohe Anforderungen an gutes Auflösungsvermögen stellen sich bei der Registrierung schnell verlaufender Vorgänge wie z. B. bei der Aufzeichnung dynamischer Belastungen mittels Dehnungs-Meßstreifen.

Für langsam verlaufende Temperatur-Registrierungen beispielsweise an den Heizzonen von Durchlauföfen mit hoher Speicherkapazität bietet der Regelvorschub von 20 mm/h ein ausreichendes Auflösungsvermögen.

Für die Punktschreiber ist die Punktfolge im Zusammenhang mit dem Papiervorschub ein wichtiges Kriterium für die Erzeugung einer deutlichen Spur. Bei hoher Punktdichte erscheint dem Betrachter die Spur ebenso wie eine zusammenhängende Linienspur.

Für den senkrechten Linienzug gilt:

$$\text{Punktdichte} = \frac{\text{Papiervorschub in mm/h} \cdot \text{Punktfolge in s}}{3600}$$

Ein Schreibstreifen läßt sich um so genauer auswerten, je größer die Schreibbreite ist. Mit wachsender *Schreibbreite* sinkt die *Fehlertoleranz*. Im allgemeinen gelten folgende Fehlergrenzen:

Schreibbreite in mm	*Fehlergrenze* in %
250	0,25
100/120	0,5
kleiner 80	1 – 2,5

Der Papierablauf geht allgemein senkrecht von oben nach unten und beim Kreisblattschreiber im Uhrzeigersinn.

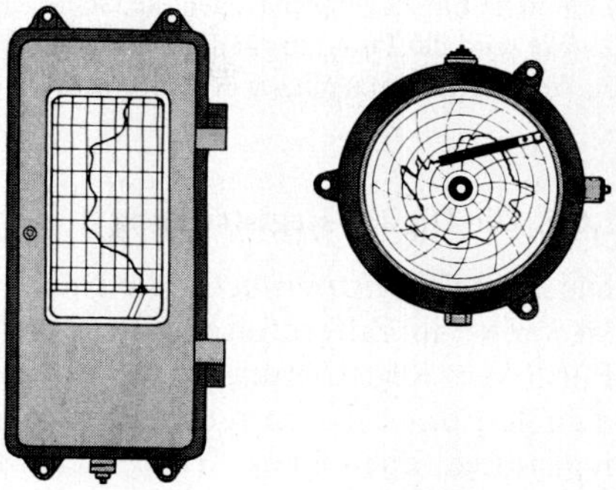

Kreisblattschreiber mit Uhrwerkantrieb.
Normalumdrehung der Schreibscheibe eine Umdrehung pro 24 Stunden.
Bandschreiber für Achtstundenschicht.

Der Mehrfach-Punktschreiber mit Meßstellenumsetzer kann mehrere Meßstellen *gleichzeitig* registrieren!

Oft liegt die Aufgabe vor, mehrer Meßorte einer Anlage gleichzeitig und parallel zu überwachen.

Typisch hierfür ist beispielsweise die Temperaturkontrolle einer thermoplastischen Spritzgußmasse im Durchlauf durch Granulattrichter, mehrere Zylinderzonen und Düsenbereich. Örtliche Überhitzung bewirkt die Zersetzung der Masse, während zu niedrige Temperatur zur unzureichenden Plastifizierung führt. Alle Meßstellen können mit Hilfe des Umsetzers nacheinander abgetastet und die Werte dem Schreiber in der richtigen Tastfolge zugeführt werden.

In ähnlicher Weise lassen sich die Heizzonen eines Durchlaufofens registriermäßig zusammenfassen.

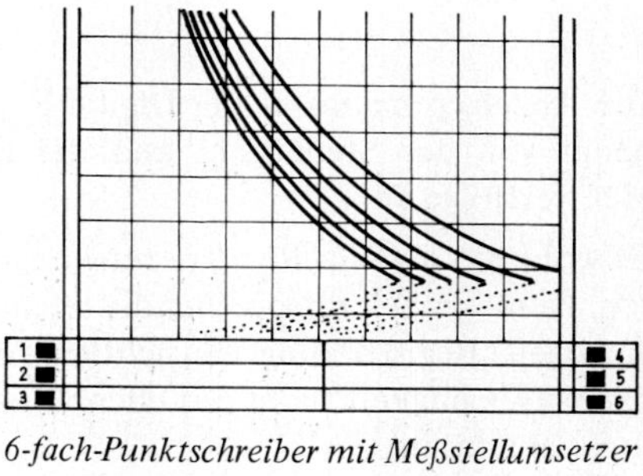

6-fach-Punktschreiber mit Meßstellumsetzer

► ***Zur Selbstkontrolle***

1. Welche Faktoren begünstigen die Genauigkeit der Anzeige eines Linienschreibers?
2. Wie wird der Punktabstand eines Punktschreibers errechnet?
3. Welcher Zusammenhang besteht zwischen der Schreibbreite und der Fehlertoleranz?

1.6.7 Die Digital-Registrierung

Die *Digital-Registrierung* ist die Niederschrift der Meßwerte in Ziffernform. Während die analoge Form der Registrierung *stetig* verläuft, ist die digitale Form eine *unstetige*, mehr oder weniger feinstufige Darstellung. Trotz der Unstetigkeit kann die Genauigkeit der Aussage bei hoher Stellenzahl in der digitalen Registrierung größer sein. Ein zweites Argument für die digitale Registrierung liegt in der Möglichkeit des maschinellen Lesens der Ziffernwerte durch einen Rechner. Analogwerte lassen sich vom Rechner nicht erfassen. Digitalwerte dagegen können entweder fotoelektronisch vom *Fotolekteur* oder magnetisch vom *Magnetolekteur* erfaßt werden.

Im Vergleich zur Analog-Registrierung erfordert die Digital-Registrierung allerdings einen beträchtlichen höheren Geräteaufwand, da die analog anfallenden Meßwerte erst in Analog-Digitalumsetzern umgeformt und in einer elektrischen Schreibmaschine niedergeschrieben werden.

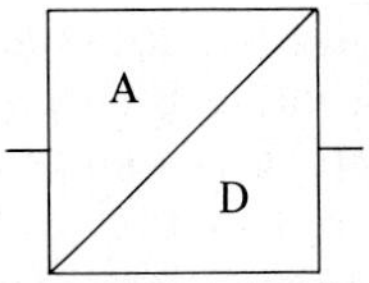

Schaltsymbol des Analog-Digital-Umsetzers

Uhrzeit	Meßwert	analoge Darstellung zum Vergleich
8.20	2,416	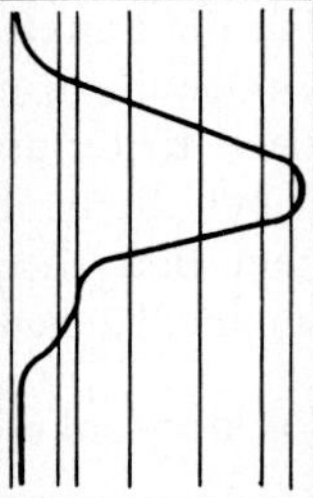
8.22	2,418	
8.24	2,421	
8.26	2,438	
8.28	2,439	
8.30	2,422	
8.32	2,420	
8.34	2,416	
8.36	2,416	
8.38	2,416	

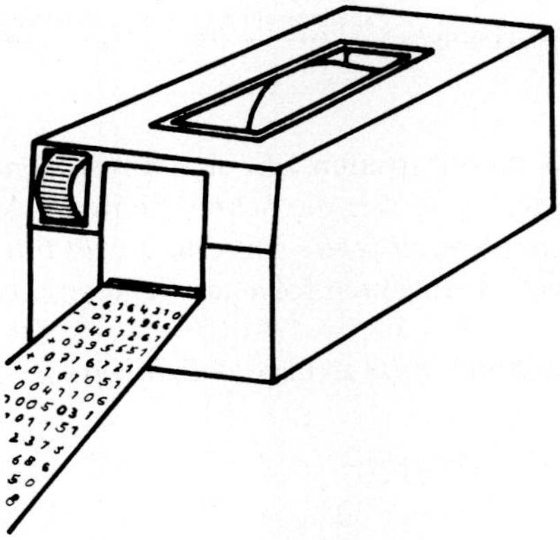

Die Anzeigegenauigkeit der Digital-Registrierung hängt von der Stellenzahl und der Dichte der Meßwertfolge ab.

Obwohl die digitale Registrierung unstetig arbeitet, kann sie bei entsprechender Stellenzahl der analogen Registrierung hinsichtlich der erzielbaren Genauigkeit nicht nur ebenbürtig, sondern sogar überlegen sein.

Stellenzahl und Meßwertgenauigkeit

2,4
2,41
2,413 Genauigkeit
2,4132 der
..,...................... ⇨ Anzeige

► ***Zur Selbstkontrolle***

1. Wovon hängt die Anzeigegenauigkeit eines Digital-Registrier-Gerätes ab?
2. Skizziere das Blocksymbol eines Analog-Digital-Umsetzers!
3. Welche der beiden Registrierungsarten kann vom Prozeßrechner nicht erfaßt werden?

Anwendung: Beispiel einer Rauchgasanalyse

Die Werte der Rauchgasanalyse einer Kesselfeuerung werden vom Rauchgasschreiber registriert. Für den optimalen Gang der Verbrennung ist ein CO_2-Gehalt von rd. 15 % notwendig. Optimal ist ebenfalls das völlige Vermeiden eines Anteils von $CO + H_2$ im Rauchgas. Tritt ein solcher Anteil auf, so ist das ein Indiz dafür, daß zu dieser Zeit mit unvollkommener Verbrennung gefahren wird, etwa bedingt durch Mangel an Verbrennungsluft. Liegt der CO_2-Gehalt zu niedrig und liegt trotzdem der Zustand vollkommener Verbrennung vor, so wird mit zu hohem Luftüberschuß gefahren.

Liegt ein störungsartiges Absinken der Funktion mit relativ unregelmäßigem Verlauf vor, so ist eine echte Störung als Ursache zu vermuten; bei einem relativ regelmäßigen Verlauf dagegen handelt es sich hingegen im Regelfall um einen betriebsnotwendigen Eingriff.

Untersuche nach diesen Gesichtspunkten das Abgasdiagramm in den Punkten 1–7!

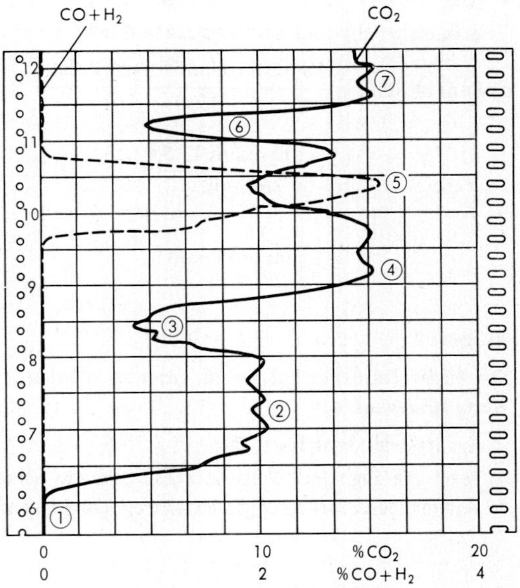

Abgasdiagramm einer Kesselfeuerung

Erläuterung:

Im *Punkt 1* ist der Kessel außer Betrieb, es ist kein Rauchgas vorhanden.

Im *Punkt 2* ist der Kessel angefahren. Die Zeit bis zum Hochfahren beträgt bis zum Schichtbeginn 1 Stunde. Der CO_2-Anteil ist mit 10 % entschieden zu gering, es wird mit zu großem Luftüberschuß gefahren.

Im *Punkt 3* ist die Kesselfeuerung zu stark heruntergebrannt, der CO_2-Gehalt sinkt unter 5 % ab.

Im *Punkt 4* hat die Rostbeschickung den Optimalwert wieder erreicht, und der Luftüberschuß liegt richtig; wir erzielen wieder einen CO_2-Gehalt von 15 %.

Im *Punkt 5* dagegen ist die Rostbeschickung so stark, daß der Luftdurchgang absinkt und die Verbrennung unvollkommen wird. Der CO_2-Gehalt sinkt ab, und zum erstenmal treten Anteile von $CO + H_2$ in Höhe bis zu 3 % auf.

Im *Punkt 6* wird die Tür geöffnet und planmäßig abgeschlackt.

Im *Punkt 7* ist der normale Verbrennungsgang wieder vorhanden.

Aufgabe 1

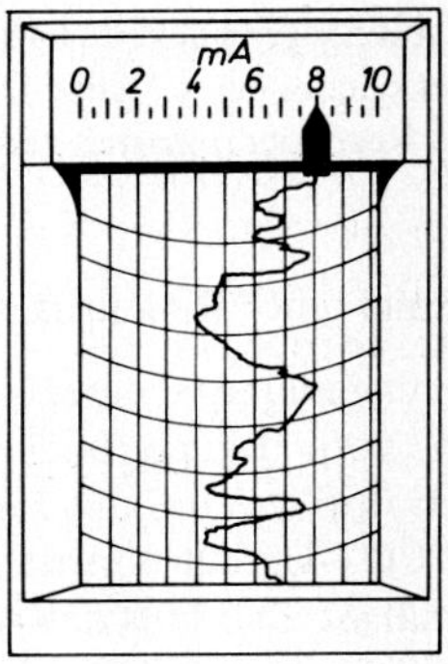

Der Punktschreiber für die Meßgröße Stromstärke hat eine eingestellte Vorschubgeschwindigkeit von 1200 mm/h und eine eingestellte Punktfolge von 5 s.

a) Gib die erkennbaren Maximal- und Minimalwerte sowie die größte Schwankungsbreite an!

b) Errechne den Punktabstand in mm!

Lösung:

a) $I_{max} = 8$ mA $\qquad I_{min} = 4$ mA

maximale Schwankungsbreite $\Delta x = 4$ mA

b) $$\text{Punktabstand} = \frac{\text{Papiervorschub} \times \text{Punktfolge}}{3600}$$

$$= \frac{1200 \text{ mm/h T} \cdot 5 \text{ s}}{3600 \text{ s/h}}$$

$$= \frac{5}{3} \text{ mm pro Punkt}$$

Aufgabe 2

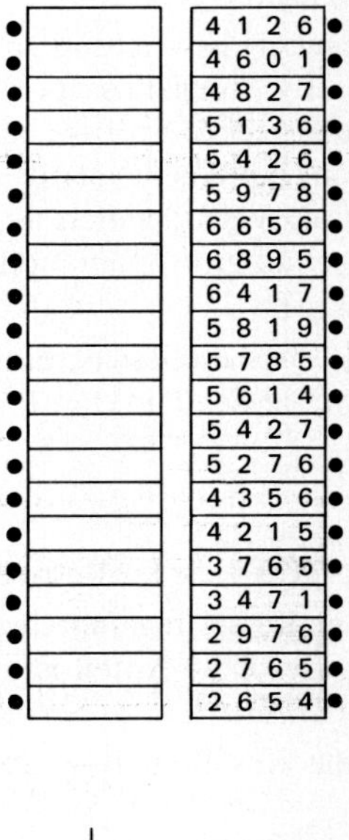

Ein Meßwertdrucker hat die im Streifen sichtbaren 21 Werte ausgeworfen.

a) Ermittle den Mittelwert $\bar{x}$!

b) Setzt die digitalen Werte in entsprechende Schreibzeilenlängen eines analogen Mittelwertschreibers um!

Lösung:

a) Die Summe der 21 Werte beträgt 102186.

Das arithmetische Mittel, Mittelwert $\bar{x}$, ist dann

$$\bar{x} = \frac{102186}{21} = 4866$$

b)

2 Steuerungstechnik

Mit dem Einsetzen der Automatisierung in der Industrie begann die Bedeutung der Steuerungstechnik sprunghaft anzusteigen. Umfangreiche automatische Fertigungsanlagen verlangen immer anspruchsvollere Steuerungen. Moderne Steuerungsanlagen müssen schnell, genau und sicher reagieren.

Dazu sind komplizierte Meß- und Steuereinrichtungen notwendig, die vom Umfang und Aufwand her genauso teuer oder noch teurer sein können wie die Fertigungseinrichtungen, die sie steuern sollen.

Um diese Einrichtungen bedienen, warten und pflegen zu können, sind umfangreiche Kenntnisse über die theoretischen Grundlagen der Steuerungstechnik sowie über die wichtigsten Baueinheiten und Elemente notwendig.

Als besonderer Schwerpunkt für dieses umfangreiche und anspruchsvolle technische Gebiet gewinnt für die Zukunft die *digitale Steuertechnik* immer stärker an Bedeutung. Sie soll mit den zugehörigen theoretischen Grundlagen im Mittelpunkt der folgenden Seiten stehen. Daran schließt sich die Besprechung der wichtigsten Elemente der Steuerungstechnik an.

Gleichgewichtig werden *elektromagnetische, elektronische* und *pneumatische* Steuerungen sowie ihre zugehörigen Bauteile besprochen und erklärt.

Es ist bisher nicht zu erkennen, daß sich eines der aufgeführten Systeme gegenüber den anderen nachhaltig durchsetzen wird. Vielmehr werden sich für bestimmte technische Teilgebiete spezielle Steuerungssysteme besonders gut oder weniger gut eignen.

Sie alle werden jedoch für die Zukunft ihre Bedeutung in ihrem speziellen Anwendungsgebiet behalten. Es kommt auch vor, daß Systeme (bzw. Energiearten) auf dem freien Markt in vielen Fällen im Wettbewerb miteinander stehen werden. Es kann auch sein, daß Kombinationen mehrerer Systeme verwendet werden.

Aus diesen Gründen soll nicht nur ein System exemplarisch dargestellt werden, sondern es sollen die wichtigsten Bauteile aller Systeme nebeneinander abgehandelt werden.

2.1 Grundbegriffe der Steuerungstechnik

2.1.1 Einführung in die Steuerungstechnik

Begriffe und Benennungen aus der Steuerungstechnik sind im Normblatt *DIN 19226* (Steuerungstechnik und Regelungstechnik) enthalten. Dort wird Steuerung wie folgt definiert:

> „Das Steuern – *die Steuerung* – ist der Vorgang in einem System, bei dem eine oder mehrere Größen *als Eingangsgrößen* andere Größen *als Ausgangsgrößen* auf Grund der dem System eigentümlichen Gesetzmäßigkeit beeinflussen. Kennzeichen für das Steuern ist der *offene Wirkungsablauf* über das einzelne Übertragungsglied oder die Steuerkette.“

Diese Normdefinition wird oft nicht nur für den Vorgang des Steuerns selbst verwendet, sondern auch für die Gesamteinrichtung, in der die Steuerung stattfindet.

Man kann in einem *Blockschaltbild* den Vorgang des Steuerns schematisiert darstellen.

In dem rechteckig gezeichneten Feld (Block) werden die *Eingangssignale* so verarbeitet, daß das gewünschte *Ausgangssignal* entsteht.

Da Steuerungseinrichtungen oft umfangreiche und komplexe Gebilde sind, werden sie oft in umfangreicheren Kettenstrukturen dargestellt.

x_{e1}, x_{e2} *Eingangssignale*
x_a *Ausgangssignal*

Kettenstruktur

(offene Steuerkette)

Neben den unverzweigten Kettenstrukturen gibt es verzweigte Systeme. In der Abbildung ist eine Kettenstruktur dargestellt, die parallele Zweige enthält.

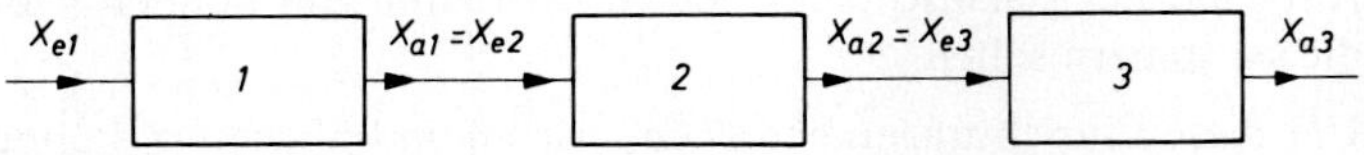

offene Steuerkette

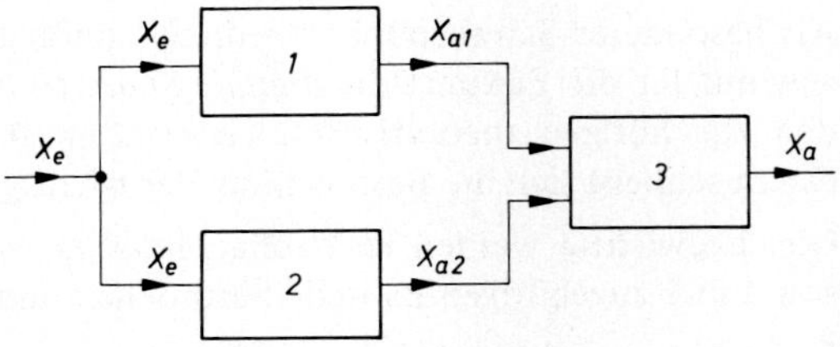

Kettenstruktur mit Verzweigungen

Das folgende Schema stellt die Steuerungsanlage mit Steuerungseinrichtung im Blockschaltbild dar.

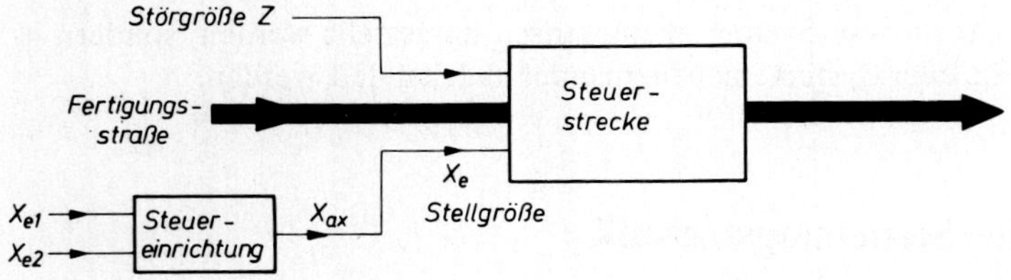

Die *Steuerstrecke* (DIN 19226) ist derjenige Teil des Wirkungsweges, welcher den aufgabengemäß zu beeinflussenden Bereich der Anlage darstellt.

Die *Steuereinrichtung* (DIN 19226) ist derjenige Teil des Wirkungsweges, welcher die aufgabengemäße Beeinflussung der Strecke über das *Stellglied* bewirkt.

Die *Stellgröße* (DIN 19226) ist die Ausgangsgröße x_a der Steuereinrichtung und Eingangsgröße x_e der Steuerstrecke.

Die *Störgröße* (DIN 19226) ist die von außen wirkende Größe, die die beabsichtigte Beeinflussung in einer Steuerung beeinträchtigt.

Es lassen sich noch weiter differenzierte Steuerketten bilden, in denen die zur Steuerung gehörenden Geräte der Steuereinrichtung benannt sind.

Steuerung

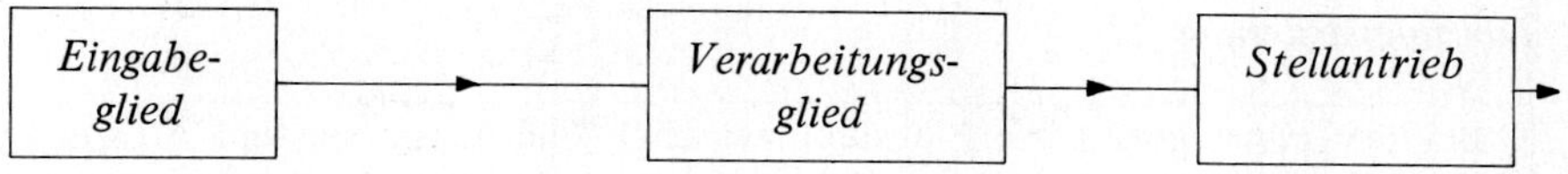

z. B.	z. B.	z. B.
el. Schalter	Elektronische-	Schütz, Relais
Strahlfühler	pneumatische-	Thyristor
indukt. Geber	mechanische-	Transistor
kapaz. Geber	Logikglieder	Stellbremse
Druckimpuls-erzeuger	Speicherglieder	Schaltgetriebe
Photozelle	Zeitglieder	Zylinder
Photowiderstand	Verknüpfungs-glieder	Bremslüfter
mech. Taster		Elektromotor
Thermostat		Hydraulikmotor
Programmgeber		
Lochkartenleser		
Lochstreifenleser		

Die Steuerkette für die Steuereinrichtung kann mit der Steuerstrecke zu einer erweiterten Steuerkette zusammengefaßt werden.

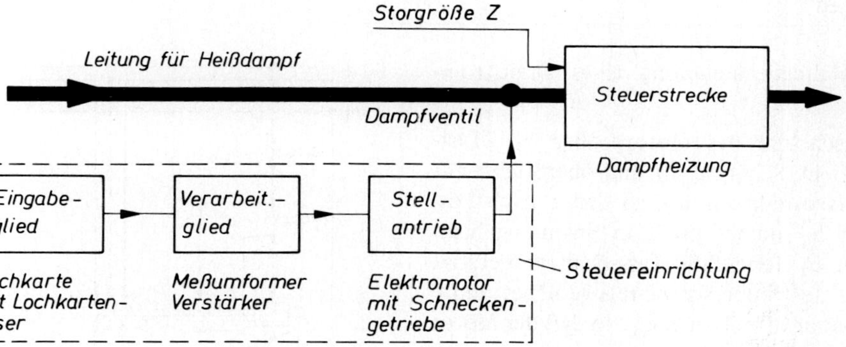

Beispiel: Dampfheizung eines Wärmebades für einen Textilbetrieb.

2.1.2 Steuerungsarten

Steuerungsarten nach DIN 19226:

1. *Führungssteuerung*
2. *Haltegliedsteuerung*
3. *Programmsteuerung*
3.1. *Zeitplansteuerung*
3.2. *Wegplansteuerung*
3.3. *Ablaufsteuerung (Folgesteuerung)*

2.1.2.1 Führungssteuerung und Haltegliedsteuerung

Führungssteuerung

> Bei der *Führungssteuerung* besteht zwischen Führungsgröße und Ausgangsgröße der Steuerung im Beharrungszustand immer ein eindeutiger Zusammenhang, soweit Störgrößen keine Abweichung hervorrufen.

Beispiel: Helligkeitssteuerung einer Lampengruppe

Die Helligkeit der Lampen ist eindeutig der Stellung des Stellwiderstandes zugeordnet. Ändert man die Größe des wirksamen Widerstandes, so ändert sich gleichzeitig die Helligkeit der Lampengruppe.

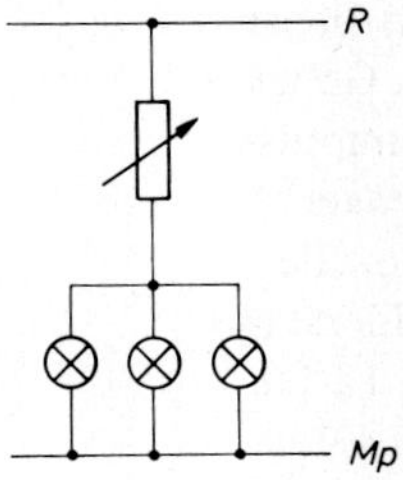

Haltegliedsteuerung (mit Speichereigenschaft)

> In einer *Haltegliedsteuerung* bleibt nach Wegnahme oder Zurücknahme der Führungsgröße, insbesondere nach Beendigung des Auslösesignals, der erreichte Wert der Ausgangsgröße erhalten. Es bedarf einer entgegengesetzten Führungsgröße oder eines entgegengesetzten Auslösesignals, um die Ausgangsgröße wieder auf einen Anfangswert zu bringen.

Beispiel: Haltegliedsteuerung eines Drehstrommotors

Nach Einschalten des Motors über b_2 (Tastschalter) zieht Schütz c an und überbrückt mit einem Hilfskontakt c_H b_2, so daß c nach Loslassen von b_2 immer noch an Spannung liegt. Erst wenn b_1 (ebenfalls Tastschalter) betätigt wird, wird der Steuerstromkreis geöffnet und c fällt ab. Damit öffnet auch c_H, so daß der Motor abgeschaltet wird.

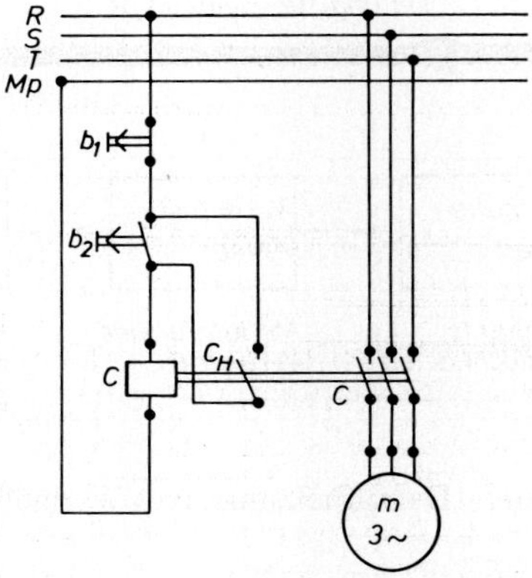

2.1.2.2 Programmsteuerungen

> Bei der *Programmsteuerung* werden die Ausgangssignale von den Eingangssignalen und einem vorgegebenen Programm erzeugt.

Zeitplansteuerung

> In einer *Zeitplansteuerung* werden die Führungsgröße (bzw. Führungsgrößen) von einem zeitabhängigen Programmgeber (Programmspeicher) geliefert.

Tritt eine Störung auf, so wird der Ablauf nicht unterbrochen, es sei denn, daß zusätzliche Überwachungsfunktionen eingebaut sind, die den Programmablauf unterbrechen können.

Es können verschiedene Programmspeicher verwendet werden, zum Beispiel:

- Nockenwellen – zur Taktsteuerung von Verbrennungsmaschinen
- Kurvenscheiben – zur Steuerung von Vorschüben an Mehrspindelautomaten (Kurventrommeln)
- Lochstreifen – zur Programmierung von numerisch gesteuerten Werkzeugmaschinen
- Kopierschablone – zur Steuerung von Drehwerkzeugen an Drehmaschinen

Beispiel: Steuerung eines Werkzeugschlittens

Das Bild zeigt die Steuerung eines mit Bohrwerkzeugen versehenen Werkzeugschlittens. Die Abwicklung der Kurventrommel zeigt den Bereich des Arbeitsganges sowie den Eilvorschub und den Rücklauf. Die gefrästen Führungsstücke mit den Nutenbahnen sind auf der Trommel festgeschraubt und austauschbar.

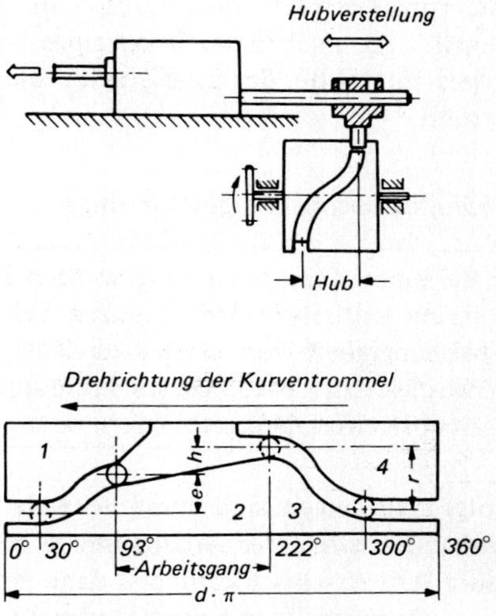

Steuerung eines Werkzeugschlittens

Beispiel: Kopiersteuerung an einer Drehmaschine

Zwei Taster *a* und *b* werden über Kopierschablonen *c* und *d* geführt. Sie übertragen des Profil der Schablonen über die zugehörigen Drehmeißel auf das Werkstück *e*. Die Kopierschablonen dienen als Programmspeicher. Diese können je nach gewünschter Form des Werkstückes ausgetauscht werden.

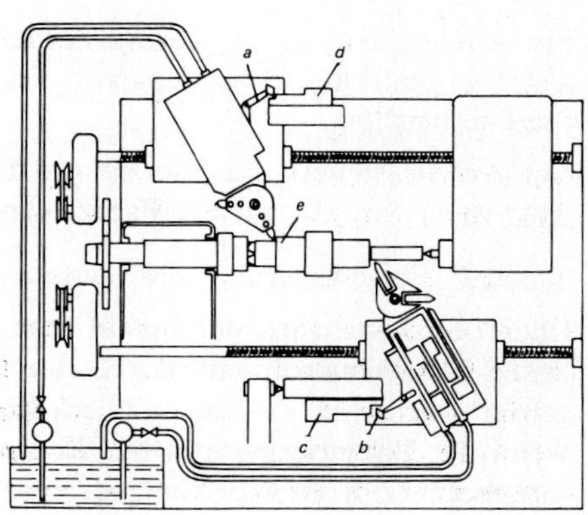

Wegplansteuerung

> In einer *Wegplansteuerung* werden Führungsgrößen von einem Programmgeber (Programmspeicher) geliefert, dessen Ausgangsgrößen vom zurückgelegten Weg (der Stellung) eines beweglichen Teils der gesteuerten Anordnung abhängen.

Beispiel:

Der Geschwindigkeitswechsel von Schlittenvorschüben und Spindeldrehzahlen wird bei Werkzeugmaschinen oft von den Wegen abhängig gemacht, die die Schlitten zurücklegen. Dabei wird das Programm wegabhängig durch einstellbare Nocken oder Impulszählersignale variabel gestaltet.

Beispiel:

Ein doppelt wirkender Zylinder wird über ein 4/2-Wegeventil so gesteuert, daß der Kolben abwechselnd aus- bzw. eingefahren wird. Die Umsteuerung erfolgt über endschaltergesteuerte Ventile, die nach Erreichung eines festgelegten Weges mit Hilfe der Endschalter umgeschaltet werden.

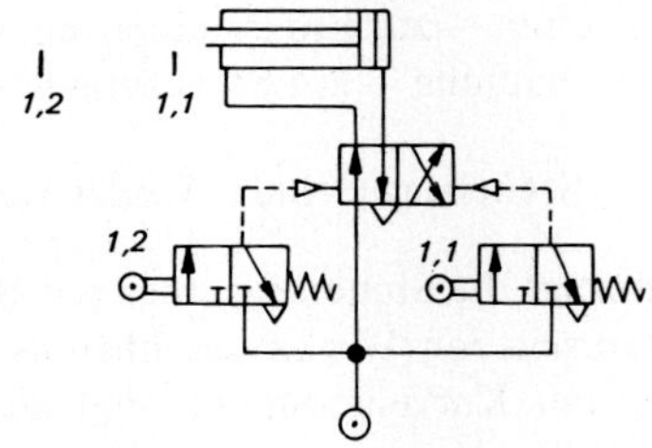

Ablaufsteuerung (Folgesteuerung)

> Bei einer *Ablaufsteuerung* werden Bewegungen oder andere physikalische Vorgänge in ihrem zeitlichen Ablauf durch Schaltsysteme nach einem Programm gesteuert, das in Abhängigkeit von erreichten Zuständen in der gesteuerten Anordnung schrittweise durchgeführt wird. Dieses Programm kann fest eingebaut sein oder von Lochkarten, Lochstreifen, Magnetbändern oder anderen geeigneten Speichern abgerufen werden.

Folgesteuerungen sind spezielle Ablaufsteuerungen, bei denen fest eingebaute Programme vorhanden sind. Der Arbeitsprozeß besteht aus einer Folge von einzelnen Arbeitsschritten. Jeder Arbeitsschritt kann erst dann eingeleitet werden, wenn ein Signalgeber die Beendigung des vorangegangenen Schrittes gemeldet hat.

Beispiel: Ablaufsteuerung – Steuerung eines Aufzugs

Ein Aufzug wird durch Abrufe nacheinander in mehrere Stockwerke beordert. Die Fahrziele werden durch Betätigung von Tastschaltern eingegeben und in ihrer zeitlichen Reihenfolge gespeichert.

Der Aufzug steuert das Fahrziel an. Erst nach dem *Öffnen* und folgendem *Schließen* der Aufzugstür wird das nächste Fahrziel angesteuert usw.

Beispiel: Folgesteuerung – NC-gesteuerte Bohrmaschine

Über Lochkarte wird der Befehl zum ersten Bohrvorgang erteilt. Nach Durchführung der ersten Bohroperation wird durch eine Kontrollstation überprüft, ob der Bohrvorgang durchgeführt worden ist. Zu diesem Zweck kann z. B. ein Stößel in die Bohrung eingeführt werden. Wenn der Bohrvorgang von der Kontrollstation bestätigt worden ist, wird das Programm fortgesetzt (z. B. Reiben, Gewindeschneiden).

2.1.2.3 Gegenüberstellung von Steuerungsarten

Welche Arten von Programmsteuerungen im konkreten Fall ausgewählt werden, muß von Fall zu Fall entschieden werden. In den meisten Fällen wird die Entscheidung ein Kompromiß sein, der abhängig ist von den finanziellen Möglichkeiten, der Aufgabenstellung, der verwendeten Energieform, den Umwelteinflüssen sowie weiteren anderen Randbedingungen. Die folgende Matrix soll durch Gegenüberstellung der drei unterschiedlichen Programmsteuerungen besondere Kriterien der Steuersysteme vorstellen.

	Zeitplan-Steuerung	Wegplan-Steuerung	Ablauf-(Folge)Steuerung
Aufbau	einfach übersichtlich	da viele Endschalter und Signalgeber, Aufbau oft unübersichtlich	wegen des komplexen Aufbaus schlecht zu übersehen
Preis	im allgemeinen preiswert	im allgemeinen preiswert	oft sehr teuer
Anfälligkeit gegen Störungen	gering	groß, da viele Endschalter u. Signalgeber vorhanden, die anfällig gegen Störungen sein können	Störungen werden bei komplexen Systemen häufig auftreten
Behebung von Störungen	einfach	schwierig	oft sucht das System Fehler selbst und zeigt sie an
Sicherheit bei Ablauf-Störungen	keine Sicherheit gegeben Programm läuft weiter	Programm schaltet bei Ablaufstörungen ab	Programm schaltet bei Ablaufstörungen ab
Umstellung bei Programmwechsel	relativ einfach	oft umfangreiche Umbauarbeiten notwendig	relativ einfach

2.1.3 Graphische Darstellung von Steuerungsabläufen

Da Steuerungsabläufe an komplexen Steuersystemen oft unübersichtlich und verwirrend wirken, wenn sie nur mit Worten beschrieben werden, erweist es sich als zweckmäßig, die einzelnen Funktionsabläufe mit Hilfe von Diagrammen darzustellen.

Es werden in der Steuertechnik drei Diagrammdarstellungen unterschieden:
Bewegungsdiagramme – Steuerdiagramme – Funktionsdiagramme.

2.1.3.1 Bewegungsdiagramme

Bewegungsdiagramme stellen den Ablauf von einem oder mehreren Arbeitsschritten innerhalb von Steuerungen in digitaler Form dar. Dabei wird die zeitliche Abfolge in Einzelschritten aufgezeichnet.

Das Gerüst eines Bewegungsdiagramms zeigt in der Horizontalen die aufeinanderfolgenden Schritte und in der Vertikalen den erreichten Zustand eines Arbeits- oder Steuerelements.

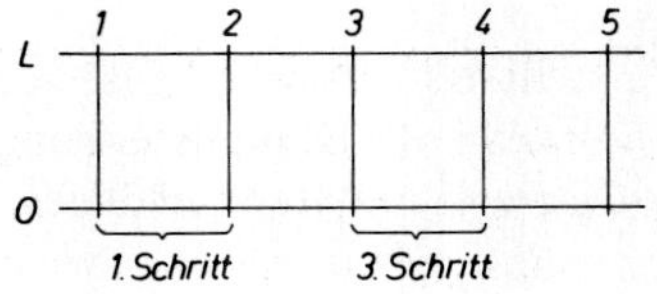

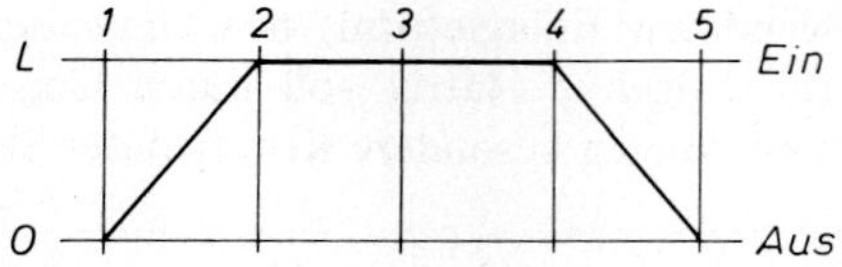

Bei dem nebenstehenden Bewegungsdiagramm wird im 1. Schritt ein Elektromotor angelassen. Zu Beginn des 2. Schrittes hat der Motor seine Nenndrehzahl erreicht. Im 4. Schritt wird der Motor wieder abgeschaltet. In dieser Form wird das Bewegungsdiagramm auch als *Weg-Schritt-Diagramm* bezeichnet.

Beispiel:

Es soll das *Weg-Schritt-Diagramm* für den folgenden Steuervorgang gezeichnet werden.

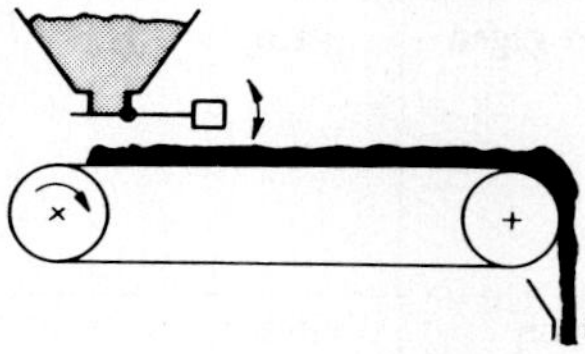

Das Füllgut eines trichterförmigen Behälters soll erst dann auf das darunterliegende Förderband fallen, wenn dieses vorher in Gang gesetzt wurde. Das Förderband darf erst dann wieder still gesetzt werden, wenn vorher die Klappe des Füllbehälters geschlossen worden ist.

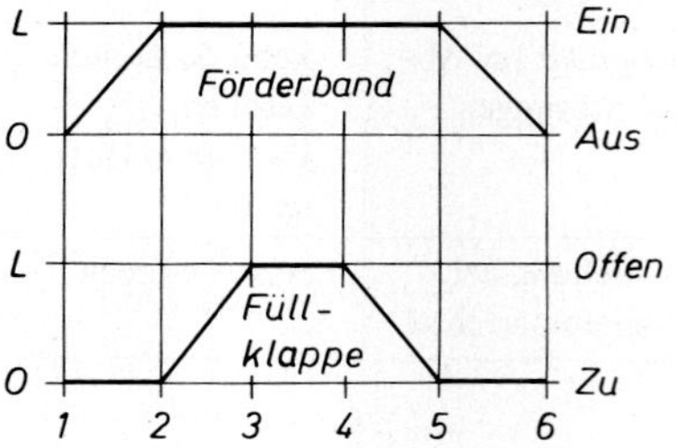

1. Schritt: (1–2)	Förderband wird in Gang gesetzt. Klappe ist geschlossen
2. Schritt:	Klappe wird geöffnet, Förderband läuft
3. Schritt:	Klappe ist geöffnet, Förderband läuft
4. Schritt:	Klappe wird geschlossen, Förderband läuft
5. Schritt:	Klappe ist geschlossen, Förderband wird abgestellt.

Trägt man statt der Schritte die Zeit auf der Horizontalen ab, so erhält man das *Weg-Zeit-Diagramm*. Für das vorstehende Beispiel würde folgendes Diagramm entstehen.

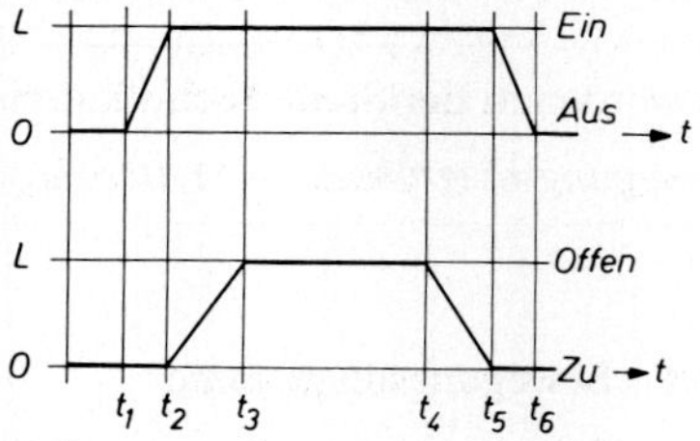

Aus dem *Weg-Zeit-Diagramm* wird deutlich, daß das Anlaufen des Förderbandes weniger Zeit benötigt als das Öffnen der schweren Füllklappe.

t_1 bis t_2	Förderband wird in Gang gesetzt, Klappe ist geschlossen
t_2 bis t_3	Klappe wird geöffnet, Förderband läuft
t_3 bis t_4	Klappe ist geöffnet, Förderband läuft
t_4 bis t_5	Klappe wird geschlossen, Förderband läuft
t_5 bis t_6	Klappe ist geschlossen, Förderband wird abgestellt

Beide Darstellungsformen von Bewegungsdiagrammen haben Vorteile. Während das *Weg-Schritt-Diagramm* die Zusammenhänge der Steuerung übersichtlich darstellt, können im *Weg-Zeit-Diagramm* unterschiedliche Arbeits- und Schaltgeschwindigkeiten dargestellt werden.

2.1.3.2 Funktionsdiagramme

Steuerdiagramme

> Das *Steuerdiagramm* stellt den Schaltzustand eines Steuergliedes in Abhängigkeit von Schritten dar. Die Schaltzeit des Steuergliedes wird dabei vernachlässigt. Das Steuerdiagramm wird wie ein Weg-Schritt-Diagramm gezeichnet.

Das Steuerdiagramm zeigt den Schaltzustand eines Relais, das vom 2. bis zum 4. Schritt geschlossen (durchlässig) ist. Der Übergang vom geöffneten in den geschlossenen (stromführenden) Zustand wird zeitlos dargestellt, weil in der Praxis die kurzen Schaltzeiten meist vernachlässigbar sind.

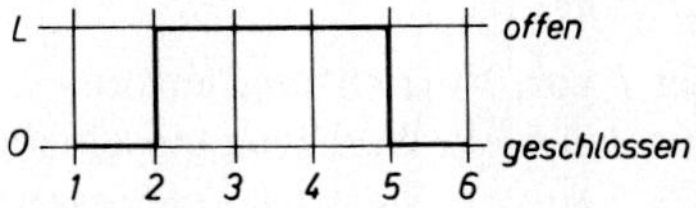

Funktionsdiagramme

> Werden Steuer- und Weg-Schritt-Diagramme aufeinander abgestimmt in einem Zusammenhang dargestellt, so entsteht ein *Funktionsdiagramm*.

1. Schritt: Schütz für Förderband schließt, Förderband läuft an.

2. Schritt: Schütz für Füllklappe schließt, Füllklappe öffnet.

3. Schritt: Förderband läuft, Füllklappe geöffnet.

4. Schritt: Füllklappe schließt (durch Gegengewicht), Förderband läuft.

5. Schritt: Füllklappe geschlossen, Schütz für Förderband fällt ab, Förderband läuft aus.

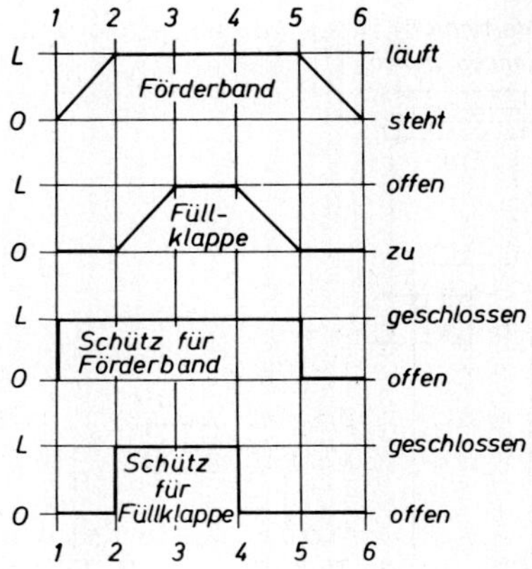

Beispiel: Funktionsdiagramm – Vorrichtung für ein Bohrwerk

An einer Tiefenbohrmaschine soll ein schwerer Rolldorn mit Hilfe einer pneumatischen Vorrichtung aus der Maschine gehoben und nach dem Werkzeugwechsel wieder eingelegt werden. Dazu müssen bei zweimaliger manueller Betätigung eines Ventils 4 Zylinder folgende Bewegungen ausführen.

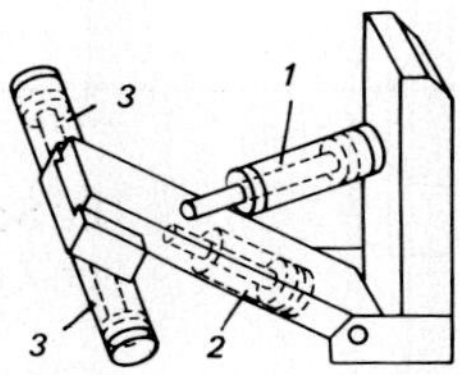

1. Betätigung

Zylinder *1* vor, Vorrichtung senken
Zylinder *2* vor, Werkzeug spannen
Zylinder *3* vor, Werkzeug ausschieben
Zylinder *1* zurück, Vorrichtung heben

2. Betätigung

Zylinder *1* vor, Vorrichtung senken
Zylinder *3* zurück, Werkzeug einschieben
Zylinder *2* zurück, Werkzeug entspannen
Zylinder *1* vor, Vorrichtung heben

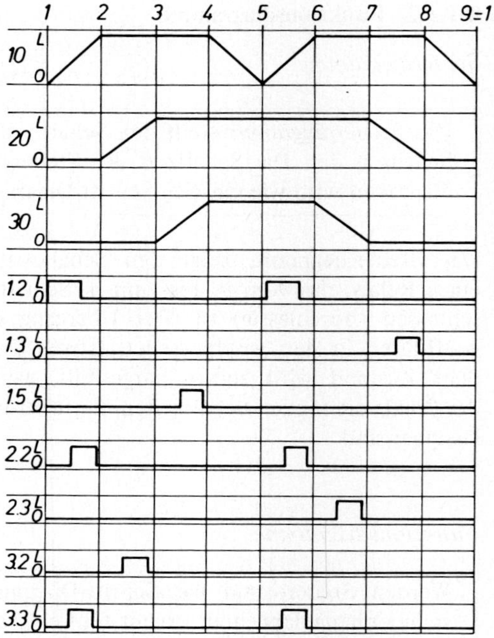

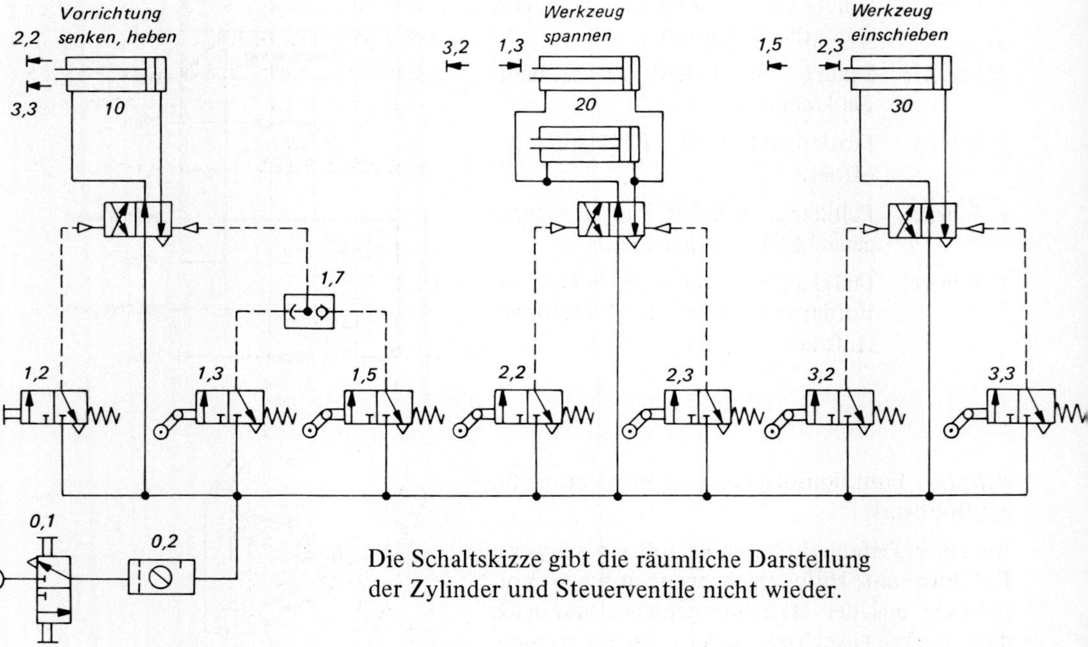

Die Schaltskizze gibt die räumliche Darstellung der Zylinder und Steuerventile nicht wieder.

Nach *VDI-Richtlinien 3226* wird empfohlen, die Zylinder in waagerechter, reihenweiser Anordnung zu zeichnen. Die zugehörigen Steuer- und Signalglieder sind darunter gezeichnet.

Die gesamte Steuerung wird in der Reihenfolge des Ablaufs in einzelne Steuerketten aufgeteilt, und diese werden in Richtung des Energieflusses bezeichnet. Die Lage der Signalglieder ist durch einen Markierungsstrich mit Betätigungspfeil kenntlich gemacht. (Text: *Festo*)

▶ ***Zur Selbstkontrolle***

1. Welches DIN-Blatt gibt Auskunft über Steuerungs- und Regelungstechnik?
2. Was versteht man unter einer *offenen Steuerkette*?
3. Erkläre die Begriffe *Steuerstrecke, Steuereinrichtung, Stellgröße* und *Störgröße.*
4. Aus welchen Elementen besteht die *Steuereinrichtung*?
5. Wodurch unterscheiden sich *Wegplansteuerung* und *Zeitplansteuerung*?
6. Welche Vorteile bietet die *Ablaufsteuerung* gegenüber einer *Zeitplansteuerung*?
7. Wodurch unterscheidet sich ein *Bewegungsdiagramm* von einem *Steuerdiagramm*?
8. Was ist eine *Haltegliedsteuerung,* und wo wird sie verwendet?
9. Welche Arten von *Programmsteuerungen* gibt es nach DIN 19226?
10. Welche Vor- und Nachteile weist eine *Ablaufsteuerung* auf?

2.2 Grundelemente logischer Schaltungen (Funktionen)

Um logische Beziehungen (Funktionen) darstellen zu können, werden Symbole verwendet, die schon seit langer Zeit Eingang in deutsche und internationale Normen gefunden haben.

Bis heute – und vermutlich auch noch in den kommenden Jahren – existieren unterschiedliche Symbolsysteme.

Dieses Buch paßt sich an die international gültige IEC-Norm, die seit 1976 auch von den deutschen Normen übernommen wurde und in DIN 40100 ausgewiesen wird.

Die älteren Symbole – oft auch heute noch in der deutschsprachigen Fachliteratur verwendet – sollen den neuen Schaltzeichen in der nachfolgenden Tabelle vergleichend gegenübergestellt werden.

Soweit in den folgenden Kapiteln Werksskizzen bzw. Werkszeichnungen übernommen wurden, sind diese unverändert belassen.

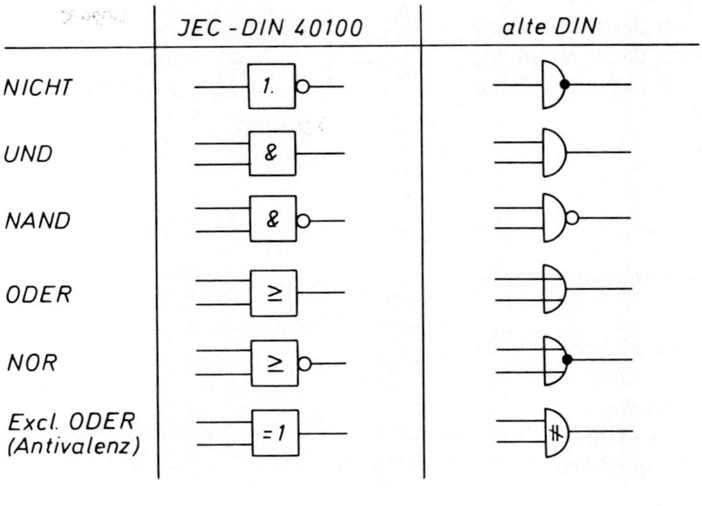

Logische Funktionen

> Wir haben es dann mit einer *logischen Funktion* zu tun, wenn eine oder mehrere Bedingungen erfüllt sein müssen, damit ein bestimmter Ablauf erwartet werden kann.
>
> Die wichtigsten logischen Funktionen sind:
>
> NICHT (*Umkehr*) ODER – NOR
> UND – NAND Exklusiv ODER

2.2.1 NICHT (Negation)

NICHT

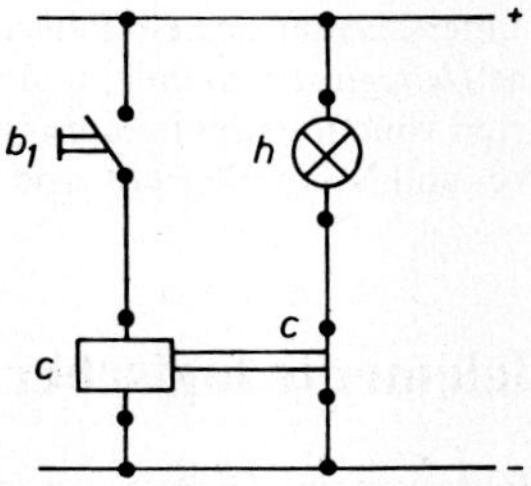

Bei der NICHT-*Funktion* wird ein ursprünglich vorhandenes digitales Signal – z. B. Lampe brennt – durch ein Eingangssignal – z. B. Schalter b_1 gedrückt – in sein Gegenteil verkehrt. Wird b_1 betätigt, so zieht das Relais *c* an und die Lampe *h* verlöscht, weil die Stromzufuhr über den Kontakt *c* unterbrochen wird.

In der digitalen Steuertechnik werden die Signale wie folgt bezeichnet:

Lampe brennt *L*
Lampe brennt nicht 0
Schalter b_1 gedrückt *L*
Schalter b_1 nicht gedrückt 0

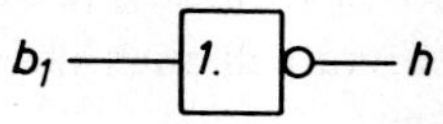

Symbol NICHT-*Funktion*

Man ersetzt mitunter *L* auch mit *Ja* und 0 mit *Nein* und kommt damit zum Begriff der Negation. Die Wertetabelle gibt das logische Verhalten der NICHT-Funktion wieder.

Wertetabelle

b_1	h
0	*L*
L	0

Man kann die logische Aussage der NICHT-Funktion auch in graphischer Form darstellen. Diese Darstellung zeigt, daß immer dann, wenn am Eingang b_1 *L*-Signal ansteht, der Ausgang *H* auf 0 geschaltet ist und umgekehrt.

Signalplan

2.2.2 UND-NAND

UND

Ein Satzbeispiel soll die UND-Funktion zunächst einmal erläutern.

1. Bedingung	Wenn das *Wetter schön* ist
+	und
2. Bedingung	ich *Zeit habe*,
↓	dann
Aussage	*gehe ich spazieren.*

Beide Bedingungen müssen erfüllt sein, wenn es zu der positiven Aussage „Spaziergang" kommen soll.

Die nebenstehende Relaisschaltung erfüllt die positive ***Aussage – Lampe brennt*** – nur, wenn *sowohl* b_1 *als auch* b_2 geschlossen sind.

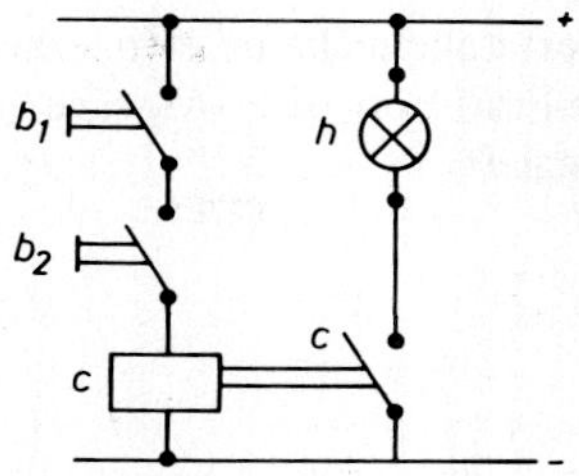

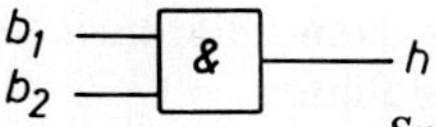

Symbol UND-*Funktion*

Die Wertetabelle drückt das gleiche aus. Ein positives Signal bei h – *Lampe brennt* – ist nur möglich in der vierten Zeile, wenn sowohl b_1 *als auch* b_2 positiv sind, d. h. beide Schalter geschlossen. Ist nur ein Schalter geschlossen, so fließt über Relais c kein Strom, und der Kontakt c kann nicht geschlossen werden.

Wertetabelle

b_1	b_2	h
0	0	0
0	*L*	0
L	0	0
L	*L*	*L*

Die graphische Darstellung der UND-Funktion zeigt ebenfalls, daß nur dann, wenn b_1 und b_2 gleichzeitig betätigt sind, am Ausgang h ebenfalls L-Signal anliegt.

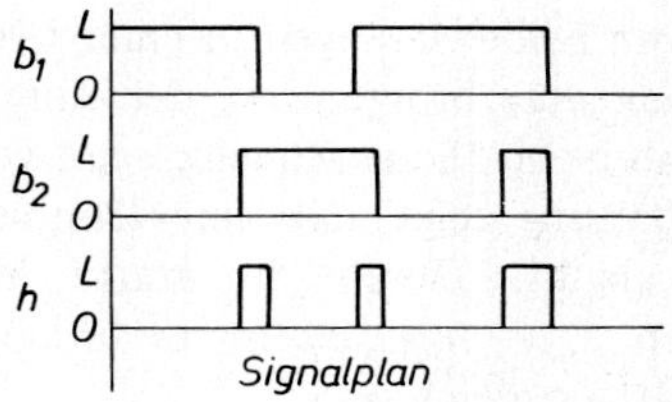

Signalplan

NAND (UND NICHT)

Satzbeispiel für die NAND-Funktion:

1. Bedingung	Wenn *es regnet*
+	und
2. Bedingung	ich *beschäftigt bin*,
↓	dann
negierte Aussage	gehe ich ***nicht spazieren.***

Die NAND-Funktion ist die Umkehrung der UND-Funktion.

Die Lampe in der Relaisschaltung brennt, solange das Relais c keinen Strom führt. Nur wenn b_1 und b_2 betätigt werden, zieht c an und öffnet den Kontakt c. Gleichzeitig wird der Stromfluß für h unterbrochen.

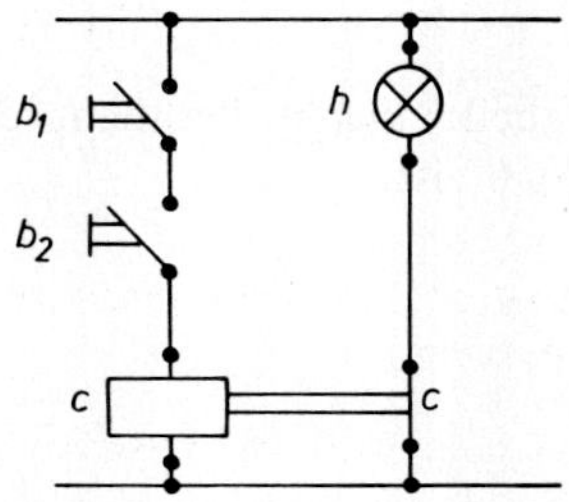

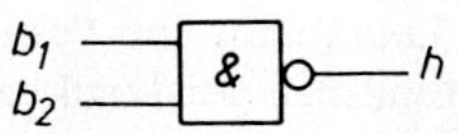

Symbol NAND-*Funktion*

Aus der Wertetabelle kann man erkennen, daß die NAND-Funktion die Aussage der UND-Funktion negiert.

Wertetabelle

b_1	b_2	h
0	0	L
0	L	L
L	0	L
L	L	0

Auch aus dem *Signalplan* geht hervor, daß das L-Signal bei h nur dann unterdrückt wird, wenn b_1 und b_2 L-Signal führen.

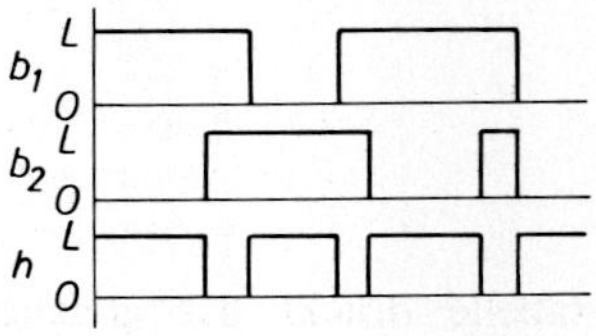

Signalplan

UND-NAND

Man kann beide Aussagen in einer UND-NAND-Schaltung unterbringen, bei der dann allerdings zwei unterschiedliche Ausgänge notwendig sind. Die Schaltung zeigt, daß eine Lampe immer L-Signal abgibt. Durch die starre Verbindung zwischen c, c_1 und c_2 ist es unmöglich, daß beide Signale gleich sind.

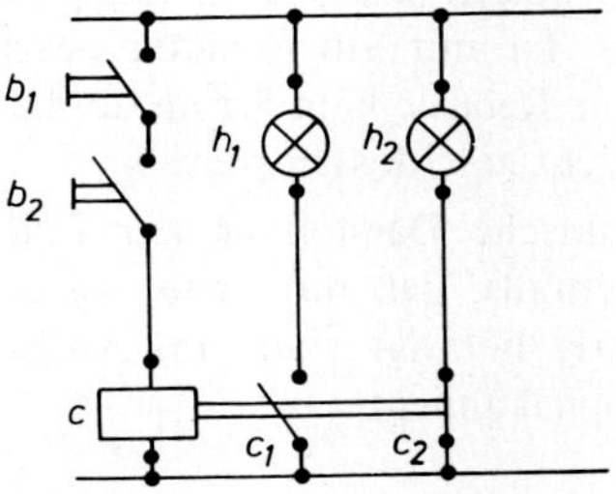

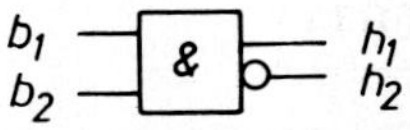

Symbol für UND/NAND-*Funktion*

Wertetabelle

b_1	b_2	h_1	h_2
0	0	0	L
0	L	0	L
L	0	0	L
L	L	L	0

Die Wertetabelle macht deutlich, daß h_2 die *Negation* von h_1 ist.

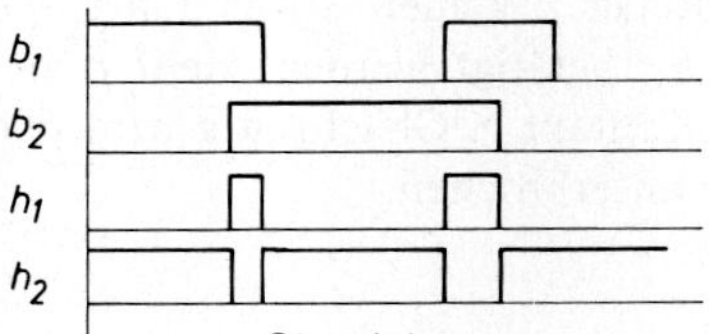

Signalplan

Bisher sind nur Logikbausteine besprochen worden, die nicht mehr als 2 Eingänge hatten. Die Anzahl der Eingänge bei Logikbauteilen hängt von der technischen Ausführung und der Aufgabenstellung ab.

UND-NAND mit 4 Eingängen

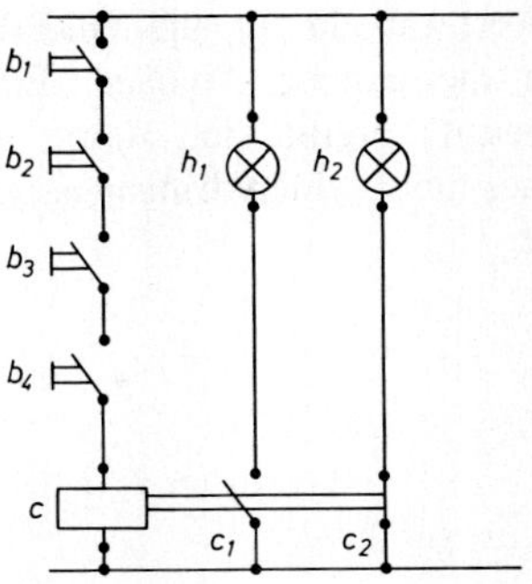

Die Schaltung weist aus, daß alle Taster gleichzeitig betätigt sein müssen, wenn die Ausgangssignale h_1 und h_2 verändert werden sollen.

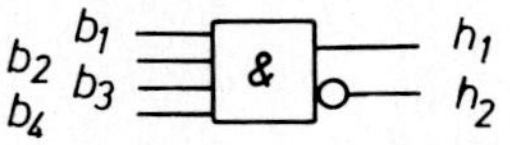

Symbol UND/NAND *Element mit 4 Eingängen und 2 Ausgängen*

Die Wertetabelle weist bei 4 Eingängen $2^4 = 16$ mögliche Schaltungskombinationen aus.

Eine Änderung der Signalanzeige tritt jedoch nur ein, wenn gleichzeitig *alle Eingangssignale* betätigt werden (Fall 15).

Wertetabelle

b_1	b_2	b_3	b_4	h_1	h_2	
0	0	0	0	0	*L*	– 0 –
0	0	0	*L*	0	*L*	– 1 –
0	0	*L*	0	0	*L*	– 2 –
0	0	*L*	*L*	0	*L*	– 3 –
0	*L*	0	0	0	*L*	– 4 –
0	*L*	0	*L*	0	*L*	– 5 –
0	*L*	*L*	0	0	*L*	– 6 –
0	*L*	*L*	*L*	0	*L*	– 7 –
L	0	0	0	0	*L*	– 8 –
L	0	0	*L*	0	*L*	– 9 –
L	0	*L*	0	0	*L*	– 10 –
L	0	*L*	*L*	0	*L*	– 11 –
L	*L*	0	0	0	*L*	– 12 –
L	*L*	0	*L*	0	*L*	– 13 –
L	*L*	*L*	0	0	*L*	– 14 –
L	*L*	*L*	*L*	*L*	0	– 15 –

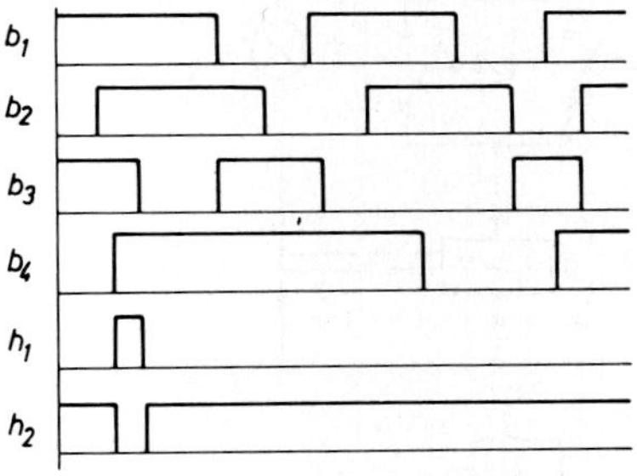

Signalplan für
UND-NAND *Element mit*
4 Eingängen

2.2.3 ODER-NOR

ODER

Satzbeispiel für die ODER-Funktion:

1. Bedingung	*Wenn ich Bargeld habe*
oder	oder
2. Bedingung	*das Scheckbuch mitnehme*
↓	dann
positive Aussage	*kann ich einkaufen.*

Wenigstens *eine* der beiden Bedingungen *oder beide* müssen erfüllt sein, damit es zu einer positiven Aussage kommen kann.

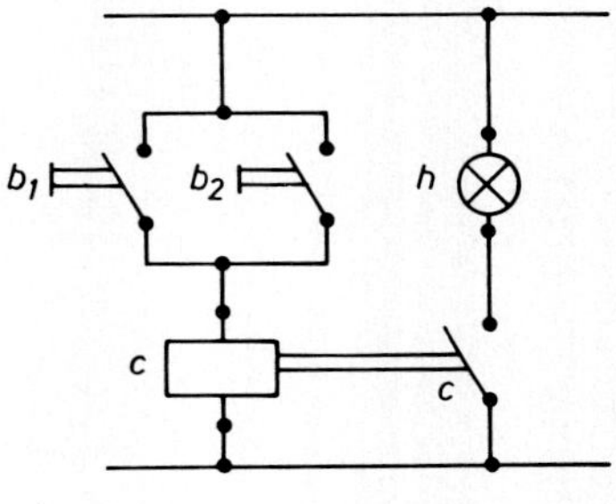

Die Relaisschaltung zeigt, daß Schütz *c* dann an Spannung liegt, wenn b_1 oder b_2 oder beide Schalter gedrückt sind. Die Lampe *h* brennt nur dann nicht, wenn kein Schalter gedrückt ist.

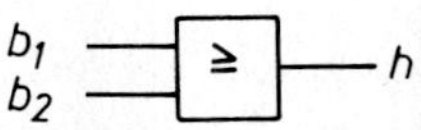

Symbol ODER-*Funktion*

Aus der Wertetabelle für die ODER-Funktion ergibt sich die gleiche Aussage. Ein L-Signal (Lampe brennt) ergibt sich dann, wenn mindestens eines der beiden Eingangssignale ebenfalls L zeigt.

Wertetabelle

b_1	b_2	h
0	0	0
0	*L*	*L*
L	0	*L*
L	*L*	*L*

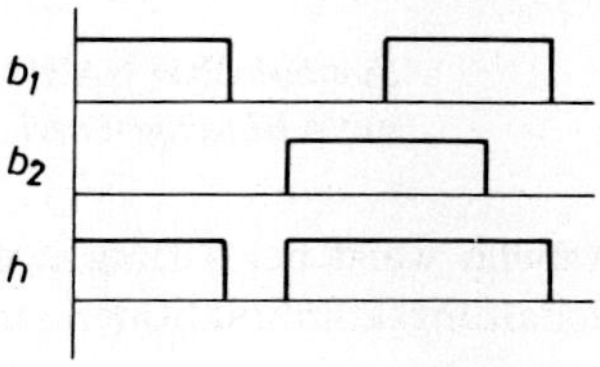

Signalplan für ODER-*Funktion mit 2 Eingängen*

NOR(NICHT-ODER)

Satzbeispiel für die NOR-Funktion:

1. Bedingung	Wenn es *regnet*
oder	oder
2. Bedingung	*stürmt,*
↓	dann
negative Aussage	kann ich *nicht spazierengehen*

Einer der beiden Schalter muß wenigstens betätigt werden, damit das Relais *c* anzieht und an der Lampe 0-Signal entsteht. (Lampe brennt nicht).

Nur wenn kein Schalter betätigt wird, fließt Strom und die Lampe brennt (L-Signal).

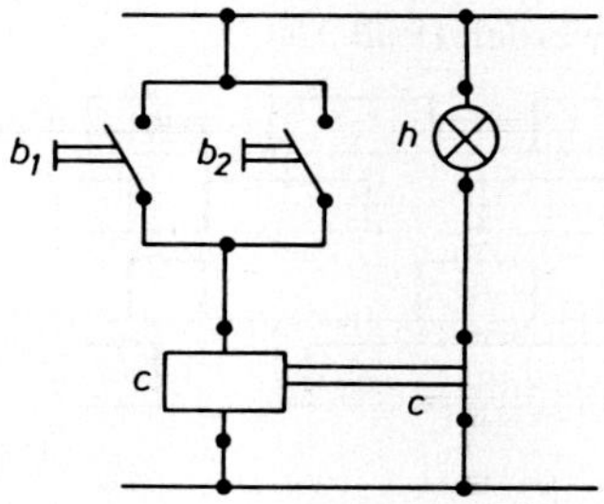

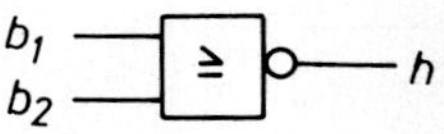

Symbol NOR-*Funktion*

b_1	b_2	h
0	0	*L*
0	*L*	0
L	0	0
L	*L*	0

Wertetabelle für NOR-Funktion mit 2 Eingängen

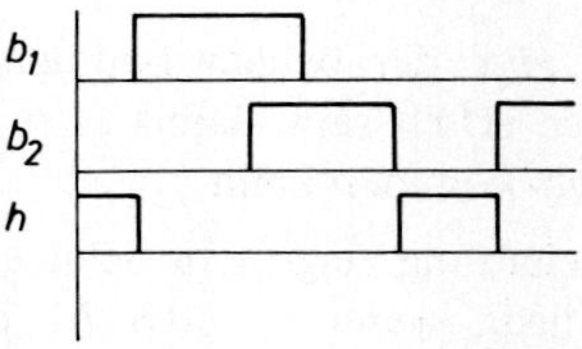

Signalplan für NOR-Funktion

ODER/NOR

Wie bei der UND/NAND-Funktion läßt sich eine Relaisschaltung aufbauen, bei der an zwei Ausgängen zwei sich stets widersprechende Signale anstehen.

Die starre mechanische Verbindung zwischen Relais c und den beiden Kontakten c_1 und c_2 verhindert, daß beide Lampen gleiches Signal anzeigen können.

Es können gleichzeitig zwei entgegengesetzte Signale an der Relaisschaltung abgenommen werden.

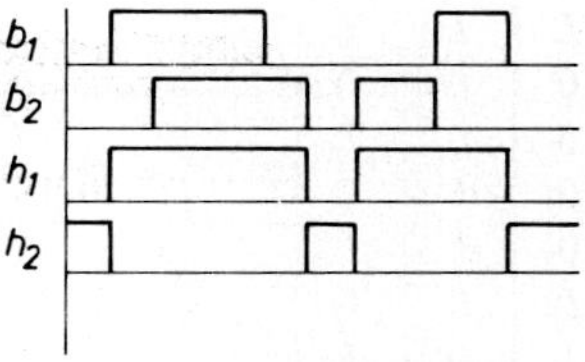

Symbol ODER/NOR-*Element mit 2 Eingängen und 2 Ausgängen*

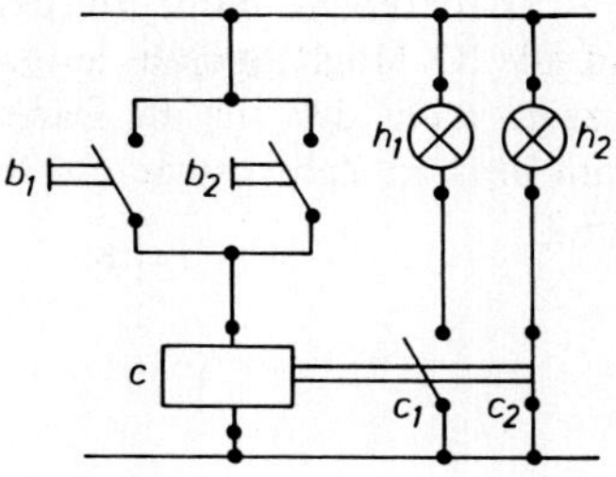

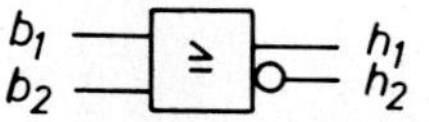

Symbol ODER/NOR-*Funktion*

b_1	b_2	h_1	h_2
0	0	0	L
0	L	L	0
L	0	L	0
L	L	L	0

Wertetabelle für ODER/NOR-Element mit 2 Eingängen und 2 Ausgängen

ODER/NOR mit 5 Eingängen

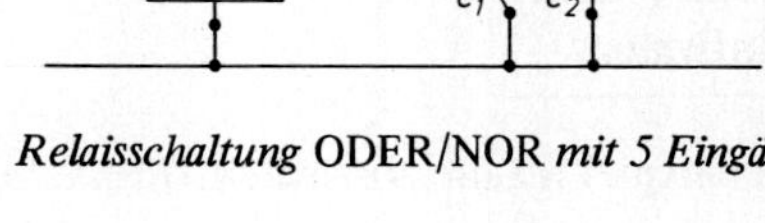

Relaisschaltung ODER/NOR *mit 5 Eingängen*

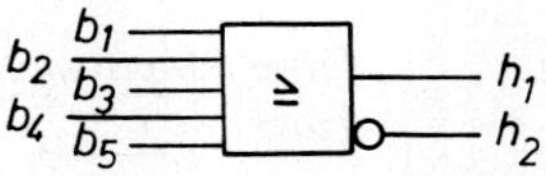

Symbol für ODER/NOR *mit 5 Eingängen*

Die Relaisschaltung besitzt 5 Eingänge. Das bedeutet, daß die Zahl der Schaltungen am Eingang $2^5 = 32$ betragen muß. In der Wertetabelle sind alle 32 Möglichkeiten aufgeführt. Das Beispiel zeigt auch, daß für die Darstellung der Zahl 32 im binären Zahlensystem 6 Stellen notwendig sind.

b_1	b_2	b_3	b_4	b_5	h_1	h_2	
0	0	0	0	0	0	*L*	0
0	0	0	0	*L*	*L*	0	1
0	0	0	*L*	0			2
0	0	0	*L*	*L*			3
0	0	*L*	0	0			4
0	0	*L*	0	*L*			5
0	0	*L*	*L*	0			6
0	0	*L*	*L*	*L*			7
0	*L*	0	0	0			8
0	*L*	0	0	*L*	↓	↓	9
0	*L*	0	*L*	0			10
0	*L*	0	*L*	*L*			11
0	*L*	*L*	0	0			12
0	*L*	*L*	0	*L*			13
0	*L*	*L*	*L*	0			14
0	*L*	*L*	*L*	*L*			15
L	0	0	0	0			16
L	0	0	0	*L*			17
L	0	0	*L*	0			18
L	0	0	*L*	*L*			19
L	0	*L*	0	0			20
L	0	*L*	0	*L*			21
L	0	*L*	*L*	0			22
L	0	*L*	*L*	*L*			23
L	*L*	0	0	0			24
L	*L*	0	0	*L*			25
L	*L*	0	*L*	0			26
L	*L*	0	*L*	*L*			27
L	*L*	*L*	0	0			28
L	*L*	*L*	0	*L*			29
L	*L*	*L*	*L*	0			30
L	*L*	*L*	*L*	*L*	*L*	0	31

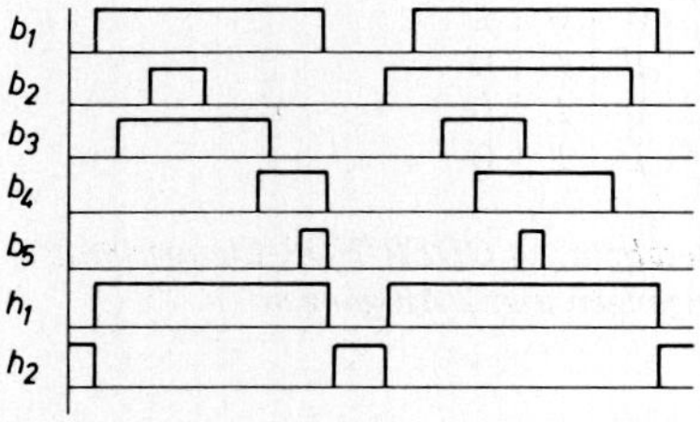

Signalplan für ODER-NOR-*Element mit 5 Eingängen und 2 Ausgängen*

2.2.4 Exklusiv-ODER

Antivalenz

Satzbeispiel für die *Antivalenz-Funktion*:

positive Aussage, ↓ entweder	*Wenn ich in die Stadt will, dann*
1. Bedingung	*fahre ich* entweder *mit dem Auto*
oder	oder
2. Bedingung	*ich gehe zu Fuß*

Die Lampe h kann nur dann brennen, wenn eines der beiden Relais Strom führt und die zugehörigen Kontakte betätigt werden. Wird z. B. b_1 betätigt, so schließt C_{11} und h erhält Strom. Das gleiche geschieht, wenn b_2 betätigt wird und der Stromfluß über $C_{22}\,C_{12}$ erfolgen kann. Werden gleichzeitig b_1 und b_2 betätigt, so kann kein Strom fließen, da C_{21} und C_{12} geöffnet werden. Bleiben b_1 und b_2 unbetätigt, so ist der Stromfluß ebenfalls unmöglich.

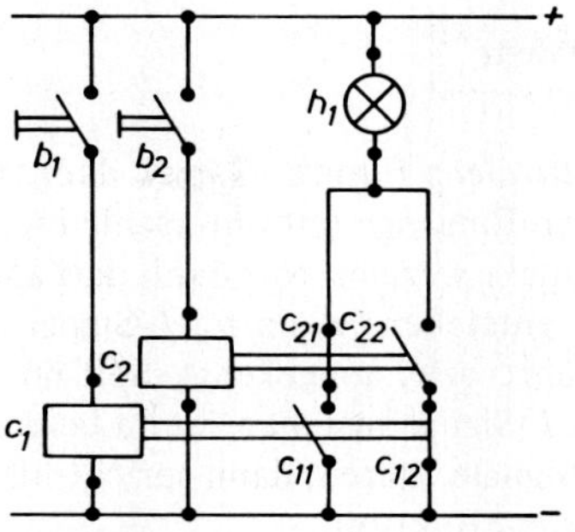

Schaltskizze

Die Wertetabelle zeigt, daß ein L-Signal am Ausgang h nur dann möglich ist, wenn ein Eingang mit L beschickt wird. Werden beide Eingänge mit L oder 0 beaufschlagt, so erscheint am Ausgang wieder 0-Signal.

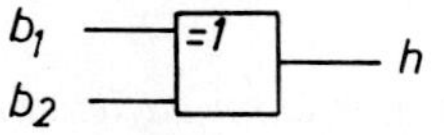

Symbol Antivalenz (Exklusiv-ODER)-Funktion

Da es die Antivalenz-Funktion als Grundbaustein nicht gibt, wird die Funktion aus Grundelementen zusammengeschaltet. Eine Möglichkeit zeigt die Schaltskizze.

Wertetabelle

b_1	b_2	h
0	0	0
0	L	L
L	0	L
L	L	0

V Verstärkerelement

Da die in elektronischen Logikschaltungen vorkommenden Ströme im mA-Bereich liegen, ist es notwendig, die nachgeschalteten Anzeigegeräte über ein Verstärkerelement anzuschließen.

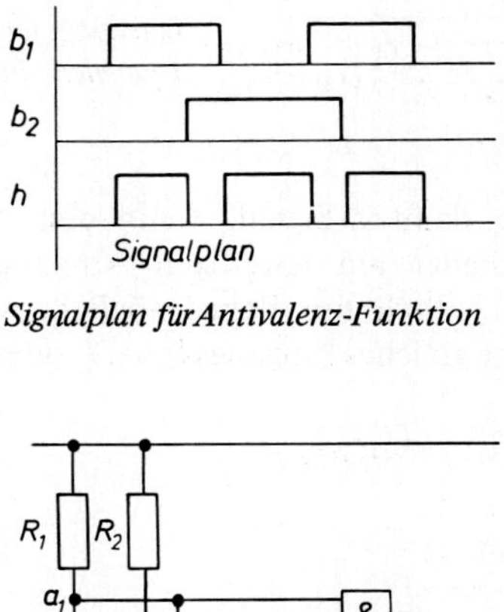

Signalplan für Antivalenz-Funktion

Die dargestellte Antivalenz-Schaltung besteht aus 2 NICHT-, 2 UND- sowie einem ODER-Element.

L-Signal entsteht immer dann, wenn ein Schalter (b_1 oder b_2) betätigt wird und damit kein Spannungsabfall über die Vorwiderstände R_1 und R_2 erfolgen kann. Damit sind dann die Punkte a_1 bzw. a_2 direkt an das positive Potential 1 angeschlossen. Am Ausgang der UND-Elemente entsteht immer nur dann L-Signal, wenn beide Eingänge L-Signal führen. Das ist jedoch nur dann möglich, wenn der über das NICHT-Element führende Eingang vor dem NICHT-Element 0-Signal besitzt. Dieses 0-Signal wird negiert und damit zum L-Signal. Es kann am Ausgang der beiden UND-Elemente nie L-Signal anstehen, wenn beide Eingänge (a_1 und a_2) das gleiche Signal besitzen.

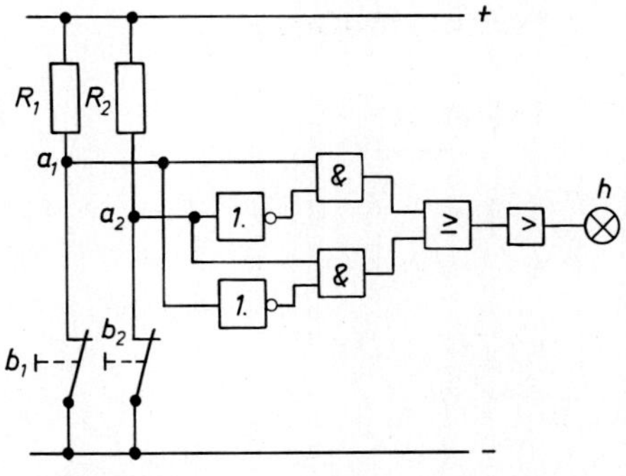

Logikplan

Äquivalenz

Eine *Antivalenz*-Funktion liegt dann vor, wenn die beiden Eingänge mit unterschiedlichen Signalen beschickt werden. Nur dann darf am Ausgang L-Signal entstehen, wenn b_1 L-Signal und b_2 0-Signal führt bzw. umgekehrt. Soll nur dann am Ausgang L-Signal anstehen, wenn beide Eingänge gleiche Signale führen, dann spricht man von der *Äquivalenz*-Funktion.

Die Schaltung für diese Funktion hat nebenstehendes Aussehen:

Die Lampe *h kann nur dann aufleuchten, wenn die Kontakte* C_{11} und C_{21} oder wenn C_{12} und C_{22} geschlossen sind. Diese Bedingungen treten jedoch nur ein, wenn entweder b_1 und b_2 unbetätigt oder beide betätigt sind.

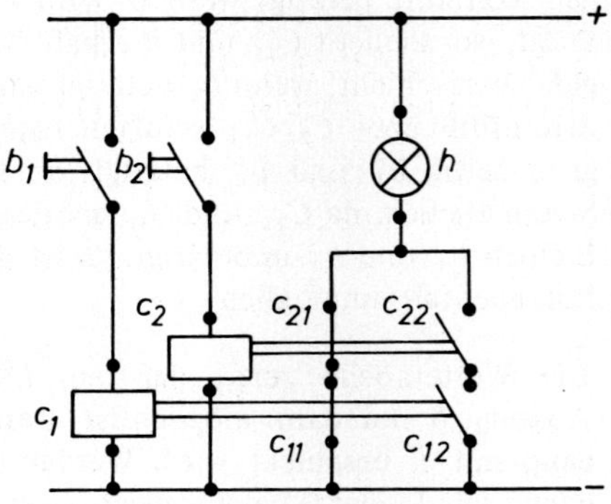

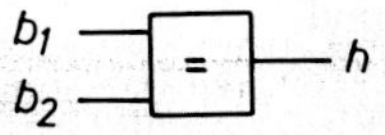

Symbol Äquivalenz-Funktion

Aus der Wertetabelle läßt sich ablesen, daß die Äquivalenzfunktion die Umkehrung der Antivalenzfunktion ist.

Wertetabelle für Äquivalenzfunktion

b_1	b_2	h
0	0	L
0	L	0
L	0	0
L	L	L

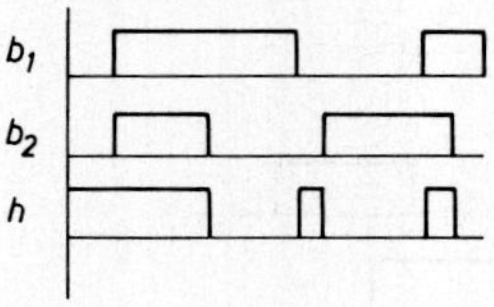

Signalplan für Äquivalenz-Funktion

h führt dann L-Signal, wenn eins der beiden UND-Glieder am jeweiligen Ausgang L führt. Das ist jedoch nur dann möglich, wenn beide Eingänge gleiches Eingangssignal L oder 0 führen.

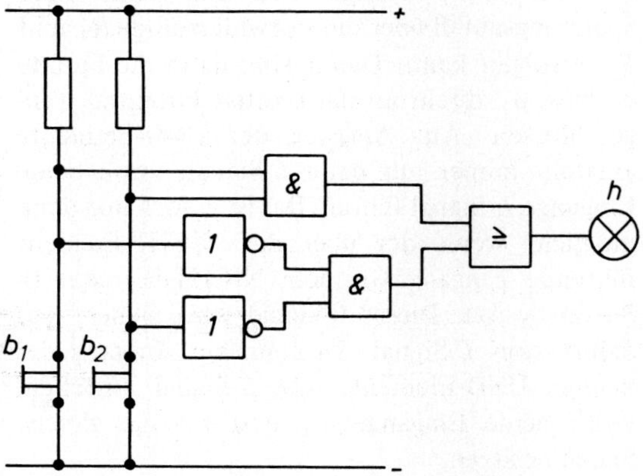

2.2.5 NOR und NAND – universelle Logikbausteine

Im vorigen Kapitel ist dargestellt worden, daß man aus unterschiedlichen Logikelementen neue logische Funktionen (z. B. Exklusiv-ODER) aufbauen kann. Im folgenden Kapitel soll gezeigt werden, daß durch Zusammenschaltung gleichartiger Elemente unterschiedliche Grundfunktionen gebildet werden können.

NICHT – ODER – UND aus NOR-Elementen

b_1	h
0	*L*
L	0

Beim NICHT-Element wird ein ankommendes Signal in sein Gegenteil verkehrt, es wird negiert. Die Wertetabelle stellt dies dar. Schließt man die beiden (oder mehr) Eingänge kurz, so entsteht von selbst an beiden Eingängen das gleiche Signal *L* oder 0. Die Wertetabelle von NOR gibt Auskunft darüber, daß, wenn beide Eingänge 0-Signal führen, der Ausgang *L*-Signal führt. Liegt an den Eingängen *L*, so wird am Ausgang 0 entstehen. Das entspricht genau der **NICHT**-Funktion.

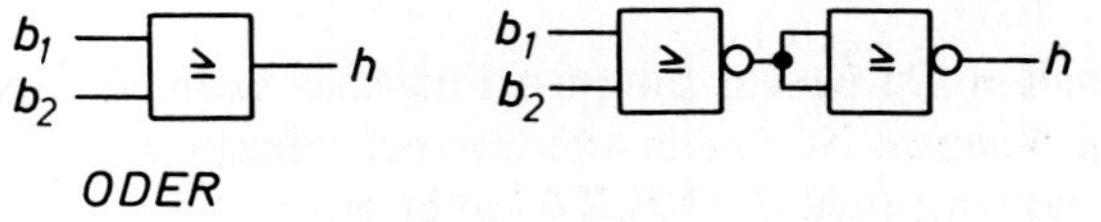

	b_1	b_2	h
1.	0	0	0
2.	0	*L*	*L*
3.	*L*	0	*L*
4.	*L*	*L*	*L*

Im nächsten Beispiel entsteht durch zwei hintereinandergeschaltete NOR-Elemente eine ODER-Funktion. Durch zweimalige Negation der Eingangssignale entsteht ein positives Signal am Ausgang.

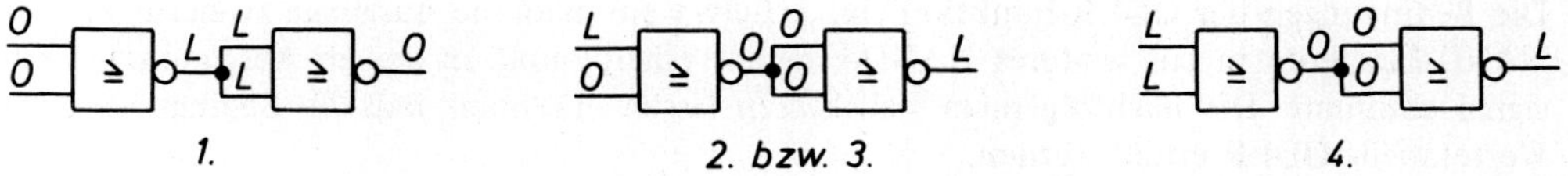

Die drei Fallskizzen zeigen, daß die Hintereinanderschaltung von 2 NOR-Elementen tatsächlich **ODER** ergibt.

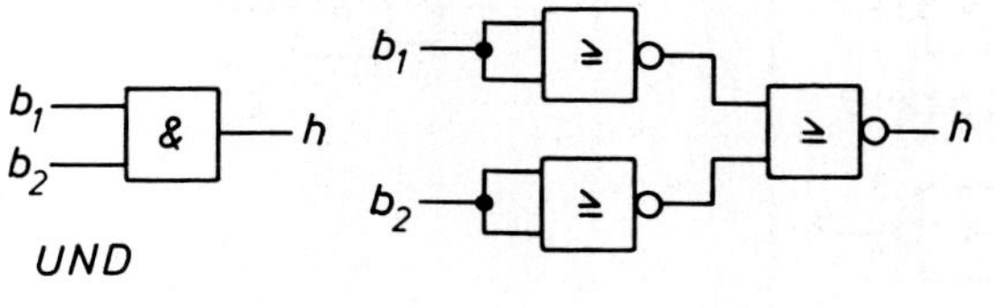

	b_1	b_2	h
1.	0	0	0
2.	0	*L*	0
3.	*L*	0	0
4.	*L*	*L*	*L*

Zur Darstellung der UND-Funktion durch NOR-Elemente benötigt man 3 NOR-Glieder, die wie oben dargestellt, miteinander verkettet werden.

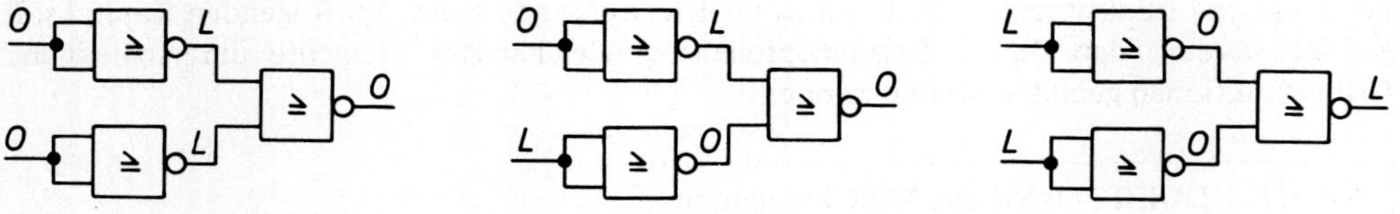

1. 2. bzw. 3. 4.

Die drei Fallskizzen machen deutlich, daß eine Wertetabelle entsteht, die der **UND**-Funktion entspricht.

NICHT – ODER – UND aus NAND-Elementen

So wie aus NOR-Elementen die drei Grundfunktionen abgeleitet werden können, ist dies auch mit NAND-Gliedern möglich.

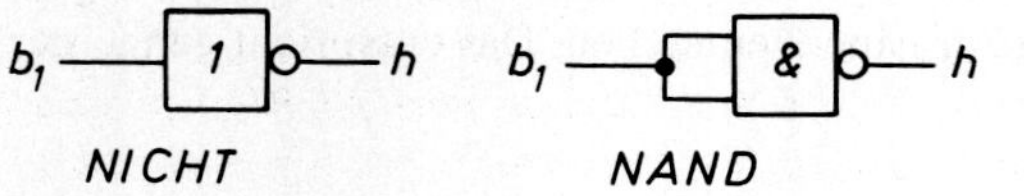

b_1	h
0	L
L	0

Wird $\mathbf{b_1}$ mit **L**-Signal angesteuert, so erhalten die beiden internen Eingänge zwangsläufig ebenfalls **L**-Signal und somit der Ausgang 0-Signal. Nur wenn alle internen Eingänge auf 0 stehen, erscheint am Ausgang **h** **L**-Signal. Das entspricht der **NICHT**-Funktion.

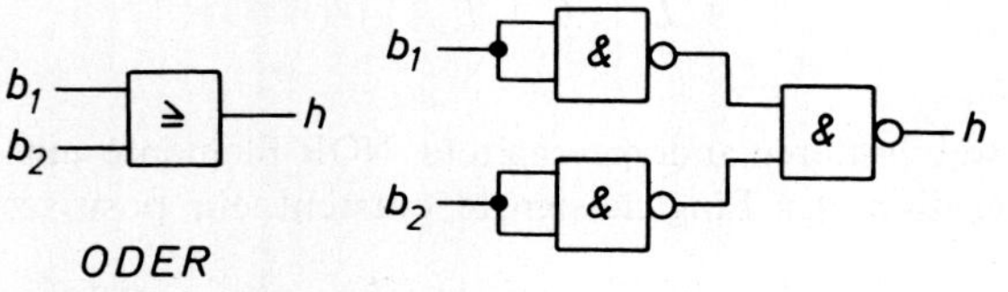

b_1	b_2	h
1. 0	0	0
2. 0	L	L
3. L	0	L
4. L	L	L

Die Bedingungen der ODER-Funktion sind erfüllt, wenn man die Ausgänge zweier paralleler NAND-Elemente in ein weiteres NAND-Element eingibt und an dessen Ausgang das Endsignal abnimmt. Die nachfolgenden Fallskizzen lassen erkennen, daß die Bedingungen der Wertetabelle **ODER** erfüllt werden.

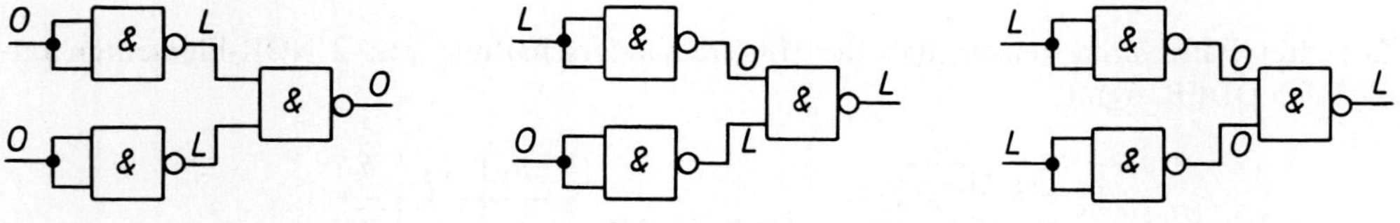

1. 2. bzw. 3. 4.

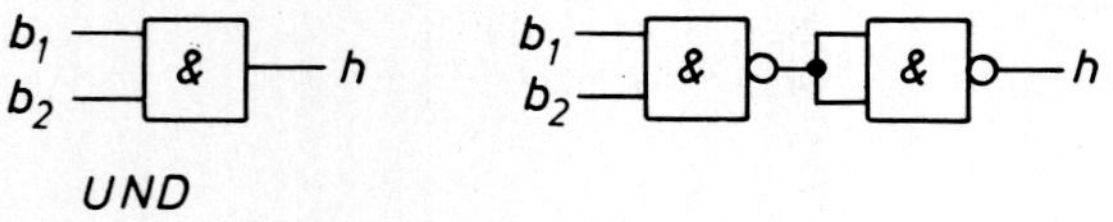

Die Fallskizzen zeigen, daß aus zwei hintereinandergeschalteten NAND-Elementen die **UND**-Funktion entsteht.

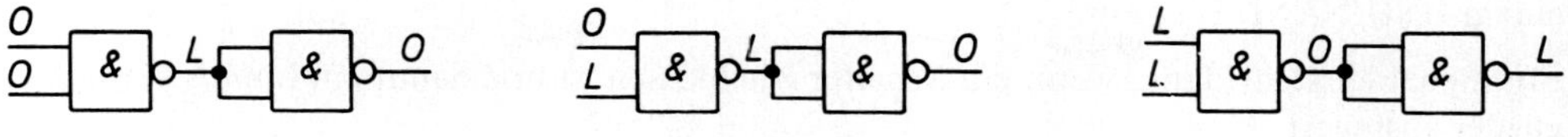

1. 2. bzw. 3. 4.

	b_1	b_2	h
1.	0	0	0
2.	0	L	0
3.	L	0	0
4.	L	L	L

Es muß noch die Frage gestellt werden, welchen praktischen Sinn es hat, aus immer den gleichen Grundelementen andere Grundelemente und Funktionen aufzubauen, die in der Aufbaustruktur komplizierter und aufwendiger erscheinen.

Ein wesentlicher Vorteil der Darstellung logischer Grundfunktionen mit nur einem Bauteiltyp besteht darin, daß Fertigung, Lagerhaltung und Zusammenbau *wirtschaftlicher* sind, wenn nur ein Grundbauteil verwendet werden muß. Werden logische Schaltungen aus integrierten Schaltkreisen aufgebaut, so ist der scheinbar höhere Aufwand bei Verwendung von NOR- bzw. NAND-Elementen wirtschaftlich bedeutungslos. Bei Verwendung von pneumatischen oder hydraulischen Steuerelementen muß dieser dann tatsächlich höhere wirtschaftliche Aufwand bedacht werden.

2.2.6 Lehrbeispiele

Lehrbeispiel 1:

Eine Schaltung mit zwei Signalgebern soll überwacht werden. Die Lampe h_1 soll brennen, wenn nur einer der beiden Signalgeber betätigt wird. Die Lampe h_2 soll brennen, wenn keiner der beiden Signalgeber betätigt wird.

Die Lampe h_3 soll leuchten, wenn beide Signalgeber betätigt werden.

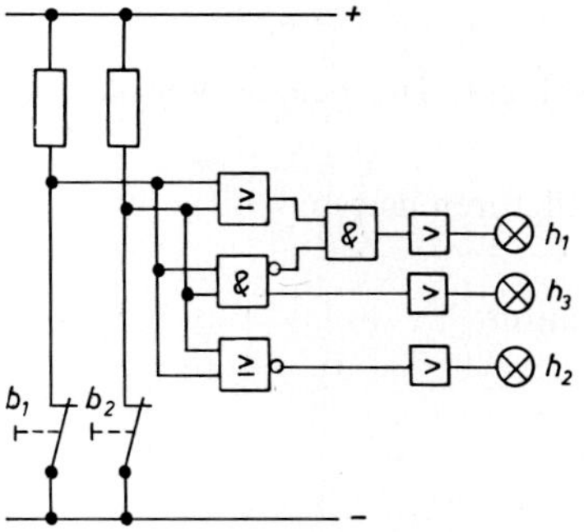

		Antivalenz	Äquivalenz	
b_1	b_2	h_1	h_2	h_3
0	0	0	L	0
0	L	L	0	0
L	0	L	0	0
L	L	0	0	L

Wirkungsweise:

Die Schaltung wird hier verwirklicht mit einem ODER-, einem NOR-, einem UND- sowie einem UND/NAND-Element.

Ein Signal entsteht dann, wenn ein Schalter geschlossen ist und damit ein Impuls die Logikglieder ansteuert.

h_1 leuchtet nur dann auf, wenn über das ODER-Element ein L-Signal an einem Eingang des UND-Gliedes ansteht und wenn über den negierten Ausgang des UND/NAND-Gliedes L-Signal ansteht. Das ist aber nur dann der Fall, wenn nicht beide Eingänge des UND/NAND-Gliedes mit L-Signal beaufschlagt werden.

h_3 kann nur dann aufleuchten, wenn beide Eingänge des UND/NAND-Gliedes mit L beschickt werden. h_2 leuchtet nur auf, wenn das NOR-Element auf beiden Eingängen 0-Signal führt.

Lehrbeispiel 2:

Eine Schaltung mit zwei Eingängen soll nach folgenden Bedingungen arbeiten:

Ausgang h_1 soll L-Signal führen, wenn b_1 und b_2 0-Signal anzeigen oder wenn an b_1 0-Signal und an b_2 L-Signal anliegt oder wenn b_1 und b_2 L-Signal führen. Ausgang h_2 soll bei Äquivalenz L-Signal zeigen oder wenn nur an b_1 L-Signal ansteht.

b_1	b_2	h_1	h_2
0	0	L	L
0	L	L	0
L	0	0	L
L	L	L	L

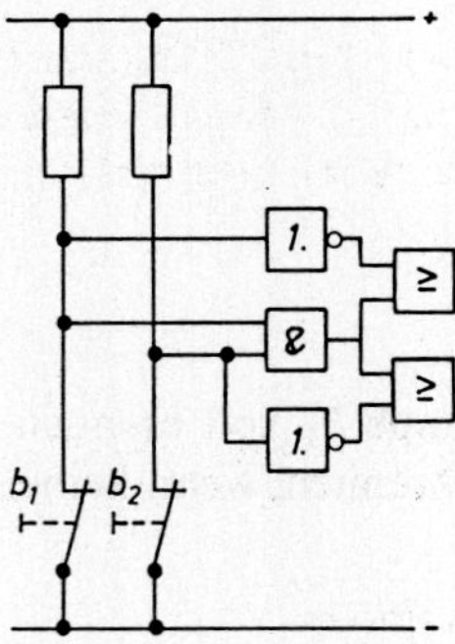

Lehrbeispiel 3:

Ein Transformator wird mit Hilfe zweier Ventilatoren gekühlt. Die beiden Ventilatoren sollen in folgender Weise überwacht werden:

1. Eine Lampe soll aufleuchten, wenn weniger als zwei Ventilatoren laufen.
2. Eine Hupe soll ertönen, wenn kein Lüfter mehr läuft.

Zwei Windfahnenrelais überwachen die Luftströmung der Läufer.

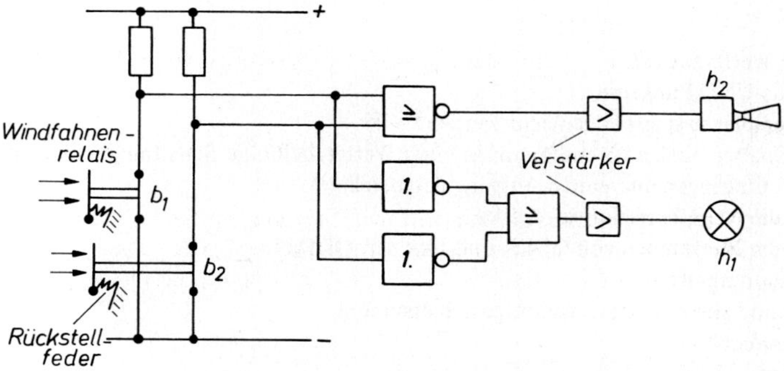

		Lampe	Hupe
b_1	b_2	h_1	h_2
0	0	*L*	*L*
0	*L*	*L*	0
L	0	*L*	0
L	*L*	0	0

Wirkungsweise:

Die Schaltung wird realisiert mit einem ODER-, einem NOR- sowie zwei NICHT-Elementen.

Wenn beide Ventilatoren laufen, werden die beiden Windfahnenrelais betätigt und öffnen die Kontakte b_1 und b_2. Ist ein Ventilator defekt, so drückt die Rückstellfeder das Windfahnenrelais in die gezeichnete Ausgangsstellung, und der entsprechende Kontakt wird wieder geschlossen. Sind ein bzw. beide Kontakte geschlossen, so erhalten die Logikelemente entsprechende *negative* Impulse. Die Hupe h_2 wird dann betätigt, wenn sowohl b_1 als auch b_2 nicht geöffnet sind. Die Lampe h_1 wird aufleuchten, wenn beide oder nur ein Kontakt geschlossen sind.

Lehrbeispiel 4:

Bei Auftreten eines Störsignals b_1 ertönt eine Hupe und eine Lampe blinkt. Nach Quittierung – Taste b_2 – schaltet die Hupe ab und die Lampe erhält Dauerlicht. Ist die Störung beseitigt, so erlischt die Lampe. Wird die Quittierung nach Ende der Störung betätigt, so erlöschen Hupe und Blinklicht gleichzeitig.

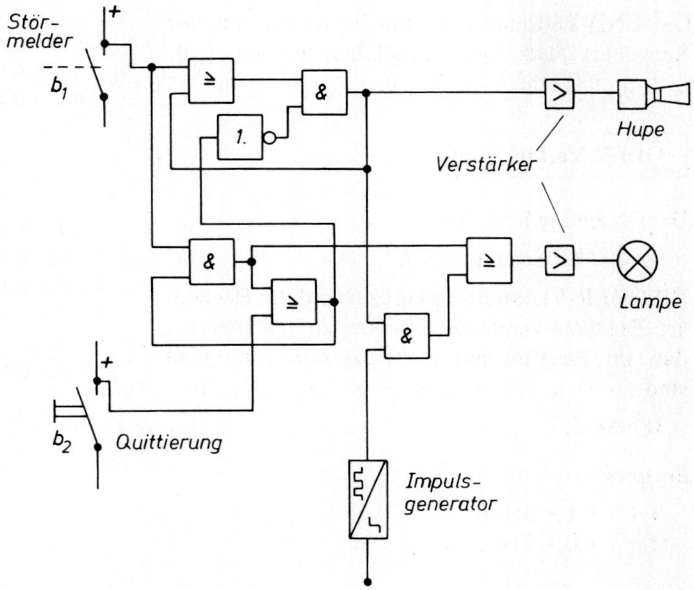

► ***Zur Selbstkontrolle***

1. Was versteht man unter einer Wertetabelle?
2. Nenne ein Satzbeispiel für eine UND-Funktion.
3. Was kann mit Hilfe eines Signalplanes sichtbar gemacht werden?
4. Wieviel Zeilen und wieviel Spalten sind notwendig, um in einer Wertetabelle die Schaltmöglichkeiten eines ODER-Elementes mit 5 Eingängen und einem Ausgang darzustellen?
5. Erstelle ein Satzbeispiel, das die NOR-Funktion ausdrückt.
6. Wodurch unterscheiden sich die Funktionen von ODER und Exklusiv-ODER?
7. Nenne die wichtigsten Verknüpfungsarten.
8. Erkläre die NAND-Funktion und skizziere das zugehörige Schaltsymbol.
9. Was versteht man unter *Antivalenz*?
10. Erkläre den Begriff *Äquivalenz*.

2.3 Schaltalgebra

Mit Hilfe der *Schaltalgebra* lassen sich in der Steuerungstechnik Schaltfunktionen aufstellen. Diese stellen den Zusammenhang zwischen den Werten der Eingangs- und Ausgangssignale auf mathematische Weise dar. Alle bisher beschriebenen Schaltelemente und ihre Funktionen lassen sich mit Hilfe der Schaltalgebra darstellen.

2.3.1 Grundregeln der Schaltalgebra

UND-Verknüpfung

Die Gleichung liest sich:

L und L und L gleich L.

Die UND-Verknüpfung kann im Ansatz mit der Rechenart *Malnehmen* verglichen werden, z. B. $1 \cdot 1 \cdot 1 = 1$; oder $1 \cdot 1 \cdot 0 = 0$.

$$L \wedge L \wedge L = L$$
$$L \wedge 0 \wedge 0 = 0$$
$$L \wedge L \wedge 0 = 0$$
$$L \wedge 0 \wedge L = 0$$
$$0 \wedge L \wedge L = 0$$
$$0 \wedge 0 \wedge 0 = 0$$

ODER-Verknüpfung

Die Gleichung liest sich:

L oder L oder L gleich L.

Die ODER-Verknüpfung läßt sich mit der Rechenart *Zuzählen* vergleichen, wobei zu beachten ist, daß im Resultat nur *zwei Ergebnisse* möglich sind:

0 bzw. L.

$$L \vee L \vee L = L$$
$$L \vee 0 \vee 0 = L$$
$$L \vee L \vee 0 = L$$
$$0 \vee L \vee L = L$$
$$L \vee 0 \vee L = L$$
$$0 \vee 0 \vee 0 = 0$$

Beispiel:

$1 + 1 + 1 = 3 \rightarrow L$
$1 + 1 + 0 = 2 \rightarrow L$

2.3.1.1 Inversionsgesetze (de Morgansche Regeln)

Jede ODER-Verknüpfung läßt sich in eine UND-Verknüpfung – und jede UND-Verknüpfung läßt sich in eine ODER-Verknüpfung verwandeln, indem man die Rechenzeichen verändert und die Einzelglieder sowie den Ausdruck negiert.

Umwandlung einer UND-*Funktion (Konjunktion) in eine* ODER-*Funktion (Disjunktion)*

$$(b_1 \wedge b_2) = h$$

Diese Gleichung entspricht dem Symbol einer UND-Funktion mit 2 Eingängen.

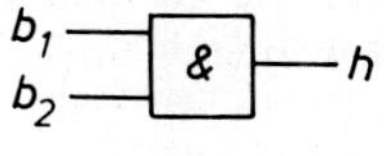

b_1	b_2	h
0	0	0
0	*L*	0
L	0	0
L	*L*	*L*

Umgewandelt lautet die Gleichung

$$\overline{(\overline{b_1} \vee \overline{b_2})} = h$$

In der Schaltalgebra bedeutet ein *oben liegender Querstrich* eine *Negation*. In dieser Gleichung werden sowohl die Einzelglieder als auch der Gesamtausdruck negiert. Da das Rechenzeichen verändert worden ist, haben wir es mit einer ODER-Funktion zu tun. Die Schaltung besteht aus 2 NICHT-Elementen sowie einem NOR-Element.

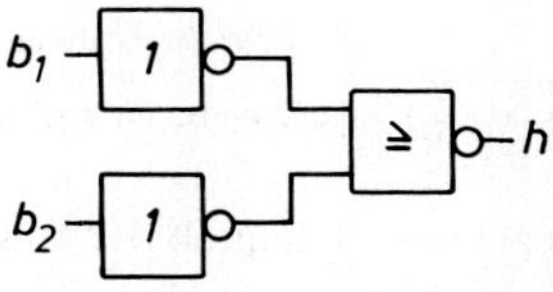

b_1	b_2	h
0	0	0
0	*L*	0
L	0	0
L	*L*	*L*

Die beiden NICHT-Elemente lassen sich auch durch NOR-Glieder ersetzen (vgl. Abschnitt 2.2.5.).

Eine Überprüfung dieser beiden Gleichungen anhand der zugehörigen Wertetabellen ergibt die gleichen Aussagen in allen vorkommenden Fällen.

Daraus folgt:

$$(b_1 \wedge b_2) = \overline{(\overline{b_1} \vee \overline{b_2})}$$

Diese Aussage beschränkt sich nicht auf zwei, sondern gilt für beliebig viele Variable, z.B.:

$$(b_1 \wedge b_2 \wedge b_3) = \overline{(\overline{b_1} \vee \overline{b_2} \vee \overline{b_3})}$$

Umwandlung einer ODER-*Funktion (Disjunktion) in eine* UND-*Funktion (Konjunktion)*

$$(b_1 \vee b_2) = h$$

Gleichung für ODER-Funktion mit 2 Eingängen.

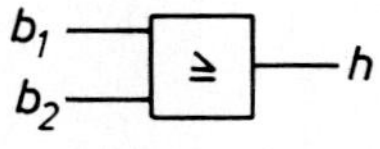

b_1	b_2	h
0	0	0
0	*L*	*L*
L	0	*L*
L	*L*	*L*

$$\overline{(\overline{b_1} \wedge \overline{b_2})} = h$$

Die mehrfach negierte UND-Funktion ergibt in der Wertetabelle die gleichen Aussagen wie die ODER-Funktion.

Die Schaltung besteht aus 2 NICHT-Elementen sowie einem NAND-Element. Die beiden NICHT-Elemente lassen sich durch NAND-Elemente ersetzen (vgl. Abschnitt 2.2.5.).

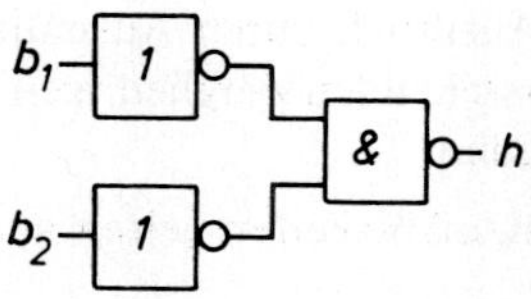

b_1	b_2	h
0	0	0
0	*L*	*L*
L	0	*L*
L	*L*	*L*

$$(b_1 \vee b_2) = \overline{(\overline{b_1} \wedge \overline{b_2})}$$

$$(b_1 \vee b_2 \vee b_3) = \overline{(\overline{b_1} \wedge \overline{b_2} \wedge \overline{b_3})}$$

In der folgenden Regel läßt sich das Inversionsgesetz zusammenfassen:

> Eine Disjunktion (Konjunktion) wird in eine Konjunktion (Disjunktion) verwandelt, indem jede vorkommende Variable negiert wird und jedes Disjunktionszeichen (Konjunktionszeichen) in ein Konjunktionszeichen (Disjunktionszeichen) verwandelt wird. Dabei zählt ein Klammerausdruck ebenfalls als Variable.

Nach dieser Regel soll die Gleichung $(b_1 \wedge b_2) = h$ in eine ODER-Funktion mit gleicher Aussage umgewandelt werden.

$(b_1 \wedge b_2) = h$

$(\overline{b_1}\ \overline{b_2}) =$ *1. Schritt:* Negation der beiden Variablen

$\overline{(\overline{b_1}\ \overline{b_2})} =$ *2. Schritt:* Negation des Klammerausdrucks

$\overline{(\overline{b_1} \vee \overline{b_2})} = h$ *3. Schritt:* Umwandlung des Konjunktionszeichens in ein Disjunktionszeichen

$(b_1 \wedge b_2) = \overline{(\overline{b_1} \vee \overline{b_2})}$ *Nachweis:* Vergleich der Wertetabellen

Nach dieser Regel läßt sich auch der folgende Ausdruck umwandeln:

$(\overline{b_1} \wedge \overline{b_2}) = h$

$(b_1\ b_2) =$ *1. Schritt:* Eine weitere Negation einer bereits negierten Variablen hebt die Negation wieder auf.

$(\overline{b_1\ b_2}) =$ *2. Schritt*

$(\overline{b_1 \vee b_2}) = h$ *3. Schritt*

$(\overline{b_1} \wedge \overline{b_2}) = (\overline{b_1 \vee b_2})$

$(\overline{b_1} \wedge \overline{b_2}) = h$

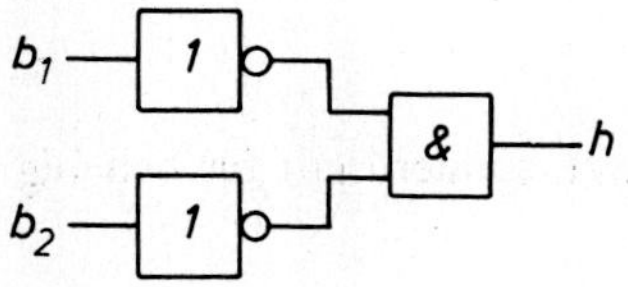

b_1	b_2	h
0	0	*L*
0	*L*	0
L	0	0
L	*L*	**0**

$(\overline{b_1 \vee b_2}) = h$

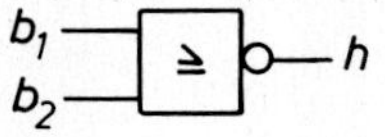

b_1	b_2	h
0	0	*L*
0	*L*	0
L	0	0
L	*L*	**0**

Aus den Wertetabellen ist zu erkennen, daß die beiden Gleichungen identisch sind.

2.3.1.2 Distributives Gesetz

In der Mathematik kann der nebenstehende zweigliedrige Ausdruck durch Ausmultiplizieren in den darunterstehenden viergliedrigen Ausdruck verwandelt werden.

Ähnliche Gesetzmäßigkeiten gelten auch für die Schaltalgebra.

$(3 + 4) \cdot (5 + 6)$
$= (3 \cdot 5) + (3 \cdot 6) + (4 \cdot 5) +$
$+ (4 \cdot 6)$

Aus der zweigliedrigen Disjunktion ist eine viergliedrige Konjunktion geworden.

$$(b_1 \wedge b_2) \vee (b_3 \wedge b_4)$$
$$= (b_1 \vee b_3) \wedge (b_1 \vee b_4) \wedge$$
$$\wedge\ (b_2 \vee b_3) \wedge (b_2 \vee b_4)$$

Es gilt aber auch umgekehrt: Eine zweigliedrige Konjunktion läßt sich durch Ausmultiplizieren in eine viergliedrige Disjunktion verwandeln.

$$(b_1 \vee b_2) \wedge (b_3 \vee b_4)$$
$$= (b_1 \wedge b_3) \vee (b_1 \wedge b_4) \vee$$
$$\vee\ (b_2 \wedge b_3) \vee (b_2 \vee b_4)$$

Zunächst ist nicht einzusehen, welchen schaltungsmäßigen Vorteil Umwandlungen haben, bei denen zweigliedrige Ausdrücke durch umfangreichere viergliedrige Ausdrücke ersetzt werden können.

Es gilt weiterhin:

$$b_1 \wedge (b_2 \vee b_3)$$
$$= (b_1 \wedge b_2) \vee (b_1 \wedge b_3)$$

sowie:

$$b_1 \vee (b_2 \wedge b_3)$$
$$= (b_1 \vee b_2) \wedge (b_2 \vee b_3)$$

An zwei Beispielen soll erläutert werden, daß es durch Umwandlungen bei in der Praxis immer wiederkehrenden Aufgabenstellungen schaltalgebraischer Art sehr wohl zu Vereinfachungen kommen kann, die von den Kosten und der Fertigung gesehen günstiger sind.

1. Beispiel:

Diese Disjunktion wird nach dem distributiven Gesetz zunächst in eine Konjunktion verwandelt.

$$(b_1 \wedge \overline{b_2}) \vee (\overline{b_1} \wedge b_2) = L$$

Der *erste* und *vierte* Ausdruck der Konjunktion sollen näher betrachtet werden.

$$(b_1 \vee \overline{b_1}) \wedge (b_1 \vee b_2)$$
$$\wedge\ (\overline{b_2} \vee b_1) \wedge (\overline{b_2} \vee b_2) = L$$

In der nebenstehenden Schaltung fließt in jedem Fall Strom. Es spielt keine Rolle, in welcher der beiden Schaltstellungen b_1 sich befindet. Diese Schaltung entspricht dem Ausdruck $b_1 \vee \overline{b_1}$.

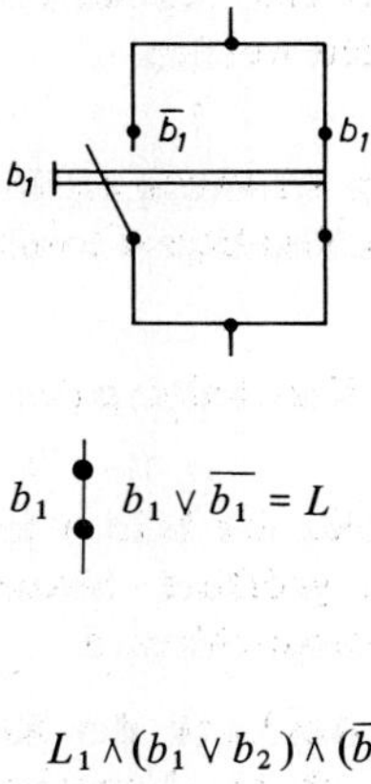

$$(b_1 \vee \overline{b_1})$$

Wenn durch Umschaltung von b_1 keine Schaltungsveränderung eintritt, dann wirkt $b_1 \vee \overline{b_1}$ wie ein fest verdrahteter ständig geschlossener Kontakt, der ständig L-Signal führt.

b_1 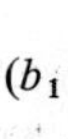 $b_1 \vee \overline{b_1} = L$

Was für $b_1 \vee \overline{b_1}$ gilt, hat auch Gültigkeit für $b_2 \vee \overline{b_2}$, so daß sich die Konjunktion wie folgt darstellt.

$$L_1 \wedge (b_1 \vee b_2) \wedge (\overline{b_2} \vee \overline{b_1}) \wedge L = L$$

Die Gleichung kann reduziert werden auf den zweiten und dritten Ausdruck, so daß daraus wird:

$$(b_1 \vee b_2) \wedge (\overline{b_2} \vee \overline{b_1}) = L$$

Nach den Inversionsgesetzen kann der zweite Ausdruck weiter vereinfacht werden.

$$(b_1 \vee b_2) \wedge (\overline{b_2 \wedge b_1}) = L$$

Vergleicht man die Ausgangsgleichung mit dem zuletzt durch zwei Umwandlungen gefundenen Wert, so kann man tatsächlich eine schaltungstechnische Vereinfachung erkennen. Es werden zwei NICHT-Elemente eingespart.

Antivalenz

$(b_1 \wedge \overline{b_2}) \vee (\overline{b_1} \wedge b_2) = L$

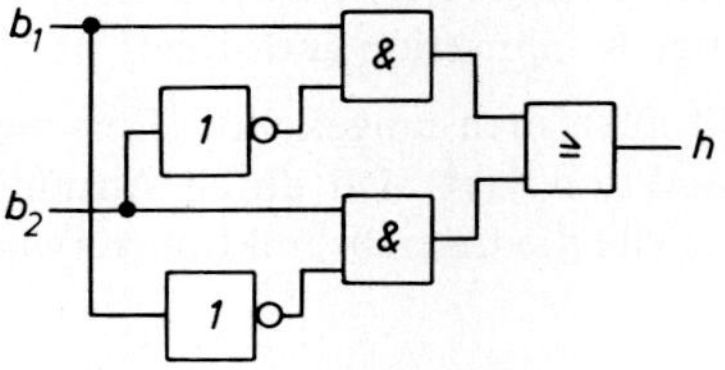

b_1	b_2	h
0	0	0
0	L	L
L	0	L
L	L	0

$(b_1 \vee b_2) \wedge \overline{(b_2 \wedge b_1)} = L$

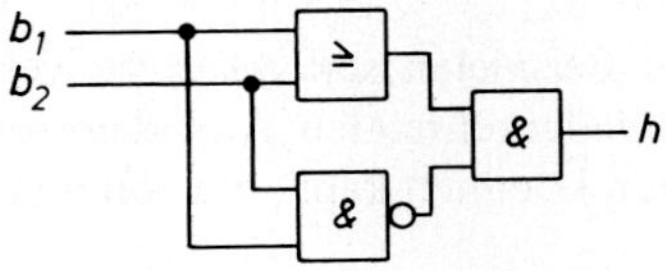

b_1	b_2	h
0	0	0
0	L	L
L	0	L
L	L	0

2. Beispiel:

Mit Hilfe der distributiven Gesetze sowie der Inversionsgesetze soll eine Konjunktion in eine Disjunktion verwandelt werden.

$$(b_1 \vee \overline{b_2}) \wedge (\overline{b_1} \vee b_2) = L$$

Bei der vereinfachten Schaltung ergibt sich eine Einsparung von zwei Negations-Elementen.

$$(b_1 \wedge \overline{b_1}) \vee (b_1 \wedge b_2) \vee$$
$$\vee\ (\overline{b_1} \wedge \overline{b_2}) \vee (b_2 \wedge \overline{b_2}) = L$$

Die Skizze zeigt die Verschaltung des Ausdrucks $(b_1 \wedge \overline{b_1})$.

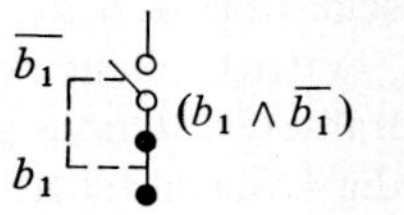

In jedem Fall ist einer der beiden in Reihe geschalteten Kontakte geöffnet. Stromfluß bzw. L-Signal sind damit ausgeschlossen.

Erster und vierter Ausdruck der Konjunktion werden 0, so daß sich die Funktion auf zwei Ausdrücke reduziert.

$$(b_1 \wedge \overline{b_1}) = 0$$

Die vereinfachte Gleichung wird nach *de Morgan* weiter vereinfacht, so daß die Gleichung ihre endgültige Form erhält.

$$(b_1 \wedge b_2) \vee (\overline{b_1} \wedge \overline{b_2}) = L$$

$$(b_1 \wedge b_2) \vee \overline{(b_1 \vee b_2)} = L$$

Baut man für diese Gleichung die Schaltung auf, so können durch den Einsatz eines NOR-Elementes an Stelle eines ODER-Elementes ebenfalls zwei Negationselemente eingespart werden.

$(b_1 \vee \overline{b_2}) \wedge (\overline{b_1} \vee b_2) = L$

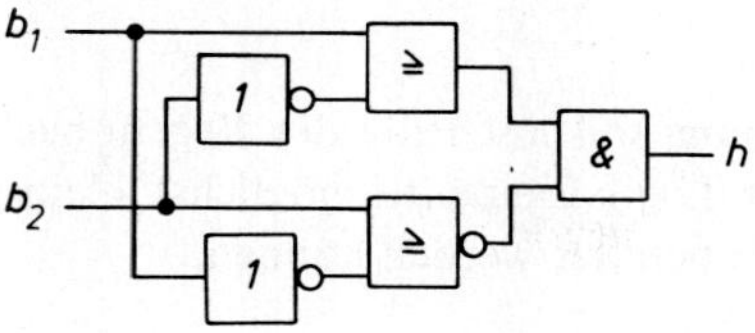

b_1	b_2	h
0	0	L
0	L	0
L	0	0
L	L	L

$(b_1 \wedge b_2) \vee \overline{(b_1 \vee b_2)} = L$

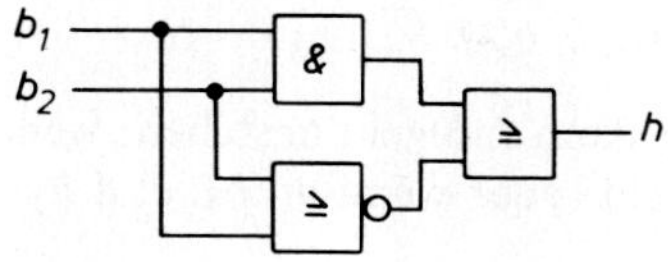

b_1	b_2	h
0	0	L
0	L	0
L	0	0
L	L	L

Aus den Wertetabellen geht hervor, daß beide Gleichungen tatsächlich gleichwertig sind.

Das distributive Gesetz bietet genauso wie die Regeln nach *de Morgan* Möglichkeiten, Schaltungen so zu vereinfachen, daß einfachere Elemente und weniger Schaltungsaufwand möglich werden.

Zusammenstellung der wichtigsten schaltalgebraischen Gesetze und Verknüpfungsregeln

Grundgesetze

NICHT		ODER		UND	
	$L = \overline{0}$		$0 \vee 0 = 0$		$0 \wedge 0 = 0$
	$0 = \overline{L}$		$0 \vee L = L$		$0 \wedge L = 0$
			$L \vee 0 = L$		$L \wedge L = L$
			$L \vee L = L$		

Verknüpfungsregeln

$$b_1 \vee b_2 = b_2 \vee b_1$$

$$b_1 \wedge b_2 = b_2 \wedge b_1$$

$$b_1 \vee b_2 \vee b_3 = (b_1 \vee b_2) \vee b_3 = b_1 \vee (b_2 \vee b_3)$$

$$b_1 \wedge b_2 \wedge b_3 = (b_1 \wedge b_2) \wedge b_3 = b_1 \wedge (b_2 \wedge b_3)$$

$$b_1 \vee (b_1 \wedge b_2) = b_1$$

$$b_1 \wedge (b_1 \vee b_2) = b_1$$

$$b_1 \vee (\overline{b_1} \wedge b_2) = b_1 \vee b_2$$

$$b_1 \wedge (\overline{b_1} \vee b_2) = b_1 \wedge b_2$$

$$(b_1 \vee b_2) \wedge (b_1 \vee b_3) = b_1 \vee (b_2 \wedge b_3)$$

$$(b_1 \wedge b_2) \vee (b_1 \wedge b_3) = b_1 \wedge (b_2 \vee b_3)$$

$$(b_1 \wedge b_2) \vee (b_3 \wedge b_4) = (b_1 \vee b_3) \wedge (b_2 \vee b_3) \wedge (b_1 \vee b_4) \wedge (b_2 \vee b_4)$$

$$(b_1 \vee b_2) \wedge (b_3 \vee b_4) = (b_1 \wedge b_3) \vee (b_2 \wedge b_3) \vee (b_1 \wedge b_4) \vee (b_2 \wedge b_4)$$

$$b_1 \vee b_2 = \overline{\overline{b_1} \wedge \overline{b_2}}$$

$$b_1 \wedge b_2 = \overline{\overline{b_1} \vee \overline{b_2}}$$

$$\overline{b_1} \vee \overline{b_2} = \overline{b_1 \wedge b_2}$$

$$\overline{b_1} \wedge \overline{b_2} = \overline{b_1 \vee b_2}$$

Lehrbeispiel 1:

Die folgende Gleichung soll mit Hilfe der Regeln nach *de Morgan* so umgewandelt werden, daß die Anzahl der Logik-Elemente möglichst klein gehalten wird und einfache Elemente mit wenig Eingängen benutzt werden können.

Ausgangsgleichung

$$(\overline{b_1} \wedge \overline{b_2} \wedge b_3 \wedge \overline{b_4}) \vee (b_1 \wedge b_2 \wedge \overline{b_3} \wedge \overline{b_4}) = H$$

Am Ausgang H soll nur dann L-Signal anstehen, wenn b_3 einen L-Impuls führt und die anderen drei Variablen nicht, oder wenn an b_1 und b_2 L-Signale anstehen und an b_3 und b_4 nicht.

Schaltung

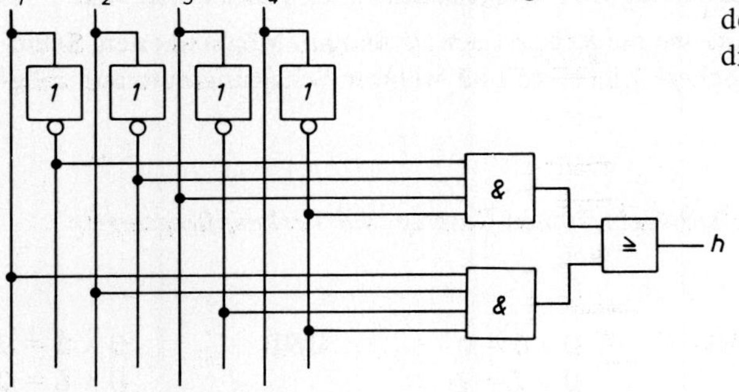

Die Schaltung enthält, wenn sie nach der Ausgangsgleichung aufgebaut wird, die folgenden Elemente:

4 × NICHT
2 × UND mit 4 Eingängen
1 × ODER mit 2 Eingängen

7 Elemente

1. Teilumformung

$$\overline{b_1} \wedge \overline{b_2} \wedge b_3 \wedge \overline{b_4} = \overline{b_1 \vee b_2 \vee \overline{b_3} \vee b_4}$$

2. Teilumformung

$$b_1 \wedge b_2 \wedge \overline{b_3} \wedge \overline{b_4} = b_1 \wedge b_2 \wedge (\overline{b_3 \vee b_4})$$

Gleichung nach der Umformung nach de Morgan:

$$(\overline{b_1 \vee b_2 \vee \overline{b_3} \vee b_4}) \vee (b_1 \wedge b_2 \wedge [\overline{b_3 \vee b_4}]) = H$$

Endgültige Schaltung

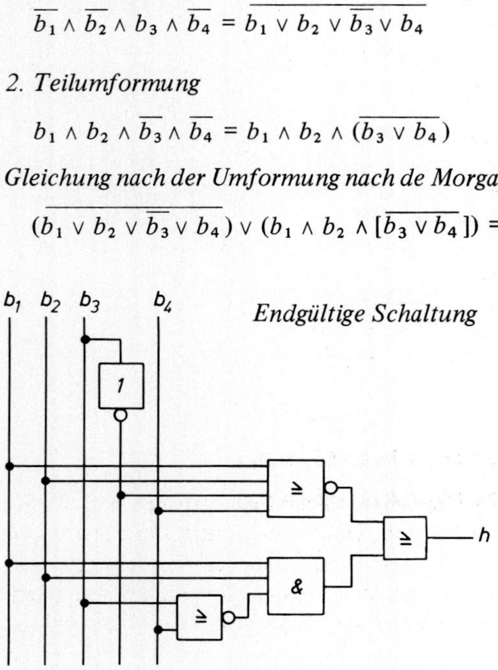

Nach der Umformung enthält die vereinfachte Schaltung nur noch 5 Elemente:

1 NICHT
1 NOR mit 4 Eingängen
1 ODER mit 2 Eingängen
1 NOR mit 2 Eingängen
1 UND mit 3 Eingängen

5 Elemente

Lehrbeispiel 2:

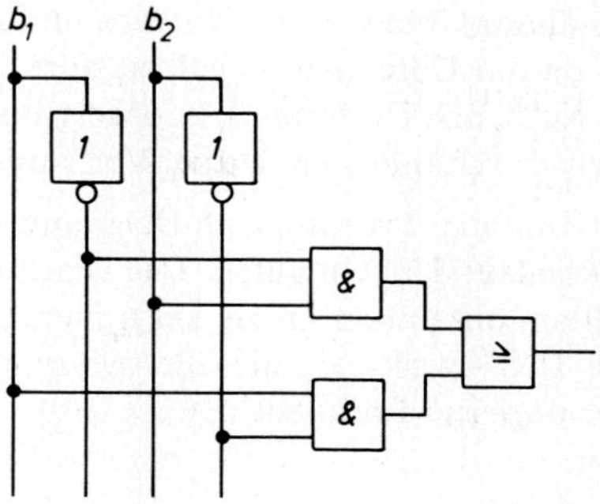

Am Ausgang einer Steuerungsschaltung soll ein *L*-Signal anstehen, wenn einer von zwei Gebern *L*-Signal führt (*Antivalenz*). Die Ausgangsgleichung heißt

$$(\overline{b}_1 \wedge b_2) \vee (b_1 \wedge \overline{b}_2) = H.$$

Für die Realisierung der Ausgangsgleichung würden 5 Logikelemente benötigt werden.

Eine Umwandlung nach *de Morgan* scheint zunächst keine Vereinfachung zu ermöglichen.

b_1	b_2	H
0	0	0
0	*L*	*L*
L	0	*L*
L	*L*	0

Es ist aber auch möglich, die Umkehrgleichung zu bilden. Darunter soll verstanden werden, unter welchen Bedingungen kein *L*-Signal am Ausgang *H* erscheinen darf bzw. unter welchen Bedingungen 0-Signal erwartet werden muß.

Die Wertetabellen verdeutlichen die beiden Aussagen der Ausgangs- bzw. Umkehrgleichung. Die Umkehrgleichung müßte dann lauten

$$(\overline{b}_1 \wedge \overline{b}_2) \vee (b_1 \wedge b_2) = \overline{H}$$

b_1	b_2	$\overline{H}$
0	0	*L*
0	*L*	0
L	0	0
L	*L*	*L*

$H \sim 0$
Äquivalenz

Der erste Ausdruck läßt sich wie folgt umformen:

$$\overline{b}_1 \wedge \overline{b}_2 = \overline{b_1 \vee b_2}$$

daraus folgt

$$\overline{(b_1 \vee b_2)} \vee (b_1 \wedge b_2) = \overline{H}$$

Werden beide Seiten der Gleichung negiert, dann wird aus dem doppelt negierten $\overline{\overline{H}}$ wieder ein einfaches H

$$\overline{\overline{(b_1 \vee b_2)} \vee (b_1 \wedge b_2)} = \overline{\overline{H}}$$

$$\overline{\overline{(b_1 \vee b_2)} \vee (b_1 \wedge b_2)} = H$$

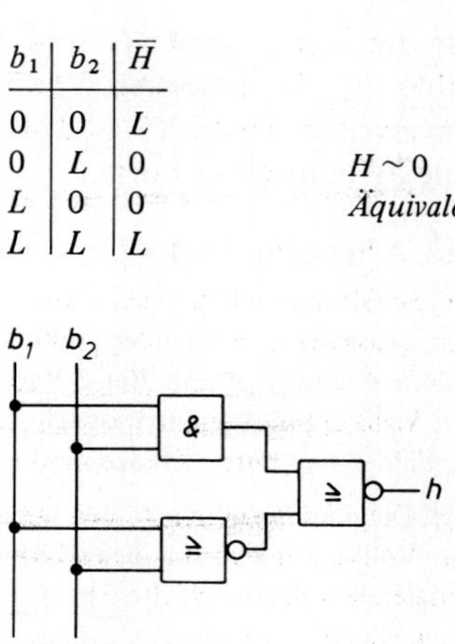

Baut man eine Schaltung nach dieser Gleichung auf, so benötigt man insgesamt 3 Logikelemente. Die Wertetabelle zeigt, daß diese vereinfachte Schaltung die Ausgangsgleichung realisiert.

b_1	b_2	H
0	0	0
0	*L*	*L*
L	0	*L*
L	*L*	0

2.3.2 Karnaugh-Diagramme

Die Schaltalgebra bietet eine Reihe von Möglichkeiten, Gleichungen so umzustellen, daß einfachere oder weniger Bauteile verwendet werden können. Das ist nicht nur im Hinblick auf die Wirtschaftlichkeit von Bedeutung, sondern auch wichtig in bezug auf die Reparaturanfälligkeit von Steuerungsanlagen. Die Anzahl der für diese Umstellungen notwendigen Rechenregeln ist groß, und es gehört außerdem einige Geschicklichkeit dazu, diese richtig und sinnvoll einzusetzen.

Aus diesen Gründen hat *Karnaugh* im Jahre 1953 ein graphisches Lösungsverfahren entwickelt, mit dessen Hilfe man schnell zu sinnvollen Vereinfachungen kommen kann. Die Anwendung des Karnaugh-Diagramms erfordert nur wenige Regeln, um Gleichungen mit mehreren Variablen zu vereinfachen. Dieses Verfahren soll im folgenden dargestellt werden.

Der Umfang des Karnaugh-Diagramms richtet sich nach der Anzahl der in einer Gleichung vorkommenden Variablen. Das Diagramm enthält immer so viele Felder, daß alle möglichen Vollkonjunktionen in das Diagramm eingebracht werden können. Eine Vollkonjunktion ist eine UND-Funktion, die alle vorkommenden Variablen der Funktion entweder in direkter oder negierter Form enthält.

2.3.2.1 Karnaugh-Diagramm für zwei Variable

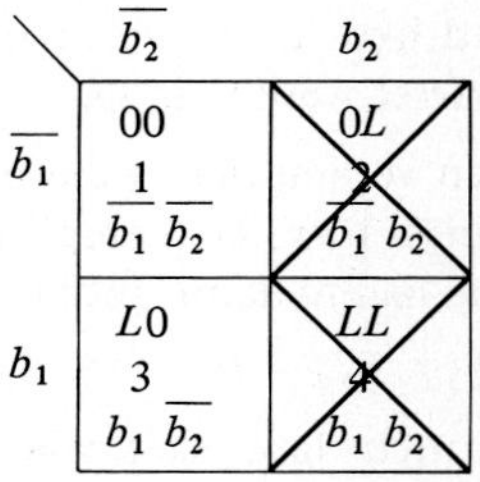

Die Felder der ersten Zeile (1 und 2) enthalten die Variable b_1 in negierter Form. Die Felder der zweiten Zeile (3 und 4) enthalten die Variable b_1 in direkter Form.

Die Felder der ersten Spalte (1 und 3) drücken die Variable b_2 in negierter Form aus. Die Felder der zweiten Spalte (2 und 4) enthalten die Variable b_2 in direkter Form.

Beispiel: $(b_1 \wedge b_2) \vee (\overline{b_1} \wedge b_2) = L$

b_1	b_2	h
0	0	0
0	L	L
L	0	0
L	L	L

Die beiden Schaltungsbedingungen, unter denen ein L-Signal am Ausgang h vorhanden sein soll, werden in den Feldern 4 und 2 erfaßt. Bei 2 Variablen wären insgesamt 4 Vollkonjunktionen möglich. Die beiden betroffenen Felder sind durch Kreuze markiert.

Im Karnaugh-Diagramm sind die beiden in der Gleichung enthaltenen Vollkonjunktionen benachbart, denn sie liegen in der gleichen Spalte (Spalte 2).

Zwei direkt benachbarte Vollkonjunktionen unterscheiden sich dadurch voneinander , daß eine der beiden Variablen ihren Wert ändert, während die andere in beiden Feldern den gleichen Wert behält. Im Beispiel ändert sich der Wert der Variablen b_1. Klammert man die in beiden Feldern unverändert gebliebene Variable aus, so entsteht der nebenstehende Ausdruck. Der Ausdruck $b_1 \vee \overline{b_1}$ ergibt L (Kap. 2.3.1.2.), so daß sich die Gleichung auf folgenden Ausdruck reduziert.

$$b_2 \wedge (b_1 \vee \overline{b_1}) = L$$

$$b_1 \vee \overline{b_1} = L$$

$$b_2 \wedge L = L$$

$$\boxed{b_2 = L}$$

Es wird nach dieser Funktion immer dann L-Signal anstehen, wenn b_2 in direkter Form vorhanden ist.

Sind in einem Karnaugh-Diagramm zwei Vollkonjunktionen benachbart, so können immer Vereinfachungen durchgeführt werden. Benachbart heißt, daß sie nebeneinander in einer Zelle bzw. untereinander in einer Spalte angeordnet sind.

2.3.2.2 Karnaugh-Diagramm für drei Variable

Bei drei Variablen sind $2^3 = 8$ Vollkonjunktionen möglich, denn die vier Vollkonjunktionen bei zwei Variablen können einmal mit der direkten dritten Variablen b_3 kombiniert werden, aber auch mit der negierten dritten Variablen $\overline{b_3}$. Es entstehen zwei Diagramme mit je vier Feldern, die zu einem Diagramm mit acht Feldern zusammengeschoben werden können.

	$\overline{b_3}$	b_3	
$\overline{b_1}$	000 1 $\overline{b_1}\,\overline{b_2}\,\overline{b_3}$	00L 2 $\overline{b_1}\,\overline{b_2}\,b_3$	$\overline{b_2}$
$\overline{b_1}$	0L0 3 $\overline{b_1}\,b_2\,\overline{b_3}$	0LL 4 $\overline{b_1}\,b_2\,b_3$	b_2
b_1	LL0 5 $b_1\,b_2\,\overline{b_3}$	LLL 6 $b_1\,b_2\,b_3$	b_2
b_1	L00 7 $b_1\,\overline{b_2}\,\overline{b_3}$	L0L 8 $b_1\,\overline{b_2}\,b_3$	$\overline{b_2}$

Es enthalten:

Zeile 1	$\overline{b_1}$, $\overline{b_2}$, b_3 und $\overline{b_3}$
Zeile 2	$\overline{b_1}$, b_2, b_3 und $\overline{b_3}$
Zeile 3	b_1, b_2, b_3 und $\overline{b_3}$
Zeile 4	b_1, $\overline{b_2}$, b_3 und $\overline{b_3}$
Spalte 1	b_1 und $\overline{b_1}$, b_2 und $\overline{b_2}$, $\overline{b_3}$
Spalte 2	b_1 und $\overline{b_1}$, b_2 und $\overline{b_2}$, b_3

Beispiel:

$$(\overline{b_1} \wedge b_2 \wedge \overline{b_3}) \vee (b_1 \wedge \overline{b_2} \wedge b_3)$$
$$\vee \ (b_1 \wedge b_2 \wedge \overline{b_3}) \vee (b_1 \wedge b_2 \wedge b_3) = L$$

Die vier angekreuzten Felder zeigen die Lage der in der Gleichung vorkommenden Vollkonjunktion im Karnaugh-Diagramm an.

Wird die Ausgangsgleichung in eine Schaltung umgesetzt, so benötigt man dazu

1 ODER-Element mit 4 Eingängen,
4 UND-Elemente mit 3 Eingängen und
3 NICHT-Elemente.

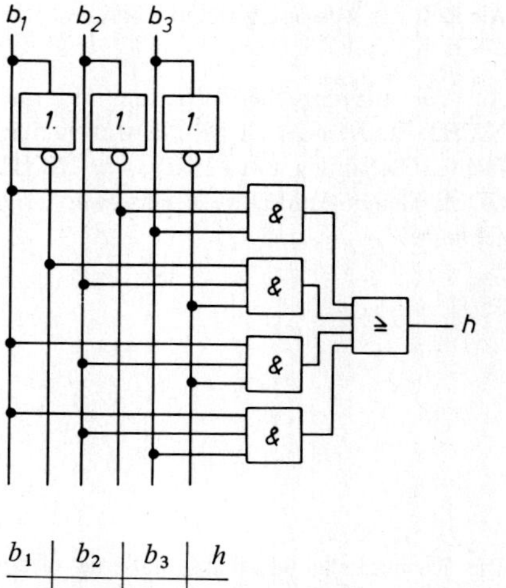

Die Wertetabelle zeigt die vier vorgegebenen Lösungen der Ausgangsgleichung.

b_1	b_2	b_3	h
0	0	0	0
0	0	L	0
0	L	0	L
0	L	L	0
L	0	0	0
L	0	L	L
L	L	0	L
L	L	L	L

Die Ausgangsgleichung soll nun mit Hilfe des Karnaugh-Diagramms vereinfacht werden.

Die im Diagramm benachbarten Blöcke werden zu zweit zusammengefaßt. Hierbei ergeben sich folgende Möglichkeiten:

1. Feld 3 und Feld 5
2. Feld 5 und Feld 6
3. Feld 6 und Feld 8

Welche Zusammenfassung für die Vereinfachung ausgewählt wird, ist im Prinzip gleichgültig. In diesem Beispiel sollen die beiden vertikalen Blöcke ausgewählt werden.

Feld 3 und Feld 5

$$(\overline{b_1} \wedge b_2 \wedge \overline{b_3}) \vee$$
$$(b_1 \wedge b_2 \wedge \overline{b_3}) = L$$

Feld 3 und Feld 5:

Die beiden Vollkonjunktionen haben $b_2 \wedge \overline{b_3}$ gemeinsam. Sie unterscheiden sich in $\overline{b_1}$ bzw. b_1.

$b_2 \wedge \overline{b_3}$ können ausgeklammert werden.

$$b_2 \wedge \overline{b_3} \wedge (\overline{b_1} \wedge b_1) = L$$
$$(\overline{b_1} \wedge b_1) = L$$

Der Klammerausdruck entfällt, so daß von beiden Feldern nur die Vereinfachung $b_2 \wedge \overline{b_3} = L$ übrigbleibt.

$$b_2 \wedge \overline{b_3} \wedge L = L$$
$$b_2 \wedge \overline{b_3} = L$$

Im zweiten Schritt sollen die Blöcke 6 und 8 vereinfacht werden:

Feld 6 und Feld 8

$$(b_1 \wedge b_2 \wedge b_3) \vee$$
$$(b_1 \wedge \overline{b_2} \wedge b_3) = L$$

$b_1 \wedge b_3$ können ausgeklammert werden.

$b_2 \wedge \overline{b_2}$ ergibt L, so daß als Rest der Zusammenfassung $b_1 \wedge b_3$ übrigbleiben.

$$b_1 \wedge b_3 \wedge (b_2 \wedge \overline{b_2}) = L$$
$$b_1 \wedge b_3 = L$$

Zusammenfassung von 3 und 5 sowie 6 und 8:

Die vier in der Ausgangsgleichung enthaltenen Vollkonjunktionen sind in beiden Zweiergruppen zusammengefaßt und vereinfacht worden.

Als Rest der Ausgangsgleichung bleibt übrig:

$$(b_2 \wedge \overline{b_3}) \vee (b_1 \wedge b_3) = L$$

Aus der ursprünglichen Schaltung mit vier UND-, drei NICHT- und einem ODER-Element sind in der vereinfachten Schaltung zwei UND-, ein NICHT- sowie ein ODER-Element mit jeweils nur zwei Eingängen übriggeblieben.

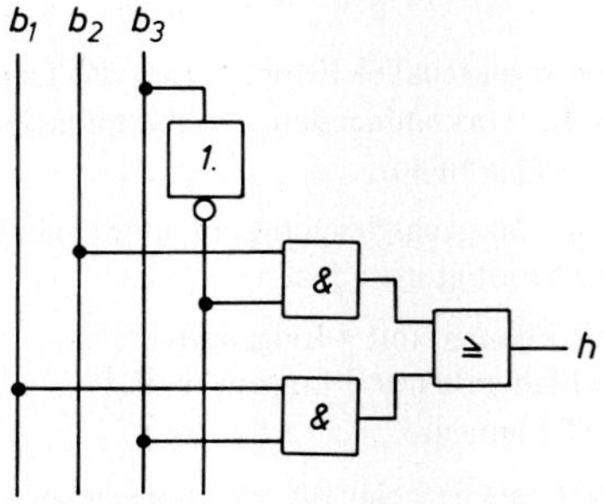

Vereinfachte Schaltskizze

Die Wertetabelle weist aus, daß die vereinfachte Gleichung die Ausgangsbedingungen der Ursprungsgleichung erfüllt.

b_1	b_2	b_3	h
0	0	0	
0	0	L	
0	L	0	L
0	L	L	
L	0	0	
L	0	L	L
L	L	0	L
L	L	L	L

$b_2 \wedge \overline{b_3}$

$b_1 \wedge b_3$

2.3.2.3 Karnaugh-Diagramm für vier Variable

Bei vier Variablen sind $2^4 = 16$ Vollkonjunktionen möglich. Das Karnaugh-Diagramm für vier Variable hat damit 16 Felder, wie die nebenstehende Abbildung zeigt.

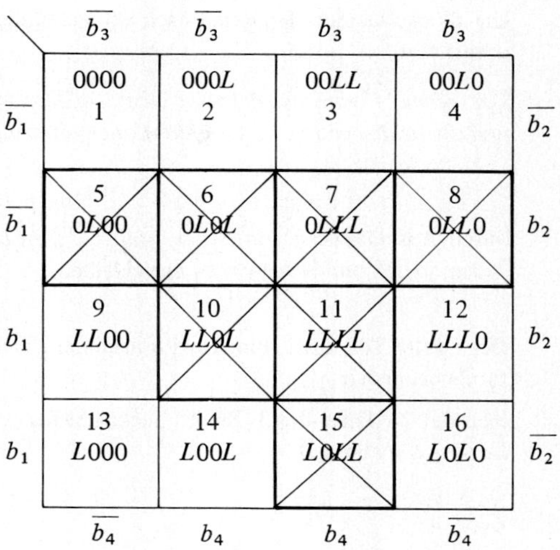

Der Aufbau des Diagramms in der Anordnung von Zeilen und Spalten entspricht im wesentlichen dem Diagramm mit drei Variablen. Durch die zusätzliche Variable b_4 wird das Diagramm doppelt so umfangreich.

An dem folgenden Beispiel soll eine Vereinfachung einer Schaltung mit Hilfe der Karnaugh-Tafel durchgeführt werden.

Beispiel:

$$(\overline{b_1} \wedge b_2 \wedge \overline{b_3} \wedge \overline{b_4}) \vee (\overline{b_1} \wedge b_2 \wedge \overline{b_3} \wedge b_4) \vee (\overline{b_1} \wedge b_2 \wedge b_3 \wedge b_4) \vee (\overline{b_1} \wedge b_2 \wedge b_3 \wedge \overline{b_4})$$
$$\vee\ (b_1 \wedge \overline{b_2} \wedge b_3 \wedge b_4) \vee (b_1 \wedge b_2 \wedge \overline{b_3} \wedge b_4) \vee (b_1 \wedge b_2 \wedge b_3 \wedge b_4) = L$$

Wird die Schaltung nach der Ausgangsgleichung aufgebaut, so werden sieben UND-Elemente mit je vier Eingängen, vier NICHT-Elemente und ein ODER-Element mit sieben Eingängen benötigt.

Im Karnaugh-Diagramm sind die sieben Vollkonjunktionen angekreuzt. Es ist zu sehen, daß die Felder eng zusammenliegen. Daraus ergibt sich, daß entsprechende Vereinfachungen möglich sind.

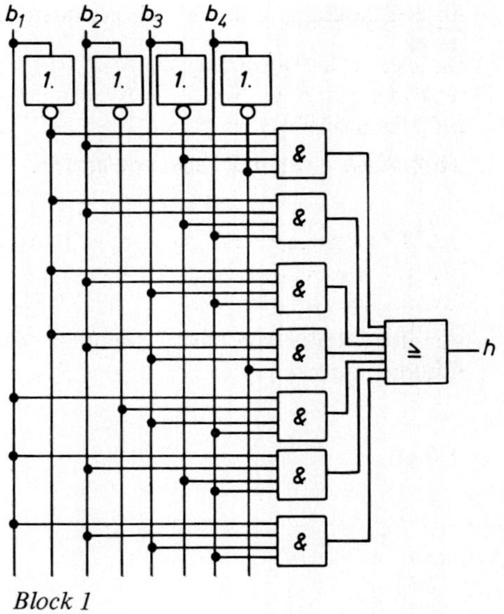

Die Felder 5, 6, 7 und 8 liegen alle in einer Zeile, so daß sie zu einem Block zusammengefaßt werden können.

Block 1

$$(\overline{b_1} \wedge b_2 \wedge \overline{b_3} \wedge \overline{b_4}) \vee (\overline{b_1} \wedge b_2 \wedge \overline{b_3} \wedge b_4)$$
$$\vee\ (\overline{b_1} \wedge b_2 \wedge b_3 \wedge b_4) \vee (\overline{b_1} \wedge b_2 \wedge b_3 \wedge \overline{b_4})$$

Die Felder 6, 7, 10 und 11 sind entweder durch Spalten- oder Zeilennachbarschaft bestimmt. Sie bilden ebenfalls einen Block.

Block 2

$$(\overline{b_1} \wedge b_2 \wedge \overline{b_3} \wedge b_4) \vee (\overline{b_1} \wedge b_2 \wedge b_3 \wedge b_4)$$
$$\vee\ (b_1 \wedge b_2 \wedge \overline{b_3} \wedge b_4) \vee (b_1 \wedge b_2 \wedge b_3 \wedge b_4)$$

Die Felder 11 und 15 befinden sich untereinander in der gleichen Spalte. Sie bilden den dritten Block. Damit sind alle angekreuzten Felder in mindestens einen Block einbezogen.

Block 3

$$(b_1 \wedge b_2 \wedge b_3 \wedge b_4) \vee (b_1 \wedge \overline{b_2} \wedge b_3 \wedge b_4)$$

Die Blöcke werden der Reihe nach auf Vereinfachungen untersucht.

Block 1

Der Block 1 wird zunächst in zwei Teile zerschnitten und die beiden ersten Vollkonjunktionen untersucht.

$$(\overline{b_1} \wedge b_2 \wedge \overline{b_3} \wedge \overline{b_4}) \vee (\overline{b_1} \wedge b_2 \wedge \overline{b_3} \wedge b_4)$$
$$(\overline{b_1} \wedge b_2 \wedge \overline{b_3}) \vee (b_4 \wedge \overline{b_4})$$
$$(b_4 \wedge \overline{b_4}) = 0$$

Durch Ausklammern von $\overline{b_1}$, b_2 und $\overline{b_3}$ wird b_4 überflüssig, so daß nur $\overline{b_1} \wedge b_2 \wedge \overline{b_3}$ übrigbleiben.

$$\boxed{(\overline{b_1} \wedge b_2 \wedge \overline{b_3})}$$

Der zweite Teil des 1. Blocks wird nach der gleichen Methode behandelt.

$$(\overline{b_1} \wedge b_2 \wedge b_3 \wedge b_4) \vee (\overline{b_1} \wedge b_2 \wedge b_3 \wedge \overline{b_4})$$
$$(\overline{b_1} \wedge b_2 \wedge b_3) \vee (b_4 \wedge \overline{b_4})$$
$$(b_4 \wedge \overline{b_4}) = 0$$

Von der 2. Hälfte des 1. Blocks bleibt nur der Ausdruck $\overline{b_1} \wedge b_2 \wedge b_3$ übrig.

$$\boxed{(\overline{b_1} \wedge b_2 \wedge b_3)}$$

Die beiden Teilergebnisse von Block 1 werden zusammengefaßt. Nach dem distributiven Gesetz können $\overline{b_1} \wedge b_2$ ausgeklammert werden.

$$(\overline{b_1} \wedge b_2 \wedge \overline{b_3}) \vee (\overline{b_1} \wedge b_2 \wedge b_3)$$
$$(\overline{b_1} \wedge b_2) \vee (b_3 \wedge \overline{b_3})$$
$$(b_3 \wedge \overline{b_3}) = 0$$

Als Restausdruck bleibt für den gesamten 1. Block bestehen

$$\boxed{\overline{b_1} \wedge b_2}$$

Block 2

Auch Block 2 wird in 2 Teile zerschnitten.

1. Teil

$$(\overline{b_1} \wedge b_2 \wedge \overline{b_3} \wedge b_4) \vee (\overline{b_1} \wedge b_2 \wedge b_3 \wedge b_4)$$
$$(\overline{b_1} \wedge b_2 \wedge b_4) \vee (b_3 \wedge \overline{b_3})$$
$$(b_3 \wedge \overline{b_3}) = 0$$

Von der 1. Hälfte von Block 2 bleibt der nebenstehende Ausdruck zurück.

$$\boxed{(\overline{b_1} \wedge b_2 \wedge b_4)}$$

2. Teil

$$(b_1 \wedge b_2 \wedge \overline{b_3} \wedge b_4) \vee (b_1 \wedge b_2 \wedge b_3 \wedge b_4)$$
$$(b_1 \wedge b_2 \wedge b_4) \vee (b_3 \wedge \overline{b_3})$$
$$(b_3 \wedge \overline{b_3}) = 0$$

$$\boxed{(b_1 \wedge b_2 \wedge b_4)}$$

Die beiden Teilvereinfachungen werden zusammengefaßt.

$$(\overline{b_1} \wedge b_2 \wedge b_4) \vee (b_1 \wedge b_2 \wedge b_4)$$
$$(b_2 \wedge b_4) \vee (b_1 \wedge \overline{b_1})$$
$$(b_1 \wedge \overline{b_1}) = 0$$

Die Variablen b_1 und b_3 sind damit für den 1. Block völlig entfallen. Es bleiben bestehen $b_2 \wedge b_4$ in direkter Form.

$$\boxed{(b_2 \wedge b_4)}$$

Block 3 umfaßt die Felder 11 und 15. Hier ist auch nur eine einfache Zusammenfassung möglich.

Block 3

$(b_1 \wedge b_2 \wedge b_3 \wedge b_4) \vee (b_1 \wedge \overline{b_2} \wedge b_3 \wedge b_4)$

$(b_1 \wedge b_3 \wedge b_4) \vee (b_2 \wedge \overline{b_2})$

$(b_2 \wedge \overline{b_2}) = 0$

Restausdruck von Block 3

$\boxed{(b_1 \wedge b_3 \wedge b_4)}$

Die Vereinfachungsmethode mit Hilfe der Karnaugh-Tafel zeigt, daß die Vereinfachungsmöglichkeiten umso größer sind, je mehr Zeilen- und Spaltennachbarschaften vorliegen und je mehr Felder zusammenfaßbar sind. Die umfangreiche Ausgangsgleichung wird durch die wesentlich einfachere Restgleichung ersetzt.

$$(\overline{b_1} \wedge b_2) \vee (b_2 \wedge b_4) \vee (b_1 \wedge b_3 \wedge b_4) = L$$

Rest Block 1 — *Rest Block 2* — *Rest Block 3*

Nach dieser Gleichung wird die neue Schaltung aufgebaut. Sie besteht nur noch aus einem NICHT-Element, drei UND-Elementen mit zwei bzw. drei Eingängen sowie einem ODER-Element mit drei Eingängen. Die Verdrahtung wird wesentlich einfacher und übersichtlicher, als dies bei der Ausgangsschaltung möglich war.

Die Werttabelle zeigt, daß die Lösungsfälle der Ausgangsgleichung mit denen der vereinfachten Restgleichung identisch sind.

Den 7 Lösungsmöglichkeiten der Ausgangsgleichung entsprechen 10 Lösungsmöglichkeiten der drei Restblöcke. Von diesen 10 Lösungen sind jedoch drei doppelt vertreten, so daß auch hier insgesamt nur sieben unterschiedliche Lösungen vorkommen.

					Block 1	Block 2	Block 3	
b_1	b_2	b_3	b_4	h	$\overline{b_1} \wedge b_2$	$b_2 \wedge b_4$	$b_1 \wedge b_3 \wedge b_4$	
0	0	0	0	0				
0	0	0	L	0				
0	0	L	0	0				
0	0	L	L	0				
0	L	0	0	L	L			1
0	L	0	L	L	L	L		2
0	L	L	0	L	L			3
0	L	L	L	L	L	L		4
L	0	0	0	0				
L	0	0	L	0				
L	0	L	0	0				
L	0	L	L	L			L	5
L	L	0	0	0				
L	L	0	L	L		L		6
L	L	L	0	0				
L	L	L	L	L		L	L	7

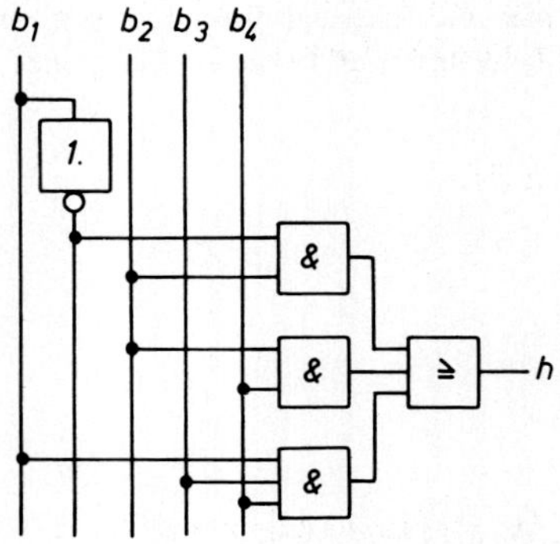

Lehrbeispiel

Schaltalgebraische Gleichung mit vier Variablen

$$(\overline{b_1} \wedge \overline{b_2} \wedge \overline{b_3} \wedge \overline{b_4}) \vee (\overline{b_1} \wedge \overline{b_2} \wedge \overline{b_3} \wedge b_4) \vee (\overline{b_1} \wedge b_2 \wedge \overline{b_3} \wedge b_4) \vee (\overline{b_1} \wedge b_2 \wedge b_3 \wedge b_4)$$
$$\vee\ (b_1 \wedge b_2 \wedge b_3 \wedge b_4) \vee (b_1 \wedge b_2 \wedge b_3 \wedge \overline{b_4}) \vee (b_1 \wedge \overline{b_2} \wedge b_3 \wedge \overline{b_4}) \vee (b_1 \wedge \overline{b_2} \wedge \overline{b_3} \wedge \overline{b_4}) = L$$

4 NICHT-Elemente,
8 UND-Elemente mit je 4 Eingängen,
1 ODER-Element mit 8 Eingängen und
ca. 100 Kontaktstellen.

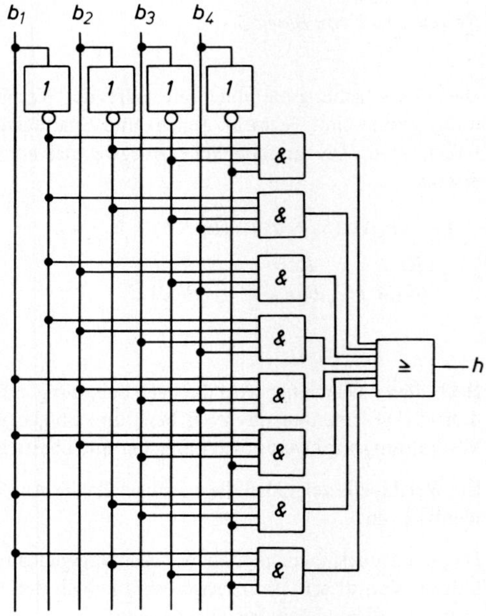

Schaltplan für Ausgangsgleichung

Die Felder 13 und 16 sind ebenfalls benachbart, wenn man die Karnaugh-Tafel zu einem senkrecht stehenden Zylinder formt. In diesem Fall grenzt 13 an 16.

	$\overline{b_3}$	$\overline{b_3}$	b_3	b_3	
$\overline{b_1}$	0000 1	000L 2	00LL 3	00L0 4	$\overline{b_2}$
$\overline{b_1}$	0L00 5	0L0L 6	0LLL 7	0LL0 8	b_2
b_1	LL00 9	LL0L 10	LLLL 11	LLL0 12	b_2
16 ← b_1	L000 13	L00L 14	L0LL 15	L0L0 16	$\overline{b_2}$ → 13
	$\overline{b_4}$	b_4	b_4	$\overline{b_4}$	

Block 1 (Feld 1 und 2)

$$(\overline{b_1} \wedge \overline{b_2} \wedge \overline{b_3} \wedge \overline{b_4}) \vee (\overline{b_1} \wedge \overline{b_2} \wedge \overline{b_3} \wedge b_4)$$
$$(\overline{b_1} \wedge \overline{b_2} \wedge \overline{b_3}) \vee (b_4 \wedge \overline{b_4})$$

Rest von Block 1

$$\boxed{(\overline{b_1} \wedge \overline{b_2} \wedge \overline{b_3})}$$

Block 2 (Feld 6 und 7)

$$(\overline{b_1} \wedge b_2 \wedge \overline{b_3} \wedge b_4) \vee (\overline{b_1} \wedge b_2 \wedge b_3 \wedge b_4)$$
$$(\overline{b_1} \wedge b_2 \wedge b_4) \vee (b_3 \wedge \overline{b_3})$$

Rest von Block 2 $(\overline{b_1} \wedge b_2 \wedge b_4)$

Block 3 (Feld 11 und 12) $(b_1 \wedge b_2 \wedge b_3 \wedge b_4) \vee (b_1 \wedge b_2 \wedge b_3 \wedge \overline{b_4})$

$(b_1 \wedge b_2 \wedge b_3) \vee (b_4 \wedge \overline{b_4})$

Rest von Block 3 $(b_1 \wedge b_2 \wedge b_3)$

Block 4 (Feld 13 und 16) $(b_1 \wedge \overline{b_2} \wedge \overline{b_3} \wedge \overline{b_4}) \vee (b_1 \wedge \overline{b_2} \wedge b_3 \wedge \overline{b_4})$

$(b_1 \wedge \overline{b_2} \wedge \overline{b_4}) \vee (b_3 \wedge \overline{b_3})$

Rest von Block 4 $(b_1 \wedge \overline{b_2} \wedge \overline{b_4})$

Vereinfachte Gleichung:

$$(\overline{b_1} \wedge \overline{b_2} \wedge \overline{b_3}) \vee (\overline{b_1} \wedge b_2 \wedge b_4) \vee (b_1 \wedge b_2 \wedge b_3) \vee (b_1 \wedge \overline{b_2} \wedge \overline{b_4}) = L$$

4 NICHT-Elemente,
4 UND-Elemente mit je 3 Eingängen,
1 ODER-Element mit 4 Eingängen und
ca. 45 Kontaktstellen.

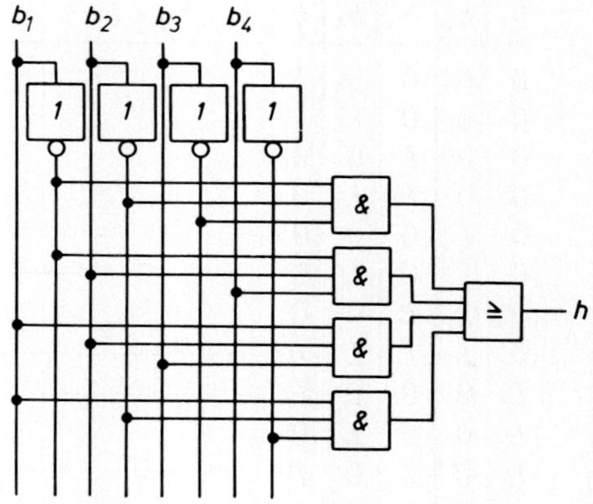

Vereinfachter Schaltplan nach Karnaugh

Weitere Vereinfachungsmöglichkeit nach Anwendung der Inversionsgesetze

Nach den Inversionsgesetzen ist es möglich, eine Konjunktion in eine Disjunktion zu verwandeln bzw. umgekehrt. Wir wenden diese Gesetze auf die vereinfachte Gleichung an.

$$(\overline{b_1} \wedge \overline{b_2} \wedge \overline{b_3}) \vee (\overline{b_1} \wedge b_2 \wedge b_4) \vee$$
$$(b_1 \wedge b_2 \wedge b_3) \vee (b_1 \wedge \overline{b_2} \wedge \overline{b_4}) = L$$

$$(\overline{b_1} \wedge \overline{b_2} \wedge \overline{b_3}) = (\overline{b_1 \vee b_2 \vee b_3})$$

$$(b_1 \wedge \overline{b_2} \wedge \overline{b_4}) = [b_1 \wedge (\overline{b_2 \vee b_4})]$$

Eingesetzt in die Ausgangsgleichung ergibt sich:

$$(\overline{b_1 \vee b_2 \vee b_3}) \vee (\overline{b_1} \wedge b_2 \wedge b_4) \vee$$
$$(b_1 \wedge b_2 \wedge b_3) \vee [b_1 \wedge (\overline{b_2 \vee b_4})] = L$$

Setzt man diese Gleichung in eine Schaltung um, so ergeben sich weitere Einsparungen an Elementen.

1 NICHT-Element,
2 UND-Elemente, 2 NOR-Elemente,
1 ODER-Element mit 4 Eingängen und
ca. 37 Kontaktstellen.

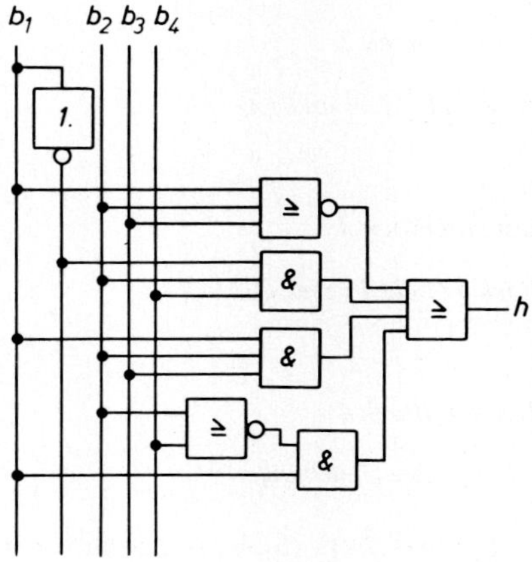

Die Wertetabelle weist die Identität der möglichen 8 Lösungen in der Ausgangsgleichung und der nach *Karnaugh* vereinfachten Gleichung nach.

b_1	b_2	b_3	b_4	h	$\overline{b_1} \wedge \overline{b_2} \wedge \overline{b_3}$	$\overline{b_1} \wedge b_2 \wedge b_4$	$b_1 \wedge b_2 \wedge b_3$	$b_1 \wedge \overline{b_2} \wedge \overline{b_4}$
0	0	0	0	L	L			
0	0	0	L	L	L			
0	0	L	0	0				
0	0	L	L	0				
0	L	0	0	0				
0	L	0	L	L		L		
0	L	L	0	0				
0	L	L	L	L		L		
L	0	0	0	L				L
L	0	0	L	0				
L	0	L	0	L				L
L	0	L	L	0				
L	L	0	0	0				
L	L	0	L	0				
L	L	L	0	L			L	
L	L	L	L	L			L	

2.3.2.4 Karnaugh-Diagramm für fünf Variable

In einem weiteren Beispiel soll eine schaltalgebraische Gleichung mit 5 Variablen dargestellt und mit Hilfe des Karnaugh-Diagramms vereinfacht werden. Die Lösung der Vereinfachung soll nur angedeutet und nicht im Detail durchgeführt werden, da dies den in diesem Lehrbuch zur Verfügung stehenden Raum sprengen würde.

$$\underline{(\overline{b_1} \wedge b_2 \wedge b_3 \wedge b_4 \wedge b_5)} \vee (\overline{b_1} \wedge \overline{b_2} \wedge \overline{b_3} \wedge \overline{b_4} \wedge \overline{b_5}) \vee \underline{(\overline{b_1} \wedge \overline{b_2} \wedge b_3 \wedge \overline{b_4} \wedge b_5)}$$
$$\vee \underline{(\overline{b_1} \wedge \overline{b_2} \wedge b_3 \wedge b_4 \wedge b_5)} \vee (\overline{b_1} \wedge b_2 \wedge \overline{b_3} \wedge \overline{b_4} \wedge \overline{b_5}) \vee \underline{(\overline{b_1} \wedge b_2 \wedge \overline{b_3} \wedge \overline{b_4} \wedge b_5)}$$
$$\vee (\overline{b_1} \wedge b_2 \wedge \overline{b_3} \wedge b_4 \wedge \overline{b_5}) \vee (\overline{b_1} \wedge b_2 \wedge b_3 \wedge \overline{b_4} \wedge \overline{b_5}) \vee \underline{(\overline{b_1} \wedge b_2 \wedge b_3 \wedge \overline{b_4} \wedge b_5)}$$
$$\vee (\overline{b_1} \wedge b_2 \wedge b_3 \wedge b_4 \wedge \overline{b_5}) \vee \underline{(b_1 \wedge \overline{b_2} \wedge b_3 \wedge \overline{b_4} \wedge b_5)} \vee (b_1 \wedge b_2 \wedge \overline{b_3} \wedge \overline{b_4} \wedge \overline{b_5})$$
$$\vee \underline{(b_1 \wedge b_2 \wedge \overline{b_3} \wedge \overline{b_4} \wedge b_5)} \vee (b_1 \wedge b_2 \wedge b_3 \wedge \overline{b_4} \wedge \overline{b_5}) \vee \underline{(b_1 \wedge \overline{b_2} \wedge b_3 \wedge b_4 \wedge b_5)} = L$$

Man kann aus der Gleichung erkennen, daß ohne Vereinfachung der Aufbau der Schaltung mit viel Aufwand verbunden wäre. Folgende Elemente wären dazu nötig:

5 NICHT-Elemente,
15 UND-Elemente mit je 5 Eingängen,
1 ODER-Element mit 15 Eingängen und
ca. 200 Kontaktstellen.

Das Karnaugh-Diagramm für eine Schaltgleichung mit fünf Variablen setzt sich zusammen aus zwei Diagrammen für je vier Variable. Das erste Diagramm würde die Variablen b_1, b_2, b_3 und b_4 in direkter sowie negierter Form enthalten, während b_5 nur in direkter Form vorkommen dürfte.

Das zweite Diagramm müßte alle Vollkonjunktionen enthalten, in denen b_5 in negierter Form enthalten ist. Zusammen werden $2^5 = 32$ Felder benötigt.

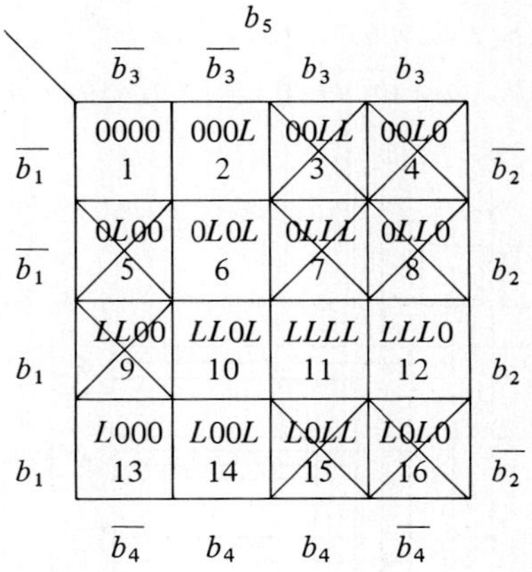

Die unterstrichenen Vollkonjunktionen enthalten die fünfte Variable b_5 in direkter Form. Sie befinden sich deshalb alle im oberen Diagramm, während die übrigen Vollkonjunktionen mit $\overline{b_5}$ im unteren Diagramm enthalten sind.

Es werden die folgenden Blöcke gebildet:

Block 1: Felder 3, 4, 7, 8
Block 2: Felder 15, 16
Block 3: Felder 5, 9, 21, 25 (beide Diagramme einbeziehend)
Block 4: Felder 17, 18, 21, 22
Block 5: Felder 23, 24
Block 6: Felder 25, 28

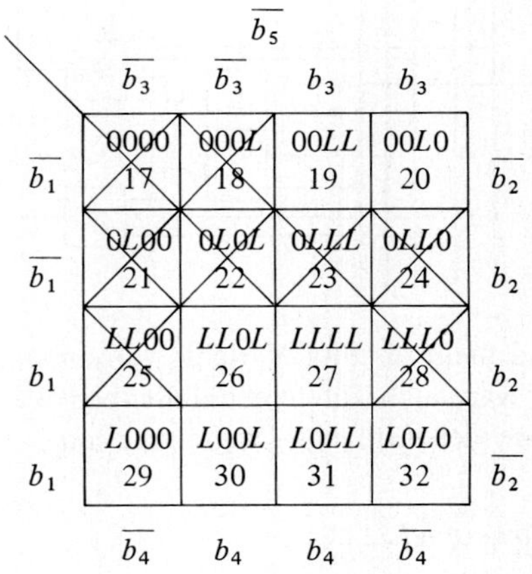

Nach der Zusammenfassung bleiben als Restausdrücke übrig:

$\overline{b_1} \wedge b_3 \wedge b_5$	*Block 1*
$b_1 \wedge \overline{b_2} \wedge b_3 \wedge b_5$	*Block 2*
$b_2 \wedge \overline{b_3} \wedge \overline{b_4}$	*Block 3*
$\overline{b_1} \wedge \overline{b_3} \wedge \overline{b_5}$	*Block 4*
$\overline{b_1} \wedge b_2 \wedge b_3 \wedge \overline{b_5}$	*Block 5*
$b_2 \wedge b_3 \wedge \overline{b_4} \wedge \overline{b_5}$	*Block 6*

Die mit Hilfe der Karnaugh-Diagramme vereinfachte Gleichung lautet:

$$(\overline{b_1} \wedge b_3 \wedge b_5) \vee (b_1 \wedge \overline{b_2} \wedge b_3 \wedge b_5) \vee (b_2 \wedge \overline{b_3} \wedge \overline{b_4}) \vee (\overline{b_1} \wedge \overline{b_3} \wedge \overline{b_5})$$
$$\vee\ (\overline{b_1} \wedge b_2 \wedge b_3 \wedge \overline{b_5}) \vee (b_2 \wedge b_3 \wedge \overline{b_4} \wedge \overline{b_5}) = L$$

Diese Gleichung wird mit Hilfe der Inversionsregeln so verändert, daß weitere schaltungsalgebraische Vereinfachungen möglich sind.

$$(\overline{b_1} \wedge b_3 \wedge b_5) \vee (b_1 \wedge \overline{b_2} \wedge b_3 \wedge b_5) \vee [b_2 \wedge (\overline{b_3 \vee b_4})] \vee (\overline{b_1 \vee b_3 \vee b_5})$$
$$\vee\ [b_2 \wedge b_3 \wedge (\overline{b_1 \vee b_5})] \vee [b_2 \wedge b_3 \wedge (\overline{b_4 \vee b_5})] = L$$

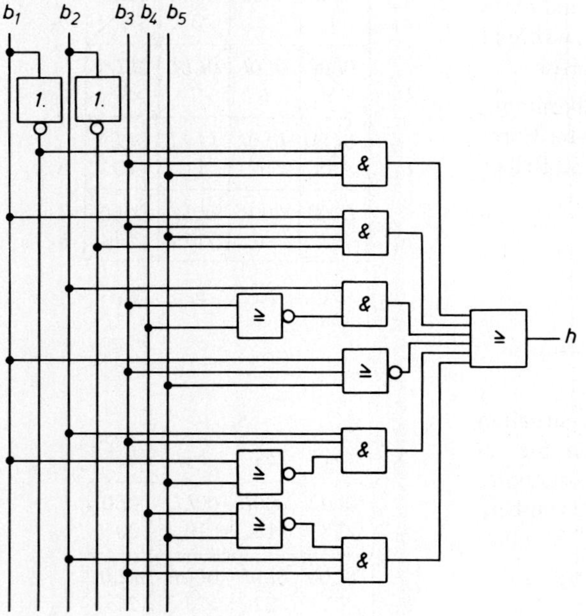

Für diese Schaltung sind nur noch 5 UND-Elemente, 2 NICHT-Elemente, 4 NOR-Elemente sowie 1 ODER-Element notwendig. Der Verdrahtungsaufwand ist gegenüber der unvereinfachten Ausgangsgleichung ebenfalls beträchtlich geringer.

Sind mehr als fünf Variable vorhanden, so wird sich der Aufwand in bezug auf den Umfang der Karnaugh-Tafeln ebenfalls vergrößern. Bei z. B. sechs Variablen wird man zweckmäßigerweise vier Karnaugh-Diagramme mit je vier Variablen bilden müssen.

Lehrbeispiel 1:

Der Füllkolben einer Spritzgußmaschine darf nur unter folgenden Bedingungen betätigt werden:

a) die Form ist geschlossen, die notwendige Temperatur ist erreicht, das Füllgut befindet sich im Falltrichter, das Schutzgitter ist geschlossen (Produktionsbedingungen)
b) die Form ist nicht beheizt und offen, der Fülltrichter ist leer, das Schutzgitter ist geöffnet. (Reparaturarbeiten bzw. Einstellarbeiten an Maschine)
c) wie bei a), nur der Fülltrichter ist leer (Leerfahren der Maschine)
d) wie bei b), nur die Form ist aufgeheizt (Überwachungsarbeiten an Form)

Es soll die schaltalgebraische Gleichung aufgestellt werden und diese soweit wie möglich vereinfacht werden. Danach soll eine Schaltung aufgebaut werden.

Lösung:

Die Gleichung muß vier Variable enthalten:

b_1 *Form*
b_2 *Temperatur*
b_3 *Füllgut*
b_4 *Schutzgitter*

Daraus ergibt sich die Ausgangsgleichung:

$$(b_1 \wedge b_2 \wedge b_3 \wedge b_4) \vee (\overline{b_1} \wedge \overline{b_2} \wedge \overline{b_3} \wedge \overline{b_4}) \vee (b_1 \wedge b_2 \wedge \overline{b_3} \wedge b_4)$$
$$\vee\ (\overline{b_1} \wedge b_2 \wedge \overline{b_3} \wedge \overline{b_4}) = H$$

Würde man die Schaltung nach dieser Gleichung aufbauen, so wären

4 UND-Glieder mit 4 Eingängen, 4 NICHT-Glieder und 1 ODER-Glied mit 4 Eingängen notwendig. Insgesamt also 9 Elemente.

Vereinfachung mit Hilfe des Karnaugh-Diagramms:

	$\overline{b_3}$	$\overline{b_3}$	b_3	b_3	
$\overline{b_1}$	000	000*L*	00*LL*	00*L*0	$\overline{b_2}$
$\overline{b_1}$	0*L*00	0*L*0*L*	0*LLL*	0*LL*0	b_2
b_1	*LL*00	*LL*0*L*	*LLLL*	*LLL*0	b_2
b_1	*L*000	*L*00*L*	*L*0*LL*	*L*0*L*0	$\overline{b_2}$
	$\overline{b_4}$	b_4	b_4	$\overline{b_4}$	

Daraus ergeben sich die folgenden Zusammenfassungen:

Block 1:

$$(\overline{b_1} \wedge \overline{b_2} \wedge \overline{b_3} \wedge \overline{b_4}) \vee (\overline{b_1} \wedge b_2 \wedge \overline{b_3} \wedge \overline{b_4}) \rightarrow (\overline{b_1} \wedge \overline{b_3} \wedge \overline{b_4})$$

Block 2:

$$(b_1 \wedge b_2 \wedge \overline{b_3} \wedge b_4) \vee (b_1 \wedge b_2 \wedge b_3 \wedge b_4) \rightarrow (b_1 \wedge b_2 \wedge b_4)$$

Es bleibt als vereinfachte Gleichung:

$$(\overline{b_1} \wedge \overline{b_3} \wedge \overline{b_4}) \vee (b_1 \wedge b_2 \wedge b_4) = H$$

An Hand der Wertetabelle soll nachgewiesen werden, daß die in der Ausgangsgleichung und der vereinfachten Endgleichung vorkommenden Bedingungen einander entsprechen.

Die Wertetabelle zeigt, daß die Lösungsfälle in beiden Gleichungen gleich sind.

				Ausgangsgleichung	vereinfachte Gleichung	
b_1	b_2	b_3	b_4	H	$\overline{b_1} \wedge \overline{b_3} \wedge \overline{b_4}$	$b_1 \wedge b_2 \wedge b_4$
0	0	0	0	*L*	*L*	
0	0	0	*L*			
0	0	*L*	0			
0	0	*L*	*L*			
0	*L*	0	0	*L*	*L*	
0	*L*	0	*L*			
0	*L*	*L*	0			
0	*L*	*L*	*L*			
L	0	0	0			
L	0	0	*L*			
L	0	*L*	0			
L	0	*L*	*L*			
L	*L*	0	0			
L	*L*	0	*L*	*L*		*L*
L	*L*	*L*	0			
L	*L*	*L*	*L*	*L*		*L*

Die nach Karnaugh vereinfachte Gleichung läßt sich nach den Regeln von *de Morgan* weiter umbauen und vereinfachen.

$$(\overline{b_1} \wedge \overline{b_3} \wedge \overline{b_4}) = (\overline{b_1 \vee b_3 \vee b_4})$$

Daraus folgt:

$$(\overline{b_1 \vee b_3 \vee b_4}) \vee (b_1 \wedge b_2 \wedge b_4) = H$$

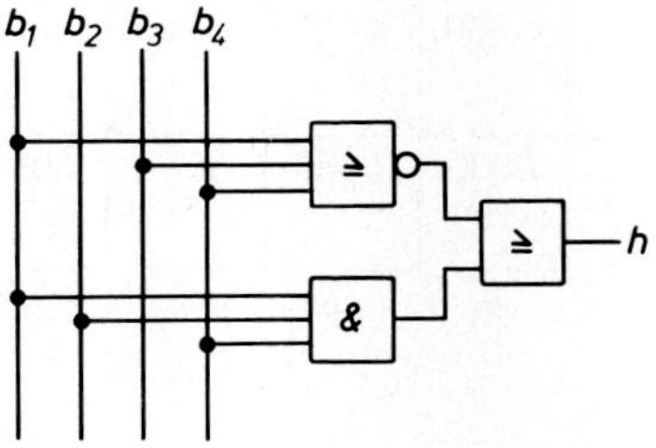

Aus dieser Gleichung ergibt sich die vereinfachte Schaltung, die nur noch drei Logikelemente enthält.

Lehrbeispiel 2:

Die Transporteinheit einer Transferstraße, die Zylinderblöcke herstellt, soll gesteuert werden. Die Transporteinheit kann unter folgenden Bedingungen betätigt werden:

a) wenn Bohreinheit und Gewindeeinheit ihre Operationen durchgeführt haben, wenn die Prüfstation die Voroperation geprüft hat und wenn die Kühlmittelpumpe läuft
b) wenn die Transferstraßeneinheit leergefahren wird
c) wenn Bohreinheit und Gewindeeinheit ihre Operationen durchgeführt haben
d) wie c, außerdem soll die Voroperation geprüft sein (z. B. bei der Bearbeitung von Graugußrohlingen)

Es soll eine möglichst einfache Schaltung aufgebaut werden.

Lösung:

Die Gleichung enthält vier Variable

b_1 *Bohreinheit*
b_2 *Gewindeschneideeinheit*
b_3 *Prüfstation*
b_4 *Kühlmittelpumpe*

Gleichung:

$$(b_1 \wedge b_2 \wedge b_3 \wedge b_4) \vee (\overline{b_1} \wedge \overline{b_2} \wedge \overline{b_3} \wedge \overline{b_4}) \vee (b_1 \wedge b_2 \wedge \overline{b_3} \wedge \overline{b_4}) \vee (b_1 \wedge b_2 \wedge b_3 \wedge \overline{b_4}) = H$$

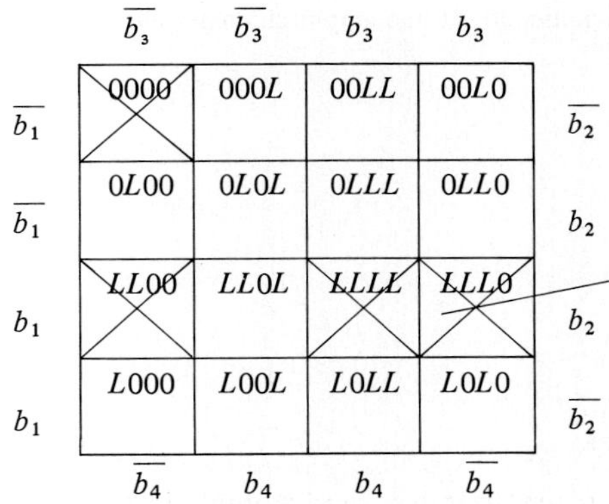

Zusammenfassung von Block 1

$$(b_1 \wedge b_2 \wedge b_3 \wedge b_4) \vee (b_1 \wedge b_2 \wedge b_3 \wedge \overline{b_4}) = H$$
$$(b_1 \wedge b_2 \wedge b_3) = H$$

vereinfachte Gleichung:

$$(b_1 \wedge b_2 \wedge b_3) \vee (\overline{b_1} \wedge \overline{b_2} \wedge \overline{b_3} \wedge \overline{b_4}) \vee (b_1 \wedge b_2 \wedge \overline{b_3} \wedge \overline{b_4}) = H$$

Weitere Vereinfachung nach *de Morgan*:

$$(\overline{b_1} \wedge \overline{b_2} \wedge \overline{b_3} \wedge \overline{b_4}) = (\overline{b_1 \vee b_2 \vee b_3 \vee b_4})$$
$$(b_1 \wedge b_2 \wedge \overline{b_3} \wedge \overline{b_4}) = (b_1 \wedge b_2 \wedge \overline{[b_3 \vee b_4]})$$

Endgültige vereinfachte Gleichung:

$$(b_1 \wedge b_2 \wedge b_3) \vee (\overline{b_1 \vee b_2 \vee b_3 \vee b_4}) \vee (b_1 \wedge b_2 \wedge \overline{[b_3 \vee b_4]}) = H$$

Nach dieser Gleichung wird die Schaltung aufgebaut. Auch diese Schaltung bringt wesentliche Vereinfachungen gegenüber der Schaltung der Ausgangsgleichung.

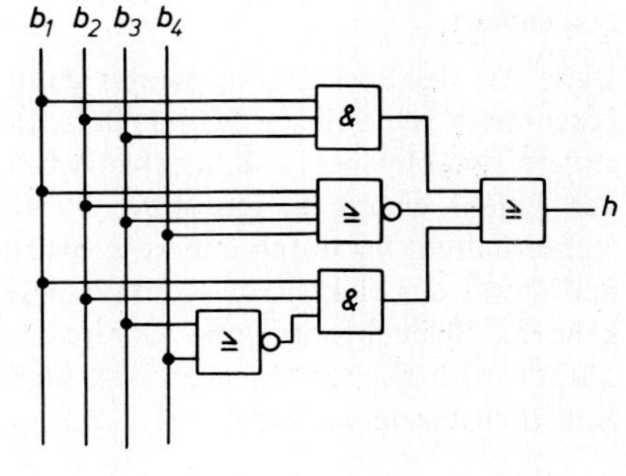

► ***Zur Selbstkontrolle***

1. Stelle mit Hilfe von NOR-Symbolen eine ODER-Funktion auf.
2. Stelle mit Hilfe von NAND-Symbolen eine NICHT-Funktion auf.
3. Welche Gründe sprechen dafür, komplette Logikschaltungen in NOR-Technik zu realisieren?
4. Was versteht man unter einer *Konjunktion* und was unter einer *Disjunktion*?
5. Welchen Vorteil bietet die Anwendung der Inversionsgesetze in der digitalen Steuertechnik?
6. Wieviel Felder in einem Karnaugh-Diagramm benötigt eine schaltalgebraische Gleichung mit fünf vorkommenden Variablen?
7. Unter welchen Bedingungen lassen sich mit Hilfe des Karnaugh-Diagramms Vereinfachungen in Schaltgleichungen durchführen?
8. Wie müssen in einem Karnaugh-Diagramm die betroffenen Felder liegen, damit die Vereinfachungsmöglichkeiten möglichst groß sind?
9. Welches schaltalgebraische Gesetz ist im Karnaugh-Diagramm erfaßt und graphisch dargestellt?

2.3.3 Der Speicher als Element der Schaltalgebra

Das vorangegangene Kapitel hat gezeigt, daß auch umfangreiche und komplizierte logische Aussagen mit Hilfe von Karnaugh-Diagrammen und anderen schaltalgebraischen Regeln stark vereinfacht werden können.

Ein Problem der digitalen Steuerungstechnik ist bisher noch nicht behandelt worden: Wird ein bestimmtes Signal auf den Eingang einer Steuerungseinrichtung gegeben, so geschieht dies oft in Form eines Impulses, der nur für eine sehr kurze Zeit bestehen bleibt und danach gelöscht wird.

Ein Beispiel soll dies deutlich machen: Es gibt elektrische Kaffeemahlwerke, die durch einen Druckknopfschalter betätigt werden müssen. Es genügt nicht, den Druckknopfschalter einmal zu betätigen und dann wieder loszulassen. In diesem Fall würde der Motor der Kaffeemühle anlaufen und sofort wieder aussetzen. Die Hausfrau muß den Schalter so lange gedrückt halten, bis der Vorgang des Mahlens beendet ist. Das Signal *Kaffeemahlen* muß gespeichert werden. In diesem Beispiel wird durch den Dauerdruck auf den Druckschalter der Befehl gespeichert.

Diese Art der Speicherung ist nur dann sinnvoll, wenn die Speicherzeit auf einige Sekunden beschränkt ist. Soll ein Signal (Befehl) längere Zeit gespeichert werden, so verwendet man andere Befehlsgeber, z. B. mechanisch schaltende Kippschalter. Diese Kippschalter speichern den Befehl, indem sie mit Hilfe einer Druckfeder einen elektrischen Kontakt so lange aufrechterhalten, bis durch äußere Einwirkung (z. B. Fingerdruck) die Federkraft überwunden und damit der elektrische Kontakt beseitigt wird. Kippschalter werden z. B. als Schalter für kleinere Beleuchtungs- und Geräteanlagen verwendet. Sollen Schaltbefehle an leistungsstarken elektrischen Anlagen und Maschinen gespeichert werden, so werden Schütze mit Selbsthaltung verwendet.

2.3.3.1 Statische Speicher

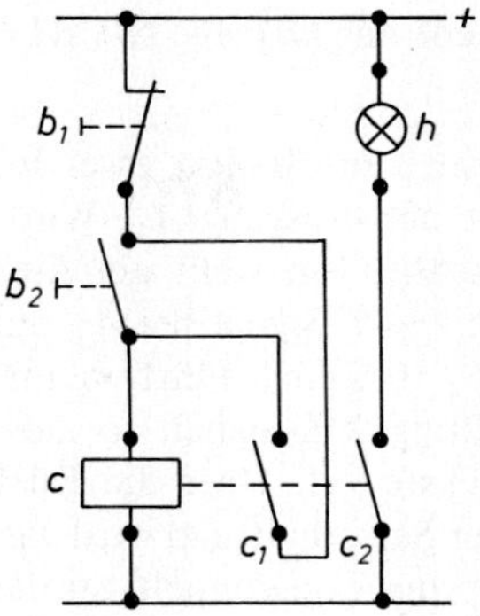

Das nebenstehende Bild zeigt eine Schützschaltung mit Selbsthaltung. b_2 schließt den Stromkreis, so daß das Schütz c an Spannung liegt und anzieht. Gleichzeitig werden mit Hilfe des Schützes die Kontakte c_1 und c_2 geschlossen. Damit erhält die Lampe h Spannung und leuchtet auf. Der Kontakt c_1 überbrückt die Kontakte 1 und 2, so daß Schütz c auch dann noch an Spannung liegt, wenn b_2 in die gezeichnete Ruhelage zurückgekehrt ist. Die Überbrückung von b_2 wird als Selbsthaltung bezeichnet.

Die Selbsthaltung sorgt dafür, daß das Signal *Lampe eingeschaltet* gespeichert wird. Erst wenn b_1 gedrückt wird, erfolgt eine Unterbrechung des Stromflusses für c. Das Signal *Lampe ein* wird gelöscht.

Eine Selbsthaltungsschaltung ist ein elektromechanischer Speicher. Es kommt in der Praxis oft vor, daß für bestimmte Funktionsabläufe mehrere Signale gespeichert werden müssen.

Soll ein Personenaufzug aus der 5. Etage in die 1. Etage geholt werden, so darf der Befehl erst wirksam werden, wenn z. B. die Tür geschlossen ist. Der Befehl muß dann solange gespeichert werden, bis der Aufzug die 1. Etage erreicht hat. Auf dem Wege dorthin wird ein zweiter Befehl gegeben, der den Aufzug in die 2. Etage beordert. Es wäre unwirtschaftlich, wenn der Aufzug diesen Befehl ignorieren würde und weiter die 1. Etage ansteuerte. Die sinnvollste und wirtschaftlichste Lösung bestünde darin, daß der Aufzug auf dem Wege nach unten in der zweiten Etage anhielte und nach Aufnahme der Mitfahrer wieder die 1. Etage ansteuerte. Um das möglich zu machen, ist es notwendig, daß ein 2. Befehl gespeichert wird, ohne daß damit der 1. Befehl gelöscht wird. Es sind mehrere Speicher notwendig.

Ein anderes Beispiel soll die Notwendigkeit mehrerer Speicher deutlich machen. In einigen Parlamenten gibt es sogenannte Abstimmungsanlagen, die das Ergebnis einer Abstimmung in kürzester Zeit ausrechnen. Jeder Abgeordnete hat vor seinem Sitz drei Drucktaster, von denen je einer Ja, Nein oder Enthaltung angibt.

Damit ein sinnvolles Ergebnis möglich wird, müßten zu einem bestimmten Zeitpunkt, der genau festgelegt werden muß, alle Abgeordneten gleichzeitig das Signal ihrer Wahl durch Druck auf den Tastschalter geben. Diejenigen, die ihre Entscheidung zu früh oder zu spät abgäben, könnten nicht damit rechnen, daß ihre Stimmabgabe berücksichtigt würde.

Wenn jede Wahlentscheidung in einem Speicher aufbewahrt würde, dann könnte der Zählvorgang nach der letzten Stimmabgabe erfolgen und keine Stimme ginge verloren. Hierzu wären entweder Speicher an jedem Abgeordnetenplatz notwendig oder aber ein Zentralspeicher, der alle Entscheidungen speichern kann.

Speicherelemente können nicht nur *elektromechanisch* wie bei der herkömmlichen Selbsthaltung, sondern auch aus *digitalen Logikelementen* aufgebaut werden.

Speicherelement aus ODER-, NICHT- und UND-Elementen

Das Speicherelement besitzt zwei Eingänge E_1 und E_2 sowie den Ausgang A_1. Wird E_1 mit L-Signal beaufschlagt, so steht am Ausgang ebenfalls L-Signal. Das L-Signal bei A_1 entsteht aber nur, wenn E_2 0-Signal führt, denn nur dann führt die Leitung 2 L-Signal, so daß das UND-Element durchsteuert. Über die Rückleitung R (entspricht der Selbsthaltung) wird das Ausgangssignal auf E_1 zurückgekoppelt, so daß nach Erlöschen des Eingangssignals an E_1 das L-Signal am Ausgang A_1 über die Leitung 1 erhalten bleibt, solange E_2 0-Signal führt und über Leitung 2 ebenfalls L-Signal auf das UND-Element gegeben wird.

Erhält der Löscheingang E_2 L-Signal, so wird über Leitung 2 0-Signal auf das UND-Element gegeben. Damit entsteht an Punkt 3 0-Signal, das über R auf das ODER-Element zurückwirkt. Erst ein neuer L-Impuls auf E_1 bewirkt wieder L-Signal an A_1.

Werden beide Eingänge mit L-Signal beaufschlagt, so entsteht an A_1 auf jeden Fall 0-Signal. Das Löschsignal setzt sich in diesem Fall durch.

Diese Schaltung entspricht in ihrer Wirkungsweise einer *Schützschaltung mit Selbsthaltung*.

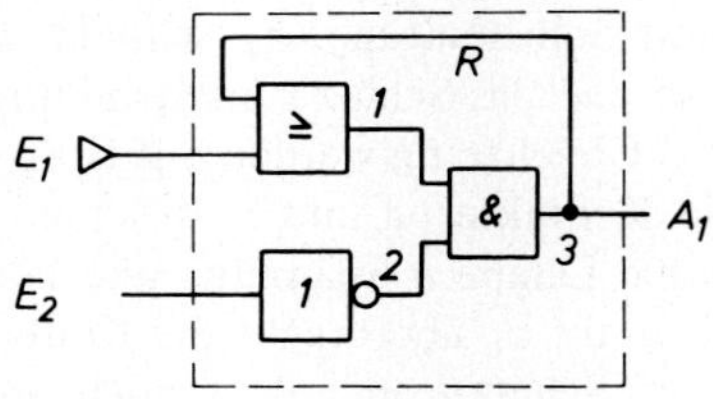

E_1 *Setzeingang*
E_2 *Löscheingang*
A_1 *Ausgang*

E_1	E_2	A_1
0	0	0
L	0	L
0	L	0
L	L	0

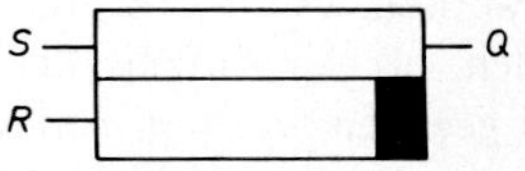

Symbol für einen statischen Speicher

S Setzeingang (E_1)
R Löscheingang (E_2)
Q Ausgang

Das schwarze Feld im Speichersymbol deutet die Vorzugslage des Speichers an.

2.3.3.2 Speicherelement aus NOR-Elementen

Speicher lassen sich wie die Grundbausteine UND, ODER und NICHT aus NOR- oder NAND-Elementen aufbauen. Bei der Verwendung von NOR-Elementen kommt man zu technischen Ausführungen, die einfacher sind, als wenn unterschiedliche Bauteile verwendet werden.

Die Wertetabelle zeigt, daß an A_1 immer nur dann L-Signal ansteht, wenn der Setzeingang E_1 mit L beaufschlagt wird und der Löscheingang E_2 0-Signal führt.

Im folgenden sollen die aus der Wertetabelle ersichtlichen Schaltzustände einzeln besprochen werden. Zu diesem Zweck wird die Speicherschaltung so gezeichnet, daß die Schaltstellungen besser zu erklären sind.

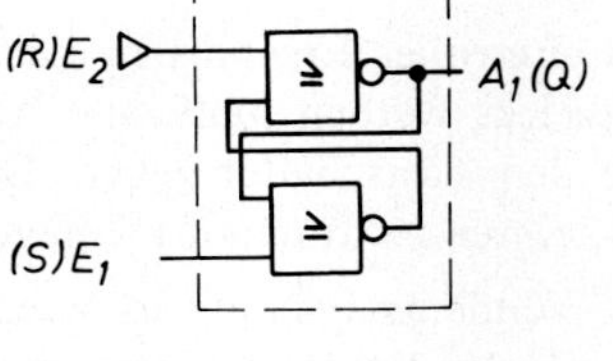

E_1	E_2	A_1
0	0	0
L	0	L
0	L	0
L	L	0

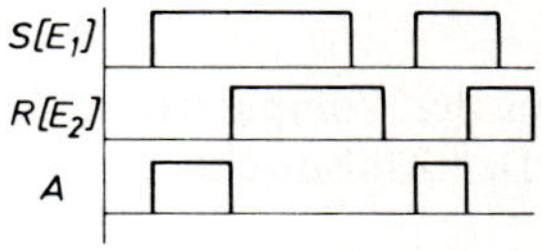

Signalplan für Speicher aus NOR-*Elementen*

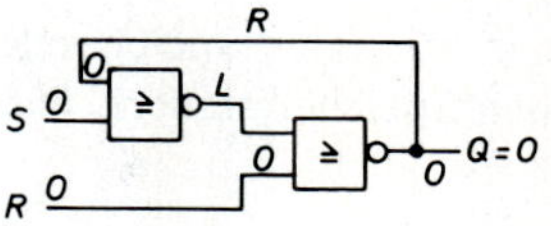

Zustand vor einer neuen Signaleingabe: Beim Einschalten der Spannung wird der vorher vorhandene Zustand am Ausgang nicht verändert.

Erhält S L-Signal, so wird der Speicher gesetzt. Über die Rückkopplung R bleibt der Speicher gesetzt.

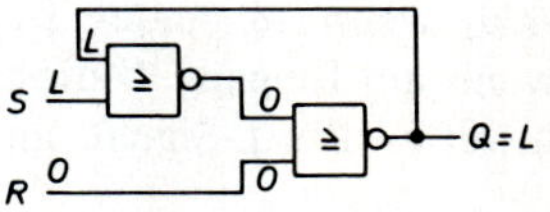

Erscheint an S ein weiteres L-Signal, so ändert sich am Schaltzustand des Speichers nichts.

Auch wenn L am S-Eingang wieder verschwindet, bleibt das L-Signal am Ausgang erhalten.

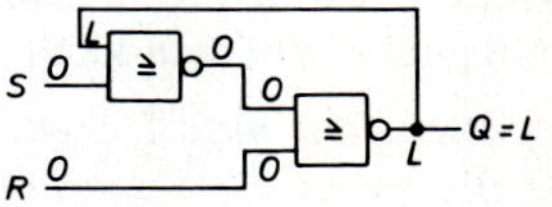

Wird R auf L gesetzt, so entsteht an Q 0-Signal. Verschwindet das L-Signal an R, so bleibt der ursprüngliche Zustand ($Q = L$) erhalten.

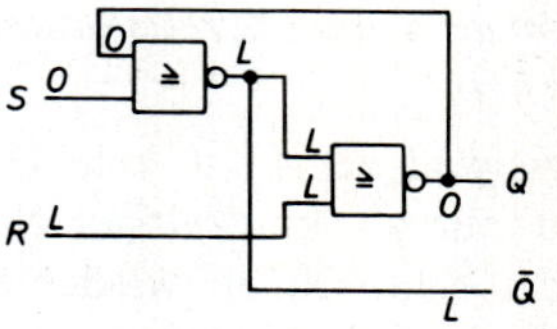

Werden beide Eingänge des Speichers mit L beaufschlagt, so erscheint am Ausgang $Q = 0$.

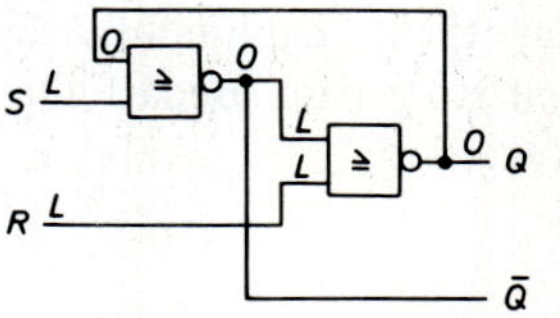

Diese Kombination ist verboten, sie muß unterbunden werden. Wenn trotzdem die Möglichkeit besteht, daß z. B. R schon einen L-Impuls erhält, während auch an S noch L ansteht, so kann dieser Fall mit einer entsprechenden Vorschaltung verhindert werden.

Bei dieser Vorschaltung hat S Vorrang. Ein L-Signal bei S ruft 0-Signal in einem Eingang des UND-Elementes hervor, so daß R auf jeden Fall verriegelt wird.

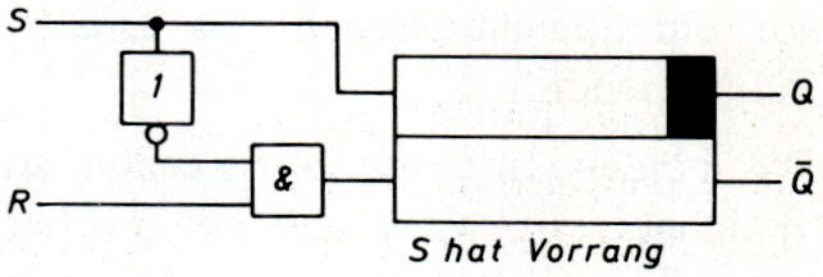

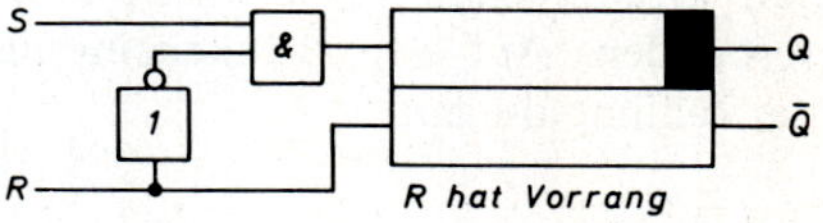

Das nächste Bild zeigt Vorrang für R. Ein L-Signal bei R blockt auf jeden Fall L bei S ab.

Bei der gegenseitigen Verriegelung sorgt die Vorschaltung dafür, daß das zuerst ankommende Signal an einem Eingang den zweiten Eingang blockiert.

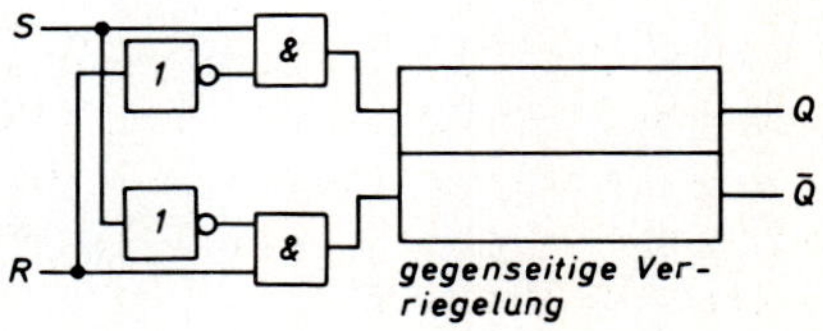

2.3.4 Zählspeicher

Neben dem statischen gibt es ein weiteres Speicherelement, das in der Computertechnik eine große Bedeutung erlangt hat, den sogenannten *Zähl*speicher. Der Zählspeicher ist aus dem statischen Speicher entwickelt worden.

Dabei wird dem normalen Speicherelement ein sogenanntes *Impulsgatter* vorgeschaltet, das den eigentlichen Speicher steuert. Dieses Impulsgatter soll in seiner Wirkungsweise beschrieben werden.

Am Ausgang *A* des Impulsgatters erscheint nur dann ein Signal, wenn an beiden Eingängen *L* anliegt und wenn am Eingang *V* dieses *L*-Signal schon vor Eintreffen des *L*-Signals an *T* bestanden hat.

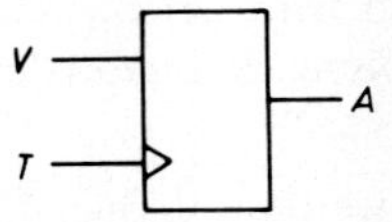

Symbol für ein Impulsgatter

V Vorbereitungseingang
T Zählimpulseingang
A Ausgang

Es müssen also drei Bedingungen erfüllt sein, bevor an *A* ein *L*-Signal erscheinen kann.

1. *Am Zählimpulseingang muß L-Signal anliegen.*
2. *Am Vorbereitungseingang V muß L-Signal bestehen.*
3. *Das L-Signal an V muß bereits bestehen, wenn L an T erscheint.*

Das Ausgangssignal an *A* ist kein Dauersignal, sondern wird nur als kurzzeitiger Nadelimpuls abgegeben, der sehr schnell wieder zu 0 wird. Über das *L*-Signal am Vorbereitungseingang *V* kann der eigentliche Zählimpuls, der auf den Eingang *T* aufläuft, nach Bedarf durchgelassen oder gesperrt werden.

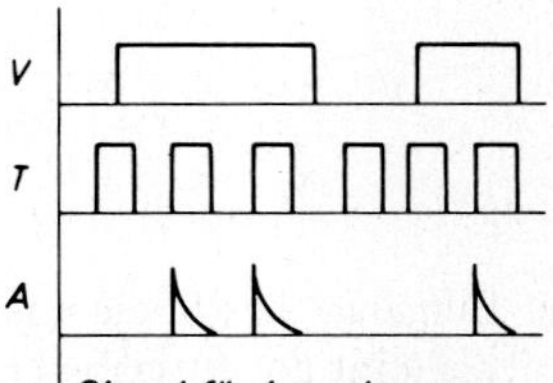

Signal für Impulsgatter

Setzt man zwei solcher Impulsgatter parallel vor ein Speicherelement, so erhält man einen Zählspeicher.

Die beiden Impulsgatter werden so mit dem Speicher verschaltet, daß der Vorbereitungseingang V_1 mit dem negierten Ausgang $\overline{A}$ verbunden wird. T_1 und T_2 werden mit einer Brücke verbunden. Auf den Brückeneingang *T* laufen die Zählimpulse auf.

Wir nehmen an, daß der Ausgang A mit 0-Signal und der Ausgang $\overline{A}$ mit L-Signal beaufschlagt ist. Das 0-Signal von A wird über R_1 auf R gegeben, so daß R gesperrt wird. Gleichzeitig bereitet das L-Signal über R_2 den Setzeingang S vor. S hat die Funktion von V_1 des Impulsgatters übernommen. An S steht damit ein Vorbereitungssignal an.

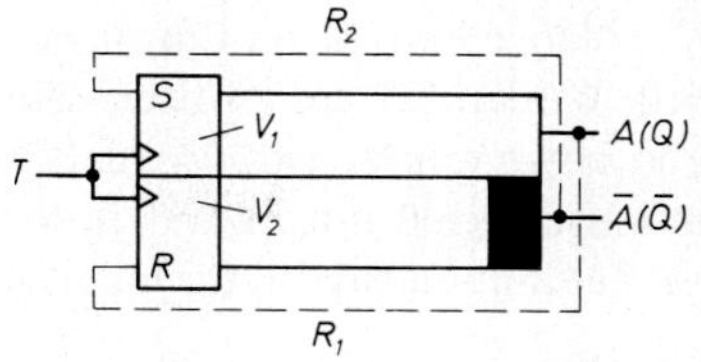

Zählschalter mit internen Rückkopplungen

Wird über T ein Zählimpuls eingegeben, so wird über das Impulsgatter 1 der Speicher auf L-Signal gesetzt. Da V_2 gesperrt ist, muß R auf 0-Signal bleiben. Damit haben sich die Ausgangssignale an A und $\overline{A}$ verändert. An A liegt L- und an $\overline{A}$ 0-Signal.

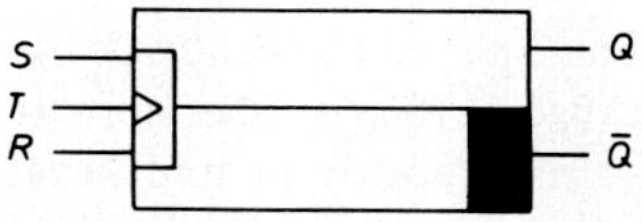

Symbol für Zählspeicher

Gleichzeitig damit wird R (V_2) über R_1 mit L-Signal und S (V_1) über R_2 mit 0-Signal beschickt.

Läuft ein zweiter Zählimpuls auf T auf, so ist R (V_2) gesetzt und S (V_1) gesperrt.

Der Speicher fällt am Ausgang auf 0-Signal zurück (0-Signal an A, L-Signal an $\overline{A}$).

Der nächste Impuls an T wird den Speicher wieder setzen usw.

Mit jedem zweiten Zählimpuls wird der Speicher gesetzt bzw. zurückgesetzt. Man spricht deshalb auch von einem *Untersetzer* oder von einer *Binärstufe.*

2.3.4.1 Logikplan von Zählspeichern

Der nebenstehende Logikplan zeigt den logischen Aufbau eines Zählspeichers mit einem Ausgang. An diesem Beispiel sollen die logischen Funktionen des Zählspeichers noch einmal durchgespielt werden:

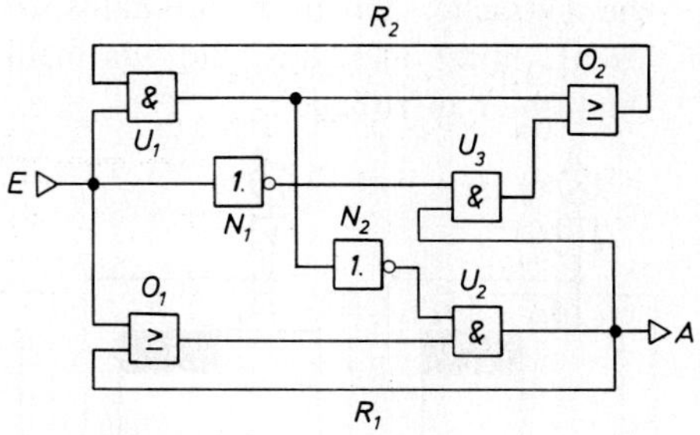

Logikplan (Festo)

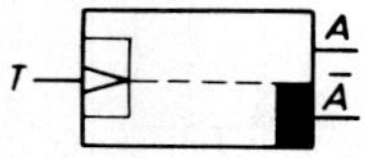

Symbol

Ein Eingangsimpuls (Zählimpuls) erreicht 0_1, N_1 und U_1. Er wird über 0_1 nach U_2 weitergegeben. An beiden Eingängen von U_2 steht L an, weil am Ausgang von U_1 ein 0-Signal über N_2 in ein L-Signal umgewandelt wird. U_2 gibt damit das L-Signal an A weiter. Die Rückkopplung R_1 garantiert, daß nach Verlöschen des Eingangsimpulses das L-Signal an A erhalten bleibt. U_3 gibt L-Signal an 0_2 und von dort an den Eingang von U_1, solange kein neuer Eingangsimpuls wirksam wird. Wird auf E ein zweiter Zählimpuls gegeben, so bewirken N_1 und N_2, daß das L-Signal an A in ein 0-Signal umgewandelt wird. Erst ein weiterer Zählimpuls stellt A wieder auf L-Signal um.

Der Signalplan des Zählspeichers zeigt, daß der Ausgang A nach jedem zweiten Zählimpuls umsetzt.

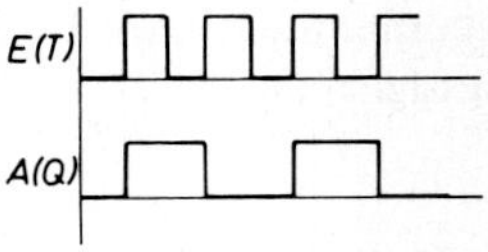

Signalplan

Oft werden Zählspeicher benötigt, die über mehrere Ausgänge verfügen. Man spricht dann von Binärstufen mit positivem und negativem Ausgang. Ein Eingangssignal wird wechselweise auf die Ausgänge A_1 und A_2 bzw. A_3 und A_4 geschaltet. Am Ausgang A_1 und A_2 erfolgt der Wechsel beim Übergang von L auf 0, am Ausgang A_3 und A_4 beim Übergang von 0 auf L. Die nachstehende Abbildung zeigt den Logikplan.

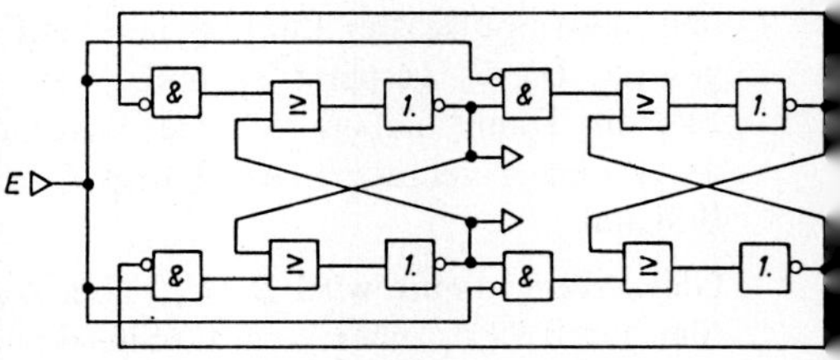

Logikplan für Zählerspeicher mit mehreren Ausgängen (2 × 2)

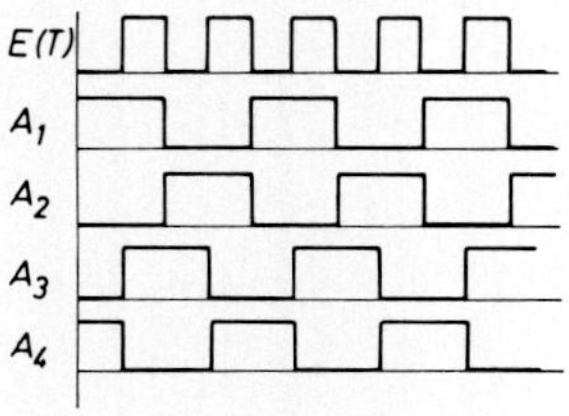

Signalplan für Zählspeicher (Binärstufe) mit 2 × 2 Ausgängen

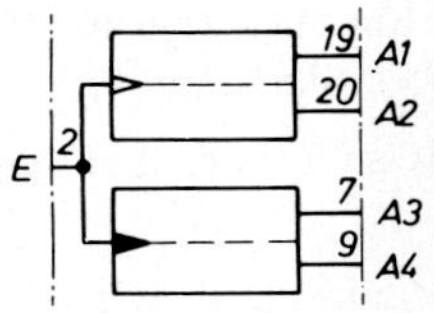

Symbol für Zählspeicher mit 4 Ausgängen

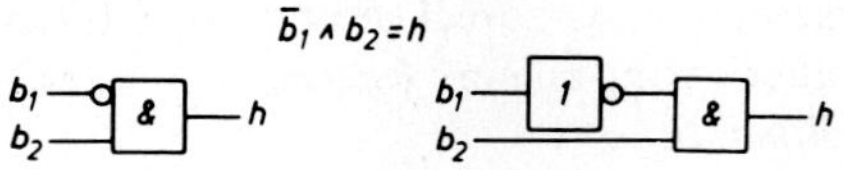

Inhibitions-Element

2.3.4.2 Aufbau eines Dualzählers

Die Tatsache, daß in einem Zählspeicher nur jeder zweite Impuls den Speicher setzt bzw. löscht, nutzt man aus, um aus mehreren hintereinandergeschalteten Zählspeichern einen Dualzähler aufzubauen.

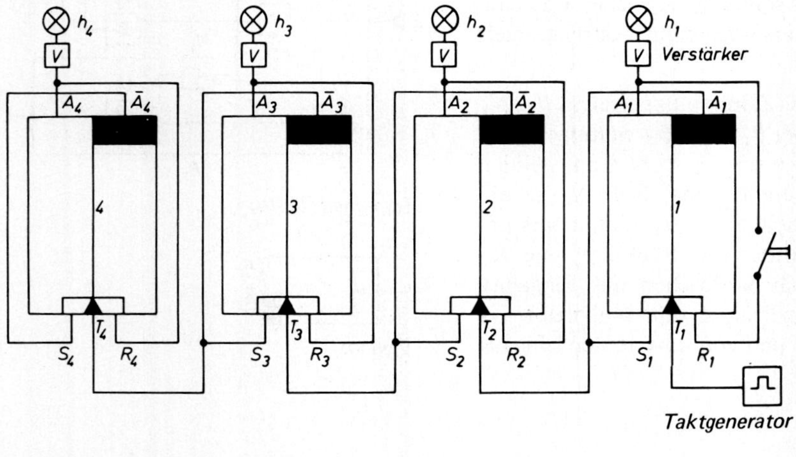

4-stufige Dualzähler (Additionszähler)

Arbeitsweise:

Der vom Taktgenerator ausgehende *1. Zählimpuls* setzt den Zählspeicher 1. An A_1 erscheint L-Signal. Dieses Signal wird so verstärkt, daß an h_1 ein Lichtsignal entsteht. $\bar{A}_1$ führt 0-Signal. Damit kann T_2 kein L-Signal erhalten. Die Lampe h_2 bleibt dunkel.

Der *2. Impuls* setzt den Zählspeicher 1 auf 0 zurück. Am Ausgang $\bar{A}_1$ erscheint L-Signal, am Ausgang A_1 0-Signal. Damit erlischt das Lichtsignal an h_1. Gleichzeitig erhält T_2 jetzt L-Signal. Damit wird Zählspeicher 2 gesetzt und h_2 leuchtet auf.

Der *3. Impuls* setzt Zählspeicher 1, während Zählspeicher 2 gesetzt bleibt. Es erscheinen gleichzeitig Lichtsignale an h_1 und h_2.

Der *4. Impuls* setzt die Zählspeicher 1 und 2 zurück, und gleichzeitig setzt er Zählspeicher 3. h_1 und h_2 verlöschen, während h_3 brennt. Mit dem *5. Impuls* wird Zählspeicher 1 wieder gesetzt usw.

Man kann die Vorgänge am Dualzähler in einer Wertetabelle sichtbar machen:

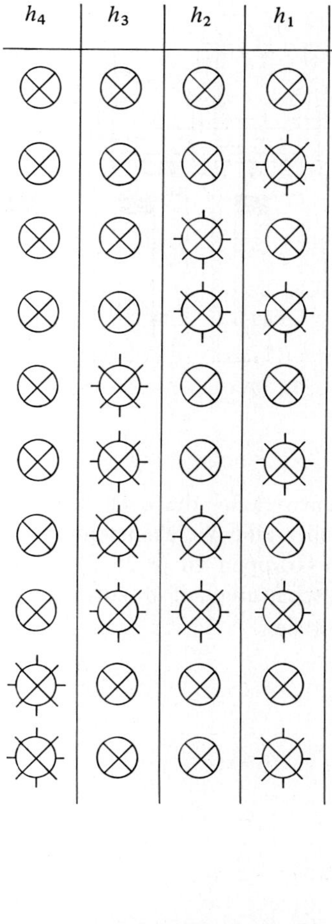

Impulse ⎍	Dualsystem	Dezimalsystem
0	0 0 0 0	0
1	0 0 0 *L*	1
2	0 0 *L* 0	2
3	0 0 *L* *L*	3
4	0 *L* 0 0	4
5	0 *L* 0 *L*	5
6	0 *L* *L* 0	6
7	0 *L* *L* *L*	7
8	*L* 0 0 0	8
9	*L* 0 0 *L*	9

Signalplan eines vierstufigen Additionszählers

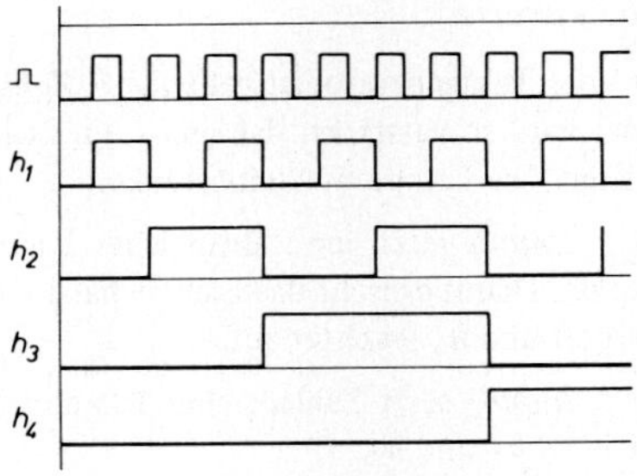

2.3.4.3 Umsetzung des Dualzählers in das Dezimalsystem

In elektronischen Rechnern und digitalen Zählschaltungsanlagen wird die Rechenoperation im dualen System mit Binärzählerelementen (Zählspeichern) durchgeführt. Es erweist sich dann allerdings als zweckmäßig, das Ergebnis einer Operation wieder in das gebräuchliche Zehnersystem zu übertragen.

Die Methode der Umsetzung vom Dual- in das Zehnersystem soll mit Hilfe eines Beispiels angedeutet werden.

Um die Übersichtlichkeit der Skizze zu gewährleisten, ist die Umsetzung aus dem dualen in das Zehnersystem nur an den Beispielen 2, 4 und 9 durchgeführt worden. Als Umsetzungselemente wurden UND-Elemente benutzt. Es besteht natürlich auch die Möglichkeit, mit Hilfe der Inversionsgesetze die UND-Elemente durch NOR-, NAND- und ODER-Glieder zu ersetzen.

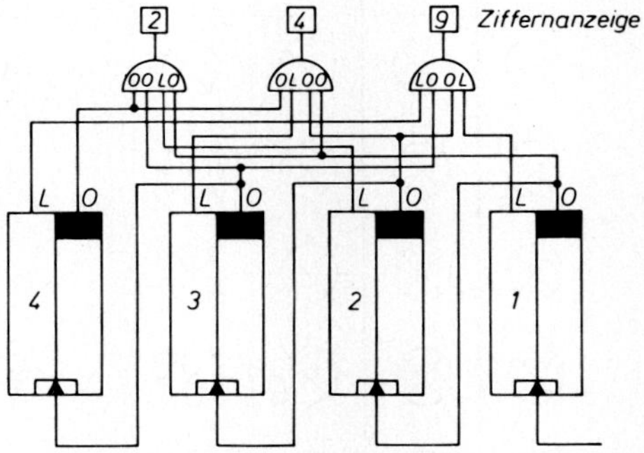

Lehrbeispiel 1:

Für eine Verpackungsmaschine ist eine Zählschaltung zu entwickeln, die nach einer vorwählbaren Impulszahl ein Ausgangssignal liefert, das z.B. über eine Weichenstellung nach einer bestimmten Zahl die zu verpackenden Werkstücke in Gruppen zu je 25 Teilen aufteilt. Gleichzeitig mit dem Ausgangssignal muß die Zählschaltung auf 0 zurückgesetzt werden, um erneut eine Gruppe von 25 Teilen zusammenzustellen.

Lösung:

Die Zählkapazität einer mehrstufigen Zählschaltung läßt sich rechnerisch nach folgender Formel errechnen:

$$Kap = 2^n - 1,$$

wobei n die Zahl der Zählstufe darstellt.

Danach ergibt sich die Zählkapazität einer 5-stufigen Zählschaltung:

$$Kap = 2^5 - 1$$
$$= 32 - 1$$
$$Kap = 31$$

Ermittlung der Dezimalzahl für die Dualzahl 25:

25 : 2 = 12	Rest	1
12 : 2 = 6	Rest	0
6 : 2 = 3	Rest	0
3 : 2 = 1	Rest	1
1 : 2 = 0	Rest	1

Der umrandete Teil ergibt von unten nach oben gelesen die Dualzahl 11001.

Die Zahl 11001 setzt sich zusammen aus:

$1 \cdot 2^4 = 16$		$= A\,5$
$+\ 1 \cdot 2^3 = 8$		$= A\,4$
$+\ 0 \cdot 2^2 = 0$		$= A\,3$
$+\ 0 \cdot 2^1 = 0$		$= A\,2$
$+\ 1 \cdot 2^0 = 1$		$= A\,1$
25		

Das Bild zeigt eine 5-stufige Zählschaltung, die mit Hilfe von 5 Wahlschaltern über ein UND-Element mit 5 Eingängen jede beliebige Zahl zwischen 0 und 31 ansteuern kann. Das Ausgangssignal bewirkt die Rückstellung nach Erreichen der Zahl 25 in die Startstellung. Außerdem bewirkt das Signal bei Erreichen der Zahl 25 ein Umschalten der Weiche auf der Transporteinrichtung.

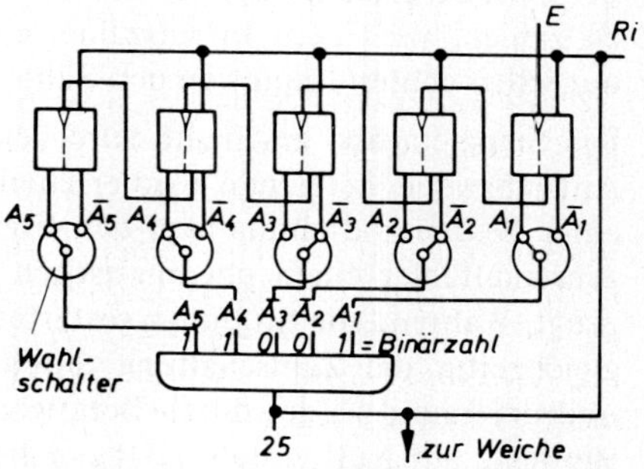

UND-*Verknüpfung einer addierenden Zählschaltung für ein Ausgangssignal bei 25 Eingangsimpulsen*

Werden Logikelemente verwendet, die nur UND-Glieder mit 2 Eingängen im Fertigungsprogramm haben, so müßte eine Schaltung verwendet werden, die dem nebenstehenden Bild entspricht. Dabei müßten allerdings 5 UND-Elemente eingesetzt werden.

Dieser Aufwand kann nach den Regeln von *de Morgan* verringert werden, wenn man an Stelle der UND-Elemente NOR-Glieder verwendet.

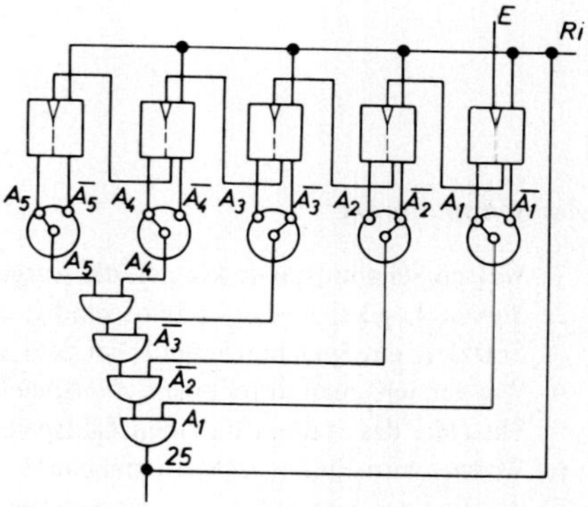

1 1 0 0 1 = 25

$$(A_5 \wedge A_4 \wedge \overline{A}_3 \wedge \overline{A}_2 \wedge A_1)$$

$$\overline{([\overline{A}_5 \vee \overline{A}_4 \vee A_3] \vee A_2 \vee \overline{A}_1)}$$

Bei der Verwendung von ODER/NOR-Elementen sind nur noch 2 ODER/NOR-Elemente mit je 3 Eingängen notwendig.

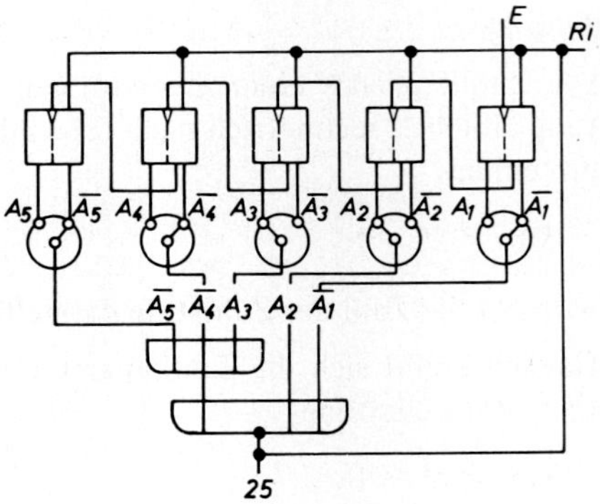

Lehrbeispiel 2:

Mit Hilfe eines pneumatisch-mechanischen Impulszählers und einer Stoppuhr soll die Drehzahl einer Welle kontrolliert werden, welche 12.000 U/min bzw. 200 U/s ausführt. Da der betreffende pneumatisch-mechanische Impulszähler nur in der Lage ist, max. 25 Impulse/s zu zählen, wird dem Impulszähler eine vierstufige Fluidik-Zählschaltung vorgeschaltet, die nur jeden achten Impuls an den Zähler weitergibt.

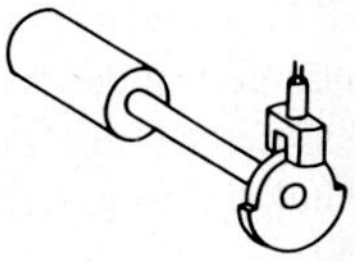

Die Signaleingabe geschieht durch eine auf der Antriebswelle befestigte Codierscheibe, die bei einer Wellenumdrehung über den Frei- oder Gegenstrahlfühler einen pneumatischen Impuls erzeugt. Während die Stoppuhr gestartet wird, wird gleichzeitig die Zählschaltung durch Signal Ri und der Impulszähler durch Betätigen der Rückstelltaste auf Null gestellt. Hat der Impulszähler nach Ablauf einer Minute bis 1500 gezählt, ergibt sich daraus die Drehzahl der kontrollierten Welle mit $1500 \cdot 8 = 12000$ U/min.

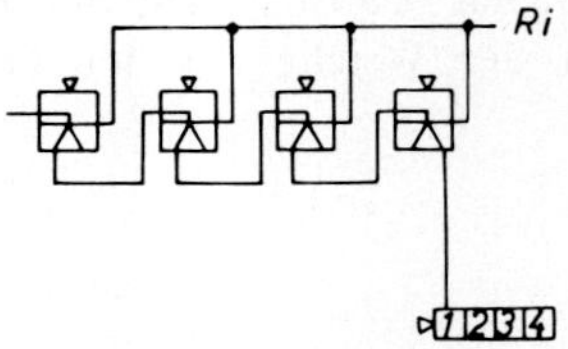

▶ ***Zur Selbstkontrolle***

1. Welche Schaltzustände können die Ausgänge eines statischen Speichers annehmen?
2. Welche Logikelemente sind notwendig, um daraus einen statischen Speicher aufzubauen?
3. Skizziere ein Speicherelement, bei dem das Setzsignal Vorrang hat.
4. Was versteht man unter einem *Zählspeicher*?
5. Skizziere das Symbol für einen Zählspeicher.
6. Woraus wird ein Dualzähler aufgebaut?
7. Zeichne den Signalplan eines vierstufigen Additionszählers.
8. Welche Logikelemente werden verwendet, um aus einem dualen Zählwerk die Umsetzung ins Dezimalsystem zu vollziehen?
9. Skizziere einen Zählspeicher, der ausschließlich aus NOR-Elementen aufgebaut ist.
10. Was versteht man unter einem *Impulsgatter*?

2.4 Technische Ausführung von digitalen Steuerelementen

Logische Schaltungen lassen sich nicht nur durch elektromechanische Bauelemente ausführen, so wie es beispielhaft in den vorigen Kapiteln dargestellt worden ist. Weitaus häufiger werden elektronische Elemente verwendet, man denke nur an den großen Bereich der Taschenrechner sowie den Bereich der Computertechnik. Aber auch pneumatisch gesteuerte Bauteile haben in den letzten Jahrzehnten ihren Anteil vergrößern können. Daneben haben sich in den letzten Jahren – beeinflußt durch die Satellitentechnik – die sogenannten Fluidik-Schaltglieder auf bestimmten Sektoren einen beträchtlichen Marktanteil erobern können.

Alle aufgeführten Systeme haben ihre Berechtigung auf den ihnen gemäßen Anwendungsgebieten nachweisen können. Jedes System hat Vor- und Nachteile, die festlegen, zu welchen bestimmten Zwecken sich welches System besonders gut oder weniger gut eignet. Es muß immer am konkreten Fall entschieden werden, welches System sich als besonders geeignet erweist. Das schließt nicht aus, daß die verschiedenen Systeme bei bestimmten Aufgabenstellungen in Konkurrenz zueinander treten können. Oft wird der kombinierte Einsatz mehrerer Systeme ein Weg sein, der zu sinnvollen und wirtschaftlichen Lösungen führt.

Die Entwicklung von logischen Steuerschaltungen wird oft so verlaufen, daß das Steuerungsproblem zunächst logisch erfaßt und verarbeitet wird, und man sich erst danach – abhängig von den Betriebsbedingungen – für das eine oder andere System oder eine Kombination aus mehreren Systemen entscheidet.

In einer graphischen Darstellung soll versucht werden, die wesentlichen Eigenschaften der verschiedenen Systeme gegenüberzustellen und Entscheidungshilfen für die eine oder andere Lösung anzubieten.

Die Fluidik-Elemente – man versteht darunter auch pneumatische und hydraulische Signalglieder – sollen an mehreren Beispielen ausführlicher besprochen werden, weil sie dem Denken des Maschinenbauers mehr entgegenkommen, als dies bei der Elektronik der Fall ist. Aus diesem Grund sind auch mehr Demonstrationsbeispiele für Steuerungsaufgaben auf der Basis von Fluidiksystemen dargestellt und besprochen.

Schaltsysteme:

1 Integrierte Schaltkreise, IC-Bausteine
2 Transistortechnik
3 Schaltröhrentechnik
4 Fluidiks
5 elektromechanische Relais bzw. Schützschaltung
6 Pneumatik (Kolbenpneumatik)
7 Hydraulik
8 Mechanik

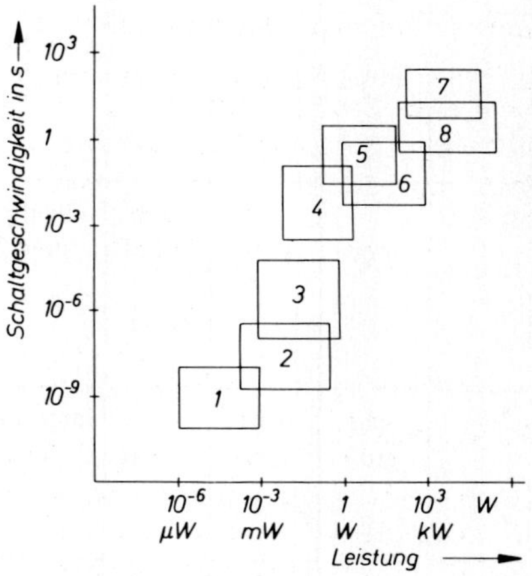

Das Diagramm stellt auf der vertikalen Achse den Bereich der möglichen Schaltgeschwindigkeit für die einzelnen Systeme dar.

Auf der horizontalen Achse wird die umsetzbare Leistung angegeben.

Die folgende Matrix soll auf einen Blick Vor- und Nachteile eines Systems deutlich machen und einen groben Vergleich zwischen mehreren Systemen möglich machen.

Gegenüberstellung der verschiedenen Schaltsysteme

Schalt-system	Schalt-zeit	Bauteil-größe	Energie-verbrauch	Temperatur-empfindlichkeit	Wartung	Preis	Verstärker erforderlich	Verschleiß	Komplexe Schaltung möglich	Schaltelement Lebensdauer
1	sehr klein +++	sehr klein +++	sehr klein ++	sehr empfind-lich ––	kaum Wartung nötig ++	sehr billig +++	ja –	kein ++	ja ++	sehr hoch ++
2	klein ++	klein ++	sehr klein bis klein ++	sehr empfind-lich ––	kaum Wartung nötig ++	sehr billig ++	ja –	kein ++	ja +	sehr hoch ++
3	klein +	mittel	mittel	empfind-lich –	Wartung erforder-lich	mittel	ja –	mittel	ja +	mittel +
4	klein bis mittel +	klein bis mittel +	groß da Luft sehr teuer ––	unemp-findlich +++	keine Wartung erfor-derlich +++	mittel	ja –	kein ++	bedingt ja +	sehr hoch +++
5	mittel	mittel	mittel	unemp-findlich +	Wartung erfor-derlich	mittel	nein ++	mittel	schwierig –	niedrig –
6	groß	groß ––	groß da Luft sehr teuer ––	unemp-findlich ++	Wartung erfor-derlich	teuer –	nein ++	mittel	schwierig –	mittel bis niedrig. +
7	sehr groß ––	sehr groß –––	mittel	empfind-lich	Wartung erfor-lich	sehr teuer ––	nein ++	groß ––	nein –	niedrig –
8	groß –	groß ––	groß ––	unemp-findlich	Wartung erfor-derlich	teuer –	nein ++	groß ––	nein –	niedrig –

+++ | ideal
++ | gut
+ | brauchbar

– , –– , ––– } schwierig

Die Matrix enthält keine quantitativen Aussagen. Diese müssen den Herstellerangaben oder Tabellen- und Nachschlagewerken entnommen werden.

2.4.1 Elektromechanische Bauteile

Digitalsteuerungen auf der Basis *elektromechanischer* Bauteile haben in den letzten Jahrzehnten an Bedeutung eingebüßt. Elektronische- und Fluidikelemente haben den Marktanteil der elektromechanischen Elemente stark eingeengt.

Trotzdem hat die elektromechanische Relaistechnik auf einigen Gebieten ihre Bedeutung bis heute erhalten können.

Die Gründe hierfür sind:

- Es können vielfältige physikalische Eingangsgrößen direkt verarbeitet werden.
- Die Ausführungen von Verknüpfungs- und Speicherschaltungen sind einfach und überschaubar.
- Eingangs- und Ausgangskreise können vollständig getrennt werden.

Nachteilig wirken sich aus:

- Mechanischer Verschleiß begrenzt Schalthäufigkeit und Lebensdauer.
- Umfangreiche digitale Steuerungen würden einen hohen Platz- und Energieaufwand erfordern.
- Der Preis für größere Steuerungsanlagen liegt dadurch bedingt beträchtlich über dem vergleichbarer elektronischer Steuerungen.

Da in Abschnitt 2.2 die einzelnen logischen Funktionen wegen ihrer Anschaulichkeit schon als elektromechanische Relaisschaltungen dargestellt wurden, soll hier ausführlicher nur auf die Schaltungen eingegangen werden, die dort noch nicht behandelt wurden.

2.4.1.1 Elektromechanische NICHT-Stufe

a_1	h
0	L
L	0

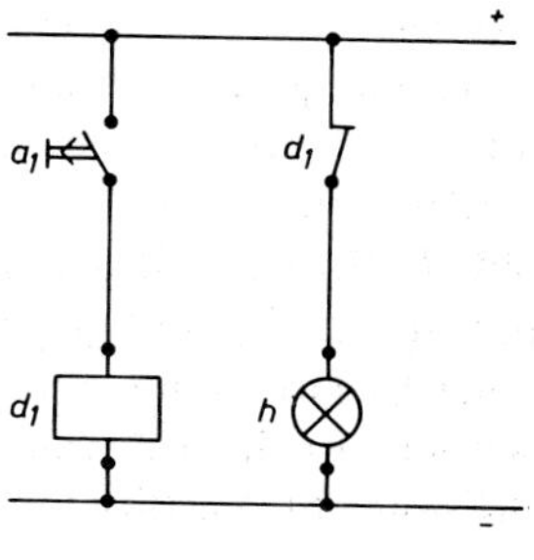

Schaltung

2.4.1.2 Elektromechanische ODER-NOR-Stufe

a_1	a_2	h_1	h_2
0	0	0	L
0	L	L	0
L	0	L	0
L	L	L	0

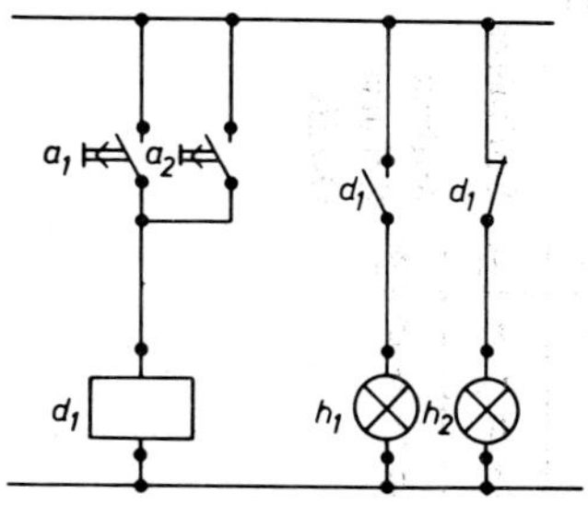

Schaltung

2.4.1.3 Elektromechanische UND-NAND-Stufe

a_1	a_2	h_1	h_2
0	0	0	L
0	L	0	L
L	0	0	L
L	L	L	0

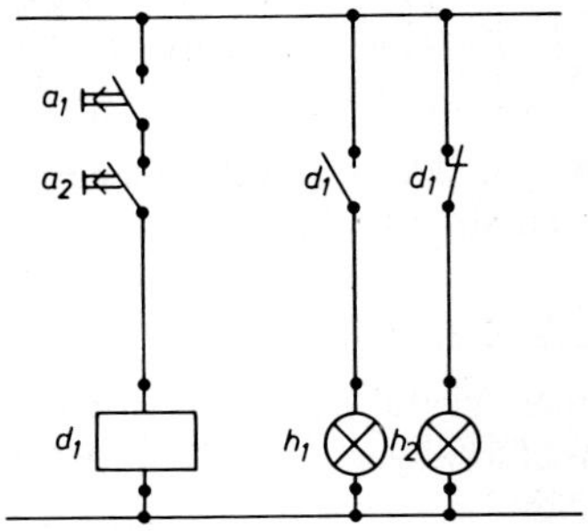

Schaltung

2.4.1.4 Elektromechanisches Exklusiv-ODER-Element (Antivalenz – Äquivalenz)

Die beiden hintereinanderliegenden Tastschalter sind mechanisch fest miteinander verbunden, so daß immer nur einer der beiden geschlossen bzw. geöffnet sein kann.

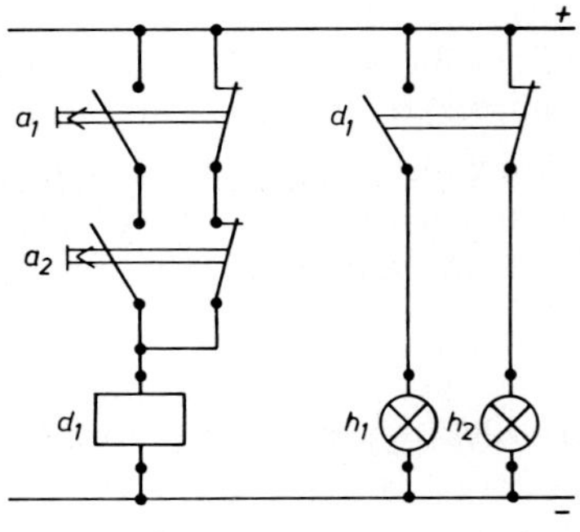

Schaltung

Wirkungsweise:

Wird a_1 gedrückt und a_2 nicht, so ist der Stromfluß zum Relais d_1 unterbrochen. Der Kontakt d_1 bleibt in Ruhestellung. h_2 leuchtet auf, h_1 bleibt dunkel. Wird a_2 gedrückt, während a_1 unbetätigt bleibt, so bleibt d_1 ebenfalls ohne Stromfluß. Werden beide Taster a_1 und a_2 betätigt, so erhält d_1 Strom, und der Kontakt d_1 versorgt h_1 mit Strom. h_2 wird abgetrennt und erlischt. Das gleiche gilt, wenn weder a_1 noch a_2 betätigt werden. Auch in diesem Fall kann über die Paralleltaster Strom fließen und d_1 betätigt werden.

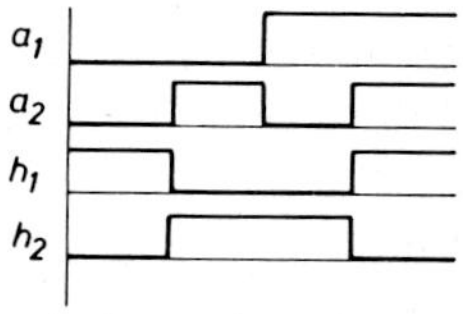

Signalplan

Wertetabelle

		Äquivalenz	Antivalenz Exklusiv-ODER
a_1	a_2	h_1	h_2
0	0	L	0
0	L	0	L
L	0	0	L
L	L	L	0

2.4.1.5 Elektromechanischer Speicher (Flip-Flop)

Speicherelement: *Löschen vorrangig*

a	b	h_1	h_2
0	0	0	L
0	L	0	L
L	0	L	0
L	L	0	L

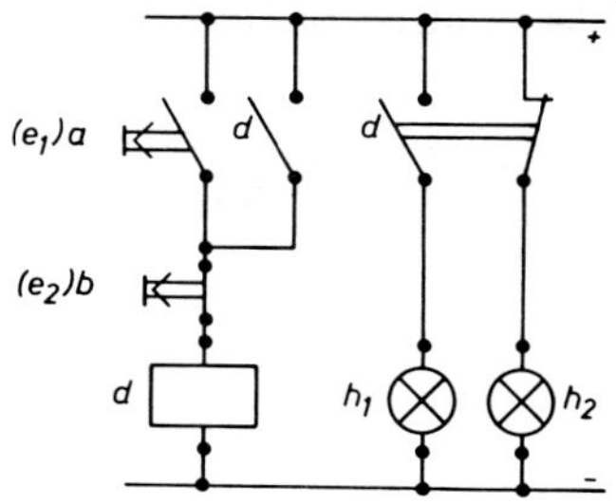

Schaltung

Speicherelement: *Setzen vorrangig*

a	b	h_1	h_2
0	0	0	L
0	L	0	L
L	0	L	0
L	L	L	0

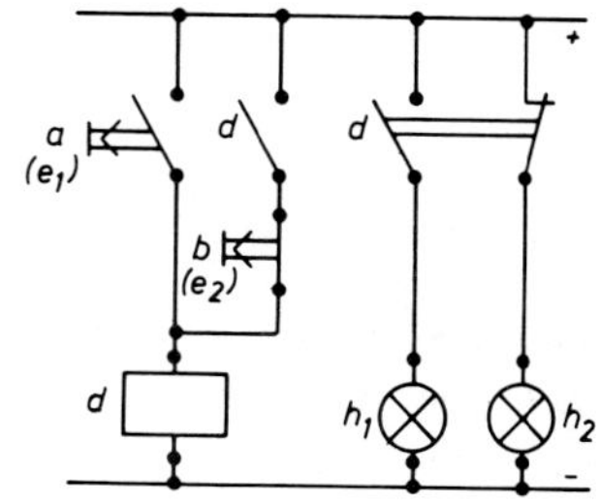

Schaltung

2.4.1.6 Elektromagnetische Zeitschalter (Zeitrelais)

Zeitrelais haben die Aufgabe, nach Ablauf einer vorher eingestellten Zeit einen oder mehrere eingebaute Schalter zu betätigen. Viele Zeitrelais besitzen eine automatische Rückstellung, die bei Stromunterbrechung (nach oder während des Arbeitsablaufs) in ihre Ausgangsstellung (0-Stellung) zurückgeht. Beim Motor-Zeitrelais dient als Zeitbasis ein Synchronmotor. Das mit dem Motor verbundene Getriebe – eventuell umschaltbar – bestimmt den Zeitbereich. Eine elektromagnetische Kupplung überträgt die Ausgangsdrehzahl des Getriebes auf die Schaltnocke. Es ergeben sich zwei mögliche Arbeitsweisen:

Anzug verzögert: Das Zeitrelais beginnt seinen Ablauf mit dem Schließen eines Steuerschalters.

Abfall verzögert: Das Zeitrelais beginnt seinen Ablauf mit dem Öffnen eines Steuerschalters.

Es gibt daneben Sonderformen von Zeitrelais, bei denen ohne weitere äußere Eingriffe Abläufe mehrfach wiederholt werden können.

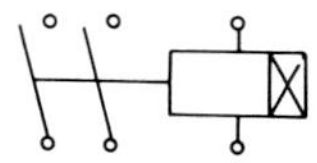

Symbol für Relais mit Anzugsverzögerung

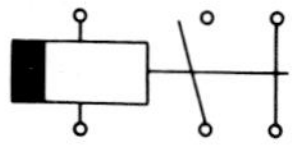

Symbol für Relais mit Abfallverzögerung

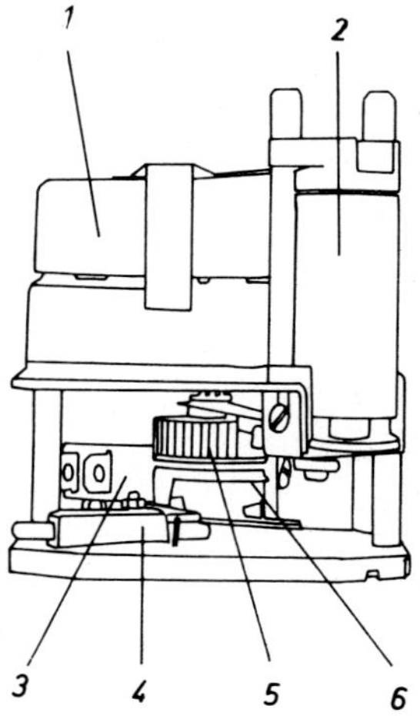

1 Getriebemotor
2 Kupplungsmagnet
3 Verzögerungsumschalter
4 Endschalter (Motor-Abschaltung)
5 Kupplung
6 Schaltnocke

Das dargestellte Zeitrelais kann auf Verzögerungszeiten von 4,5 s bis 90 min eingestellt werden.

2.4.1.7 Elektromagnetische Verzögerungsschaltung

Einschaltverzögerung mit anzugsverzögerndem Relais und Schließer als Einschalt- und Arbeitskontakt.

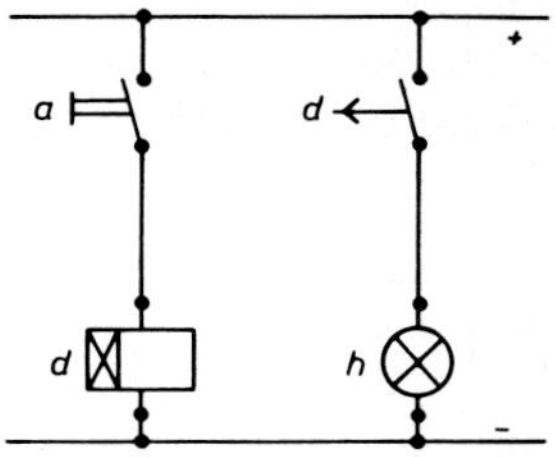

Schaltung

Eine Einschaltverzögerung läßt sich auch mit abfallverzögerndem Relais durchführen. Dann muß jedoch statt des Schließers ein Öffner als Arbeitskontakt verwendet werden.

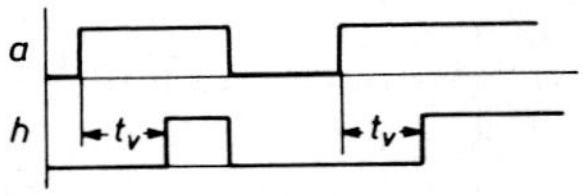

Signalplan

t_V Zeitverzögerung (Anlaufverzögerung)

Ausschaltverzögerung mit abfallverzögerndem Relais und Schließer als Ausschalt- und Arbeitskontakt.

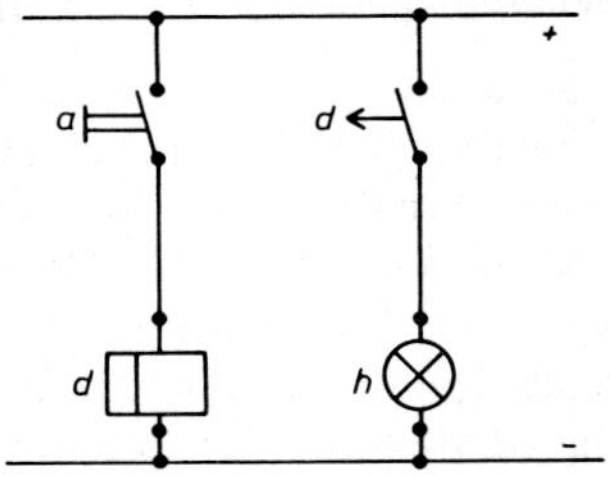

Schaltung

Ähnlich wie bei der Einschaltverzögerung läßt sich die Ausschaltverzögerung auch mit anzugsverzögerndem Relais durchführen. Statt des Schließers muß dann ein Öffner verwendet werden.

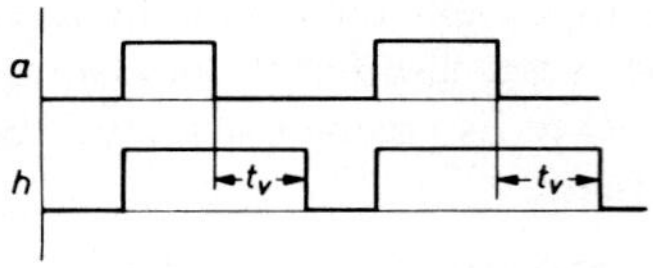

Signalplan

t_V *Ausschaltverzögerungszeit*

2.4.1.8 Elektromagnetischer Impulswandler (Monoflop)

Monoflop für Impulsverkürzung bzw. Impulsverlängerung. Die Schaltung besteht aus zwei Relais sowie einem anzugsverzögerndem Zeitschalter.

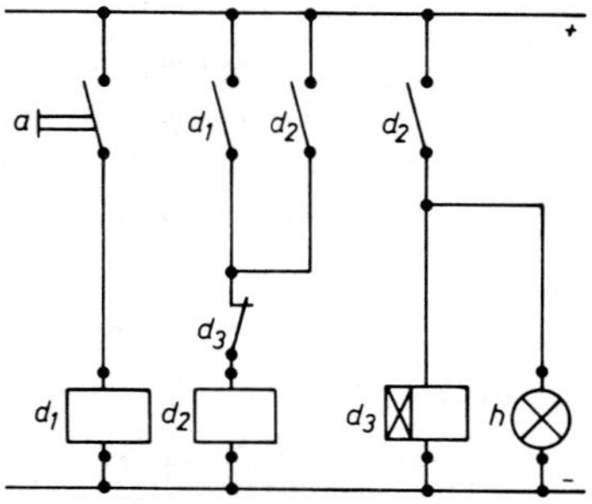

Schaltung

Wirkungsweise:

Über a wird ein Impuls beliebiger Länge eingegeben. Relais d_1 zieht an und betätigt den Kontakt d_1, der das Relais d_2 ansprechen läßt. Relais d_2 wird zusätzlich über eine Selbsthaltung unabhängig von d_1 erregt. Relais d_2 betätigt über einen zweiten Kontakt das Verzögerungsrelais d_3 und damit die Lampe h. Nach der eingestellten Verzögerungszeit t_i trennt d_3 über den Kontakt d_3 den Stromfluß nach d_2, so daß nach d_2 auch d_3 abgeschaltet wird. Auf diese Weise entstehen unabhängig von der zeitlichen Länge des Eingangssignals a immer gleich Signalimpulse gleicher Länge an der Lampe h.

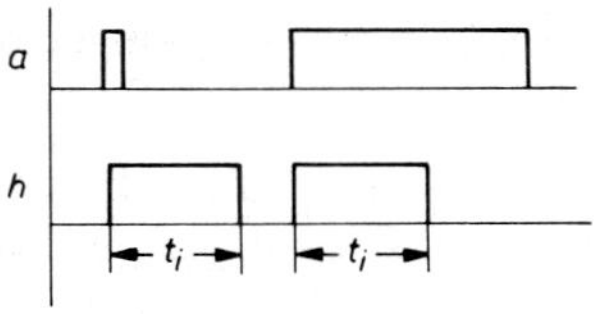

Signalplan

t_i Impulsdauer

2.4.1.9 Impulserzeuger (astabile Kippstufe)

Die elektromagnetische astabile Kippstufe besteht aus einem Relais, zwei anzugsverzögernden Zeitschaltern sowie zwei Signalgebern.

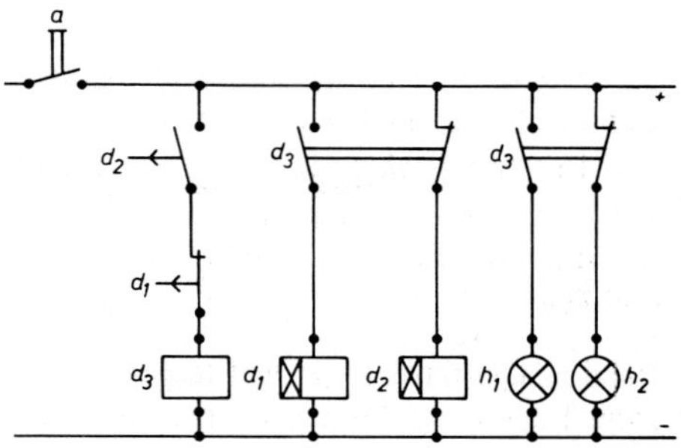

Schaltung:

Elektromechanischer Impulserzeuger

Wirkungsweise:

Der Impulserzeuger wird durch den Schalter a in Gang gesetzt. Die Lampe h_2 leuchtet auf ($h_2 = L$). Gleichzeitig wird d_2 betätigt und schaltet nach der Zeit t_{d_2} über den Kontakt d_2 das Relais d_3. Die beiden von d_3 gesteuerten Kontakte schalten d_2 ab und d_1 an sowie h_2 ab und h_1 an ($h_1 = L$). Nach der Zeit t_{d_1} wird d_3 wieder abgeschaltet – Kontakt d_1 öffnet. Damit wird d_2 wieder eingeschaltet, und die Lampe h_1 verlöscht, während h_2 erneut angeht usw.

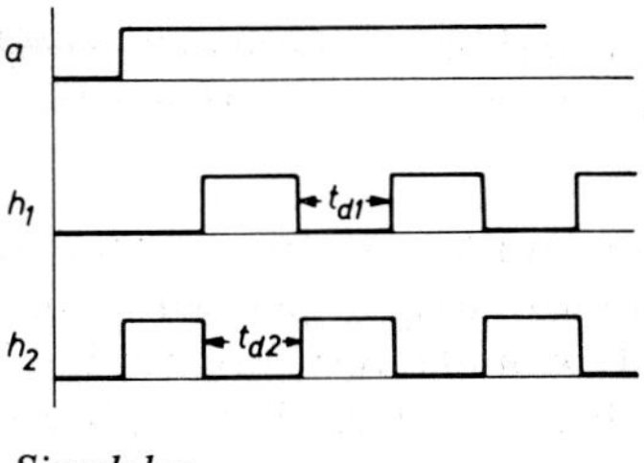

Signalplan

2.4.2 Elektronische Bauteile

2.4.2.1 Der Transistor als Schalter

Auf den Aufbau des Transistors soll an dieser Stelle nicht näher eingegangen werden, da die Halbleiterelektronik ein Teilgebiet der Elektrotechnik und nicht der Steuerungstechnik ist. Der Transistor ist ein in sich abgeschlossenes Subsystem, das innerhalb des Systems Steuerungstechnik seinen Platz hat.

Ein Transistor besitzt von außen gesehen drei Anschlüsse, von denen einer als Eingang (*Kollektor*), der andere als Ausgang (*Emitter*) und der Dritte als Steueranschluß (*Basis*) betrachtet werden kann. Der Steueranschluß beeinflußt den Stromdurchfluß vom Eingang zum Ausgang. Je nach Größe und Polarität des Steuerstromes bzw. der Steuerspannung läßt sich der Stromfluß zwischen Eingang und Ausgang drosseln bzw. vergrößern.

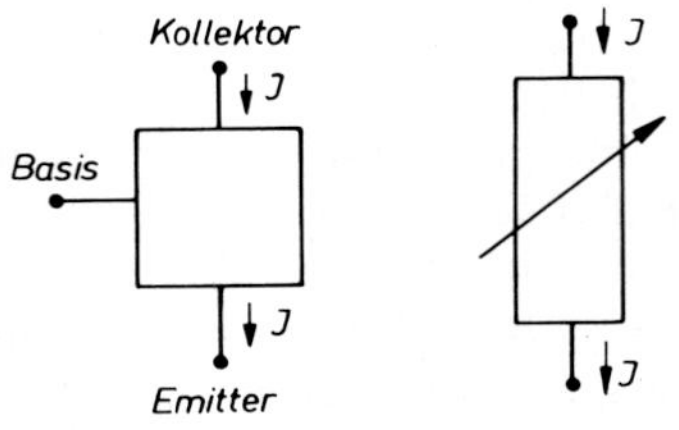

In seiner Wirkungsweise läßt sich der Transistor mit einem stufenlos regelbaren Widerstand vergleichen, wobei die Stellung des Abgriffs auf dem Widerstandsmaterial mit der Funktion des Steuerstromes bzw. der Steuerspannung vergleichbar ist. Beim Transistor lassen sich mit Hilfe von sehr *kleinen* Steuerströmen (10^{-6} bis 10^{-3} A) Durchgangsströme bis in den Amperebereich steuern.

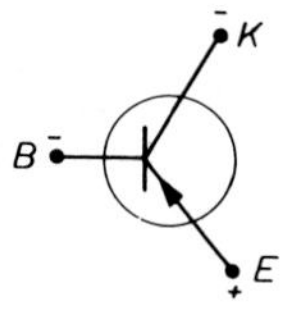

Symbol für PNP-Transistor

Diese Fähigkeit erklärt die Bedeutung des Transistors als *Verstärkerelement* in der *Analogtechnik*. In der *digitalen* Steuertechnik wird der Transistor als zeitlos arbeitender *Schalter* benutzt, der nur zwei Schaltzustände kennt: *gesperrt* und *geöffnet*.

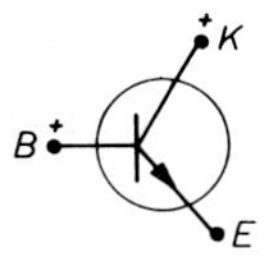

Symbol für NPN-Transistor

In der Digitaltechnik werden im wesentlichen zwei Typen von Transistoren benutzt:

PNP-Transistor

Transistoren aus dem Halbleitermaterial Germanium.

NPN-Transistor:

Transistoren aus dem Halbleitermaterial Silizium.

PNP-Transistor

Beim PNP-Transistor wird die Basis mit negativem Potential angesteuert.

NPN-Transistor

Beim NPN-Transistor wird die Basis mit positivem Potential angesteuert.

Bevor der Aufbau elektronischer Logikbauteile im einzelnen besprochen wird, soll der Transistor als *kontaktloser* Schalter mit minimalen Schaltzeiten in seiner Wirkung dargestellt werden.

Der Transistor kennt zwei Schaltstellungen:

1. Er *sperrt* – wirkt wie ein geöffneter Schalter.
2. Er ist *durchlässig* – wirkt wie ein geschlossener Schalter.

Diese beiden Zustände sollen zunächst besprochen werden. Zur Darstellung wird ein NPN-Transistor benutzt, dessen Basis mit positivem Potential angesteuert wird. Bei der Verwendung eines PNP-Transistors müßte die Polarität der Betriebsspannung geändert werden.

Schaltzustände des Transistors:

1. Transistor *gesperrt* $R_{Rr} \sim \infty\ \Omega$
2. Transistor voll *geöffnet* $R_{Tr} \sim 0\ \Omega$

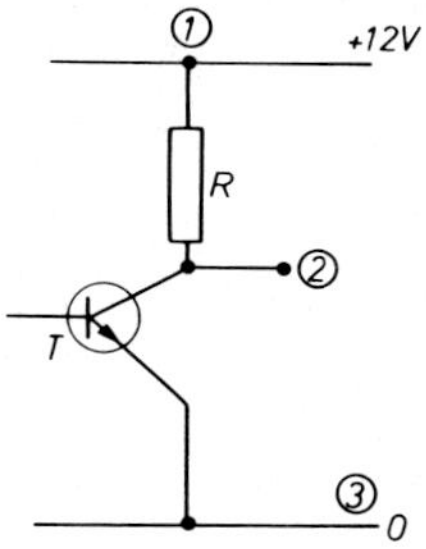

Die Basis des Transistors liegt an 0-Potential. Der Transistor ist gesperrt. Sein Widerstand ist unendlich groß. Durch den Widerstand R kann kein Strom fließen. An R kann deshalb auch kein Spannungsabfall auftreten, da das Produkt $U_{12} = IR$ zu 0 wird, wenn $I = 0$. Das hat zur Folge, daß am Punkt ② das gleiche Potential liegen muß, wie an ① . Zwischen ② und ③ fällt in diesem Fall die volle Spannung $U_{23} = 12$ V ab.

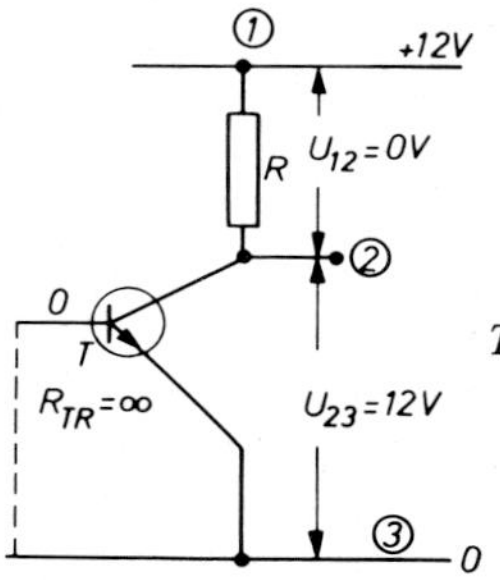

Transistor gesperrt

Die Basis des Transistors liegt an positivem Potential. Der Transistor ist durchlässig. Sein Widerstand ist gleich 0. In diesem Fall fließt ein Strom, der nur durch R begrenzt wird über R und T von ① nach ③ . Die gesamte Spannung von 12 V wird am Widerstand R abfallen, denn $U_{12} = I \cdot R$ ist ein endlicher Wert. Zwischen ② und ③ kann keine Spannung abfallen, da das Produkt $U_{23} = IR_{TR}$ zu 0 wird, denn $R_{TR} = 0$.

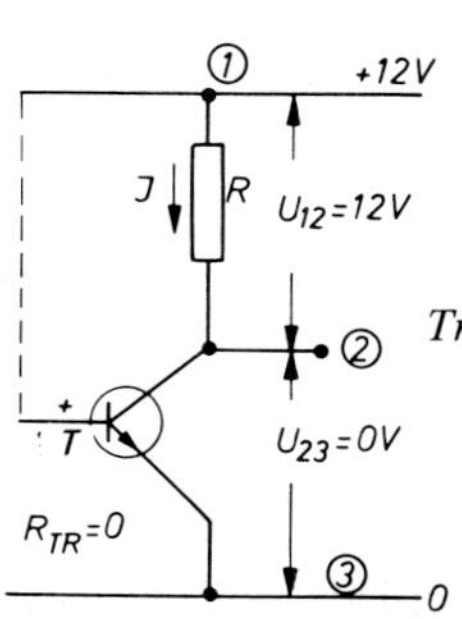

Transistor geöffnet

Wir können unterschiedliche Spannungszustände zwischen ①, ② und ③ ablesen. Im ersten Fall liegt die volle Spannung von 12 V zwischen ② und ③. Zwischen ① und ② beträgt die Spannung 0V.

Im zweiten Fall fällt die gesamte Spannung zwischen ① und ② ab. Damit muß die Spannung zwischen ② und ③ 0V betragen. Diese unterschiedlichen Spannungszustände zwischen den Bezugspunkten können als Signale benutzt werden. So bedeutet eine Spannung innerhalb gewisser festgelegter Grenzen L-Signal. Wird die Spannung unter eine vorgegebene Spannung abfallen und gegen Null gehen, so gilt das als 0-Signal.

Tatsächlich wird kein NPN- oder PNP-Transistor die Zustände 0 Ω oder ∞ Ω annehmen. Im gesperrten Zustand wird der Widerstand nicht unendlich groß werden, weil ein sehr kleiner Sperrstrom fließen kann, der für die Signalwirkung jedoch keine Bedeutung hat. Das gleiche gilt für den durchlässigen Zustand. Auch hier wird ein sehr kleiner Restwiderstand übrigbleiben, der das entsprechende Signal jedoch nicht verfälschen kann.

2.4.2.2 Elektronische NICHT-Stufe

Solange b_1 nicht betätigt wird, fließt ein Strom von ① über R_2, e und b_1 nach ③. Dieser Strom wird bestimmt durch die anliegende Betriebsspannung sowie den Widerstand R_2. Da der Widerstand des geschlossenen Schalters b_1 mit 0 angenommen werden kann, fällt über R_2 die gesamte Spannung ab, so daß am Punkt e 0-Potential anliegt. Die Basis des Transistors ist über R_3 mit dem Punkt e verbunden. Damit erhält der Punkt e ebenfalls 0-Potential. Der Transistor ist gesperrt.

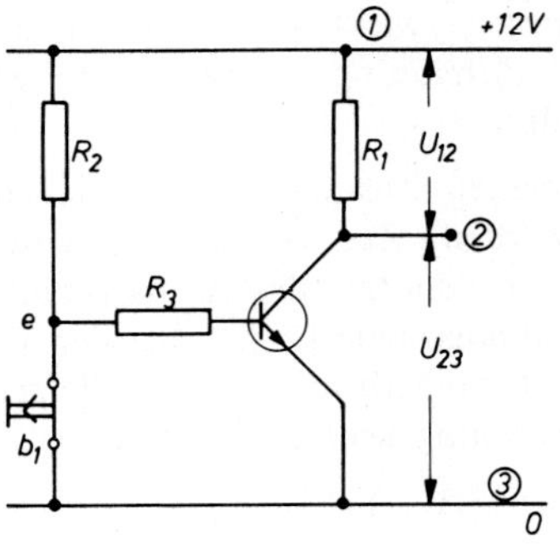

e	U_{23}
0	L
L	0

Zwischen ② und ③ liegt die volle Spannung. Liegen zwischen ② und ③ mehr als 10 V, so sprechen wir von L-Signal. Wird b_1 betätigt und damit geöffnet, so kann, da R_3 sehr groß gewählt wird, ein sehr kleiner Strom über R_2 und R_3 in die Basis des Transistors fließen. Der Spannungsabfall an R_2 ist sehr klein, so daß e positives Potential erhält. Positives Potential an der Basis des Transistors steuert diesen durch, so daß die Betriebsspannung an R_1 abfällt und die Spannung U_{23} gegen 0 geht.

2.4.2.3 Elektronische ODER-NOR-Stufe

Das elektronische ODER-NOR-Element besteht aus einer Umkehr-Stufe (NICHT), die auf der Eingangsseite durch einen zweiten parallelen Signalgeber b_2 erweitert ist und an deren Ausgang eine zweite Transistorstufe angeschlossen ist.

An die Basis von T_1 kann durch Betätigen von b_1 oder b_2, oder b_1 und b_2 positives Potential gelegt werden, so daß T_1 öffnet und zwischen ② und ③ 0-Potential entsteht ($U_{23} = 0V$).

Da dieses 0-Potential über R_6 mit der Basis von T_2 verbunden ist, sperrt der Transistor T_2, und zwischen ②a und ③ ($U_{2a3} \approx 12V$) liegt die volle Spannung. Die Transistoren T_1 und T_2 zeigen entgegengesetztes Verhalten. Ist T_1 gesperrt, so ist T_2 durchlässig bzw. umgekehrt.

Immer wenn zwischen ② und ③ L-Signal anliegt, besteht zwischen ②a und ③ 0-Signal. Werden beide Ausgänge ② und ②a benutzt, so erhält man ein kombiniertes ODER-NOR-Element. Die beiden Dioden D_1 und D_2 sollen einen Kurzschluß zwischen den Strängen 1 und 2 verhindern.

e_1	e_2	②	②a
0	0	*L*	0
0	*L*	0	*L*
L	0	0	*L*
L	*L*	0	*L*

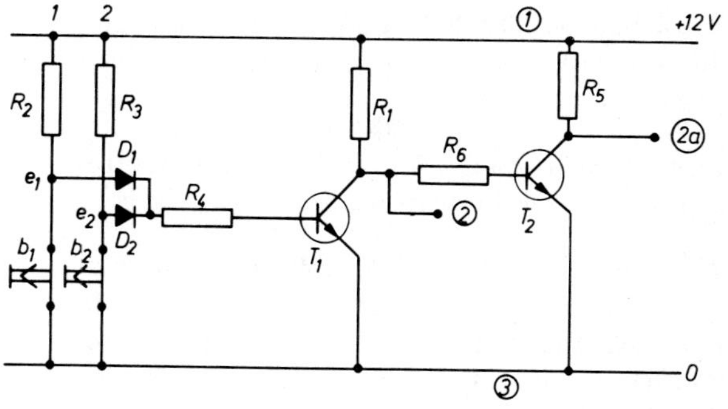

2.4.2.4 Elektronische UND-NAND-Stufe

Die elektronische UND-NAND-Stufe kann man mit drei Transistoren realisieren. Um am Ausgang ② 0-Signal zu erhalten, müssen beide in Reihe geschaltete Transistoren T_1 und T_2 durchsteuern. Das ist nur möglich, wenn b_1 und b_2 betätigt werden und damit an e_1 und e_2 positives Potential vorhanden ist, das über R_4 und R_5 an die Basen von T_1 und T_2 gelangt. An ②a liegt jeweils das Umkehrsignal von ②.

e_1	e_2	②	②a
0	0	*L*	0
0	*L*	*L*	0
L	0	*L*	0
L	*L*	0	*L*

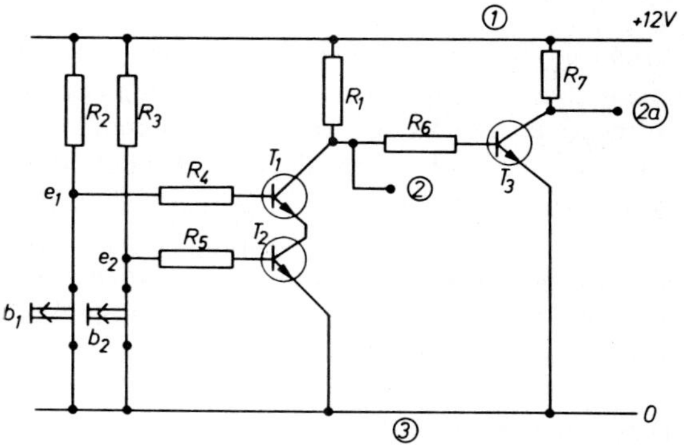

2.4.2.5 Elektronischer Speicher (Flip-Flop)

Die elektronische Speicherschaltung, auch *bistabile Kippstufe* genannt, verfügt über zwei Eingänge e_1 und e_2 sowie über zwei Ausgänge ② und ②a. Beide Ausgänge ② und ②a sind rückgekoppelt auf die Basen der beiden Transistoren. Damit sind die Ausgänge gleichzeitig auf die beiden Eingänge zurückgeführt.

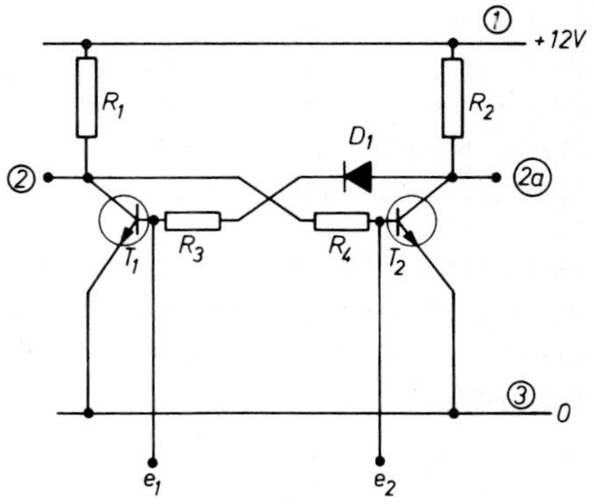

②a ist über R_3 mit der Basis von T_1 und dem Eingang e_1 verbunden, ② über R_4 mit der Basis von T_2 und dem Eingang e_2. Die Widerstände R_3 und R_4 sollen den in die Basen fließenden Steuerstrom begrenzen. Die Diode D_1 soll mit Hilfe ihrer Schwellspannung sicherstellen, daß bei Inbetriebnahme der Schaltung T_1 immer zuerst durchsteuert und T_2 über die Rückkopplung gesperrt wird.

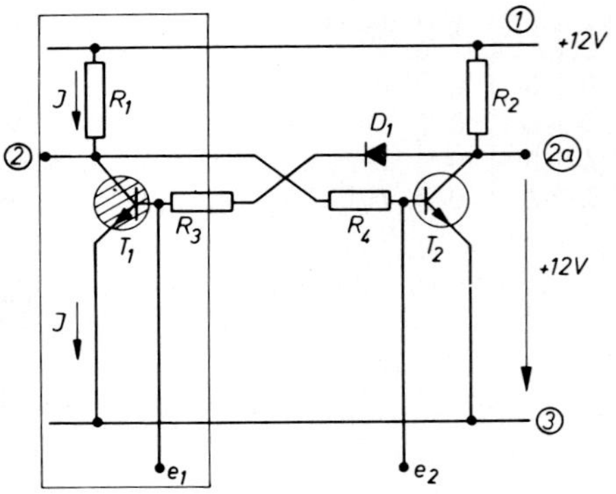

Im folgenden soll die Wirkungsweise des elektronischen Speichers erklärt werden.

T_1 ist durchgesteuert. An R_1 tritt der Spannungsabfall $U_v = IR_1$ auf. An ② liegt gegenüber ③ 0-Potential. Die Basis von T_2 ist über R_4 mit dem 0-Potential verbunden, so daß T_2 so lange gesperrt bleibt, wie die volle Spannung U_v über R_1 abfällt. Zwischen (2a) und ③ fällt die volle Spannung von + 12 V ab, da der Widerstand von T_2 sehr groß ist und über R_2, T_2 kein Strom fließen kann. Die Basis von T_1 ist über R_3, D_1 mit (2a) verbunden und liegt damit an positivem Potential. T_1 bleibt so lange geöffnet, solange an (2a) das positive Potential bestehen bleibt. Die Speicherstufe verbleibt in dieser stabilen Lage.

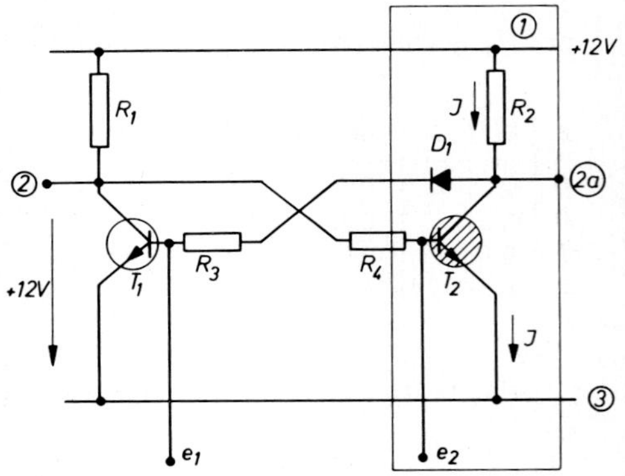

Erhält die Basis von T_2 über e_2 (Löscheingang R) einen positiven Impuls, so wird T_2 schlagartig durchgesteuert. An R_2 tritt der Spannungsabfall $U_v = IR_2$ auf. Damit liegt an (2a) 0-Potential gegenüber ③. Die Basis von T_1 ist damit über R_3 und D_1 mit 0-Potential verbunden. T_1 wird schlagartig hochohmig, so daß der Stromfluß aufhört und an ② wieder positives Potential gegenüber ③ ansteht.

Dieses positive Potential ist über R_4 mit der Basis von T_2 verbunden, so daß T_2 geöffnet bleibt, solange über e_1 kein weiterer positiver Impuls die Sperrung von T_1 aufhebt. Die Spannung von ca. 12 V liegt nun zwischen ② und ③ und kann dort als L-Signal abgenommen werden. Ein positiver Impuls über e_1 (Setzeingang) würde die Spannungszustände wieder ändern und damit den Speicher erneut setzen.

Ohne neue Setz- bzw. Löschimpulse bleibt der einmal erreichte Zustand erhalten. Man nennt diesen elektronischen Speicher auch *bistabile Kippstufe*.

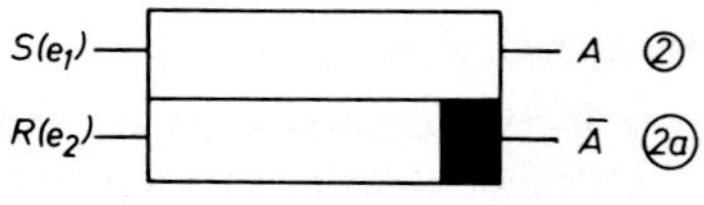

Symbol

2.4.2.6 Elektronischer Zählspeicher (Untersetzer)

Die Abbildung zeigt die Schaltung eines Binärspeichers mit 2 statischen und einem dynamischen Eingang. e_1 und e_2 sind die statischen Eingänge R bzw. S, siehe Kapitel 2.3.4. e_{22} bildet den dynamischen Eingang, der bei der Verwendung als Zählspeicher benutzt wird. Die Ausgänge ② und (2a) sind über Rückkopplungsleitungen extern über die Kondensatoren C_1 und C_2 mit dem dynamischen Eingang e_{22} verbunden (siehe Abschnitt 2.3.4.).

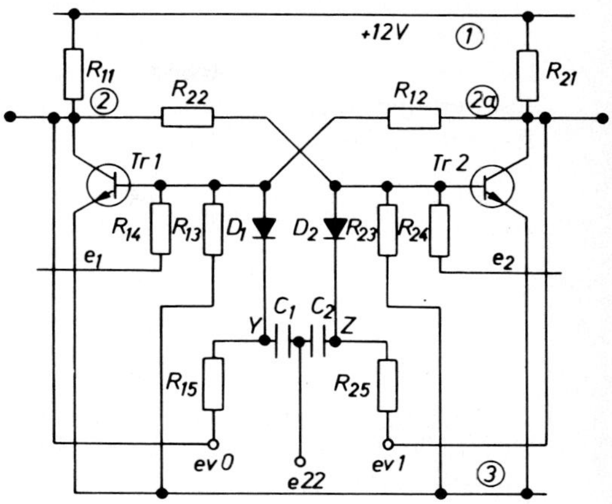

Wirkungsweise:

Am Eingang e_{22} steht L-Signal an. Damit ist C_2 aufgeladen; C_1 ist nicht aufgeladen, da Z und der Eingang beide das gleiche Potential führen. Verschwindet das L-Signal am Eingang e_{22}, so wird der Punkt Y negativ und T_1 über D_1 gesperrt. Die Potentiale an den Ausgängen springen um. Erhält e_{22} wiederum einen positiven Impuls, so wird dieser über D_1 und D_2 abgeblockt. Es erfolgt keine Umschaltung an den Ausgängen. Es wird durch das positive Signal an e_{22} allerdings C_2 aufgeladen, da an (2a) 0-Potential ansteht.

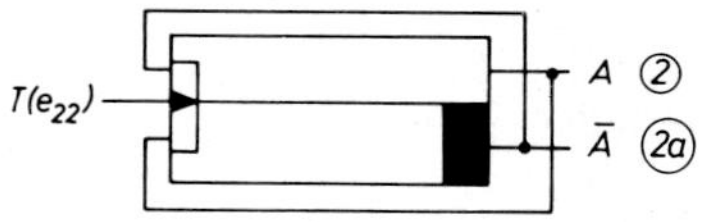

Symbol

Beim erneuten Umschalten des Eingangssignals e_{22} von L auf 0 wird die Basis von T_2 negativ. Die Schaltung kippt um. An ② steht 0- und an (2a) L-Signal an usw.

Die Zählstufe untersetzt eine am Eingang auftretende Impulsfolge im Verhältnis 2 : 1. Der Signalplan zeigt dieses Verhalten.

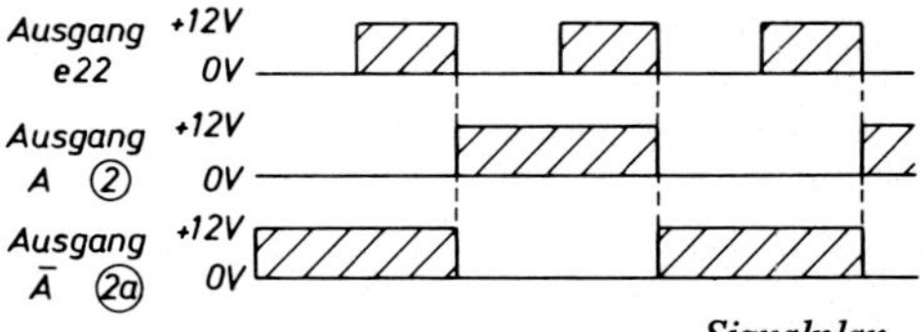

Signalplan

2.4.2.7 Elektronisches Zeitrelais (monostabile Kippstufe)

In der Steuerungstechnik werden häufig Schaltelemente benötigt, die einen zeitlich begrenzten Steuerungsvorgang nach einer festgelegten Zeit beginnen, beenden oder umschalten. So soll z. B. ein Aufzug, der eine angesteuerte Position erreicht hat, nicht sofort wieder abgerufen werden können, sondern es soll eine gewisse Zeit zur Verfügung stehen, bis z. B. die Mitfahrer ausgestiegen sind und die Tür wieder geschlossen ist usw. Dieser Vorgang läßt sich u. a. auch über Zeitrelais mit eingebauter Zeituhr oder aber mit elektronischen Bauteilen realisieren.

Die monostabile Kippstufe ist im Aufbau dem elektronischen Flip-Flop sehr ähnlich. Vor der Basis von T_1 liegt jedoch ein Koppelkondensator C_K, der über R_B mit dem positivem Potential fest verbunden ist. Die Basis von T_2 ist über R_2 fest mit dem 0-Potential verbunden.

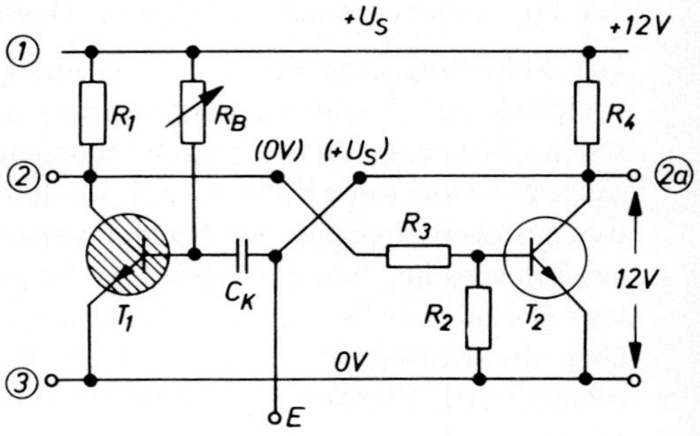

In Ruhelage wird deshalb T_1 ständig durchsteuern. Da an R_1 die gesamte Spannung abfällt, entsteht bei ② ebenfalls 0-Potential. Dieses Potential ist über R_3 mit der Basis von T_2 verbunden und sperrt T_2. Zwischen ②a und ③ wird im Ruhezustand die volle Spannung von 12 V liegen, während die Spannung zwischen ② und ③ 0 beträgt.

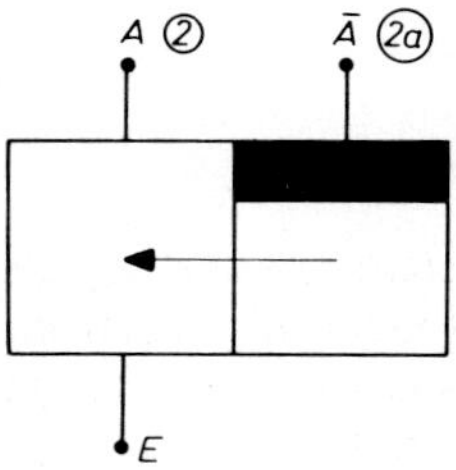

Symbol für elektronische Zeitstufe (Monoflop)

Wird über den Eingang E ein kurzzeitiger negativer Impuls wirksam, so werden beide Kondensatorplatten stark negativ. Damit erhält die Basis von T_1 ebenfalls negatives Potential und sperrt T_1. Über R_1 fließt kein Strom mehr, so daß der Spannungsabfall $U_v = IR_1$ zu 0 wird. An ② entsteht positives Potential, das über R_3 mit der Basis von T_2 verbunden ist. T_2 steuert durch. Die Zeitstufe kippt um, und die volle Spannung liegt nun zwischen ② und ③, während zwischen ②a und ③ die Spannung gegen 0 V geht.

Dieser Zustand ist jedoch nicht von Dauer, da der Kondensator über R_B mit positivem Potential verbunden ist und sich auflädt. Solange dieser Ladevorgang anhält, wird an R_B Spannung abfallen und die Basis von T_1 negativ bleiben. Erst wenn der Kondensator aufgeladen ist, hört der Stromfluß über R_B auf, und der Spannungsabfall an R_B verschwindet, so daß die Basis von T_1 wieder positiv wird. Damit steuert T_1 durch und sperrt T_2. Der Ausgangszustand ist wieder erreicht. Die Ladezeit des Kondensators und damit die Schaltzeit des Zeitrelais kann über die Kapazität von C_K und den Widerstand R_B stufenlos eingestellt werden.

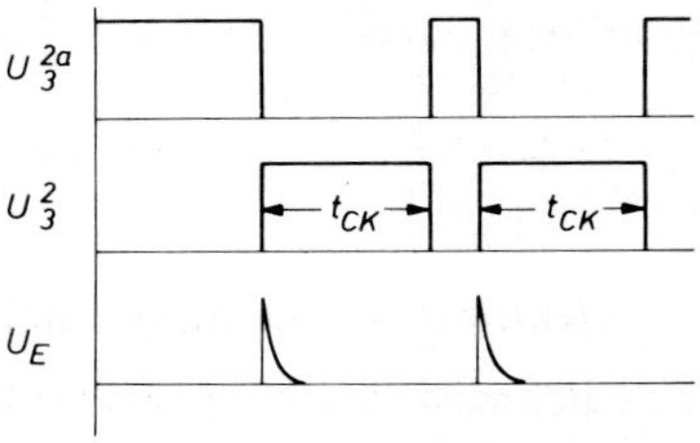

Signalplan für elektronisches Zeitrelais

t_{CK} Ladezeit des Koppelkondensators

2.4.2.8 Elektronischer Taktgeber (astabile Kippstufe)

Setzt man nicht nur vor die Basis von T_1 einen Koppelkondensator, sondern auch vor die Basis von T_2, so wird aus der monostabilen eine *astabile Kippstufe*, die ihre Schaltzustände dauernd verändert. Man spricht dann von einem *elektronischen Taktgeber*, der z.B. Zählschaltungen als Impulsgeber dienen kann.

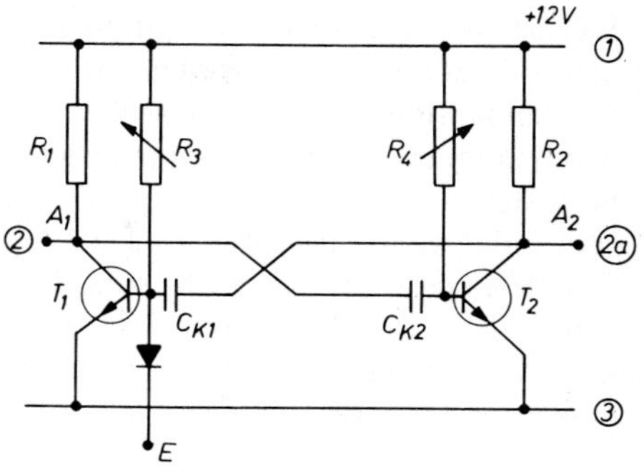

astabile Kippstufe

Die Kondensatoren werden wechselweise über ihre Vorwiderstände und den jeweils geöffneten Transistor geladen und umgeladen. Genau wie bei der Zeitstufe sind die zugehörigen Transistoren während der Ladezeit des Kondensators gesperrt und öffnen wechselweise nach erfolgter Ladezeit.

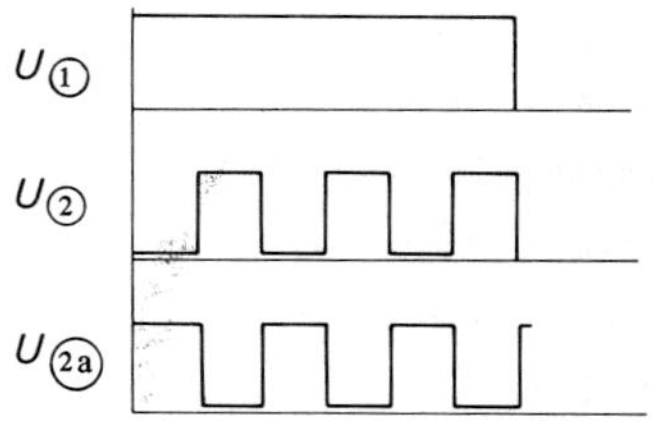

Signalplan für astabile Kippstufe

Wenn die Vorwiderstände R_3 und R_4 sowie die Kapazitäten von C_{K1} und C_{K2} gleich groß sind, so entstehen an den Ausgängen A_1 und A_2 Spannungen, die zeitlich um 180° versetzt sind, Rechteckform besitzen sowie eine gleichmäßige Impulsdauer haben. Die Frequenz kann über die Vorwiderstände R_3 und R_4 verändert werden. E ist ein Sperreingang, mit dessen Hilfe der Taktgeber abgeschaltet werden kann, indem man einen negativen Dauerimpuls auf die Basis von T_1 gibt.

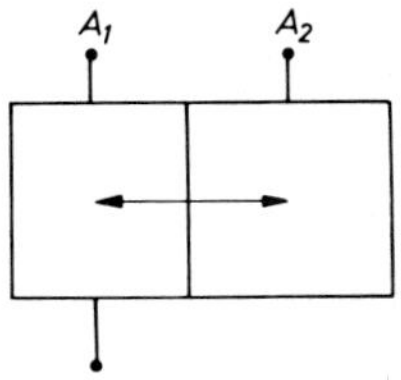

Symbol für elektronische astabile Kippstufe

Dadurch wird T_1 dauernd gesperrt, während T_2 geöffnet bleibt. Die pulsierende Rechteckspannung wird unterbrochen.

Der Logikplan zeigt einen elektronischen Taktgeber, der aus NAND-Elementen aufgebaut ist. An Stelle der Koppelkondensatoren könnten im Logikplan auch die Symbole von Zeitstufen eingezeichnet werden.

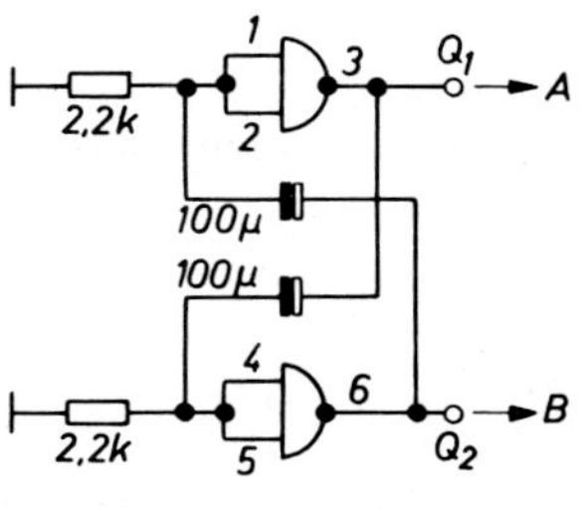

Logikplan eines elektronischen Taktgebers

2.4.2.9 Integrierte Schaltungen (IC)

Da für die elektronische Digitalschaltungen oft sehr viele gleichartige logische Grundelemente benötigt werden, hat man die Fertigung rationalisiert, indem man die Bauelemente in standardisierter Form ausgeführt hat. Dabei werden die Digitalbausteine auf Schaltplatinen oder in noch zusammengefaßterer Form in vergossenen Blöcken in Großserien hergestellt. Man spricht bei dieser Fertigungsmethode von integrierten Schaltungen und verwendet dabei die Abkürzung IC *(Integrated Circuit)*. Die Plättchen, auf denen logische Schaltelemente untergebracht sind, haben einen Platzbedarf von nur wenigen mm². Daraus ergibt sich, daß der Platzbedarf für recht umfangreiche Schaltungen sehr klein ist. Man spricht in diesem Fall von *Miniaturisierung*. Das ist z.B. bei der Herstellung von elektronischen Taschenrechnern ein wesentlicher Vorteil. Ein weiterer Vorteil ergibt sich daraus, daß durch die vollautomatische Fertigung die Betriebssicherheit erhöht wird und bei entsprechend großen Stückzahlen die Kosten wesentlich gesenkt werden können.

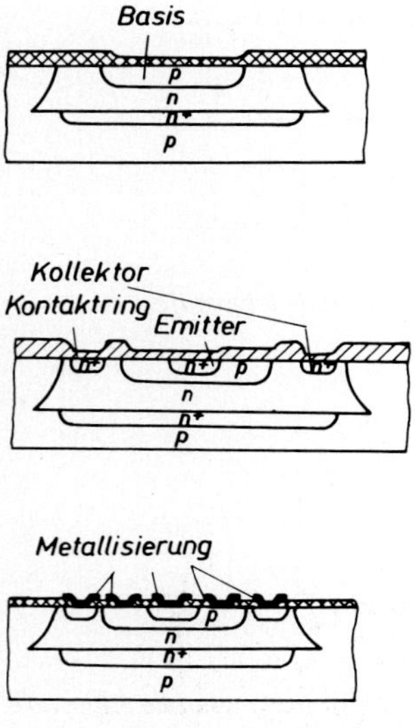

Schnitt durch integrierte Schaltelemente

Die Zeichnungen sind stark vergrößert dargestellt.

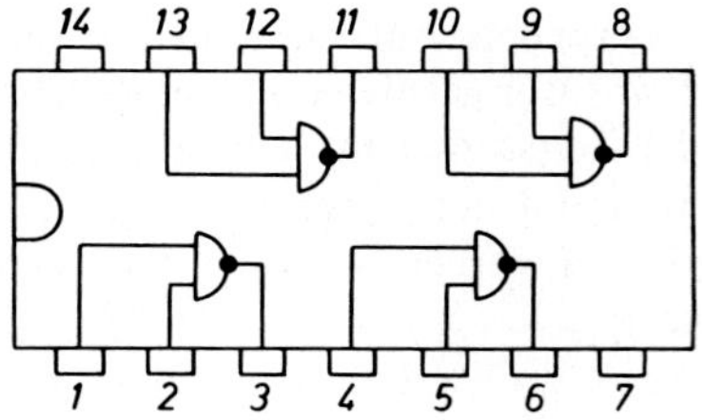

Baustein einer integrierten Schaltung Typ SN 7400

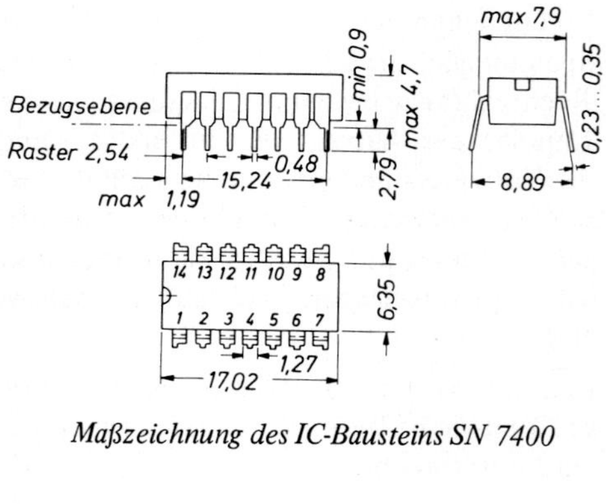

Maßzeichnung des IC-Bausteins SN 7400

2.4.3 Statische Fluidik-Elemente

Statische Fluidik-Systeme, wie das der Firma *Crouzet,* das hier beispielhaft dargestellt werden soll, arbeiten mit Drücken zwischen 1 und 10 bar. Dieser im Vergleich zu den dynamischen Elementen hohe Druckbedarf wird gebraucht, um Membranen, Kolben und Klappen bewegen zu können. Die Elemente sind weitgehend miniaturisiert und in ihren Abmessungen einheitlich (DIN 40700), so daß sie auf Grundplatten schnell und sicher montiert werden können.

2.4.3.1 Statisches UND-Element

Ist am Eingang *a* Druckluft vorhanden und am Eingang *b* nicht, so setzt sich die Klappe 4 auf den Sitz 6 und verschließt den Ausgang *A*. Ist nur am Eingang *b* Druckluft vorhanden, so verschließt die Klappe 4 ebenfalls den Ausgang *A*. Sind dagegen beide Eingangssignale *a* und *b* gleichzeitig vorhanden, dann schließt die Klappe an der Seite mit dem größeren Druck, und das schwächere Signal kann zum Ausgang gelangen. Der Ausgang *A* führt nur dann Drucksignal, wenn beide Eingangssignale anstehen.

Der Stift 7 dient als Druckanzeiger. Sobald am Ausgang *A* Druckluft vorhanden ist, tritt der Stift heraus und muß von Hand zurückgestellt werden. Der Druckanzeiger erleichtert die Kontrolle der Schaltung bei auftretenden Störungen.

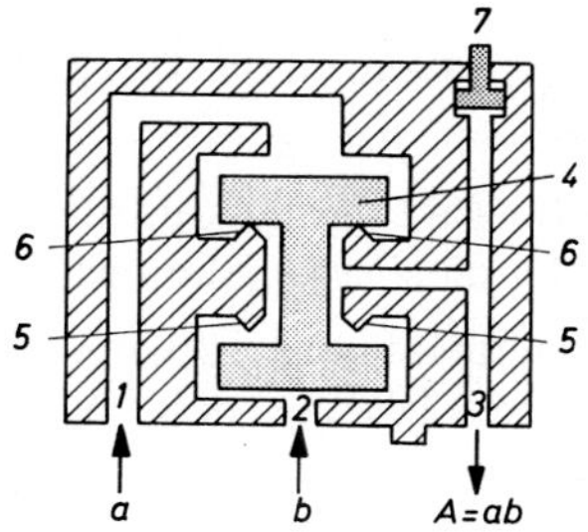

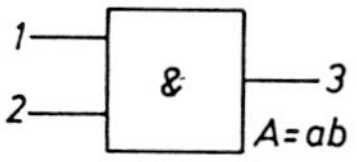

Logiksymbol

2.4.3.2 Statisches ODER-Element

Wenn am Eingang *a* Druckluft vorhanden ist, setzt sich die Klappe 4 auf den Sitz 5 und läßt die Luft zum Ausgang *A* passieren. Liegt am Eingang *b* Drucksignal an, so setzt sich die Klappe 4 auf den Sitz 6, und Ausgang *A* führt ebenfalls Signal. Der Ausgang führt immer dann *L*-Signal, wenn am Eingang *a* oder *b* oder an beiden Eingängen Druckluft vorhanden ist.

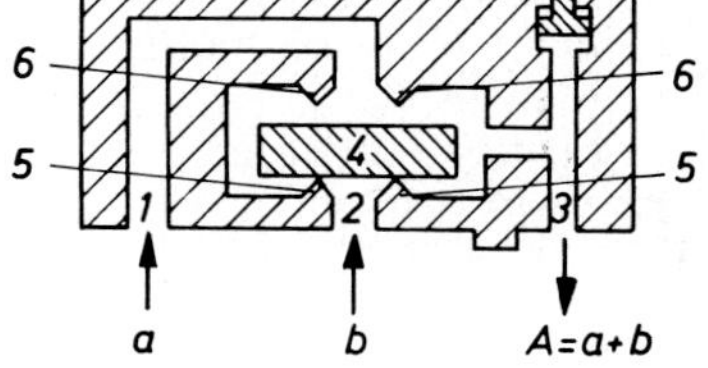

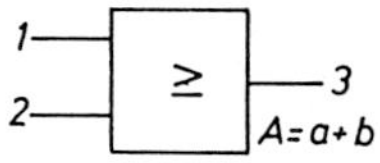

Logiksymbol

2.4.3.3 Statisches NICHT-Element

Bei fehlendem Eingangssignal *a* kann die bei *P* anstehende Druckluft zum Ausgang *A* gelangen. Sobald bei *a* ein Signal erscheint, betätigt die Membrane 9 die Klappe 4, so daß der Ausgang *A* von der Druckluft *P* getrennt wird. Gleichzeitig wird der Ausgang *A* mit der Entlüftungsbohrung verbunden. Das Ausgangssignal ist immer die Inversion (Umkehr) des Eingangssignals, d.h. $A = \bar{a}$.

Die Stifte 7 und 8 zeigen die Zustände der Ein- und Ausgänge an.

Stift 8 dient für die Eingangskontrolle,
Stift 7 dient für die Ausgangskontrolle.

Mit dieser Handbetätigung 10 kann das Element unabhängig vom Zustand des Eingangs umgesteuert werden.

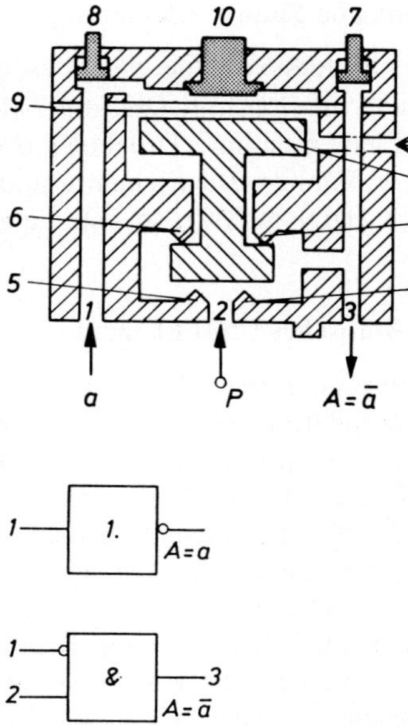

Einsatz als NICHT-*Element*

2.4.3.4 Statisches Speicherelement (Flip-Flop)

Der *Speicher* ist ein pneumatisches Logikelement, bestehend aus einem Kolben mit eingebautem Schieber, der sich im Raum 5 bewegt.

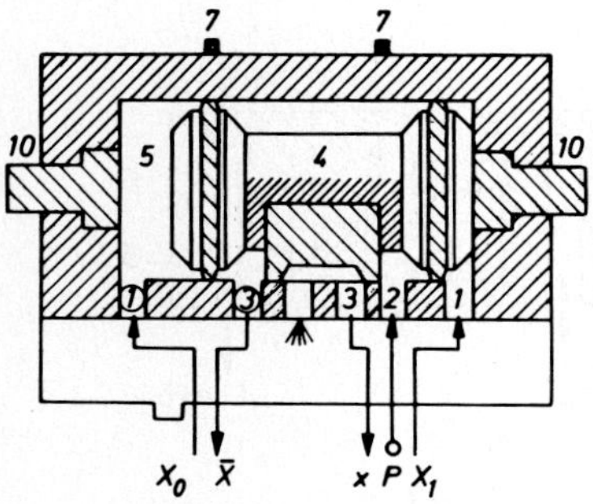

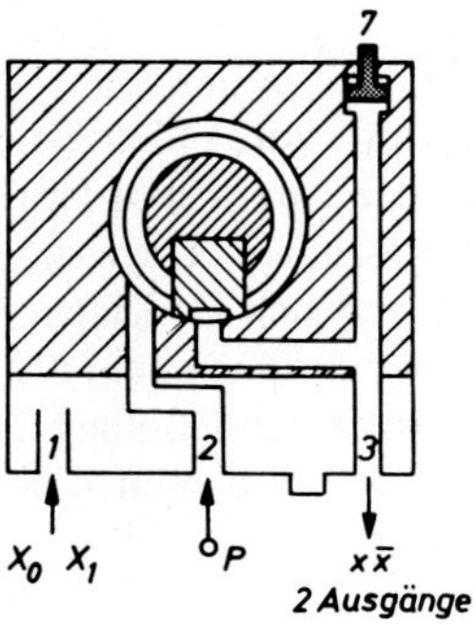

Die beiden Stifte 7 zeigen den jeweiligen Zustand des Speichers an. Sie müssen von Hand zurückgestellt werden.

Mit den Stiften 10 kann das Speicherelement von Hand unabhängig vom Zustand des Eingangs umgesetzt werden.

Wirkungsweise

Das Vorhandensein des Signals X_1 bewirkt eine Verschiebung des Kolbens 4 mit Schieber im Raum 5. Der Ausgang x wird dadurch von P aus unter Druck gesetzt. x bleibt unter Druck, auch wenn das Signal X_1 unterbrochen wird. Das Signal X_1 wird in x gespeichert, d.h. der Speicher ist gesetzt.

Dieser Zustand bleibt bis zum Erscheinen des Signals X_0 erhalten. Das Signal X_0 bewirkt die Verschiebung des Kolbens in entgegengesetzter Richtung. Dadurch erscheint am Ausgang $\bar{x}$ Drucksignal. X_0 wird in $\bar{x}$ gespeichert. Obwohl der Speicher durch X_0 gelöscht wird, kann man auch in diesem Zustand von Speicherung sprechen, da beide Eingänge grundsätzlich gleichberechtigt sind.

Druckluft am Ausgang x zeigt an, daß das letzte Signal der Steuerung X_1 ist. Druckluft am Ausgang $\bar{x}$ zeigt an, daß das letzte Signal der Steuerung X_0 ist.

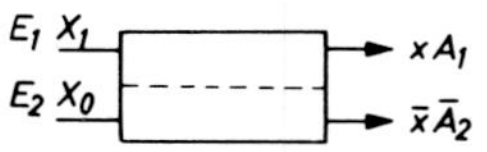

Logiksymbol des bistabilen Speichers

2.4.3.5 Verzögerungsschalter (Zeitrelais)

Hier ist bei fehlendem Eingangssignal auch der Ausgang ohne Drucksignal, da die Klappe 4 die Verbindung zum Ausgang verschließt. Sobald Druckluft beim Eingang a ansteht, gelangt diese über Filter 7 und Drosselstelle 8 zum Volumen 11. Nach der Zeit t ist der Druck in 11 soweit gestiegen, daß das nachgeschaltete Element umschaltet und die Druckluft P am Ausgang erscheint. Beim Verschwinden des Eingangssignals a kann die anstehende Druckluft über 10 sofort entweichen: Die Klappe schaltet zurück.

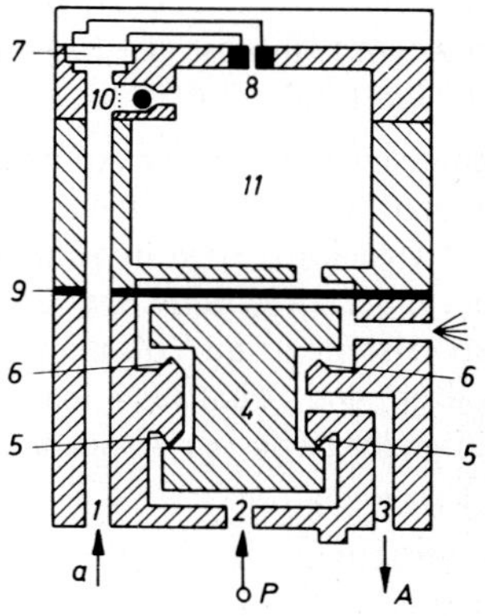

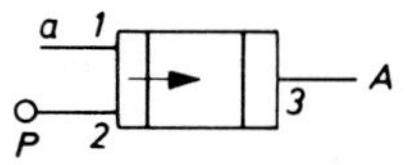

Schaltsymbol

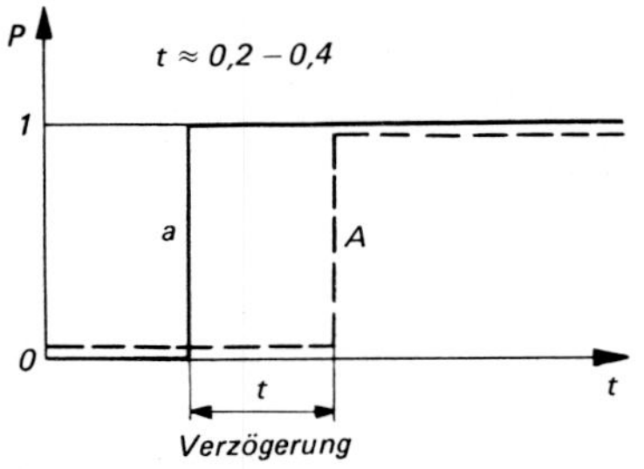

Signalplan für Verzögerungsschalter

2.4.3.6 Zeitschalter mit einstellbarer Verzögerung

Der Zeitschalter mit einstellbarer Verzögerung unterscheidet sich vom Verzögerungsschalter nur dadurch, daß über die verstellbare Schraube 12 die Engstelle 8 vergrößert bzw. verkleinert werden kann. Dadurch ändert sich der zeitliche Druckanstieg im Volumen 11 und dadurch die Ansprechzeit der Klappe 4 und des Signals A.

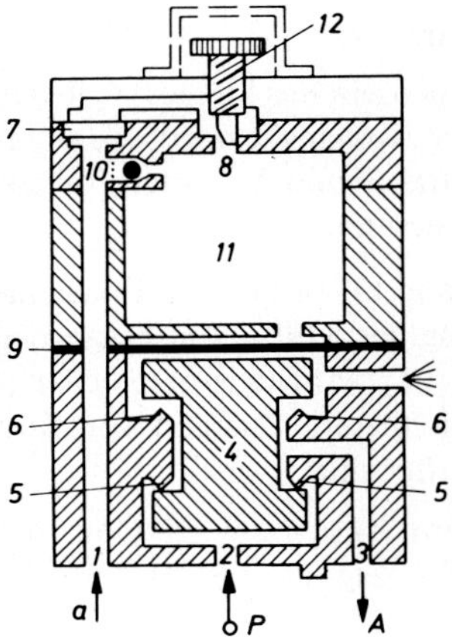

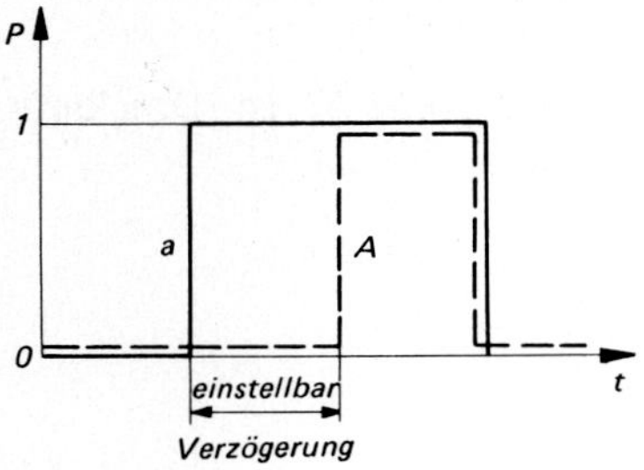

Signalplan für Zeitschalter

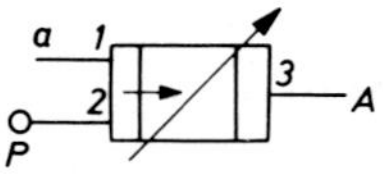

Schaltsymbol

2.4.3.7 Impulsformer (monostabile Kippstufe)

Der Impulsformer gibt bei jedem neuen Eingangssignal einen kurzen Impuls. Die Impulsdauer beträgt je nach Gerät 0,2 oder 0,4 s.

Ohne Eingangssignal führt der Ausgang A ebenfalls kein Signal. Sobald das Eingangssignal a erscheint, wird Druckluft sowohl zum Ausgang A als auch zum Oberteil geführt. Das Oberteil (mit Filter 7, Drosselstelle 8 und Volumen 11) bewirkt das Umschalten des Schaltteils nach 0,2 bzw. 0,4 s, wobei gleichzeitig der Ausgang A belüftet wird.

Nach dem Verschwinden des Eingangssignals a wird das Volumen 11 über 10 schnell entlüftet, so daß der Impulsformer erneut einsatzbereit ist.

Der Impulsformer verhält sich wie eine monostabile Kippstufe.

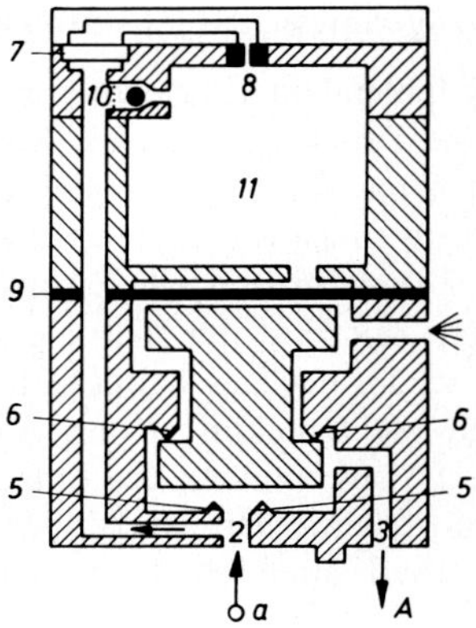

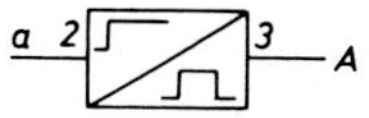

Schaltsymbol

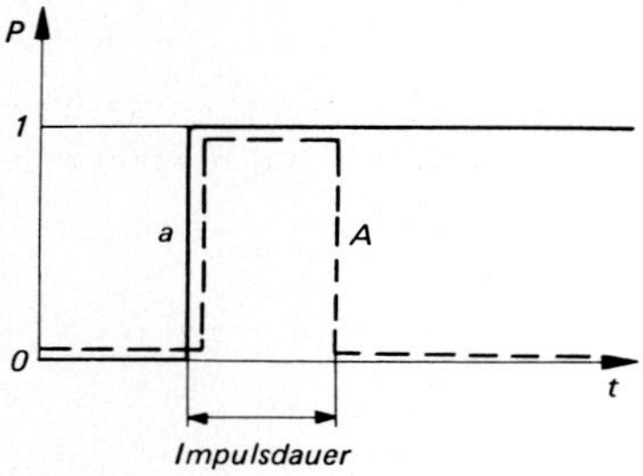

Signalplan für Impulsformer

2.4.3.8 Impulsgenerator (astabile Kippstufe)

Der Impulsgenerator ist ein Oszillator mit einstellbarer Frequenz (Einstellbereich 0,05 bis 12 Hz). Er wird mit einem Dauersignal eingespeist.

Ohne Eingangssignal führt der Ausgang A ebenfalls kein Signal. Sobald das Eingangssignal a erscheint, wird Druckluft sowohl zum Ausgang A als auch zum Oberteil des Impulsgenerators geführt. Das ankommende Signal a passiert den Filter 5 und die Engstelle 6. Sobald im Volumen 7 ein genügend großer Druck erreicht ist, wird die Klappe 4 nach unten gedrückt: Das Ausgangssignal A verschwindet. Die Luft entweicht langsam aus dem Volumen 7, bis der Druck abgefallen ist. Die Klappe 4 schaltet um, so daß ein *neues* Ausgangssignal bei a anliegt usw.

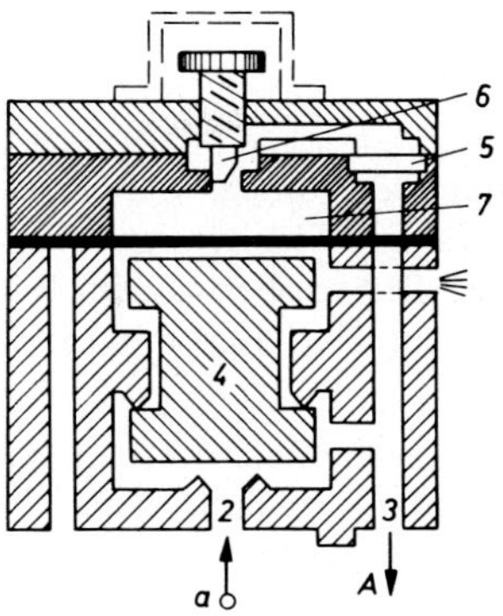

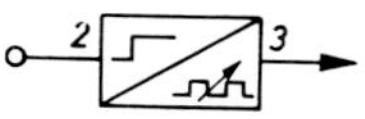

Schaltsymbol

2.4.4 Pneumatische Elemente

Pneumatische Steuerelemente gehören mit zu den Fluidik-Steuerungen, da auch hier strömende Medien verwendet werden. Rein pneumatische Steuerungen oder auch solche, bei denen zusätzlich elektrische Elemente verwendet werden, haben sich überall dort bewährt, wo es darauf ankommt, trotz äußerer Einflüsse wie elektromagnetische Felder, auftretende Feuchtigkeit, stärkere Temperaturunterschiede, Erschütterungen u. a. sichere und eindeutige Steuersignale umzusetzen. Ein wesentlicher Vorteil bei der Verwendung pneumatischer Bauteile in digitalen Steuerungsanlagen besteht darin, daß ohne zusätzliche Verstärkerelemente kräftige und unmißverständliche Signale gegeben werden können.

Von Nachteil ist, daß Steuerungen mit pneumatischen Elementen nicht auf engem Raum unterzubringen sind. Selbst einfache, wenig komplizierte Anlagen sind recht voluminös. Sie benötigen oft den gleichen Raum wie die zu steuernde Maschine. Das bedeutet, daß der finanzielle Aufwand für die Anlage selbst und für die benötigte Energie recht hoch sein kann. Nachteilig sind auch die hohen Schaltzeiten, die keinen Vergleich mit elektronischen oder Fluidik-Elementen aushalten. Trotzdem haben sich Steuerungen, die mit pneumatischen Elementen betrieben werden, vor allem im Maschinenbau durchsetzen können. Weitere Anwendungsbereiche finden sich bei Verpackungsmaschinen, in der Lebensmittelherstellung, in der chemischen Industrie, bei Transportmitteln, in Bergbaubetrieben, an Lade-, Entlade- und Positioniereinrichtungen für Transferstraßen und an Werkzeugmaschinen.

Bevor auf die Realisierung einzelner Funktionen, die mit Hilfe pneumatischer Elemente ausgeführt werden, eingegangen wird, sollen die wichtigsten pneumatischen Grundelemente mit ihren Sinnbildern vorgestellt werden.

2.4.4.1 Darstellung pneumatischer Elemente nach DIN 24300

Zylinder

Einfach wirkende Zylinder werden einseitig mit Luft beaufschlagt. Sie können beim Rücklauf keine äußeren Kräfte überwinden. Der Rücklauf erfolgt nach dem Entlüften mit Hilfe der eingebauten Feder.

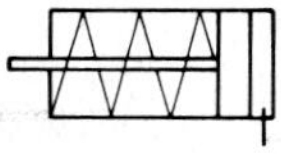

Einfach wirkender Zylinder

Doppeltwirkende Zylinder werden beidseitig mit Druckluft beaufschlagt und können nach beiden Richtungen Arbeit leisten.

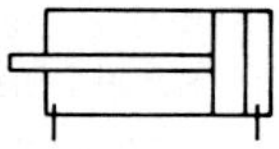

Doppeltwirkender Zylinder

Sperrventile

Sperrventil, das durch Federkraft schließt und den Luftdurchgang nur in einer bestimmten Richtung freigibt.

Rückschlagventil

Sperrventil mit Rückschlagfunktion in der Eingangsleitung, bei deren Entlüftung die Druckluft über die Ausgangsleitung direkt ins Freie entströmt.

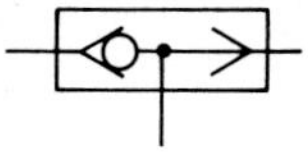

Doppelrückschlagventil

Geschwindigkeits-Regulierventil

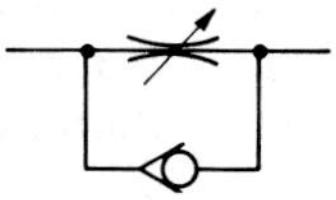

Drossel-Rückschlagventil

Druckminderventil

Druckregler ohne Entlüftung

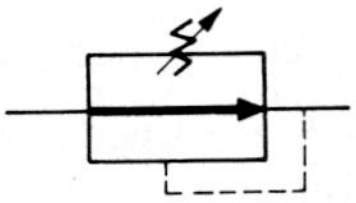

Druckmittelventil

Luftanschlüsse

Druckluftpumpe

Beaufschlagung durch Druck

Entlüftungsanschluß

Druckquelle

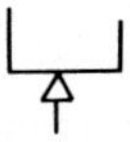

Versorgungsanschluß

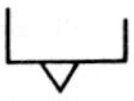

Entlüftung

Wegeventile

Ventil mit drei Wegen und zwei Schaltstellungen, unbetätigt mit Luftdurchgang geschlossen.

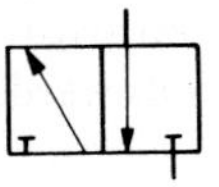

3/2-Wegeventil (Normal geschlossen)

Ventil mit drei Wegen und zwei Schaltstellungen, unbetätigt mit geöffnetem Luftdurchgang.

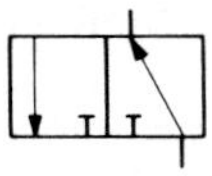

3/2-Wegeventil (Normal offen)

3/2-Wegeventil mit direkter Luftbetätigung, unbetätigt mit Luftdurchgang geschlossen. Rückstellung durch Federkraft.

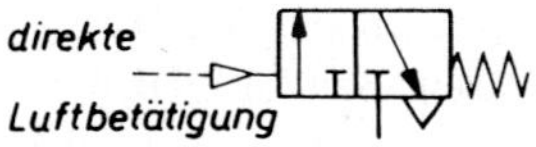

3/2-Wegeventil (direkte Luftbetätigung, geschlossen)

3/2-Wegeventil mit direkter Luftbetätigung, unbetätigt mit offenem Luftdurchgang offen. Rückstellung durch Federkraft.

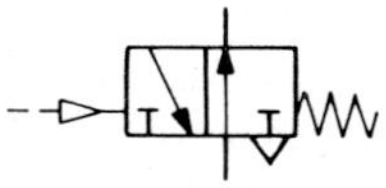

3/2-Wegeventil (direkte Luftbetätigung geschlossen)

3/2-Wege-Verzögerungsventil. Durch Dauerimpuls öffnet das Verzögerungsteil je nach Einstellungszeit den Hauptdurchgang und gibt die Luft zu einem Steuer- oder Arbeitselement frei.

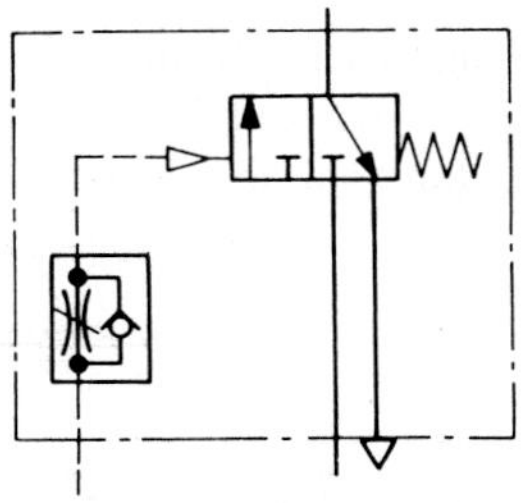

Verzögerungsventil

2.4.4.2. Pneumatische NICHT-Stufe

Im Ruhezustand ist das 3/2-Wegeventil auf Durchlaß geschaltet. An A entsteht Druck und damit L-Signal.

Wird das 3/2-Wegeventil umgeschaltet und gegen den Federdruck betätigt, so wird die Versorgungsluftzufuhr abgetrennt, und der Druck bei A bricht zusammen. Es entsteht an A 0-Signal. Erst wenn das Steuersignal a verschwindet, drückt die Feder das Ventil in die Ausgangslage, und an A entsteht erneut L-Signal.

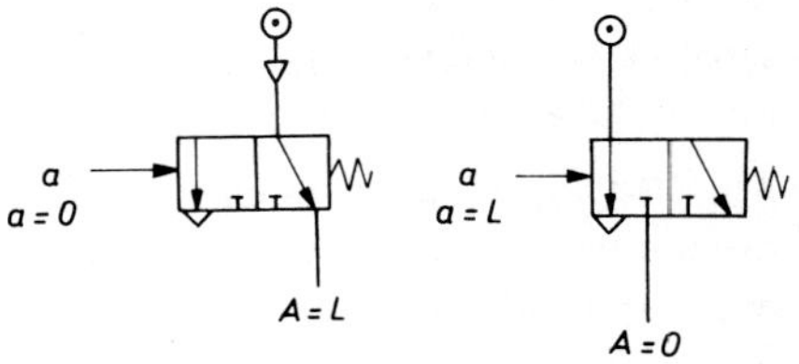

a	A
0	L
L	0

2.4.4.3 Pneumatische ODER-NOR-Stufe

Die Grundschaltung für ODER bzw. NOR besteht aus einem Doppelrückschlagventil, dessen Ausgang ein 3/2-Wegeventil steuert.

Im Ruhezustand wird das 3/2-Wegeventil durch Federkraft gehalten. Bei der ODER-Schaltung ist die Versorgungsluft abgetrennt, und am Ausgang *A* steht kein Druck an (0-Signal). Bei der NOR-Schaltung ist das Ventil auf Durchlaß geschaltet. An *B* entsteht Druck und damit *L*-Signal.

Entsteht an a_1 oder an a_2 oder an beiden Eingängen des Doppelrückschlagventils Druck, so wird dieser Druck (*L*-Signal) das 3/2-Wegeventil umschalten und die Ausgangssignale an *A* bzw. *B* umkehren.

Sind a_1 und a_2 mit Druck beaufschlagt, so wird sich das stärkere Signal durchsetzen. Auf jeden Fall wird auch dann das 3/2-Wegeventil umgeschaltet.

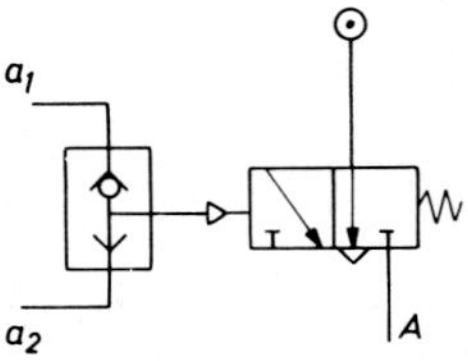

ODER-*Schaltung*

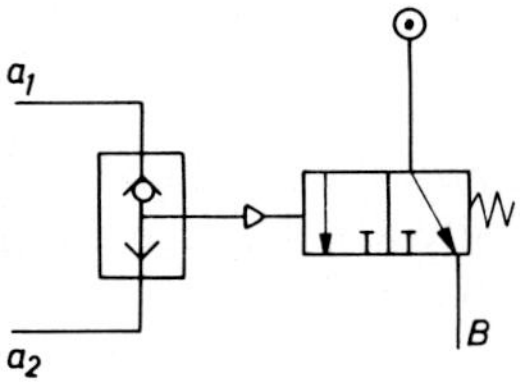

NOR-*Schaltung*

a_1	a_2	A	B
0	0	0	*L*
0	*L*	*L*	0
L	0	*L*	0
L	*L*	*L*	0

2.4.4.4 Pneumatische UND-NAND-Stufe

UND-Stufe

Die UND-Schaltung besteht aus zwei 3/2-Wegeventilen, die hintereinandergeschaltet sind. Ein *L*-Signal am Ausgang *A* kann erst dann erreicht werden, wenn beide Ventile auf Durchlaß geschaltet sind, d. h. wenn beide Ventile über a_1 und a_2 betätigt werden.

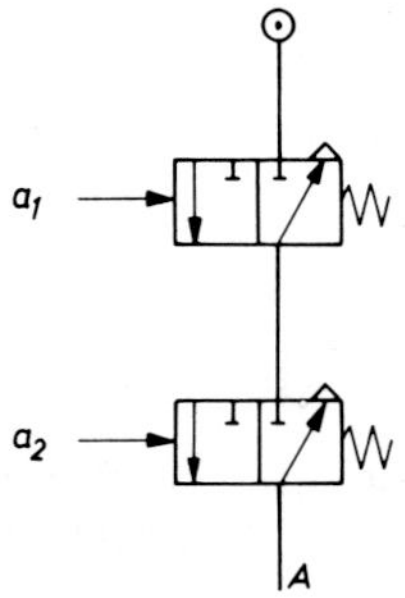

Schaltung

Als UND-Stufe kann auch ein einfaches Zweidruckventil benutzt werden. Der Ausgang *A* erhält nur dann Druck, wenn beide Eingänge a_1 und a_2 beaufschlagt werden.

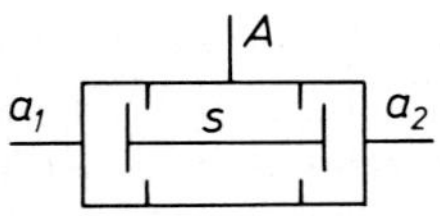

In diesem Falle wird die verschiebbare Schließklappe *S* an der Seite verschlossen, an der das stärkere Eingangssignal anlegt. Die andere Seite bleibt offen, so daß der Druck von dort bis zum Ausgang *A* aussteht.

Ist nur ein Eingang beaufschlagt, so wird dadurch die Schließklappe so verschoben, daß dieser Eingang gesperrt wird.

NAND-Stufe

Die NAND-Schaltung benötigt in der dargestellten Form zwei 3/2-Wegeventile, die beide an Druckluft angeschlossen sein müssen. An B entsteht nur dann kein Druck, wenn sowohl a_1 als auch a_2 betätigt werden.

In jedem anderen Fall entsteht an B Druck und damit L-Signal.

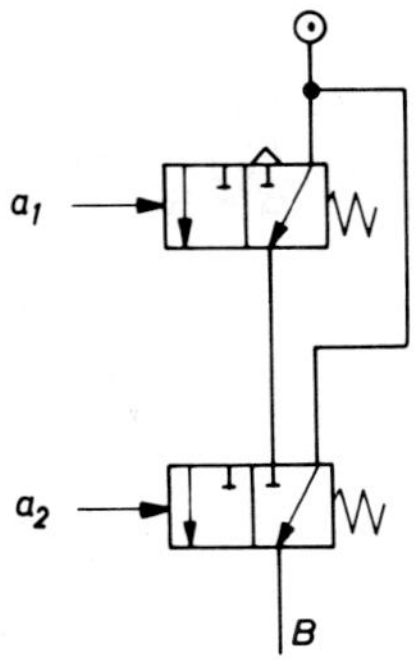

Schaltung

Wertetabelle

a_1	a_2	A	B
0	0	0	L
0	L	0	L
L	0	0	L
L	L	L	0

2.4.4.5 Pneumatische Speicherschaltungen (Flip-Flop)

Statisches Speicherelement – ***Löschen vorrangig***

Der Speicher besteht aus zwei 3/2-Wegeventilen sowie einem Doppelrückschlagventil. Der Arbeitsausgang A_1 könnte einen einfach wirkenden Zylinder mit Rückstellfeder ansteuern.

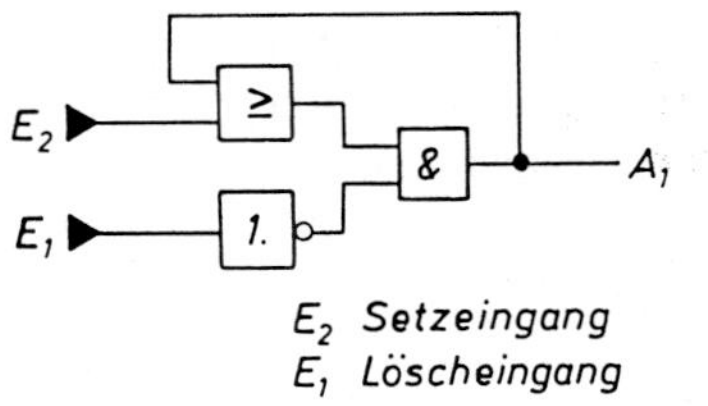

Logikplan

Wirkungsweise:

Wird weder E_1 noch E_2 beaufschlagt, so bleibt die dargestellte Ruhelage erhalten. Das obere Ventil sperrt die Druckluftzufuhr zum Arbeitsausgang, $A_1 = 0$. Erhält der Setzeingang E_2 Druckluft, so schaltet der Druck über das untere 3/2-Wegeventil das obere um. Dadurch wird A_1 direkt mit der Druckquelle verbunden, und A_1 erhält L-Signal. Über die Rückkopplungsleitung (*Selbsthaltung*) wird die Durchschaltung des oberen 3/2-Wegeventils aufrechterhalten, auch wenn das Setzsignal an E_2 verschwindet. Erst ein Löschimpuls über E_1 unterbricht den Druck in der Steuerleitung, so daß das obere 3/2-Wegeventil in die Ausgangslage zurückfällt. Ein Lösch*signal über* E_1 wird den Speicher in jedem Fall auf 0 setzen, auch wenn gleichzeitig ein neues Setzsignal über E_2 erscheint.

Jede Herstellerfirma von logischen Bauteilen benutzt ihre eigenen Symbole. Eine einheitliche Norm hat sich bisher nicht durchsetzen können.

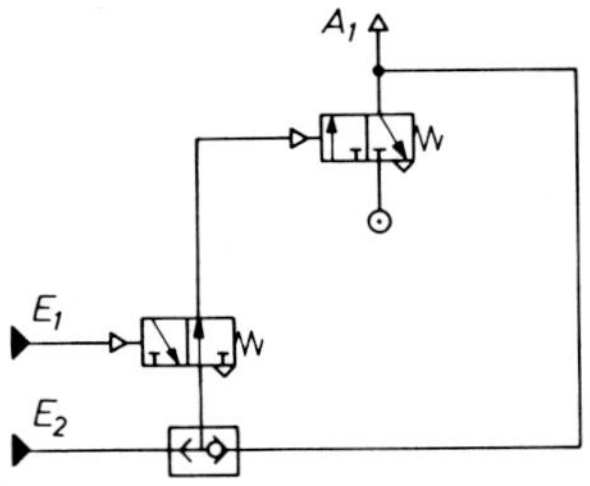

Schaltung

Wertetabelle

E_2	E_1	A_1
0	0	0
L	0	L
0	L	0
L	L	0

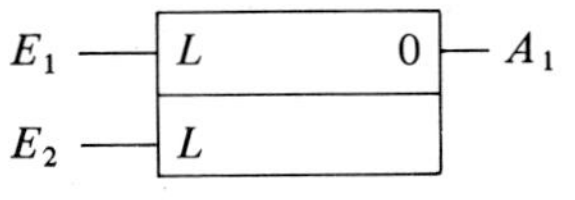

Symbol Speicher – Löschen vorrangig (Festo)

Statisches Speicherelement – ***Setzen vorrangig***

Der Speicher *Setzen vorrangig* besteht aus den gleichen Elementen wie der Speicher *Löschen vorrangig*.

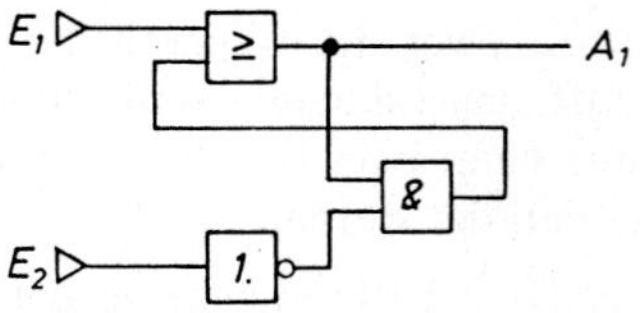

Logikplan

Wirkungsweise:

Der Löscheingang E_2 kann nur die Rückkopplungsleitung (*Selbsthaltung*) unterbrechen. Dadurch wird sich das Setzsignal immer durchsetzen. Solange an E_1 L-Signal ansteht, zeigt A_1 ebenfalls L-Signal. Auch wenn gleichzeitig an E_2 ein Löschsignal erscheint, verändert dies L am Ausgang A_1 nicht.

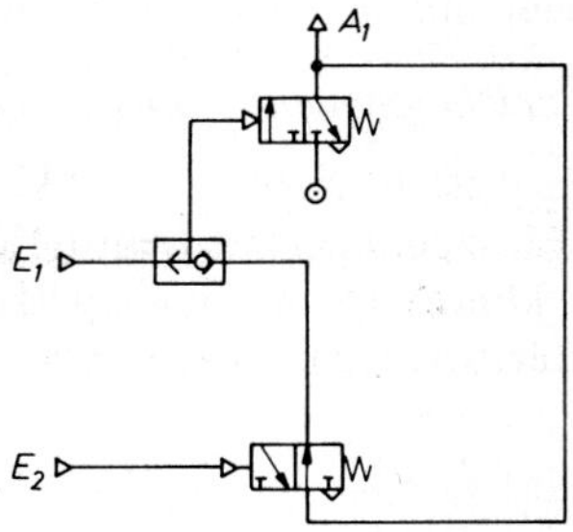

Schaltung

Wertetabelle

E_1	E_2	A_1
0	0	0
L	0	0
0	L	L
L	L	L

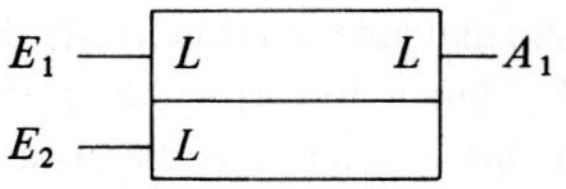

Symbol Speicher – Setzen vorrangig (Festo)

2.4.4.6 Pneumatische Zählspeicher (Untersetzerstufe)

Der Logikschaltplan ist bereits dargestellt und erklärt worden. (S. 105)

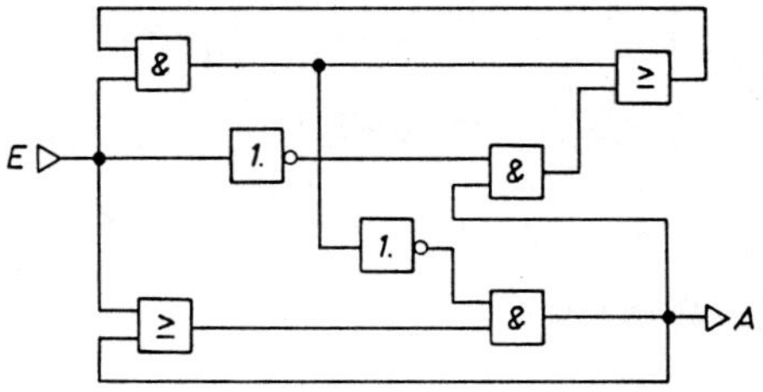

Logikplan

Wirkungsweise:

Erhält E einen Impuls, so setzt sich dieser über R_2, W_3 als Steuerimpuls auf $S4$ fort. W_4 wird auf Durchlaß geschaltet, so daß am Ausgang A ein positiver Impuls (L-Signal) ansteht.

Gleichzeitig schaltet der Eingangsimpuls W_1 um, so daß die Rückkopplung h_2 unwirksam wird. Erlischt der Eingangsimpuls, so sorgt die Rückkopplung h_1 dafür, daß das Ausgangssignal A bestehen bleibt.

Ein Übergang von 0- auf L-Signal bei E verändert am Ausgang A das Signal, während der Abfall von L- auf 0-Signal den Zustand bei A unverändert läßt.

Der nächste L-Impuls bei E steuert W_3 über W_2 und S_3 um, so daß W_4 in Ruhestellung zurückgeht und an A kein L-Signal mehr ansteht.

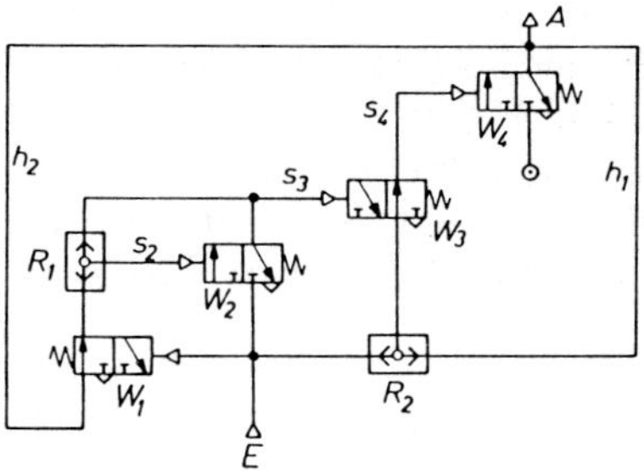

Schaltung

Der nächste Wechsel von L auf 0 an E bewirkt keine Änderung an A. Erst ein neues L-Signal an E verändert das Ausgangssignal bei A wieder.

Es ergibt sich eine Untersetzung von $E/A = 2/1$.

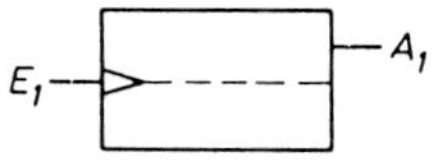

Symbol Zählspeicher

Pneumatische Zählstufe mit positiven und negativen Ausgängen

Die Impulslänge am Eingang E ist beliebig. Ein Eingangssignal wird wechselseitig auf die Ausgänge A_1 und A_2 bzw. A_3 und A_4 geschaltet. Am Ausgang A_1 und A_2 erfolgt der Wechsel beim Übergang von L auf 0, an den Ausgängen A_3 und A_4 beim Übergang von 0 auf L. Man benutzt diese Art von Zählstufen, um Zehnerzähler aufzubauen.

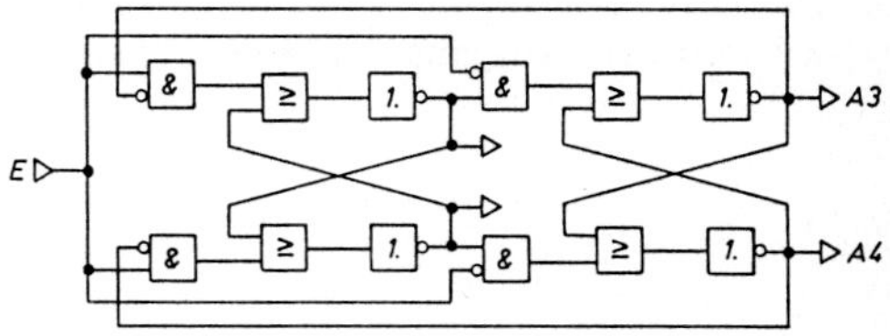

Logikplan

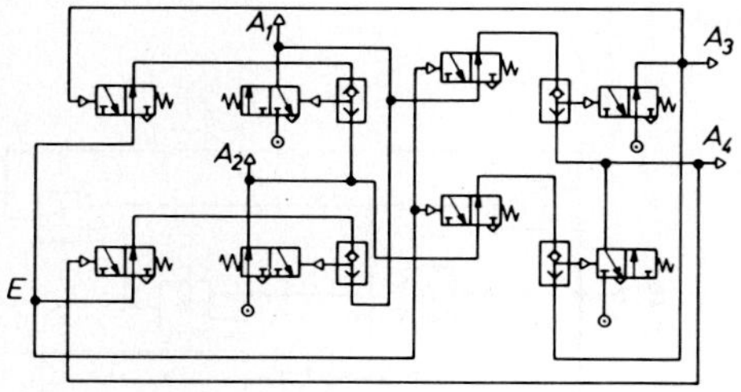

Schaltung

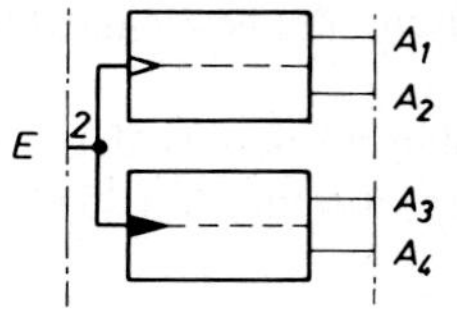

Symbol für Zählstufe mit positiven und negativen Ausgängen

2.4.4.7 Pneumatischer Verzögerungsschalter (Zeitschalter)

Zeitglied: Statt des parallelgeschalteten Speichers könnte auch eine Hintereinanderschaltung von Volumenspeicher und Drosselventil verwendet werden.

Wird statt des 3/2-Wegeventils ein 5/2-Wegeventil eingesetzt, so erhält man eine Schaltung mit einem zweiten negierten Ausgang.

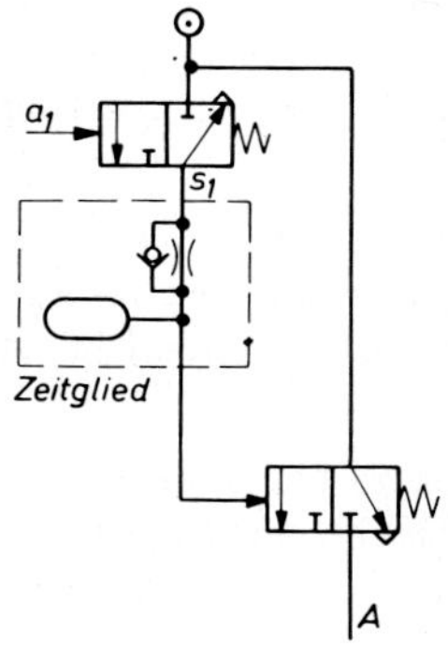

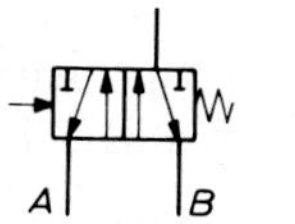

5/2 -Wegeventil

Schaltung

Wirkungsweise:

Wird das Eingangssignal a_1 wirksam, so wird das obere 3/2-Wegeventil geschaltet, und in der Ausgangsleitung S_1 baut sich Druck auf. Dieser Druckaufbau erfolgt allmählich, und der für die Umsteuerung des unteren 3/2-Wegeventils (bzw. 5/2-Wegeventil) notwendige Druck wird nach der Zeit t_V erreicht, so daß dann umgeschaltet wird und am Ausgang A L-Signal ansteht.

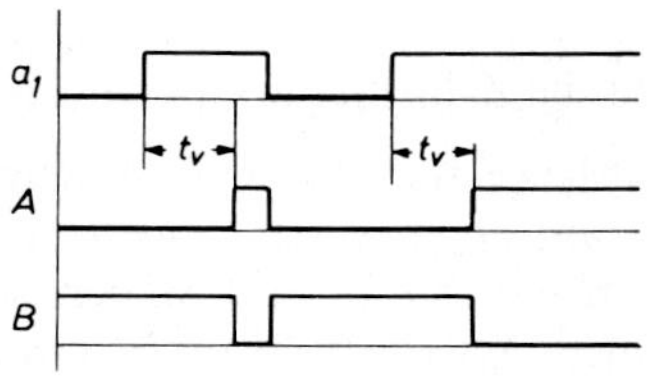

Signalplan für Zeitschalter

t_V Verzögerungszeit

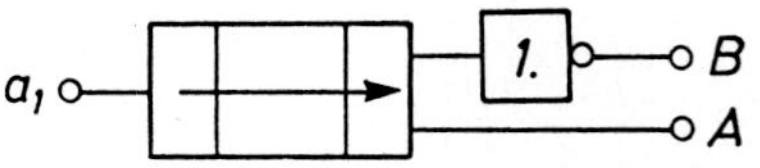

Symbol für Verzögerungsschalter

2.4.4.8 Pneumatischer Impulswandler (Monoflop)

Der pneumatische Impulswandler entspricht in seiner Wirkungsweise den aus Wandstrahlelementen hergestellten Impulswandlern sowie der elektronischen monostabilen Kippstufe. Sie ist aufgebaut aus drei 3/2-Wegeventilen sowie einem kompletten Zeitglied und einem Doppelrückschlagventil.

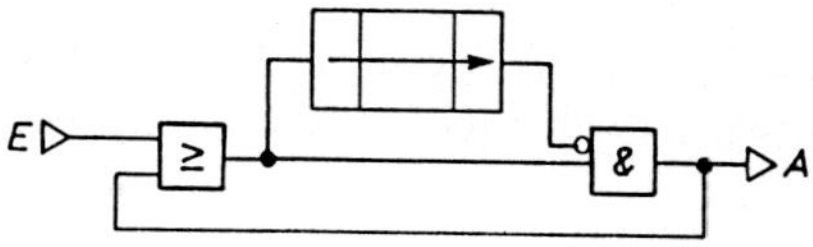

Logikplan

Wirkungsweise:

Das ODER-Element erhält über E ein Eingangssignal. Dieses Signal wird über den Zeitschalter sowie die Direktverbindung auf ein UND-Element gegeben, dessen Ausgang mit A verbunden ist. An A steht so lange L-Signal an, bis der Zeitschalter auf L umschaltet, so daß über das Negations-Element (Nebenskizze) 0-Signal am zweiten Eingang des UND-Elementes entsteht. Damit verschwindet das L-Signal bei A. Die Rückkopplung erhält das L-Signal bei E, bis über den Zeitschalter das Ausgangssignal bei A abgeschaltet wird. Die bei A entstehende Impulsdauer kann mit Hilfe der verstellbaren Drossel oder des veränderbaren Volumenspeichers stufenlos verändert werden.

Die Wirkungsweise der pneumatischen Schaltung kann aus dem Logikplan ohne größere Schwierigkeiten abgeleitet werden.

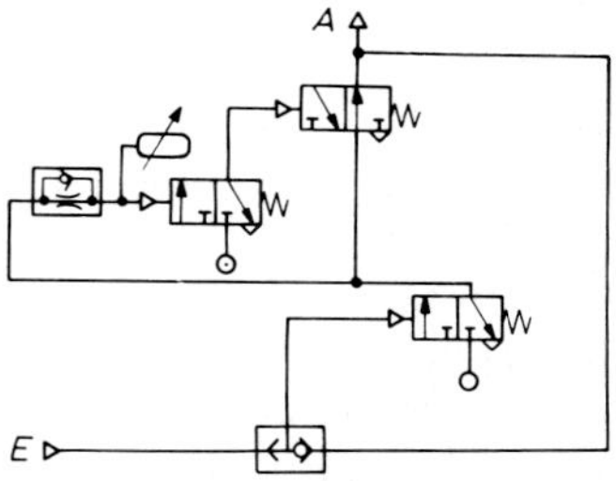

Schaltung

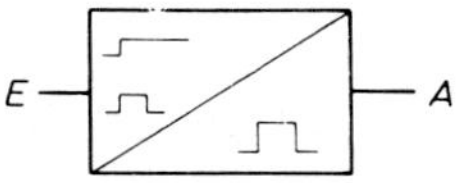

Symbol Impulswandler

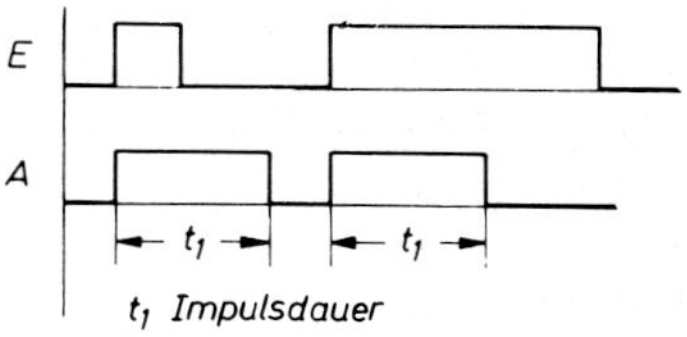

Signalplan

2.4.4.9 Pneumatischer Impulserzeuger (astabile Kippstufe)

Der pneumatische Impulserzeuger besteht im wesentlichen aus zwei 3/2-Wegeventilen, zwei kompletten Zeitstufen (Zeitschaltern) sowie zwei Doppelrückschlagventilen. Der Aufbau entspricht in etwa der symmetrischen Anlage des elektronischen astabilen Multivibrators. Die oberen 3/2-Wegeventile entsprechen in ihrer Wirkung den Transistoren T_1 und T_2. Die Zeitstufen übernehmen die Funktion der RC-Glieder.

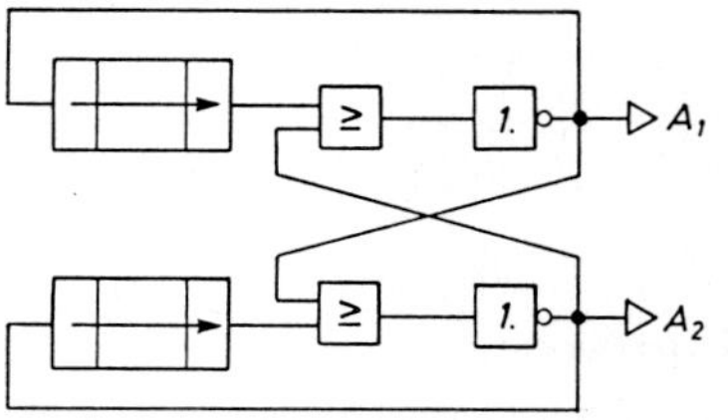

Logikplan

Wirkungsweise:

Es wird angenommen, V_1 sei durchgesteuert und an A_2 steht Druck an (L-Signal). Über r_1 und R_2 wird V_2 mit Druck beaufschlagt, so daß V_2 sperrt und an A_1 0-Signal ansteht. V_1 kann deshalb zunächst nicht über r_2 beeinflußt werden. Über die Rückkopplungsleitung r_3 wird V_3 zeitabhängig angesteuert. Nach Ablauf der eingestellten Zeit wird V_3 umgeschaltet und über R_1 V_1 ebenfalls umgeschaltet. Der Druck an A_2 bricht zusammen (0-Signal). V_2 kehrt in seine Ruhelage zurück, und an A_1 entsteht der volle Druck (L-Signal). Über r_2 wird V_1 so lange gesperrt gehalten, solange an A_1 Druck vorhanden ist. Über r_4 wird die zweite Zeitstufe angesteuert, die nach Ablauf der eingestellten Zeit V_2 abschaltet usw.

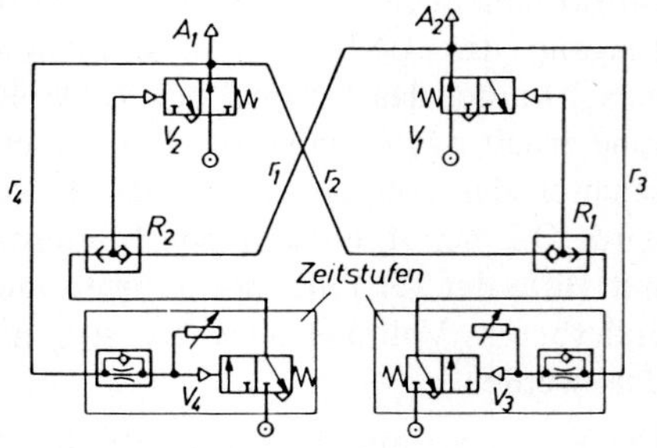

Schaltung

Lassen sich die beiden Zeitstufen unabhängig voneinander einstellen, so sind Impulsfolgen mit unsymmetrischem Verhalten möglich. Werden die Zeitstufen gleich eingestellt, so arbeitet die Schaltung wie ein symmetrischer Taktgeber. Es sind Frequenzen zwischen 0 und 20 Hz möglich. Damit ist der Einsatz dieses pneumatischen Taktgebers begrenzt.

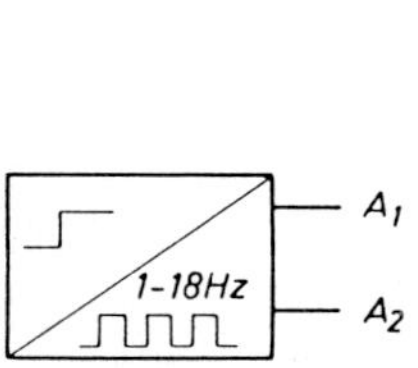

Symbol Impulserzeuger

2.4.4.10 Elektropneumatische Schaltungen

Oft erweist es sich als zweckmäßig, kombinierte Schaltelemente für Steuerungszwecke einzusetzen. Von diesen kombinierten Steuerschaltungen sind die *elektropneumatischen Steuerungen* die wichtigsten. In der zeichnerischen Darstellung zeichnet man den Pneumatikplan und den Elektrikplan getrennt. Dabei wird die Steuerung häufig vom Elektrikteil und der Arbeitsvorgang vom Pneumatikteil übernommen.

Symbole elektromagnetisch angesteuerter Ventile nach DIN 24300

betätigt:

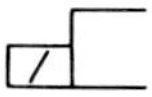

durch Elektromagnet mit einer wirksamen Wicklung

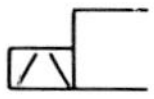

durch Elektromagnet mit zwei gegensinnig wirkenden Wicklungen

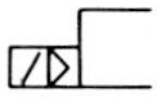

durch Elektromagnet und Vorsteuerventil

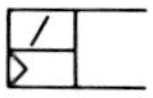

durch Elektromagnet oder Vorsteuerventil

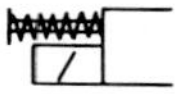

durch Elektromagnet oder Handbetätigung mit Rückstellfeder

Firmeninterne Symbole (Beispiel: Firma *Festo*)

3/2-*Wegeventil*
elektromagnetisch betätigt

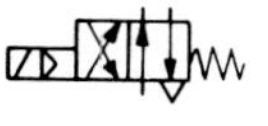

4/2-*Wegeventil*
elektromagnetisch betätigt

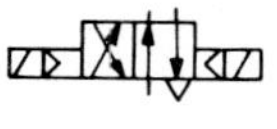

4/2-*Wegeventil*
beidseitig elektromagnetisch zu betätigen (Impulsventil)

Beispiel für elektropneumatische Grundsteuerungsarten

Ansteuerung eines einfach wirkenden Zylinders

Beim Loslassen von b_1 erfolgt sofort eine Rücksteuerung mit Hilfe der Rückstellfeder.

Der elektrische Steuerteil ist immer als Stromlaufplan gezeichnet.

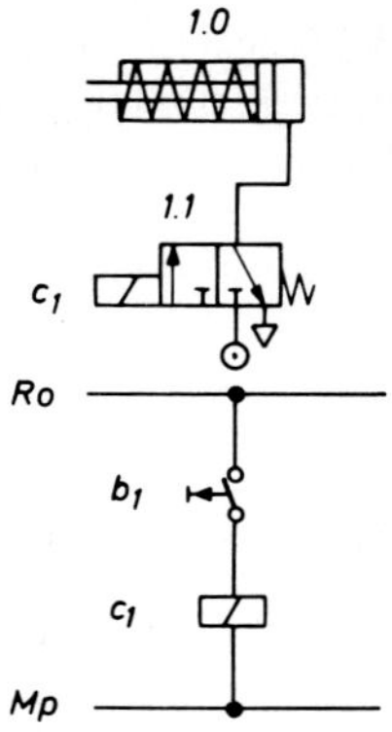

Ansteuerung eines doppeltwirkenden Zylinders

Es wird ein 4/2-Wegeventil verwendet.

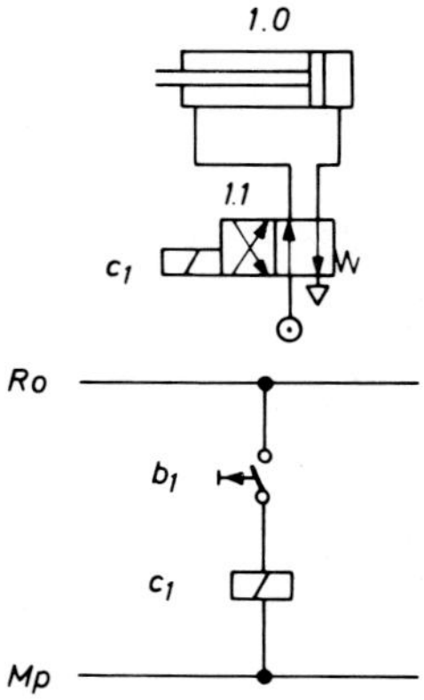

Selbsthalteschaltung (Speicherschaltung)

Speicher – dominierend Aus –

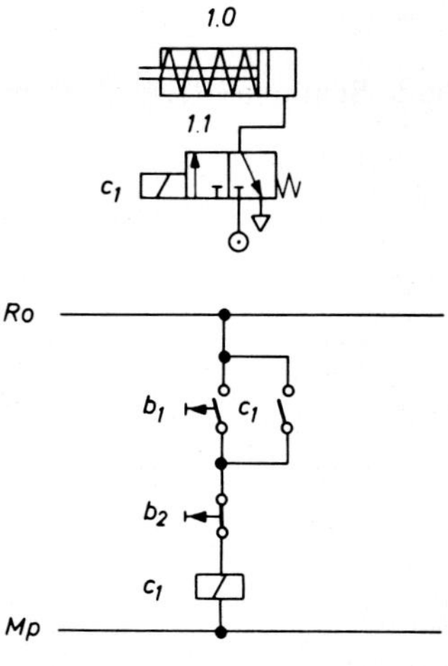

Selbsttätige Rücksteuerung eines einfach wirkenden Zylinders über einen Endschalter mit Hilfe eines Impulsventils

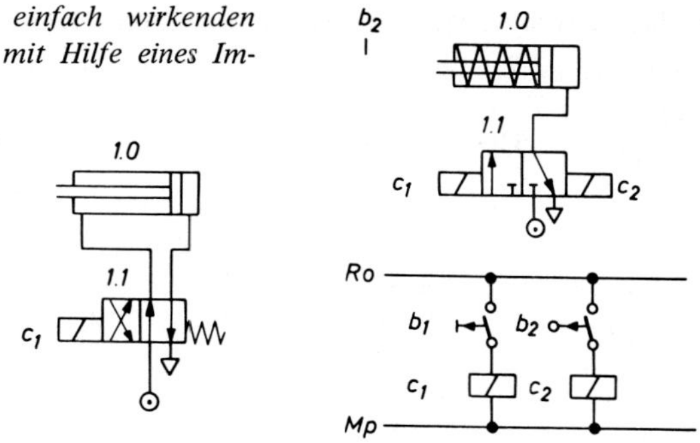

Elektropneumatische Wechselschaltung

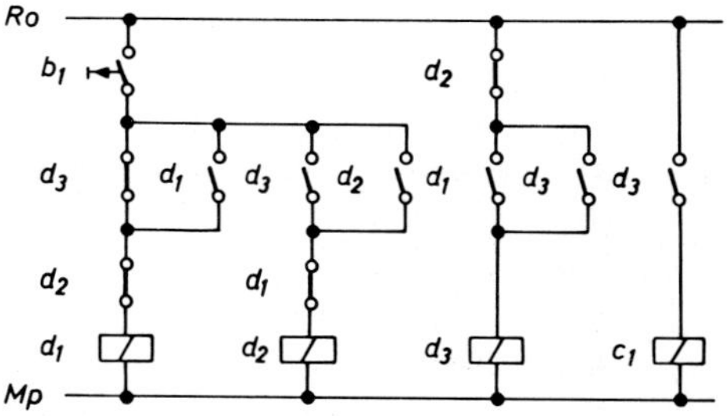

2.4.4.11 Gegenüberstellung der verschiedenen Fluidik-Steuerungssysteme

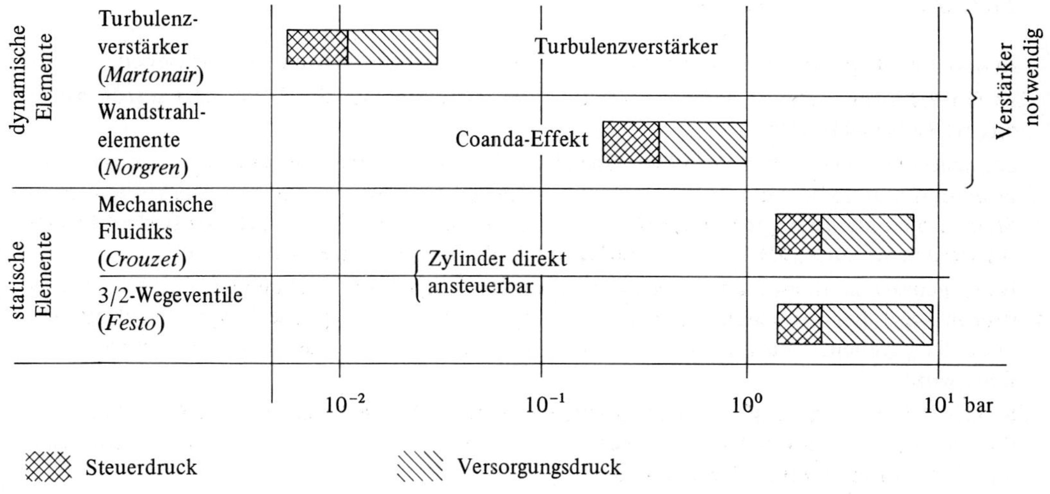

Aus der Matrix lassen sich einige wesentliche Vor- bzw. Nachteile ablesen.

So kommen dynamische Elemente mit wesentlich niedrigeren Drücken aus, als das bei statischen Elementen der Fall ist. Dafür verbrauchen sie ständig Energie, auch während der Zeiten, in denen kein Schalten erfolgt. Statische Elemente brauchen nur während der Schaltzeiten Energie.

Statische Elemente unterliegen mechanischem Verschleiß. Dynamische Elemente arbeiten verschleißfrei und haben einen Selbstreinigungseffekt. Statische Elemente können ohne zwischengeschalteten Verstärker Zylinder direkt ansteuern. Die Schaltzeit bei dynamischen Elementen liegt niedriger als bei statischen. Die Druckluftaufbereitung für dynamische Elemente ist aufwendiger. Sie sind gegenüber Druckluftschwankungen sehr viel empfindlicher als statische Elemente. Statische Elemente haben oft einen größeren Platzbedarf.

► ***Zur Selbstkontrolle***

1. Welche Vorteile weisen elektronische Bauteile der Digitaltechnik gegenüber Bauteilen mit andersartiger Energie auf?
2. Unter welchen Bedingungen lassen sich *Fluidiks* besonders gut in der Digitaltechnik einsetzen?
3. Nenne Beispiele aus der digitalen Steuertechnik, bei denen Elemente mit unterschiedlichen Energiearten zueinander in Konkurrenz treten können.
4. Skizziere ein elektromechanisches *Exklusiv*-ODER-*Element*.
5. Was versteht man unter einer *astabilen Kippstufe*?
6. Aus welchen Bauteilen ist ein elektronischer Speicher (Flip-Flop) aufgebaut?
7. Wodurch unterscheiden sich digitale IC-Bausteine von anderen digitalen Bauelementen, und welche Vorteile weisen sie auf?
8. Welche Arten von Fluidik-Elementen unterscheidet man?
9. Was versteht man unter einem *Fluidikschrittspeicher*?
10. Erkläre die Wirkungsweise eines Turbulenzverstärkers.

2.4.5 Sequentielle Steuerungen

In den vorangegangenen Kapiteln wurden kombinatorische Steuerungen beschrieben.

Kombinatorische Steuerungen verarbeiten ankommende Signale sofort und setzen sie in direkte Entscheidungen um.

Sequentielle Steuerungen enthalten Speicher, die ankommende Signale sammeln und aufbewahren, um sie bei Bedarf abzurufen und in Entscheidungen umzusetzen. Die sequentiellen Steuerungen gehören zur Gruppe der Programmsteuerungen. In der fachspezifischen Literatur werden sie auch als Weg-, Plan-, Folge- oder Ablaufsteuerungen bezeichnet.

Im Gegensatz zu den ebenfalls den Programmsteuerungen zuzurechnenden Zeit-Plan-Steuerungen wird bei den sequentiellen Steuerungen der nächstfolgende Programmschritt erst dann freigegeben, wenn sichergestellt ist, daß der vorhergehende Programmschritt ausgeführt wurde.

So erhält z. B. die zu den Zeitplansteuerungen gehörige Walzensteuerung einer Waschmaschine ihre Befehle von den auf der Walze angebrachten Nocken, die ihrerseits Endschalter betätigen und damit Programmschritte auslösen.

Der Programmablauf ist durch die Reihenfolge der verstellbaren Nocken und die Drehrichtung der Walze festgelegt. Die Geschwindigkeit, mit der das Programm abläuft, hängt allein von der Drehzahl des die Walze antreibenden Elektromotors ab.

Dabei spielt es für den weiteren Ablauf des Programmes keine Rolle, ob z. B. wegen Klemmen eines Endschalters ein Befehl nicht ausgeführt werden konnte. Das Programm läuft ohne Halt zu machen weiter. Bei den sequentiellen Steuerungen sind Maßnahmen vorgesehen, in denen das Programm schrittweise abgefragt wird. Der nächste Programmschritt wird erst dann freigegeben, wenn der vorherige Schritt durchgeführt worden ist.

Der zeitliche Ablauf wird durch die Summe der tatsächlich benötigten Einzelzeiten der Programmschritte bestimmt. Diese Einzelzeiten können in gleichen Programmabläufen unterschiedlich lang sein.

Programmänderungen sind bei Zeit-Plan-Steuerungen einfach auszuführen. Die Nocken auf der Walze müssen versetzt und die Walzengeschwindigkeit muß neu eingestellt werden.

Bei den sequentiellen Steuerungen ist die Umstellung auf ein anderes Programm mit mehr Aufwand verbunden, da das Steuerteil mit Logikelementen und Speichern jedesmal neu vorbereitet und „verdrahtet" werden muß.

Je umfangreicher eine Ablaufsteuerung im Aufbau wird, umso höher ist der Aufwand, den man für das Steuerteil benötigt.

Wird das Steuerteil mit zusätzlichen Eingabegeräten – Programm- und Datenspeichern – ausgerüstet, so können Programmänderungen mit Hilfe vorbereiteter Lochkarten, Loch- und Magnetbändern eingegeben, gelesen und vom Steuerteil in neue Programmbefehle selbsttätig umgesetzt werden. Diese umfangreicheren Steuersysteme werden unter dem Kapitel Mikroprozessoren später behandelt. Auf den folgenden Seiten sollen die Planung und der Aufbau einfacherer sequentieller Steuerungen an Problemfällen dargestellt und beschrieben werden.

Entwurf für eine sequentielle Steuerung mit zwei pneumatischen Zylindern

1. Aufgabenbeschreibung

An einer pneumatisch betriebenen Presse soll ein Blech zunächst eingespannt werden (Schritt 1). Nach dem Spannen soll ein ebenfalls pneumatisch betätigter Stempel ein zylindrisches Loch in das eingespannte Blech stanzen (Schritt 2).

Nach dem Preßvorgang soll der Stempel zurückfahren (Schritt 3) und erst danach darf das Werkstück entspannt werden.

2. Festlegung der Variablen

a_0 und a_1 sind die am Zylinder A, b_0 und b_1 die am Zylinder B angebrachten Signalgeber (pneumatische Schalter) Sie werden von den aus- bzw. einfahrenden Kolbenstangen betätigt.

$+A$ und $-A$ sind Befehle für den Hauptspeicher A, $+B$ und $-B$ solche für den Hauptspeicher B.

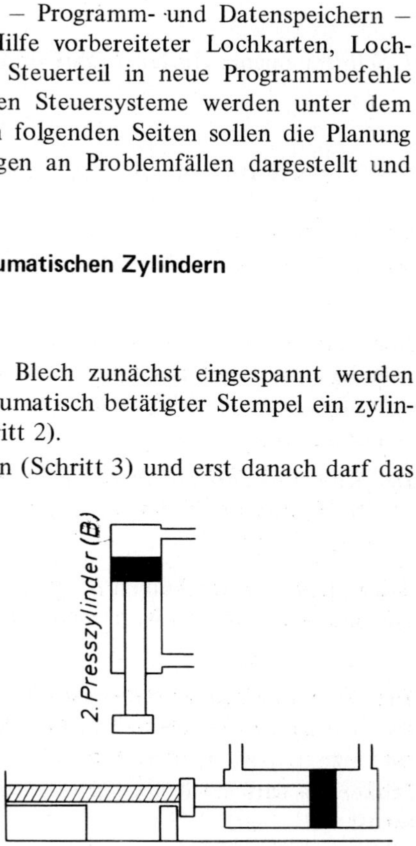

3. Weg-Schritt-Diagramm

Das Diagramm stellt den oben beschriebenen Arbeitsvorgang graphisch dar.

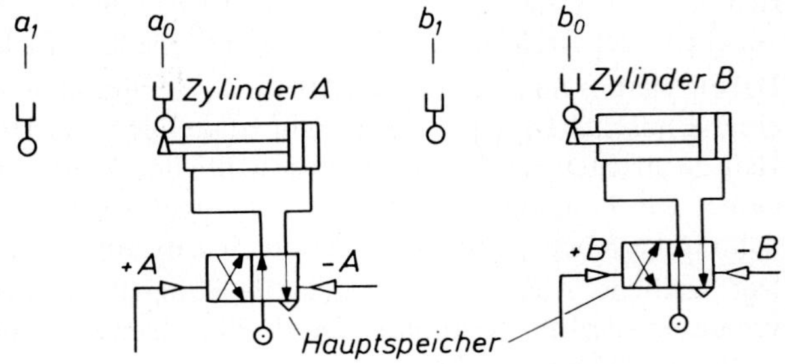

1. Schritt: Spannungszylinder A fährt aus

$+A$

2. Schritt: Stanzzylinder B fährt aus

$+B$

3. Schritt: Stanzzylinder B fährt zurück

$-B$

4. Schritt: Spannzylinder A fährt zurück

$-A$

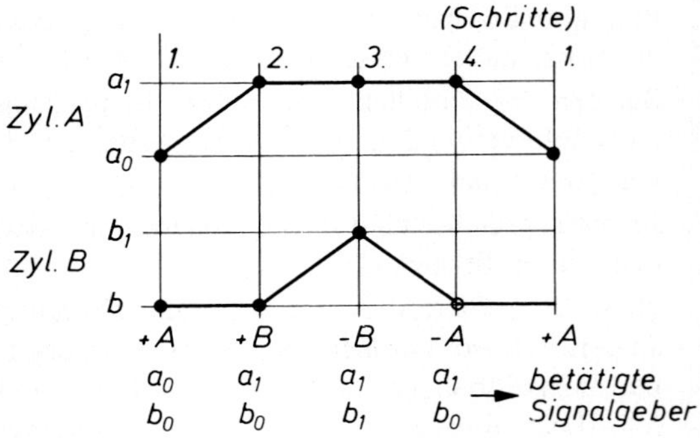

Das Weg-Schritt-Diagramm zeigt den Zustand der beiden Zylinder für jeden einzelnen Schritt. So sind zu Beginn des Schrittes A beide Kolbenstangen eingefahren und damit die Signalgeber a_0 und b_0 betätigt. Nur unter dieser Bedingung darf der Befehl für das Ausfahren von Kolben A gegeben werden.

$$+A = a_0 \wedge b_0.$$

Der Kolben von Stanzzylinder B darf erst dann ausfahren, wenn der Kolben des Spannzylinders A bereits ausgefahren ist, d. h. seine Endstellung erreicht hat. Die Signalgeber a_1 und b_0 müssen betätigt sein

$$+B = a_1 \wedge b_0.$$

Der Kolben B darf nur dann zurückfahren, wenn Kolben A noch spannt, d. h. ausgefahren ist. Die Signalgeber a_1 und b_1 müssen betätigt sein

$$-B = a_1 \wedge b_1.$$

Schließlich darf der Kolben B erst zurückfahren, wenn vorher Kolben A zurückgefahren ist. Die Signalgeber a_1 und b_0 müssen gedrückt sein.

$$-A = a_1 \wedge b_0$$

Die vier verschiedenen Arbeitsschritte sind damit durch logische Verknüpfungen festgelegt, die sich in schaltalgebraischen Gleichungen ausdrücken lassen. Einige dieser Bedingungen sind logisch bzw. selbstverständlich.

Schließlich darf der Kolben A erst dann zurückfahren, wenn vorher Kolben B zurückgefahren ist.

4. Vervollständigung der Ausgangsgleichungen

Stellt man die Gleichungen nebeneinander und vergleicht sie, so stellt man fest, daß die Bedingungen, unter denen Kolben B ausfahren und A zurückfahren sollen, gleich sind. In beiden Fällen sind a_1 und b_0 betätigt. Ließe man die Gleichungen unverändert, so bedeutete dies für die Steuerung, daß gleichzeitig zwei Arbeitsschritte freigegeben würden, wenn diese Signalgeberkombination auftritt. Eine solche Situation muß in jedem Fall vermieden werden, da das Steuersystem von sich aus nicht in der Lage ist, die richtige Entscheidung zu treffen.

1. $+A = a_0 \wedge b_0$
2. $+B = a_1 \wedge b_0$
3. $-B = a_1 \wedge b_1$
4. $-A = a_1 \wedge b_0$

Um $+B$ von $-A$ unterscheiden zu können, muß jede der beiden Gleichungen ein zusätzliches, jedoch voneinander unterschiedliches Signal erhalten, das beide Gleichungen eindeutig auseinanderhält.

Dieses zusätzliche Signal kann ein Zwischenspeicher liefern, dessen Ausgang einmal gesetzt (X), ein anderesmal zurückgesetzt ist ($\overline{X}$).

Die Gleichungen $+B$ und $-A$ erhalten zur gegenseitigen Unterscheidung die beiden unterschiedlichen Signale des Speicherausgangs.

1. $+A = a_0 \wedge b_0$
2. $+B = a_1 \wedge b_0 \wedge \overline{X}$
3. $-B = a_1 \wedge b_1$
4. $-A = a_1 \wedge b_0 \wedge X$

Die Setzung bzw. Rücksetzung des Zwischenspeichers erfolgt nicht von selbst. Der Speicher muß so in die Gesamtschaltung integriert werden, daß seine Ausgangssignale rechtzeitig vorbereitet werden und dann zum erforderlichen Zeitpunkt auch vorhanden sind. Damit der Speicher im 4. Schritt gesetzt ist, muß er schon im 3. Schritt gesetzt werden. Zu Beginn des 2. Schrittes muß er zurückgesetzt sein, er muß also schon im 1. Schritt rückgesetzt werden. Die Gleichungen 3 und 1 erhalten genau wie 4 und 2 als dritte Variable das entsprechende Speichersignal. Das Setzen und Rücksetzen des Speichers ergibt zwei neue Gleichungen, die zusätzlich in den Steuerablauf eingebracht werden müssen und die dann den Speicher setzen bzw. rücksetzen.

1. $+A = a_0 \wedge b_0 \wedge \overline{X}$
2. $+B = a_1 \wedge b_0 \wedge \overline{X}$
3. $-B = a_1 \wedge b_1 \wedge X$
4. $-A = a_1 \wedge b_0 \wedge X$

Zusammenstellung der Gleichungen:

Spannen	$+A = a_0 \wedge b_0 \wedge \overline{X}$
Stanzen	$+B = a_1 \wedge b_0 \wedge \overline{X}$
Stanzstempel zurück	$-B = a_1 \wedge b_1 \wedge X$
Entspannen	$-A = a_1 \wedge b_0 \wedge X$
Zwischenspeicher setzen	$+X = a_1 \wedge b_1 \wedge \overline{X}$
Zwischenspeicher rücksetzen	$-X = a_0 \wedge b_0 \wedge X$

5. Aufbau der Schaltung

Logikplan:

Der Logikplan läßt die Lage der Zylinder und Signalgeber unberücksichtigt. Er gibt den Signalfluß wieder.

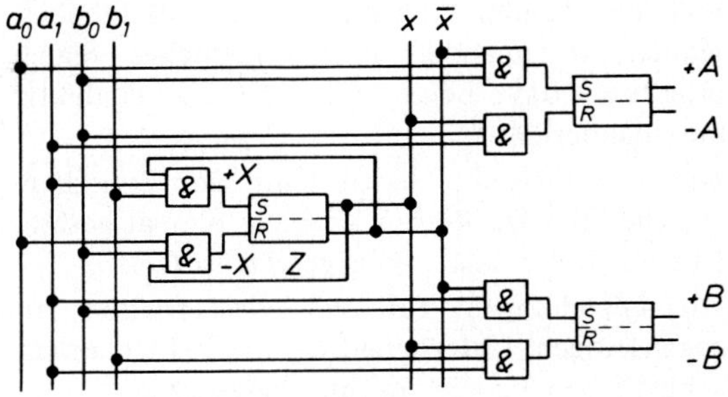

Z = Zwischenspeicher

Wirkschaltplan:

Der Wirkschaltplan berücksichtigt die tatsächliche Lage von Signalgebern und Zylindern. Er ist unübersichtlicher als der Logikplan und fordert mehr Aufwand beim Zeichnen und auch beim Lesen.

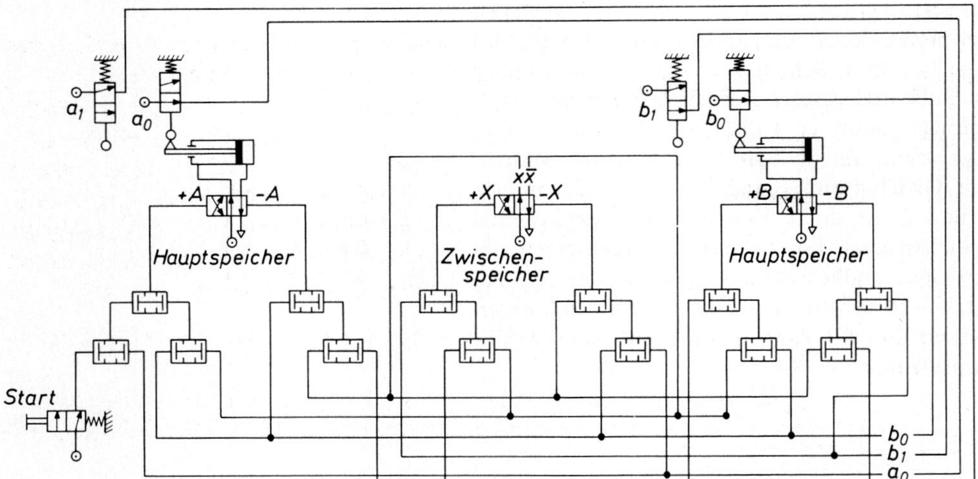

6. Vereinfachung der Schaltgleichungen

Zur Vereinfachung der Gleichungen und damit auch der Schaltung wird das in Abschnitt 3.2.2 behandelte Karnaugh-Diagramm benutzt.

Der Umfang des Karnaugh-Diagramms für kombinatorische Steuerungen ergibt sich aus der Zahl der Variablen. Wenn z. B. drei Variable b_1, b_2 und b_3 vorhanden sind, so ergibt das ein Diagramm mit $z = 2^3 = 8$ Feldern. Dabei ist für die Variable und auch für ihre Negation jeweils eine Spalte bzw. eine Zeile vorgesehen.

Beim Karnaugh-Diagramm für sequentielle Steuerungen wird davon ausgegangen, daß z. B. die Negation von a_1 durch a_0, die von b_1 durch b_0 und umgekehrt dargestellt wird.

Es wird angenommen, daß ein Kolben immer nur zwei Signalstellungen einnehmen kann. Entweder ist a_1 betätigt, dann muß a_0 unbetätigt sein. Ist a_0 betätigt, dann ist a_1 unbetätigt. Der Steuernocken an der Kolbenstange kann immer nur an einer Stelle wirksam sein, entweder bei a_0 oder bei a_1. Ein gleichzeitiges Betätigen von a_1 und a_0 ist ebenso ausgeschlossen wie ein gleichzeitiges Nichtbetätigen von a_1 und a_0, da der Kolben immer bis in eine Endlage fahren muß. Zwischenstellungen des Kolbens sind nicht möglich. Das ergibt ein Karnaugh-Diagramm mit $Z = 2^n$ Feldern. Hierbei ist n die Summe von Signalgeberpaaren zuzüglich der Signalsperre der benutzten Speicher. Signalgeberpaare sind a_0, a_1 und b_0, b_1. Der Speicher besetzt das Signalpaar X, $\overline{X}$. Daraus ergeben sich $Z = 2^3 = 8$ Felder.

Die Zeilen des Diagrammes werden mit den Signalgebern a_1, a_0, b_1 und b_0 besetzt, die Spalten mit den Speichersignalen X, $\overline{X}$.

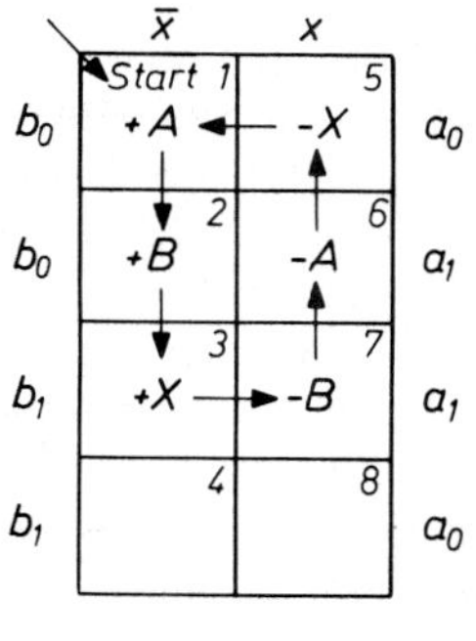

Beim Übertragen der Gleichungen in das Diagramm geht man vom Weg-Schritt-Diagramm aus und beginnt mit Schritt 1. Schritt 1 ist festgelegt durch die Gleichung $+A = a_0 \wedge b_0 \wedge \overline{X}$. Die Bedingungen dieser UND-Verknüpfung werden von Feld 1 erfüllt. In dieses Feld wird $+A$ eingezeichnet. Schritt 2 ist bestimmt durch $+B = a_1 \wedge b_0 \wedge \overline{X}$. Feld 2 erfüllt diese Bedingung. $+B$ wird in Feld 2 eingesetzt.

Um das zeitliche Nacheinander von $+A$ und $+B$ sichtbar zu machen, wird ein Pfeil in das Diagramm eingezeichnet, der bei $+A$ beginnt, nach $+B$ weist und im Feld B endet.

Schritt 3 wird durch die Gleichung $-B = a_1 \wedge b_1 \wedge X$ festgelegt. Feld 7 erfüllt die Bedingungen dieser Gleichung. $-B$ wird in Feld 7 eingetragen. Zwischen $+B$ und $-B$ liegt ein Wechsel der Spalten. In Spalte 1 ist der Zwischenspeicher zurückgesetzt, in Spalte 2 wird er gesetzt. Das Umschalten des Zwischenspeichers von $\overline{X}$ nach $X (+X)$ liegt zwischen dem 2. und 3. Schritt. Feld 3 erfüllt die Bedingungen der Gleichung $+X = a_1 \wedge b_1 \wedge \overline{X}$. In Feld 3 wird $+X$ eingesetzt. Die Pfeile müssen von $+B$ nach $+X$ und von $+X$ nach $-B$ eingesetzt werden. Feld 3 mit der Bezeichnung $+X$ kann als Zwischenschritt bezeichnet werden.

Die Gleichung $-A = a_1 \wedge b_0 \wedge X$ erfüllt die Bedingungen des 4. Schrittes. $-A$ wird in Feld 6 übertragen. Der Pfeil zeigt von $-B$ nach $-A$.

Mit dem 4. Schritt ist der Zyklus beendet. Bevor ein neuer Zyklus beginnen kann, muß der Zwischenspeicher auf $\overline{X}$ zurückgesetzt werden. Außerdem müssen die Bedingungen der UND-Verknüpfung für $+A$ wiederhergestellt werden.

Die Rücksetzung des Speichers zwischen dem 4. und 1. Schritt wird durch die Gleichung $-X = a_0 \wedge b_0 \wedge X$ erfüllt. $-X$ wird in Feld 5 eingetragen. Die Pfeile zeigen von $-A$ nach $-X$ und von $-X$ nach $+A$.

Damit ist der Kreis geschlossen, ein neuer Zyklus kann beginnen.

Nach dem Umschalten des Zwischenspeichers sind die Bedingungen für einen neuen Start erfüllt, d. h., daß der neue Zyklus automatisch einsetzt. Das ist in vielen Fällen nicht erwünscht. Aus diesem Grund wird in die UND-Verknüpfung des 1. Schrittes ein zusätzliches START-Signal einbezogen. Sie lautet dann: $+A = \text{START} \wedge a_0 \wedge b_0 \wedge \overline{X}$.

Vereinfachung von + *A* und − *A*

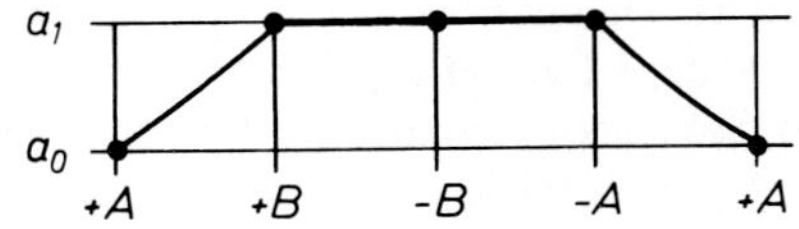

In das nebenstehende Diagramm werden nur die im Verlauf eines Zyklus auftretenden Positionen des Kolbens *A* eingezeichnet. Die Stellung von *B* sowie die des Zwischenspeichers bleiben unberücksichtigt.

Die Positionen von *A* sind im Weg-Schritt-Diagramm eindeutig festgelegt.

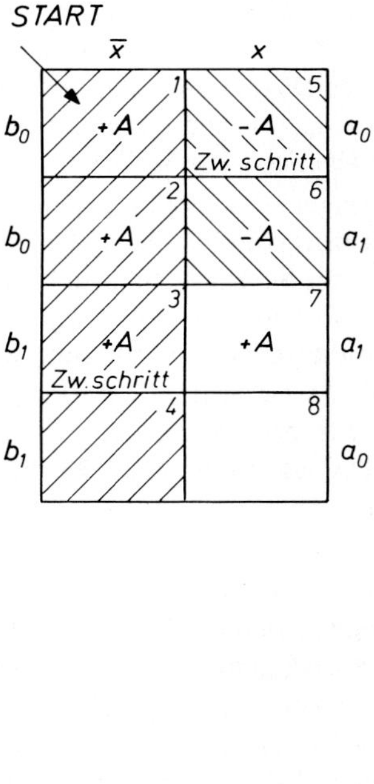

In Schritt 1 fährt *A* aus (+ *A*). Der Kolben bleibt ausgefahren bis zum 3. Schritt. Erst in Schritt 4 (− *A*) wird der Kolben in die Ausgangslage zurückgefahren. Bezieht man den 1. Zwischenschritt – Rücksetzen des Speichers – in diese Überlegungen ein, so ergibt sich: In die Felder 1, 2, 3 und 7 wird + *A* eingezeichnet, in 6 und 5 (2. Zwischenschritt „Setzen des Speichers") − *A*. Die Felder 4 und 8 sind weder von + *A* noch von − *A* belegt. Unbenutzte bzw. nichtbelegte Felder können beliebig zur Vereinfachung von Gleichungen herangezogen werden, wenn sie in direkter Nachbarschaft zu einem belegten Feld liegen.

Zur Vereinfachung der Ausgangsgleichung von + *A* kann Spalte 1 genutzt werden. Die Felder 1, 2 und 3 sind mit + *A* belegt. Feld 4 kann als Leerfeld mit einbezogen werden. Feld 7 liegt in Spalte 2. Diese Spalte ist vorwiegend mit − *A* belegt. Deshalb bietet eine Hineinnahme von Feld 7 keine zusätzlichen Vorteile, da der quadratische Viererblock mit den Feldern 3, 7, 4 und 8 keine weitergehende Vereinfachung gegenüber der Spalte 1 mit 1, 2, 3 und 4 möglich macht. Außerdem muß das Feld 1 mit dem Originalsignal + *A* Bestandteil des zur Vereinfachung herangezogenen Blockes sein.

In Spalte 1 sind b_0 und b_1 sowie a_0 und a_1 vertreten, so daß a_0 und b_0 aus der Gleichung herausfallen. Es bleibt die Restgleichung: $+A = \overline{X} \wedge \text{START}$. Zur Vereinfachung von $-A$ können die Felder 5 und 6 als Block benutzt werden. Das Leerfeld 8 kann nicht einbezogen werden, da Feld 7 mit $+A$ belegt ist. Durch die Zusammenfassung von 5 und 6 entfällt in der Gleichung a_1, da sowohl a_1 als auch a_0 vorhanden sind. Neue Restgleichung: $-A = b_0 \wedge X$.

Ausgangsgleichungen:

$+A = a_0 \wedge b_0 \wedge \overline{X} \wedge \text{START}$
$-A = a_1 \wedge b_0 \wedge X$

Restgleichungen:

$+A = \overline{X} \wedge \text{START}$
$-A = b_0 \wedge X$

Vereinfachung von $+B$ und $-B$

Genau wie bei A werden die im Verlauf eines Zyklus auftretenden Positionen des Kolbens B eingezeichnet. Die Positionen von Kolben B ergeben sich aus dem Weg-Schritt-Diagramm. In Schritt 2 ($+B$) fährt der Kolben aus und in Schritt 3 ($-B$) zurück. Die Felder 2 und 3 werden mit $+B$, die Felder 1, 5, 6 und 7 mit $-B$ belegt entsprechend dem Weg-Schritt-Diagramm. 4 und 8 bleiben frei.

Für die Vereinfachung von $+B$ können nur die Felder 2 und 3 genutzt werden. Eine Mitnutzung von 4 bringt deshalb keinen Vorteil, weil das verbleibende Feld 1 der 1. Spalte mit $-B$ belegt ist. Durch die Zusammenfassung von 2 und 3 entfällt gegenüber der Ausgangsgleichung b_0.

Zur Vereinfachung von $-B$ kann wie bei $+A$ eine komplette Spalte herangezogen werden, in diesem Fall Spalte 2. Dadurch entfallen a_1 und b_1. Die Restgleichung enthält nur noch eine Variable.

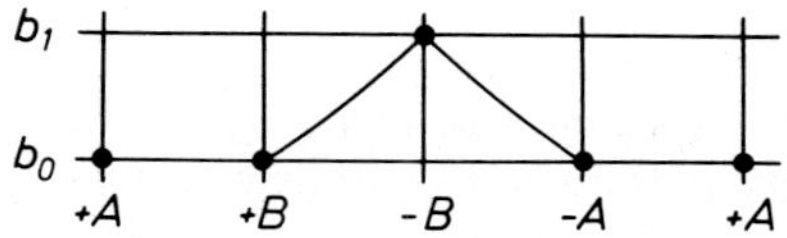

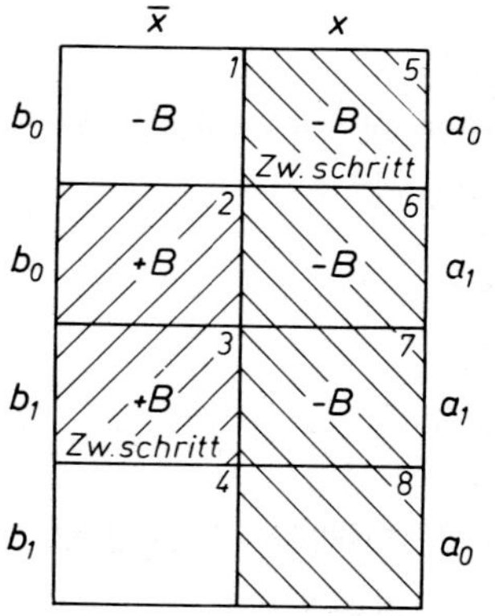

Ausgangsgleichungen:

$+B = b_0 \wedge a_1 \wedge \overline{x}$
$-B = a_1 \wedge b_1 \wedge x$

Restgleichungen:

$+B = a_1 \wedge \overline{x}$
$-B = x$

Vereinfachung von + X und − X

Das Karnaugh-Diagramm zeigt, daß der Zwischenspeicher in Feld 3 gesetzt wird. Der Setzbefehl bleibt erhalten in 7 und 6. In Feld 5 wird der Zwischenspeicher rückgesetzt. Er bleibt rückgesetzt in 1 und 2.

Zur Vereinfachung von + X werden 4 und 8 mit in einen Viererblock einbezogen. Es entfallen a_1 und $\bar{x}$.

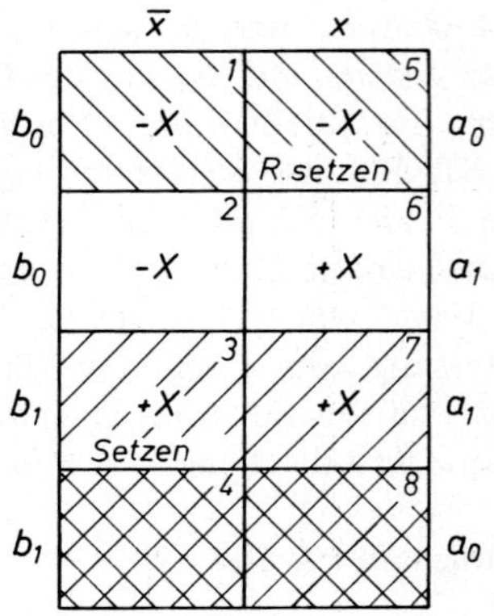

Für $-X$ können die Felder 1, 5, 4 und 8 als Block benutzt werden. Es entfallen b_0 und x.

Die Leerfelder sind sowohl für die Blockbildung für $+X$ als auch für $-X$ benutzt worden. Diese Doppelnutzung ist zulässig.

Ausgangsgleichungen:

$+X = a_1 \wedge b_1 \wedge \bar{x}$

$-X = a_0 \wedge b_0 \wedge x$

Restgleichungen:

$+X = b_1$

$-X = a_0$

Zusammenstellung der vereinfachten Gleichungen

$+A = \text{START} \wedge \bar{x}$

$-A = b_0 \wedge x$

$+B = a_1 \wedge \bar{x}$

$-B = x$

$+X = b_1$

$-X = a_0$

Aufbau der vereinfachten Schaltung

Logikplan:

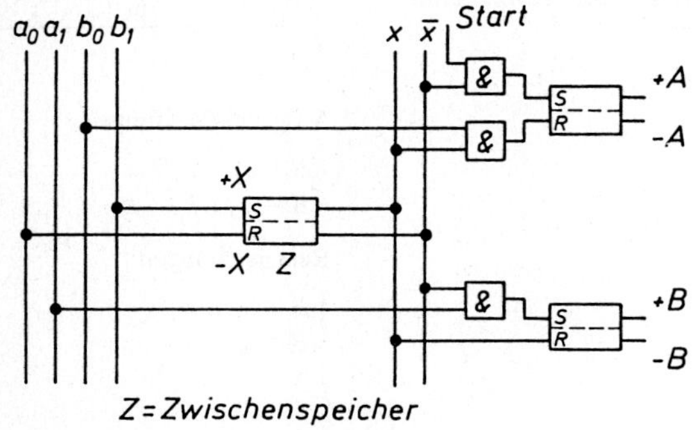

Wirkschaltplan:

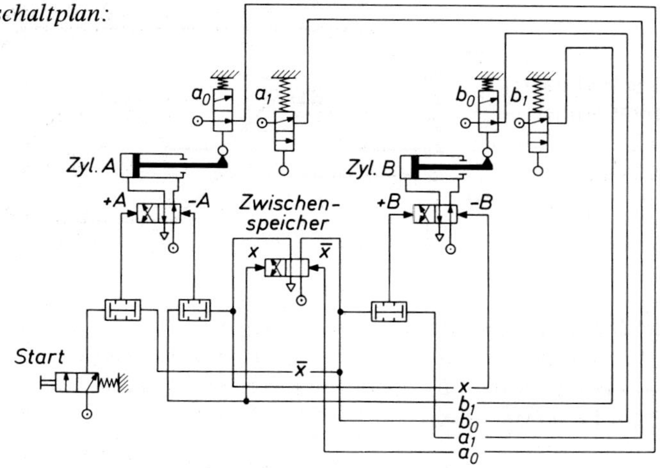

Vereinfachter Pneumatikschaltplan

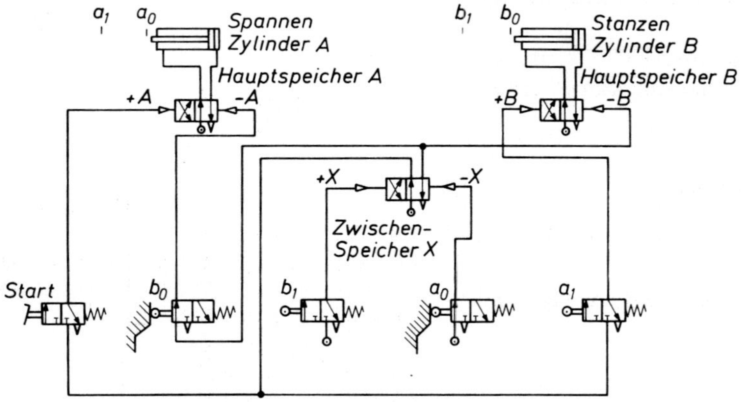

An einem komplexeren Steuerungsbeispiel mit drei Arbeitszylindern soll das Lösungsschema für eine sequentielle Steuerung wiederholt werden.

1. Aufgabenbeschreibung

Gußteile müssen an zwei Schenkeln sandgestrahlt werden. Die Teile werden von Hand in eine Spannungsvorrichtung gelegt und von Zylinder *A* gespannt.

Gleichzeitig öffnet Zylinder *B* für eine vorgegebene Zeit t_1 das Ventil der Sandstrahldüse. Nach Ablauf der Zeit t_1 schließt Zylinder *B* die Düse. Der Zylinder *C* führt die Strahldüse in die Position 2. Der Strahlvorgang wiederholt sich. Nach Beendigung dieses Vorgangs fährt Zylinder *C* in die Ausgangslage zurück. Danach entspannt Zylinder *A*. Das Teil kann der Vorrichtung entnommen werden.

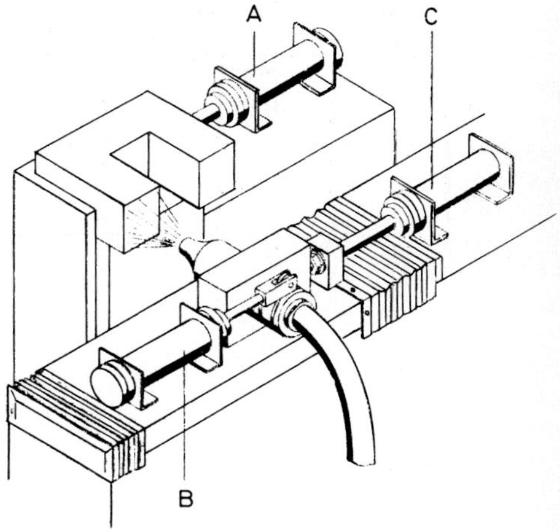

2. Weg-Schritt-Diagramm

$+A$ Spannen
$+B_1$, $+B_2$ Sandstrahlvorgang beginnt
$-B_1$, $-B_2$ Sandstrahlvorgang beendet
$-C$ Vorfahren in Pos. 2
$+C$ Zurückfahren in Pos. 1
$-A$ Entspannen

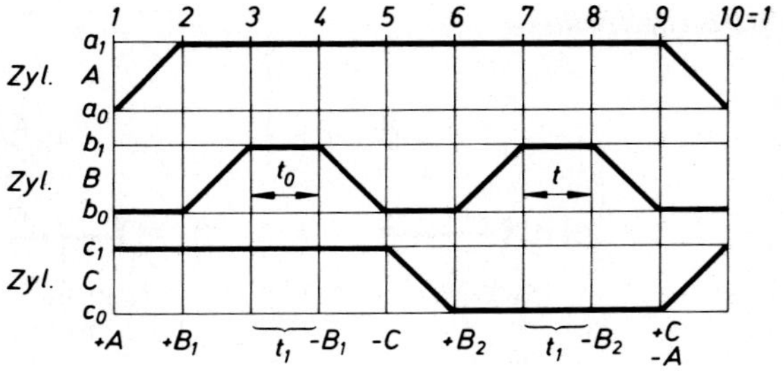

3. Ausgangsgleichungen

Die Signale $+B$ und $-B$ werden jeweils zweimal in einem Zyklus abgerufen. Da die gleichen Kolben betätigt werden, müssen $+B_1$ $+B_2$ und $-B_1$ $-B_2$ durch ODER-Funktionen verbunden werden.

Die Befehle $+C$ und $-A$ sollen gleichzeitig ausgeführt werden. Ihre Gleichungen müssen identisch sein.

$+B_1$ *und* $-C$ sowie $+B_2$ *und* $+C/-A$ müssen durch ein zusätzliches Speichersignal unterschieden werden.

$$+A = a_0 \wedge b_0 \wedge c_1$$
$$+B = a_1 \wedge b_0 \wedge c_1 \vee a_1 \wedge b_0 \wedge c_0$$
$$-B = a_1 \wedge b_1 \wedge c_1 \vee a_1 \wedge b_1 \wedge c_0$$
$$-C = a_1 \wedge b_0 \wedge c_1$$
$$\left.\begin{aligned} +C &= a_1 \wedge b_0 \wedge c_0 = -A \\ -A &= a_1 \wedge b_0 \wedge c_0 = +C \end{aligned}\right\} -A = +C$$

Vollständige Ausgangsgleichungen

Der Zwischenspeicher wird zwischen $+B_1$ und $-B_1$ nach $\overline{X}$ gesetzt.

Der Zwischenspeicher wird zwischen $+B_2$ und $-B_2$ nach $\overline{X}$ rückgesetzt.

$$+A = a_0 \wedge b_0 \wedge c_1 \wedge \overline{X}$$
$$+B = (a_1 \wedge b_0 \wedge c_1 \wedge \overline{X}) \vee (a_1 \wedge b_0 \wedge c_0 \wedge X)$$
$$-B = (a_1 \wedge b_1 \wedge c_1 \wedge X) \vee (a_1 \wedge b_1 \wedge c_0 \wedge \overline{X})$$
$$-C = a_1 \wedge b_0 \wedge c_1 \wedge X$$
$$+C = a_1 \wedge b_0 \wedge c_0 \wedge \overline{X}$$
$$-A = a_1 \wedge b_0 \wedge c_0 \wedge \overline{X}$$
$$+X = a_1 \wedge b_1 \wedge c_1 \wedge \overline{X}$$
$$-X = a_1 \wedge b_1 \wedge c_0 \wedge X$$

Vereinfachung (Karnaugh-Diagramm)

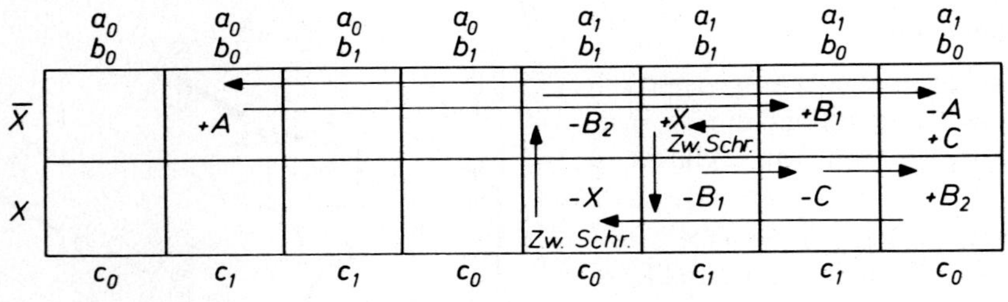

Vereinfachung von + A − A

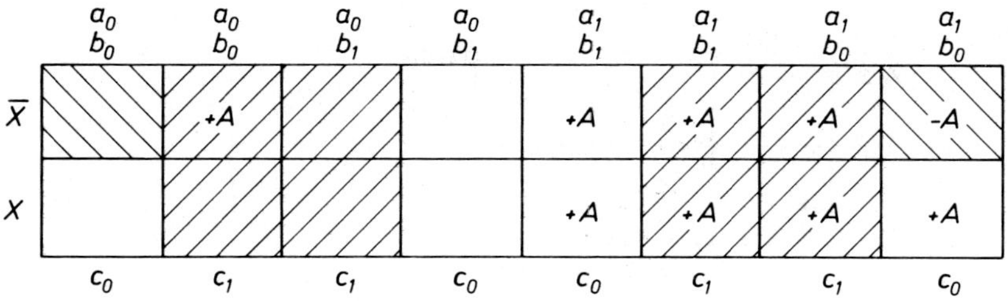

$+A = c_1$
$-A = b_0 \wedge c_0 \wedge \overline{X}$

Vereinfachung von + B_1 + B_2 − B_1 − B_2

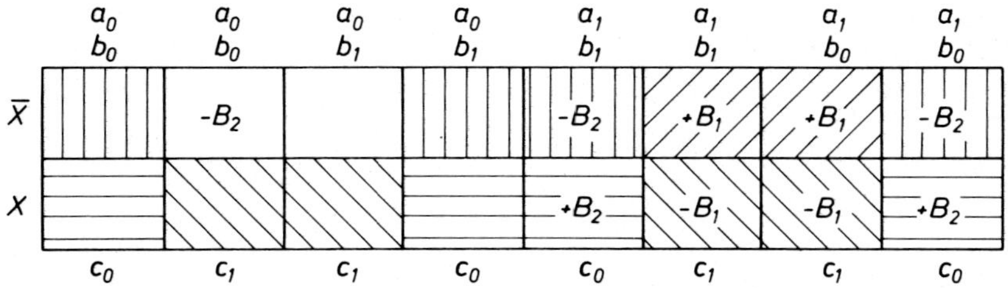

$$\left.\begin{array}{l} +B_1 = a_1 \wedge c_1 \wedge \overline{X} \\ +B_2 = c_0 \wedge X \end{array}\right\} + B = (a_1 \wedge c_1 \wedge \overline{X}) \vee (c_0 \wedge X)$$

$$\left.\begin{array}{l} -B_1 = c_1 \wedge X \\ -B_2 = c_0 \wedge \overline{X} \end{array}\right\} - B = (c_1 \wedge X) \quad \vee (c_0 \wedge \overline{X})$$

Vereinfachung von + C − C

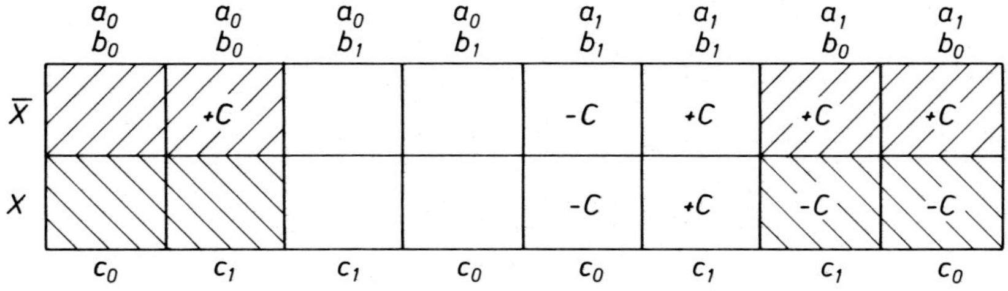

$+C = b_0 \wedge \overline{X}$
$-C = b_0 \wedge X$

Vereinfachung von + X − X

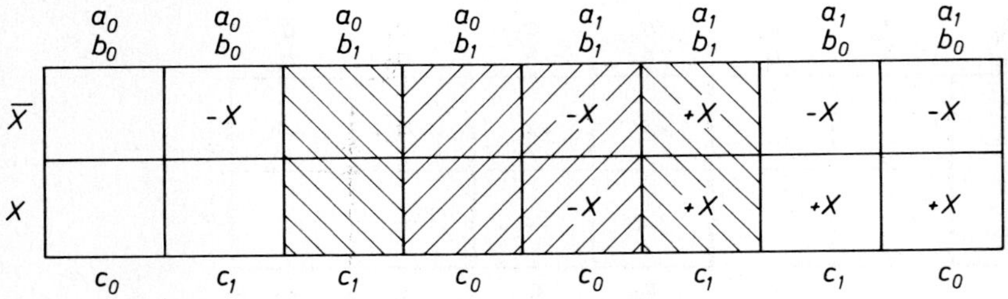

$+X = b_1 \wedge c_1$
$-X = b_1 \wedge c_0$

Zusammenstellung der Gleichungen

$+A = c_1 \wedge \text{START}$
$-A = b_0 \wedge c_0 \wedge \overline{X}$
$+B = (a_1 \wedge c_1 \wedge \overline{X}) \vee (c_0 \wedge X)$
$-B = (c_1 \wedge X) \vee (c_0 \wedge \overline{X})$
$+C = b_0 \wedge \overline{X}$
$-C = b_0 \wedge X$
$+X = b_1 \wedge c_1$
$-X = b_1 \wedge c_0$

Aufbau der Schaltung

Logikplan

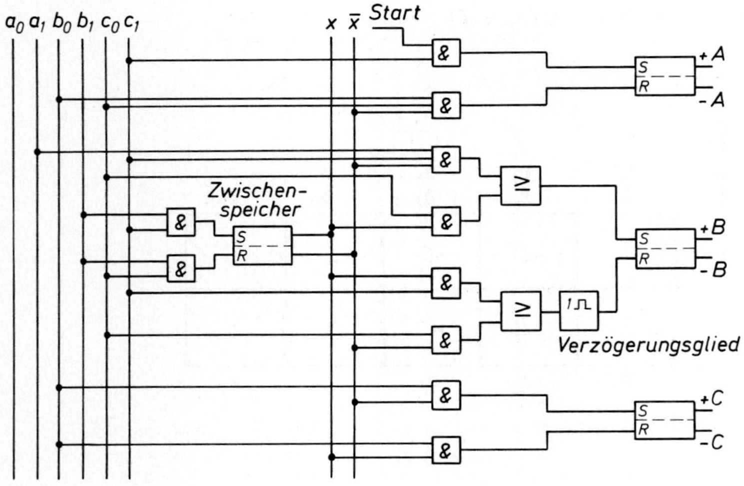

Wirkschaltplan

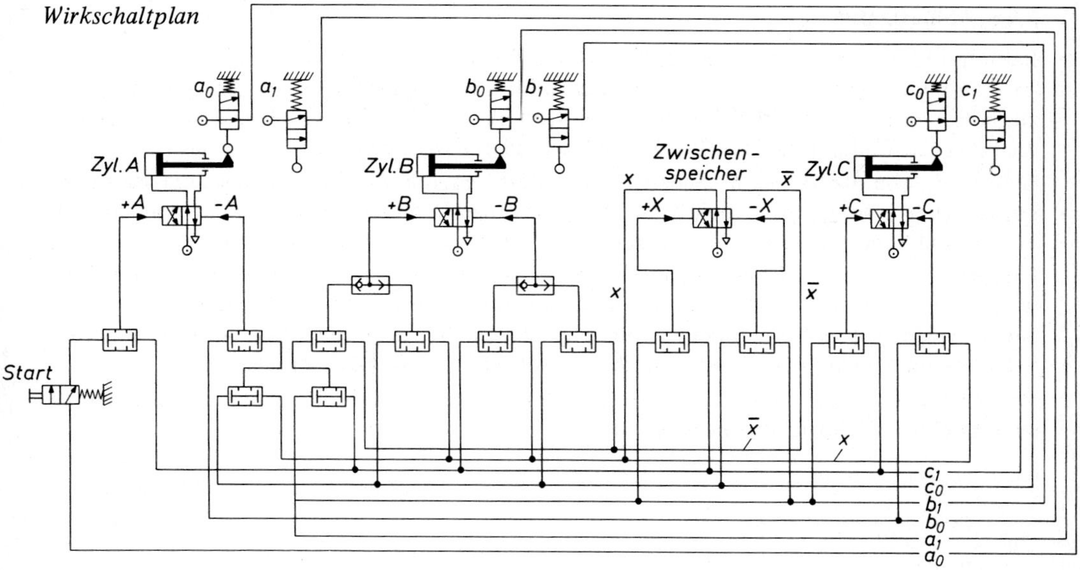

Vereinfachter Pneumatikschaltplan

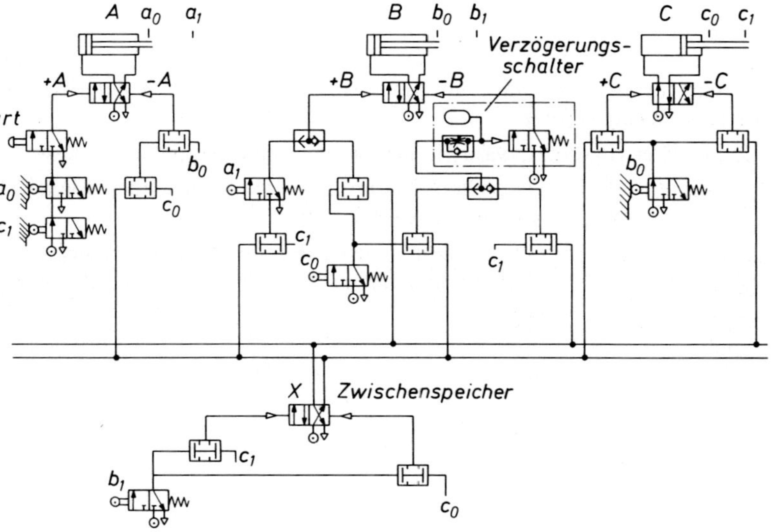

2.4.6 Ablaufketten

Bei der bisher dargestellten Entwurfsmethode für sequentielle Steuerungen kam es darauf an, den materiellen Schaltungsaufwand durch Minimierungsverfahren so gering wie möglich zu halten. Das gilt für die Zuleitungen, die Komplexität und Zahl der Logikbausteine sowie die Speicher. Dadurch werden die Material- und Platzkosten gesenkt.

Gelingt es, die Bausteine in Schaltstufen zusammenzufassen und auf engstem Raum zu konzentrieren, so können auch Verfahren zum Zuge kommen, bei denen der Aufwand an Schalt- und Speicherelementen umfangreicher, aber nicht wesentlich teurer ist.

Dies gilt z. B. für Weg-Plansteuerungen mit Ablaufketten. Eine Ablaufkette ist ein Schaltwerk, das den schrittweisen Ablauf von Steuerungen kontrolliert und veranlaßt. Dabei hat bei *n* Ausgängen der Ablaufkette nur einer dieser Ausgänge während eines bestimmten Schrittes ein Ausgangssignal mit dem Wert L. Alle anderen sind auf 0 rückgesetzt.

Die Wertetafel zeigt für das Beispiel „Pressensteuerung“, daß für jeden vorkommenden Arbeitsschritt ein Speicher eingesetzt ist.

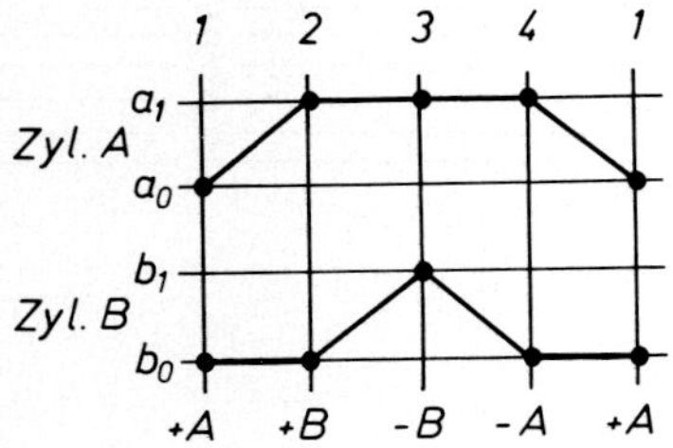

	Signalgeber				Speicher			
	a_0	a_1	b_0	b_1	I	II	III	IV
$+A$	L	0	L	0	L	0	0	0
$+B$	0	L	L	0	0	L	0	0
$-B$	0	L	0	L	0	0	L	0
$-A$	0	L	L	0	0	0	0	L

Aus der Wertetafel geht hervor, daß während des ersten Schrittes (+ A) der Speicher I gesetzt ist, II, III und IV sind rückgesetzt.

Bei Schritt 2 (+ B) ist Speicher II gesetzt, während I inzwischen rückgesetzt wurde usw.

Zusätzlich müssen – wie bei der sequentiellen Steuerung – die auslösenden Signalgeber betätigt sein, bevor der nächste Schritt ausgeführt werden darf.

Für den ersten Schritt ist dies a_0, für den zweiten a_1 usw. Bei diesem schematisierten Verfahren ist das Aufstellen und Erarbeiten von Gleichungen sowie deren Vereinfachung nicht nötig.

Logikplan

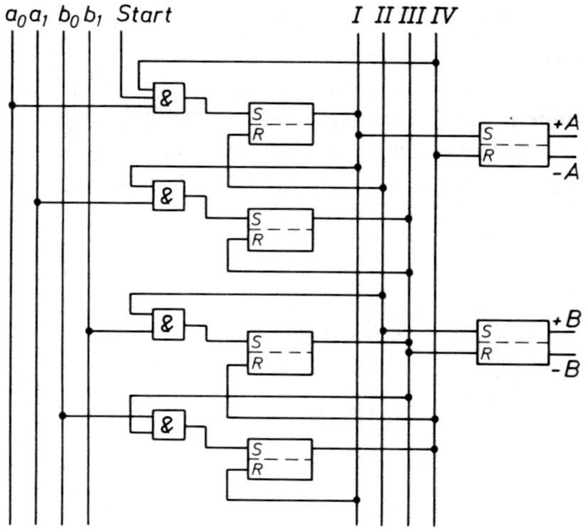

Wirkschaltplan

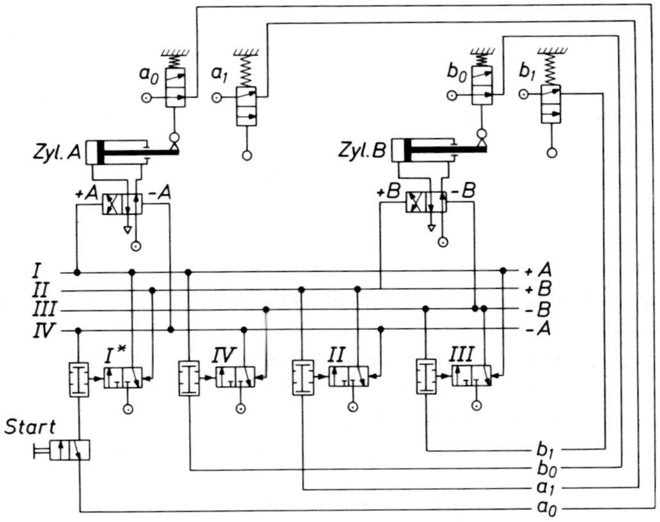

2.4.7 Kaskadenschaltung

Pneumatische Schaltungen wurden früher häufig durch Kaskadenschaltungen gelöst. Durch die Weiterentwicklung der „Sequentiellen"- und der Ablaufkettensteuerungen haben die Kaskadensteuerungen an Bedeutung eingebüßt. Trotzdem soll das System der Kaskadensteuerung im folgenden erklärt werden. Dies geschieht ebenfalls am Beispiel der Pressensteuerung.

* anstelle der aufwendigen 4/2-Wegeventile sind hier als Speicher nur 3/2 Wegeventile verwendet worden

Wenn in einer Steuerung der Ablauf so ausgelegt ist, daß zunächst der Zylinder *A* ausgefahren werden soll, dann der Zylinder *B*, anschließend *B* sofort zurückfahren und schließlich *A* zurückfahren soll, dann stehen sich nach dem Ausfahren von *A* und *B* am Umschaltventil von Zylinder *B* zwei gleichwertige Signale gegenüber, die sich gegenseitig blockieren. Es kann sich das für die Umschaltung von *B* notwendige Signal nicht durchsetzen. Um die Schaltung wie vorgesehen ablaufen zu lassen, muß das von *A* ausgehende Signal rechtzeitig gelöscht werden.

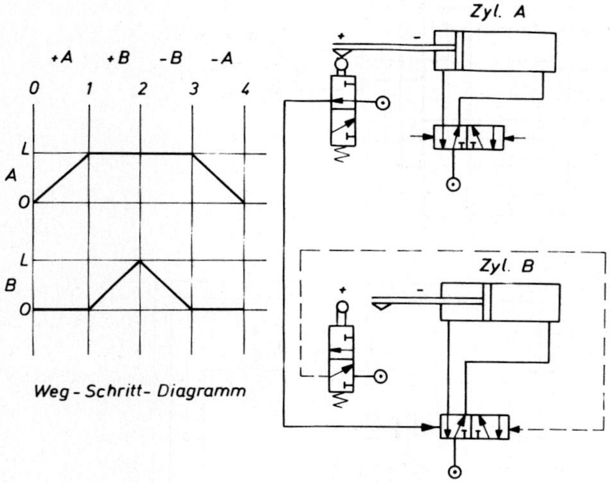

Bei der *Kaskadenschaltung* (Serienschaltung) löst man dieses Problem, indem die Signale über unterschiedliche Steuerstränge eingegeben werden. Diese Steuerstränge werden je nach Bedarf zu- oder abgeschaltet. Das Ventil, das dabei die Zu- oder Abschaltfunktion vornimmt, erfüllt eine Speicherfunktion und wird in entsprechenden Logikplänen als Speicher gekennzeichnet. Hierdurch ist sichergestellt, daß immer nur ein Steuerstrang Luft führt.

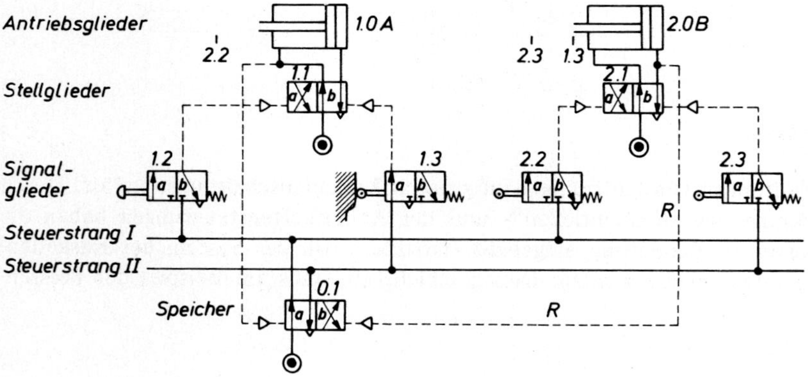

Wirkungsweise:

Über Ventil *1.2* wird Stellglied *1.1* umgeschaltet. Kolben *A* fährt aus und betätigt nach Erreichen seiner Endlage Ventil *2.2*. Über *2.2* wird Stellglied *2.1* umgeschaltet, so daß auch der Kolben *B* ausfährt. Gleichzeitig steigt der Druck in der Leitung *R*, die zum Speicherelement führt und die Luftversorgung nach Ausfahren des Kolbens *B* vom Steuerstrang *I* auf den Steuerstrang *II* umschaltet. Damit werden die Ventile *1.2* und *2.2* drucklos und können die Stellglieder *1.1* und *2.1* nicht mehr beeinflussen. Der Kolben *B* betätigt Ventil *2.3*. Dadurch wird Stellglied *2.1* umgeschaltet, und *B* fährt in die Ausgangslage zurück, wobei über *1.3* auch der Kolben *A* in seine Ausgangsstellung fährt. Mit Erreichen der Ausgangslage von *A* wird gleichzeitig der Speicher zurückgesetzt, so daß Steuerstrang *I* ein- und Steuerstrang *II* abgeschaltet wird. Ein neuer Zyklus kann beginnen.

Kaskadenschaltung nach dem Bi-Selector-System *(Martonair)*

Bei diesem System werden zum Signalisieren der Endlagen der Zylinder keine 3/2-Wegeventile verwendet, sondern Staudüsen in Verbindung mit einem doppelten Schieberegister, das über einen pneumatisch betätigten Mechanismus stufenweise verschoben wird und damit über einen festen Luftanschluß immer nur einen Eingang des Registers beaufschlagt, während alle anderen Eingänge druckfrei sind.

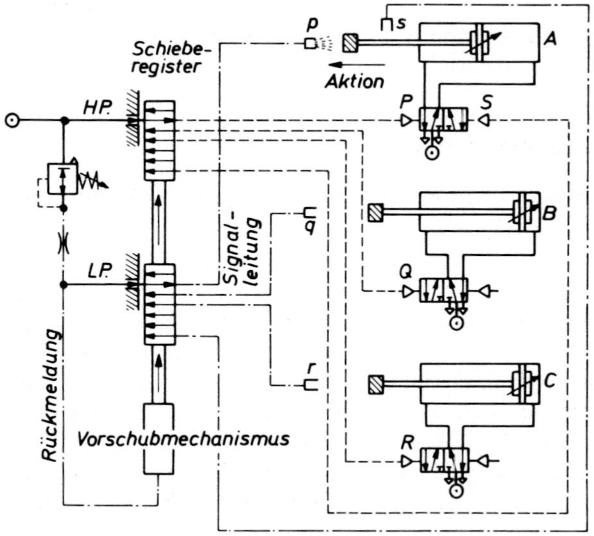

Schaltung

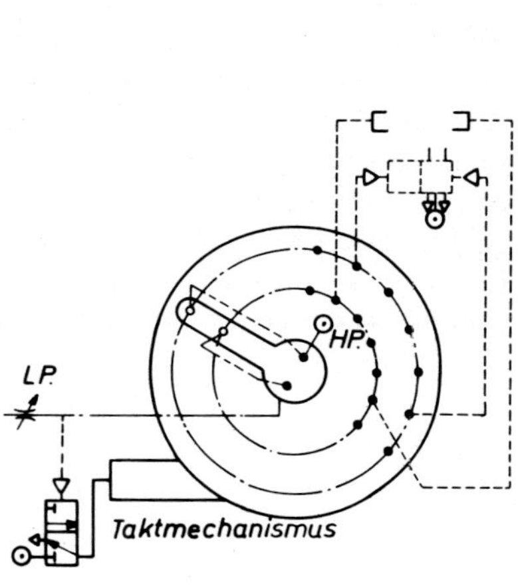

Dreharm des Bi-Schalters

Wirkungsweise der Schaltung:

Über das obere sogenannte Schieberregister gelangt ein Hochdrucksignal zu *P*, wodurch Zylinder *A* ausfährt. Dies wird signalisiert durch die Steuerdüse *p*. Durch Druckaufbau erfolgt die Rückmeldung zum Schrittschaltwerk, das die beiden Schieberregister um einen Schritt weiterschaltet. Infolgedessen tritt jetzt das Hochdrucksignal bei *Q* auf, wodurch Zylinder *B* ausfährt, was wiederum von der Steuerdüse *q* festgestellt wird. Wieder erfolgt Rückmeldung. Die beiden Schieberregister werden um einen Schritt weitergeschaltet. Jetzt kommt Signal *R* an die Reihe. Steuerdüse *r* wird gespeist, um *C+* festzustellen und in einen weiteren Schritt umzuwandeln. Auf diese Weise wird die gesamte gewünschte Schaltfolge Schritt für Schritt abgewickelt.

Für die Schieberregister, die am Ende der Schaltfolge auch wieder in ihre ursprüngliche Lage zurückgebracht werden müssen, erscheint eine rotierende Konstruktion als die geeignetste Lösung. In diesem Fall muß nach der letzten Zylinderaktion *A−* durch das Verschließen der Steuerdüse *s* das System wieder die Startposition für die folgende Schaltfolge einnehmen.

In dem dargestellten Dreharm befindet sich ein Niederdruckanschluß verbunden mit einem Verstärkerventil und ein Hochdruckanschluß. In jeder Position ist der Arm mit zwei Ausgängen verbunden. Der Hochdruckausgang wird benötigt, um das Ventil, welches den Zylinder steuert, zu schalten, während der Niederdruckausgang mit der entsprechenden Steuerdüse verbunden ist.

Sobald die Steuerdüse vom Zylinder angefahren wird, entsteht ein Druckaufbau in der Niederdruckleitung, der das Verstärkerventil schaltet, wodurch ein Zylinder, der als Schrittschaltwerk fungiert, gesteuert wird. Hierdurch bewegt sich der Dreharm zur folgenden Station mit zwei zusammengehörenden Ausgängen. Diese beiden Ausgänge werden dann ihrerseits wirksam als Signal für die Auslösung und Rückmeldung des nächsten Schrittes in der Schaltfolge. Das letzte Ausgangspaar wird gleichzeitig entlüftet.

2.5 Periphere Geräte digitaler Steuerungen

Die Hauptelemente (Logikglieder) digitaler Steueranlagen können in zwei Hauptgruppen unterteilt werden.

1. *Verknüpfungsglieder*
2. *Speicherglieder (Zeitglieder)*

Außer diesen für die innere Funktion der Steuerung wesentlichen Elementen werden noch andere Geräte benötigt, die eingesetzt werden, um ankommende physikalische Größen so aufzubereiten, daß sie von der Steuerungsanlage direkt verarbeitet werden können. Die verarbeiteten Signale müssen dann wiederum so verändert werden, daß sie in der Lage sind, entsprechende Geräte und Maschinen anzutreiben. Meist sind auch innerhalb der eigentlichen Steuerung noch Signale zu verstärken oder umzuwandeln. Die für diese Zwecke verwendeten Elemente gehören zu den *peripheren Geräten*. Das folgende Schema gibt einen Überblick über die wesentlichen Gruppen von peripheren Geräten.

Periphere Geräte			
Signaleingabe	**Signalumformung**	**Signalanzeige**	**Stell- und Arbeitsglieder**
elektrisch: Schalter induktive und kapazitive Geber Photozelle Photowiderstand	Verstärker Umformer P/E Wandler E/P Wandler	pneumatische Schauzeichen, elektrische Kontrollampen	Pneumatikzylinder Membranzylinder
pneumatisch: Miniventile 3/2-Wegeventile Strahlfühler Staudüsen Luftschranke			Tandemzylinder Drehzylinder
Programmsteueranlagen Programmschalter Lochstreifenleser			

2.5.1 Elemente der Signaleingabe

Es ist im Rahmen dieses Lehrbuches nicht möglich, alle Elemente der Signaleingabe darzustellen und zu beschreiben. Die nach Meinung des Verfassers wesentlichsten sollen exemplarisch in ihrer Wirkungsweise erklärt werden.

Elektrische Schalter

Tastschalter (Taster)

Durch Fingerdruck werden zwei Kontaktpaare geschlossen, die beide gleichzeitig benutzt werden können. Entfällt der Druck auf den Taster, so lösen sich die Kontakte durch Federdruck voneinander.

Darstellung im Stromlauf- und Wirkschaltplan:

Symbol für handbetätigten Taster

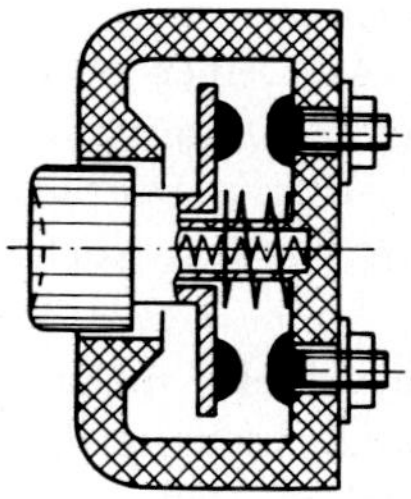

handbetätigter Tastschalter (Taster)

Relaisschalter

Wirkungsweise: Durch Anlegen einer elektrischen Spannung wird die Relaisspule erregt. Das Magnetfeld des Erregerstromes bewirkt, daß der Klappanker angezogen wird. Durch die Drehbewegung des Klappankers werden die Kontakte geschlossen.

Wird der Spulenstromkreis unterbrochen, so bricht das Magnetfeld der Erregerspule zusammen. Die Kontakte federn in die Ruhelage zurück. Oft werden mehrere Kontaktpaare gleichzeitig von einem Klappanker bedient.

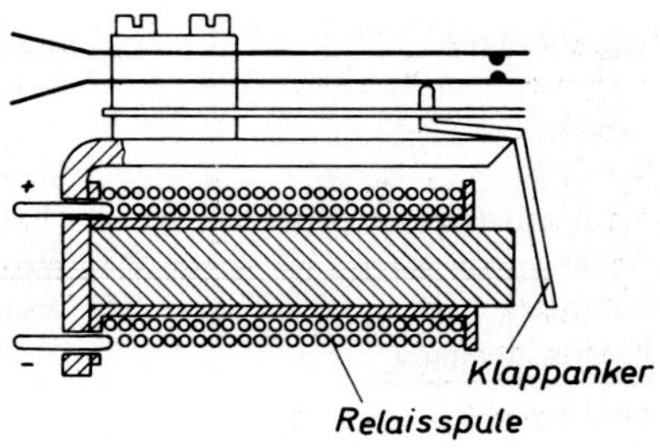

Relaisschalter

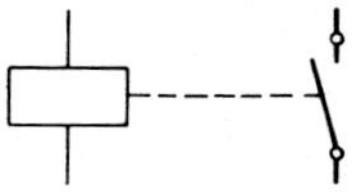

Symbol für Relaisschalter

Mehrtaktschalter (Nockenschalter) – hand- oder motorbetätigt

Nockenschalter zum gleichzeitigen paarweisen Einschalten

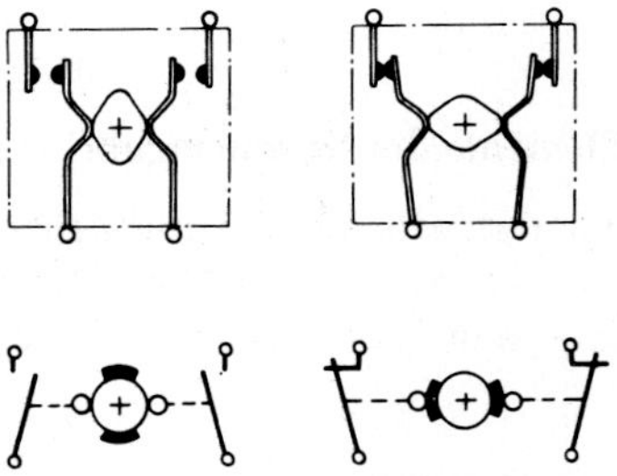

ausgeschaltet eingeschaltet
Symbol für Nockenschalter

Nockenschalter zum gleichzeitigen paarweisen Umschalten

Nockenschalter arbeiten nach dem Prinzip von Tastschaltern. Auf einer Welle befinden sich Schaltnocken aus abriebfestem nicht leitendem Material. Durch Drehen der Welle werden die Kontakte von den Nocken geöffnet oder geschlossen.

Oft sitzen auf einer Welle mehrere Nocken, die gleichzeitig jeweils mehrere Kontaktpaare schalten bzw. umschalten. Man spricht dann von Mehrtaktschaltern.

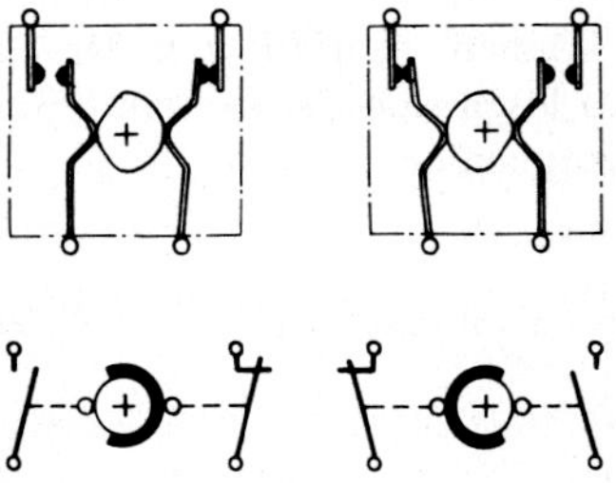

umgeschaltet
Symbol für Nockenschalter

Stromstoßschalter – relaisbetätigt

Der Stromstoßschalter ist ein relaisbetätigter Stellschalter. Die Relaisspule wird über einen Taster kurzzeitig erregt. Wird die Relaisspule erregt, so ändert der Schalter seine Stellung und bleibt auch nach Erlöschen der Erregung in dieser Stellung stehen.

Schalter betätigt (Kontakte geschlossen)

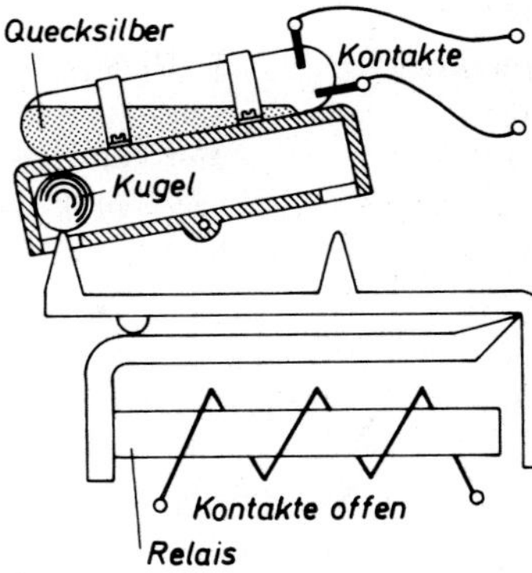

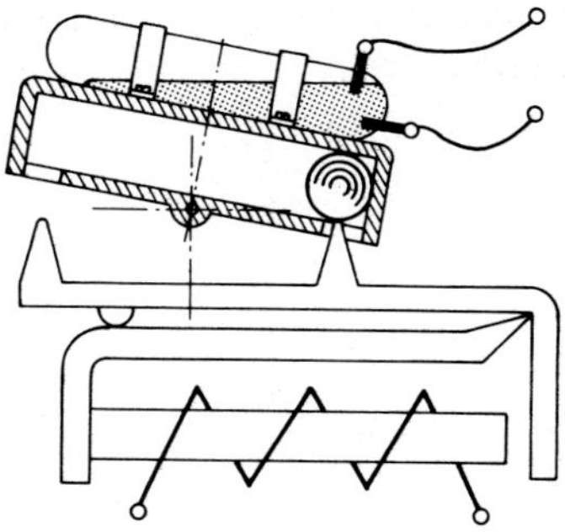

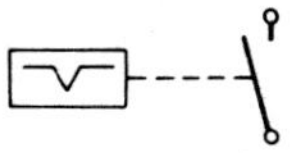

Symbol für Stromstoßschalter

Pneumatische Schalter

Pneumatisches Miniventil

Das Miniventil ist im Prinzip ein 3/2-Wegeventil.

Das Ventil ist zweistufig:

Die erste Stufe enthält einen direkt von dem Betätigungssystem angesteuerten Steuerschieber.

Die zweite Stufe enthält 2 Membranen, die den Eingang schließen oder freigeben.

Die Membranen werden durch den vom Schieber gesteuerten Druck betätigt und verbinden den Ausgang mit der Druckquelle oder der Entlüftung.

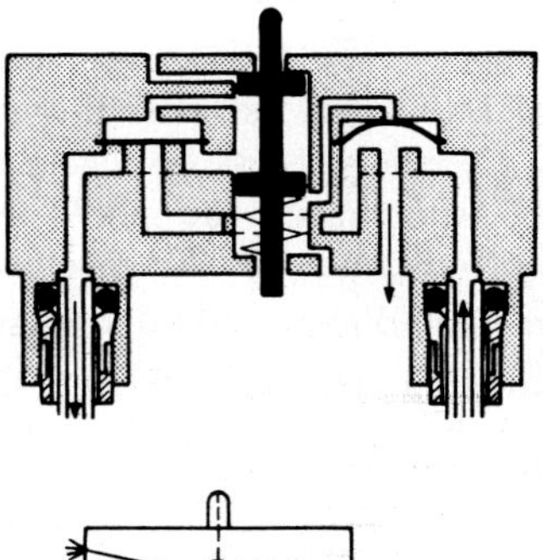

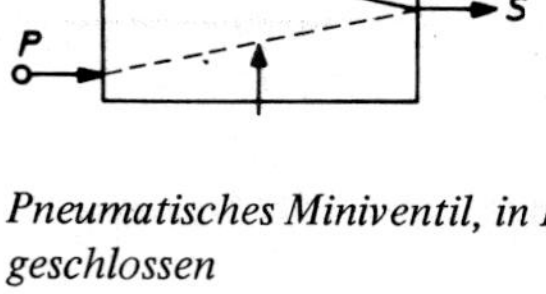

Pneumatisches Miniventil, in Ruhestellung geschlossen

Kenndaten:

Betätigungskraft	8–18 N
Schaltweg	1 mm
Betriebsdruck	2–8 bar
Durchflußmenge	138 *l*/min
Gewicht	13 g

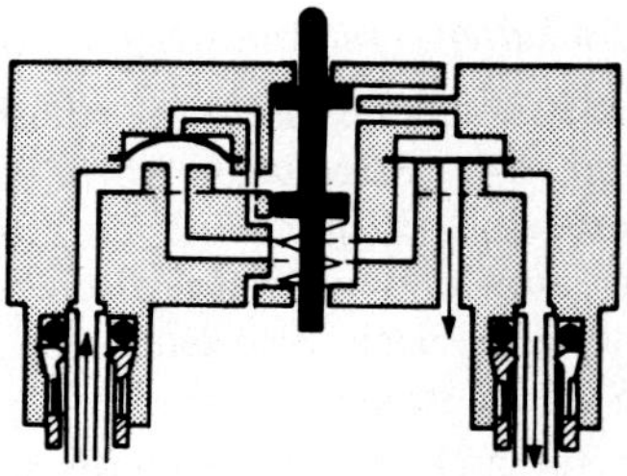

Der Verbraucheranschluß *S* des Miniventils ist nach dem Umschalten mit der Entlüftungsbohrung verbunden.

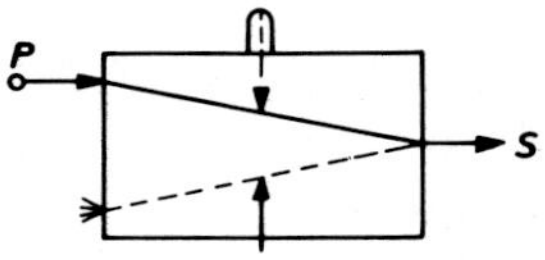

Symbol für Miniventil, in Ruhestellung offen

Der Verbraucheranschluß *S* des Miniventils führt erst nach dem Umschalten Druckluft

3/2-Wegeventil zur Signaleingabe

Dieses 3/2-Wegeventil kann im unbetätigten Zustand sowohl geschlossen (*NF*) als auch geöffnet (*NO*) sein. Die gewünschte Funktion läßt sich am Steuerknopf einstellen.

Funktion: Das Ventil ist charakterisiert durch 2 Etagen, die einerseits die geringe Betätigungskraft und andererseits die große Nennweite der Ventilöffnungen möglich machen.

- Auf den Steuerknopf wirkt der Betätiger
- Der Schaltteil mit Doppelklappe übernimmt die Umschaltung des großen Luftstroms.

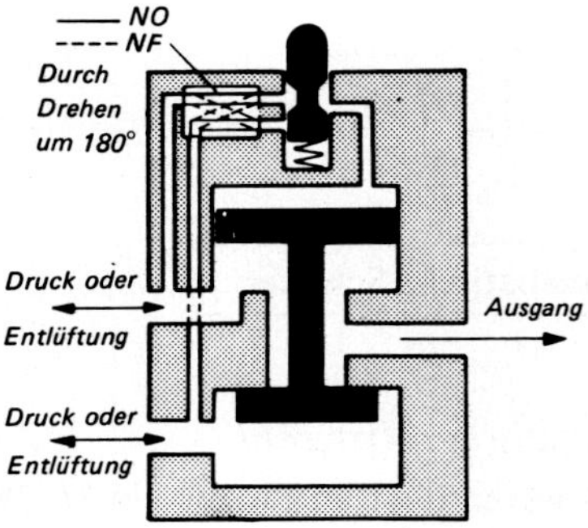

3/2-Wegeventil

Kenndaten:

Betätigungskraft	ca. 30–50 N
Betriebsdruck	2–12 bar
Nennweite	6 mm
Durchflußmenge	730 NL/min
Gewicht	320 g

Hebeltaster für pneumatische Signaleingabe

Der Hebel kann von Hand, aber auch von pneumatisch arbeitenden Stell- und Arbeitsgliedern betätigt werden. Der entlastete Hebel hat Selbstrückstellung in 0-Position.

Wirkungsweise: In 0-Stellung sind die beiden Ausgänge *A* und *B* von der Druckluftzufuhr *P* durch die beiden geschlossenen Ventile abgetrennt.

Wird der Hebel nach rechts bewegt, so wird dadurch das rechte Ventil geöffnet und mit dem Druckanschluß *P* verbunden. Die Druckluft kann über *B* entweichen. Wird der Hebel nach links bewegt, so kann die Luft über *A* entweichen.

Zur Öffnung notwendiger Betätigungswinkel α ca. 15°.

Betätigungskraft ca. 27 N.

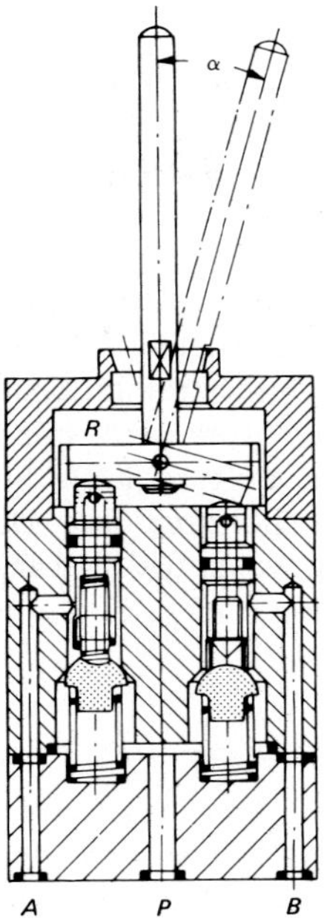

Hebeltaster

Staudüsen

Diese Staudüse kann axial aus verschiedenen Richtungen betätigt werden. Die Luftaustrittsöffnung befindet sich im Innern der Düse. Betätigungskraft ca. 100 p.

Die Staudüse mit Drahtbetätiger kann radial aus allen Richtungen angefahren werden. Nach einem Winkel von 7° schaltet die Staudüse.

Betätigungskraft ca. 5 p.

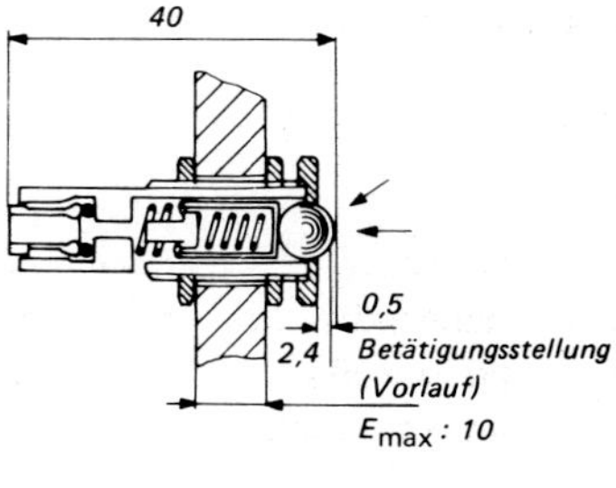

Staudüse mit Kugelbetätiger

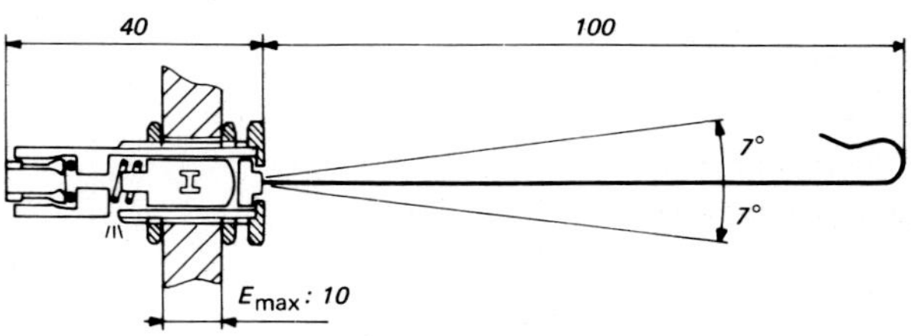

Staudüse mit Drahtbetätiger

Berührungsfühler

Berührungsfühler dienen zur Eingabe von Signalen in Fluidik-Steuerungen. Anwendungsparallelen sind Fotozellen von Lichtsteuerungen und elektrische Endtaster.

Wirkungsweise: Im eingeschalteten Zustand wird der Berührungsfühler ständig von einer konstanten Luftmenge durchströmt. Sobald die Ausgangsbohrung verschlossen wird, bildet sich ein Rückstau, und die Luft tritt als Steuersignal aus der seitlichen Bohrung aus. Das Steuersignal verschwindet, wenn die Ausgangsbohrung wieder geöffnet wird.

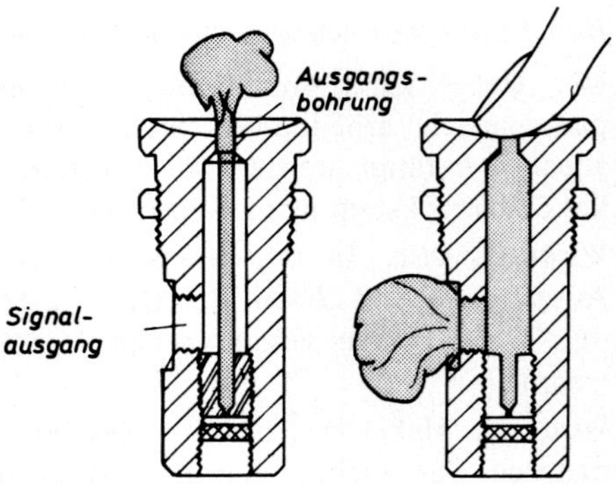

Berührungsfühler

Signalfühler und Staudüsen

Prinzipschaltung für eine Staudüse: Am Ausgang des Staudruckschalters steht der Betriebsdruck zur Verfügung. Eine Annäherung des Kolbenbodens an die Staudüse erhöht den Druck sehr schnell und bringt den Schalter zum Umschalten.

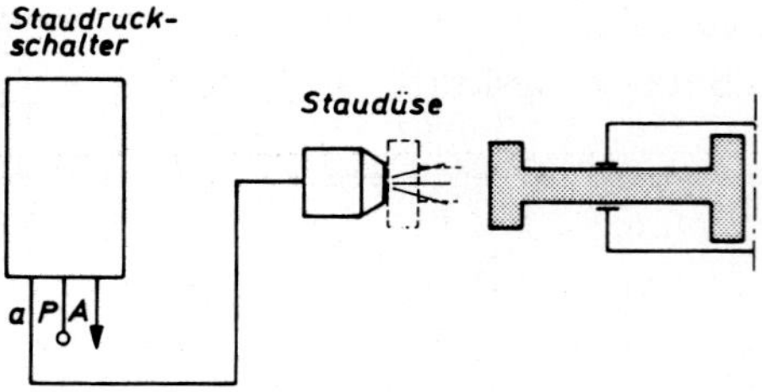

Schaltung einer Staudüse

Endabschaltung eines Zylinders

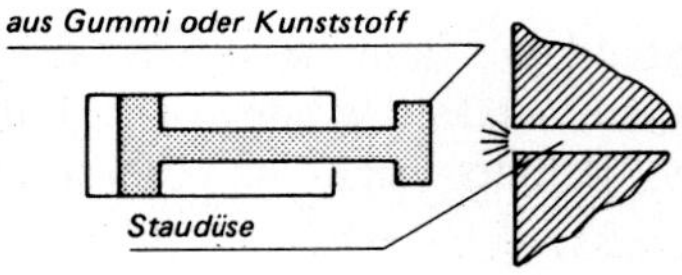

Endabschaltung eines Zylinders

Einspannen in Schraubstock

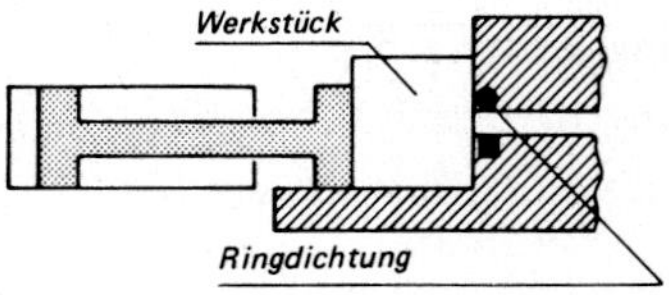

Einspannen in Schraubstock

Handsteuerung

Positionierung eines Drehtellers

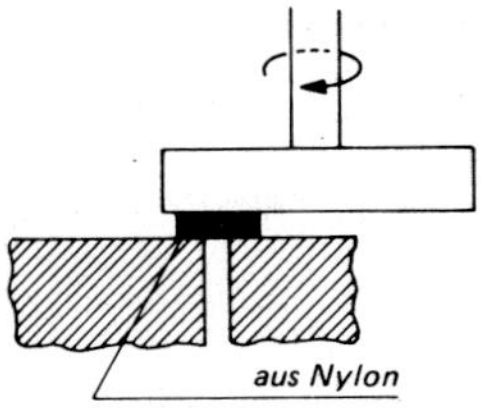

Positionierung von Teilen

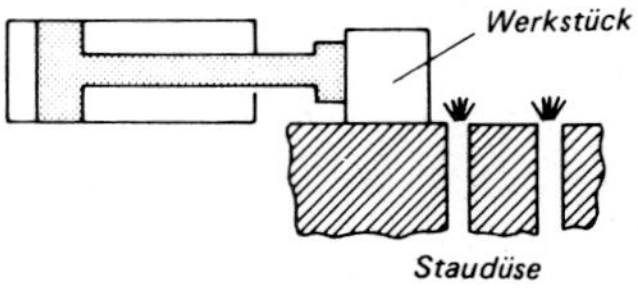

Staudruckschalter

Wirkungsweise: Die Druckluft *P* gelangt über den Filter 5 und die Drosselstelle 6 zum Eingang *a*, von wo sie zur Düse geleitet wird. Beim Verschließen der Düse steigt der Druck im Gerät an, so daß die Klappe 4 mit Hilfe der Membrane 9 betätigt wird. Beim Staudruckschalter mit pos. Ausgangssignal bedeutet dies, der Ausgang *A* führt Signal.

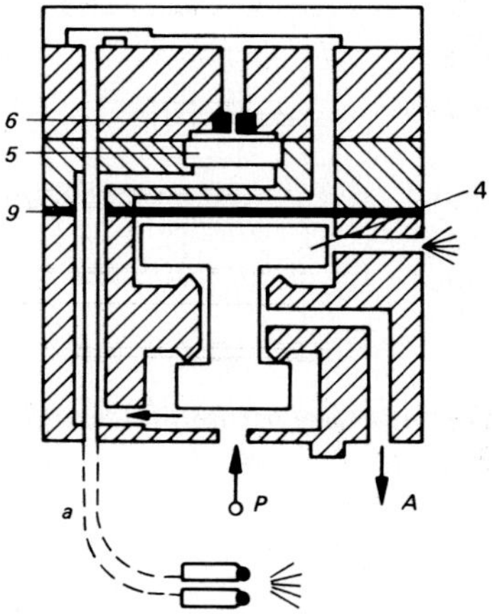

Staudruckschalter

Signalfühler (Luftschranken)

Unter den Signaleingabegeräten für pneumatische Logiksteuerungen nehmen Signalfühler für *berührungsloses Abtasten* von Werkstücken oder Gegenständen beliebiger Art eine bevorzugte Stelle ein. Insbesondere, wenn sich die Abtaststelle in explosionsgefährdeter Umgebung befindet oder großer Hitzestrahlung ausgesetzt ist, wird dieser Art der Signalerzeugung im Vergleich mit fotoelektrischen Lichtschranken der Vorzug gegeben.

Ein weiterer Vorteil ist die robuste, verhältnismäßig unempfindliche Bauweise. Da die Signalgeber keine bewegten Teile bestizen, kann nichts verschleißen.

Signalgabe mit Näherungsfühler

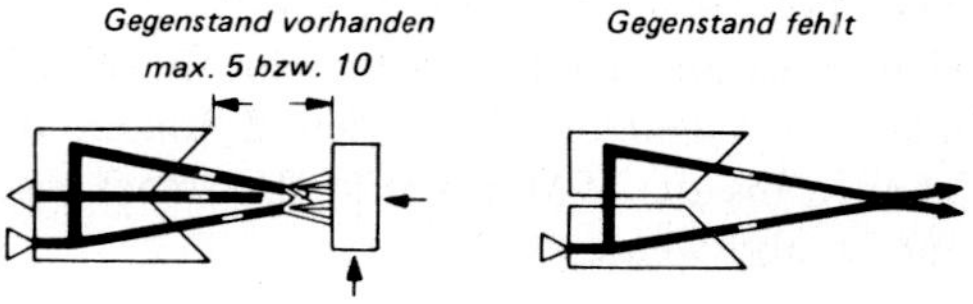

Signalgabe mit Freistrahlfühler

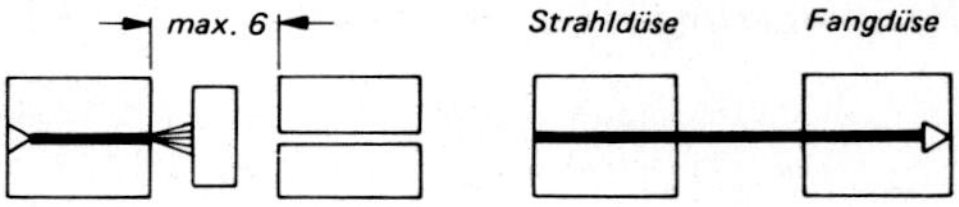

Signalgabe mit Gegenstrahlfühler

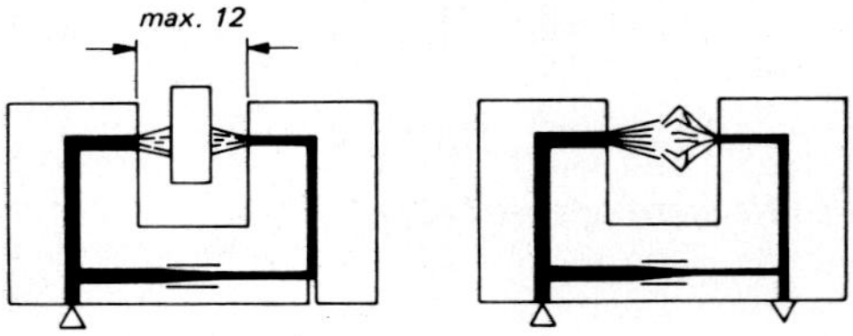

Signalgabe mit Freistrahlfühler und Strahldüse

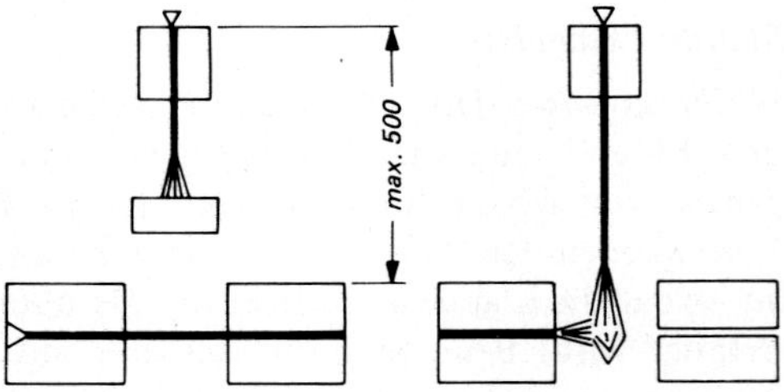

Signalgabe mit Gegenstrahlfühler und Strahldüse

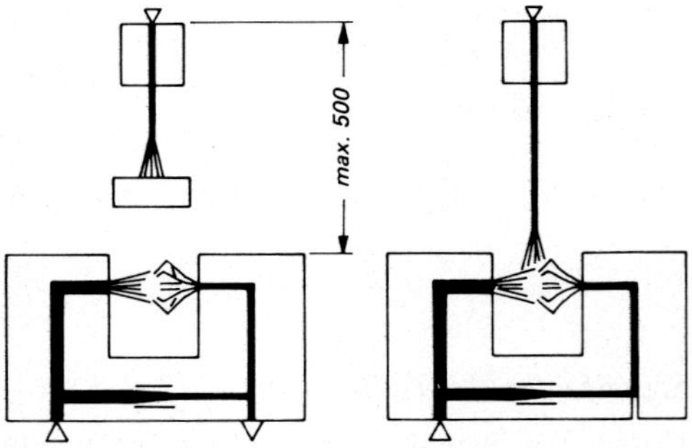

Programmgeber

Der Programmgeber mit pneumatischem Schrittantrieb ist ein Automatisierungselement für Steuerungsvorgänge nach Programm. Die Weiterschaltung erfolgt entweder durch ein Rückmeldesignal oder durch Taktgeber.

Jede Nockenscheibe schaltet ein Miniventil. Der Antrieb der gemeinsamen Achse erfolgt über einen einfach wirkenden Zylinder, der über eine Ratsche ein Zahnrad betätigt. Es können bis zu 20 Miniventile über Nockenscheiben gleichzeitig in einem Programmschalter angesteuert werden.

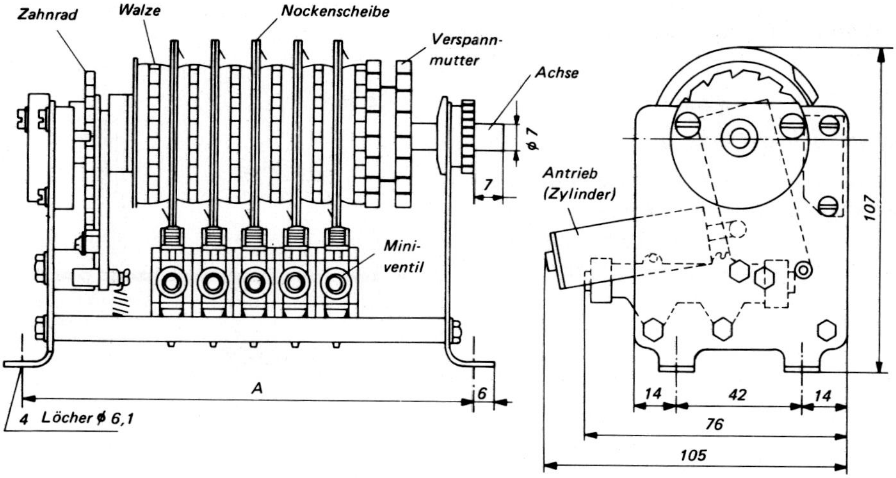

Programmschalter mit pneumatischem Schrittantrieb eignen sich für einen Einsatz unter rauhen Betriebsbedingungen. Sie sind weitgehend unempfindlich gegenüber Feuchtigkeit, Staub usw.

Kenndaten:

min. Impulsdauer 50 ms
max. Schrittfrequenz 7 Hz
mechanische Lebensdauer 10^7 Schritte bei 2 Hz

Programmschalter mit pneumatischem Schrittantrieb

Programmgeber mit Ansteuerungsmöglichkeiten: Die Antriebsimpulse kommen von externen Signalgebern

a. Dauerbetrieb
b. Impulsbetrieb
c. Impulsbetrieb. Impuls wird über zusätzliche Nockenscheibe erteilt.

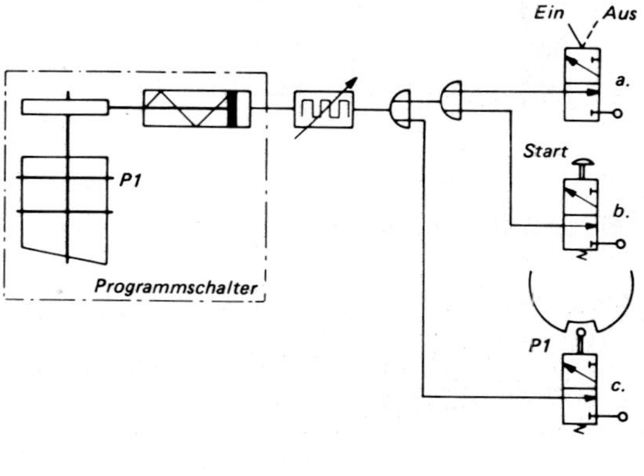

Lochstreifenleser, Lochkartenprogrammschalter

Pneumatischer Lochstreifenleser

8-Kanalleser für 1" breite Lochstreifen mit einer Lesegeschwindigkeit von 30 Zeichen in der Sekunde. Die Lesegeschwindigkeit läßt sich variieren. Antrieb über Synchronmotoren.

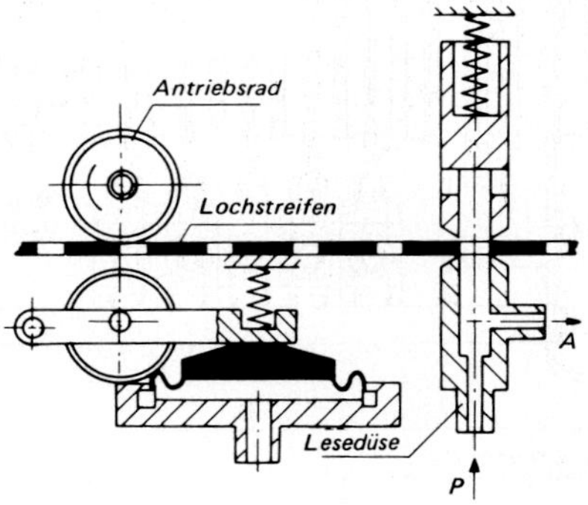

Pneumatischer Lochstreifenleser

Pneumatischer Lochkartenprogrammschalter

Wirkungsweise: Jede Perforation gibt über einen Hebel eine Staudüse frei. Der zugeordnete Staudruckschalter schaltet um. Der Programmvorschub wird mittels eines pneumatischen Schrittantriebs ausgeführt. Die Fortschaltung kann von einem Oszillator oder über Signale einer Steuerkette erfolgen.

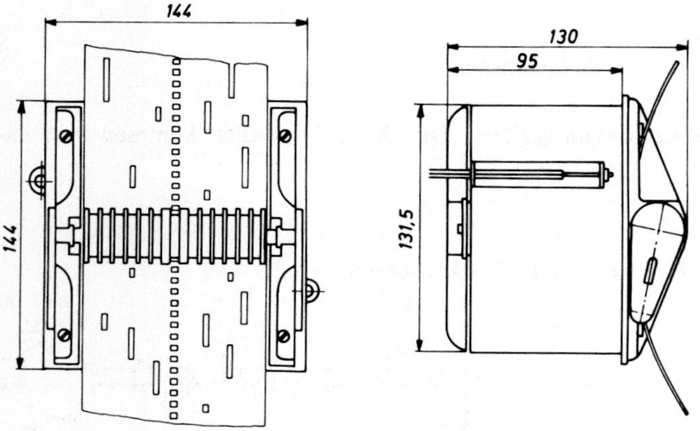

Pneumatischer Lochkartenprogrammschalter

Vorteile von Lochstreifen- bzw. Lochkartenprogrammschaltern:

- Erstellen umfangreicher Programme
- schneller Programmwechsel
- Programmwiederholung durch Endlos-Karten bzw. Endlos-Streifen.

2.5.2 Elemente der Signalumformung

Verstärker

Das Energieniveau von elektronischen- und Fluidikausgangssignalen ist oft so niedrig, daß es betrieblich nicht verwendet werden kann. Um z. B. einen pneumatischen Zylinder oder ein Ventil betätigen zu können, muß das Ausgangssignal einem Verstärker eingegeben werden, der das Signal so verstärkt, daß es unmittelbar verwertet werden kann.

Elektronischer Verstärker

Elektronische Verstärker sind *Röhren-* bzw. *Transistorverstärker.*

Beim Transistorverstärker wird ausgenutzt, daß ein sehr kleiner Basisstrom I_B den Transistor mehr oder weniger öffnet und dadurch einen sehr viel größeren Kollektorstrom I_C steuert. Dieser ruft über den Kollektorwiderstand R_C oder über den Transistor einen Spannungsabfall hervor, der von R_C und I_C abhängig ist. Dieser Spannungsabfall kann als Ausgangssignal direkt abgegriffen werden. Oft werden mehrere Verstärkerstufen hintereinandergeschaltet. Dabei multiplizieren sich die Verstärkungen der einzelnen Stufen. Der Transistorverstärker benötigt keine Heizleistung wie der Röhrenverstärker. Er hat sich deshalb und wegen seiner längeren Lebensdauer immer mehr durchgesetzt und andere Verstärkertypen verdrängt.

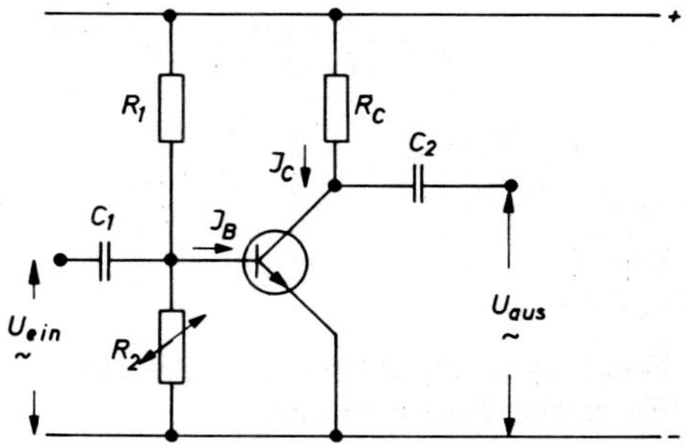

Schema einer Transistorverstärkerstufe

Elektromechanische Verstärker

Durch getrennte Schaltkreise können Steuerrelais mit niedriger Leistung betrieben werden, die wiederum mit ihren Kontakten hohe Schaltleistungen steuern. Steuerkreis und Schaltkreis sind elektrisch voll voneinander getrennt.

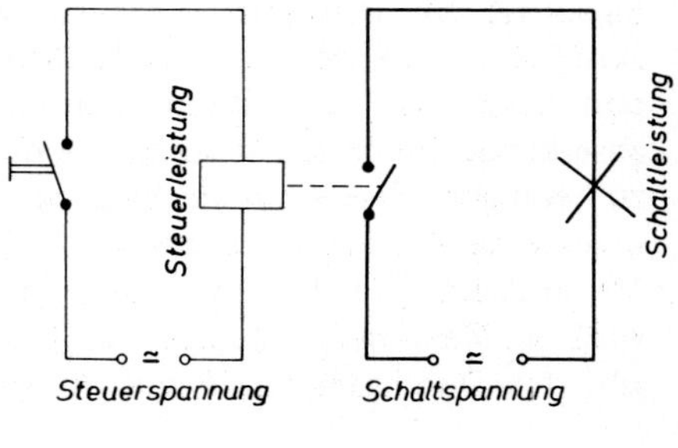

Pneumatische Verstärker

3/2-Wege-Verstärkerventile

Bei der direkten Ansteuerung wird der Ausgang des Verstärkerventils benutzt, um einen Arbeitszylinder direkt anzusteuern. Bei dieser Art der Verstärkung ist der Durchmesser des Arbeitszylinders auf 50 mm beschränkt.

Werden größere Zylinderdurchmesser angesteuert, so muß das Verstärkerventil in Verbindung mit einem 3/2- bzw. 5/2-Wegeventil eingesetzt werden.

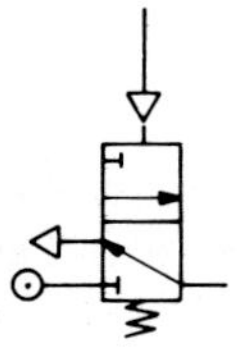

Symbol Verstärkerventil

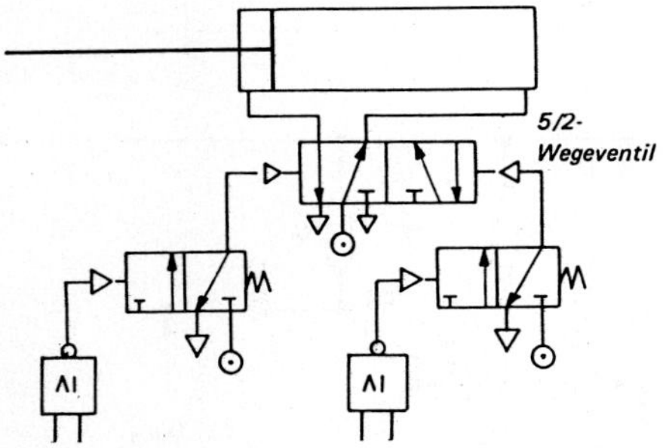

Steuerung bei doppeltwirkendem Zylinder
Für größere Zylinderdurchmesser

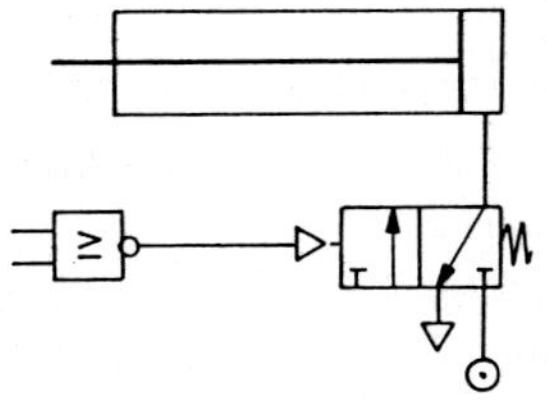

Direkte Steuerung mit Verstärkerventil
Für einfach wirkende Zylinder mit kleinem Durchmesser

Pneumatischer Niederdruckverstärker

Der Niederdruckverstärker führt am Ausgang ein Signal von der Größe des Netzdruckes, wenn das Eingangssignal wesentlich geringeren Druck aufweist. Der Verstärkungsfaktor liegt bei ~1000.

Das Verstärkerventil besteht aus dem Schaltteil und dem Verstärkeroberteil.

Wirkungsweise: Bei fehlendem Eingangssignal *a* wird die Klappe 4 von der bei *P* anstehenden Druckluft so betätigt, daß am Ausgang kein Signal ist. Die Druckluft *P* gelangt aber gleichzeitig über den Filter 5 und die Engstelle 6 nach 7 und kann dort entweichen. Der im Raum 11 anstehende Druck reicht nicht aus, die Klappe 4 zu betätigen. Erst wenn am Eingang *a* Signal erscheint, verschließt die Membrane 8 die Bohrung 10, so daß bei 11 der Druck ansteigt. Hierdurch wird die Membrane 9 betätigt, und die Klappe 4 gibt den Durchgang von *P* zum Ausgang *A* frei.

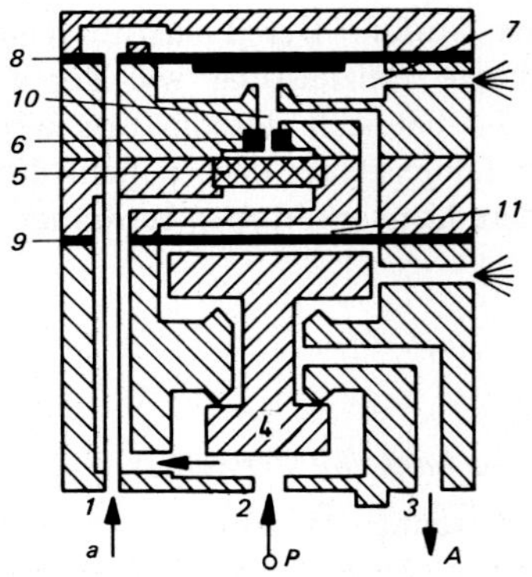

Niederdruckverstärker (Crouzet)

Kenndaten:

Betriebsdruck	2–8 bar
Durchflußmenge bei 6 bar	135 *l*/min
Ansprechzeit	15 ms

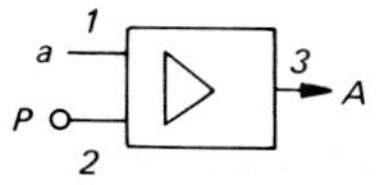

Symbol Niederdruckverstärker

Man kann auf den Niederdruckverstärker noch zusätzlich eine „dynamische Verstärkeretage" (Fluidik-Aufsatz) aufsetzen. Dadurch läßt sich der Verstärkungsfaktor weiter erhöhen.

Wirkungsweise des Fluidik-Aufsatzes:

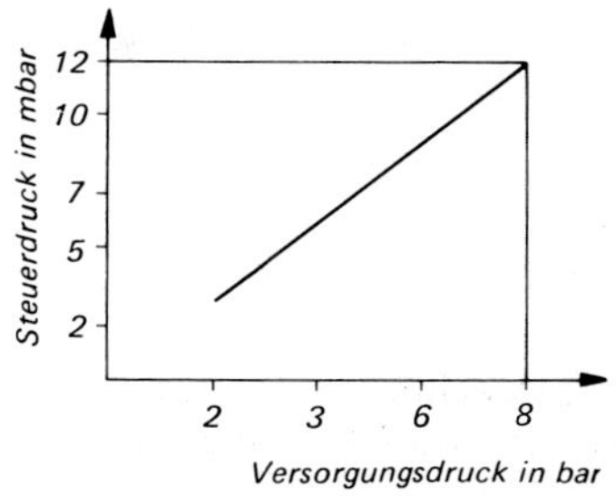

Kennlinie Steuerdruck – Versorgungsdruck

Der Fluidik-Aufsatz, die zweite Verstärkerstufe, arbeitet nach dem Wandstrahl-Effekt (*Coanda-Effekt*).

Bei fehlendem Eingangssignal (1) strömt die Luft bei E1 aus. Sobald das Drucksignal 1 erscheint, wird der Strahl nach 12 umgelenkt. E2 ist eine in dieser Technik erforderliche Bohrung zur Entlüftung.

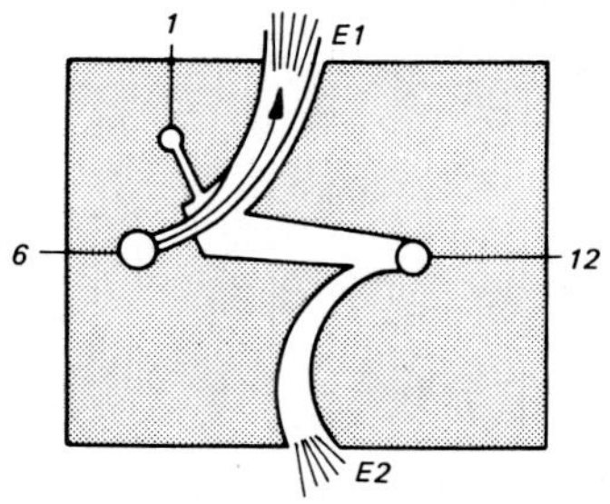

dynamische Verstärkeretage

Signalumformer

P/E Signalumformer

P/E Signalumformer wandeln ein digitales, pneumatisches Eingangssignal in ein digitales, elektrisches Ausgangssignal um.

Der schematisch dargestellt P/E Wandler hat ein Aluminiumgehäuse mit einem Kunststoffeinsatz für den elektrischen Teil sowie im Innern eine federbelastete Membran. Durch Luftdruck oder Sog schließt oder öffnet ein im Gehäuse angeordneter, einstellbarer Kontakt und ein in der Membran befindlicher Kontaktniet einen Stromkreis.

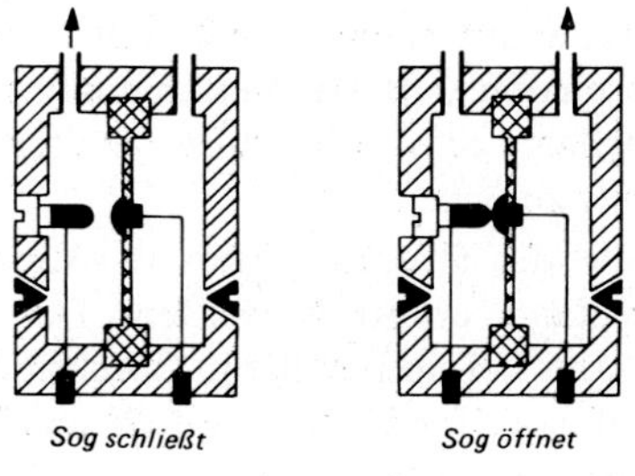

Sog schließt Sog öffnet

Kenndaten:

Einschaltdruck	0,2–5 m bar
Belastbarkeit der Schaltkontakte	0,5 A/220 V
Schaltfrequenz	10 Hz
Gewicht	10 N
Temperaturbereich	0 °C–30 °C

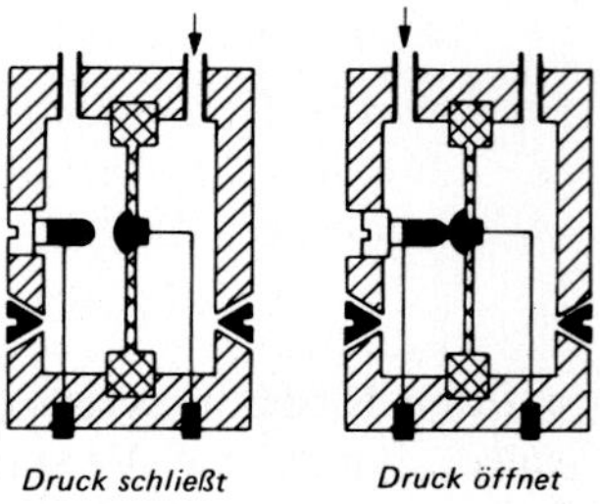

P/E Wandler

Das nebenstehende Bild zeigt eine Relaisschaltung, die mit zwei P/E Wandlern geschaltet wird.

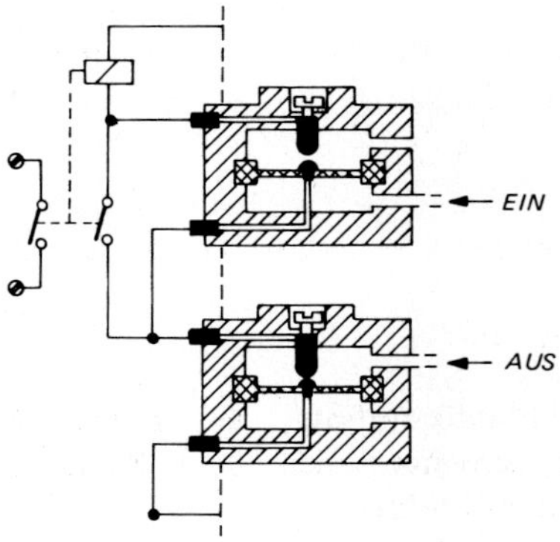

Ein- und Ausschalten eines Relais durch Druckimpulse

P/E Signalumformer (Druckkontakt)

Der P/E Druckkontakt besteht aus dem Schaltteil – einem Mikroschalter – und dem Betätigungsorgan mit Membran und Kolben.

Wirkungsweise: Bei fehlendem Eingangssignal *a* bleibt der eingebaute Mikroschalter unbetätigt. Wird Druckluft bei *a* zugeführt, so drückt diese auf die Membrane 9, dadurch wird der Kolben 4 bewegt, der seinerseits den Kontakt 3 umschaltet (Mikroschalter). Beim Verschwinden des Eingangssignals geht der Mikroschalter in seine Ruhelage zurück.

Mit Hilfe des Druckanzeigers (8) kann der Eingangszustand ermittelt werden. Der Druckanzeiger tritt bei anliegendem Drucksignal hervor und muß von Hand zurückgestellt werden.

Mit Hilfe der Handbetätigung (10) kann das Element unabhängig vom Eingangszustand umgesteuert werden.

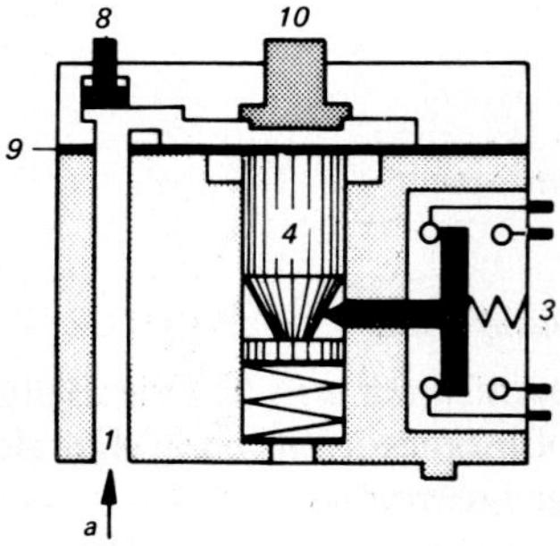

P/E Druckkontakt

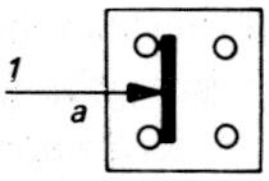

Symbol für P/E Druckkontakt

Kombinierter Verstärker mit P/E Umformer

Das Gerät besteht aus einer Verstärkerstufe mit Fluidik-Etage und Membranverstärker sowie einem Mikroschalter.

Wirkungsweise: Die Druckluft bei *P* versorgt sowohl die Fluidik-Etage als auch die Verstärkeretage mit Membrane. Sobald am Eingang *a* das Signal erscheint, wird der Luftstrom umgelenkt, und im Raum 12 entsteht ein ausreichend großer Druck, um mit Hilfe der Membrane 8 die Bohrung 10 zu verschließen. Daraufhin steigt in 11 der Druck. Die Membrane betätigt den Stößel und der Schalter legt um.

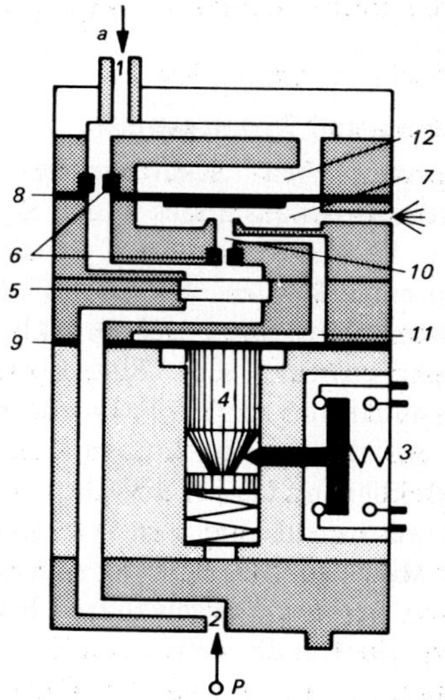

Kombinierter Verstärker

Kenndaten:

Ansprechzeit	50 ms
max. Spannung	250 V
max. Schaltleistung	5 A
Ansprechdruck	ca. 1 bar

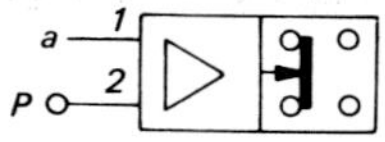

Symbol für KOMBIGLIED

E/P Signalumformer **(Elektromagnetventil)**

Wirkungsweise: Ist die Spule 1 nicht erregt, so erscheint am Ausgang *A* kein Drucksignal. Wird die Spule 1 durch Anlegen einer Spannung erregt, so bewegt sich der Anker 4 in die Spule hinein. Dadurch wird einerseits die Bohrung für die Entlüftung 6 geschlossen, und andererseits kann das Drucksignal am Ausgang *A* erscheinen. Mit dem Verschwinden des elektrischen Signals an der Spule wird der Ausgang 3 mit der Entlüftungsbohrung verbunden. Mit Hilfe des Hebels 7 kann die Funktion des Elektromagnetventils überprüft werden.

Ansprechzeit 25 ms

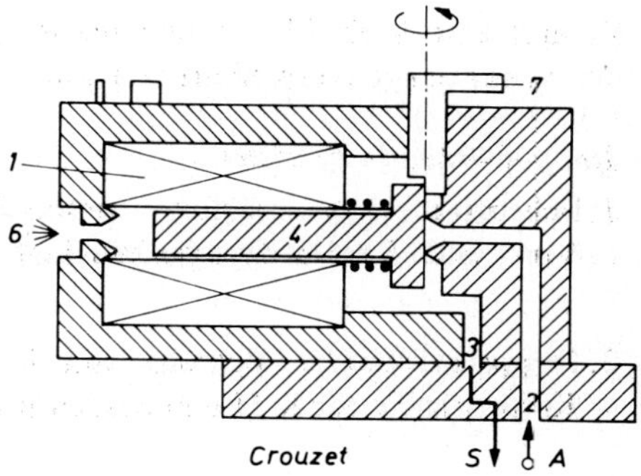

Elektromagnetventil

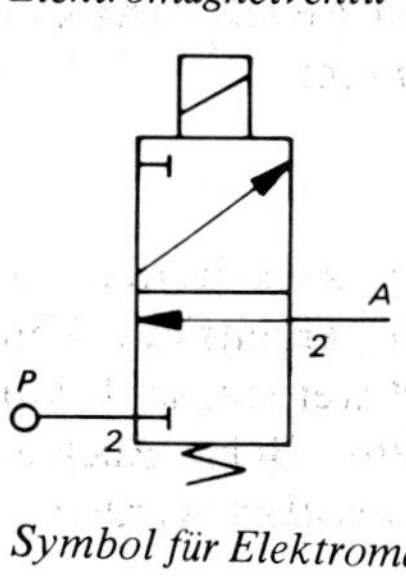

Symbol für Elektromagnetventil

2.5.3 Pneumatische Signalanzeigegeräte

Pneumatisches Schauzeichen

Beschreibung und Wirkungsweise:

Die pneumatischen Schauzeichen sind zur Anzeige des Druckzustandes in den Signalleitungen von Fluidik-Steuerungen bestimmt. Sie enthalten einen Kolben, der durch Federkraft in seine Ruhestellung und durch Druckluft in seine Endstellung gedrückt wird. Eine Linse sammelt das Außenlicht und wirft es bei vorderer Kolbenstellung auf die farbige Kolbenfläche, die das Licht reflektiert und dabei eine ähnliche optische Wirkung verursacht wie eine elektrisch eingeschaltete Meldeleuchte. Befindet sich der Kolben in der von der Linse abgewandten Endstellung, dann verschlucken die schwarzen Zylinderwände das einfallende Licht und der Farbeffekt verschwindet. Wird die Feder entfernt, dann erfolgt die Anzeige abhängig vom Differenzdruck zwischen den beiden Anschlußleitungen.

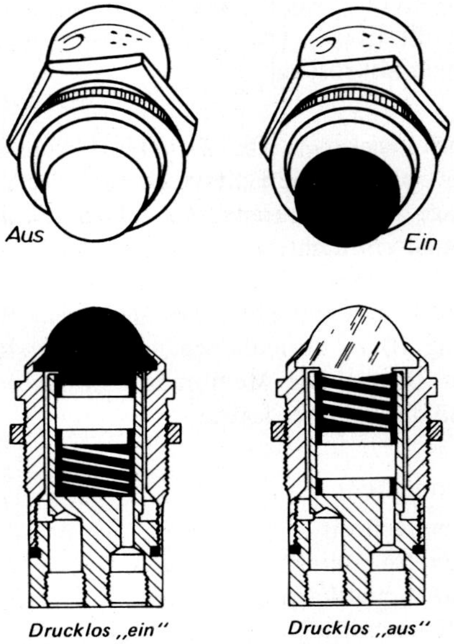

2.5.4 Pneumatische Stell- und Arbeitsglieder

Es gibt eine Vielzahl von pneumatischen und elektrischen Stell- und Arbeitsgliedern, von denen nur einige beispielhaft benannt und skizziert werden sollen.

Doppelwirkende Zylinder:

1. beliebiger Hub möglich, unterschiedliche Vor- und Rücklaufgeschwindigkeit möglich

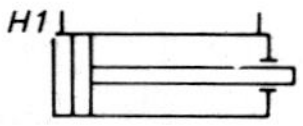

2. Doppeltwirkender Zylinder mit beidseitiger Kolbenstange für Kräfte in beiden Richtungen

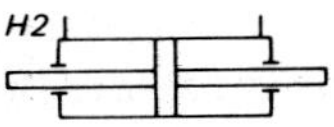

Membranzylinder zur Verstärkung kleiner Kräfte bei Hüben bis ca. 50 mm

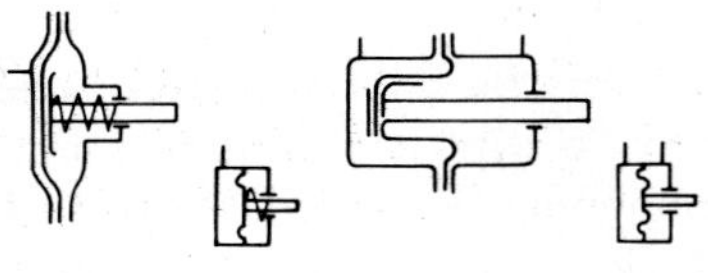

Tandemzylinder mit zwei hintereinanderliegenden Kolben. Beim Arbeitshub können beide Kolben beaufschlagt werden, so daß die doppelte Vorlaufkraft entsteht. Beim Rücklauf braucht nur ein Kolben beaufschlagt werden.

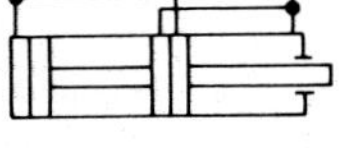

Schlagzylinder: In der Vorkammer baut sich zunächst der Druck langsam auf. Bei einem bestimmten Druck öffnet eine Bohrung, und die Druckluft wirkt schlagartig auf die ganze Kolbenfläche. (Nieten, Pressen, Stanzen).

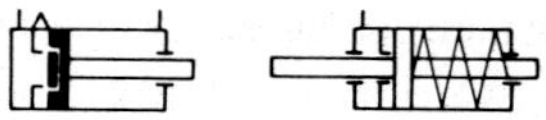

Hydropneumatische Zylinder, bestehend aus Pneumatik- und Hydraulikzylinder mit fest verbundenen Kolbenstangen. Anwendung: Positioniersteuerungen.

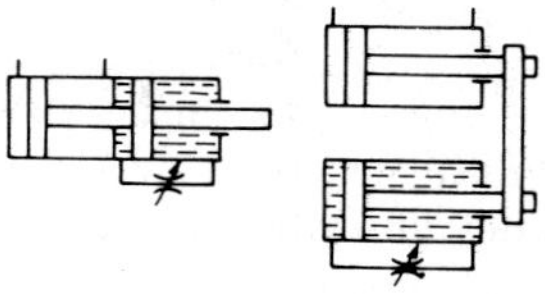

Zylinder mit Endlagendämpfung.

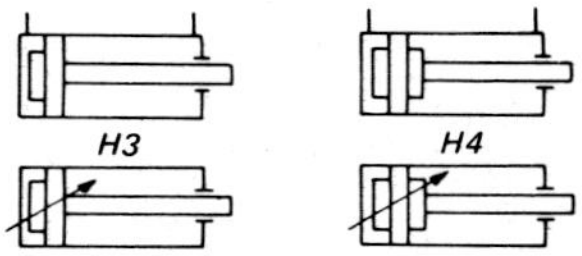

► ***Zur Selbstkontrolle***

1. Welche Arten peripherer Geräte werden in der *digitalen Steuertechnik* unterschieden?
2. Was versteht man unter einem E/P-Wandler?
3. Erkläre die Wirkungsweise einer Staudüse?
4. Welches pneumatische Element entspricht der elektrischen Lichtschranke?
5. Erkläre die Wirkungsweise eines Lochstreifenlesers.
6. Skizziere den schematischen Aufbau eines P/E-Signalumformers.
7. Wie wirkt ein Membranzylinder?
8. Wie ist ein pneumatischer Verstärker aufgebaut?
9. Was versteht man unter einem Relaisschalter?
10. Erkläre die Wirkungsweise eines Stromstoßschalters.

2.6 Komplexe Schaltungen, Fallbeispiele und Lösungen

2.6.1 Lösungsschema für Steuerungsaufgaben

Vorgehensweise:

- Erfassung der äußeren Randbedingungen

  Es müssen die Umweltbedingungen erfaßt werden, in der die Steuerungsanlage eingesetzt werden soll. Solche Bedingungen sind z. B. vorkommende Temperaturen, Verschmutzung usw.

- Erfassen der Betriebsbedingungen der Anlage

  Dabei müssen folgende Untersuchungen angestellt werden. Welche Energiearten können verwendet werden? Ergeben sich Wartungsprobleme, und wie soll die Wartung durchgeführt werden? Gibt es für den Funktionsablauf der Steuerungsanlage besondere Vorgaben, wie z.B. Startbedingungen, Einrichtebedingungen, Sicherheitsbedingungen usw.?

- Funktionsablauf festlegen

  Nach der Abklärung der Rand- und Betriebsbedingungen kann der erforderliche Funktionsablauf festgelegt werden. Der Ablauf muß in einem Funktionsdiagramm unter Berücksichtigung der vorgenannten Randbedingungen dargestellt werden.
- Bauelemente auswählen, Schaltplan zeichnen

  Erst danach können die zu verwendenden Bauelemente ausgewählt werden. Dann kann der Schaltplan aufgezeichnet werden.
- Funktion überprüfen

  Zum Abschluß muß die Funktion der Schaltung anhand des Schaltplans und des Funktionsdiagramms überprüft werden.

Beispiel für das Erstellen eines Schaltplans:

Aufgabenstellung:

Der Arbeitstisch einer hydraulisch gesteuerten Schleifmaschine soll kontinuierlich hin- und herbewegt werden. Hierzu wird eine Steuerung benötigt. Die Umschaltung aus einer Endstellung in die andere soll über Endschalter erfolgen. Die Umschaltung von links nach rechts soll durch den Endschalter b_R, die von rechts nach links durch den Endschalter b_L erfolgen.

Nach Betätigung des Austasters soll der Arbeitstisch in eine der Endlagen fahren!

Rand- und Betriebsbedingungen:

An Energie stehen Druckluft und elektrische Energie zur Verfügung. Es kann eine Schützschaltung oder eine kontaktlose Steuerung verwendet werden.
Startbedingung: Der Schleiftisch muß sich beim Start in einer der vorgesehenen Endlagen befinden.
Sicherheitsbedingung: Um Fehlsteuerungen des Arbeitstisches zu verhindern, muß eine gegenseitige Verriegelung durch Endschalter vorgesehen werden.

Festlegung des Funktionsablaufs:

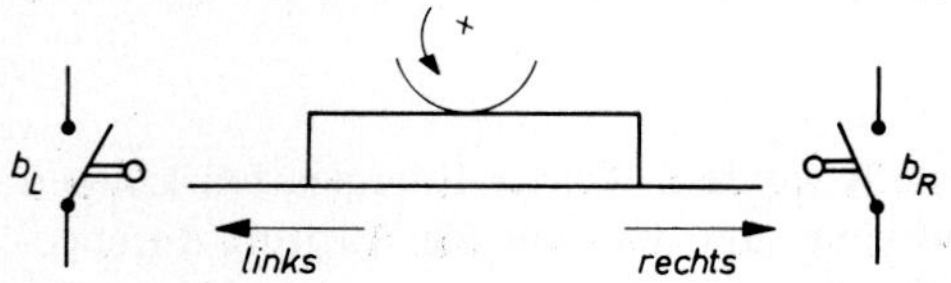

b_{EIN}	Starttaster
b_{AUS}	Austaster
b_L	Nockenschalter in linker Endlage
b_R	Nockenschalter in rechter Endlage

Funktionsablauf:

1. Start: $b_{EIN} + (b_L \text{ oder } b_R) + \overline{b_{AUS}} \rightarrow$ Speicher 1 wird gesetzt

$$\boxed{b_{EIN} \wedge (b_L \vee b_R) \wedge \overline{b_{AUS}} \rightarrow \text{Speicher 1}}$$

2. Rechtslauf:: Speicher 1 $\wedge\, b_L \wedge \bar{b}_R \xrightarrow{\text{setzt}}$ Speicher$_{\text{Rechtslauf}}$
3. Linkslauf: Speicher 1 $\wedge\, b_R \wedge \bar{b}_L \xrightarrow{\text{setzt}}$ Speicher$_{\text{Linkslauf}}$
4. Stop: $b_{AUS} \xrightarrow{\text{löscht}}$ Speicher 1

Logikplan:

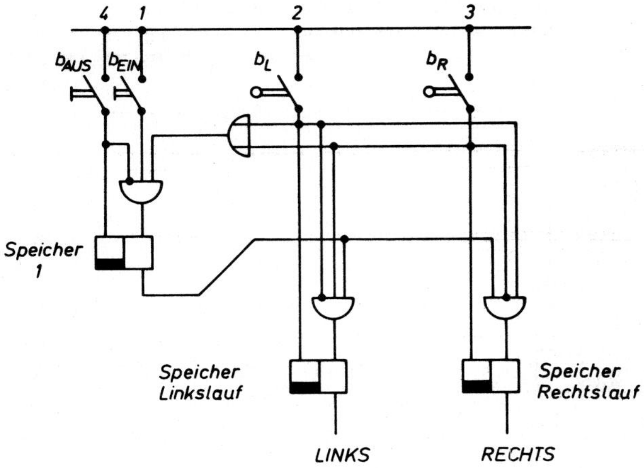

Nach der Erstellung des Logikplanes können die Energieformen – Luft oder Elektrizität – bestimmt und die zu verwendenden Bauelemente ausgewählt werden.

Lösung 1:

Schützschaltung – elektrische Energie

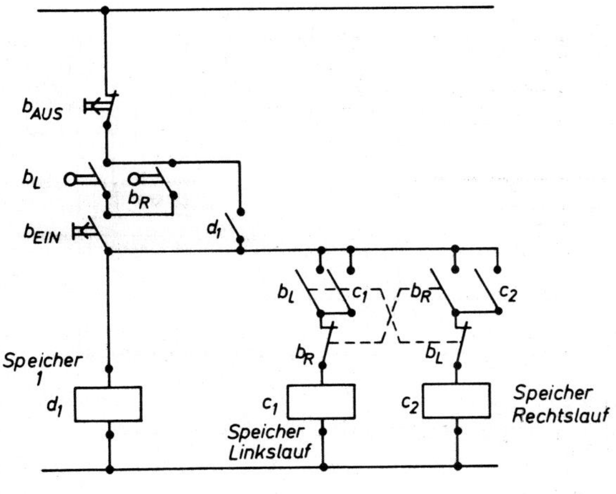

Die beiden Hauptspeicher werden durch zwei Schütze c_1 und c_2 realisiert. d_1 ersetzt den Vorspeicher

Lösung 2:
Schaltung mit Fluidiks
Schaltschema (1)

Schaltung mit Fluidiks

Um die Schaltbedingungen einzuhalten (siehe Funktionsablauf) müssen drei UND-Glieder mit mindestens drei Eingängen verwendet werden (siehe Logikplan). Da bei Anpassung an das zur Verfügung stehende Geräteprogramm UND-Glieder mit 2 Eingängen verwendet werden müssen, ergibt sich schaltungsmäßig eine aufwendigere Steuerung, die in einem veränderten Logikplan zunächst vorgestellt werden soll.

Nach diesem leicht veränderten Logikplan kann die Steuerung aufgebaut werden.

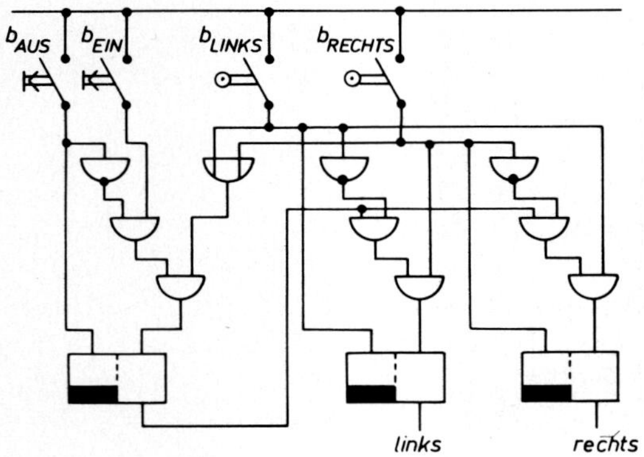

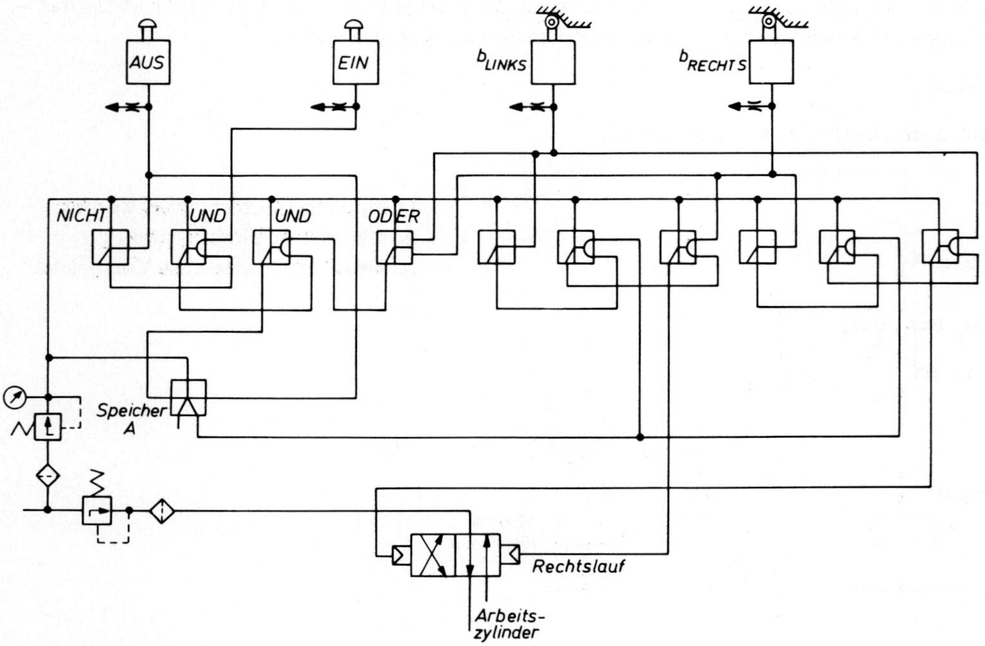

Die beiden Hauptspeicher sind durch ein 4/2-Wegeventil ersetzt. Durch dieses Umsteuerventil kann die Energieführung in ihrer Richtung geändert werden.

Der Aufbau der Schaltung zeigt, daß die Anzahl der verwendeten Fluidik-Elemente relativ hoch ist. Man kann die Anzahl der notwendigen Elemente dadurch vermindern, daß die Funktionsablaufgleichungen nach *de Morgan* vereinfacht werden

1. $b_{EIN} \wedge (b_L \vee b_R) \wedge \overline{b_{AUS}} \rightarrow H_A$ $\quad (b_L \vee b_R) = b_{LR}$ $\quad H_A$ Speicher A
2. $H_A \wedge b_L \wedge \overline{b}_R \rightarrow H_R$ $\quad H_R$ Speicher Rechtslauf
3. $H_A \wedge b_R \wedge \overline{b}_L \rightarrow H_L$ $\quad H_L$ Speicher Linkslauf

Umwandlungen nach de Morgan:

1. $b_{EIN} \wedge b_{LR} \wedge \overline{b_{AUS}} = \overline{\overline{b_{EIN}} \vee \overline{b_{LR}} \vee b_{AUS}} = \overline{(\overline{b_{EIN}} \vee \overline{b_{LR}}) \vee b_{AUS}} = \overline{\overline{(b_{EIN} \wedge b_{LR})} \vee b_{AUS}}$
2. $H_A \wedge b_L \wedge \overline{b_R} = \overline{\overline{(H_A \wedge b_L)} \vee b_R}$
3. $H_A \wedge b_R \wedge \overline{b_L} = \overline{\overline{(H_A \wedge b_R)} \vee b_L}$

Der Logikplan hat danach folgendes Aussehen:

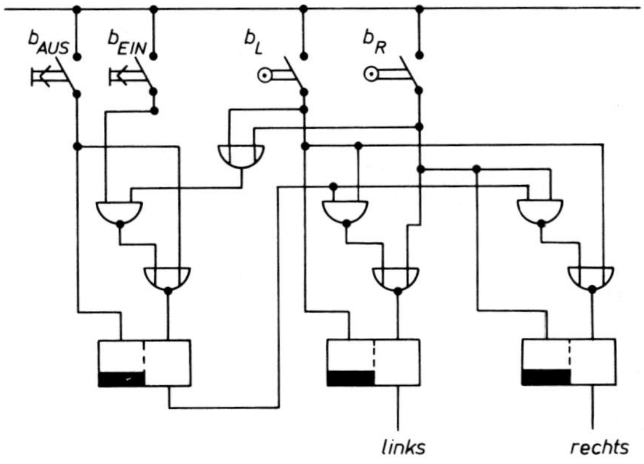

Schaltschema (2)

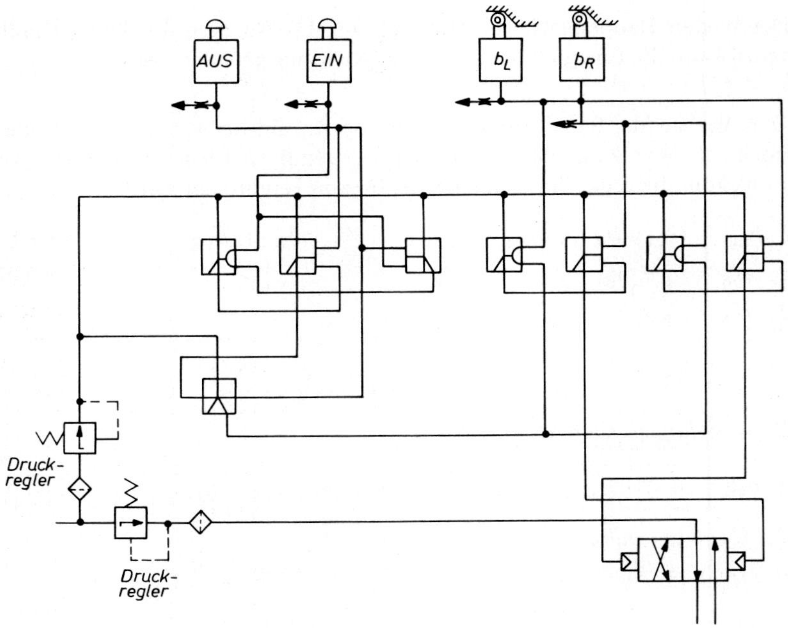

Die Schaltskizze kommt bei der Vereinfachung nach *de Morgan* mit 3 Elementen weniger aus. Dadurch werden Kosten für die Elemente und für die Leitungsverlegung eingespart. Außerdem kann die Steuerung kompakter und kleiner ausgeführt werden.

Lösung 3:

Pneumatische Schaltung

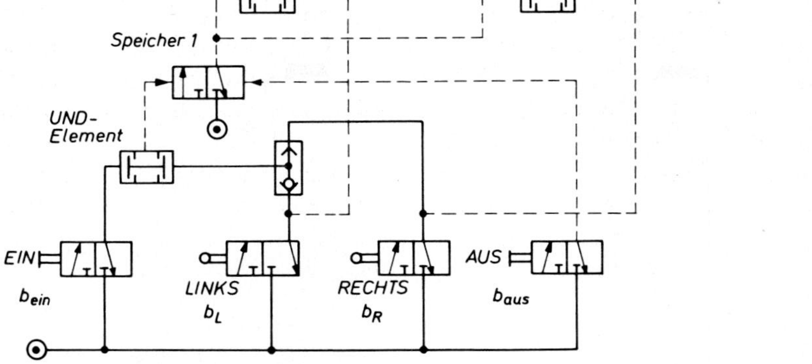

Die beiden Hauptspeicher können durch ein 4/2-Wegeventil ersetzt werden, weil dadurch die Energieführung geändert werden kann.

Erstellung eines Funktionsplans zur Rechts-Links-Steuerung eines Arbeitstisches (pneumatische Schaltung)

Bauglied	**Zustand**		**Schritt**										
Benennung	Bewegungs-Funktion	Lage	0	1	2	3	4	5	6	7	8	9	10
3/2-Wegeventil Öffner	Aus b_{AUS}	0 L											
3/2-Wegeventil Schließer	Ein b_{EIN}	0 L											
3/2-Wegeventil Umschaltglied	Linkslauf b_L	0 L											
3/2-Wegeventil Umschaltglied	Rechtslauf b_R	0 L											
3/2-Wegeventil Schütz mit Selbsthaltung	Zwischen-speicher (1)	0 L											
4/2-Wegeventil 2 X Schütz mit Selbsthaltung	Speicher Linkslauf Speicher Rechtslauf	0 L											
doppeltwirkender Zylinder		EIN AUS											

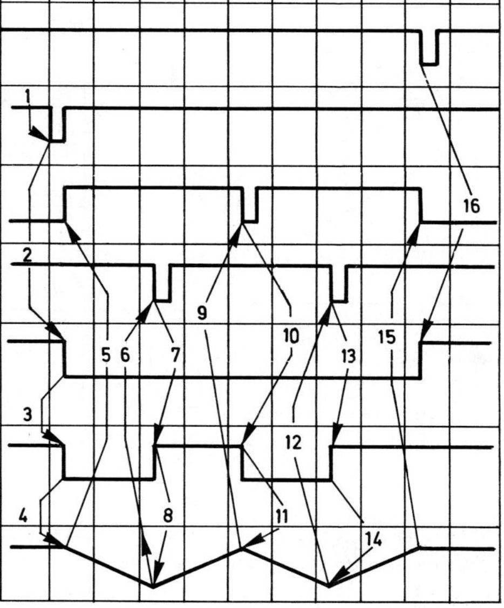

Funktionsbeschreibung:

Ausgangssituation: Der Zylinder befindet sich im eingefahrenen Zustand und betätigt dabei den Nockenschalter b_L.

Durch b_{EIN} wird der Arbeitsvorgang eingeleitet (*1*). Der über b_{EIN} eingegebene Impuls setzt den Zwischenspeicher 1 auf L (*2*). Der Zwischenspeicher 1 setzt den Hauptspeicher auf Rechtslauf (*3*). Der Arbeitszylinder fährt aus (*4*). Nach dem Ausfahren wird der Nockenschalter b_L auf 0 gesetzt (*5*). Mit dem Erreichen seiner Endstellung betätigt der ausgefahrene Kolben den Nockenschalter b_R (*6*). Über b_R und den Zwischenspeicher wird der Hauptspeicher umgesetzt (*7*), so daß der ausgefahrene Kolben umgesteuert wird und den Rücklauf beginnt (*8*). Gleichzeitig wird b_R wieder auf 0 gesetzt. Mit dem Erreichen der Endlage betätigt der Kolben b_L (*9*) usw.

Durch Betätigung von b_{AUS} wird schließlich der Zwischenspeicher auf 0 gesetzt (*16*). Der Arbeitskolben fährt in die folgende Endlage und wird nicht mehr umgesteuert.

2.6.2 Verteilung codierter Teile

Aufgabenstellung: Mit Hilfe einer Weiche sollen drei verschiedene Stückgüter sortiert werden. Die Teile sind an der Unterseite entsprechend codiert. Die Codierung wird von zwei Tastern a und b abgefragt.

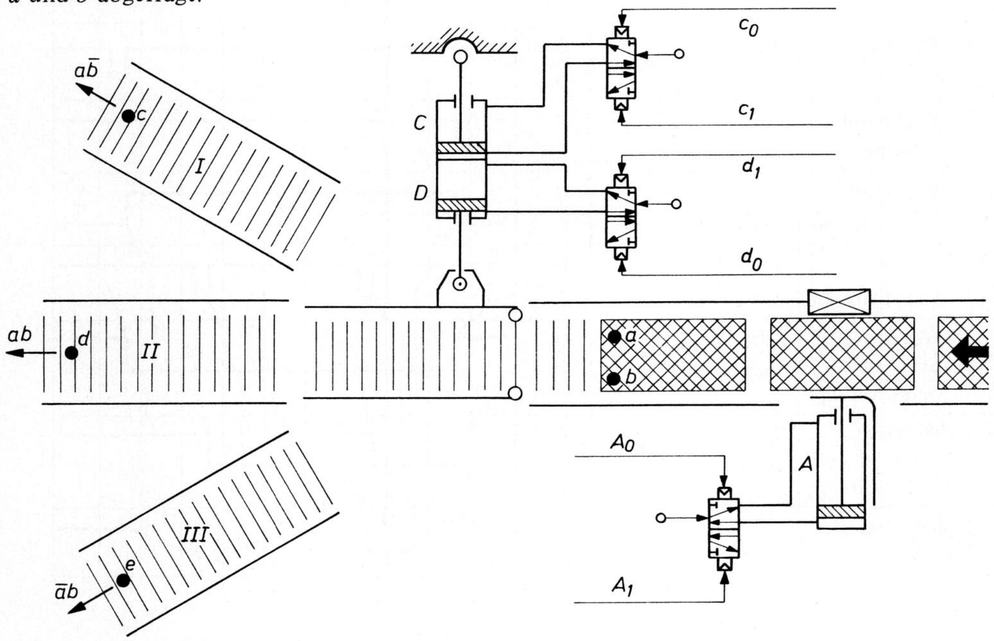

Lösung:

Code: Die Verteilung erfolgt nach folgendem Schlüssel.

Teil 1 a und b betätigt $(a \wedge b)$ = Transport Richtung II Zylinder C eingefahren $(C-)$ Zylinder D ausgefahren $(D+)$.

Teil 2 a betätigt, b nicht betätigt $(a \wedge \bar{b})$ = Transport Richtung I. Zylinder C eingefahren $(C-)$. Zylinder D eingefahren $(D-)$.

Teil 3 a nicht betätigt, b betätigt $(\bar{a} \wedge b)$ = Transport Richtung III. Zylinder C ausgefahren $(C+)$. Zylinder D ausgefahren $(D+)$.

Wenn a oder b betätigt werden, wird der Transport des nächsten Teiles blockiert (Zylinder A ausgefahren). Diese Blockierung wird aufgehoben durch Betätigen eines der Kontrolltaster c oder d oder e.

Aus dieser Überlegung ergeben sich folgende Gleichungen:

$$A_1 = a \vee b \qquad c_1 = \bar{a} \wedge b \qquad D_1 = b$$
$$A_0 = c \vee d \vee e \qquad c_0 = a \qquad D_0 = a \wedge \bar{b}$$

An den Meßstellen a, b, c, d und e können Grenztaster verwendet werden. An Stelle der Grenztaster lassen sich Berührungsfühler oder Staudüsen mit nachgeschalteten Verstärkern verwenden.

Logikplan:

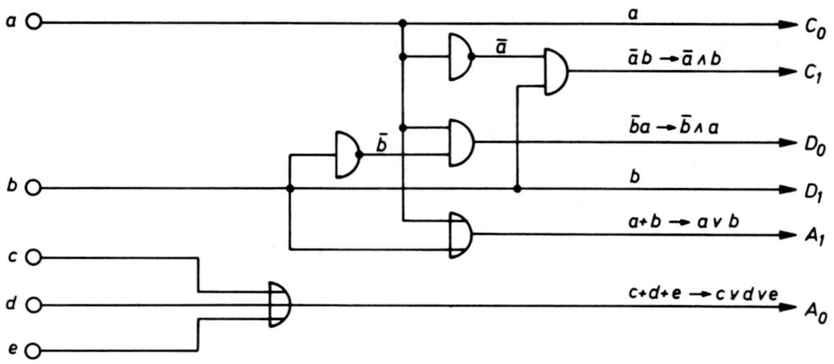

Schaltplan:

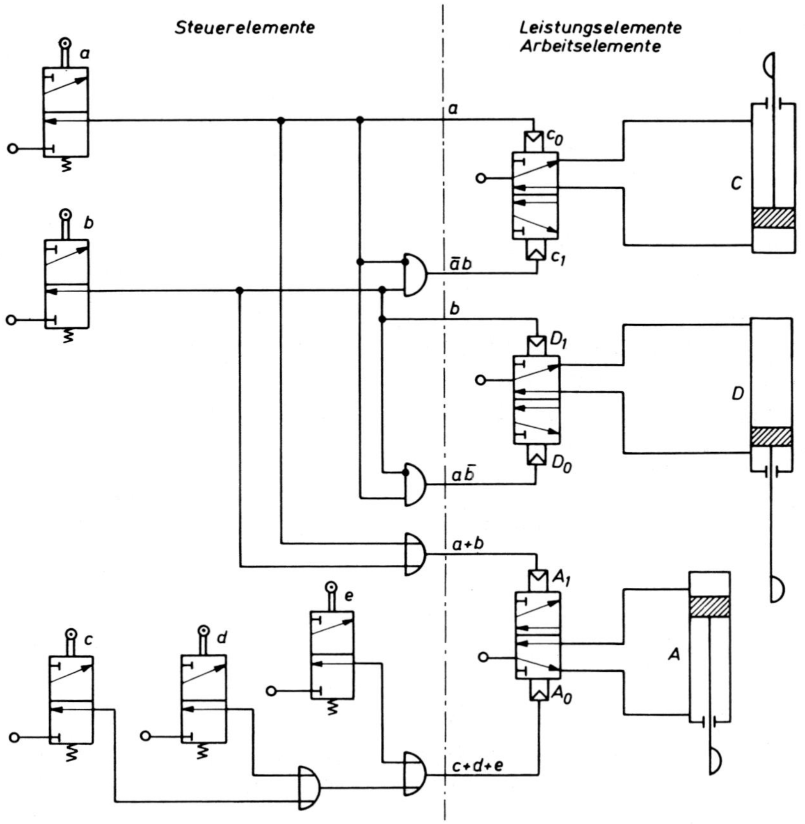

2.6.3 Elektropneumatische Steuerungen

Beispiel einer elektropneumatischen Steuerung (Wegplansteuerung)

Aufgabenstellung:

In Zahnräder soll mit Hilfe einer pneumatischen Presse jeweils eine Laufbüchse eingepreßt werden. Der Arbeitsvorgang an der Presse soll wie folgt ablaufen:

1. Schritt Das Zahnrad wird pneumatisch in einer Vorrichtung gespannt.
2. Schritt Nach dem Spannen wird die Laufbüchse in die vorbereitete Bohrung eingepreßt.
3. Schritt Das Zahnrad wird entspannt und kann der Vorrichtung entnommen werden.

Der Arbeitsvorgang Spannen – Entspannen wird von einem doppeltwirkenden Zylinder ausgeführt. Für den Preßvorgang wird ebenfalls ein doppeltwirkender Zylinder verwendet.

Lösung:

Zunächst soll der Bewegungsablauf in einem Funktionsplan dargestellt werden.

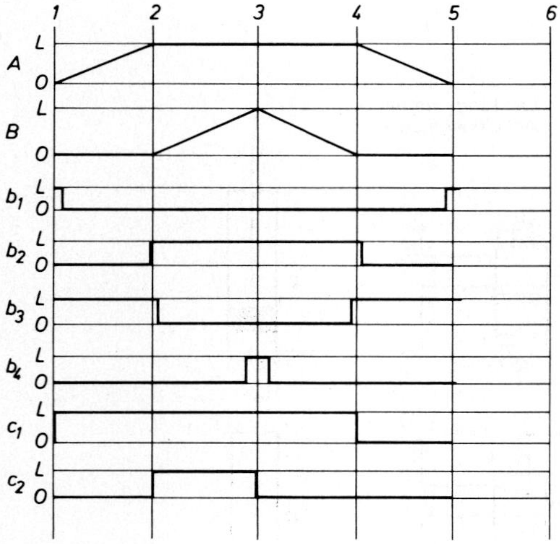

A Zylinder Spannen – Entspannen
B Zylinder Pressen
b_1 Endschalter Zyl. *A* hintere Endlage
b_2 Endschalter Zyl. *A* vordere Endlage
b_3 Endschalter Zyl. *B* hintere Endlage
b_4 Endschalter Zyl. *B* vordere Endlage
c_1 Schütz Zyl. *A*
c_2 Schütz Zyl. *B*

Funktionsdiagramm

Beschreibung der Schaltung:

Der Arbeitsteil der Schaltung besteht aus zwei doppeltwirkenden Zylindern. Diese werden von zwei 3/2-Wegeventilen gesteuert, die elektromagnetisch betätigt werden. Die schützbetätigten Ventile werden über die Hilfsschütze d_1 und d_2 angesteuert. Beide Hilfsschütze sind mit Selbsthaltung versehen und haben Speicherfunktionen. Die Ansteuerung der Hilfsschütze und die Umschaltung geschieht über Nockenendschalter.

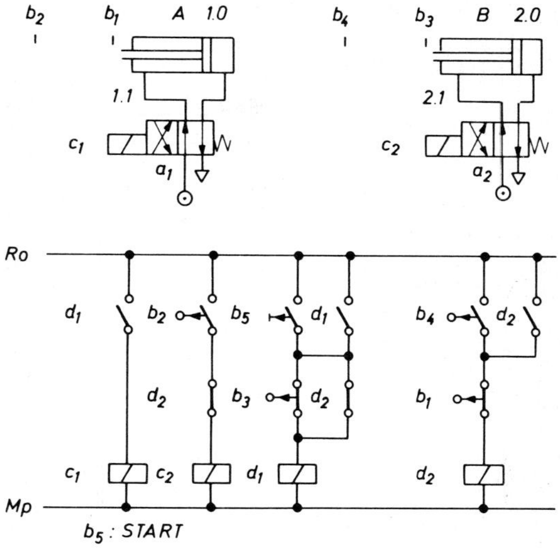

Schaltung

Wirkungsweise:

Die Schaltung wird mit Hilfe des Tasters b_5 gestartet. Hilfsschütz d_1 zieht an und wird über die Selbsthaltung gehalten. Schütz c_1 betätigt das 3/2-Wegeventil a_1. Dieses steuert den Zylinder A so an, daß der Kolben ausfährt und in seiner Endstellung den Nockenschalter b_2 betätigt, der c_2 direkt ansteuert, so daß die Kolbenstange von B ausfährt und nach dem Ausfahren den Nockenschalter b_4 betätigt, der Hilfsschütz d_2 erregt. Gleichzeitig wird über den Kontakt d_2 die Stromzufuhr nach c_2 unterbrochen, so daß das 3/2-Wegeventil a_2 in seine Ausgangsstellung zurückfällt und der Kolben von B zurückfährt. In der Endstellung wird b_3 betätigt und über d_1 c_1 mit 3/2-Wegeventil a_1 zurückgeschaltet, so daß der Kolben von A ebenfalls in seine Ausgangsstellung zurückfährt. Damit ist der Arbeitszyklus beendet.

2.6.4 Automatischer Türöffner

Beschreibung

Ein Wagen aus Richtung A oder B nähert sich der verschlossenen Tür.

Dabei wird der Kontrollschlauch überfahren und zusammengedrückt. Hierdurch entsteht in der Leitung m ein Druckanstieg, der Verstärker schaltet um.

Das Ausgangssignal betätigt das 5/2-Wegeventil C_1, C_0, so daß der Zylinder C einfährt. Das Tor öffnet sich.

Einige Zeit nach Freigabe des Kontrollschlauchs erfolgt automatisch Schließen des Tores.

Anmerkung

Jedes neue Drücken des Kontrollschlauchs setzt den Zeitschalter auf Null zurück.

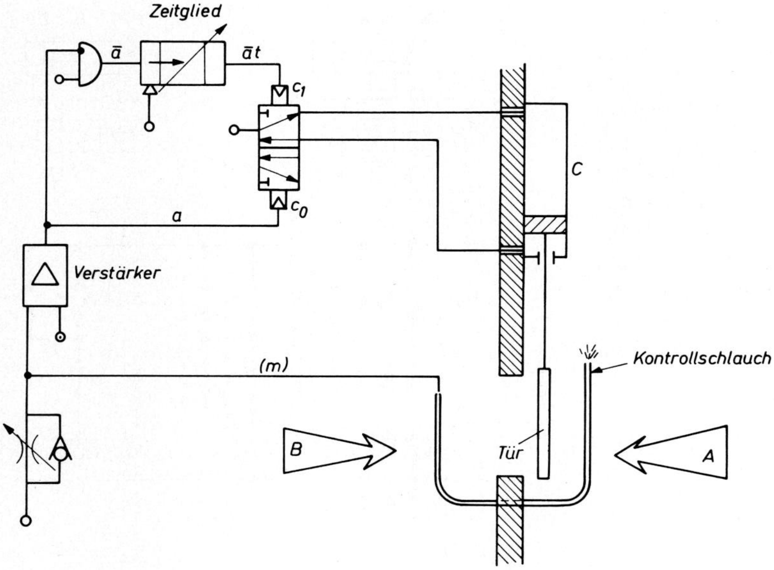

2.6.5 Folgesteuerung mit Fluidics

Zwei Zylinder sollen nach einem manuell gegebenen Signal mit Hilfe von Fluidiks (System *Pneumistor – Martonair*) wie folgt aus- bzw. einfahren.

Zylinder $A+$ ausfahren
Zylinder $B+$ ausfahren
Zylinder $B-$ einfahren
Zylinder $A-$ einfahren

Beschreibung:

Jeder Zylinder wird durch ein verstärkerbetätigtes 5/2-Wegeventil betätigt. Die Steuersignale zum Verstärker kommen von einem Hilfs-Flip-Flop, welches in Abhängigkeit der Steuerfolge geschaltet wird.

Die Steuerleitungen für den Zylinder sind mit der gleichen Anzahl Hilfs-Flip-Flops verbunden. Diese Flip-Flops sind untereinander über UND-Glieder verbunden.

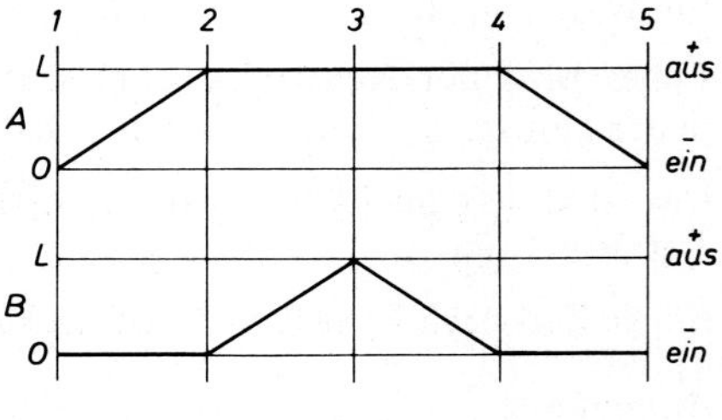

Weg-Schritt-Diagramm

Schaltung:

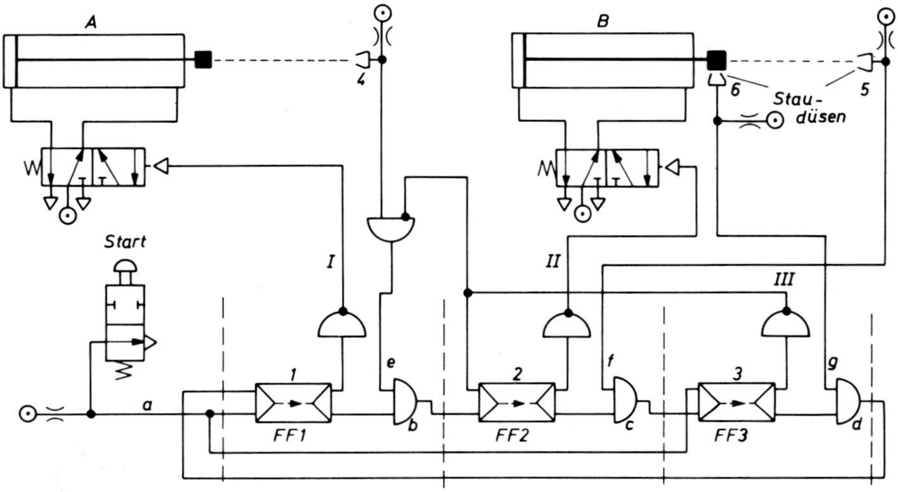

Wirkungsweise:

Mit dem Startsignal *a* wird der Hilfs-Flip-Flop 1 eingeschaltet und der Hilfs-Flip-Flop 3 zurückgesetzt. Das gespeicherte Signal am Ausgang von Hilfs-Flip-Flop 1 wird zu einem UND-Glied geleitet und steht dort so lange, bis das Signal *e* in der ausgefahrenen Stellung des Zylinders *A* gegeben wird. Ausgang *I* betätigt das 5/2-Wegeventil des Zylinders *A*, der ausfährt und in seiner ausgefahrenen Stellung die Düse 4 abdeckt, die wiederum das Signal *e* abgibt. Anschließend öffnet das UND-Glied, und der Hilfs-Flip-Flop 2 wird gesetzt. Damit wird der Ausgang 2 mit Druck beaufschlagt, was das Ausfahren von Zylinder *B* zur Folge hat.

Gleichzeitig steht am UND-Glied *c* das Ausgangssignal *L* des Hilfs-Flip-Flop 2 an, bis ein Signal *f* von der Düse 5 gegeben wird.

Düse 5 gibt das Signal *f*, das das UND-Glied *c* öffnet. *c* schaltet Hilfs-Flip-Flop 3, wodurch der Ausgang *III* mit Druck beaufschlagt wird, und das Signal *I* von *FF3* steht am UND-Glied.

Der Ausgang *III* schaltet den Hilfs-Flip-Flop 2 zurück und unterbindet das Signal von 4, wodurch Signal *II* verschwindet. Dadurch fährt Zylinder *B* ein. Wenn *B* eingefahren ist, wird die Düse 6 abgedeckt. Dadurch entsteht ein Signal *g*, welches ein Signal vom UND-Glied *d* zum Hilfs-Flip-Flop 1 zur Folge hat. Dieses schaltet *A* zurück.

2.6.6 Hydraulisch gesteuerte Verteilerstation

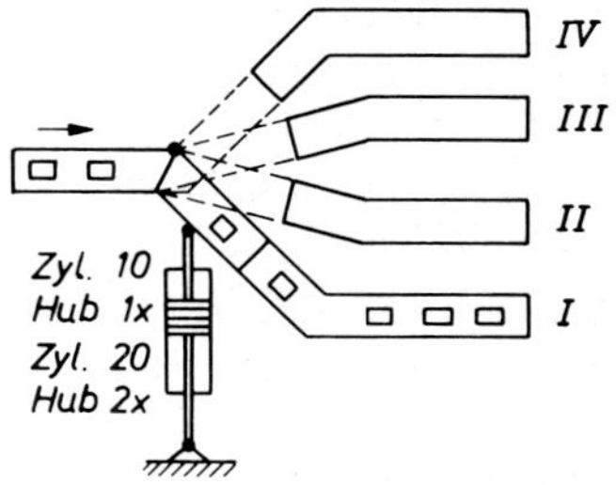

Das Bild zeigt eine Verzweigungseinrichtung, wobei die ankommenden Werkstücke auf vier Bahnen verteilt werden müssen. Ein Vierstellungszylinder, der aus zwei am Boden zusammenmontierten Zylindern besteht, ist das Antriebsglied der Verzweigungsbrücke. Der

Zylinder 1 hat den Hub 1X, der Zylinder 2 den Hub 2X. Die Steuerung der Zylinder muß entsprechend der Aufstellung erfolgen, die unter dem Schemabild dargestellt ist. Am Ende der Verzweigungsbahnen liegen 4 manuell zu bedienende Montageplätze. An den Montageplätzen 1–4 befinden sich Signalgeber, die dann betätigt werden, wenn auf der entsprechenden Zulaufbahn zu wenig oder keine Werkstücke sind. Es werden dann auf diese Bahn so lange Werkstücke geleitet, bis von einem anderen Arbeitsplatz das nächste Signal gegeben wird.

Montageplatz	Hub		
	Zyl. 1	Zyl. 2	Gesamthub
I	0	0	0
II	1x	0	1x
III	0	2x	2x
IV	1x	2x	3x

Die Schaltung zeigt den pneumatischen Steuerungsplan für die Verzweigungsstation. Im Schaltplan ist der Vierstellungszylinder getrennt in zwei Einzelzylinder gezeichnet, da ja beide Zylinder getrennt je nach Stellung gesteuert werden müssen.

Die Signalglieder I–IV sind an den Montageplätzen 1, 2, 3, 4 angebracht.

Der Logikplan zeigt, daß die Abhängigkeiten durch vier ODER-Elemente erfüllt werden.

Anstelle der manuell betätigten Signalglieder können auch mechanisch betätigte eingesetzt werden.

Wenn statt der Montageplätze vier automatische Fertigungseinrichtungen vorhanden sind, dann bilden die vier Zuführbahnen das jeweilige Magazin.

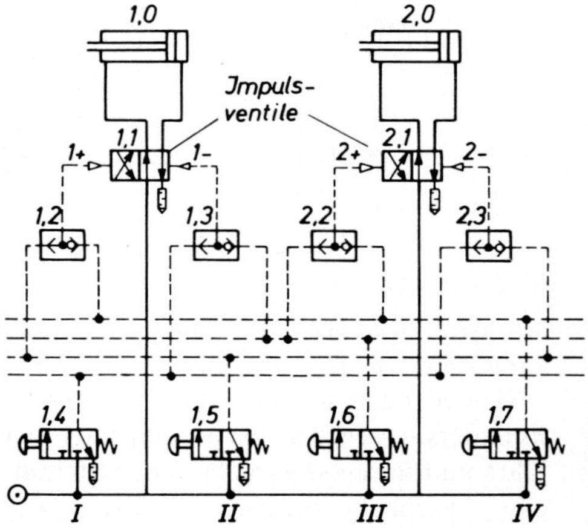

Schaltung

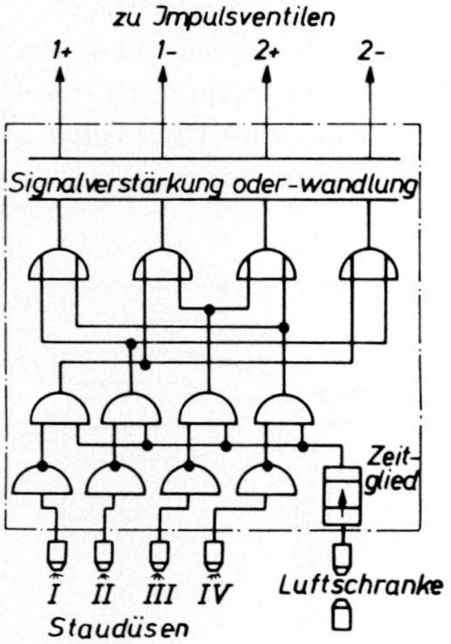

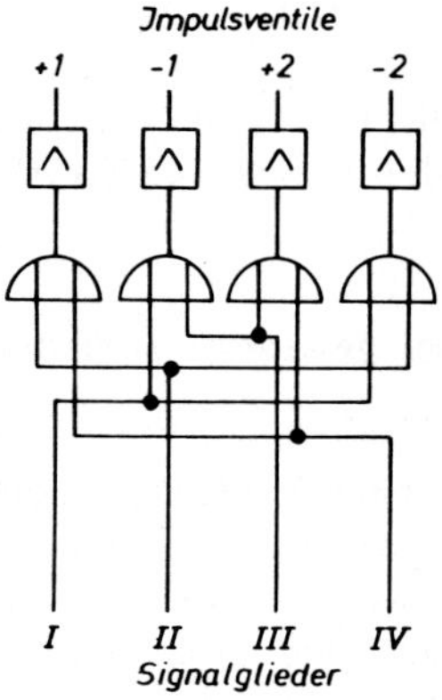

Logikplan

Der Signaleingang erfolgt dann über vier Staudüsen, die am Ende jeder Bahn eingelassen sind und an denen immer dann Druck ansteht (L-Signal), wenn die entsprechende Bahn gefüllt ist, d. h. wenn ein Werkstück die Staudüse abdeckt. Dieses dann dort anstehende L-Signal wird im Negationsglied in ein 0-Signal verwandelt, so daß am folgenden UND-Element ebenfalls 0-Signal ansteht. Erst wenn über der Staudüse kein Werkstück liegt (0-Signal), verwandelt das NICHT-Element dieses 0-Signal in ein L-Signal, das nun seinerseits einen Eingang des entsprechenden UND-Elementes beaufschlagt. Das UND-Element seinerseits führt am Ausgang erst dann L-Signal, wenn auch der zweite Eingang über Luftschranke und Zeitglied L-Signal erhält. Die Luftschranke überwacht den Einlauf der Werkstücke auf die schwenkbare Weichenbrücke. Ist kein Werkstück auf der Brücke, so steht am UND-Glied L-Signal an. Befindet sich aber im Moment des Signaleingangs von einer Staudüse ein Werkstück auf der Weiche, so wird das notwendige zweite L-Signal erst erteilt, wenn das Werkstück die Weiche passiert hat. Dann wird das L-Signal nach einer eingestellten Zeitverzögerung wirksam, und die Weiche stellt um.

2.6.7 Folgesteuerung (Profil-Press-Steuerung)

Aufgabenstellung:

Mit Hilfe von zwei doppelseitig beaufschlagten Zylindern soll ein Viereck-Zyklus hergestellt werden. Dieser Zyklus soll mit Hilfe einer Folgesteuerung schrittweise ablaufen.

Lösung:

Man kann einen solchen Ablauf in einzelne Abschnitte zerlegen:

1. Mit Startsignal s fährt Zylinder A aus (A +)
2. Wenn Grenztaster b betätigt, fährt Zylinder C aus (C +)
3. Wenn Grenztaster d betätigt, fährt Zylinder A ein (A −)
4. Wenn Grenztaster a betätigt, fährt Zylinder C ein (C −)
5. Wenn Grenztaster c betätigt, ist ein neuer Start bereit.

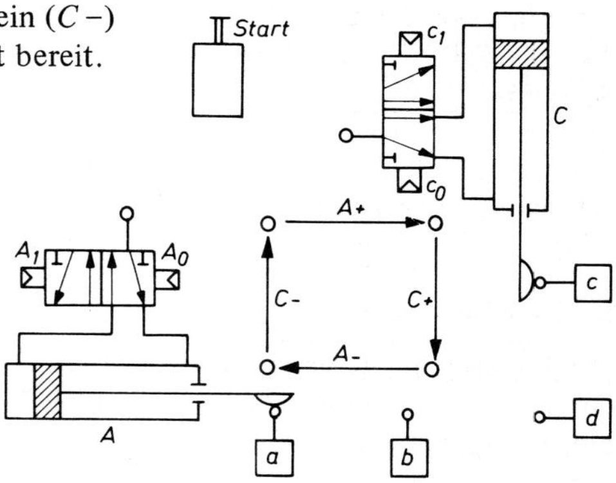

Die Zylinderbewegungen werden durch Befehle an die Impulsventile ausgelöst. Die nebenstehende Tabelle gibt die Kurzform des Bewegungsablaufs mit den auslösenden Befehlen.

Zyklus	Befehl
A +	A_1
C +	c_1
A −	A_0
C −	c_0

Um die Kontrollsignale, die gleichzeitig die momentanen Zustände wiedergeben, zu erhalten, empfiehlt sich ein Ablaufdiagramm:

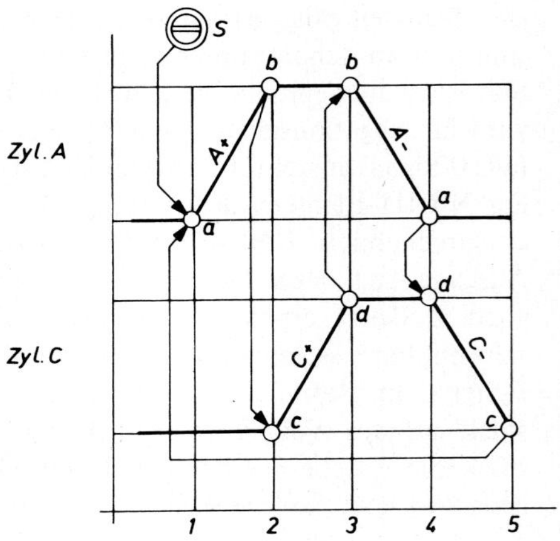

Mit Hilfe des Karnaugh-Diagramms lassen sich die Gleichungen gewinnen. Das Diagramm muß die Variablen *a, b, c* und *d* mit ihren Negationen enthalten.

für a: $a, \bar{a}$ für c: $c, \bar{c}$
für b: $b, \bar{b}$ für d: $d, \bar{d}$

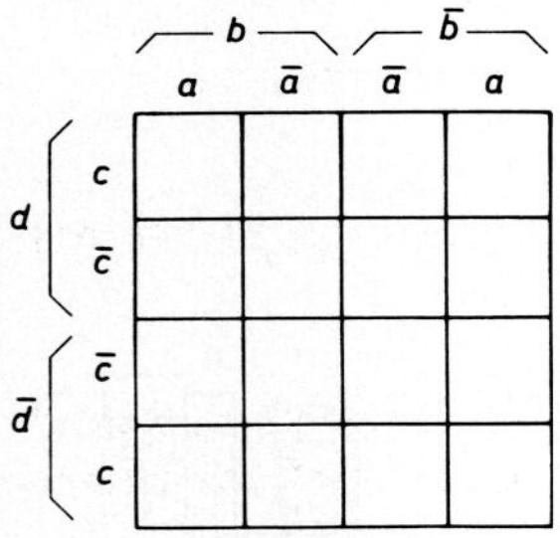

Bedingt durch die Zahl der Variablen n ergibt sich die Anzahl der möglichen Kombinationen m:

$$m = 2^n$$

hier also $m = 2^4 = 16$

Die Praxis zeigt, daß eine Reihe der theoretischen Möglichkeiten bedingt durch mechanische Abhängigkeit (speziell bei Zylindern) nicht vorkommen. Z. B. hier können a und b nicht gleichzeitig betätigt werden.

Die Funktion $a\,b$ ist nicht erforderlich.

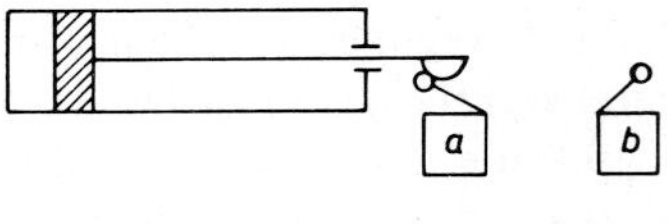

Das Karnaugh-Diagramm wird:

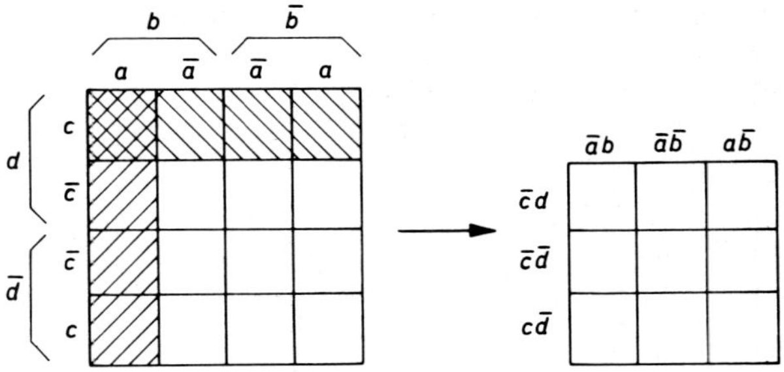

Die weitere Reduzierung der Möglichkeiten ergibt sich häufig dadurch, daß nur die Endstellung zur Befehlsgebung erwünscht ist. Deshalb entfallen auch: Zustand $\bar{a}\,\bar{b}$ und $\bar{c}\,\bar{d}$ (Zwischenstellung).

Von den ursprünglich $2^4 = 16$ möglichen Fällen bleiben 4 übrig.

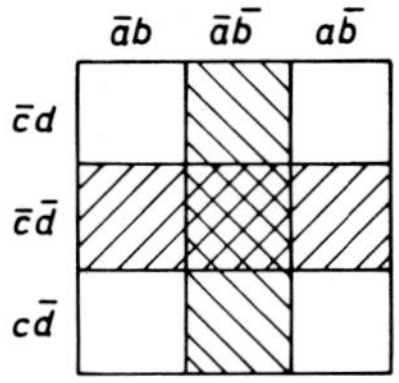

übrig bleibt:

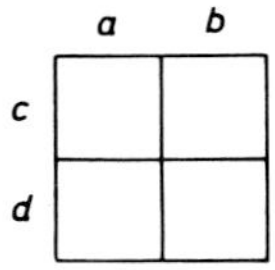

Die verbleibenden Felder geben alle praktisch vorkommenden Zustände des Steuerungsablaufs wieder.

In das erste Feld ($a \wedge c$) wird der 1. Befehl A_1 aus der Zyklus-Tabelle eingetragen. Danach wird die Reaktion auf diesen Befehl (Zylinder A fährt aus und betätigt b) als Pfeil eingezeichnet.

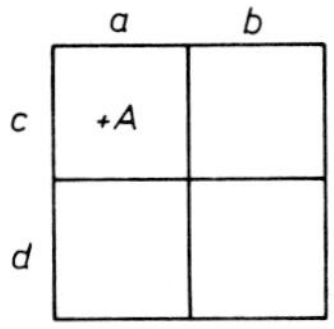

Der neue Zustand ist erreicht, der Pfeil endet im Feld ($c \wedge b$). Hier wird der nächste Befehl c_1 eingetragen.

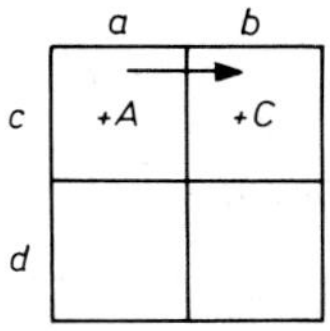

Die Reaktion darauf ist das Ausfahren des Zylinders C und die Betätigung von Grenztaster d. Der Pfeil endet im Feld ($b \wedge d$).

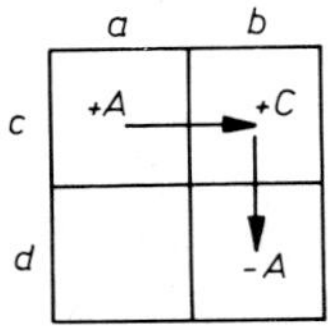

Die anderen Befehle und ihre Reaktion werden in der gleichen Weise eingetragen.

Befehl *Reaktion* *Befehl* *Reaktion*

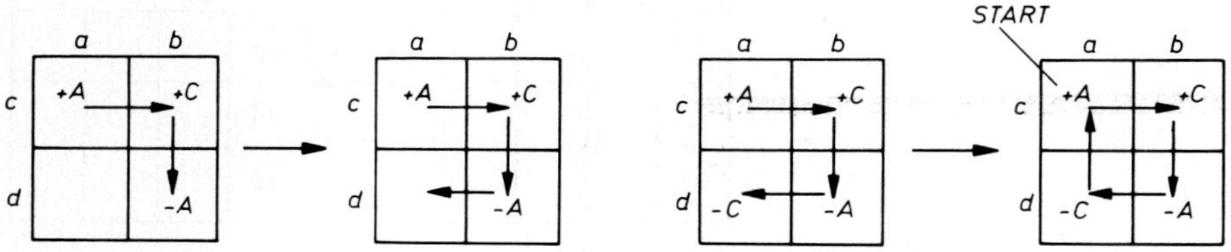

Alle Pfeile zusammen ergeben ein geschlossenes Diagramm mit Start und Ziel im gleichen Feld. Da der Zyklus nur durch Startsignal (hier handbetätigtes Ventil S) ausgelöst werden kann, wird dieser Befehl als Pfeil von außen zum ersten Feld eingezeichnet.

Vereinfachung von $+A$, $-A$

	a	b	
c	$+A$	$+$	$+A = c$
d	$-$	$-A$	$-A = d$

Vereinfachung von $+C$, $-C$

	a	b	
c	$-$	$+C$	$+C = b$
d	$-C$	$+$	$-C = a$

Aus diesen Gleichungen kann der Schaltplan erstellt werden.

Schaltplan

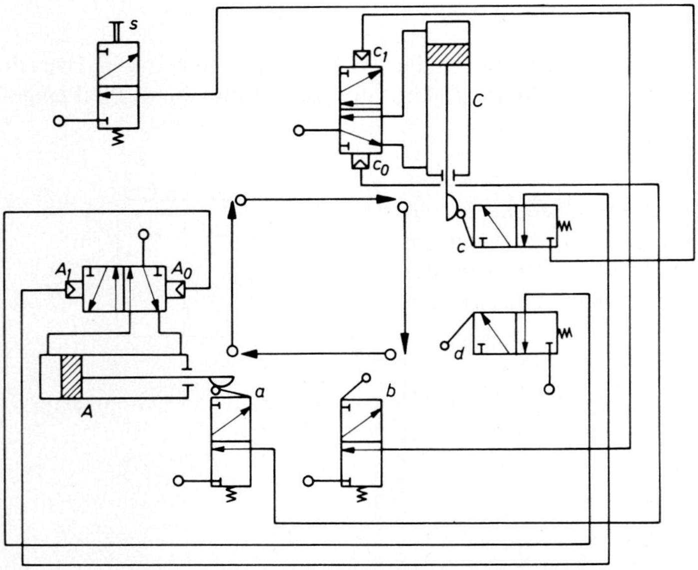

Außer der Gleichung $A_1 = s \wedge c$ enthält die Lösung keine logischen Verknüpfungen. Die UND-Funktion $s \wedge c$ wird hier durch Reihenschaltung erfüllt.

2.6.8 Dreifachpresse

Eine Profilleiste soll hintereinander drei Markierungen erhalten. Jede Markierung wird über einen gesonderten Stempel eingeprägt, der von einem gesondert angetriebenen Zylinder betätigt wird. Erst wenn der erste Stempel in seine Ausgangslage zurückgefahren ist, beginnt die Prägung der zweiten Markierung usw.

Weg-Schritt Diagramm

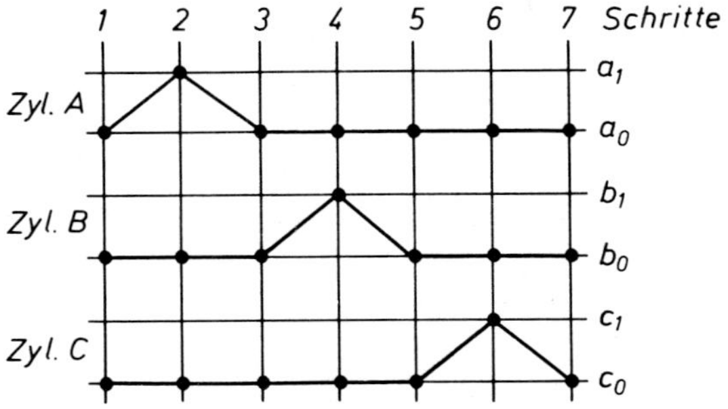

Ausgleichsgleichungen:

$+A = a_0 \wedge b_0 \wedge c_0 \wedge \bar{x} \wedge \bar{y}$
$-A = a_1 \wedge b_0 \wedge c_0 \wedge x \wedge \bar{y}$
$+B = a_0 \wedge b_0 \wedge c_0 \wedge x \wedge \bar{y}$
$-B = a_0 \wedge b_1 \wedge c_0 \wedge x \wedge y$
$+C = a_0 \wedge b_0 \wedge c_0 \wedge x \wedge y$
$-C = a_0 \wedge b_0 \wedge c_1 \wedge \bar{x} \wedge y$
$+X = a_1 \wedge b_0 \wedge c_0 \wedge \bar{x} \wedge \bar{y}$
$-X = a_0 \wedge b_0 \wedge c_1 \wedge x \wedge y$
$+Y = a_0 \wedge b_1 \wedge c_0 \wedge x \wedge \bar{y}$
$-Y = a_0 \wedge b_0 \wedge c_0 \wedge \bar{x} \wedge y$

Da eine Schalterkombination dreimal auftritt, genügt der Einsatz eines Speichers nicht, da dieser nur zwei unterschiedliche Signale abgeben kann. Es werden deshalb zwei Speicher eingesetzt.

Karnaugh-Diagramm

	a_0 b_0	a_0 b_0	a_0 b_1	a_0 b_1	a_1 b_1	a_1 b_1	a_1 b_0	a_1 b_0	
$\bar{x}$	$+A$							$+X$	$\bar{y}$
x	$+B$			$+Y$				$-A$	$\bar{y}$
x	$+C$	$-X$		$-B$					y
$\bar{x}$	$-Y$	$-C$							y
	c_0	c_1	c_1	c_0	c_0	c_1	c_1	c_0	

Vereinfachung von $+A$, $-A$

	a_0 b_0	a_0 b_0	a_0 b_1	a_0 b_1	a_1 b_1	a_1 b_1	a_1 b_0	a_1 b_0	
$\bar{x}$	$+A$							$+$	$\bar{y}$
x	$-$			$-$				$-A$	$\bar{y}$
x	$-$	$-$							y
$\bar{x}$	$-$	$-$							y
	c_0	c_1	c_1	c_0	c_0	c_1	c_1	c_0	

$+A = \bar{x}\,\bar{y}$
$-A = x$

Vereinfachung von + B, − B

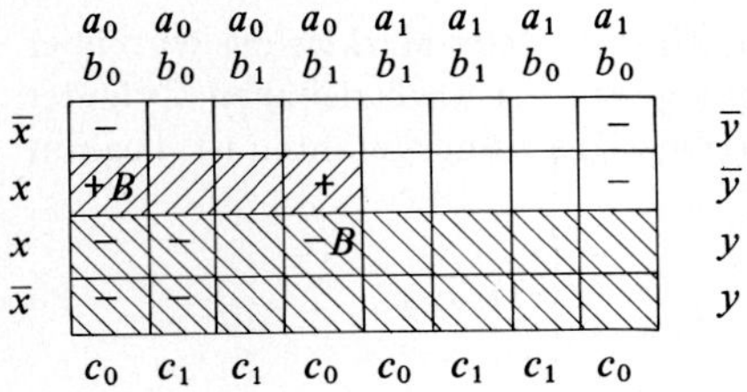

$+B = a_0 \wedge x \wedge \overline{y}$

$-B = y$

Vereinfachung von + C, − C

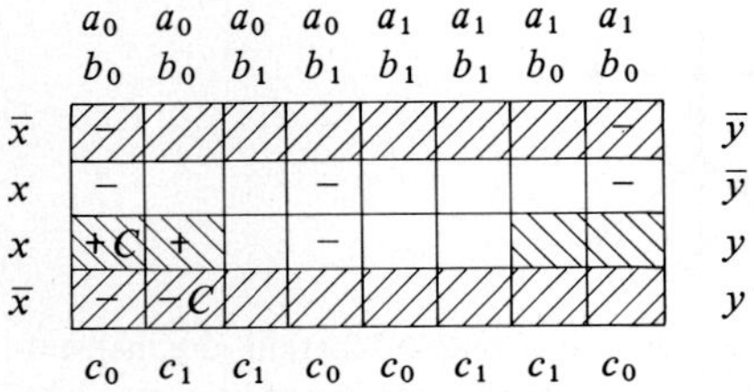

$+C = b_0 \wedge x \wedge y$

$-C = \overline{x}$

Vereinfachung von + X, − $\overline{X}$

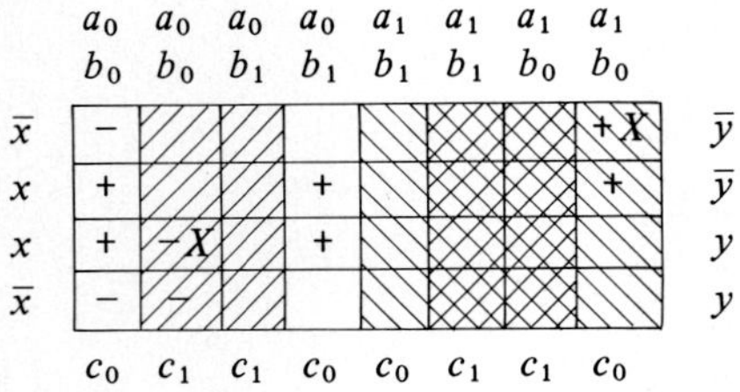

$+X = a_1$

$-X = c_1$

Vereinfachung von + Y, − $\overline{Y}$

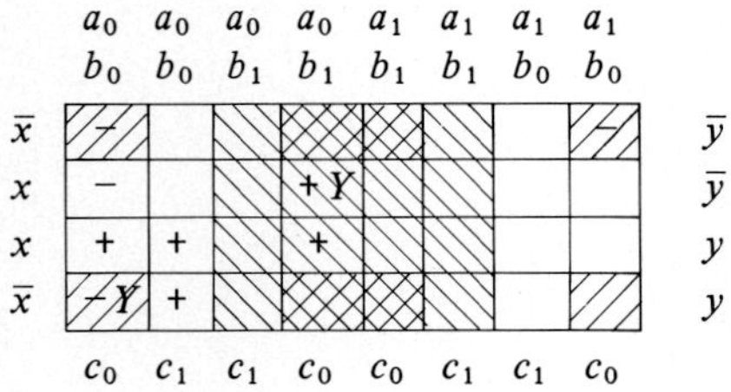

$+Y = b_1$

$-\overline{Y} = c_0 \wedge \overline{x}$

Logikplan

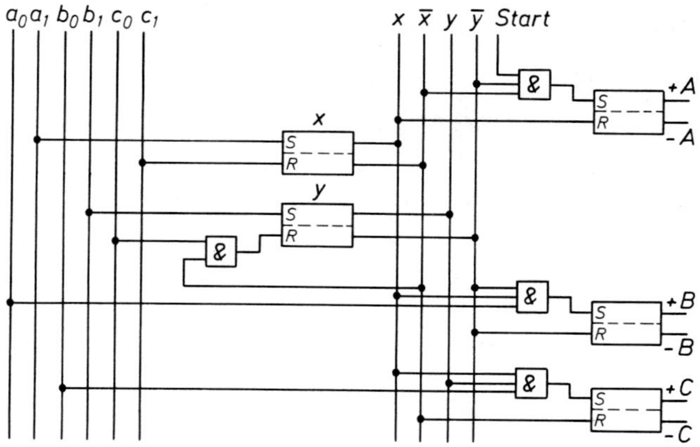

Wirkschaltplan

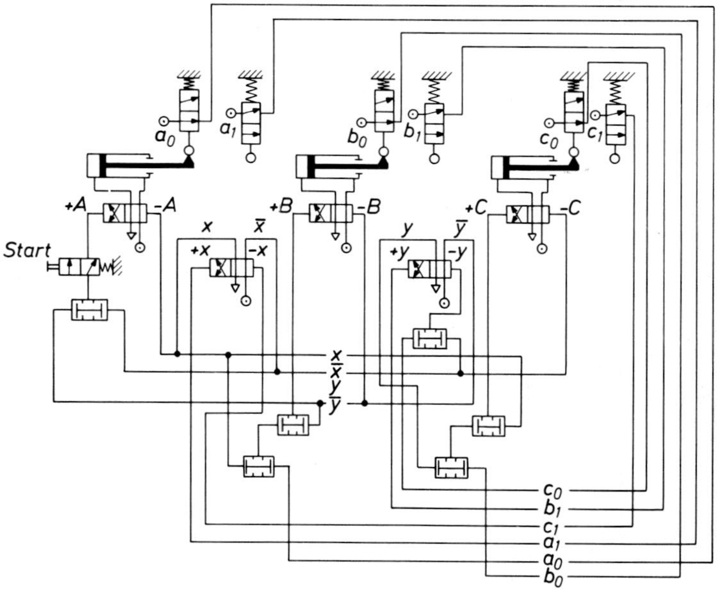

Vereinfachter Pneumatikschaltplan

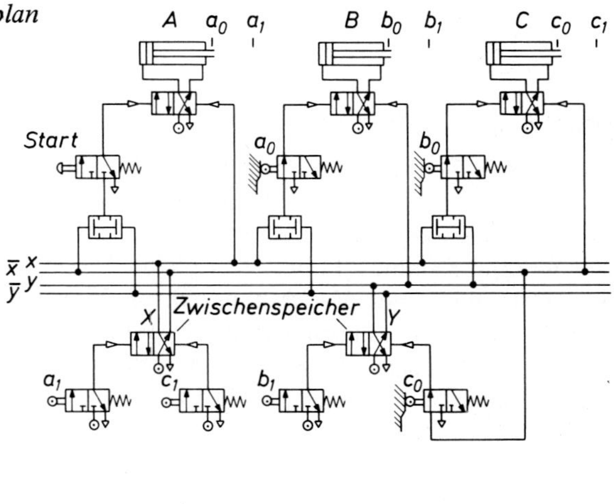

2.6.9 Zweifach Nietung (Firma Crouzet)

Aufgabenstellung:

Ein Werkstück E wird mit pneumatischen Spannbacken geklemmt. Anschließend schlägt Niethammer C zweimal zu. Danach wird die Klemmung gelöst. Da im vorliegenden Fall die Positionen „aus- und eingefahren" mechanisch nicht günstig abzufragen sind, werden hier Endlagengeber eingesetzt.

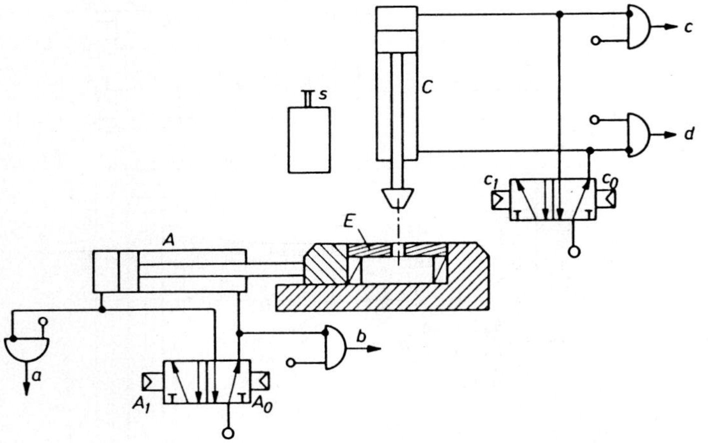

s →

Zyklus	Befehl	
$A+$	A_1	$a \to b$
$C+$	c_1	$c \to d$
$C-$	c_0	$d \to c$
$C+$	c_1	$c \to d$
$C-$	c_0	$d \to c$
$A-$	A_0	$b \to d$

Funktion des Endlagengebers

Das abgebildete Diagramm zeigt den Druckverlauf in den beiden Zylinderkammern A und B während eines Ausfahrens des Kolbens. In der Mehrzahl aller Fälle ist der Zylinder nicht voll belastet, so daß während des Vorschubs ein gewisser Druck in der entlüfteten Kammer (in diesem Beispiel Kammer A) bestehen bleibt. Dieser Druck wird als Eingangssignal a zu einem NICHT-Element mit Verstärkungsfaktor 20 geführt. Während des Vorschubs des Kolbens bleibt somit das Eingangssignal a bestehen, dagegen ist der Ausgang drucklos. Erst bei Erreichen der Endlage des Kolbens verschwindet das Signal am Eingang a, und das Element schaltet um, d. h. Ausgang s führt Drucksignal. Achtung: Bei Einsatz des Endlagengebers darf die Belastung des Kolbens nur ca. 60 % der max. möglichen betragen.

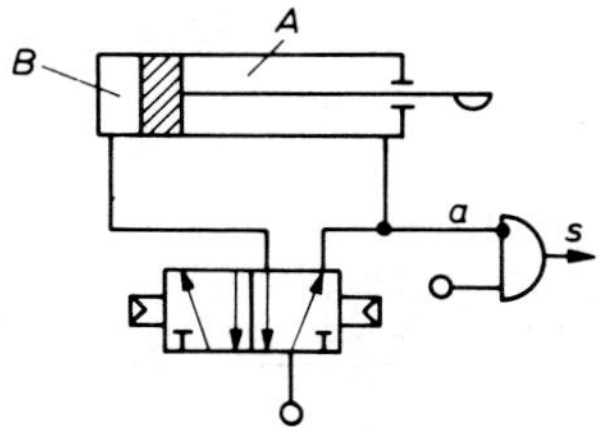

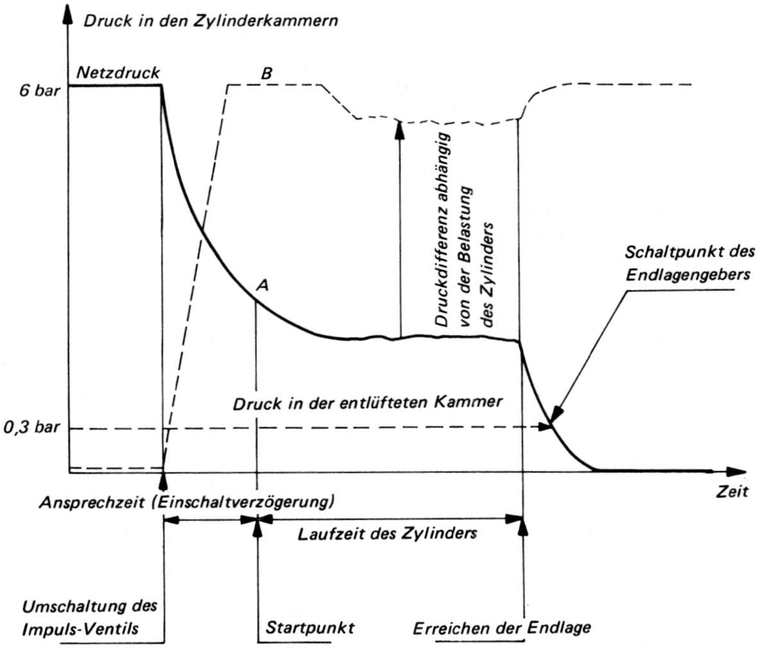

Lösung:

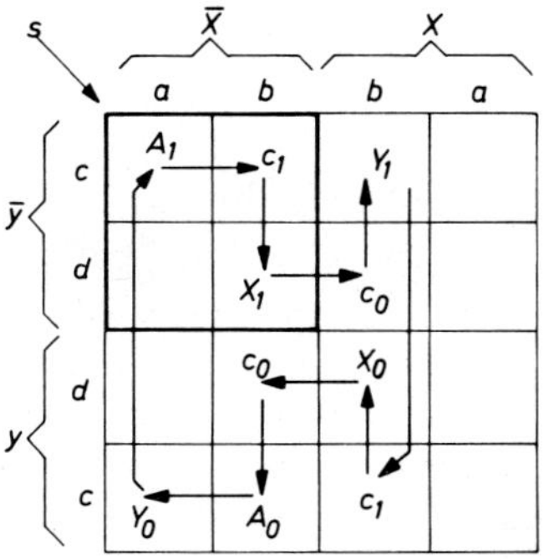

Gleichung:

$$A_1 = s \wedge \overline{y} \qquad A_0 = c \wedge y \wedge \overline{x}$$

$$c_1 = (b \wedge \overline{x} \wedge \overline{y}) \vee (y \wedge x) \qquad c_0 = (x \wedge \overline{y}) \vee (\overline{x} \wedge y)$$

$$x_1 = d \wedge \overline{y} \qquad x_0 = d \wedge y$$

$$y_1 = c \wedge x \qquad y_0 = a$$

Schaltplan

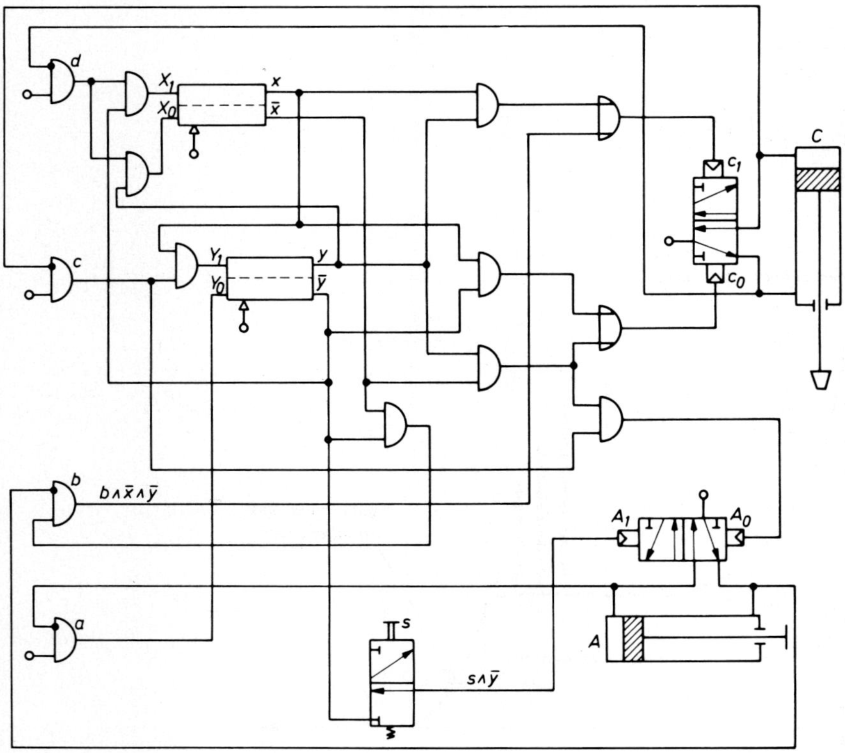

2.6.10 Automatische Säge

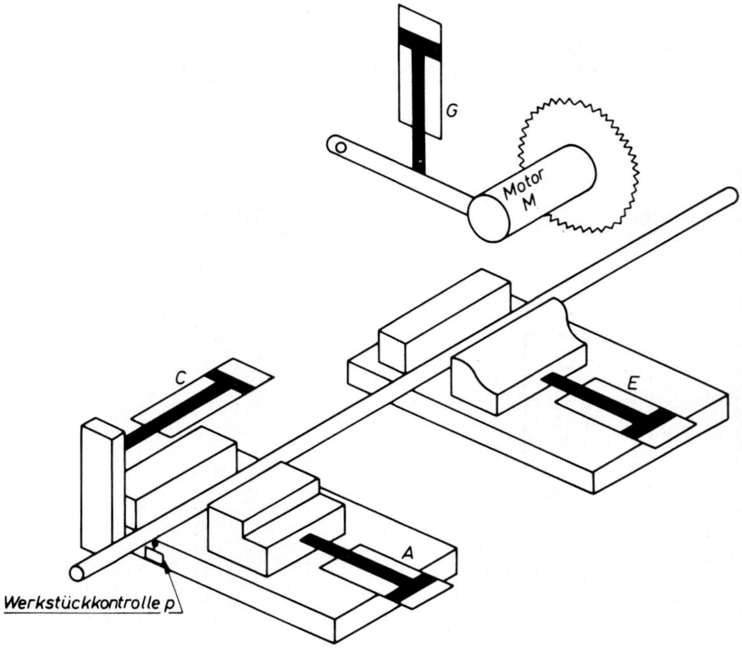

Art der Endlagenkontrolle

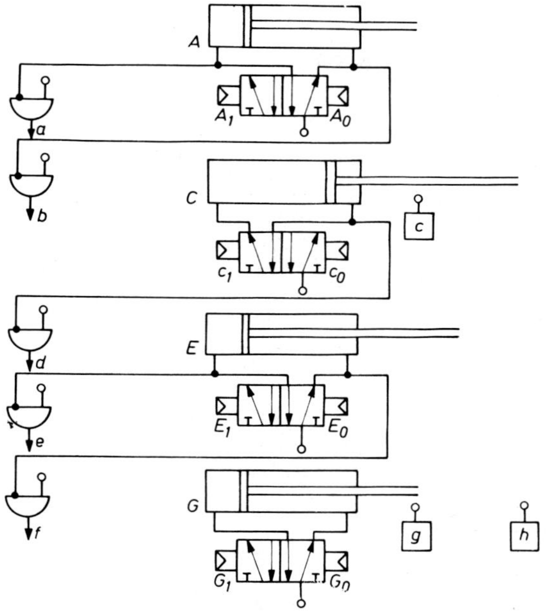

pS

Zyklus	Befehl
$A+$	A_1
$C-$	c_0
$E+$	E_1
$G+A-M+$	$G_1 A_0 M_1$
$G-C+$	$G_0 c_1$

wenn $\overline{p} \vee \overline{s}$

$E-$	E_0
$M-$	M_0

wenn $p \wedge s$

$A+$	A_1
$E-$	E_0

Lösung

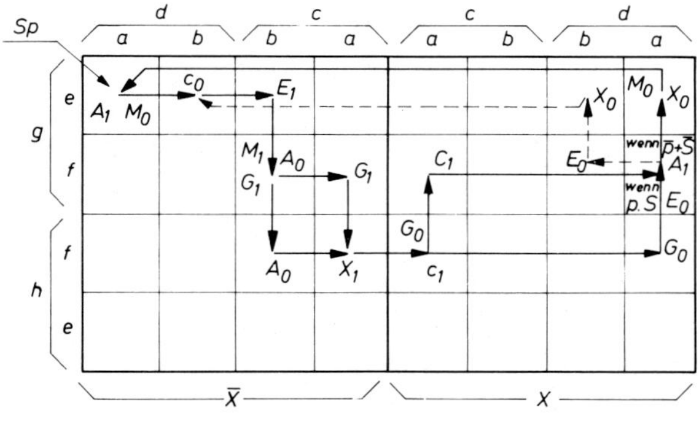

Gleichungen

$$A_1 = p \wedge s \wedge g \wedge d \wedge (\overline{x} \vee f)$$

$$A_0 = f \wedge \overline{x}$$

$$c_1 = x \qquad c_0 = b \wedge \overline{x}$$

$$E_1 = c$$

$$E_0 = (b \wedge x) \vee (s \wedge p \wedge d \wedge g \wedge a)$$

$$G_1 = f \wedge \overline{x} \qquad G_0 = x$$

$$X_1 = a \wedge h \qquad X_0 = e$$

$$M_1 = f \qquad M_0 = a \wedge e$$

Schaltplan

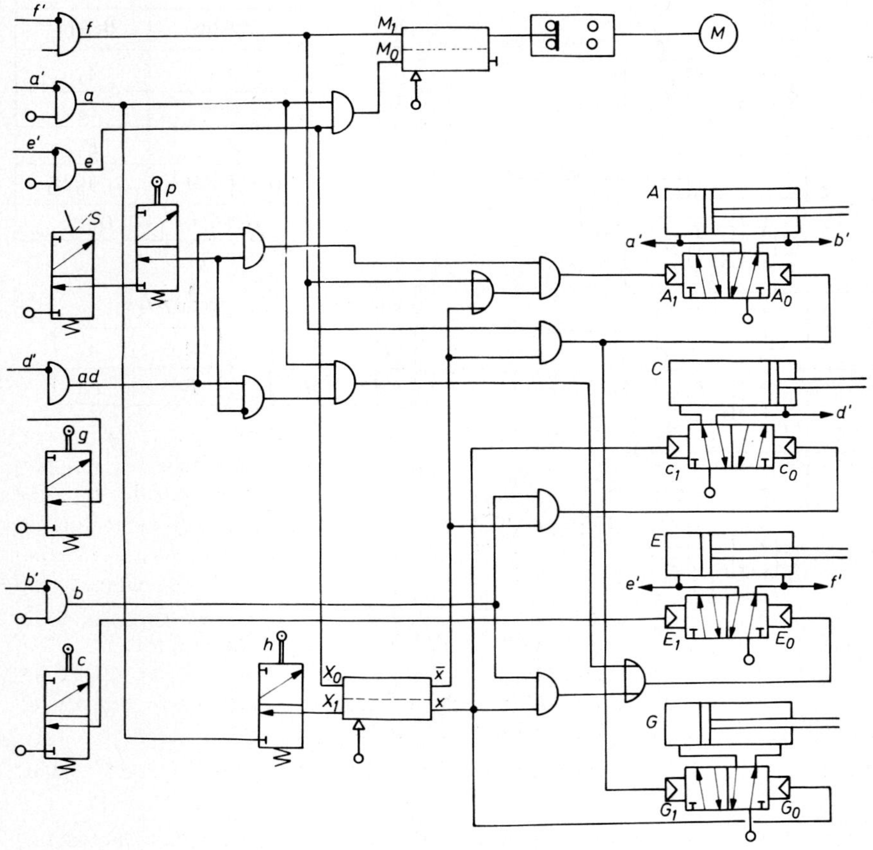
f'
f
a'
a
e'
e
p
S
d'
ad
g
b'
b
c
h
M1
M0
M
X0
X1
x̄
x
A
a'
b'
A1
A0
C
d'
c1
c0
E
e'
f'
E1
E0
G
G1
G0

2.7 Aufbau von speicherprogrammierbaren Steuerungen – Hardware

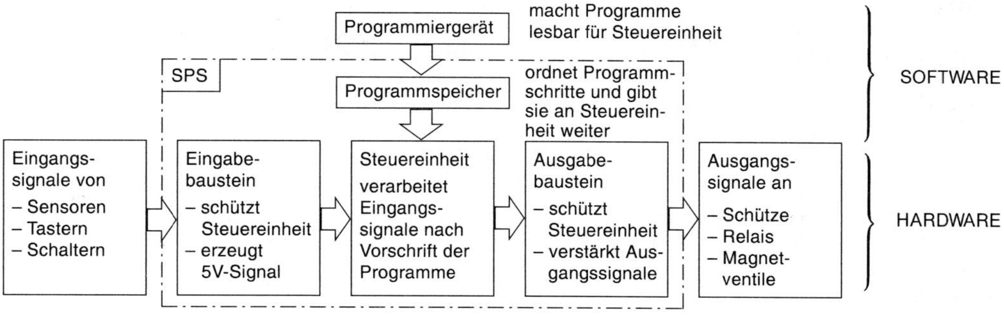

2.7.1 Aufgaben einer speicherprogrammierbaren Steuerung

Bei *festverdrahteten Steuerschaltungen* kann man die logischen Verknüpfungen mit Hilfe von Stromlaufplänen sehr übersichtlich darstellen und gedanklich nachvollziehen. Bei der *speicherprogrammierbaren Steuerung* – auch abgekürzt SPS genannt – ist die Verdrahtung nicht notwendig, da die logischen Verknüpfungen von einem Arbeitsprogramm hergestellt werden, das diese in zyklischer Folge ständig wiederholt. Das Programm wird vom Anwender hergestellt und über ein Programmiergerät oder einen Personalcomputer – auch PC genannt – im Programmspeicher der SPS abgelegt. Für einen technischen Prozeß ist es unwichtig, ob die Lösung der Steuerungsaufgabe in herkömmlicher Relaistechnik mit dazugehöriger Schaltung oder mit einer speicherprogrammierbaren Steuerung gelöst wird. In beiden Fällen bestimmen logische Verknüpfungen den Fertigungsablauf. Diese müssen von der Steuerung realisiert und in vorgegebener Weise gleichbleibend wiederholt werden.

Gegenüber der festverdrahteten Steuerschaltung weist die SPS-Steuerung folgende Vorteile auf:

- Das Programm kann schnell und problemlos geändert und auf neue Aufgaben zugeschnitten werden, ohne daß neu verdrahtet wird.
- Der erforderliche Raumbedarf ist gering, da alle Verknüpfungsfunktionen im Steuergerät in Miniaturform untergebracht sind.
- Die Betriebskosten sind im allgemeinen gering.
- Ein vorhandenes Programm kann problemlos gespeichert werden.

Die Vorteile der SPS sind bei umfangreicheren Steuerungen größer als bei einfachen Steuerungsaufgaben, da der Anschaffungspreis einer SPS immer noch relativ hoch ist. Deshalb haben die festverdrahteten Steuerungen – oft auch als verbindungsprogrammierte Steuerungen (VPS) bezeichnet – bis heute ihre Bedeutung in Bereichen erhalten, in denen eine SPS nicht oder noch nicht konkurrenzfähig ist.

Die Übersicht stellt Vor- und Nachteile beider Steuerungsarten gegenüber.

Vorteile

speicherprogrammiert SPS	verbindungsprogrammiert VPS
– unkomplizierte Installation – geringer Raumbedarf – niedrige Energiekosten – keine Verschleißteile – schnelle Programmänderungen möglich	– standardisierte Bauteile – störungsunempfindlich – preiswert (gilt für einfache Steuerungsaufgaben) – unempfindlich, kurzzeitige Überlastungen zulässig

Nachteile

speicherprogrammiert SPS	verbindungsprogrammiert VPS
– noch teuer in der Anschaffung – Systeme müssen in viele Anwendungsbereiche erst noch eingeführt werden – Programmiersprachen immer noch nicht vereinheitlicht und genormt	– hohe Energie- und Betriebskosten – Programmänderungen schwierig und zeitraubend – unübersichtlich bei komplexeren Steuerungsaufgaben – großer Raumbedarf – Bauteile oft teuer

2.7.2 Arbeitsweise einer speicherprogrammierbaren Steuerung

Eine SPS besteht aus der *Steuereinheit* und den angeschlossenen *Eingabe- und Ausgabebausteinen* sowie dem *Programmspeicher*, der meist in die Steuereinheit integriert ist.

Die Steuereinheit verarbeitet die von den Sensoren (Meßfühler, Endschalter, Thermoelemente etc.) erfaßten Signale nach den Anweisungen des Arbeitsprogramms. Die Arbeitsergebnisse der Steuereinheit werden über den Ausgabebaustein an die Aktoren weitergegeben. Aktoren sind die ausführenden Elemente einer Steuerung wie z. B. pneumatisch – oder hydraulisch betätigte Zylinder, Motoren oder Schütze. Auf diese Weise können einfache, aber auch komplexe technische Vorgänge, Prozesse und Verfahrensabläufe überwacht und gesteuert werden.

Beispiel: Stanzvorrichtung

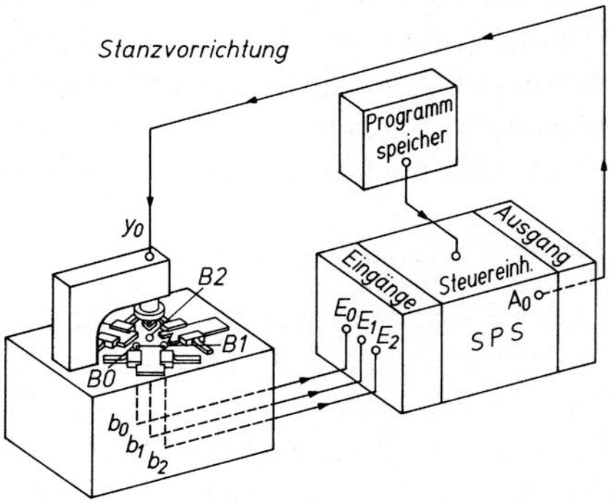

Eine Stanzvorrichtung kann von drei Seiten mit Werkstücken beschickt werden. Es sind die Signalgeber B_0, B_1 und B_2 vorhanden. Werden zwei der drei Signalgeber berührt, dann gibt die SPS ein Ausgangssignal an das Magnetventil y_0. Dieses läßt den Stanzkolben herunterfahren und in das Werkstück eine Aussparung einstanzen. Der Stanzvorgang darf nur dann ausgelöst werden, wenn zwei Signalgeber ansprechen. Aus Sicherheitsgründen muß ausgeschlossen werden, daß der Kolben ausfährt, wenn alle drei

Signalgeber betätigt werden. Die Signalgeber B_0, B_1 und B_2 werden mit den Eingängen E_0, E_1 und E_2 der SPS verbunden. Das Ausgangssignal wird vom Ausgang A_0 der SPS an das Magnetventil y_0 weitergegeben.

2.7.3 Aufbau und Geräte einer speicherprogrammierbaren Steuerung

Speicherprogrammierbare Steuerungen bestehen aus:

- dem Eingabebaustein,
- dem Ausgabebaustein,
- der Steuereinheit mit Programmspeicher.

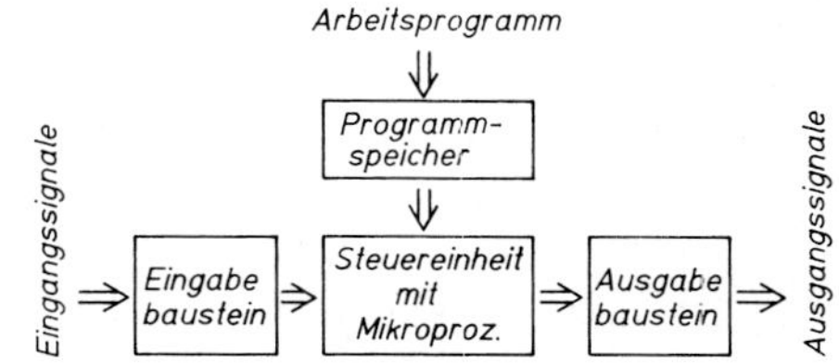

Aufgaben und Aufbau der verschiedenen Baueinheiten sowie von Steuereinheit und Programmspeicher werden im folgenden beschrieben.

2.7.3.1 Eingabebaustein

Das nebenstehende Bild zeigt den Aufbau eines Eingabebausteins. Das vom Sensor ankommende *Eingangssignal* wird gleichgerichtet und über einen Vorwiderstand auf eine Leuchtdiode gegeben. Die Leuchtdiode sendet infrarotes Licht auf einen Fototransistor, der dann beim Auftreten des Lichtes einen Steuerimpuls auf den Schalttransistor gibt und diesen durchsteuert. Das *Ausgangssignal* des Schalttransistors wird als Eingangssignal an die Steuereinheit gegeben.

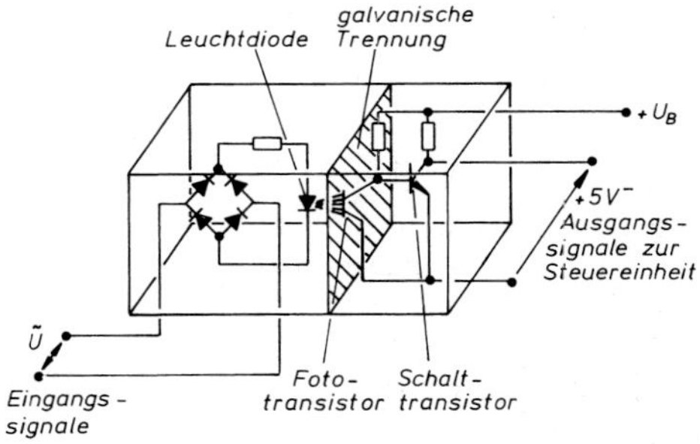

Durch die elektrische Trennung zwischen Leuchtdiode und Fototransistor können keine schädlichen Impulse – z. B. zu hohe Spannungen – in den Bereich der Steuereinheit eindringen. Über den Schalttransistor werden Gleichspannungssignale von 5 V Gleichspannung an die Steuereinheit weitergegeben.

Aufgaben des Eingabebausteins:

- Schutz der Steuereinheit vor zu hohen und für die Steuereinheit gefährlichen Eingangssignalen,
- Umwandlung der unterschiedlichen Eingangssignale in gleichartige Gleichspannungssignale von 5 V.

2.7.3.2 Programmspeicher

In den Programmspeicher wird das *Arbeitsprogramm* eingegeben und abgespeichert, das die in der Steuereinheit ankommenden Eingangssignale in der gewünschten Weise verarbeitet. Der Programmspeicher ist gekoppelt mit dem *Adressenzähler*. Er hat die Aufgabe, die Adressen des Programmspeichers in einem bestimmten Takt nacheinander anzuwählen. Jede Adresse ist mit einer Speicherplatznummer versehen.

Zu jeder Speicherplatznummer gehört ein Speicherplatz, der eine Programminformation des Arbeitsprogrammes aufnehmen kann. Der Adressenzähler arbeitet mit einer Taktgeschwindigkeit, die von einem Taktgeber aus der Steuereinheit vorgegeben wird. Der Taktgeber bestimmt die Geschwindigkeit, mit der die einzelnen Programmschritte an die Steuereinheit weitergegeben und dort abgearbeitet werden.

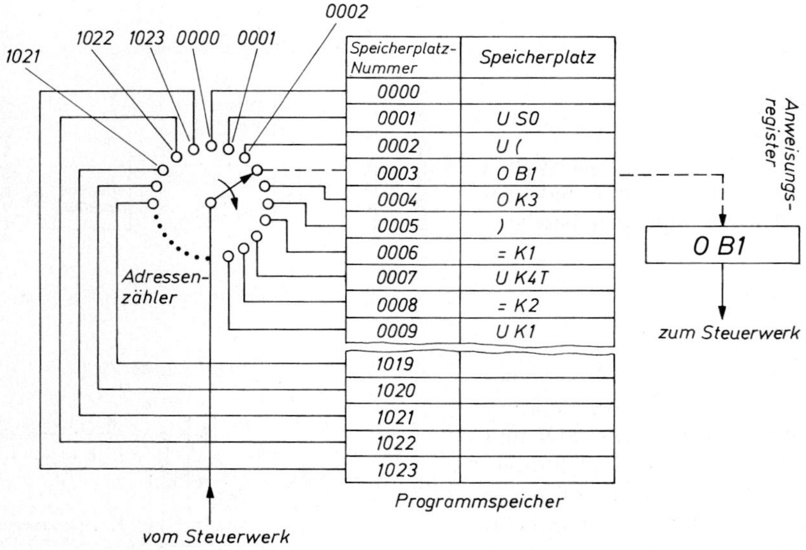

Das oben stehende Bild zeigt einen Programmspeicher mit $2^{10} = 1024$ Speicherplätzen. Für die Bearbeitung eines Programmschrittes werden 2 µs benötigt. Der Programmzyklus benötigt für 1024 besetzte Speicherplätze eine Arbeitszeit von 2 ms. Danach springt das Programm auf den Speicherplatz 0000 zurück und beginnt einen neuen Arbeitszyklus.

Arbeitsweise des Programmspeichers:
Der Adressenzähler wählt z. B. den Speicherplatz 0003 an. Dort ist die Anweisung 0 B1 eingegeben. Diese Anweisung wird auf den Ausgang des Programmspeichers gegeben und gelangt von dort in einen Zwischenspeicher, auch Anweisungsregister genannt. Aus dem Anweisungsregister wird die Steueranweisung in die Steuereinheit abgerufen und dort verarbeitet.

Anschließend wählt der Adressenzähler die nächsthöhere Adresse – in diesem Fall 0004 – und gibt die entsprechende Anweisung in das Anweisungsregister usw.

2.7.3.3 Steuereinheit

Die Steuereinheit ist der zentrale Baustein innerhalb der SPS, dem die anderen Bausteine zuarbeiten. Die Steuereinheit erfüllt *Kontroll-* und *Koordinationsaufgaben*. Um diese Aufgaben erfüllen zu können, werden neben dem zentralen Baustein mit Steuer- und Logikteil verschiedene Speicherbausteine benötigt, die Ein- und Ausgabedaten sowie Zwischenergebnisse speichern, die die Steuereinheit für die Aufbereitung der Endergebnisse benötigt.

Speicher, Steuerteil und Logikteil sind durch Sammelleitungssysteme zur Übertragung von Daten miteinander verbunden. Sie werden *Bussysteme* genannt. Alle Teile der Steuereinheit – Steuerteil, Logikteil und Speicher – sind auf einem einzigen Bauteil (dem Mikroprozessor) untergebracht. Der *Mikroprozessor* ist ein integrierter Schaltkreis, der sehr viele Schaltfunktionen auf wenigen Quadratzentimetern vereinigt. Die Steuereinheit verarbeitet die vom Eingangsbaustein eingegebenen Signale. Das im Programmspeicher abgelegte Arbeitsprogramm bestimmt, in welcher Weise die Eingangssignale verarbeitet, geordnet und in welcher zeitlichen Reihenfolge sie an den Ausgangsbaustein weitergegeben werden.

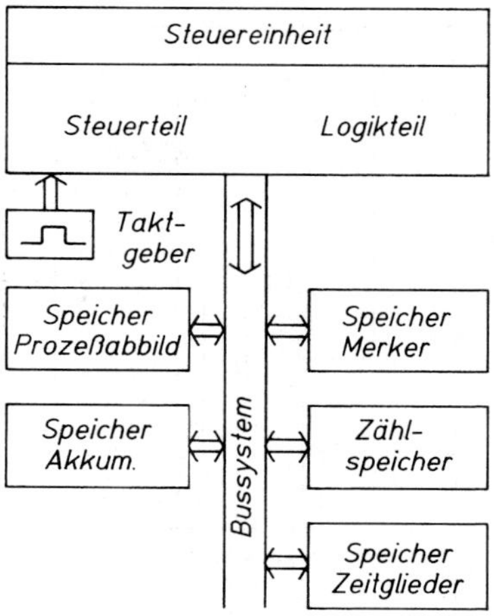

Die Arbeitsgeschwindigkeit der Steuereinheit wird von einem *Taktgeber* vorgegeben. Der Taktgeber ist Bestandteil des Mikroprozessors.

Das Arbeitsprogramm wird schrittweise von der Steuereinheit aus dem Programmspeicher angefordert. Bei den meisten Arbeitsprogrammen ist es notwendig, die Eingangsdaten nicht sofort zu verarbeiten, sondern zwischenzulagern. Sie werden in den dafür vorgesehenen Speichern abgelegt. Das gleiche gilt für Zwischenergebnisse, die erst in nachfolgenden Programmschritten oder zum Ende des Programmes benötigt werden.

Der Steuerteil sorgt dafür, daß diese Daten und Zwischenergebnisse in den Speichern abgelegt werden und greift bei Bedarf auf sie zurück.

Alle Daten können jederzeit in den Speicher eingelesen und nach Gebrauch wieder gelöscht werden. Das gilt nicht für das im Programmspeicher vorhandene Arbeitsprogramm. Es kann von der Steuereinheit nur gelesen, aber nicht gelöscht werden.

Speicherbausteine der Steuereinheit:

Speicher für Prozeßabbild: Hier werden die Signalzustände des Ein- und Ausgabebausteins gespeichert.

Akkumulatorspeicher: Der Akkumulatorspeicher ist ein Zwischenspeicher, über den Zeitglieder und Zähler geladen werden.

Merker(-speicher): Der Merker speichert Zwischenergebnisse aus arithmetischen oder logischen Funktionen.

Zählspeicher und Speicher für Zeitglieder: Speicherbereiche, in denen Zahlen- und Zeitwerte gespeichert werden.

Aufbau von Steuerteil und Rechen- bzw. Logikteil, dargestellt an einem einfachen Beispiel:

Das Blockschaltbild auf der nächsten Seite ist in zwei Teile gegliedert. Der Rechen- und Logikteil enthält mehrere Teilschaltungen. Ob eine der vier dargestellten Logikschaltungen angesprochen wird, hängt davon ab, ob das vorgeschaltete UND-Element über seinen zweiten Eingang gleichzeitig mit den ankommenden Signalen beaufschlagt wird.

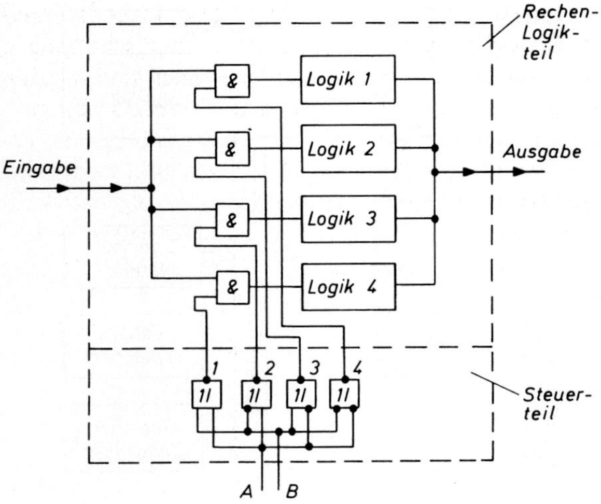

Steuerbefehl	angesprochene Teillogik
OO	1 - Additionsschaltung
OL	2 - Subtraktionsschaltung
LO	3 - ODER-Verknüpfung
LL	4 - UND-Verknüpfung

A	B	Logik 1	2	3	4
O	O	L	O	O	O
O	L	O	L	O	O
L	O	O	O	L	O
L	L	O	O	O	L

Nur dann können die Eingabesignale in eine der Teilschaltungen weitergeleitet und dort verarbeitet werden. Die Auswahl, welche der Teilschaltungen angesprochen wird, hängt vom Steuerteil ab. Von dort führen vier Ausgänge an die UND-Elemente der Teilschaltungen 1–4. Über die beiden Eingänge *A* und *B* des Steuerteils können $2^2 = 4$ unterschiedliche Eingangssignale gegeben werden, von denen jedes eine Logik freigeben kann. Die Wertetabelle zeigt, welche Teillogik bei welchem Eingangssignal freigegeben wird.

Führt z. B. der Eingang *A* 1-Signal und *B* 0-Signal, dann wird die Teillogik 3 (ODER-Verknüpfung) freigegeben. Bei diesem einfachen Beispiel können vier unterschiedliche Logikbereiche angesprochen werden. Sind z. B. acht Steuerleitungen vorhanden, so können $2^8 = 256$ unterschiedliche Steuerbefehle unterschieden werden.

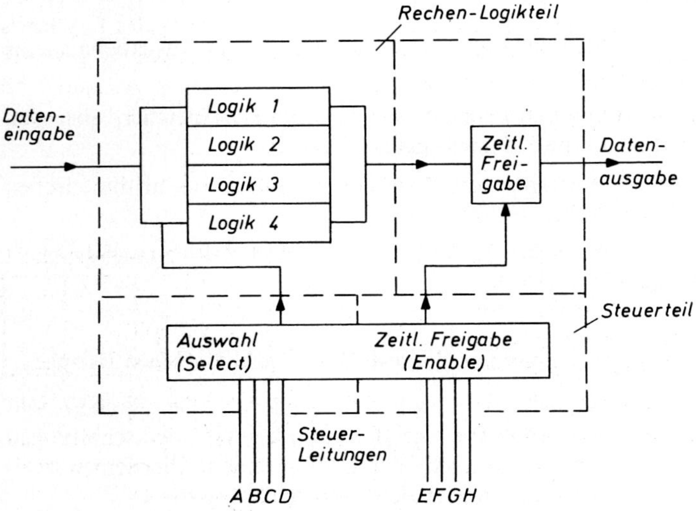

Das Schaltungsprinzip der Steuereinheit ist noch nicht vollständig dargestellt. Bisher bestand die Aufgabe des Steuerteils nur darin, festzulegen, welche Rechen- oder Logikschaltungen freigegeben werden. Für einen programmierten Steuerungsvorgang ist es auch wichtig, daß die Daten zum vorgesehenen Zeitpunkt an den Datenausgang gelangen. Das Steuerteil muß die verarbeiteten Daten dann freigeben, wenn diese zur Weiterverarbeitung benötigt werden. Das Blockschaltbild auf Seite 210 teilt das Steuerteil in zwei Bereiche. Im ersten Bereich wird ausgewählt (SELECT), welche Logik zur Verarbeitung der Eingangsdaten freigegeben wird. Im zweiten Teil wird festgelegt, wann die Daten für die weitere Verarbeitung freigegeben werden (ENABLE).

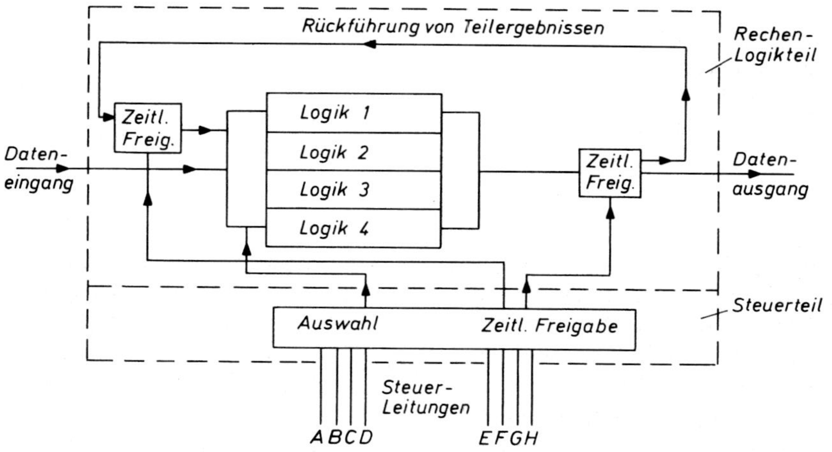

Auch dieses Blockschaltbild ist noch unvollständig. Wird z. B. ein umfangreicher Steuerungsvorgang mit Hilfe eines Arbeitsprogrammes gesteuert, so kann dieses Programm je nach Umfang mehr oder weniger Teilschritte umfassen, die nacheinander abgearbeitet werden müssen. Unter diesen Einzelschritten sind viele, die ständig wiederbenutzt werden. Daraus folgt, daß in einem Hauptprogramm immer wieder die gleichen Anweisungen über dieselbe Logik verarbeitet werden müssen. Es muß z. B. ein Teilergebnis vom Ausgang des Logikteils erneut an den Eingang gebracht werden, um dort in der nachfolgenden Anweisung weiter verarbeitet zu werden. Das geschieht über Rückführungsleitungen, die vom Ausgang des Logikteils wieder an den Eingang führen (siehe Blockschaltbild oben). Die erneute Eingabe muß dann wieder über die Freigabe des Steuerteils geführt werden.

2.7.3.4 Ausgabebaustein

Das nebenstehende Bild zeigt den schematischen Aufbau eines Ausgabebausteins. Dem Eingang des Ausgabebausteins wird die Ausgangsleistung der Steuereinheit (5–10 mW) zugeführt. Der Optokoppler sorgt für die notwendige galvanische Trennung. Die Infrarotstrahlung der Leuchtdiode läßt den Fototransistor T_1 durchschalten.

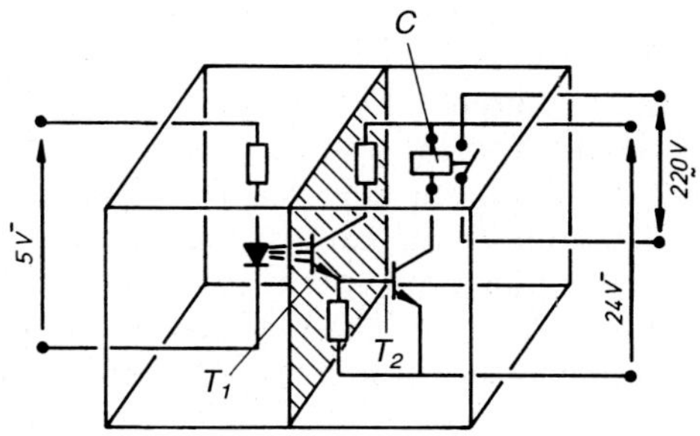

Über den Emitterstrom wird der Schalttransistor T_2 durchgeschaltet. Dadurch wird das Relais C aktiviert und der Laststromkreis über den Kontakt C geschlossen. Die Schaltleistung ist dadurch unbegrenzt.

Der Ausgabebaustein wird benötigt, um die energieschwachen Signale aus der Steuereinheit so zu verstärken, daß sie zum Ansteuern von Aktoren wie Relais, Schützen etc. direkt benutzt werden können. Daneben muß wie beim Eingabebaustein auch hier dafür gesorgt werden, daß über eine galvanische Trennung die Steuereinheit gegen Kurzschlüsse aus dem Aktorenbereich abgesichert wird. Oft muß der Ausgabebaustein auch die elektronischen Signale der Steuereinheit in Signale anderer Energieformen (z. B. pneumatische Energie) umwandeln.

Aufgaben des Ausgabebausteins:
- Energietrennung (Optokoppler)
- Energieverstärkung (Transistorstufe)
- Energieumwandlung (elektrische Energie/pneumatische Energie)
- Signalumformung

2.7.3.5 Programmiergeräte

Die Organisation und Durchführung des gewünschten Programmes wird in Zusammenarbeit mit der Steuereinheit übernommen.

Das *Programmiergerät* sorgt dafür, daß das gewünschte Programm in den Programmspeicher eingegeben werden kann.

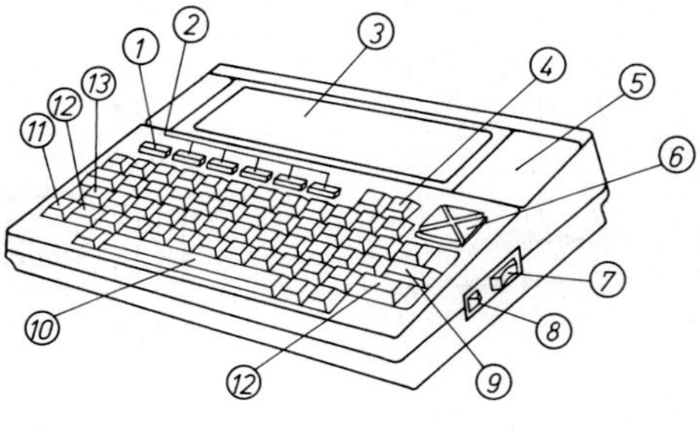

Im einfachsten Fall enthält das Programmiergerät eine *Tastatur* und ein *Anzeigedisplay*.

Das nebenstehende Programmiergerät besitzt eine Schreibmaschinentastatur und ein einzeiliges Display mit 40 Anzeigestellen. Das Gerät ist über Kabel mit dem Programmspeicher bzw. der Steuereinheit verbunden und erhält auch die Energieversorgung über dieses Kabel. Diese einfachen Programmiergeräte können nicht alle Programmiersprachen übertragen. Sie sind auf die Programmiersprache AWL (Anweisungsliste) beschränkt. Die Programmiersprache AWL ist eine Sprache, mit deren Hilfe alle logischen Verknüpfungen und Abläufe programmiert werden können. Sie kann sowohl schritt- als auch verknüpfungsorientierte Elemente darstellen. Sollen Arbeitsprogramme auch in anderen Programmiersprachen eingelesen werden, so greift man auf Programmiergeräte zurück, die aus

1 STOP-Taste
2 Funktions-Tasten
3 LCD-Anzeige (Anzeigedisplay)
4 Lösch-Taste
5 Anzeige Batterieunterspannung
6 Tasten für Cursorpositionierung
7 Kontrasteinstellung für LCD-Anzeige
8 Ein/Ausschalter
9 Quittier-Taste [←]
10 Leer-Taste
11 Einrast-Taste für Großschreibung [CAPS]
12 Umschaltungstaste für Groß/Kleinschreibung bzw. 1. und 2. Tastenfunktion [SHIFT]
13 Control-Taste [CTRL]

vollwertigen Personalcomputern mit Bildschirm oder *8–10zeiligen LCD-Anzeigen besteht.* Mit diesen aufwendigeren und teureren Programmiergeräten können neben AWL auch die anderen üblichen Programmiersprachen wie KOP (Kontaktplan) und FUP (Funktionsplan) eingegeben werden. Diese Geräte enthalten zusätzlich Schnittstellen, an die Drucker angeschlossen werden, die dann die eingegebenen Programme sofort ausdrucken können.

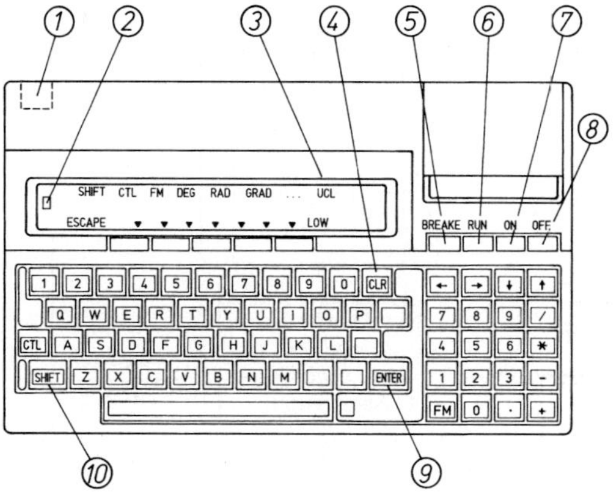

① Schnittstelle zur SPS
② Cursor
③ Statusanzeige
④ Zeilenlöschung
⑤ Programmunterbrechung
⑥ Programmstart
⑦ EIN
⑧ AUS
⑨ ENTER
⑩ Umschalten Groß/Klein

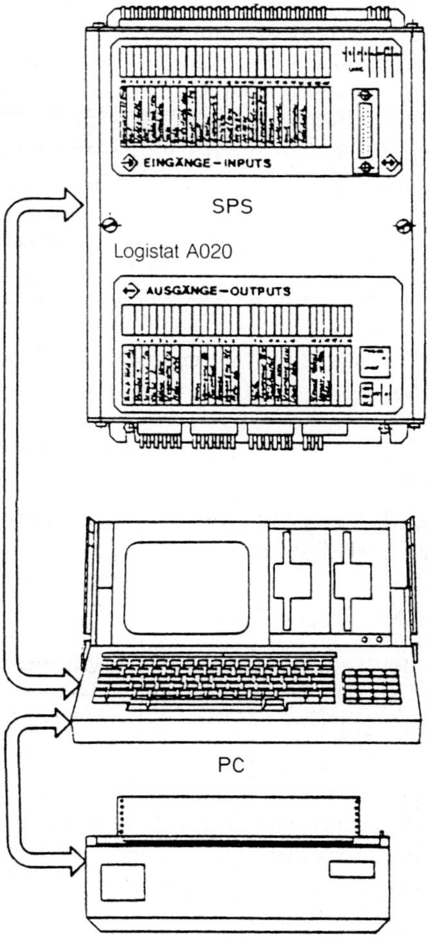

Das Bild rechts stellt einen Personalcomputer mit integriertem Bildschirm und zwei Diskettenlaufwerken dar. Über die Diskettenlaufwerke können abgespeicherte Arbeitsprogramme direkt in die SPS eingegeben werden.

2.7.3.6 Zusammenspiel von Arbeitsprogramm, Steuereinheit und Ein- und Ausgabebaustein

Soll ein neues Programm von der SPS bearbeitet werden, so muß über das Programmiergerät zunächst das eventuell noch im Programmspeicher vorhandene Programm gelöscht werden. Danach werden die noch im Prozeßabbildspeicher vorhandenen Daten von Ein- und Ausgabebaustein gelöscht.

Nach der Bestätigung der Löschvorgänge kann das neue Arbeitsprogramm über das Programmiergerät in den Programmspeicher eingegeben werden. Das nebenstehende Programmschema zeigt den weiteren Programmablauf:

Die Signale des Eingabebausteins werden abgefragt und in den Prozeßabbildspeicher eingelesen. Danach erfolgt schrittweise die Bearbeitung des Arbeitsprogrammes. Nach jedem Programmdurchlauf werden die durch das Programm ermittelten Ausgangsdaten vom Prozeßabbildspeicher auf die Ausgänge übertragen. Sie lösen dann die Befehle der Aktoren aus. Danach springt das Programm auf die erste Speicherplatznummer im Programmspeicher zurück. Die neuen Signale des Eingabebausteins werden in das Prozeßabbild eingelesen, und es beginnt ein neuer Programmzyklus.

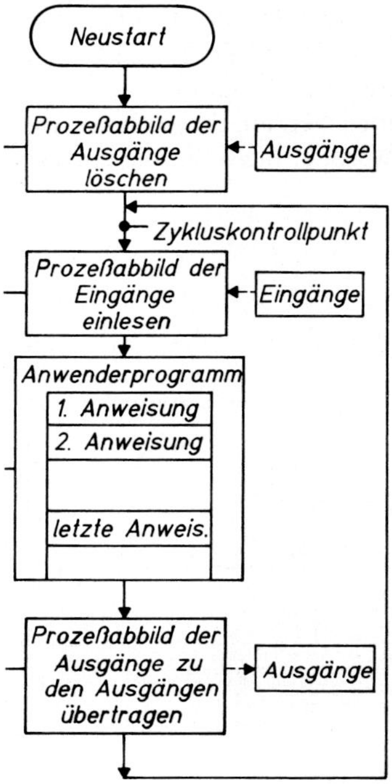

2.8 Programmierung von speicherprogrammierbaren Steuerungen – Software

2.8.1 Programmierung

Steuerungsaufgaben für die SPS können in verschiedenen Programmiersprachen wie z. B. *Kontaktplan, Anweisungsliste* u. a. geschrieben werden. Die am häufigsten benutzten Programmiersprachen werden weiter unten noch ausführlich besprochen.

Neben diesen Anwenderprogrammiersprachen benötigt das Betriebssystem der SPS noch einige Programme, die dafür sorgen, daß die Anwenderprogramme von der SPS akzeptiert, verstanden und in ausführbare Anweisungen umgesetzt werden. Jede SPS besitzt ihr eigenes *Betriebssystem.* Das Betriebssystem bestimmt Leistungsfähigkeit und Arbeitsgeschwindigkeit der SPS. Es sorgt für den störungsfreien Ablauf der verschiedenen Programme. Es koordiniert Anweisungen und Befehle, die von den Eingangsbausteinen, den internen Speichern und dem Programmspeicher kommen. Es ist außerdem verantwortlich für den Datenverkehr zwischen Eingabebaustein, Steuereinheit und Ausgabebaustein.

Das Betriebssystem steuert den Mikroprozessor. Es verwaltet die internen Datenspeicher (*RAM-Speicher, Merker*). Das Betriebssystem wird vom Hersteller der SPS vorgegeben. Da es sich im wesentlichen auf die inneren Abläufe in der SPS bezieht, ist es für den Anwender von geringerer Bedeutung. Wichtiger sind für den Anwender der SPS die Programmiersprachen.

2.8.2 Programmiersprachen einer SPS

Es soll untersucht werden, welche Programmiervorlagen bei SPS-Steuerungen verwendet werden können, d. h. welche Programmiersprachen üblich sind.

Es gibt – wie oft in der Technik – mehrere Möglichkeiten, die nebeneinander gleichberechtigt Verwendung finden. Welche Programmiersprache verwendet wird, ist oft davon abhängig, ob dem Anwender die eine Sprache besser liegt, weil er sie z. B. in seiner Praxis früher kennengelernt und deshalb bereits öfter angewendet hat.

Es kommt auch auf die spezielle Aufgabenstellung an. So kann bezogen auf allgemeine Steuerungsaufgaben gelten:

Eine Verknüpfungssteuerung (Kombinatorische Steuerung) kann gut mit Hilfe eines Logikplans oder mit Formeln der Boolschen Algebra beschrieben werden.

Die folgenden Programmiersprachen werden für SPS-Steuerungen am häufigsten verwendet:

- der *Kontaktplan (KOP)*
- die *Anweisungsliste (AWL)*
- der *Funktionsplan (FUP)*

Alle drei Programmiersprachen können sowohl für Verknüpfungssteuerungen als auch für Ablaufsteuerungen verwendet werden.

Die drei Programmiersprachen werden nach Steuerungsarten strukturiert vorgestellt. Zuerst wird auf die Programmierung von Verknüpfungssteuerungen eingegangen. Im Anschluß daran werden Ablaufsteuerungen behandelt. Vorher werden einige für die Programmierung notwendige Arbeitsunterlagen vorgestellt.

2.8.3 Belegungsliste

Zu jeder Programmieraufgabe gehört eine *Belegungsliste* (bzw. Zuordnungsliste). Die SPS-Programmiersprachen halten sich an die DIN 19 239 und die dort genormten Ein- bzw. Ausgänge der SPS.

In der Belegungsliste werden auf der Eingangsseite die an die SPS angeschlossenen Sensoren benannt und beschrieben. Das können Schalter, Taster, Lichtschranken, Temperaturfühler, Drehzahlwächter usw. sein.

Auf der Ausgangsseite werden die dort angeschlossenen Aktoren benannt und beschrieben. Hierbei handelt es sich um Lampen, Ziffern, Hupen oder Relais, Leistungsschütze, Magnetventile, Motorklappen u. a.m.

Aus der Belegungsliste wird außerdem ersichtlich:

- mit welchen Sensoren die einzelnen Eingänge der SPS beschaltet werden,
- mit welchen Aktoren die einzelnen Ausgänge der SPS verbunden werden,
- welche innerhalb der SPS vorhandenen Funktionen (Merker, Zähler, Zeitstufen usw.) für den vorgesehenen Steuerungsablauf verwendet und wozu diese eingesetzt werden.

Beispiele für Belegungslisten:

1. *Elektrische Einschaltsteuerung*

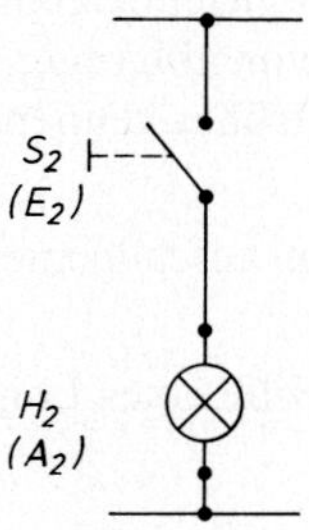

Bezeichnung	Kurzbezeichnung	Adresse*	Funktion
Taster	S_2	E_2	E_2 führt Signal, solange Taster betätigt
Lampe	H_2	A_2	Lampe leuchtet, wenn A_2 *I*-Signal führt

* Adresse: Hier werden die genormten Symbole für Ein- und Ausgänge der SPS angegeben.

2. *Elektropneumatische Zylindersteuerung*

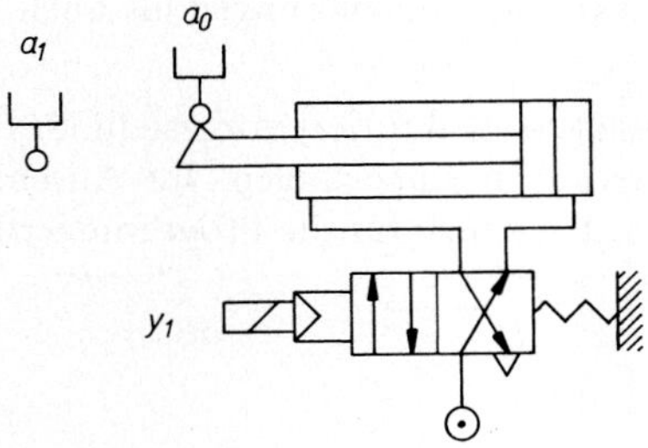

Bezeichnung	Kurzbezeichnung	Adr.	Funktion
Endschalter Kolbenstange hinten	a_1	$E1$	wenn a_1 betätigt, wird y_1 geschlossen, Kolben fährt zurück
Endschalter Kolbenstange vorn	a_0	E_0	wenn a_0 betätigt, wird y_1 rückgeschaltet, Kolben fährt vor
Magnetventil	y_1	A_0	Magnetventil steuert Kolben

2.8.4 Schaltplan

Der *Schaltplan* dient zur Darstellung der Verbindungen zu den Sensoren und Aktoren außerhalb der SPS. Hierbei werden die genormten Schaltzeichen benutzt.
Im Schaltplan werden zwei Stromkreise dargestellt:

- die Versorgung der Sensoren und Signaleingänge der SPS mit einer Gleichspannung von 24 V –
- die Versorgung zum Betrieb der Aktoren an den Signalausgängen mit der Betriebsspannung 220 V –

Beispiele für Schaltpläne:

1. Elektrische Einschaltsteuerung

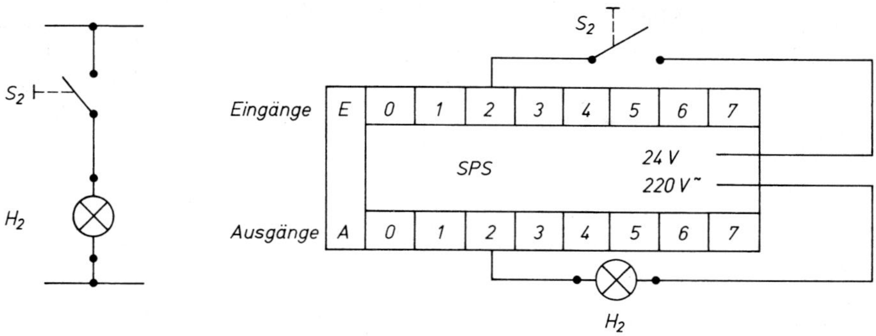

2. Elektropneumatische Zylindersteuerung

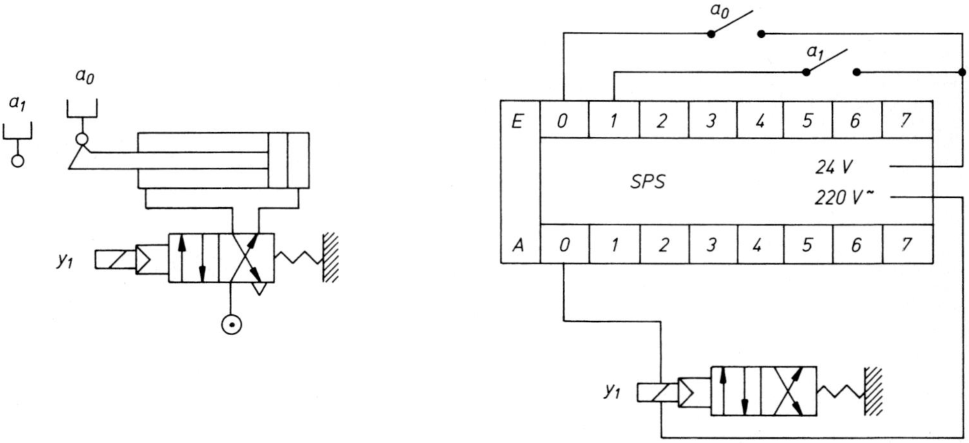

2.8.5 Programmiersprachen für Verknüpfungssteuerungen

2.8.5.1 Der Kontaktplan (KOP)

Der Kontaktplan ist aus dem *Stromlaufplan* entwickelt worden. Deshalb sind sich beide Steuerungsdarstellungen sehr ähnlich. Beim Kontaktplan sind wie beim Stromlaufplan die einzelnen Bauteile schematisch angeordnet, sie zeigen nicht wie beim Wirkschaltplan die tatsächliche örtliche Lage der Bauteile an, sondern sie erläutern durch übersichtliche Darstellung der einzelnen Stromwege die Wirkungsweise der Schaltung. Wenn von einer Steuerungsaufgabe schon ein Stromlaufplan vorliegt, dann ist es am einfachsten, diesen in den Kontaktplan zu übertragen.

Im folgenden Beispiel wird zu dem bereits vorhandenen Stromlaufplan der entsprechende Kontaktplan aufgebaut.

Aufgabenstellung:

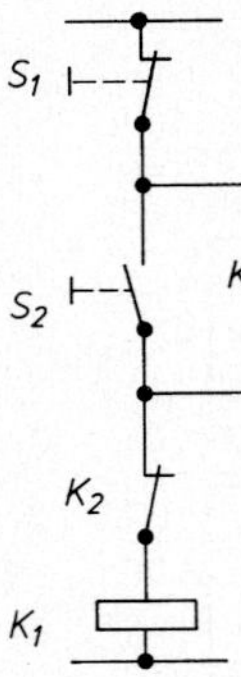

Ein Relais K_1 soll über Taster S_2 eingeschaltet werden. Nach Loslassen von S_2 soll das Relais über eine Selbsthaltung eingeschaltet bleiben. Erst die Betätigung von S_1 soll das Relais wieder abfallen lassen. Die Betätigung des Relais kann durch eine Verriegelung von außen unterbunden werden (K_2).

Belegungsliste:

Bezeichnung	Kurzbezeichnung	Adresse	Funktion
Taster EIN eingeschaltet	S_2	E_1	Relais K_1 wird eingeschaltet
Taster AUS	S_1	E_2	Bei Betätigung fällt Relais K_1 ab.
Relais	K_1	A_1	Relais
Verriegelung	K_2	A_2	Über K_2 kann Betätigung von K_1 verhindert werden.

Schaltplan:

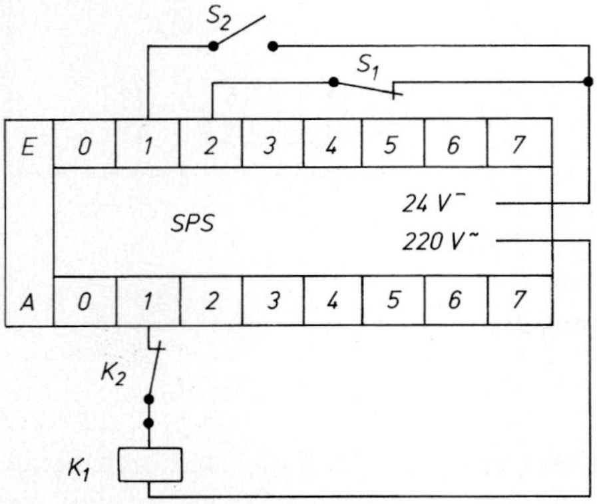

Kontaktplan:

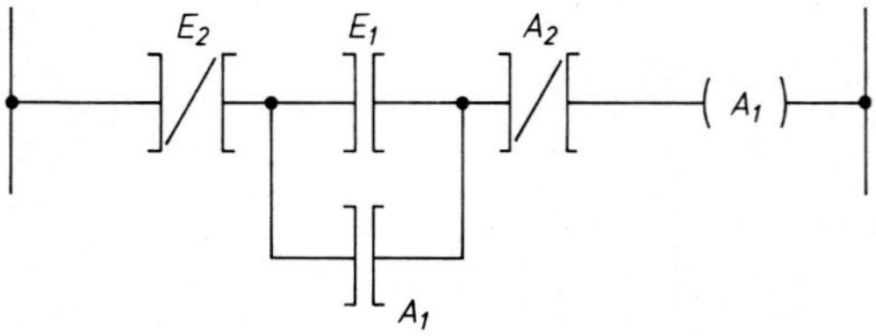

Die Symbole des Kontaktplanes sind von amerikanischen Herstellern eingeführt worden. Würde man den Kontaktplan um 90° drehen, so wäre er bis auf die veränderten Symbole dem Stromlaufplan sehr ähnlich.

Folgende Symbole werden im Kontaktplan verwendet:

Operationsart	Symbol	Bedeutung	Operationsart	Symbol	Bedeutung
Verknüpfung	–| |–	*I*-Signal	Ausgänge	–(S)–	Zuweisung „Speichern“
	–|/|–	*O*-Signal		–(R)–	Zuweisung „Rücksetzen“
	–| |–| |–	UND-Verknüpfung	Zähloperationen	–(/)–	Zählereingang
	–| |– parallel –| |–	ODER-Verknüpf.	Zeitoperationen	–(T)–	Zeiteingang
Ausgänge	–( )–	Zuweisung *I*			
Zuweisungen	–(/)–	Zuweisung *O*			

2.8.5.2 Funktionsplan (FUP)

Der *Funktionsplan* – vergleichbar dem *Logikplan* – setzt Reihen- bzw. Parallelschaltungen einer Steuerungsaufgabe in logische Symbole um (UND, ODER, NICHT). Damit lassen sich die Verknüpfungen einer Steuerung übersichtlich und gut lesbar darstellen.

Als Beispiel für einen Funktionsplan soll die gleiche untenstehende Schaltung verwendet werden.

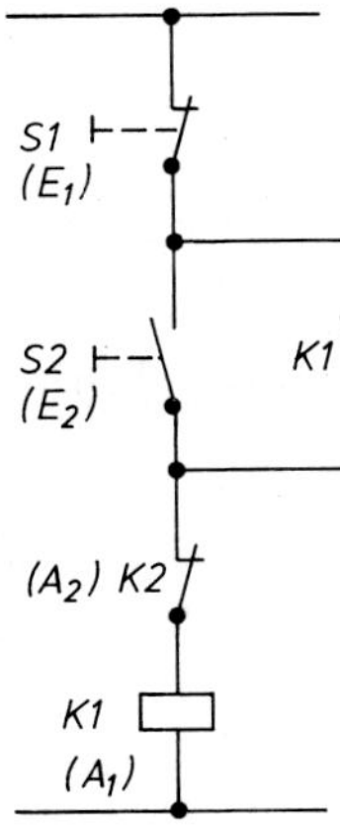

Stromlaufplan

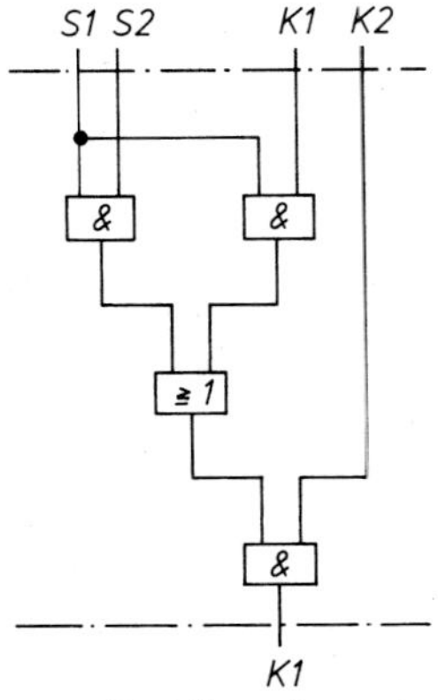

Funktionsplan

Der Funktionsplan besteht aus zwei parallelen UND-Elementen, deren Ausgänge in die beiden Eingänge des ODER-Elements geführt werden. Der Ausgang des ODER-Elementes wird zusammen mit dem Verriegelungseingang K_2 in ein weiteres UND-Element geführt, dessen Ausgang das Relais K_1 ansteuert.

Die Steuerungsaufgabe kann auch als schaltalgebraische Gleichung geschrieben werden. Sie lautet dann:

$$[(S_1 \wedge S_2) \vee (S_1 \wedge K_1)] \wedge K_2 = K_1$$

Diese Gleichung benutzt Klammern, um Zwischenergebnisse zu ordnen und sie mit hinzukommenden weiteren Variablen zu verknüpfen. Im Funktionsplan der SPS werden die Zwischenergebnisse durch sogenannte Merker (M) festgehalten. Die Signale am Ausgang der entsprechenden Merker werden dann für die weitere Verarbeitung der Steuersignale von der SPS übernommen.

$$\underbrace{\underbrace{S_1 \wedge S_2}_{M_1} \qquad \underbrace{S_1 \wedge K_1}_{M_2}}_{M_3 \wedge K_2 = K_1}$$

Das Signal am Ausgang der 1. UND-Verknüpfung wird durch $M1$ gespeichert. $M2$ speichert die UND-Verknüpfung $S1$ $K1$. $M1$ und $M2$ bilden die Eingangssignale für die ODER-Verknüpfung. $M3$ speichert das Ausgangssignal. $M3$ und $K2$ bilden eine weitere UND-Verknüpfung. Das Ausgangssignal steuert das Relais $K1$ an.

2.8.5.3 Anweisungsliste (AWL)

Die *Anweisungsliste* kann nach jeder Vorlage, ob es sich um Stromlaufpläne, logische Verknüpfungen o. ä. handelt, relativ einfach erstellt werden.

Die Anweisungsliste arbeitet nicht mit graphischer Darstellungsweise, sondern sie beschreibt das Steuerungsprogramm mit Hilfe von Symbolen. Die Steueranweisungen sind in Zeilen untereinander angeordnet. Jede Zeile enthält eine Einzelanweisung. Die Zeilen sind durchnumeriert. Die Befehle werden in Kurzform niedergeschrieben. Jede Anweisung besteht aus drei Teilen. Im ersten Teil steht die Adresse der Anweisung, mit der Speicherplatznummer – beginnend mit 0 – in fortlaufender Numerierung. Der zweite und dritte Teil enthalten die Programmanweisungen. Im zweiten Teil wird angegeben, *was* zu tun ist (Operationsteil), im dritten Teil wird angegeben, *womit* etwas getan werden soll (Operandenteil)

Beispiel:

	Anweisung	
Adresse	Operation	Operand
001	*U*	*E*2

Anweisung: Im ersten Schritt soll eine UND-Verknüpfung mit Eingang *E*1 hergestellt werden.

Als Beispiel für eine Anweisungsliste soll wieder die bereits bekannte Selbsthaltung dienen.

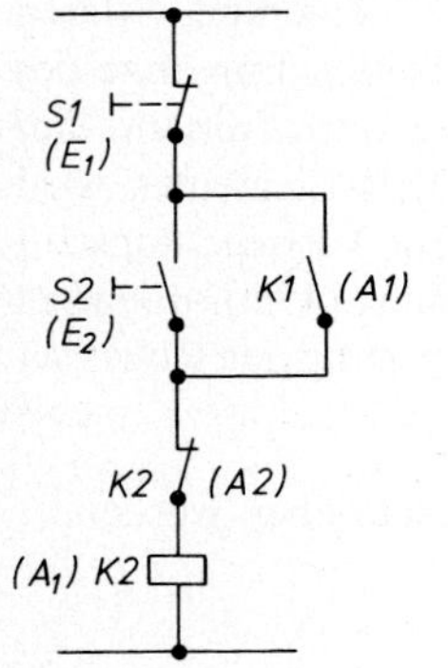

Adresse	Operation	Operand
0001	*U*	*E*2
0002	*O*	*A*1
0003	*U*	*E*1
0004	*UN*	*A*2
0005	=	*A*1
0006	*PE*	

PE = Programmende

Folgende Symbole werden in der Anweisungsliste verwendet:

Art der Operation	Operandensymbol	Wirkungsweise
Verknüpfungen	*U*	UND-Verknüpfung
	UN	UND-Verknüpfung, Signalabfrage negiert
	O	ODER-Verknüpfung
	ON	ODER-Verknüpfung, Signalabfrage negiert
	XO	Exklusiv-ODER
	U(	UND-Verknüpfung + Klammer auf
	O(	ODER-Verknüpfung + Klammer auf
	)	Klammer zu
	)N	Klammer zu + Signalabfrage negiert
Ausgabeoperationen	=	Ausgabe/DANN
	=*N*	Ausgabe negiert/ DANN NICHT
	SL	Speicher setzen
	RL	Speicher rücksetzen
Zeit- und Zähloperationen	=*T*	Zeitglied-Eingang
	M	Merker
	ZV	Zähler vorwärts
	ZR	Zähler rückwärts
	=*I*	Zähler-Eingang
Operationen zur Programmorganisation	*SW*	Sprung bei „ “
	LS	Lade sofort
	SP	Sprung
	NO	Nulloperation (keine Wirkung)
	PE	Programmende

2.8.6 Programmiersprachen für Ablaufsteuerungen

Bei *Ablaufsteuerungen* sorgt die SPS dafür, daß sämtliche Schritte des Ablaufs in der richtigen Reihenfolge und zeitlich aufeinander abgestimmt in Gang gesetzt werden. Hierbei wird sichergestellt, daß erst nachdem ein Schritt vollständig ausgeführt ist, der nächste folgen kann. Ablaufsteuerungen kann man graphisch gut durch *Weg-Schritt-Diagramme* darstellen. Der Arbeitsablauf der Aktoren (z. B. pneumatisch betätigte Zylinder) wird in Abhängigkeit vom jeweiligen Ablaufschritt dargestellt. Dabei sind die Aktoren im Diagramm vertikal angeordnet, die einzelnen Schritte der Ablaufsteuerung horizontal. Die Funktionslinie zeigt in jedem Schritt den Signalzustand des betreffenden Signalgliedes an. Den Programmierbeispielen für Ablaufsteuerungen wird deshalb jeweils ein Weg-Schritt-Diagramm vorangestellt.

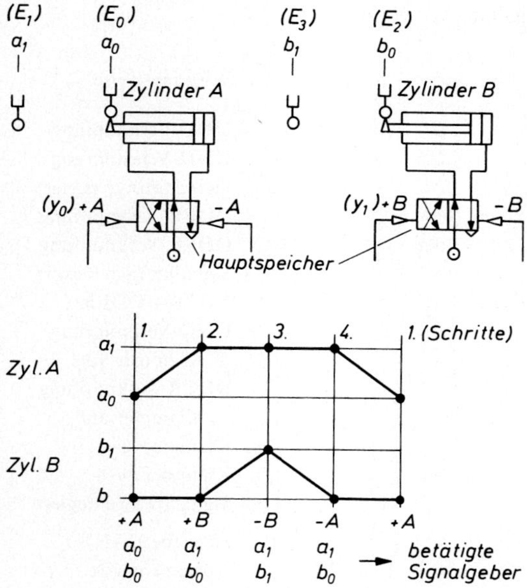

Die nebenstehende Ablaufsteuerung soll programmiert werden: Ein pneumatisch betätigter Zylinder soll seinen Kolben ausfahren (Zyl. *A*). Nachdem der Kolben von Zylinder *A* ausgefahren ist, soll der Kolben eines zweiten Zylinders (Zyl. *B*) ausfahren. Nach dem Ausfahren von Kolben *B* soll der Kolben wieder in die Ausgangslage zurückfahren. Erst nach dem Einfahren von Kolben *B* soll der Kolben des Zylinders *A* wieder in seine Ausgangslage zurückfahren. Damit ist ein Zyklus der Ablaufsteuerung beendet.

Belegungsliste:

Bezeichnung	Kurzbez.	Adresse	Funktion
Endschalter Zyl. *A*	a_0	*E*0	1-Signal bei Berührung
Endschalter Zyl. *A*	a_1	*E*1	
Endschalter Zyl. *B*	b_0	*E*2	
Endschalter Zyl. *B*	b_1	*E*3	
Magnetventil Zyl. *A*	Y_1	*A*0	
Magnetventil Zyl. *B*	Y_2	*A*1	

Schaltplan:

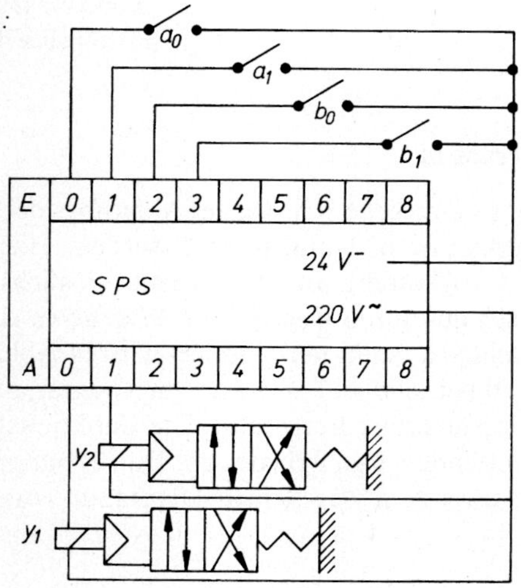

2.8.6.1 Kontaktplan (KOP) für Ablaufsteuerungen

Die einzelnen Schritte der Ablaufsteuerung werden im Kontaktplan durch Merker dargestellt. Die Merker wirken wie Speicher und geben die Schritte erst dann frei, wenn der für den Schritt zuständige Merker rechtzeitig gesetzt wird.

Der Kontaktplan für Ablaufsteuerungen hat zwei Teile:

1. der eigentliche Steuerteil: Hier werden die Merker gesetzt.
2. der Leistungsteil: Hier werden die Ausgänge angesteuert.

Der Steuerteil stellt den Zusammenhang zwischen Merkern und Steuerbedingungen her. Für jeden Schritt der Steuerung muß ein Merker gesetzt werden.

Auch die Ausgänge werden über Merker gesetzt. Für jeden Ausgang wird ein spezieller Strompfad dargestellt.

Programmierbeispiel:

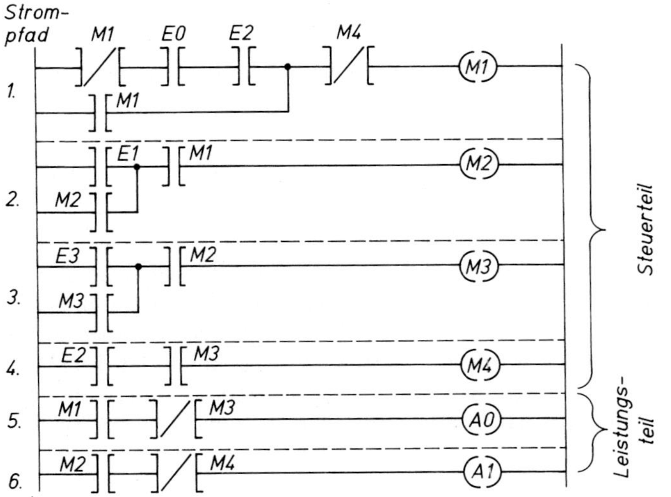

Strompfad 1: (+ A)
Es müssen folgende Bedingungen erfüllt sein, damit der erste Merker (*M*1) gesetzt werden darf:

1. Bedingung: Die beiden Endschalter a_0 (*E*0) und b_0 (*E*2) müssen betätigt sein. Beide Kolben sind in Ausgangsstellung eingefahren.
2. Bedingung: Wenn *M*1 mit diesem Schritt gesetzt werden soll, dann darf er natürlich vorher noch nicht gesetzt sein. Außerdem muß der letzte Merker (*M*4) zurückgesetzt sein, damit die Steuerung einen neuen Zyklus beginnen kann. *M*1 bleibt über Selbsthaltung gesetzt.

Strompfad 2: (+ B)

1. Bedingung: Der Endschalter a_1 (*E*1) muß betätigt sein. (Kolben *A* ausgefahren).
2. Bedingung: *M*1 muß gesetzt sein, damit der 2. Schritt erfolgen kann.
   *M*2 bleibt über Selbsthaltung gesetzt.

Strompfad 3: (– B)
1. Bedingung: Der Endschalter b_1 (*E*3) muß betätigt sein (Kolben *B* ausgefahren).
2. Bedingung: *M*2 muß gesetzt sein, damit der 3. Schritt erfolgen kann.
*M*3 bleibt über Selbsthaltung gesetzt.

Strompfad 4: (– A)
1. Bedingung: Der Endschalter b_0 (*E*2) muß betätigt sein (Kolben *B* zurückgefahren).
2. Bedingung: *M*3 muß gesetzt sein, damit der 4. Schritt erfolgen kann.
Die Selbsthaltung von *M*4 ist *nicht* nötig, da der Zyklus beendet ist.

(Leistungsteil)

Strompfad 5:
Der Strompfad 5 steuert das Magnetventil y_1 (*A*0) an. Es müssen folgende Bedingungen erfüllt sein:

- *M*1 ist gesetzt.
- *M*3 ist noch nicht gesetzt.

Strompfad 6:
Der Strompfad 6 steuert das Magnetventil y_2 (*A*1) an. Es müssen die Bedingungen erfüllt sein:

- *M*2 ist gesetzt.
- *M*4 ist noch nicht gesetzt.

2.8.6.2 Funktionsplan (FUP) für Ablaufsteuerungen

Der Funktionsplan für Ablaufsteuerungen unterscheidet sich auch äußerlich vom Funktionsplan für Verknüpfungssteuerungen. Es werden genormte Symbole nach DIN 40719 verwendet. Der Funktionsplan ist durch sogenannte Schrittfelder gegliedert. Im oberen Teil des Schrittfeldes steht die Schrittnummer, der unter Teil enthält einen erläuternden Text. Mit dem oberen Teil des Schrittfeldes sind die Ein- bzw. Ausgänge verbunden. Vom Schrittfeld aus werden die Aktoren – in unserem Beispiel die Kolben der Zylinder *A* und *B* – über Befehle angesprochen.

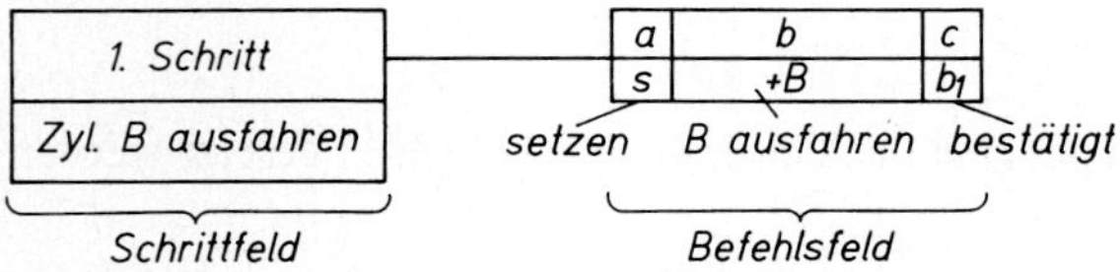

Die Befehle werden in Befehlsfeldern ausgedruckt. Das Befehlsfeld enthält drei Teile. In Feld *a* ist die Art des Befehles angegeben (Befehl wird gespeichert), Feld *b* enthält die Wirkung des Befehles (Zyl. *B* ausfahren), Feld *c* die Kennzeichnung für die Abbruchstelle des Befehlsausganges (bis b_1 gedrückt ist).

Befehlsarten Feld *a*:
S gespeichert, gesetzt
D verzögert
SD gespeichert und verzögert
NS nicht gespeichert
SH gespeichert, auch bei Energieausfall
T zeitlich begrenzt

Programmierbeispiel:

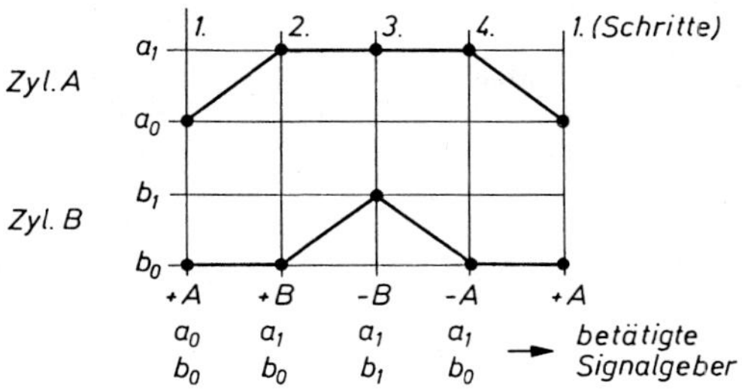

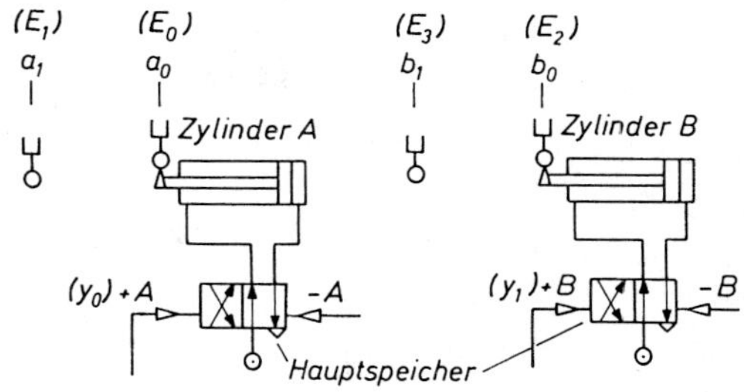

Das Weg-Schritt-Diagramm zeigt den Zustand der Endschalter während des Programmverlaufs. So müssen a_0 und b_0 betätigt sein, wenn der Befehl $+A$ ausgeführt werden soll. Bevor $+B$ ausgeführt werden darf, müssen a_1 und b_0 gedrückt sein. Erst wenn a_1 und b_1 betätigt sind, darf der Befehl $-B$ (Zurückfahren von B) durchgeführt werden. Der Befehl $-A$ (Rückfahren von Zyl. A in Ausgangslage) kann erst dann erfolgen, wenn a_1 und b_0 betätigt sind.

Im Funktionsplan verzichtet man auf den Nachweis der Betätigung von b_0 in Schritt 1, a_1 in Schritt 2 und 3. Die Schrittfelder enthalten die Schrittnummern von 0 bis 3. Der erläuternde Text gibt die Ablauffolge an. Im Schrittfeld laufen die zugehörigen Eingangsverknüpfungen zusammen. Die Ergebnisse der Verknüpfungsbedingungen werden in das Befehlsfeld weitergegeben. Hier werden alle Befehle gespeichert, und jedes Befehlsfeld enthält in Teil C die Kontrolle des durchgeführten Befehls (Abbruchstelle des Befehlsausganges) a_1 gedrückt, b_1 gedrückt, b_0 gedrückt und a_0 gedrückt. Nach Durchführung und Kontrolle des ersten Schrittes beginnt die Durchführung des nächsten Befehls. Der zeitliche Ablauf der Steuerung erfolgt über das Schrittzählwerk, das Bestandteil der Steuereinheit ist.

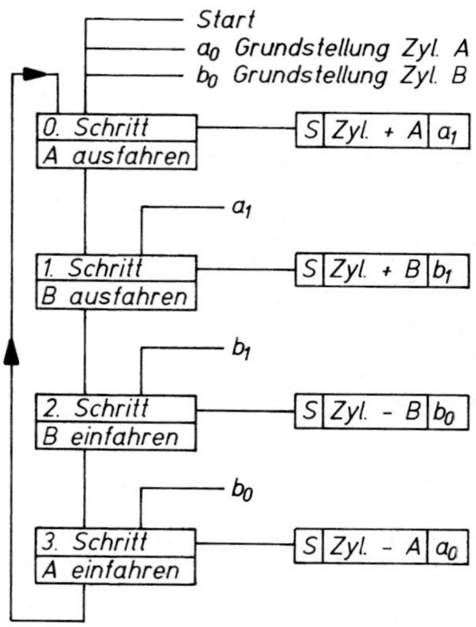

2.8.6.3 Anweisungsliste (AWL) für Ablaufsteuerungen

Nach DIN 19239 sind in der Norm keine Schritte vorgesehen. Deshalb muß die Anweisungsliste bei Ablaufprogrammen mit Schrittmerkern arbeiten. Die Schrittmerker (M) sollen Signalzustände und Informationen zwischenspeichern. Ein Signalzustand ist die 0 oder 1 am Ausgang eines Speichers (Schrittmerker). Schrittmerker können wie die Ausgänge einer SPS gesetzt, gelöscht und jederzeit abgefragt werden. Schrittmerker werden in der SPS-Organisation nur intern verwendet. Sie können auf dem PC bzw. dem Programmiergerät sichtbar gemacht werden.

Programmierbeispiel:

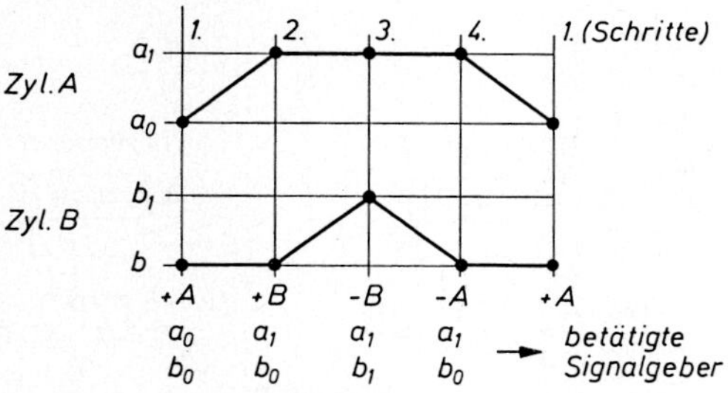

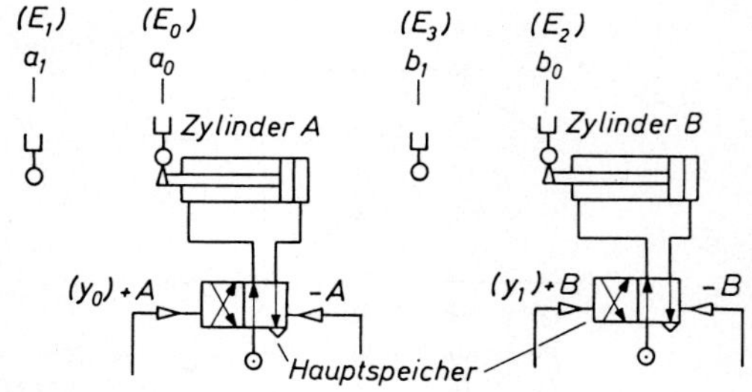

Adresse	Operation	Operand	Kommentar
001	*LN*	*M*1	
002	*U*	*E*0	1. Schritt
003	*U*	*E*2	+ *A*
004	*S* (=)	*M*1	
005	*S* (=)	*A*0	
006	*L*	*M*1	
007	*UN*	*M*2	2. Schritt
008	*U*	*E*1	+ *B*
009	*S* (=)	*M*2	
010	*S*	*A*1	
011	*L*	*M*2	
012	*UN*	*M*3	3. Schritt
013	*U*	*E*3	− *B*
014	*S* (=)	*M*3	
015	*R*	*A*1	
016	*L*	*M*3	
017	*U*	*E*2	4. Schritt
018	*R*	*A*0	− *A*
019	*R*	*M*1	
020	*R*	*M*2	
021	*R*	*M*3	
022	*PE*		

2.9 Arbeitsbeispiele

Die nachfolgenden Beispiele sollen die bisher in Teil 2 gewonnenen Kenntnisse anhand weiterer Aufgaben vertiefen. Es wird zunächst die Steuerungsaufgabe beschrieben. Danach wird mit Hilfe der Skizze eine Belegungsliste erstellt und der zugehörige Schaltplan gezeichnet. Jede Aufgabe wird dann in den drei vorgestellten Programmiersprachen programmiert und zwar in der Reihenfolge:

1. Funktionsplan
2. Kontaktplan
3. Anweisungsliste

2.9.1 Steuerungsaufgabe: Stempelpresse

Ein Preßwerkzeug soll erst dann das Werkstück stempeln, wenn sowohl der Startschalter *S*1 als auch der Schutzgitterkontakt *S*2 (Schutzgitter geschlossen) betätigt sind.

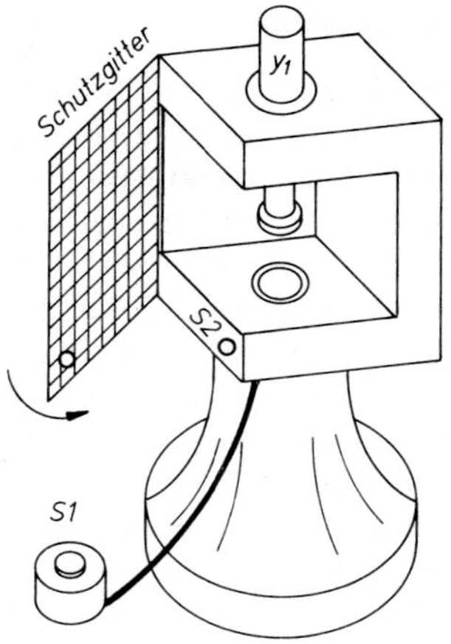

1. Belegungsliste

Bezeichnung	Kurzbezeichnung	Operand, Adresse	Funktion
Starttaster	S_1	*E*0	*I*-Signal } bei Betätigung
Schutzgitterkontakt	S_2	*E*2	*I*-Signal } bei Betätigung
Magnetventil	Y_1	*A*0	Zylinder läßt Kolben ausfahren

2. Schaltplan

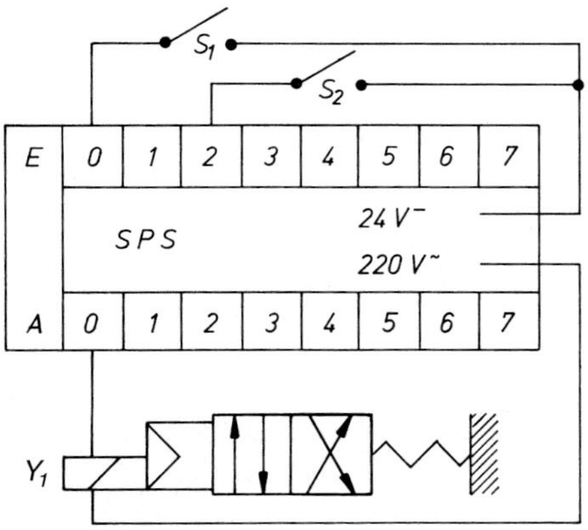

3. Funktionsplan

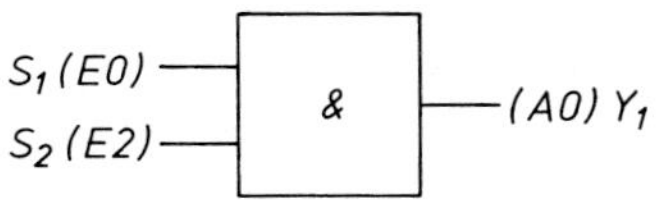

4. Kontaktplan

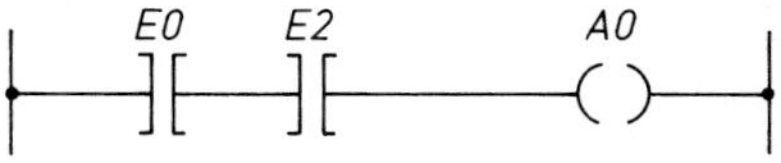

5. Anweisungsliste

Adresse	Operation	Operand	Kommentar
0001	*L*	*E*0	
0002	*U*	*E*2	
0003	=	*A*0	
0004	*PE*		

2.9.2 Steuerungsaufgabe: Stanzpresse

Eine Stanzpresse kann von mehreren Seiten bedient werden. Die zu stanzenden Bleche werden über Führungen eingeschoben. Dabei sollen, wenn sich das Werkstück in der vorgesehenen Stanzposition befindet, zwei nebeneinander liegende Sensoren betätigt sein, damit das Werkzeug so belastet wird, daß es nicht zerstört werden kann. Wenn zwei der Sensoren ansprechen, dann erhält der Kolben eines Pneumatikzylinders den Befehl auszufahren. Am Ende der Kolbenstange ist das Stanzwerkzeug in einer Vorrichtung befestigt und stanzt beim Ausfahren des Kolbens eine Aussparungen in das Werkstück. Der Kolben mit dem Werkzeug darf nicht ausfahren, wenn nur ein Sensor anspricht oder alle drei ansprechen.

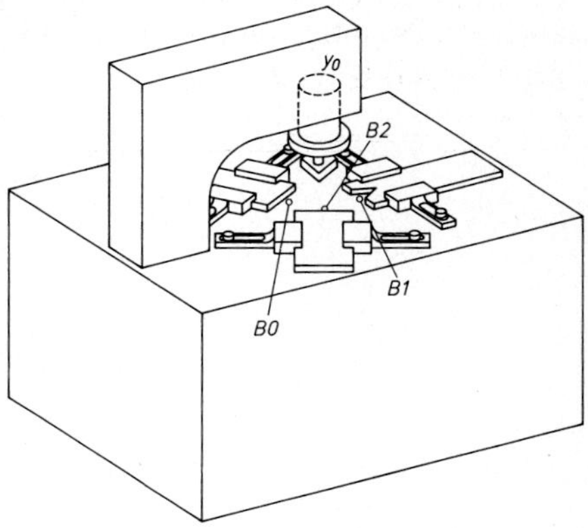

1. Belegungsliste

Bezeichnung	Kurzbezeichnung	Adresse	Funktion
Sensor	B_0	$E0$	Steuerungsteil
Sensor	B_1	$E2$	
Sensor	B_2	$E4$	
Magnetventil	Y_0	$A0$	Leistungsteil

2. Schaltplan

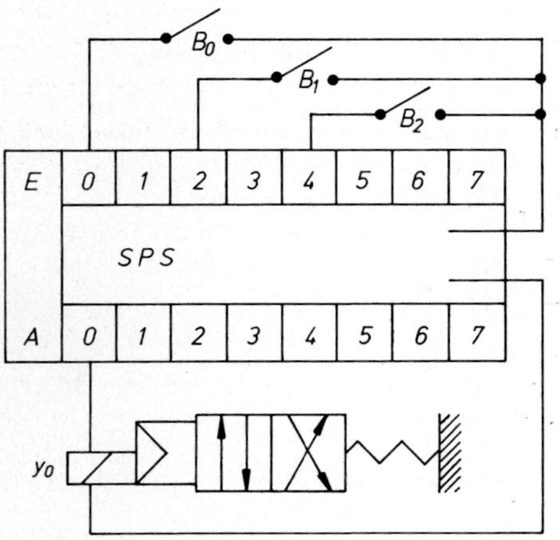

3. Funktionsplan

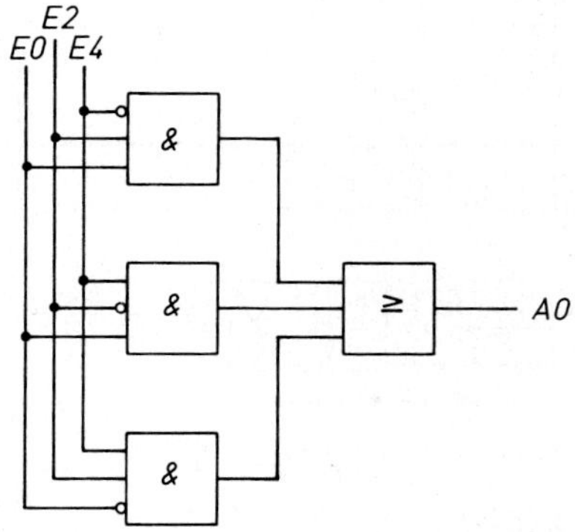

4. Kontaktplan

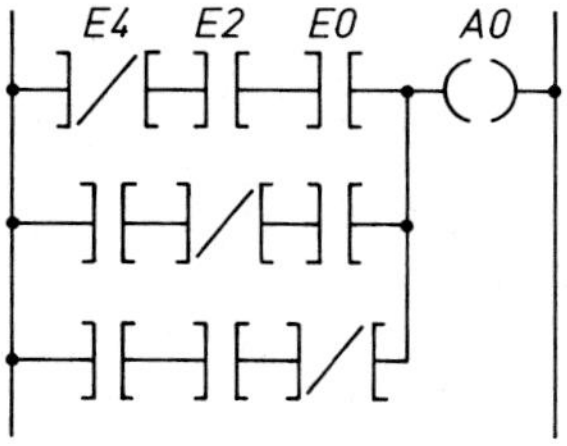

5. Anweisungsliste

Adresse	Anweisung Operation	Operand	Kommentar
001	*L*	*E*0	
002	*U*	*E*2	
003	*UN*	*E*4	
004	*O*	*E*0	
005	*UN*	*E*2	
006	*U*	*E*4	
007	*ON*	*E*0	
008	*U*	*E*2	
009	*U*	*E*4	
010	*S* (=)	*A*0	
011	*PE*		

2.9.3 Steuerungsaufgabe: Wendeschützschaltung

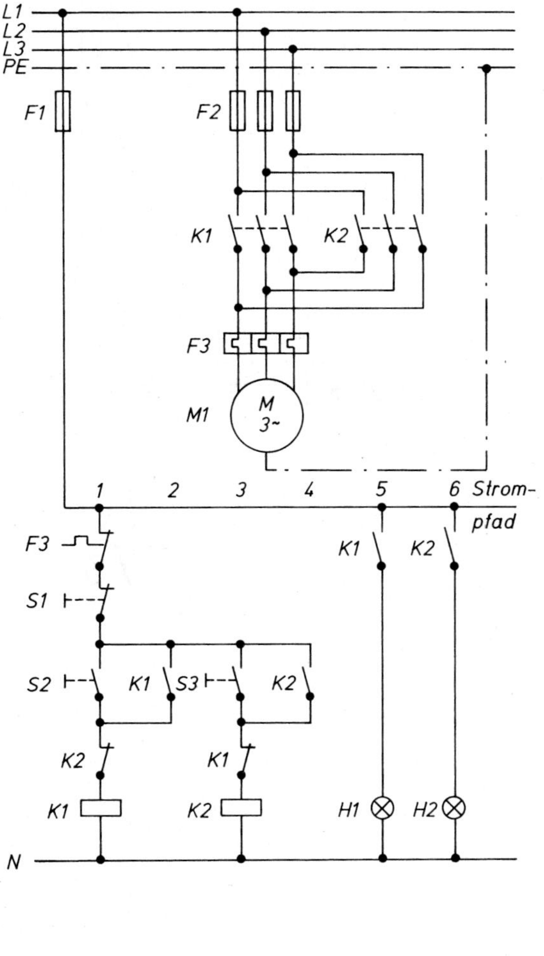

Ein Drehstrommotor soll über Schütze von einer Schaltstelle aus für Rechts- und Linkslauf in Dauerbetrieb geschaltet werden. Die Schaltzustände „EIN Rechts" und „EIN Links" werden über Kontrollampen angezeigt. Ein thermisch betätigter Überstromauslöser schützt den Motor vor Überlastung.

Wird S_2 betätigt, so zieht K_1 an und hält sich über den Schließer K_1 in Strompfad 2. Der Öffner K_1 in Strompfad 3 öffnet und verriegelt das Schütz K_2. Der Motor läuft über K_1 in Rechtslauf und kann durch Betätigung von S_3 während des Rechtslaufs nicht in Linkslauf geschaltet werden. Will man den Motor in Linkslauf schalten, so muß vorher der AUS-Taster S_1 betätigt werden. Es kann also nicht direkt von Rechtslauf in Linkslauf bzw. umgekehrt geschaltet werden. Die Kontrollampe H_1 zeigt Rechtslauf, die Kontrollampe H_2 Linkslauf an.

1. Belegungsliste

Bezeichnung	Kurzbezeichnung	Operand Adresse	Funktion
Taster „AUS“	S_1	$E0$	Steuerteil
Taster „RECHTS“	S_2	$E1$	
Taster „Links“	S_3	$E2$	
Überstromauslöser	F_3	$E3$	
Schütz RECHTS	K_1	$A0$	Leistungsteil
Schütz „Links“	K_2	$A1$	
Meldeleuchte „Rechts“	H_1	$A2$	
Meldeleuchte „Links“	H_2	$A3$	

2. Schaltplan

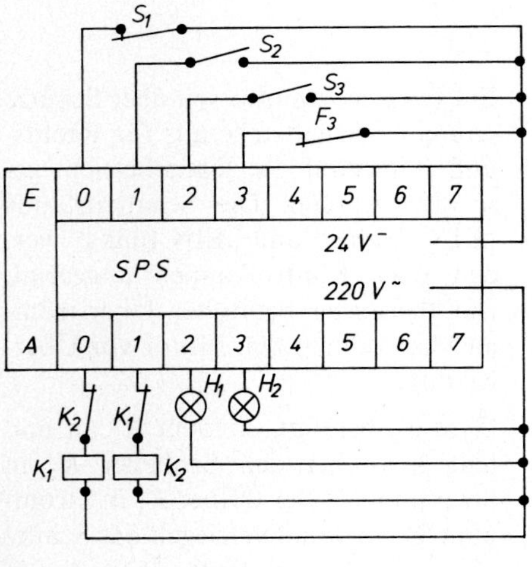

3. Funktionsplan

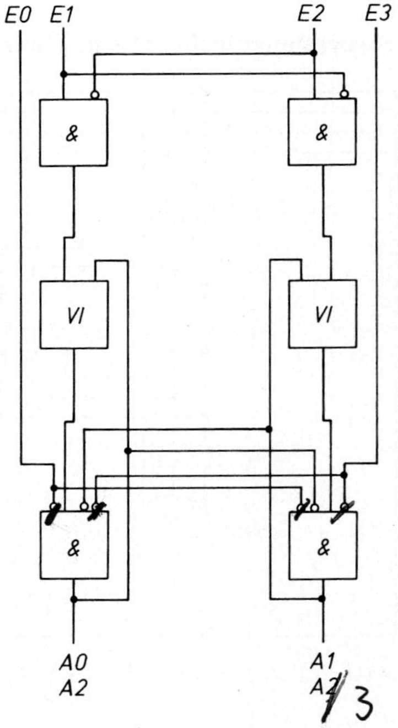

4. Kontaktplan

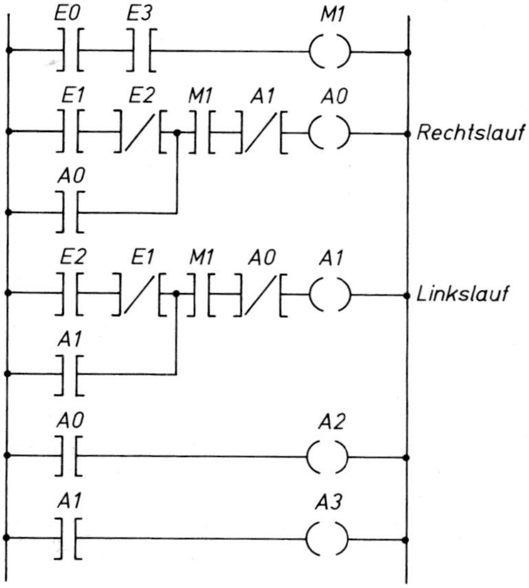

5. Anweisungsliste

Adresse	Anweisung Operation	Operand	Kommentar
001	*L*	*E*1	
002	*O*	*A*0	
003	*UN*	*A*1	
004	*U*	*E*3	
005	*U*	*E*0	
006	*S* (=)	*A*0	
007	*L*	*E*2	
008	*O*	*A*1	
009	*UN*	*A*0	
010	*U*	*E*3	
011	*U*	*E*0	
012	*S* (=)	*A*1	
013	*U*	*A*0	
014	*S* (=)	*A*2	
015	*U*	*A*1	
016	*S* (=)	*A*3	
017	*PE*		

2.9.4 Steuerungsaufgabe: Transportband

Auf einer Transporteinrichtung rollen Pakete von der Rutsche *A* auf einen Schiebetisch. Dort werden sie vom Kolben des Zylinders *A* nach vorne geschoben. Danach fährt der Kolben von Zylinder *A* in die Ausgangsstellung zurück, bevor der Kolben von Zylinder *B* das Paket senkrecht zur bisherigen Richtung auf die Rutsche *B* schickt. Danach fährt auch der Kolben von Zylinder *B* in die Ausgangsstellung zurück.

Das nebenstehende Weg-Schritt-Diagramm gibt die Schrittfolge der Steuerung an.

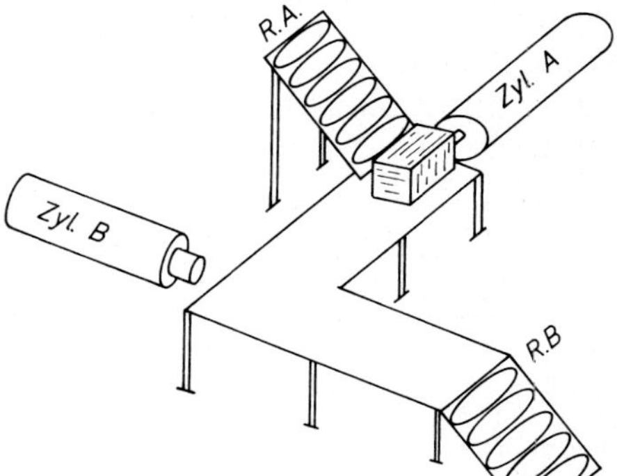

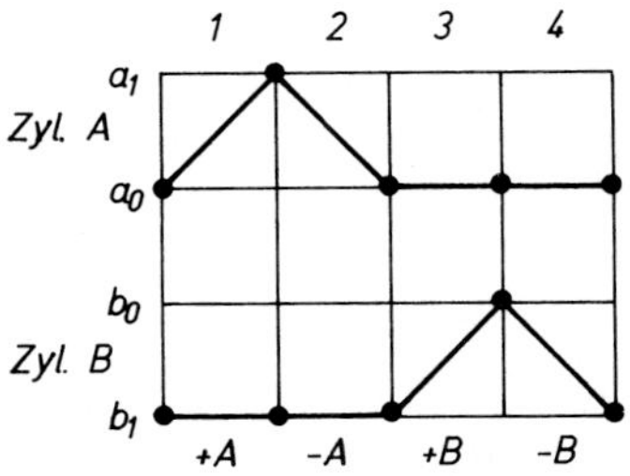

Weg-Schritt Diagramm

1. Belegungsliste

Bezeichnung	Kurzbezeichnung	Adresse	Funktion
Endschalter a_0 Zyl *A*	a_0	*E*0	*I*-Signal bei Annäherung
Endschalter a_1 Zyl *A*	a_1	*E*1	*I*-Signal bei Annäherung
Endschalter b_0 Zyl *B*	b_0	*E*2	*I*-Signal bei Annäherung
Endschalter b_1	b_1	*E*3	*I*-Signal bei Annäherung
Magnetventil Zyl *A*	Y_1	*A*0	Vorschub, wenn $A0 = 1$
Magnetventil Zyl *B*	Y_2	*A*1	Vorschub, wenn $A1 = 1$

2. Schaltplan

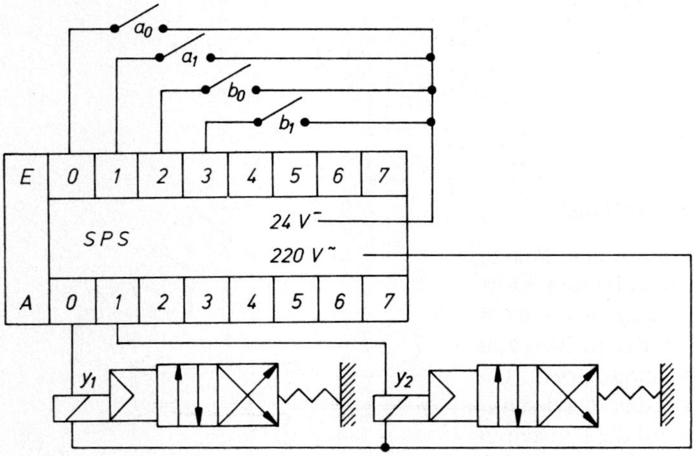

3. Funktionsplan

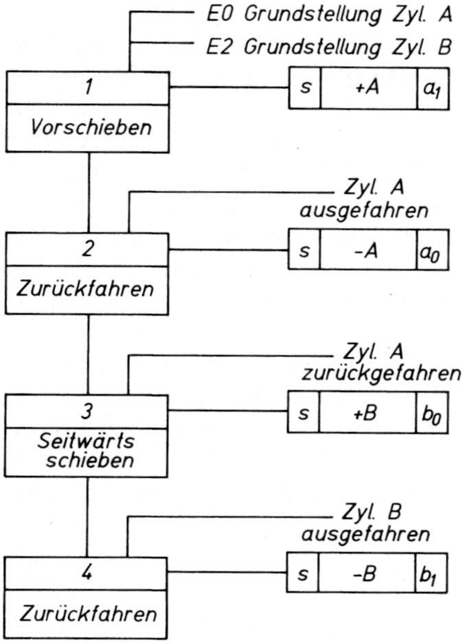

4. Kontaktplan

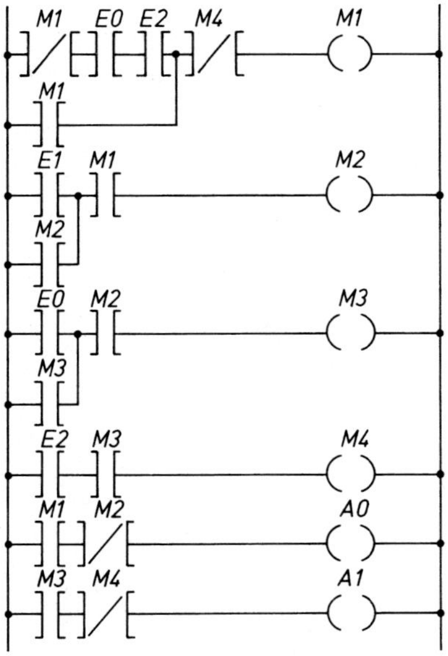

5. Anweisungsliste

Adresse	Anweisung Operation	Operand	Kommentar
001	*LN*	*M*1	
002	*U*	*E*0	1. Schritt
003	*U*	*E*2	
004	*S (=)*	*M*1	+ *A*
005	*S (=)*	*A*0	
006	*L*	*M*1	
007	*UN*	*M*2	2. Schritt
008	*U*	*E*1	
009	*S (=)*	*M*2	− *A*
010	*R*	*A*0	
011	*L*	*M*2	
012	*UN*	*M*3	3. Schritt
013	*U*	*E*0	
014	*S (=)*	*M*3	+ *B*
015	*S (=)*	*A*1	
016	*L*	*M*3	
017	*U*	*E*3	4. Schritt
018	*R*	*A*1	
019	*R*	*M*1	− *B*
020	*R*	*M*2	
021	*R*	*M*3	
022	*PE*		

2.9.5 Steuerungsaufgabe: Prägewerkzeug

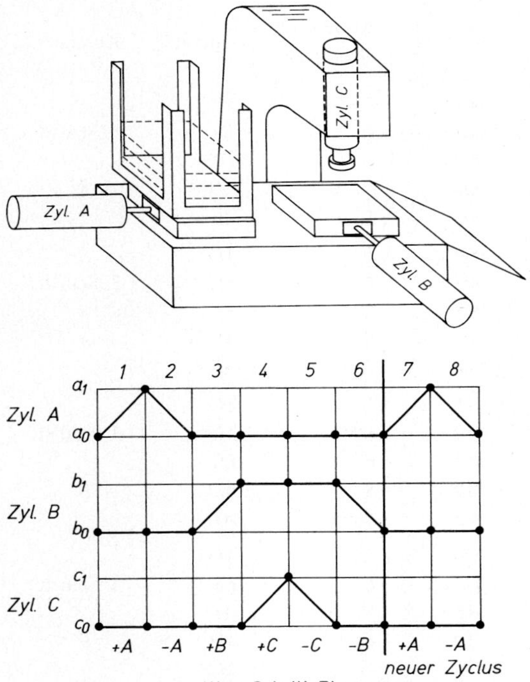

Weg-Schritt Diagramm

Zugeschnittene Blechteile werden unter eine Prägestation geschoben. Sie werden dort gespannt und danach mit einem Prägewerkzeug geprägt. Der Ablauf der Steuerung: Kolben *A* schiebt das Werkstück in die Spannposition und fährt danach zurück. Kolben *B* spannt das Werkstück und hält es gespannt. Danach prägt Kolben *C* mit dem Prägewerkzeug und fährt anschließend zurück. Dann fährt Kolben *B* zurück und entspannt damit das fertige Werkstück. Danach bringt Kolben *A* das nächste Werkstück in die Spannposition und drückt schließlich das fertige Werkstück in die Ablage. Die Kolben *A* und *C* werden über Federdruck in ihre Ausgangsstellung zurückgefahren, während Kolben *B* beidseitig beaufschlagt wird und sowohl das Aus- wie auch das Rückfahren durch ein Magnetventil gesteuert werden.

1. Belegungsliste

Bezeichnung	Kurzbezeichnung	Adresse	Funktion
Endschalter Zyl *A*	a_0	*E*0	+ *A*-*A*
Endschalter Zyl *A*	a_1	*E*1	+ *A*-*A*
Endschalter Zyl *B*	b_0	*E*2	+ *B*-*B*
Endschalter Zyl *B*	b_1	*E*3	+ *B*-*B*
Endschalter Zyl *C*	c_0	*E*4	+ *C*-*C*
Endschalter	c_1	*E*5	+ *C*-*C*
Magnetventil Zyl *A*	Y_1	*A*0	
Magnetventil Zyl *B*	Y_2	*A*1	
Magnetventil Zyl *B*	Y_3	*A*2	
Magnetventil Zyl *C*	Y_4	*A*3	

2. Schaltplan

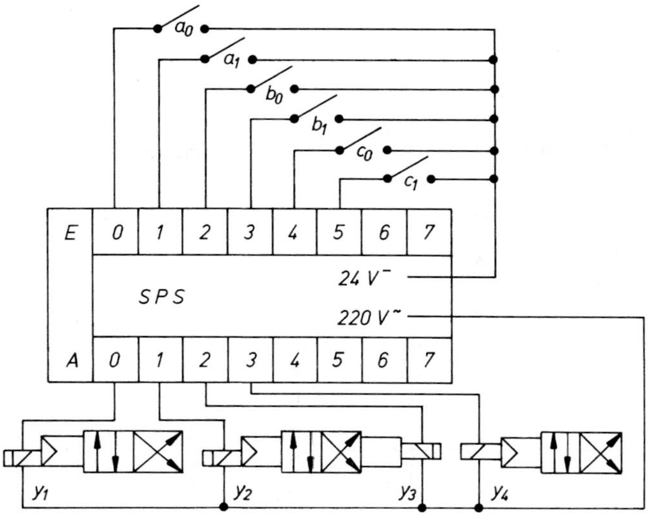

3. Funktionsplan

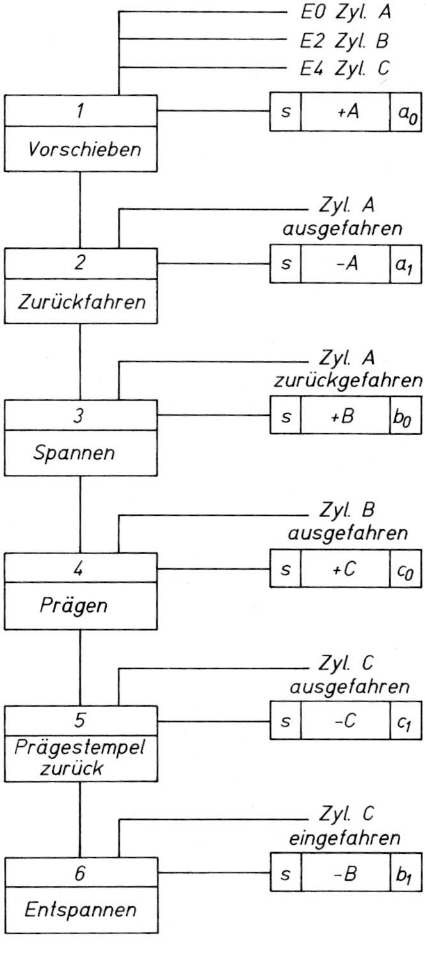

4. Kontaktplan

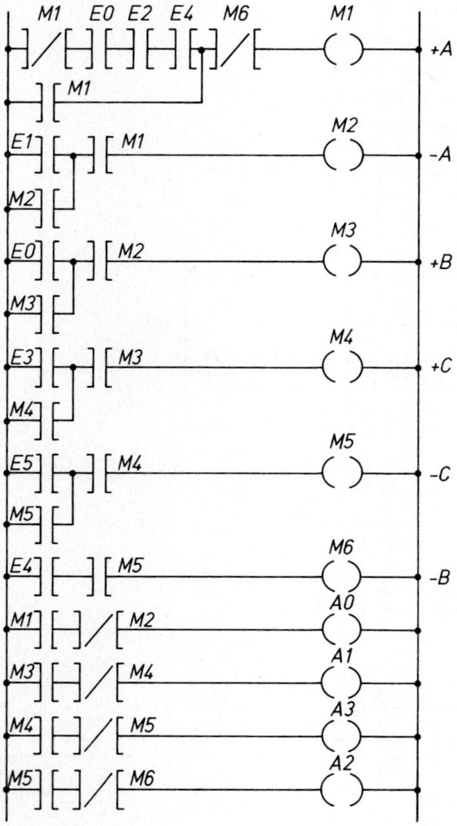

5. Anweisungsliste

Adresse	Anweisung Operation	Operand	Kommentar
001	*LN*	*M*1	
002	*U*	*E*0	
003	*U*	*E*2	+ *A*
004	*U*	*E*4	
005	*S (=)*	*M*1	
006	*L*	*M*1	
007	*UN*	*M*2	
008	*U*	*E*1	− *A*
009	*S (=)*	*M*2	
010	*L*	*M*2	
011	*UN*	*M*3	
012	*U*	*E*0	+ *B*
013	*S (=)*	*M*3	
014	*L*	*M*3	
015	*UN*	*M*4	
016	*L*	*E*3	+ *C*
017	*S (=)*	*M*4	
018	*L*	*M*4	
019	*UN*	*M*5	
020	*U*	*E*5	− *C*
021	*S (=)*	*M*5	
022	*L*	*M*5	
023	*UN*	*M*6	
024	*U*	*E*4	− *B*
025	*S (=)*	*M*6	
026	*L*	*M*6	
027	*U*	*E*2	
028	*R*	*M*1	Merker
029	*R*	*M*3	werden
030	*R*	*M*4	rückgesetzt
031	*R*	*M*5	
032	*R*	*M*6	
033	*L*	*M*1	
034	*UN*	*M*2	
035	=	*A*0	
036	*L*	*M*3	
037	*UN*	*M*4	
038	=	*A*1	
039	*L*	*M*4	
040	*UN*	*M*5	
041	=	*A*3	
042	*L*	*M*5	
043	*UN*	*M*6	
044	=	*A*2	
045	*PE*		

3 Regelungstechnik

Die Regelungstechnik bildet – von der Steuerungstechnik aus betrachtet – eine Verallgemeinerung in zweierlei Hinsicht. Zum einen gibt es jetzt einen Rückfluß der Informationen. Aus der Steuer*kette* wird ein Regel*kreis*.

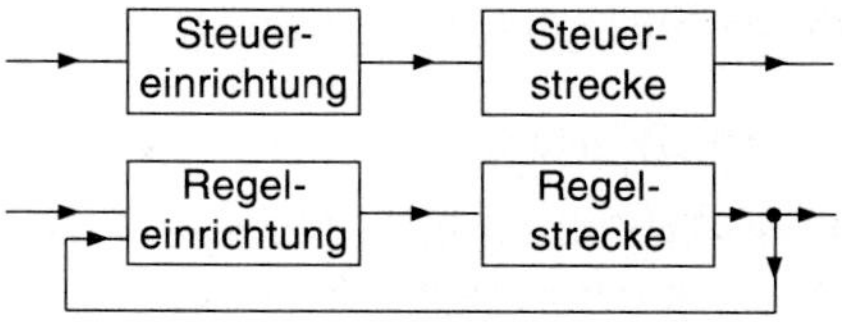

Steuerkette – Regelkreis

Zum anderen wird die Strecke in der Regelungstechnik nicht mehr so idealisiert betrachtet, daß sie verzugslos oder mit einer genau kalkulierbaren Verzögerung arbeitet. Hier interessiert schon die Art, wie sich ein Druck in einem Behälter aufbaut oder die Temperatur in einem Tauchbad ansteigt. D.h. auch das *Zeitverhalten* der Teile eines Regelkreises ist von Interesse.

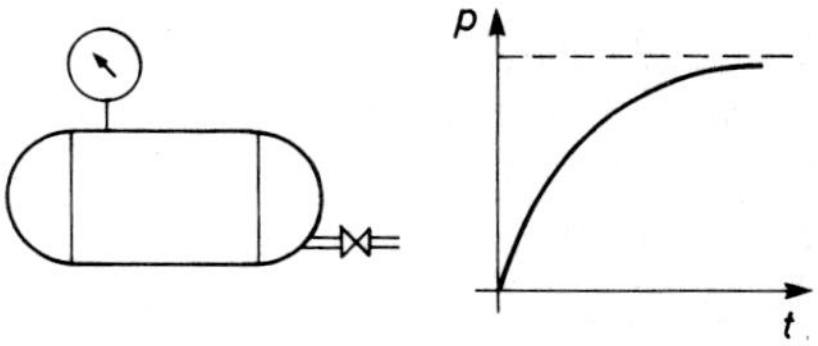

Druckverlauf in einem Druckluftspeicher

Das methodische Vorgehen bei der Konstruktion eines geregelten Prozesses bzw. bei dessen Analyse ist typisch:

- Zunächst wird das Verhalten der Einzelkomponenten untersucht. Dazu gibt es standardisierte Testverfahren, aus denen man Arbeitsunterlagen für die Beurteilung dieser Komponente erhält.
- Danach werden diese Komponenten zu einem Regelkreis zusammengefügt. Aus den Arbeitsunterlagen können dann Voraussagen über das Verhalten des Regelkreises abgeleitet werden.

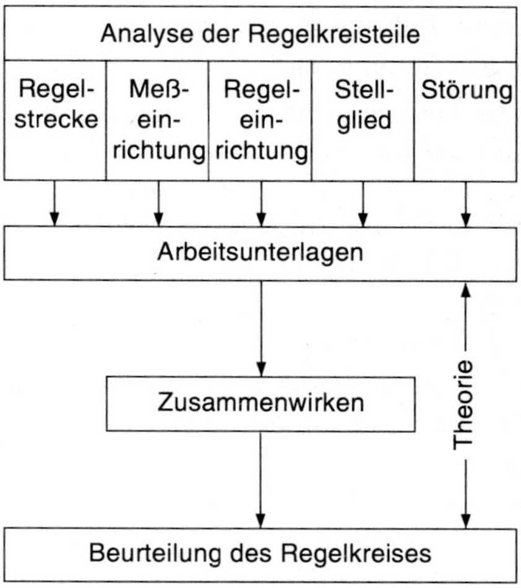

Methode in der Regelungstechnik

In modernen produktionstechnischen Systemen gibt es immer mehr Prozesse, die selbstständige Regelung voraussetzen; sei es, daß Temperaturen konstant gehalten werden müssen, daß Drücke in einer bestimmten Art aufgebaut werden müssen oder daß eine Säure eine bestimmte Konzentration halten muß.

3.1 Grundlagen

3.1.1 Grundbegriffe im Regelkreis

Bei der Erläuterung der Grundgrößen hält sich dieses Buch an die Festlegungen in DIN 19226.

3.1.1.1 Regelung

Das **Regeln** – die Regelung – ist ein Vorgang, bei dem eine Größe, die **Regelgröße**, fortlaufend erfaßt, mit einer zweiten Größe, der **Führungsgröße**, verglichen und abhängig vom Ergebnis dieses Vergleichs im Sinne der Angleichung an die Führungsgröße beeinflußt wird.

Der sich daraus ergebende **Wirkungsablauf** findet in einem Kreis, dem **Regelkreis** statt.

Diese Definition bedarf einiger Erläuterungen: Wenn in der Sprache der Regelungstechnik der Ausdruck *Größe* erscheint, so handelt es sich stets um eine *physikalische* Größe. Solche sind z. B. elektrischer Widerstand, Spannung, Dichte, Masse, Druck, Temperatur. Sie sind gekennzeichnet durch einen Zahlenwert und eine physikalische Einheit. Hier besteht eine Analogie zur Meßgröße und zur Steuergröße.

Fortlaufendes Erfassen heißt permanentes Messen. Es gibt keine Regelung ohne dieses Erfassen des Istwertes der *Regelgröße*. Die Erfassung der zu messenden Größe geschieht durch Fühler oder Sensoren. Fortlaufendes Erfassen muß nicht unbedingt kontinuierlich sein, es reicht auch die hinreichend häufige Abtastung.

Die *Führungsgröße w* ist eine von der Regelung unmittelbar nicht beeinflußte Größe, die von außen zugeführt wird und der die Ausgangsgröße der Regelung in vorgegebener Abhängigkeit folgen soll.

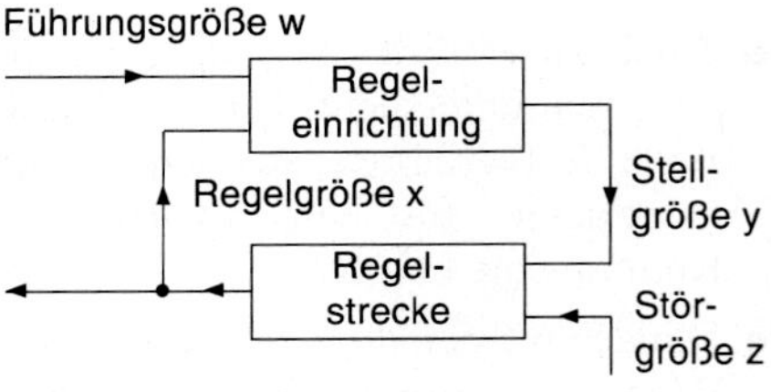

Regelkreis im Wirkschaltplan

Der Wirkschaltplan zeigt den geschlossenen, kreisförmig verlaufenden Regelvorgang.

Von außen wirken nur die Führungsgröße und die Störgröße auf den Vorgang ein. Die Pfeilrichtungen kennzeichnen den Wirkungsablauf. Die Richtungen liegen eindeutig fest und sind nicht umkehrbar.

Oft wird hier auch der Begriff *Sollwert* benutzt. Dieser suggeriert aber, daß es sich um einen konstanten Wert handelt. Dies liegt aber nur in Spezialfällen vor (s. Beispiele). Die Führungsgröße ist nicht notwendig konstant. In vielen Fällen ist sie zeitlich veränderlich.

Der laufende Vergleich des Istwertes der Regelgröße mit der Führungsgröße gibt Aufschluß über den Betrag und die Bewegungstendenz der Abweichung beider Größen voneinander. **Die Angleichung der Regelgröße an die Führungsgröße ist die eigentliche Regelaufgabe.**

Der Ausdruck *Angleichung* beinhaltet die Einschränkung, daß nicht in jedem Falle die Dekkungsgleichheit zwischen der Regelgröße und der Führungsgröße gefordert wird. Ebenso wie in der Meßtechnik Toleranzen zugelassen werden, so werden hier auch entsprechend den Forderungen der jeweiligen Regelaufgabe Abweichungen in festgelegten Grenzen zugelassen. Aufwand und Genauigkeit müssen aufgabengerecht abgestimmt sein!

Aufgrund der ermittelten Abweichung zwischen Regelgröße und Führungsgröße bildet die Regeleinrichtung die Stellgröße. Sie muß so gewählt werden, daß die Strecke der Abweichung entgegenwirkt, die Regelgröße sich also der Führungsgröße annähert.

Die Abweichungen zwischen Regelgröße und Führungsgröße werden von *Störgrößen* hervorgerufen. Dies geschieht auch in einer Steuerkette. Im Gegensatz zur Steuerung wird diese Abweichung jedoch erfaßt und der Regler wirkt der Störung entgegen. Daher findet der Vorgang der Regelung in einem Kreislauf statt, dem *Regelkreis.*

Regeln besteht also aus eine Kreisprozeß aus:
- fortlaufendem Messen der Regelgröße
- ständigem Vergleichen mit der Führungsgröße
- Angleichen der Regel- an die Führungsgröße

Beispiele

Eine numerisch gesteuerte Werkzeugmaschine hat keine Einrichtung zur laufenden Maßkontrolle und zur automatischen Korrektur. Die Störgrößen Werkzeugabnutzung und Drehelastizität der Spindeln bleiben unberücksichtigt.

Es handelt sich um eine **Steuerung.**

Bei einer Drehmaschine mit Meßsteuerung wird dageben der Werkstückdurchmesser laufend berührungslos erfaßt und mit dem Sollwert verglichen. Das Resultat des Vergleiches, die festgestellte Abweichung, ist die Information für das Nachstellen.

Die Meßsteuerung ist trotz des Namens eine **Regelung.**

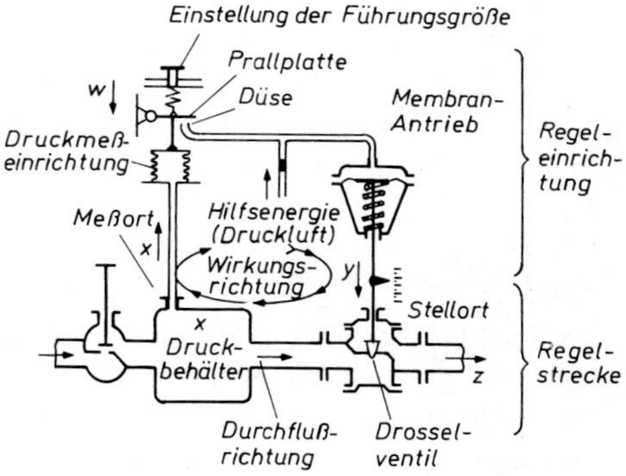

Regelung eines Behälterdrucks

► ***Zur Selbstkontrolle***

1. Nennen Sie die drei grundlegenden Funktionen jeder Regelung.
2. Welche beiden Größen wirken von außen auf den Regelkreis ein?
3. Nennen Sie Funktionen, die der Steuerung und der Regelung gemeinsam sind.

▼ ***Lehrbeispiel:***

Die Teile der Wasserstandsregelung sollen ihrer Funktion im Regelkreis zugeordnet werden.

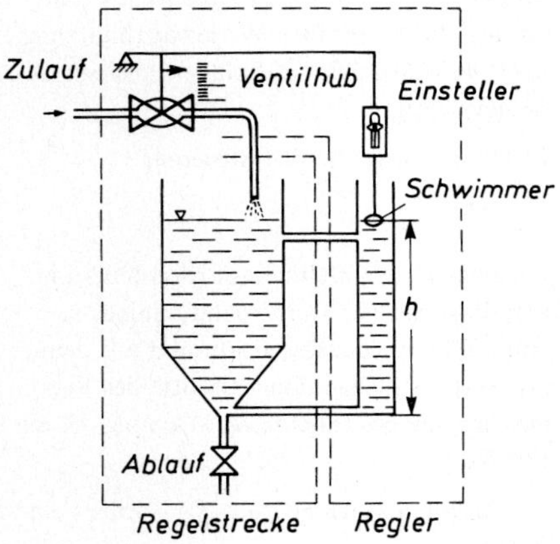

Wasserstandsregelung

Lösung:

Regelgröße:	Füllhöhe
Führungsgröße:	Sollhöhe (Einstellung am Einsteller)
Stellgröße:	Ventilhub
Störgröße:	Ablauf
Regelstrecke:	Behälter
Regeleinrichtung:	Hebelgestänge mit Ventil u. Schwimmer

▲

3.1.1.2 Regelstrecke

Die **Strecke** ist derjenige Teil des **Wirkungsweges**, welcher den **aufgabengemäß** zu beeinflussenden Teil der **Anlage** darstellt.

In der nebenstehenden Definition ist unter *Anlage* die gesamte Anlageneinheit einschließlich der nichtgeregelten Teile zu verstehen. Anlagen in diesem Sinne sind beispielsweise die Papiermaschine, die Walzstraße, eine Destilierkolonne.

In moderner Sichtweise spricht man in diesem Zusammenhang von **Systemen** und meint damit eine *abgegrenzte Anordnung von Gebilden, die miteinander in Beziehung stehen.* Ein solches System kann z. B. ein Glühofen sein, der durch eine automatische Regelung auf eine konstante Temperatur gehalten wird. Die Gebilde darin sind u. a. der Brenner, der Temperaturfühler, das Stellventil, der Regler. Dieses System wechselwirkt nur über bestimmte Größen mit der Umgebung. Eingegeben werden in dieses System die Solltemperatur (Führungsgröße), sowie – teilweise unbeeinflußbar – Störungen wie beispielsweise eine sich ändernde Umgebungstemperatur oder kaltes Glühgut.

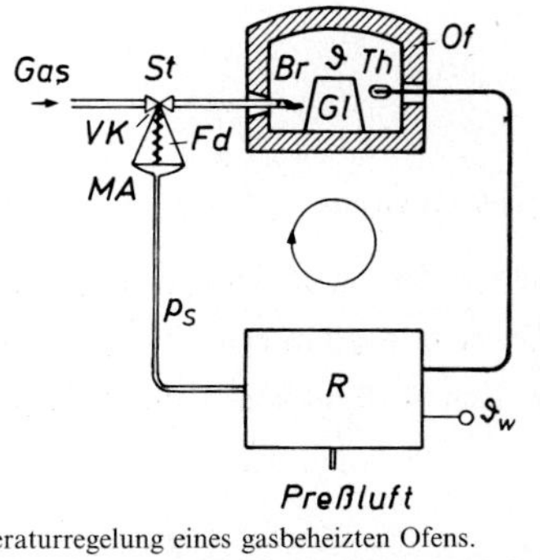

Temperaturregelung eines gasbeheizten Ofens.
Of Ofen, *Gl* Glühgut, *Th* Thermometer, *Br* Brenner, *St* Stellgerät, *VK*-Ventilkörper, *MA* Membran-Antrieb, *Fd* Feder, *R* Regler,
ϑ Temperatur als Regelgröße, ϑ_w Führungsgröße,
p_s Stelldruck als Stellgröße.

Beispiel für einen Regelkreis

Eine Ausgabegröße kann hier z. B. das auf eine bestimmte Temperatur gebrachte Glühgut sein, das einem nachfolgenden System – z. B. einer Presse – zur Weiterverarbeitung zugeführt wird.

Systeme in diesem Sinne können zu größeren Systemen zusammengefügt, bzw. oft in Untersysteme aufgeteilt werden. Wichtig ist dabei, daß für das einzelne System festgelegt ist, welche Eingabedaten es erhalten muß, welche Aufgabe es erfüllt und welche Ausgabedaten es erzeugt. Damit ist die Wechselwirkung mit seiner Umwelt beschrieben.

Der *Wirkungsweg* ist in dieser Definition der Weg, längs dessen die Größen verändert werden. Die Richtung wird im Blockschaltplan durch Pfeile verdeutlicht. Weg und Richtung der Wirkungen müssen nicht unbedingt mit Weg und Richtung zugehöriger Energieflüsse und Masseströme übereinstimmen.

Nach der Art der die Strecke durchlaufenden Regelgröße unterscheidet man:

Temperatur-Regelstrecke
Druck-Regelstrecke
Durchfluß-Regelstrecke
Niveau-Regelstrecke
Drehzahl-Regelstrecke

Beispiele für Regelstrecken

Durchlauf-Temperofen, Härteofen, Kühlraum eines Kühlgerätes, klimatisierter Raum, Silo für Schüttgüter, Behälter eines Heißwasserbereiters, rotierende Maschine mit konstanter Drehzahl.

<table>
<tr><td>Motor mit Drehzahl als Regelgröße</td><td>Flüssigkeitsbehälter mit Füllstand als Regelgröße</td><td>Mischkessel mit pH-Wert als Regelgröße</td></tr>
<tr><td>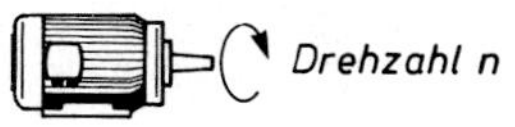
</td><td>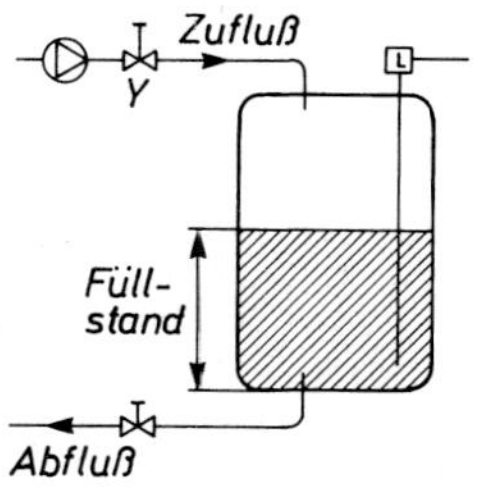
</td><td>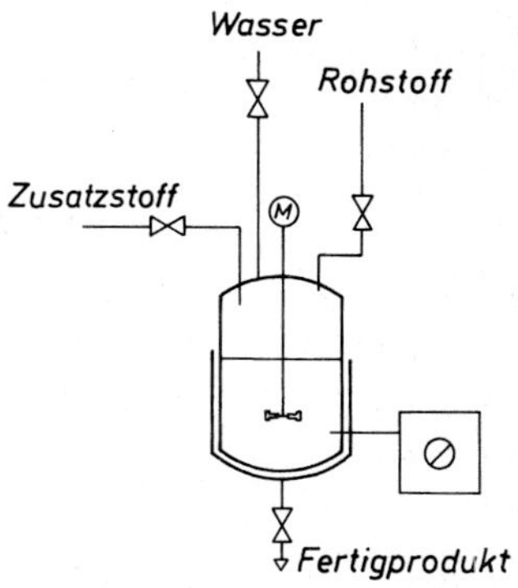
</td></tr>
</table>

Eine *aufgabengemäße* Beeinflussung bedeutet, daß die Einflußnahme der Regelung im Dienst des zu lösenden Problems steht. In einem Glühofen ist aufgabengemäß die Innentemperatur konstant zu halten. Dazu wird dem Ofen eine sich jeweils ändernde Gasmenge pro Zeit zugeführt. Im Ofen wird die Regelgröße Temperatur beeinflußt, also ist der Ofen die Regelstrecke.

3.1.1.3 Regelgröße, Meßort

Die physikalische Größe, die von der Regelung beeinflußt wird, durchläuft einen Teil der Gesamtanlage, den wir als *Regelstrecke* bezeichnen. Der Zustand der *Regelgröße* wird an einem Punkt am Ende der Strecke, den wir *Meßort* nennen, laufend meßtechnisch erfaßt und einem zweiten Teil der Gesamtanlage, der *Regeleinrichtung*, zugeführt.

Die Regelgröße wird mit dem Buchstaben x bezeichnet. Der Bereich, innerhalb dessen die Regelgröße eingestellt werden kann, nennt man *Regelbereich* und bezeichnet ihn mit X_h.

Die physikalische Form der Regelgröße kann sich im Regelkreis ändern; für die heute oft eingesetzten digitalen Regler bzw. bei einer Regelung mit Hilfe eines Computers ist die Umwandlung in elektrische und dort sogar oft in binäre elektrische Signale notwendig. In vielen Fällen wird also versucht, die Regelgröße – dies gilt natürlich auch für die anderen Größen im Regelkreis – in elektrische Spannung oder elektrischen Strom umzuwandeln. Die Größen lassen sich in dieser Form leichter weiterverarbeiten.

Die **Regelgröße** x ist die Größe in der **Regelstrecke**, die zum Zweck des Regelns erfaßt und der **Regeleinrichtung** zugeführt wird. Sie ist damit Ausgangsgröße der Regelstrecke und Eingangsgröße der Regeleinrichtung.

Einige Beispiele typischer Regelgrößen:

Maschinenbau: Kraft, Druck, Drehmoment, Drehzahl, Geschwindigkeit

Verfahrenstechnik: Temperatur, Druck, Masse, Durchfluß, pH-Wert, Heizwert, Volumen

Elektrotechnik: Spannung, Stromstärke, Phasenwinkel, Leistung, Frequenz

Beispiele für Sensoren, die Regelgrößen in elektrische Größen umwandeln

Kraft	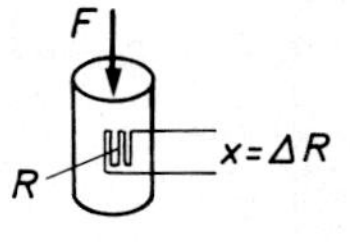 Dehnungsmeßstreifen	Drehzahl	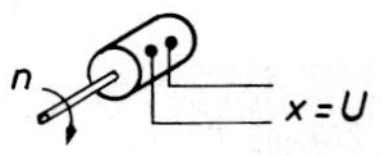 Elektrischer Generator
Dicke	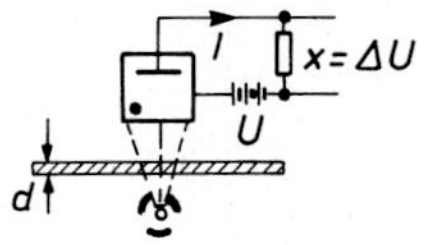 Radioisotop. Sensor	Temperatur	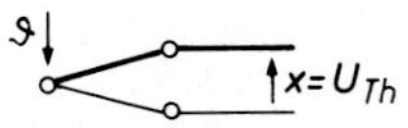 Thermoelement
Durchflußmenge	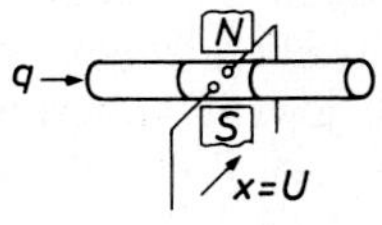 Induktiver Sensor	Winkel	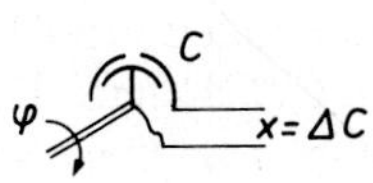 Kapazitiver Sensor

3.1.1.4 Stellgröße, Stellort

Die Definitionen für Steuern und für Regeln sagen aus, daß die Steuer- bzw. Regelgröße beeinflußt wird.

Dieses Beeinflussen heißt in der Fachsprache *Stellen*. Der Teil der Strecke, der am Stellort beeinflussend eingreift, heißt *Stellglied*.

Die beeinflussende physikalische Größe ist die *Stellgröße*. Sie kann eine ganz andere physikalische Größe sein als die Regelgröße. Die Stellgröße wird mit dem Buchstaben y bezeichnet. Der Bereich, innerhalb dessen die Stellgröße einstellbar ist, nennt man *Stellbereich* und bezeichnet ihn mit Y_h.

Die **Stellgröße** y ist die Ausgangsgröße der Regeleinrichtung und zugleich Eingangsgröße der Strecke. Sie überträgt die steuernde Wirkung der Einrichtung auf die Strecke.

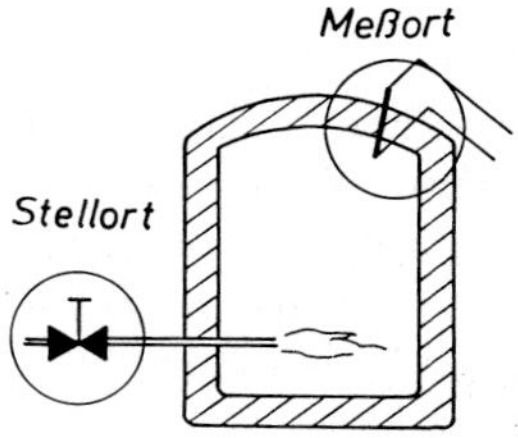

Der Grenzpunkt zwischen Regelstrecke und -einrichtung sind Meßort und Stellort. Am Meßort erfaßt die Regeleinrichtung den Zustand der Regelgröße, und am Stellort greift sie beeinflussend in die Strecke ein.

► ***Zur Selbstkontrolle***

1. Durch welche Punkte wird die Regelstrecke begrenzt?
2. Erläutern Sie den Begriff *Stellbereich*.

▼ ***Lehrbeispiel:***

Die Teile der Wasserstandsregelung sollen ihrer Funktion im Regelkreis zugeordnet werden.

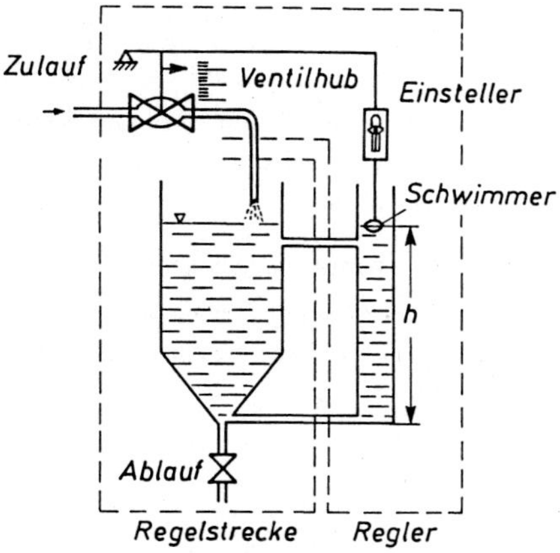

Wasserstandsregelung

Lösung:

Meßort: Schwimmer
Stellort: Ventil

▲

3.1.1.5 Führungsgröße

Der Regler hat keinen rückwirkenden Einfluß auf die Führungsgröße. Sie wird von außen dem Regelkreis als Größe zugeführt. Dieses kann auf zwei Arten geschehen: die Führungsgröße kann entweder zeitlich konstant sein, oder sich mit der Zeit verändern.

Die **Führungsgröße** w einer Regelung ist eine von der betreffenden Regelung unmittelbar nicht beeinflußte Größe, die dem Regelkreis von außen zugeführt wird und der die Regelgröße in vorgegebener Abhängigkeit folgen soll.

Bei einer zeitlich konstanten Führungsgröße ändert sich deren Wert während des Regelvorganges nicht. Man spricht in diesem Zusammenhang auch von einer *Festwertregelung*. Die Führungsgröße hat einen festen Wert. In anderem Zusammenhang wird dieser Wert auch als *Sollwert* bezeichnet.

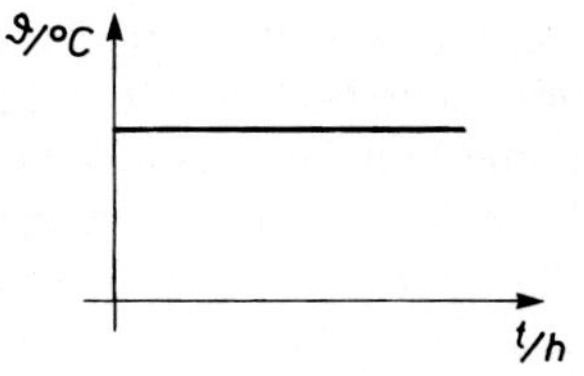

Festwert für die Führungsgröße

Die Führungsgröße wird in der Regelungstechnik mit dem Buchstaben *w* bezeichnet. Der *Führungsbereich* W_h ist der Bereich, innerhalb dessen die Führungsgröße liegen kann. So kann man z. B. an einem Gefrierschrank die gewünschte Temperatur in einem Bereich zwischen −18 °C und −25 °C einstellen.

Beispiele (für Festwertregelung)

Raumtemperatur 22 °C, relative Luftfeuchtigkeit 55 %, Speicherdruck 9,5 bar, Durchfluß 7,2 m³/h.

Verändert sich der Wert der Führungsgröße und folgt die Regelgröße während der Regelung diesen veränderten Werten, so spricht man von einer *Folgeregelung*.

Ist diese Veränderung der Führungsgröße zeitabhängig, ist sie also durch einen Zeitplan vorgegeben, so liegt eine *Zeitplanregelung* vor.

Die Führungsgröße wird mit dem Führungsgrößeneinsteller eingestellt.

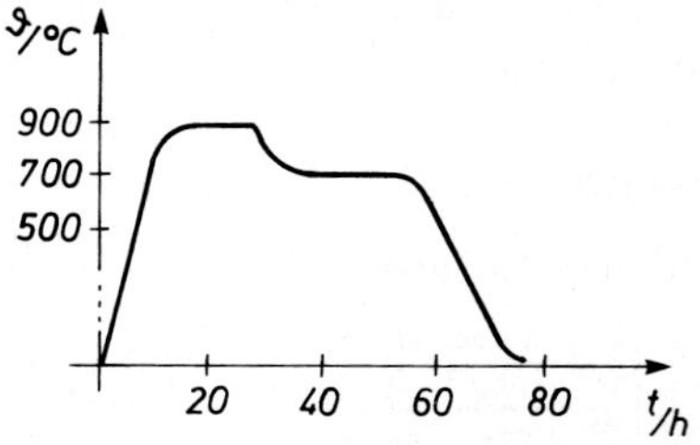

Zeitplan für die Temperatur eines Durchlaufofens für Schwarzen Temperguß

Beim Einsatz eines Computers zur Regelung kann der zeitliche Verlauf auch durch eine Funktionsgleichung bzw. durch eine Funktionstabelle eingegeben werden.

Beispiele (für Zeitplanregelungen)

Temperatur der Lauge in einem Waschautomaten, Nachtabsenkung bei einer Hausheizungsanlage.

► ***Zur Selbstkontrolle***

1. Erklären Sie den Ausdruck *Führungsgrößeneinsteller*.
2. Erläutern Sie den Ausdruck *Zeitplan*.
3. Definieren Sie das Fachwort *Führungsgröße*.

3.1.1.6 Störgrößen

Von außen wirken nur zwei Größen auf den Regelkreis ein: die Führungsgröße und die Störgröße. Während die Führungsgröße den Zielzustand darstellt und somit ein notwendiger Bestandteil der Regelung ist, wirken die *Störgrößen* *z* beeinträchtigend, sie haben einen oft unkalkulierbaren Einfluß auf die Regelgröße.

Störgrößen z in Steuerungen und Regelungen sind alle von **außen** wirkenden Größen, soweit sie die beabsichtigte **Beeinflussung** in einer Steuerung oder Regelung **beeinträchtigen.**

Der *Störbereich* Z_h ist der Bereich, innerhalb dessen die Störgröße liegen darf, ohne die Funktionsfähigkeit der Regelung zu gefährden bzw. zu beeinträchtigen. Die Abschätzung des Störbereichs setzt Erfahrung und Kenntnis über mögliche Störeinflüsse voraus.

Mit dieser Sichtweise für den Störbereich haben desses Grenzen den Charakter von Toleranzgrenzen. Gefahren entstehen erst beim Über- oder Unterschreiten dieser Grenzen. Oft spielt auch der Gesichtspunkt der Zeitdauer des Verweilens jenseits der Grenzen eine Rolle.

Störgrößen können nicht nur das Verhalten der Strecke sondern auch das Verhalten des Reglers beeinflussen. Oft unterscheidet man diese beiden Arten der Störung. In einer Näherung kann man jedoch annehmen, daß die Störung erst am Meßort durch die meßtechnische Erfassung der Regelgröße im Regelkreis registriert wird.

Beispiele typischer Störgrößen:

- Schwankungen der Durchsatzmenge in einem Tunnelofen für Keramikbrand
- Temperaturschwankungen im Außenklima
- Spannungsschwankungen im Versorgungsnetz
- Schwankungen der Wasserzulauftemperatur
- Schwankungen in der Produktionszusammensetzung
- pH-Wert-Schwankungen im Produkt
- Ablagerungen von Feststoffen in Rohrleitungen
- nachlassende Aktivität von Katalysatoren
- Auskristallisieren von Lösungen
- Lastschwankungen im Betrieb von Arbeitsmaschinen
- Abnutzungserscheinungen und Korrosion bei Sensoren und Aktoren

Die eigentlichen Störgrößen werden nicht getrennt voneinander erfaßt; sie werden nur im Rückschluß aus unplanmäßig veränderten Werten für die Regelgröße gefolgert. Man kann sich von ihrer Wirkung her alle Störgrößen zu einer Störgröße zusammengefaßt denken und sie an einer – beliebigen – Stelle des Regelkreises angreifen lassen. Hier wird aus verschiedenen Gründen der Eingang der Strecke als Störort gewählt.

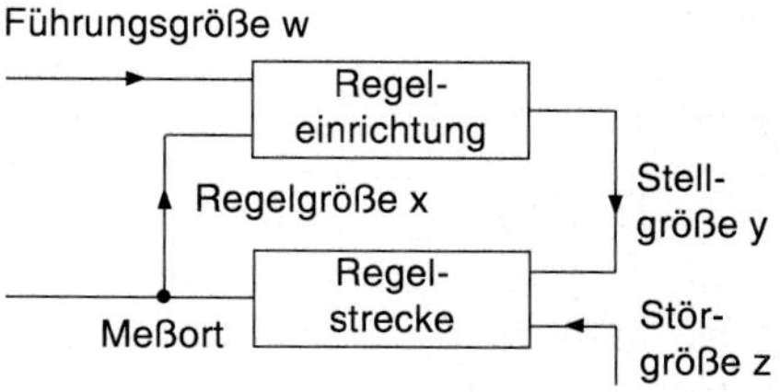

Regelkreis im Wirkschaltplan

► ***Zur Selbstkontrolle***

1. Erläutern Sie den Begriff *Störbereich.*
2. Nennen Sie mögliche Störgrößen bei der Lageregelung an einer Fräsmaschine.

3.1.1.7 Regeleinrichtung

Die Regeleinrichtung ist neben der Strecke der zweite Block im Regelkreis. Sie beinhaltet die Komponenten, welche die Führungs- und Regelgröße aufnehmen, einen Vergleicher, der beide Werte miteinander vergleicht, ein Regelglied, das die Stellgröße *y* erzeugt, sowie das Stellglied, das die Stellgröße so umwandelt, daß am Stellort der Massenstrom oder Energiefluß in der gewünschten Weise beeinflußt wird.

Zur **Regeleinrichtung** gehören diejenigen Geräte, die unmittelbar für die aufgabengemäße Beeinflussung der Strecke benötigt werden. Die Regeleinrichtung enthält mindestens eine Einrichtung zum **Einstellen der Führungsgröße**, zum **Erfassen der Regelgröße**, zum **Vergleichen mit der Führungsgröße** und zum **Bilden der Stellgröße**.

Bei einer Regeleinrichtung für einen Druck (Regelgröße *x*) verstellt eine Membran (1) als Meßwerk über einen Differentialhebel (2) ein Strahlrohr (3). Dessen Stellung bestimmt den Zufluß zu dem Stellantrieb (4) für die Öffnung des Stellgliedes. Der Stellkolben erhält einen der Auslenkung des Strahlrohres proportionalen Ölstrom und damit eine entsprechende Stellgeschwindigkeit.

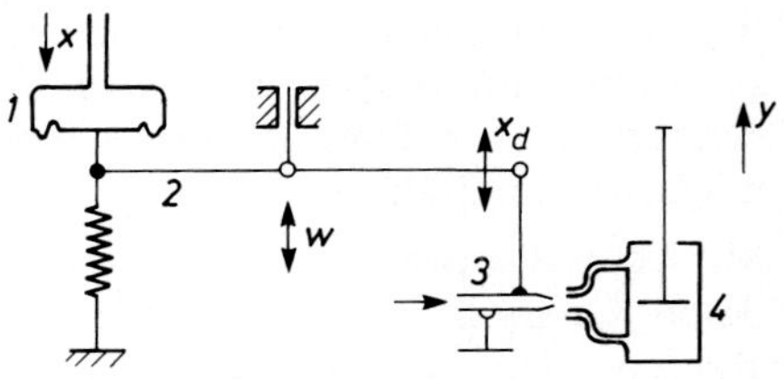

I-Regeleinrichtung

Erfassung von Regel- und Führungsgröße

Die *Regelgröße* wird durch einen *Sensor* (manchmal auch noch Meßwertgeber oder Fühler genannt) erfaßt. Diese Größe wird dem Vergleicher zugeführt. In vielen Fällen ist der vom Sensor unmittelbar aufgenommene Wert in der vorliegenden Form als Informationseingang am Regler noch nicht geeignet:

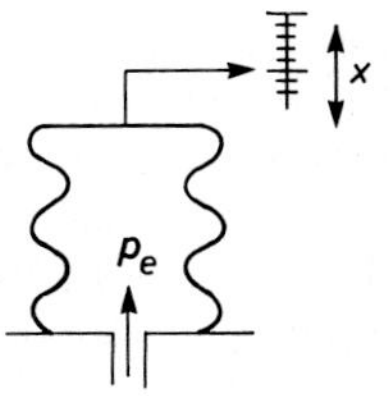

Balg als Drucksensor

- Die Form der Größe ist nicht geeignet. Dann wird zwischen Sensor und Vergleicher ein *Meßumformer* geschaltet; dieser hat die Aufgabe, die Regelgröße, die vom Sensor in einer bestimmten Form geliefert wird (z. B. als Druck) in eine andere Form (z. B. el. Spannung), die vom Vergleicher benötigt wird, umzuwandeln.

Beispiele

Temperatur: temperaturabhängige Widerstände, Thermo-Bimetalle, Ausdehnungssensoren
Kraft: Dehnungs-Meßstreifen

- Oft reicht die Leistung, die der Sensor liefert nicht aus, um einen Regelvorgang auszulösen. Dann wird zwischen Sensor und Vergleicher noch ein *Meßverstärker* geschaltet, der den vom Sensor gelieferten Meßwert auf ein höheres Energieniveau anhebt.

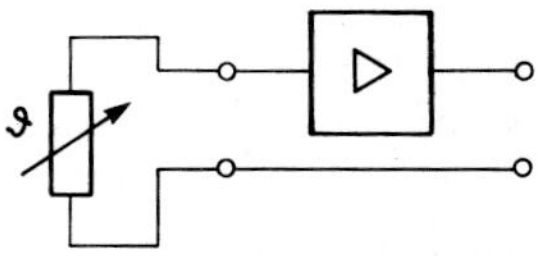

Meßverstärker

Die Funktionen des Meßumformers und Meßverstärkers können auch zu einer Einheit gekoppelt sein.

Durch die Zwischenschaltung der Elemente Meßumformer und Meßverstärker wird die Regelgröße in einer dem Regler gemäßen Form als Reglereingang zugeführt.

Bloßes Erfassen am Meßort genügt nicht; in den meisten Fällen ist anschließendes Umformen in eine dem Regler gemäßen Form und Verstärkung nötig.

Die Führungsgröße w wird durch den Führungsgrößeneinsteller dem Vergleicher zugeführt. Auch dieser Führungsgrößeneinsteller besteht genaugenommen aus einem Sensor (z. B. Schieber), einem Verstärker und einem Umformer. Da der Führungsgrößeneinsteller meist jedoch ein Gerät ist, welches die Führungsgröße sofort in der vom Vergleicher benötigten Form liefert, nimmt man eine genauere Funktionsaufteilung nicht vor.

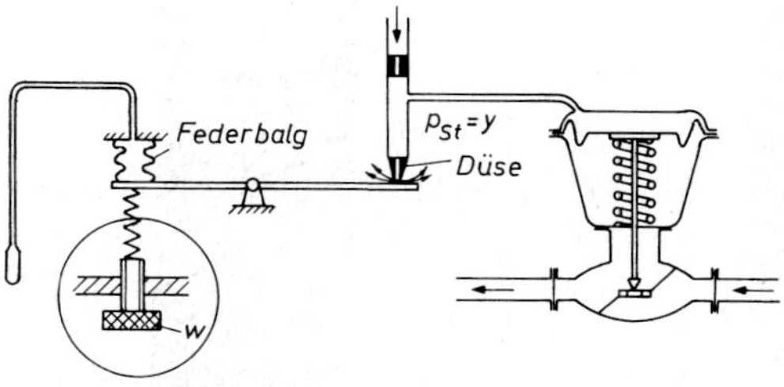

Führungsgrößeneinsteller

► ***Zur Selbstkontrolle***

1. Definieren Sie den Begriff *Fühler* bzw. *Sensor*.
2. Erläutern Sie den Begriff *Umformen* im allgemeinen und im spezifisch regelungstechnischen Sinne.
3. Definieren Sie die Aufgaben des *Meßverstärkers*.

Regler

Der Regler ist das Kernstück der Regeleinrichtung. In DIN 19226 ist sein genauer Aufbau nicht festgelegt; es wird lediglich gesagt, daß innerhalb der Regeleinrichtung ein Gerät als Regler bezeichnet werden kann, wenn es mehrere Aufgaben der Regeleinrichtung zusammenfaßt. Der Regler muß jedoch den Vergleicher und mindestens ein weiteres wesentliches Bauglied enthalten. In der Praxis wird aber häufig ein Gerät als Regler bezeichnet, wenn es die Funktionsblöcke

- Führungsgrößeneinsteller
- Meßumformer
- Vergleicher
- Regelglied
- Regelverstärker

enthält.

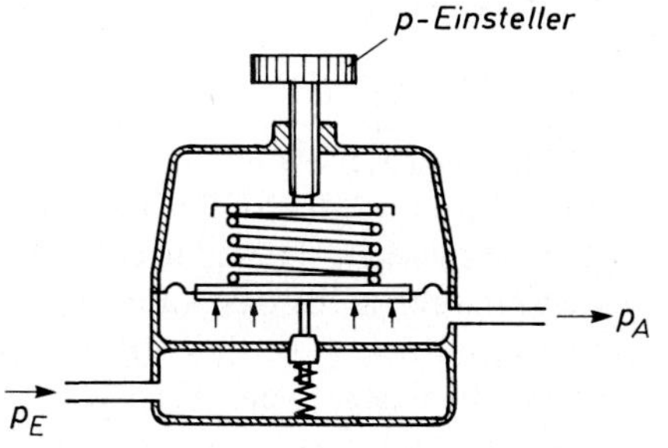

Druckregler

Soweit nichts anderes gesagt wird, schließen wir uns hier dieser Definition an.

Der *Vergleicher* bildet die Differenz zwischen Führungsgröße und Regelgröße. Diese nennt man auch *Regeldifferenz e*. Dieser Wert wird an das *Regelglied* weitergegeben, welches nach einem gewünschten funktionalen Zusammenhang die Stellgröße y bildet.

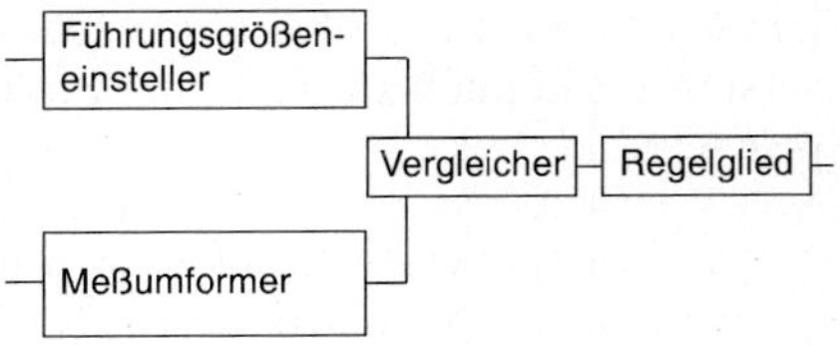

Funktionsblöcke eines Reglers
Regeldifferenz $e = w - x$
Regelabweichung $x_w = x - w = -e$

Hat die Regelgröße unter dem Einfluß einer Störgröße die Tendenz, sich aufzuschwingen und dadurch eine Abweichung vom Sollwert bzw. von der Führungsgröße zu bilden, so muß die Stellgröße die entgegengerichtete Tendenz aufweisen. Durch diesen Drosselungseingriff wird die Abweichung abgefangen und die Regelgröße wieder auf die Führungsgröße zurückgeführt.

Diese entgegengerichtete Tendenz heißt in der Fachsprache *Umkehrung des Wirkungssinnes*.

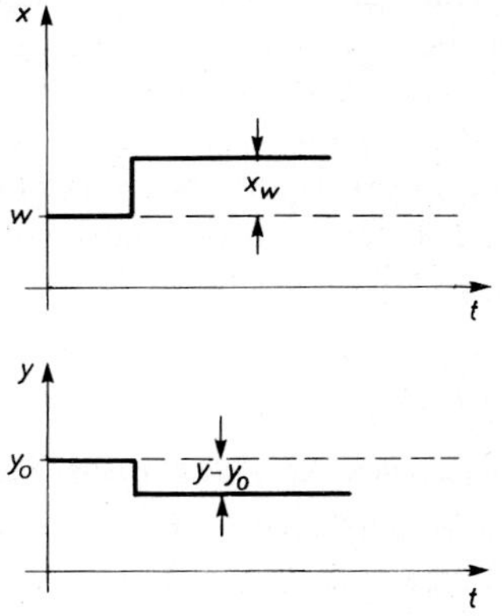

Stellsprung und Regelabweichung

Weist zum Beispiel die Tendenz der Regelgröße in Richtung einer Abweichung nach unten, so muß folgerichtig die Stellgröße zum Ausgleich nach oben wirken. Dieser Richtungswechsel ist wirksam, wenn in die Beziehung die Regelabweichung x_w eingesetzt wird. Wird jedoch statt dessen mit dem negativen Wert der Abweichung operiert, mit der Regeldifferenz e, so ist die Umkehr ja bereits mit dem Vorzeichenwechsel erfolgt, und die Änderungen der Regelgröße und der Stellgröße können im Zeitverlauf gleichsinnig dargestellt werden.

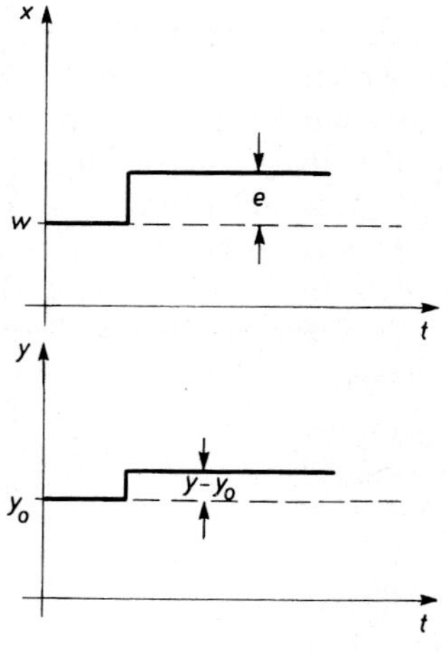

Stellsprung und Regeldifferenz

Beispiel

Steigt die zu regelnde Temperatur in der Strecke *Wasserspeicher* unzulässig an, so muß die Stellgröße *Dampf* gedrosselt werden. Bei wachsender Regeldifferenz *e* jedoch wird der Absolutwert der Regelgröße kleiner, und die Stellgröße *Dampf* muß größer werden. Die Leistung des Regelgliedes und die vom Regelglied kommende Form der Stellgröße reichen meist für das Stellgerät nicht aus. Es ist dann ein Verstärker zwischengeschaltet, den man hier *Regel-* oder *Leistungsverstärker* nennt.

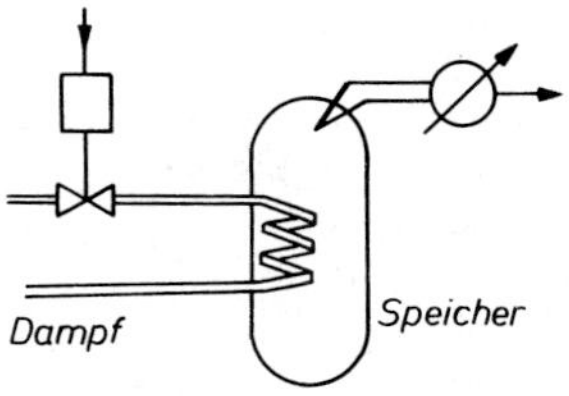

Temperaturregelung

► ***Zur Selbstkontrolle***

1. Von welchem Punkt aus errechnet sich die Höhe der Abweichung, die durch einen Stellsprung verursacht wird?
2. Erläuteren Sie die Umkehrung des Wirkungssinnes.
3. Wann erübrigt sich die Umkehrung des Wirkungssinnes?

Stellglied, Stellumformer

Das Stellglied kann man als Ausgabegerät der Regeleinrichtung bezeichnen. Seine Aufgabe ist es, in den Energiefluß oder Massenstrom einzugreifen. Den Teil des Stellgliedes, der am Stellort eingreift, nennt man *Stellgerät.*

Das **Stellglied** ist das am **Eingang der Strecke** liegende Glied, das dort in den Massestrom oder Energiefluß eingreift.

Analog zum Sensor hat hier die Stellgröße eine ungeeignete Form. Deshalb kann noch ein *Stellumformer* zwischengeschaltet sein.

Abzugschieber

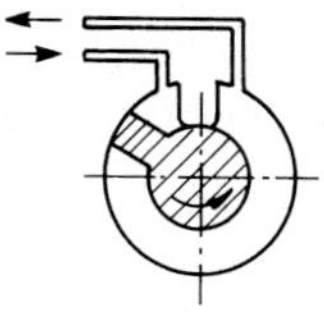
Drehkolben

Stellantriebe bewegen die Stellglieder in der vorgesehenen Weise. Es sind dies je nach der gewünschten Betriebsart: Kolbenantriebe, Membranantriebe, Magnetantriebe oder elektromotorisch rotierende Antriebe.

Typische Stellglieder für *Massenströme:* Ventile, Schieber, Klappen.

Typische Stellglieder für den *Energiefluß:* elektrische Schalter, elektronische Schalter, pneumatische Schalter, Stellwiderstände.

► ***Zur Selbstkontrolle***

1. Nennen Sie Stellantriebe mit kontinuierlichem Laufzeitverhalten.
2. Nennen Sie Stellglieder, die ausschließlich mit den Werten *Ein* und *Aus* arbeiten.

▼ ***Lehrbeispiel:***

Die Teile der Wasserstandsregelung sollen ihrer Funktion im Regelkreis zugeordnet werden

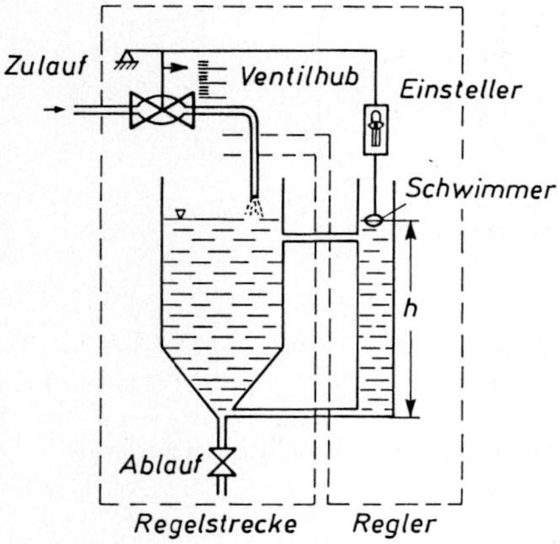

▲ Wasserstandsregelung

Lösung:

Regler: Hebel
Stellglied: Ventil

3.1.1.8 Abgrenzung zwischen Regelstrecke und Regeleinrichtung

Bisher haben wir nur die Reaktion der Strecke auf ihre Eingangsänderungen betrachtet. Nun wirkt im geschlossenen Regelkreis der Ausgang der Strecke als Eingang auf die Regeleinrichtung ein. Damit stellt sich die Frage nach der Reaktion des Reglers auf die Vorgänge in der Strecke. Strecke und Regler wirken wechselseitig aufeinander ein. Um den zweiten Partner in gleicher Weise zu betrachten, müssen wir die Blickrichtung ändern.

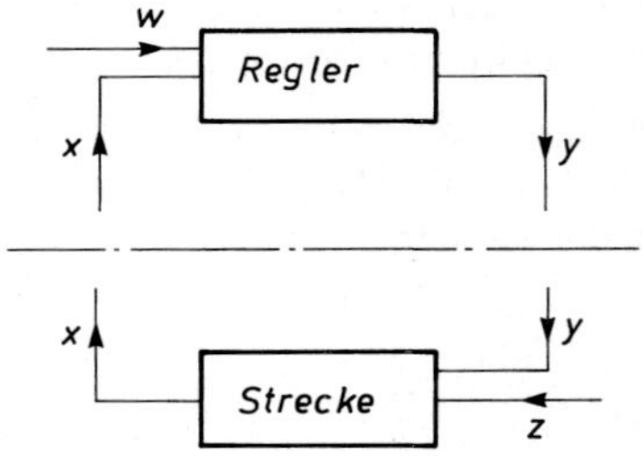

Trennung zwischen Regler und Strecke

Wo liegt die Abgrenzung zwischen Strecke und Regeleinrichtung?

Die exakte Abgrenzung zwischen Strecke und Einrichtung bedarf jeweils der Vereinbarung. Im allgemeinen zählt der unmittelbar in der Strecke wirkende Fühler zur Strecke. Sein Schutzrohr muß als Speicherglied unbedingt zur Strecke gerechnet werden. Das gleiche gilt für das unmittelbar in die Strecke einwirkende Stellglied.

Einwandfrei zur Einrichtung zählen dagegen Meßumformer und Meßverstärker auf der einen und der Stellantrieb auf der anderen Seite.

So gehört beispielsweise in einer Heizungsregelung der Raumtemperaturfühler zur Strecke. Auch das im Wasserkreislauf sitzende Stellglied Mischer gehört der Strecke an, während der Mischerantrieb zur Regeleinrichtung zählt. Falls ein zusätzlicher Witterungsfühler an der Außenwand vorhanden ist, gehört dieser nicht zur Strecke, sondern erfaßt die dem Regler zugeführte Führungsgröße Außentemperatur.

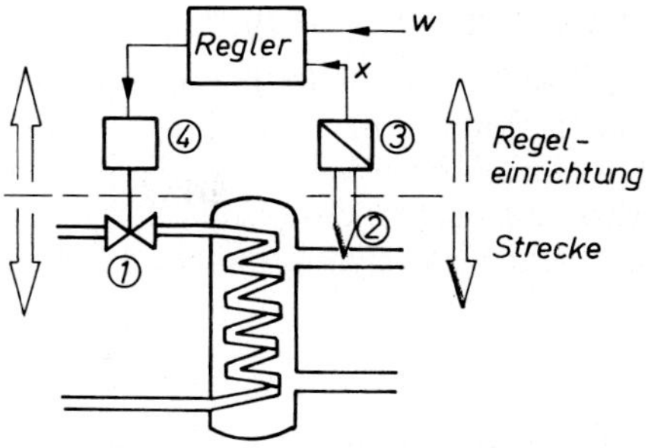

Das unmittelbar in den Strom eingreifende Stellglied 1 und der unmittelbar die Regelgröße erfassende Fühler 2 gehören noch der Strecke an. Der Meßumformer 3 und der Stellantrieb 4 dagegen zählen zur Regeleinrichtung.

► ***Zur Selbstkontrolle***

1. Erläutern Sie den Unterschied zwischen Regler und Regeleinrichtung.

3.1.2 Grafische Darstellung von Regelkreisen

Es gibt drei gebräuchliche Arten, Regelkreise sinnbildlich darzustellen: den Signalflußplan (neue Norm: Wirkungsplan), die Darstellung mit Bildzeichen und die gerätetechnische Darstellung.

3.1.2.1 Wirkungsplan

Darstellung der Glieder

Die Glieder des Regelkreises wandeln Eingangssignale in Ausgangssignale um. Dieses wird hier sinnbildlich in einem Rechteck – hier *Block* genannt – dargestellt. Die wirkungsmäßige Abhängigkeit wird in diesem Block entweder durch Benennung des Gliedes, durch eine beschreibende Funktionsgleichung, durch eine zeichnerische Darstellung der Funktion in Kurvenform oder durch einen anderen charakteristischen Eintrag (s. u.) dargestellt. Die Ein- und Ausgangssignale werden durch Wirkungslinien dargestellt, deren Pfeilspitzen die Wirkungsrichtung angeben.

Der **Wirkungsplan** liefert die wirkungsbezogenen Zusammenhänge zwischen den **Signalen** eines Systems. An ihm lassen sich die **logischen Abhängigkeiten** einfach erkennen.

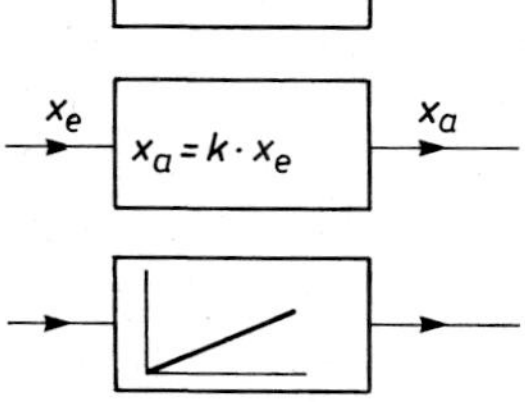

Blockdarstellung

Darstellung der Verzweigung

In Regelkreisen findet häufig eine Verzweigung der Wirkung statt. Typisch ist hier das Abspalten eines Meßzweiges vom Hauptzweig. Solche Verzweigungsstellen werden durch einen Punkt auf dem Verzweigungsknoten dargestellt.

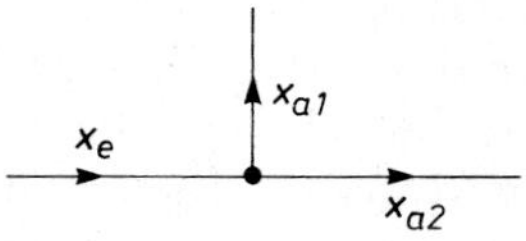

Verzweigung $x_{a_2} = x_{a_1} = x_e$

Darstellung der Addition (Parallelschaltung)

Ist an einer Stelle das Ausgangssignal die algebraische Summe der Eingangssignale, so wird statt eines Blocks ein Kreis gezeichnet. Durch entsprechende Vorzeichen kann damit auch die Umkehrung des Wirkungssinnes beschrieben werden.

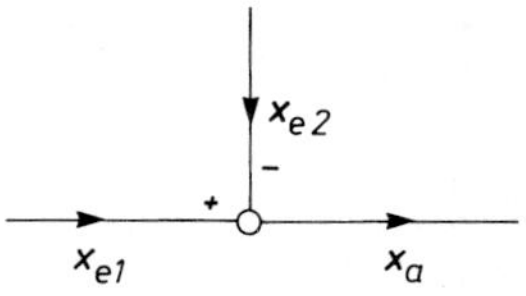

Addition $x_a = x_{e_1} - x_{e_2}$

Blockstrukturen

Blöcke in offener Kettenstruktur

Die Reihung der Blöcke in der linearen Wirkungsrichtung ist typisch für alle Steuerungsvorgänge. Hintereinanderliegende Glieder werden wie in einer elektrischen Reihenschaltung dargestellt.

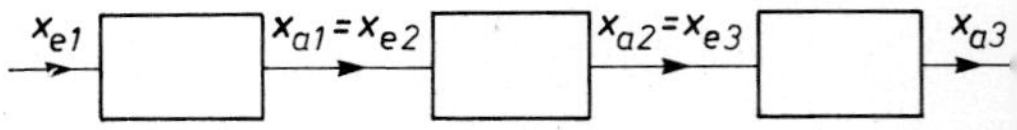

Signalflußplan für eine Kettenstruktur

Blöcke in Parallelstruktur

Eine Parallelstruktur ist der *Parallelschaltung* der Elektrotechnik vergleichbar. Der Signalfluß wird verzweigt. Dabei ist festzuhalten, daß die Parallelstruktur trotz der geometrischen Ähnlichkeit kein Kreisprozeß ist.

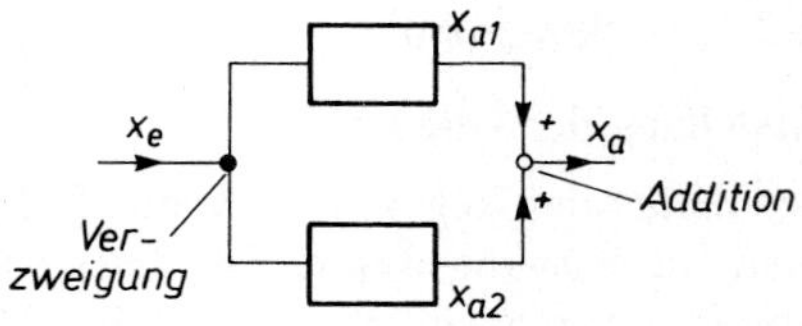

Signalflußplan für eine Parallelstruktur
$x_a = x_{a_1} + x_{a_2}$

Blöcke in Kreisstruktur

Beim Zusammenwirken der Blöcke in einer *Kreisstruktur* erfolgt stets eine Rückwirkung des Ausganges auf den Eingang. Dieser zielgerichtete Eingriff des Ausgangs auf den Eingang heißt auch Rückkopplung. Der Wirkungsweg erhält bei der Kreisstruktur die Form einer geschlossenen Schleife.

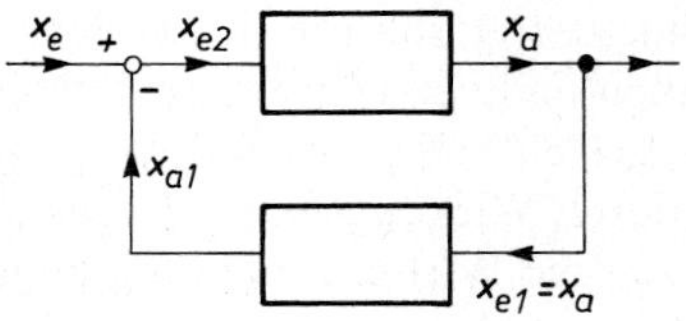

Signalflußplan für eine Kreisstruktur

► ***Zur Selbstkontrolle***

1. Wie wird die Wirkungsrichtung des Signalflusses in der Blockdarstellung gekennzeichnet?
2. Wie unterscheiden sich in der Symboldarstellung Verzweigung und Addition?
3. Wie unterscheidet sich der Signalfluß in der Parallelstruktur vom Fluß in der Kreisstruktur?

3.1.2.2 Gerätetechnische Darstellung

Die gerätetechnische Darstellung erläutert die technische Realisierung einer Regelung. Sie erfordert oft einen höheren zeichnerischen Aufwand.

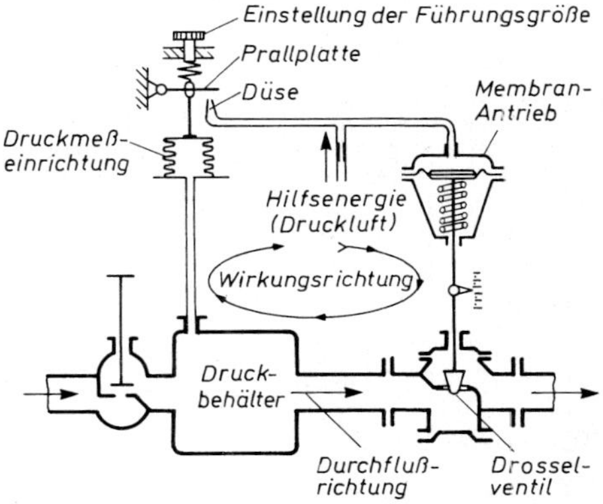

Regelung eines Behälterdrucks

3.1.2.3 Darstellung mit Bildzeichen

Eine vereinfachte Darstellung unter Verwendung genormter Bildzeichen ist nach DIN 19 228 möglich.

Diese Bildzeichen geben keine Auskunft über die angewandte Technologie und Energieart. Sie beschränken sich auf die Funktion.

	Meßort, Meßfühler		Stellglied, Stellort, allgemein	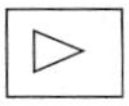	Regelverstärker, allgemein
	Meßgeber, allgemein (z.B.) an Rohrleitungen		Stellantrieb	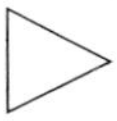	Unbeschalteter Regelverstärker (allgemein) z.B. Operationsverstärker
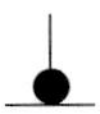	Meßgeber speziell für Druck		Stellgerät		Regler nach DIN19228, wahlweise
	Meßgeber speziell für Temperatur		Stellventil (ohne Angabe der Betätigungsart)	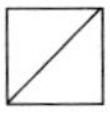	Umsetzer, allgemein
	Meßgeber speziell für Durchfluß	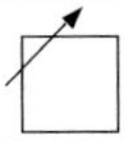	Sollwertgeber, Einsteller		Meßumformer, Signalumformer

▼ ***Lehrbeispiele:***

Darstellung des Bildes von oben

Wirkungsplan	**Darstellung mit Bildzeichen**
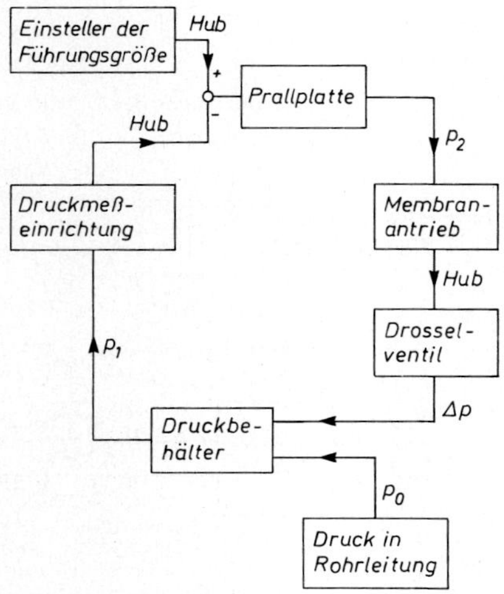	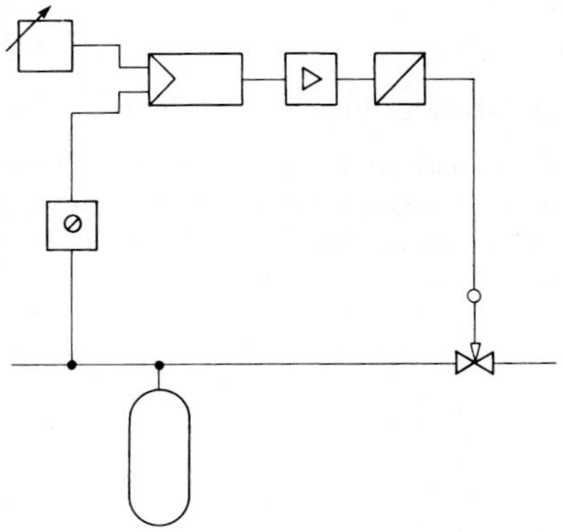

Darstellung der Wasserstandsregelung von S. 250

Wirkungsplan	**Darstellung mit Bildzeichen**
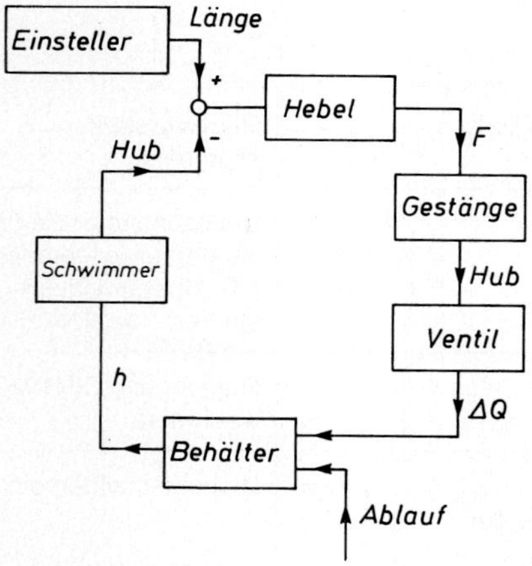	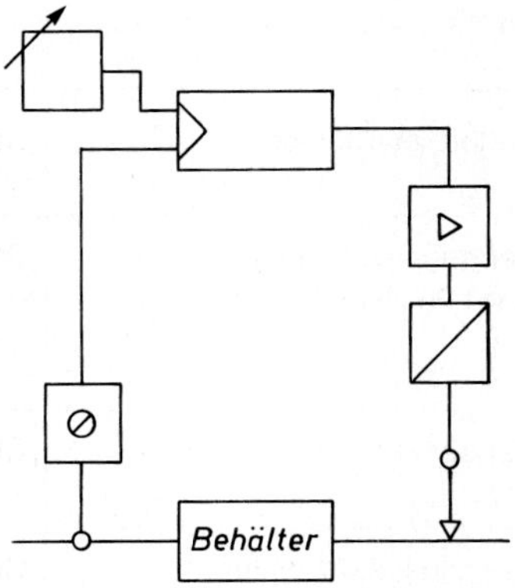

▲

3.1.2.4 Übersicht: Funktionsteile eines Regelkreises

In dem folgenden Wirkungsplan sind alle hier behandelten Teile eines Regelkreises in ihrem funktionellen Zusammenhang dargestellt.

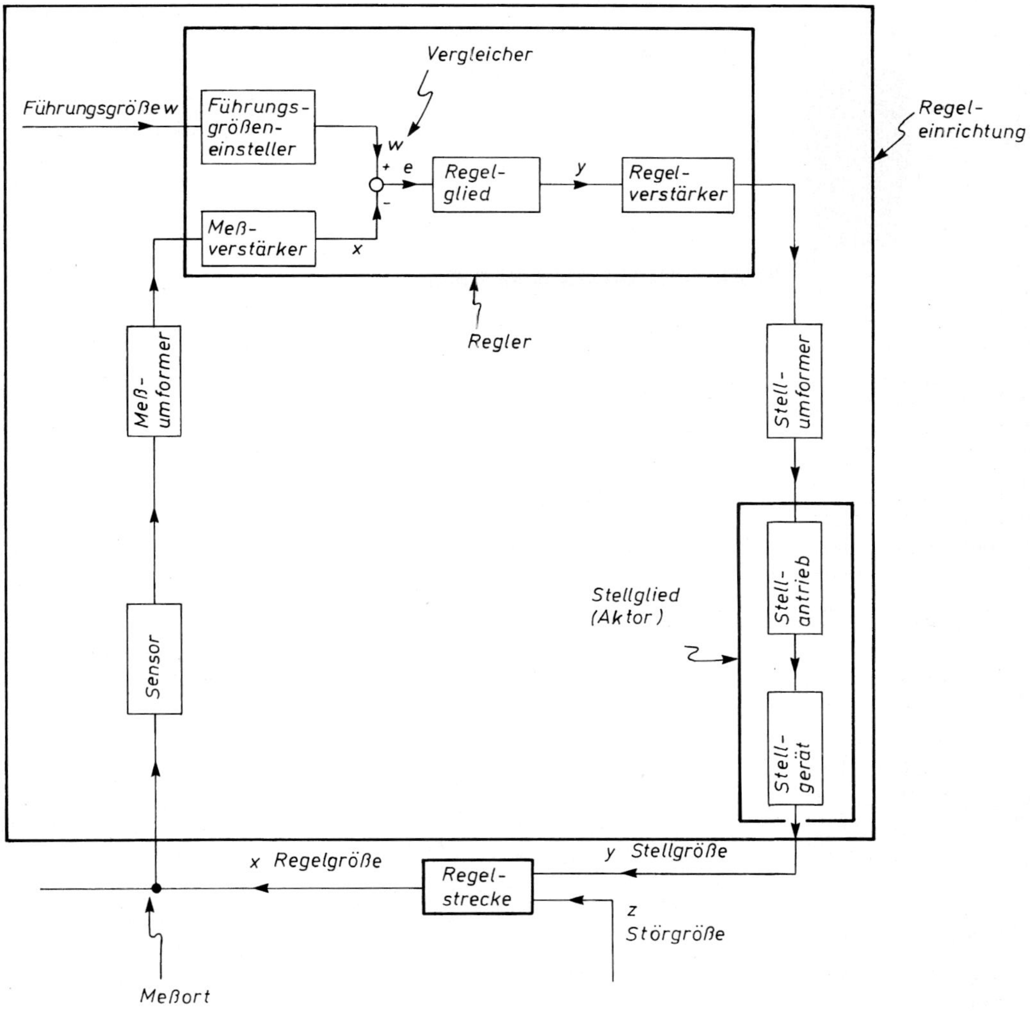

▼ ***Lehrbeispiel 1***

Ein Bunkerabzugsband wird von einem Vibrationsförderer beladen. Die Förderleistung in *t/h* soll konstant gehalten werden. Zur Istwerterfassung kann eine Bandwaage unter dem tragenden Turm eingebaut werden.

Skizzieren Sie den *Regelkreis*, benennen Sie die *Strecke*, den *Meßort* und den *Stellort*, *Stellglied* und *Stellgröße*, *Reglereingänge* und *Reglerausgang*?

Nennen Sie mögliche *Störgrößen*!

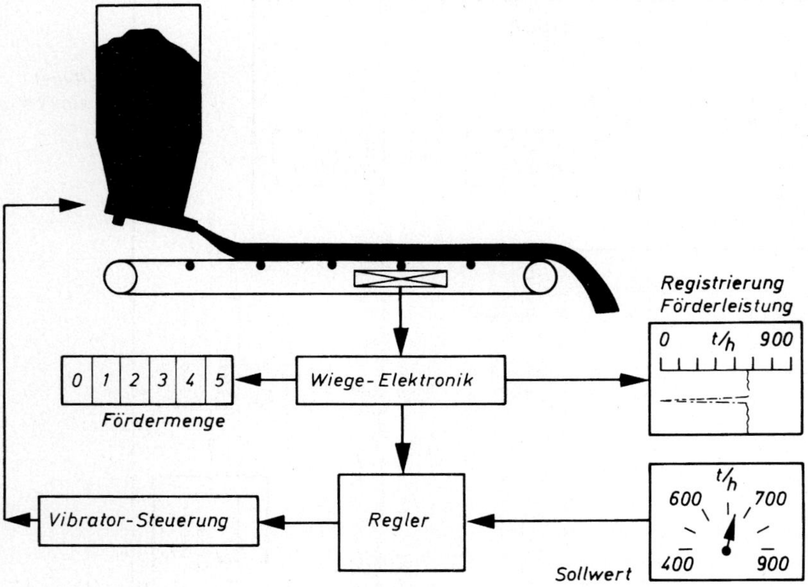

Lösung:

Die *Strecke* ist die Bandlänge zwischen Aufgabestelle und Bandwaage.

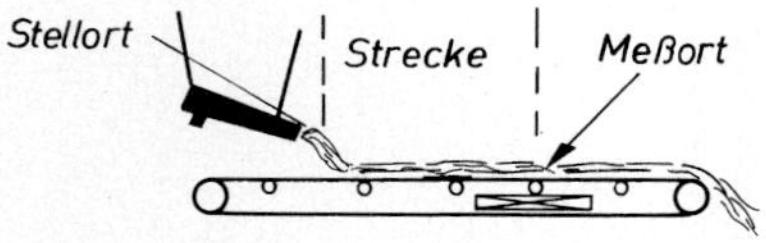

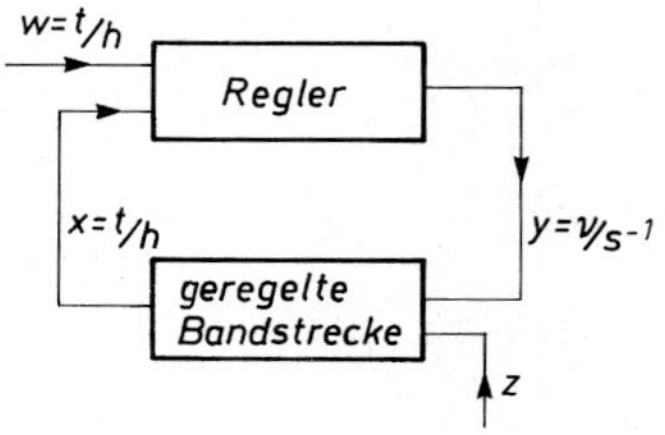

Der *Meßort* ist die Einbaustelle der Bandwaage und der *Stellort* ist der Austritt der Vibrationsrinne.

Das *Stellglied* ist der Vibrator, dessen Vibrationsfrequenz die *Stellgröße* ist.

Die beiden *Reglereingänge* sind der von der Bandwaage erfaßte Istwert der Regelgröße *Förderleistung* und der eingegebene Sollwert der Förderleistung. Der *Reglerausgang* ist die Stellgröße *Vibrationsfrequenz*. Die Aufgabe der Wiege-Elektronik ist die reglergerechte Umformung des von der Bandwaage erfaßten Istwertes in eine geeignete elektrische Größe.

Mögliche *Störgrößen* sind: Veränderungen im Fördergut durch Feuchteeinfluß, Spannungsschwankungen in der ▲ Energieversorgung des Vibrators.

Ein wichtiger Tatbestand, auf den an dieser Stelle bereits hingewiesen werden muß, ist die Tatsache, daß vom Eintritt einer Störung bis zum Erfassen durch die Bandwaage erst die Laufzeit des Fördergutes durch die Strecke vergeht.

▼ ***Lehrbeispiel 2***

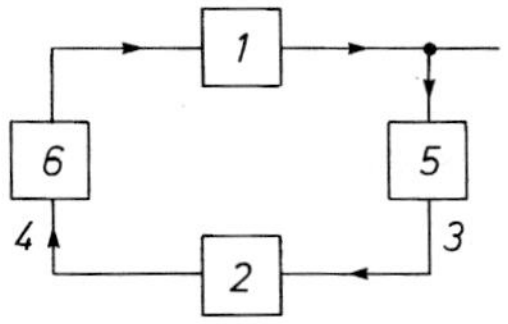

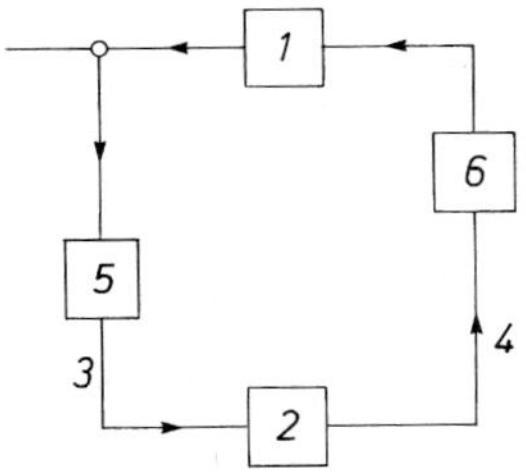

andere Orientierung

Gerätetechnische Anordnung

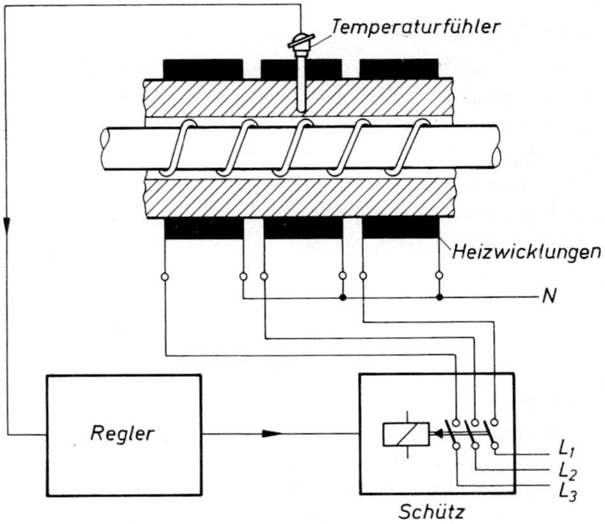

Regelung der Temperatur in der *Plastizifizierungsstrecke* eines *Extruders* für Thermoplaste

a) Benennen Sie die numerierten Positionen im Regelkreis.
b) Tragen Sie die Führungsgröße *w* an der richtigen Stelle ein!
c) Nennen Sie mögliche Störgrößen!

Lösung:

a) Die Positionen im Regelkreis sind:

1 Extruderschnecke: Strecke	4 Stellgröße *Heizstrom*
2 Regler	5 Temperaturfühler (Meßglied)
3 Istwert *Temperatur*	6 Stellglied *Schalter der Heizung*

b) 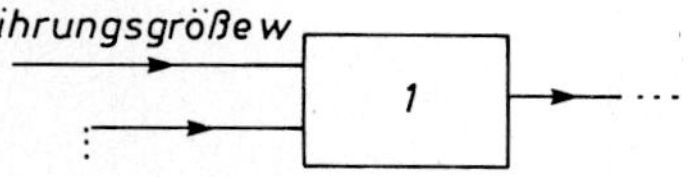

c) mögliche Störgrößen sind:

Spannungsschwankungen im Netz; Schwankungen in der *Raumtemperatur*; verschiedene *Granulatgröße* und *Granulatmenge*; Schwankungen im *Polymerisationsgrad* und damit in der Plastifizierungstemperatur des Granulates. ▲

▼ ***Lehrbeispiel 3***

Beheizung eines *Heißwasserspeichers* mit Heißdampf.

a) Setzen Sie die gerätetechnische Anordnung in das Blockschaltbild eines Regelkreises um, und bezeichnen Sie *Strecke*, *Meßglied*, *Stellglied*, *Regelgröße* und *Stellgröße!*
b) Nennen Sie mögliche *Störgrößen*.
c) Welches *Meßglied* ist hier anwendbar?
d) Wo findet der *Vergleich* statt?

Gerätetechnische Anordnung

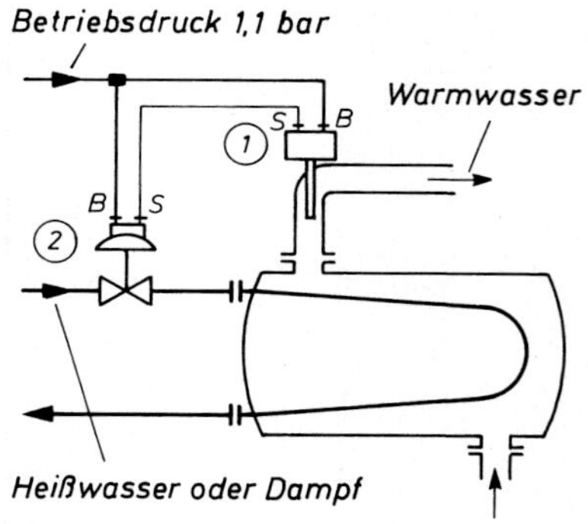

B Betriebsdruck
S Stelldruck

Lösung:

a) Die *Strecke* wird begrenzt vom Thermofühler auf der einen und vom Membranventil auf der anderen Seite.
Das *Meßglied* ist der Thermofühler ①.
Das *Stellglied* ist das Membranventil ②.
Die *Regelgröße* ist die Warmwassertemperatur im Behälterausgang.
Die *Stellgröße* ist der Strom des Heißwassers bzw. des Dampfes in der Heizleitung.

b) Mögliche *Störgrößen* sind:
- Schwankungen in der Temperatur des Heizmediums
- Kesselsteinbildung an der Heizleitung
- Druckschwankungen im Heizmedium

c) Als *Meßglied* ist ein Flüssigkeits-Ausdehnungsfühler anwendbar.

d) Der *Vergleich* findet im Eingang des Membranventils zwischen Betriebsdruck *B* und Stelldruck *S* statt. ▲

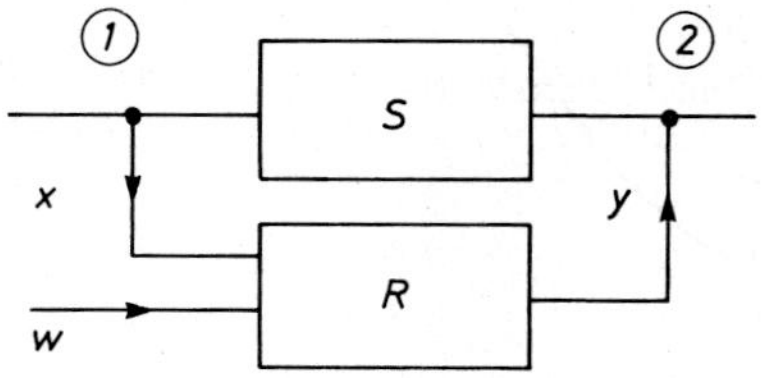

3.1.3 Beschreibung des Verhaltens von Regelkreisgliedern

Ein Regelkreis setzt sich, wie wir gesehen haben, aus vielen Komponenten zusammen, deren Zusammenwirken die Eigenschaften und die Wirkung des Regelkreises ausmachen. Unabhängig vom Detail ist es wichtig zu wissen, wie der Regelkreis als Gesamtheit auf veränderte Eingangsgrößen reagiert, um ggf. ungewollte Effekte beseitigen zu können oder auch nur, um sein Verhalten beschreiben zu können.

Meist ist der Regelkreis zu komplex, um sein Gesamtverhalten geeignet vorhersagen und einstellen zu können. Bei Veränderungen in der Problemstellung möchte man gezielt Teile einsetzen bzw. austauschen können. Deshalb wird methodisch so vorgegangen, daß zunächst das Verhalten der Komponenten untersucht und beschrieben wird. Aus der Kenntnis des Verhaltens der Einzelkomponenten läßt sich dann vieles über das Zusammenwirken in einem Kreisprozeß aussagen.

Es ist sinnvoll, bei diesen Untersuchungen nicht von Regel-, Stell-, Führungs- und Störgrößen zu sprechen, sondern allgemein von Eingangs- und Ausgangsgrößen. Diese werden mit x_e und x_a bezeichnet.

Bei der Untersuchung des Verhaltens von Regelkreisgliedern gibt es zwei Ansätze: *Das statische Verhalten.* Die zu untersuchende Komponente ist nach einer Anlaufphase im Beharrungszustand.

Das dynamische oder zeitliche Verhalten. Hier interessiert der *zeitliche* Verlauf von x_a.

3.1.3.1 Statisches Verhalten

Das statische Verhalten von Regelkreisgliedern wird durch *Kennlinien* beschrieben. Eine Kennlinie beschreibt im Beharrungszustand die *Abhängigkeit der Ausgangsgröße von der Eingangsgröße.*

> Als **Beharrungszustand** eines Gliedes gilt derjenige beliebig lange aufrechtzuerhaltende Zustand, der sich bei zeitlicher Konstanz der Eingangssignale nach Ablauf aller Einschwingungsvorgänge ergibt.

Hat ein Glied mehrere Eingangsgrößen, so ergibt sich ein Kennlinienfeld. Dabei trägt man das Ausgangssignal in Abhängigkeit *einer* Eingangsgröße auf. Die übrigen Eingangsgrößen faßt man als Parameter auf. Das nebenstehende Bild zeigt die Klemmspannung x_a eines Stromerzeugers in Abhängigkeit von der (z. B. durch die Lage des Abgriffkontakes gekennzeichneten) Einstellung eines Widerstandes (x_{e1}) im Feldkreis, mit der im Feldkreis wirksamen Spannung (x_{e2}) und dem Belastungsstrom (x_{e3}) als Parameter.

Kennlinie: $x_a = x_a(x_e(t))$

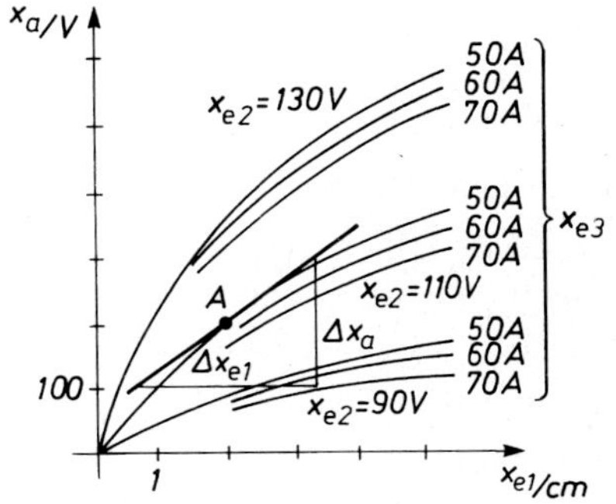

Meist sind Kennlinien gekrümmt. Sie werden vielfach, vor allem zur Berechnung, durch Geraden ersetzt. Man spricht hierbei von *Linearisieren*. Dabei wird im Arbeitspunkt eine Tangente an die Kennlinie gelegt. Aus der Steigung ergibt sich der sog. **Übertragungsbeiwert K**.

$$K = \frac{\Delta x_a}{\Delta x_e}$$

Im obigen Beispiel wurde der Arbeitspunkt bei $x_{e1} = 2\ cm$, $x_{e2} = 110\ V$, $x_{e3} = 50\ A$ gewählt.

An der Geraden liest man ab

$$K = \frac{\Delta x_a}{\Delta x_{e1}} = \frac{200\ V}{2{,}4\ cm} = 83{,}3\ \frac{V}{cm}.$$

► ***Zur Selbstkontrolle***

1. Welche beiden grundsätzlichen Methoden gibt es bei der Untersuchung von Regelkreisgliedern?
2. Erläutern Sie beide.
3. Was ist ein *Kennlinienfeld*?
4. Wie wird der *Übertragungsbeiwert K* ermittelt?

▼ ***Lehrbeispiel:***

Das Speisewasser für einen Dampfkessel soll mit konstantem Druck p einem Vorratsbehälter entnommen werden. Das Wasser wird mit einer Kreiselpumpe gefördert, deren Drehzahl n veränderlich ist. Das stationäre Verhalten der Pumpe wird durch das nebenstehende Kennlinienfeld beschrieben. Mit welcher Drehzahl läuft die Pumpe und welchen Übertragungsbeiwert hat sie im Arbeitspunkt

$$p_0 = 50\ bar \text{ und } q_0 = 402\ \frac{t}{h}?$$

Grafische Darstellung:

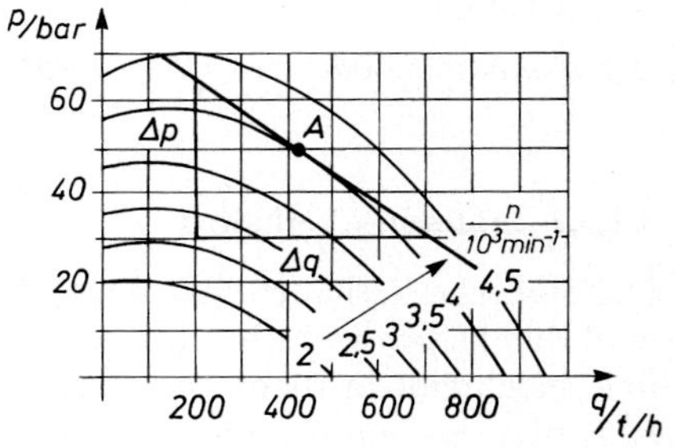

Lösung:

Im Kennlinienfeld liest man am Arbeitspunkt sofort $n_0 = 4 \cdot 10^3\ \frac{1}{\text{min}}$ ab. Der Übertragungsbeiwert ergibt sich aus der Tangentensteigung im Arbeitspunkt

$$▲ \quad K = \frac{\Delta p}{\Delta q} = \frac{35\ bar}{500\ \frac{t}{h}} = 0{,}07\ \frac{bar \cdot h}{t}$$

3.1.3.2 Zeitverhalten

Das Zeitverhalten der Regelkreisglieder wird dadurch untersucht, daß man die jeweiligen Eingangsgrößen typisch ändert und zwar

- sprunghaft,
- ansteigend,
- impulsförmig oder
- sinusförmig.

Das **Übergangsverhalten** beschreibt den *zeitlichen Verlauf* des *Ausgangssignals* bei *Aufschaltung charakteristischer* zeitlicher Verläufe des *Eingangssignals.*

Dabei mißt man die Ausgangsgröße. Das Verhalten der Ausgangsgröße in Abhängigkeit von der Eingangsgröße nennt man *Übergangsverhalten.*

Ist die Eingangsgröße die Führungsgröße, nennt man die Reaktion der Ausgangsgröße *Führungsverhalten*, ist die Eingangsgröße die Störgröße, *Störverhalten*, ist die Eingangsgröße die Stellgröße, *Stellverhalten.*

Das *Stellverhalten* ist die Wirkung aus einer bewußt herbeigeführten Ursache. Es ist die Folge einer *geplanten* Beeinflussung.

Das *Störverhalten* ist die Wirkung einer unbewußt entstandenen Verursachung. Es ist die Wirkung einer *störenden* Beeinflussung.

Dieses Verhalten wird einmal durch zwei Koordinatensysteme beschrieben. In dem $x_e - t$-Koordinatensystem trägt man die sich ändernde Eingangsgröße ein, in dem $x_a - t$-Koordinatensystem trägt man den daraus resultierenden Verlauf der Ausgangsgröße ein.

Schließt man einen – zunächst leeren – Druckluftspeicher an eine druckluftführende Leitung an und öffnet das Einlaßventil, so ändert sich der Eingangsdruck auf den konstanten Wert p_0. Dies ist die Eingangsgröße. Der Druck p im Behälter – dies ist die Ausgangsgröße – erreicht erst mit einer gewissen Zeitverzögerung p_0.

Da es sich um einen funktionalen Zusammenhang handelt, kann man dafür auch – in einfachen Fällen – eine *Funktionsgleichung* angeben. Die Beschreibung mit Hilfe von Funktionsgleichungen bietet für den Einsatz von DV-Anlagen zur Regelung eine wichtige Hilfe. Mit ihrer Hilfe ist es möglich, die Regelaufgabe als Algorithmus zu formulieren, der dann dem Rechner eingegeben werden kann. Damit kann dann der Rechner die Aufgabe des Reglers übernehmen bzw. den Regelkreis simulieren.

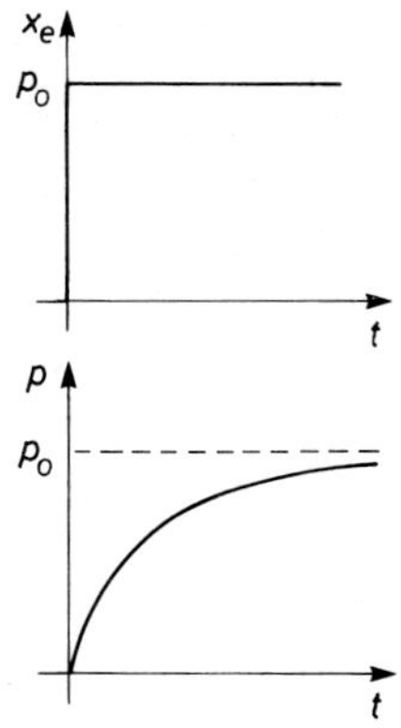

Funktionsgleichung

$$p = p_0 \cdot \left(1 - e^{-\frac{t}{T}}\right)$$

Das Übergangsverhalten der Strecke muß meist experimentell ermittelt werden. Dabei wird dann der zeitliche Verlauf der Regelgröße und der Stellgröße auf einem Meßschrieb registriert. Um die Ergebnisse besser vergleichen zu können, nimmt man nur die o.g. typischen Eingangsgrößen. Aus der Antwort werden dann die Streckenparameter bestimmt.

Die Aufnahme des Übergangsverhaltens

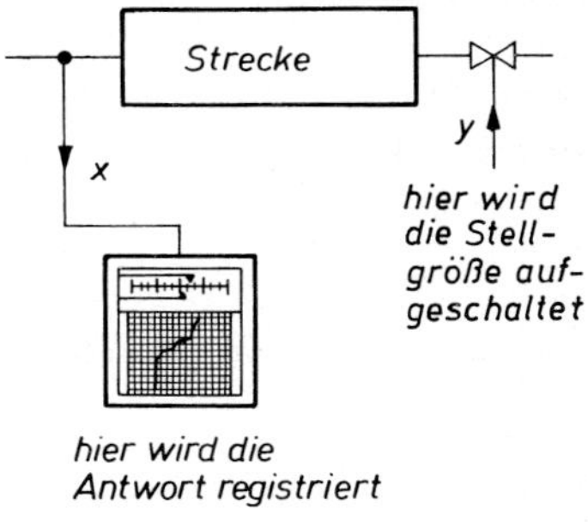

► ***Zur Selbstkontrolle***

1. Definieren Sie den Ausdruck *Übergangsverhalten*.
2. Unterscheiden Sie die Begriffe *Stell-* und *Störverhalten*.

Nicht-sinusförmige Eingangsgrößen

Typische nicht-sinusförmige Eingangsgrößen sind der Sprung, der Anstieg oder der Impuls.

Sprungantwort

Viele Regelvorgänge verhalten sich so, daß die *Eingangsgröße* x_e sich **sprunghaft** ändert, von einem Anfangswert – z. B. x_{e0} – auf einen festen Endwert x_{e1} Die wirklich sprunghafte Änderung wird in der Realität nur selten vorkommen. Meistens führen Trägheit und Elastizität der betroffenen Anlagenteile zu einer Abrundung der im Idealfall rechteckigen Form.

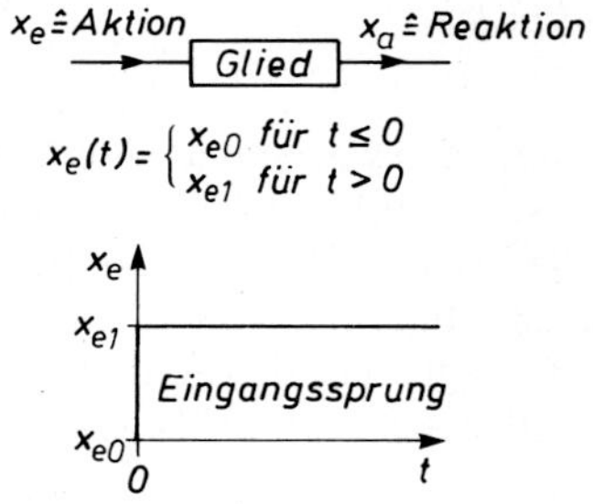

Die Reaktion der *Ausgangsgröße* darauf wird hier *Sprungantwort* genannt. Diese kann sehr unterschiedlich ausfallen. Die Sprungantwort kann schlagartig erfolgen, sie kann sich langsam und gleichmäßig ihrem Endwert nähern, sie kann erst über den Endwert hinauswandern, um sich ihm dann schwingend zu nähern usw.

Der Verlauf der Ausgangsgröße nach einem Eingangssprung heißt *Sprungantwort*.

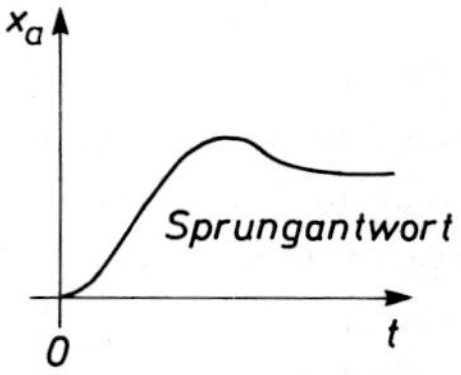

Nach kurzem Überschwingen wird hier ein neuer Beharrungswert erreicht.

Die Aufschaltung eines Sprunges ist – zumindest bei theoretischen Betrachtungen – eine häufig angewandte Testmethode bei der Untersuchung von Regelkreisgliedern. Um aus der Funktionsgleichung den Einfluß der konstanten Eingangssprunghöhe x_e zu eliminieren, führt die DIN eine neue Funktion $h(t)$ ein, die *Übergangsfunktion* genannt wird.

$$h(t) = \frac{x_a(t)}{x_e}.$$

Für große t und stabiles Verhalten gilt

$$h(t) = K,$$

wobei K der o. g. Übertragungsbeiwert ist.

Beispiel

Die Übergangsfunktion für das Zahnradpaar berechnet sich zu

$$h(t) = \frac{n_a}{n_e} = \frac{z_1}{z_2}$$

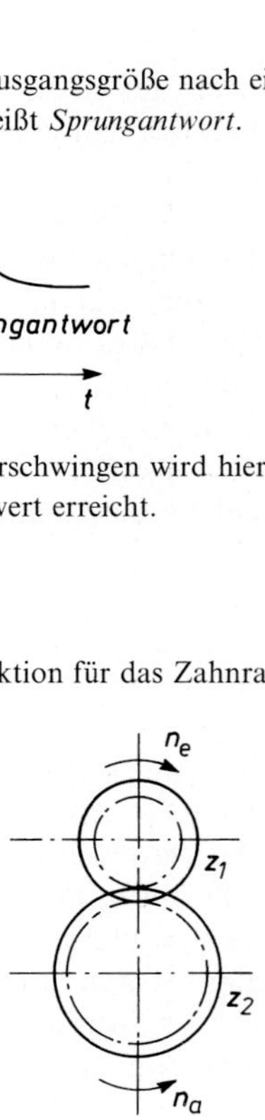

Der Übertragungsbeiwert ist also hier das umgekehrte Übersetzungsverhältnis.

Anstiegsantwort

Steigt die Eingangsgröße linear an, so nennt man die Reaktion des Gliedes darauf *Anstiegsantwort*. Diese kann wiederum sehr unterschiedlich sein; steigt sie überproportional, nennt man ihren Verlauf *progressiv*, steigt sie weniger als linear an, *degressiv*.

$$x_e(t) = \begin{cases} x_{e0} & \text{für} \quad t \leqq 0 \\ x_{e0} + kt & \text{für} \quad t > 0 \end{cases}$$

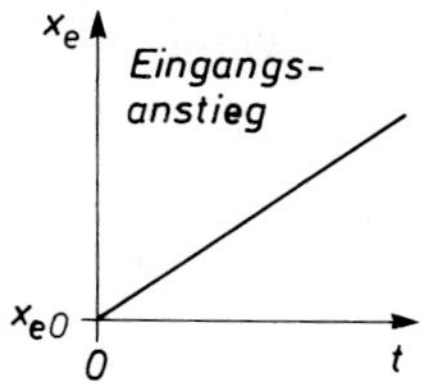

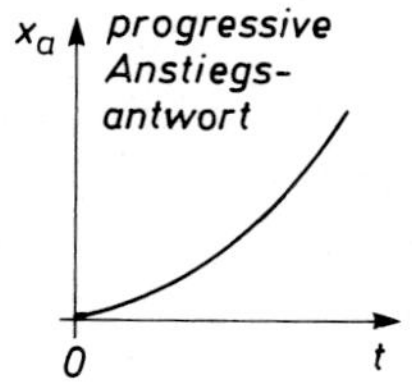

Die Anstiegsantwort hat einen progressiven Verlauf.

Impulsantwort

Ein *Impuls* ist eine sprunghafte, jedoch zeitlich begrenzte Änderung. Ein kurzzeitig steil hochschnellender Impuls heißt *Nadelimpuls*. Die idealisierte Form des Impulses ist scharfkantig rechteckförmig, die real ausgeführte dagegen abgerundet. Das Übergangsverhalten bei einem impulsförmigen Eingangssignal heißt entsprechend *Impulsantwort*.

$$x_e(t) = \begin{cases} 0 & \text{für} \quad t \neq 0 \\ \infty & \text{für} \quad t = 0 \end{cases}$$

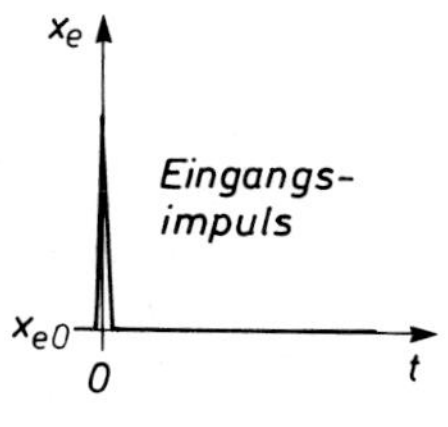

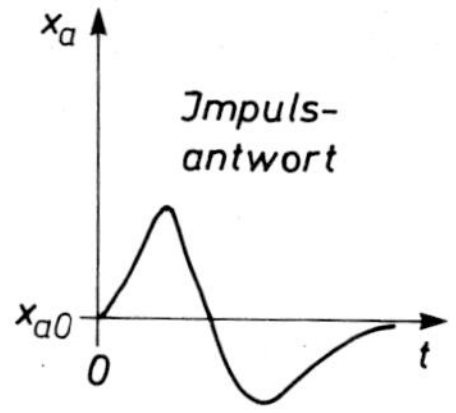

Die Antwort auf den Eingangsimpuls ist z. B. ein Einschwingen auf den alten Beharrungszustand.

Sinusförmige Eingangsgrößen

Neben den oben beschriebenen Typen kann das Zeitverhalten eindeutig auch durch die Zuordnung des Ausgangssignals zur *sinusförmigen* Änderung des Eingangssignals beschrieben werden. Dabei muß das Eingangssignal alle Frequenzen zwischen Null und Unendlich durchlaufen.

Das Eingangssignal kann beschrieben werden durch

$$x_e(t) = \hat{x}_e \cdot \sin \omega t,$$

wobei $\hat{x}_e$ die Amplitude, $\omega = 2\pi f$ die Kreisfrequenz ist.

Die Rechnungen werden erheblich einfacher, wenn man diese Schwingung mittels komplexer Zahlen (s. Kapitel 3.5) beschreibt:

$$\underline{x_e}(t) = \hat{x}_e \cdot (\cos \omega t + j \sin \omega t).$$

In Exponentialform heißt dies

$$\underline{x_e}(t) = \hat{x}_e \cdot e^{j\omega t}.$$

Wir nehmen also zur Rechnung noch die reelle Komponente des Zeigers hinzu.

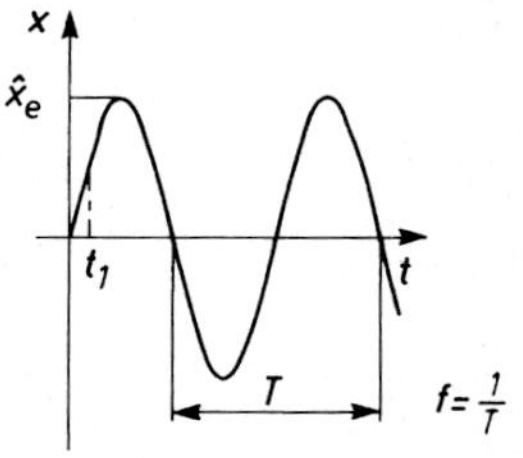

Funktionsgraph bei reeller Darstellung

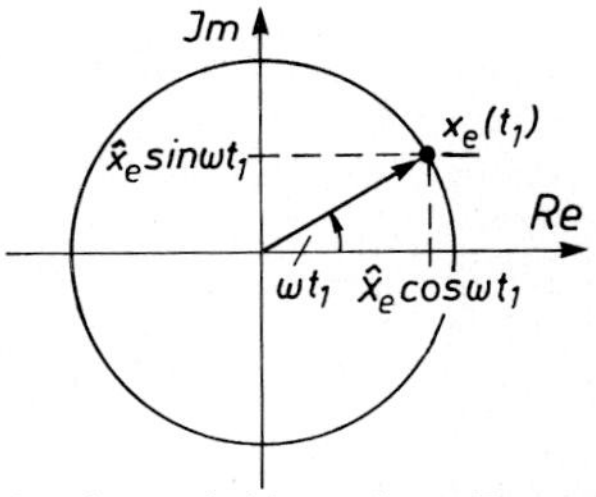

Ortskurve bei komplexer Darstellung

Für die hier betrachteten linearen Systeme kann man zeigen, daß die Ausgangsgröße $x_a(t)$ im eingeschwungenen Zustand auch einen sinusförmigen Verlauf hat. Die Frequenz ist sogar gleich; lediglich die Phasen sind verschieden. Damit gilt

$$\underline{x_a}(t) = \hat{x}_a \cdot e^{j(\omega t + \varphi)}$$

Der Verlauf der Ausgangsgröße wird auch *Frequenzantwort* genannt.

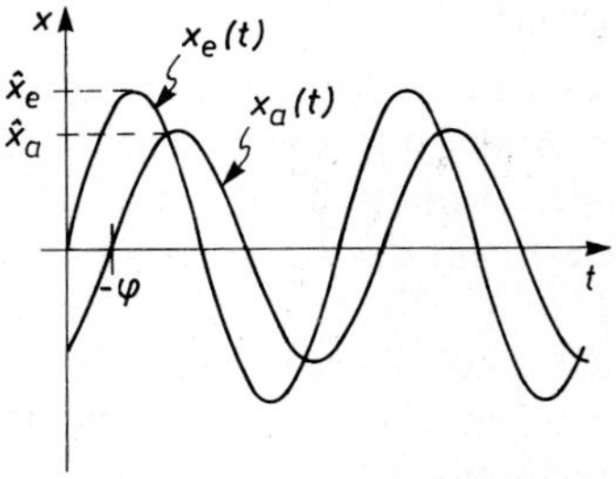

Funktionsgraph bei reeller Darstellung

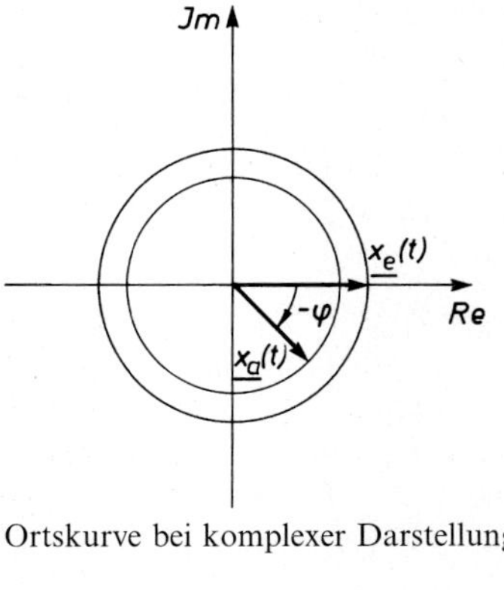

Ortskurve bei komplexer Darstellung

Bildet man den Quotienten

$$\frac{\underline{x}_a(t)}{\underline{x}_e(t)},$$

so erhält man

$$\frac{\underline{x}_a(t)}{\underline{x}_e(t)} = \frac{\hat{x}_a \cdot e^{j(\omega t + \varphi)}}{\hat{x}_e \cdot e^{j\omega t}} = \frac{\hat{x}_a \cdot e^{j\omega t} \cdot e^{j\varphi}}{\hat{x}_e e^{j\omega t}} = \frac{\hat{x}_a}{\hat{x}_e} \cdot e^{j\varphi}$$

Der *Frequenzgang* $\underline{F}(j\omega)$ ist das Verhältnis des Zeigers der sinusförmigen Ausgangsgröße zum Zeiger der sinusförmigen Eingangsgröße im eingeschwungenen Zustand, dargestellt als Funktion des Kreisfrequenz ω.

Dieses Verhältnis nennt man Frequenzgang und bezeichnet es mit $\underline{F}(j\omega)$

$$\underline{F}(j\omega) := \frac{\underline{x}_a(t)}{\underline{x}_e(t)} = \frac{\hat{x}_a}{\hat{x}_e} \cdot e^{j\varphi}.$$

Frequenzgang
$\underline{F}(j\omega) := \frac{\underline{x}_a(t)}{\underline{x}_e(t)}$

▼ ***Lehrbeispiel:***

Für eine Regelstrecke gelte:

Für $x_e(t) = \sin(\omega t)$ ergibt sich $x_a(t) = 5 \cdot \sin(\omega t + \frac{\pi}{3})$. Bestimmen Sie den Frequenzgang.

Lösung:

Zur Ermittlung des Frequenzganges schreibt man die Größen komplex

$\underline{x}_e(t) = 1 \cdot e^{j\omega t}$ und $\underline{x}_a(t) = 5 \cdot e^{j(\omega t + \frac{\pi}{3})}$.

Damit ergibt sich für den Frequenzgang

▲ $$\underline{F}(j\omega) = 5 \cdot \frac{e^{j\omega t} \cdot e^{j\frac{\pi}{3}}}{e^{j\omega t}} = 5 \cdot e^{j\frac{\pi}{3}}$$

Darstellung des Frequenzgangs

Der Frequenzgang $\underline{F}(j\omega)$ ist eine komplexe Funktion der Frequenz ω. Der Wert einer komplexen Funktion bei einem bestimmten ω-Wert wird durch einen *Zeiger* dargestellt (s. Anhang). Zeichnet man die Zeiger zu verschiedenen Frequenzen in ein Koordinatensystem und verbindet die Endpunkte der Zeiger, so erhält man einen geschlossenen Kurvenzug, die *Ortskurve des Frequenzgangs.*

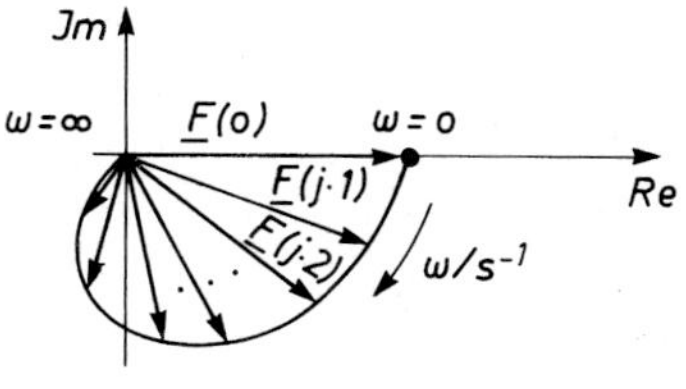

Ortskurve

Will man die Ortskurve aus dem Frequenzgang ermitteln, so wird die komplexe Funktion in Real- und Imaginärteil zerlegt und für verschiedene Frequenzen in die Gaußsche Zahlenebene eingetragen. Die Endpunkte der Zeiger werden dann verbunden.

Ortskurve ist die Menge aller Zeigerspitzen von $\underline{F}(j\omega)$ für verschiedene ω.

▼ ***Lehrbeispiel***

Gesucht ist die Ortskurve zu $\underline{F}(j\omega) = 5 \cdot e^{j\frac{\pi}{3}}$

Lösung:

$$\underline{F}(j\omega) = 5 \cdot e^{j\frac{\pi}{3}} = 5(\cos(\tfrac{\pi}{3}) + j \cdot \sin(\tfrac{\pi}{3}))$$

$$Re(\underline{F}(j\omega)) = 5 \cdot \cos(\tfrac{\pi}{3}) \approx 2{,}5$$

$$Im(\underline{F}(j\omega)) = 5 \cdot \sin(\tfrac{\pi}{3}) \approx 4{,}3$$

Die Ortskurve ist hier zu einem Punkt entartet.

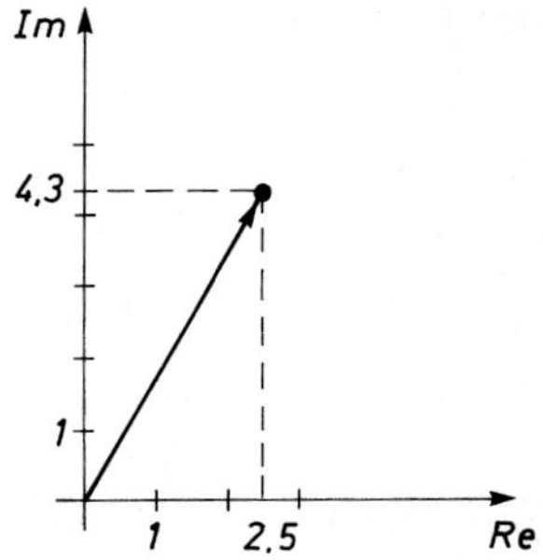

Ortskurve zu $\underline{F}(j\omega) = 5 \cdot e^{j\frac{\pi}{3}}$

Eine andere Darstellung bildet das *Bode-Diagramm*. Dort wird von der komplexen Funktion $\underline{F}(j\omega)$ einmal der Betrag $|\underline{F}(j\omega)|$, zum anderen der Phasenwinkel φ in Abhängigkeit von ω gezeichnet. (Amplitudengang, bzw. Phasengang).

Das **Bode-Diagramm** besteht aus Amplitudengang und Phasengang.

Charakteristisch ist, daß $|\underline{F}|$ und ω im logarithmischen Maßstab, φ im linearen Maßstab aufgetragen werden.

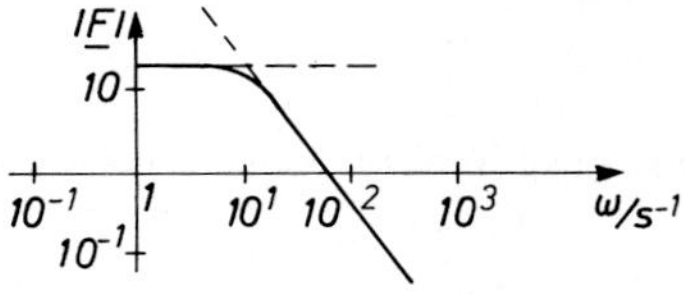

Amplitudengang

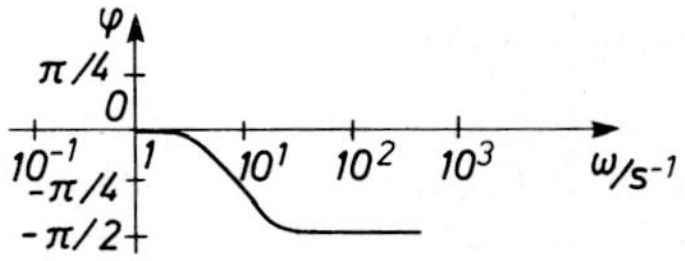

Frequenzgang

▼ ***Lehrbeispiel***

Zeichnen Sie das Bode-Diagramm zu $\underline{F}(j\omega) = 5 \cdot e^{j\frac{\pi}{3}}$

Lösung:

$$\underline{F}(j\omega) = 5 \cdot e^{j\frac{\pi}{3}}$$

$$|\underline{F}| = 5$$

▲ $$\varphi = \tfrac{\pi}{3}$$

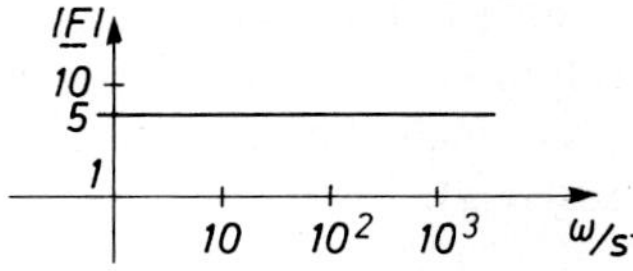

Amplitudengang zu $\underline{F}(j\omega) = 5 \cdot e^{j\frac{\pi}{3}}$

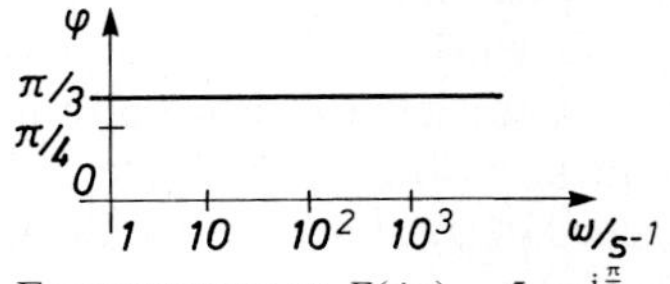

Frequenzgang zu $\underline{F}(j\omega) = 5 \cdot e^{j\frac{\pi}{3}}$

Übersicht: Beschreibung des Verhaltens von Regelkreisgliedern

statisches Verhalten	Zeitverhalten					
$x_{e_1}, x_{e_2}, x_{e_3}, \ldots$	Sprung	Anstieg	Impuls	period. Funktion		**Eingangsgröße**
	$x_e(t)=\hat{x}_e\cdot\sigma(t)$; $\sigma(t)=\begin{cases}1 & \text{für } t\geqq 0\\ 0 & \text{für } t<0\end{cases}$	$x_e(t)=a\cdot t$	$x_e(t)=\vartheta(t)$; $\vartheta(t)=\begin{cases}\infty & \text{für } t=0\\ 0 & \text{sonst}\end{cases}$	$\underline{x_e}(t)=\hat{x}_e\cdot e^{j\omega t}$		**Eingangsgröße**
–	Sprungantwort	Anstiegsantwort	Impulsantwort	Frequenzantwort		**Ausgangsgröße**
	$x_a(t)=f(x_e(t))$			$\underline{x_a}(t)=\hat{x}_a\cdot e^{j(\omega t+\varphi)}$		**Ausgangsgröße**
$x_a(x_{e_1})$ nach $t\to\infty$	Übergangsfunktion	–	–	Frequenzgang		**beschreibende Funktion**
	$h(t)=\dfrac{x_a(t)}{x_e(t)}$	–	–	$\underline{F}(j\omega)=\dfrac{\underline{x_a}(t)}{\underline{x_e}(t)}$		**beschreibende Funktion**
Kennlinienfeld	Graf der Übergangsfunktion	Graf der Anstiegsantwort	Graf der Impulsantwort	Ortskurve	Bode-Diagramm	**grafische Darstellung**
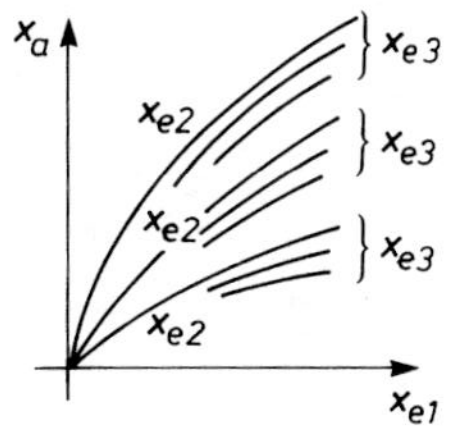	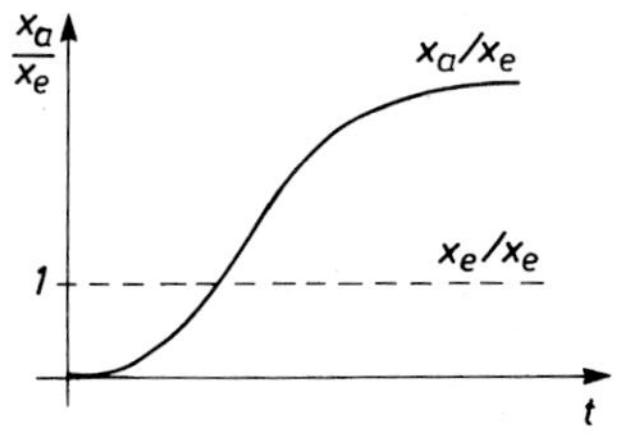	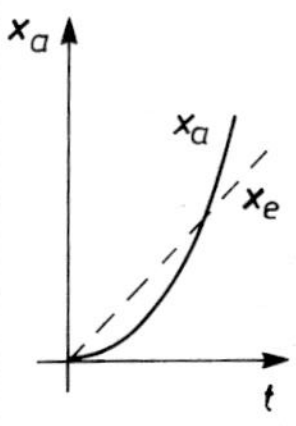	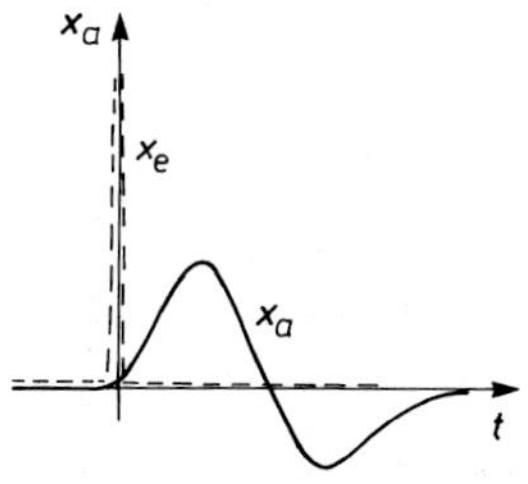	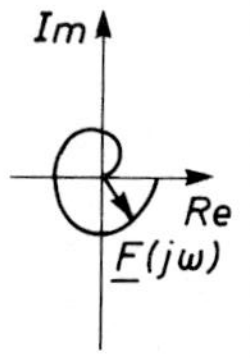	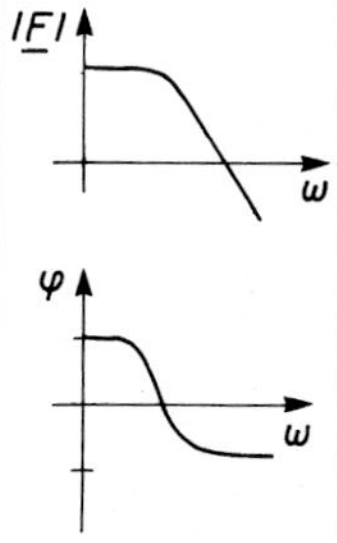	**grafische Darstellung**

3.2 Regelstrecken

> Die **Regelstrecke** ist derjenige Teil des Wirkungsweges, welcher den aufgabengemäß zu beeinflussenden Teil der Anlage darstellt.

Die regelungstechnische und auch mathematische Behandlung von Regelstrecken gibt in zweierlei Hinsicht Probleme auf. Einerseits ist die Art der Strecke oft durch das zu regelnde Problem vorgegeben und in ihren Parametern nur wenig veränderbar. Andererseits sind die Kenngrößen der Strecken fast immer unbekannt; sie werden meist nicht – wie bei Reglern – von den Händlern mitgeliefert und müssen zunächst entweder durch physikalische Gesetzmäßigkeiten oder experimentell ermittelt werden.

Es interessiert hierbei sowohl das statische als auch das Zeitverhalten. Das *statische Verhalten* dient in erster Linie zur Beurteilung der generellen Eignung, d. h., ob der Stellbereich überhaupt sinnvoll durch die Strecke abgedeckt werden kann. Diese Information kann aus dem Kennlinienfeld nach Wahl des Arbeitspunktes ermittelt werden. Das *Zeitverhalten* dient zur Beurteilung der Frage, ob eine gegebene Strecke im Zusammenwirken mit den anderen Teilen des Regelkreises sinnvolle Ergebnisse liefert. Notwendig dafür ist stets eine mathematische Beschreibung des dynamischen Verhaltens der Strecke.

Das unterschiedliche dynamische Verhalten bildet auch die Grundlage für eine Systematisierung der unterschiedlichen Streckentypen. Diese erfolgt nicht nach der zu regelnden physikalischen Größe sondern nach dem Zeitverhalten der Strecke.

Einteilung der Strecken

Ein Unterscheidungsmerkmal ist die Frage nach dem sog. *Ausgleich*. Der Ausgleich verleiht der Strecke die Eigenschaft der Selbstbegrenzung und wirkt damit stabilisierend. Solche Strecken streben einem *Beharrungswert* zu.

Strecke ohne Ausgleich	**Strecke mit Ausgleich**
Eine Strecke ohne Ausgleich ist z. B. ein Flüssigkeitsbehälter; öffnet man den Zufluß, so steigt der Flüssigkeitsstand, ohne einem Beharrungswert zuzustreben.	Legt man an einem Spannungsteiler eine konstante Spannung an, so kann man am Widerstand R_2 eine konstante Spannung U_R abgreifen.
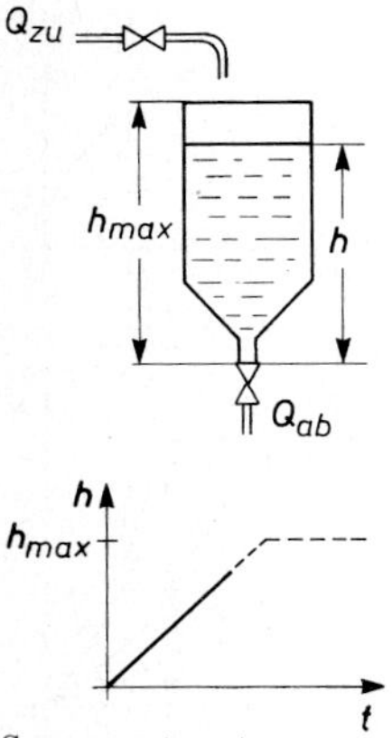	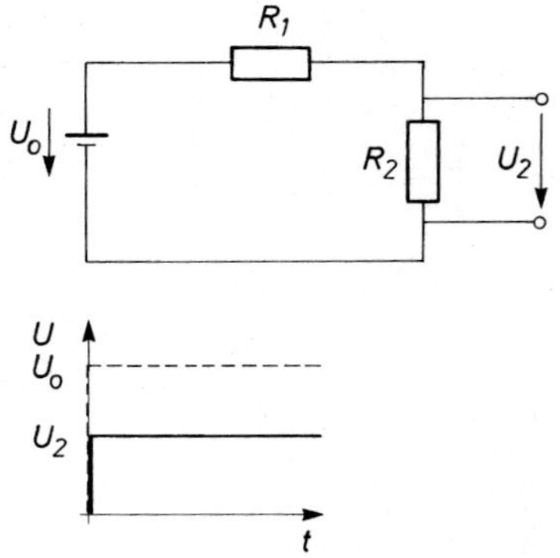
Sprungantwort	Sprungantwort

Ein zweiter Gesichtspunkt ist die *Verzögerung*, mit der die Strecke einer Stellgrößenänderung folgt. Selten erfolgt die Antwort der Strecke sofort mit voller Stärke. Meist reagiert die Strecke mit einer Trägheit. Strecken mit Verzögerung enthalten Speicherelemente, welche die träge Reaktion bewirken. Die Anzahl der Speicherelemente gibt die *Ordnungszahl* an. Je höher die Ordnungszahl, desto schwieriger wird die Regelbarkeit.

Strecke ohne Verzögerung	**Strecke mit Verzögerung**	**Strecke mit Verzögerung höherer Ordnung**
Legt man an einen Spannungsteiler eine Spannung an, so kann man am Widerstand R_2 ein konstante Spannung U_R abgreifen.	Legt man an einen Kondensator eine konstante Spannung an, so baut sich die am Kondensator abfallende Spannung erst allmählich auf.	Mehrere hintereinandergeschaltete RC-Glieder ergeben eine Strecke höherer Ordnung.
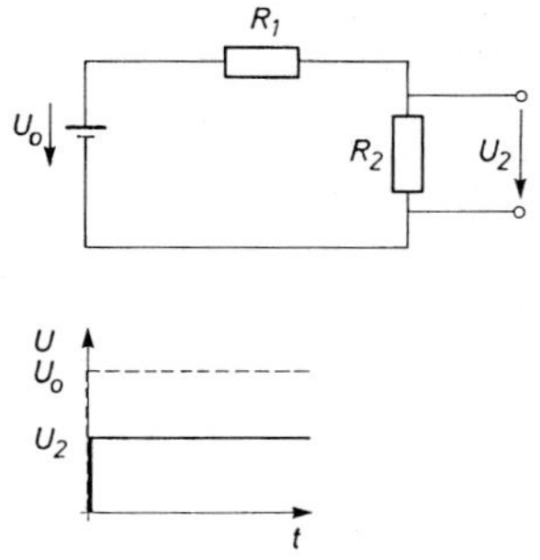 Sprungantwort	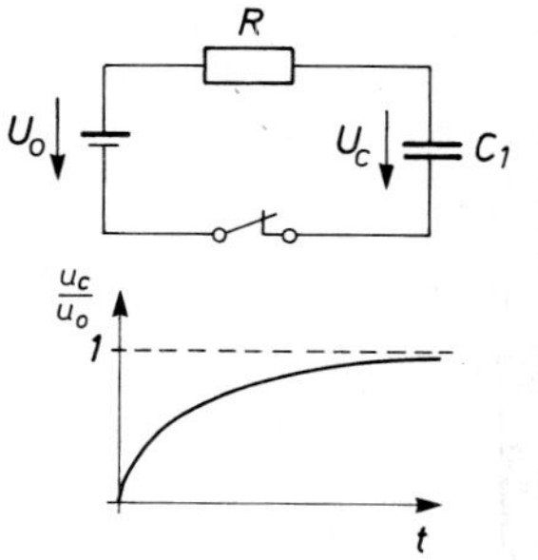 Sprungantwort	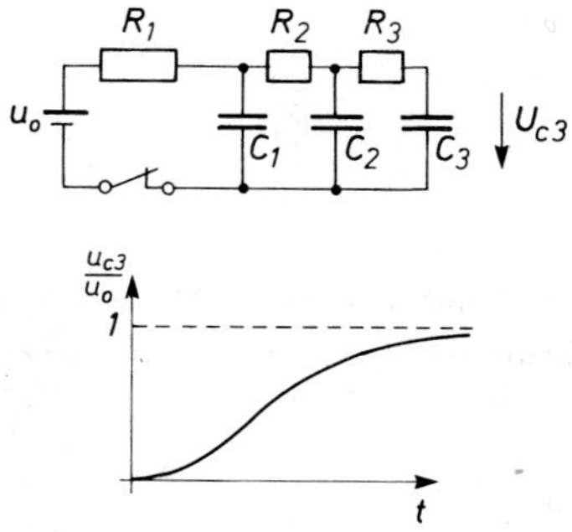 Sprungantwort

Die *Totzeit* ist die Zeit, die vergeht, bis eine Strecke reagiert.

Strecke ohne Totzeit	**Strecke mit Totzeit**
Legt man an einen Spannungsteiler eine Spannung an, so kann man sofort am Widerstand R_2 eine konstante Spannung U_R abgreifen.	Verändert man die Füllmenge eines Förderbandes, so wird sich die Abwurfmenge erst nach einer gewissen Zeit verändern, nämlich dann, wenn die Stellfront an der Abwurfstelle angekommen ist.
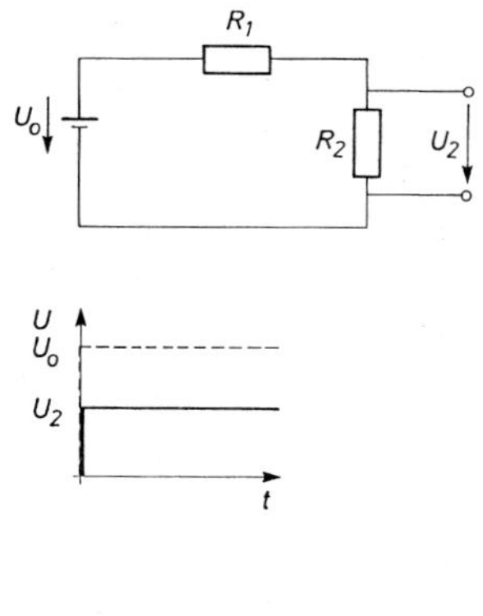 Sprungantwort	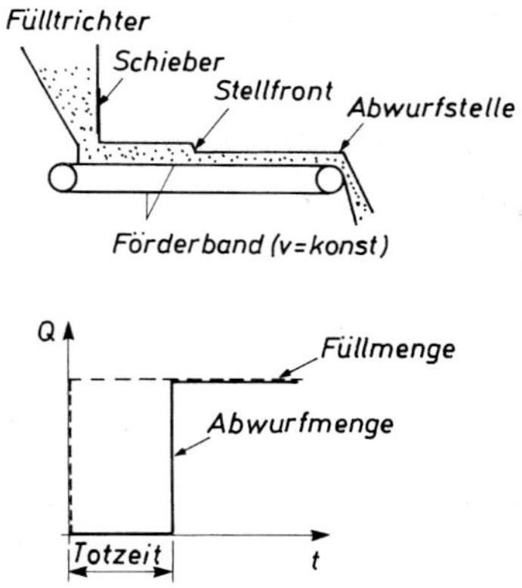 Sprungantwort

3.2.1 Regelstrecken mit Ausgleich (*P*-Strecken)

Die mathematisch und meist auch technisch einfachste Strecke besitzt eine Regelgröße, die sich proportional zur Stellgröße verhält.

$$x = K_{PS} \cdot y$$

> ***P*-Verhalten** hat ein Glied, bei dem das Ausgangssignal direkt proportional dem Eingangssignal ist.

Der Proportionalitätsfaktor K_{PS} ist der Übertragungsbeiwert (Index *P* für *P*-Verhalten, *S* für Strecke). Er kann – wie oben beschrieben – aus der Steigung der Kennlinie im Arbeitspunkt bestimmt werden.

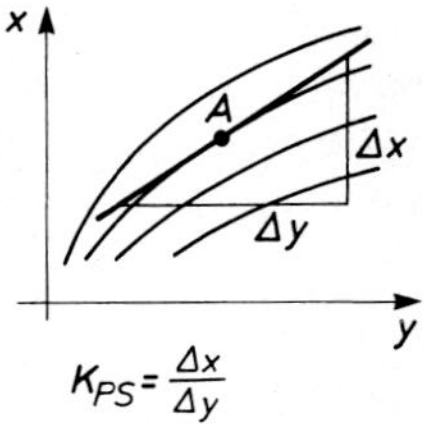

Kennlinienfeld

Aufgrund des einfachen mathematischen Zusammenhangs läßt sich die Sprungantwort einer solchen Strecke leicht angeben.

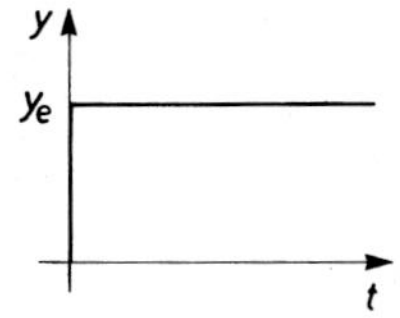

Eingangssprung

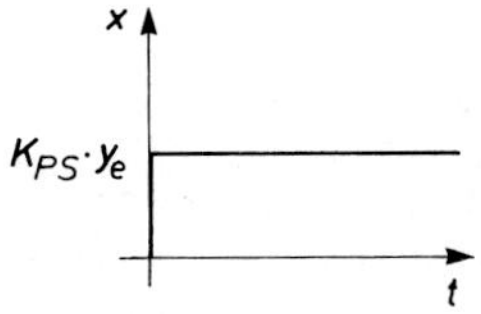

Sprungantwort

Im Grafen der Übergangsfunktion ist K_{PS} auch direkt ablesbar.

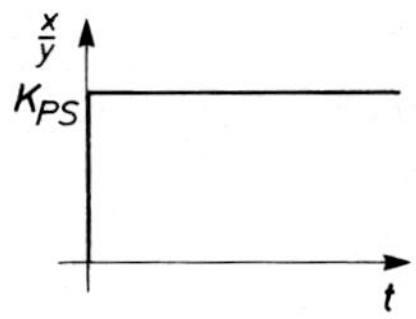

Übergangsfunktion

Es läßt sich zeigen, daß für den Frequenzgang einer P-Strecke gilt:

$\underline{F}(j\omega) = K_{PS}$.

Damit ergibt sich die nebenstehende Ortskurve. Die Ortskurve ist zu einem Punkt entartet.

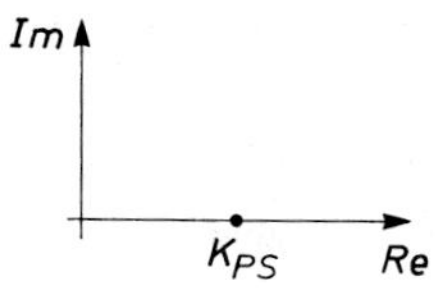

Ortskurve

Mit $|\underline{F}| = K_{PS}$ und $\varphi = 0$ erhält man das Bode-Diagramm.

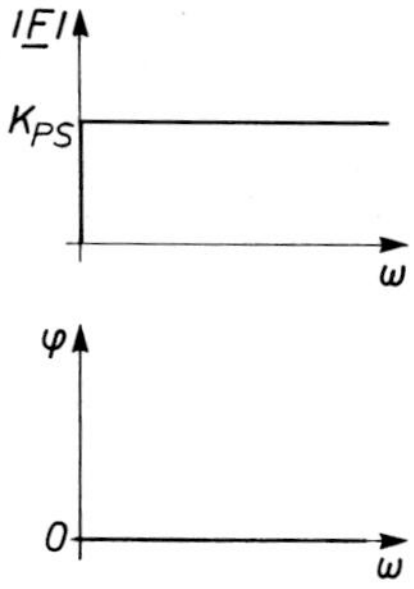

Bode-Diagramm

Als Blocksymbol für den Wirkungsplan findet man nebenstehende Darstellungen.

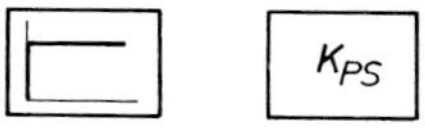

Blocksymbole für P-Strecken

▼ ***Lehrbeispiel***

Für den Spannungsteiler als P-Strecke werden die charakterisierenden Größen und Diagramme erstellt.

$R_1 = 200\,\Omega \quad R_2 = 500\,\Omega \quad U_0 = 12\,\text{V}$

Die Spannung U_0 steige zum Zeitpunkt $t = 0$ sprunghaft von 0 V auf 12 V.

Bestimmen Sie

- K_{PS}
- U_2
- die Sprungantwort
- die Übergangsfunktion
- die Ortskurve
- das Bode-Diagramm

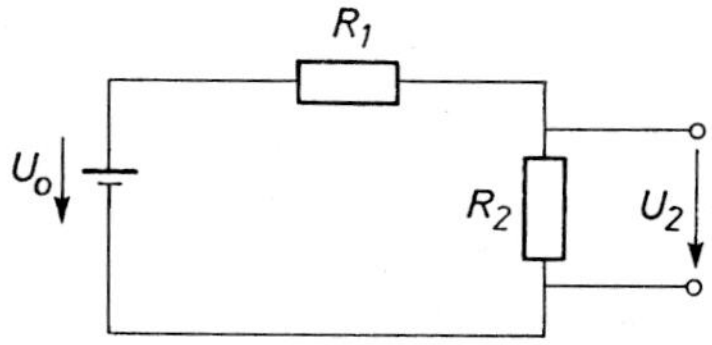

Lösung:

Da hier über das Ohmsche Gesetz bzw. die Maschenregel der funktionale Zusammenhang zwischen U_2 und U_0 gegeben ist, wird kein Kennlinienfeld zur K_{PS}-Bestimmung benötigt.

$$U_2 = \underbrace{\frac{R_2}{R_1 + R_2}}_{K_{PS}} \cdot U_0 \quad \text{also} \quad K_{PS} = \frac{500\ \Omega}{700\ \Omega} \approx 0{,}714$$

Als Zahlenwert ergibt sich $U_2 = \dfrac{500\ \Omega}{700\ \Omega} \cdot 12\ V \approx 8{,}6\ \text{V}$

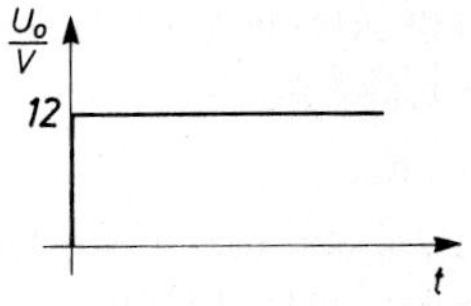

Eingangssprung

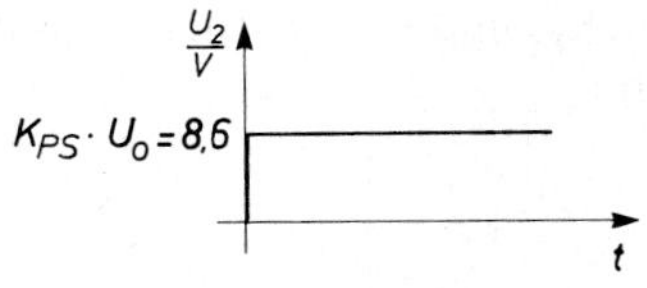

Sprungantwort

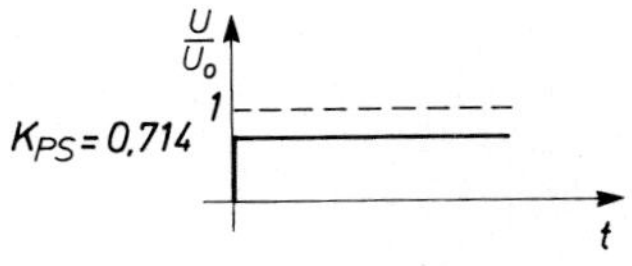

Übergangsfunktion

Als Ortskurve bzw. Bode-Diagramm ergeben sich wegen

$\underline{F}(j\omega) = K_{PS} = 0{,}714 = |\underline{F}|$

und damit $\varphi = 0$

folgende Grafen:

▲

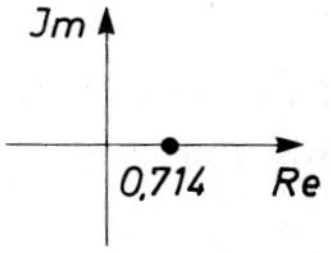

Ortskurve

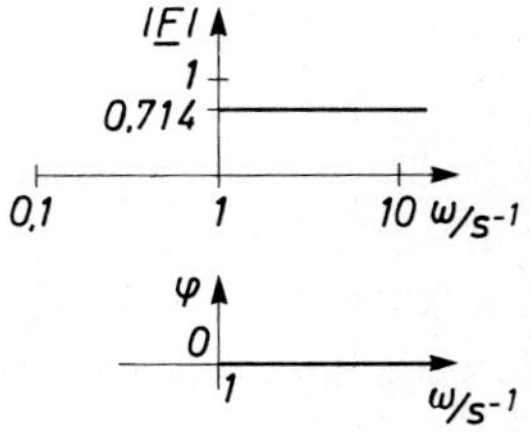

Bode-Diagramm

Beispiele für *P*-Strecken

<table>
<tr><th>Gemischregelstrecke</th><th>Bunkerabzugsband</th><th>Gasleitung</th></tr>
<tr>
<td>
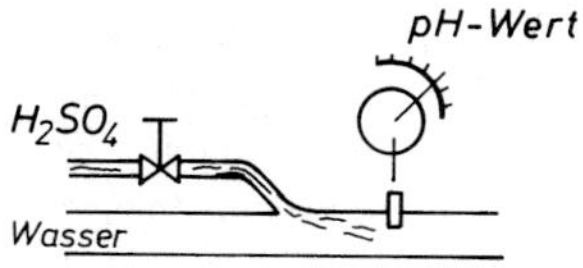

In der Gemischregelstrecke tritt nach einer Störung oder Stelländerung mit nur sehr geringer Verzögerung ein neuer Beharrungswert ein. Auch hier verhält sich die Änderung der Konzentration proportional zur Änderung der Stellgröße.
Mischungsregelung zur Konstanthaltung der Säurekonzentration
Stellgröße: Zuleitung von H_2SO_4
Regelgröße: pH-Wert der Lösung
Eine anteilmäßige Vergrößerung der Säurezuleitung bringt eine entsprechende Änderung des pH-Wertes. Auch hier stellt sich ein neuer konstanter Wert ein.
</td>
<td>
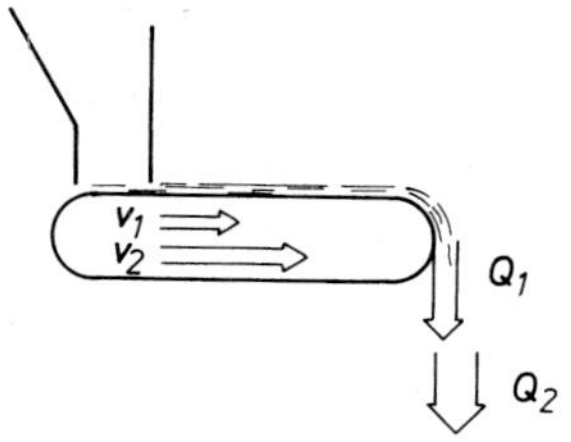

Nach einem Stör- oder Stellvorgang wird ein neuer Beharrungswert der Regelgröße Abwurfmenge erreicht.
Förderband zum Bunkerabzug
Stellgröße: Bandgeschwindigkeit
Regelgröße: Abwurfmenge pro Zeiteinheit
Eine Vergrößerung der Stellgröße bringt uns eine entsprechende Vergrößerung der Regelgröße, deren neuer Wert jedoch konstant bleibt.
</td>
<td>
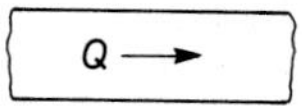

Für ϑ = const und ideale Gase gilt
$p_2 \cdot Q_2 = p_1 \cdot Q_1$
</td>
</tr>
</table>

3.2.2 Regelstrecken ohne Ausgleich (*I*-Strecken)

Bei Strecken dieser Art ändert sich die Ausgangsgröße nach einem Stell- oder Störsprung stetig mit einem konstanten Änderungswert. Die Regelabweichung wird ohne regelnden Eingriff größer, ohne daß eine bremsende oder dämpfende Wirkung durch die Strecke erfolgt. Strecken dieser Art heißen deshalb *Strecken ohne Ausgleich*. Weil die Antworten dieser Art von Strecken im allgemeinen mit Hilfe der Integralrechnung bestimmt werden, nennt man diese Strecken auch *I-Strecken*.

> ***I*-Verhalten** hat ein Glied, bei dem das Ausgangssignal proportional zum Zeitintegral des Eingangssignals ist.

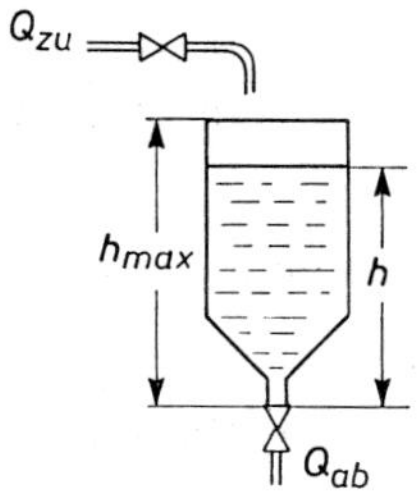

Regelstrecken ohne Ausgleich sind regeltechnisch labil. Ihre Regelung ist schwieriger durchzuführen.

Bekanntes Beispiel einer solchen Strecke ist ein zylindrischer Behälter mit Flüssigkeit (Niveauregelstrecke). Oben fließt der Flüssigkeitsstrom Q_{zu} zu, unten wird der Flüssigkeitsstrom Q_{ab} abgezogen. Ist $Q_{zu} > Q_{ab}$, so steigt der Flüssigkeitspegel stetig, bis der Behälter überläuft. Die Füllhöhe ist proportional zur Menge der zuviel zulaufenden Flüssigkeit (Zeitintegral). Es stellt sich kein neuer Gleichgewichtszustand ein.

Da sich bei Strecken ohne Ausgleich kein Beharrungswert einstellt, kann man kein Kennlinienfeld im oben beschriebenen Sinne ermitteln. In der Praxis bestimmt man die Abhängigkeit der Änderungs*geschwindigkeit*

$$\dot{x} = \frac{\Delta x}{\Delta t}$$

der Regelgröße x von der Stellgröße y.

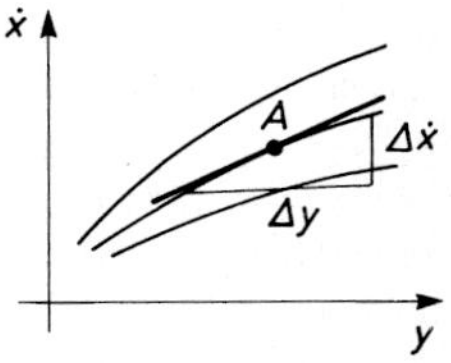

Kennlinienfeld einer *I*-Strecke

Aus dem Diagramm kann man dann im Arbeitspunkt den *Integrierbeiwert* K_{IS} ablesen, der für die mathematische Beschreibung der Strecke von Bedeutung ist.

Die Sprungantwort einer Regelstrecke ohne Ausgleich ist ein linearer Anstieg der Regelgröße. $x(t)$ ist also eine Gerade. Die Übergangsfunktion $h(t)$ ist damit auch eine Gerade, da dort lediglich durch die konstante Größe y dividiert wird. Die Steigung K_{IS} der Übergangsfunktion berechnet sich damit zu

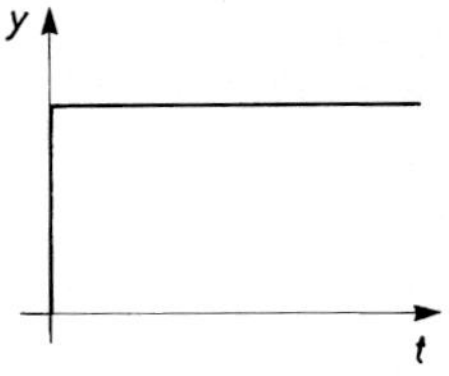

Stellsprung

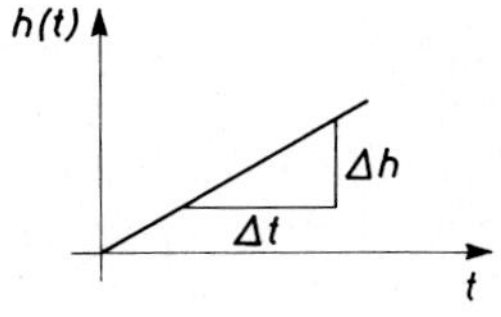

Übergangsfunktion

$$K_{IS} = \frac{\Delta h(t)}{\Delta t} = \frac{\frac{\Delta x}{y}}{\Delta t} = \frac{\Delta x}{y \cdot \Delta t}$$

Für die Regelgröße $x(t)$ erhält man also aus

$$\Delta x = K_{IS} \cdot y \cdot \Delta t$$

bzw. der integralen Darstellung

$$x(t) = K_{IS} \int y\,dt$$

für die Sprungantwort die Gleichung

$$x(t) = K_{IS} \cdot yt$$

Dabei ist $K_{IS} \cdot t$ der Übertragungsbeiwert K; er wächst über alle Grenzen

$$K = K_{IS} \cdot t \rightarrow \infty$$

Für eine beliebiges Eingangssignal erhält man für die Regelgröße $x(t) = K_{IS} \cdot \int y\,dt$

Es läßt sich zeigen, daß für den Frequenzgang einer *I*-Strecke gilt

$$\underline{F}(j\omega) = \frac{K_{IS}}{j\omega} = -j\frac{K_{IS}}{\omega}.$$

Die Funktion ist rein imaginär, d.h. die Ortskurve sieht wie nebenstehend aus.

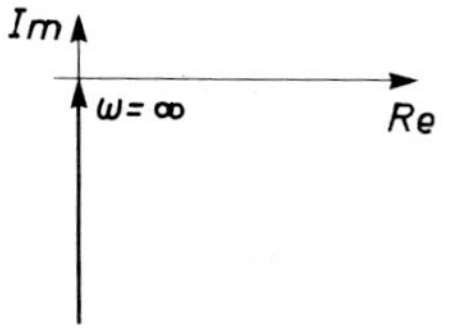

Ortskurve

Mit

$$|\underline{F}| = \frac{K_{IS}}{\omega}$$

und

$$\tan\varphi = \frac{\mathrm{Im}(\underline{F})}{\mathrm{Re}(\underline{F})} \to -\infty \Rightarrow \varphi = -\frac{\pi}{2}$$

ergibt sich das Bode-Diagramm.

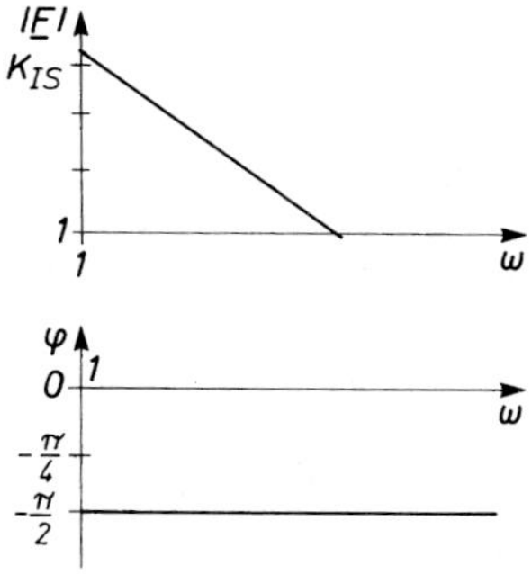

Bode-Diagramm

Als Blocksymbole für den Wirkungsplan findet man nebenstehende Darstellungen.

Blocksymbole

▼ ***Lehrbeispiel***

Für die Niveauregelstrecke werden die charakteristischen Größen und Diagramme erstellt.

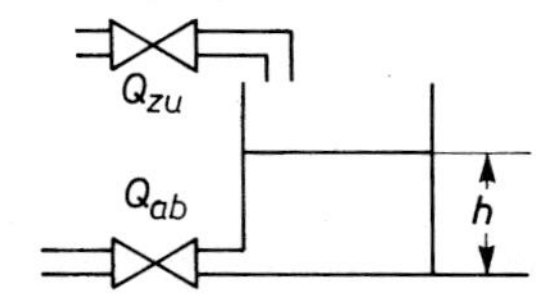

Beispiel
Behälterdurchmesser $d = 0{,}3$ m
Stellgröße $Q_{zu} = 3\ l/s$
Regelgröße h: Füllhöhe
Störgröße $z = Q_{ab} = 0\ l/s$

Lösung:

Da hier über die Geometrie der Strecke der funktionelle Zusammenhang zwischen x und y bestimmbar ist, wird kein Kennlinienfeld zur K_{IS}-Bestimmung benötigt.

$$h = \frac{V}{A} = \frac{Q_{zu}\cdot t}{A} = \frac{1}{\pi\left(\frac{d}{2}\right)^2}\cdot Q_{zu}\cdot t =$$

$$= \frac{1}{\pi\left(\frac{0{,}3}{2}\right)^2 \mathrm{m}^2}\cdot Q_{zu}\cdot t = \underbrace{14{,}15\,\frac{1}{\mathrm{m}^2}}_{K_{IS}}\cdot Q_{zu}\,t$$

Als Sprungantwort ergibt sich

$$h(t) = K_{\mathrm{IS}} \cdot Q_{\mathrm{zu}} t = 14{,}15 \frac{1}{\mathrm{m}^2} \cdot \frac{3 \cdot 10^{-3}\,\mathrm{m}^3}{\mathrm{s}} \cdot t = 0{,}042 \frac{\mathrm{m}}{\mathrm{s}} \cdot t$$

$$= 4{,}2 \frac{\mathrm{cm}}{\mathrm{s}} \cdot t$$

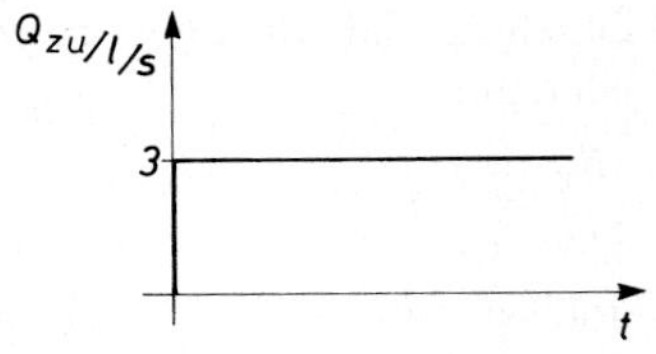

Eingangssprung

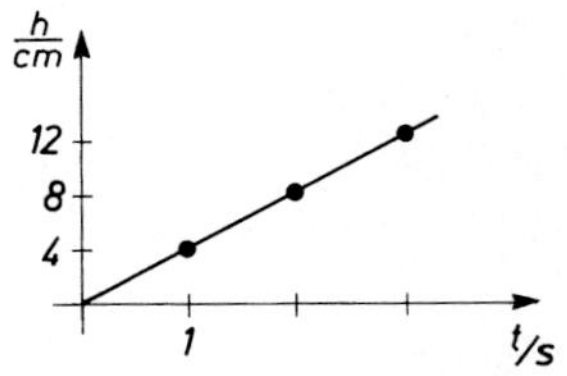

Sprungantwort

▲

Beispiele für *I*-Strecken

Motorgetriebene Spindel	**Schlingenbahn**
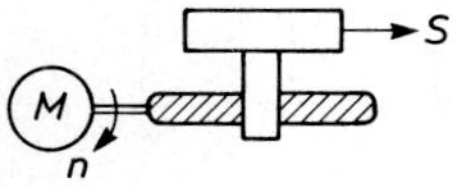	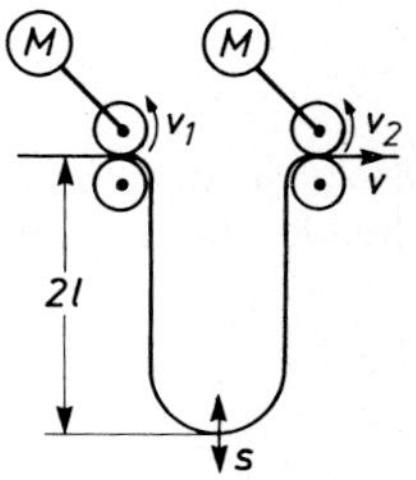
Eine motorgetriebene Spindel bewegt einen Tisch.	Schlingenregelung von elastischen Stoffbahnen mit großem Durchhang.

3.2.3 Regelstrecken mit Verzögerung (PT_n-Strecken)

Die Antwort einer Strecke auf Veränderungen der Stellgröße verlaufen nur in Ausnahmefällen verzögerungsfrei. Ursache dafür sind Glieder, welche die Eigenschaft der Speicherung besitzen. Sie sorgen dafür, daß z. B. bei *P*-Strecken der neue Beharrungswert nicht sofort nach Änderung der Eingangsgröße voll erreicht wird, sondern daß sich die Regelgröße erst allmählich diesem Wert annähert.

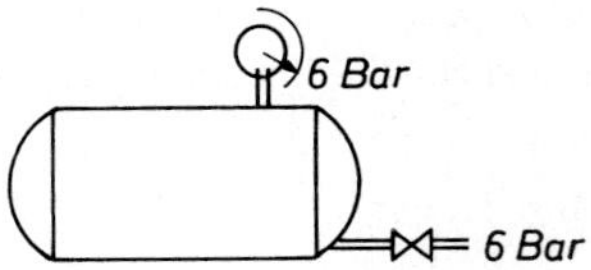

Der Druckluftspeicher ist ein typisches Glied mit Verzögerungsverhalten. Der Druck im Behälter zeigt ein degressives Anstiegsverhalten. Die Ursache liegt in dem sich aufbauenden Gegendruck im Behälterinnern. Eingangsdruck und Innendruck gelangen ins Gleichgewicht.

PT_1-Strecken

Strecken, die P-Verhalten zeigen und *ein* Speicherelement besitzen, bezeichnet man als PT_1-Strecken. Ihre Sprungantwort hat den Verlauf einer Exponentialfunktion und wird beschrieben durch

$$x(t) = K_{PS} \cdot y \cdot \left(1 - e^{-\frac{t}{T_1}}\right).$$

Dabei ist T_1 eine Zeitkonstante, deren Wert man auch in der Sprungantwort ablesen kann:

T_1 ist die Zeit, nach der die Ursprungstangente an $x(t)$ den Beharrungswert $K_{PS} \cdot y$ erreicht.

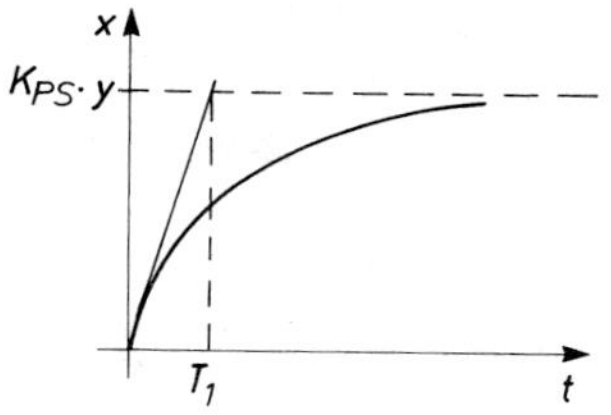

Sprungantwort einer PT_1-Strecke

Für den Frequenzgang gilt

$$\underline{F}(j\omega) = \frac{K_{PS}}{1 + j\omega T_1}$$

Damit ergibt sich nebenstehende Ortskurve, und mit

$$|\underline{F}| = \frac{|K_{PS}|}{\sqrt{1 + \omega^2 T_1^2}}$$

sowie

$$\varphi = \arctan\left(-\frac{1}{\omega T_1}\right)$$

das Bode-Diagramm.

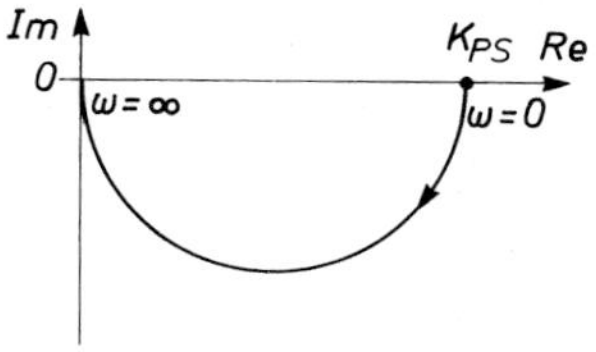

Ortskurve einer PT_1-Strecke

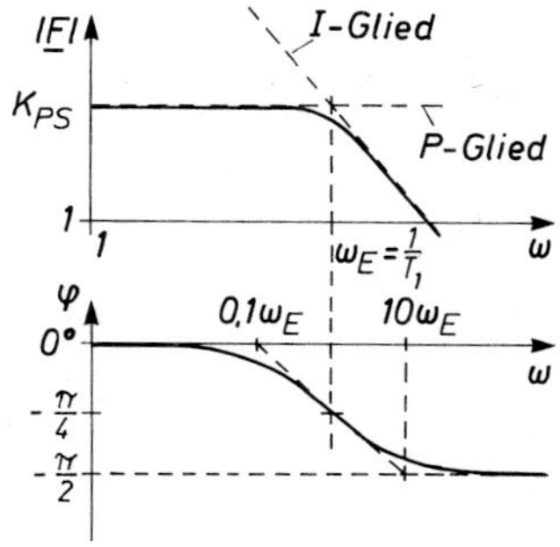

Bode-Diagramm

Als Blocksymbol findet man nebenstehende Darstellung.

Den Einfluß auf T_1 kann man an der folgenden Tabelle gut erkennen. Je größer die Speicherkapazität, desto größer ist T_1.

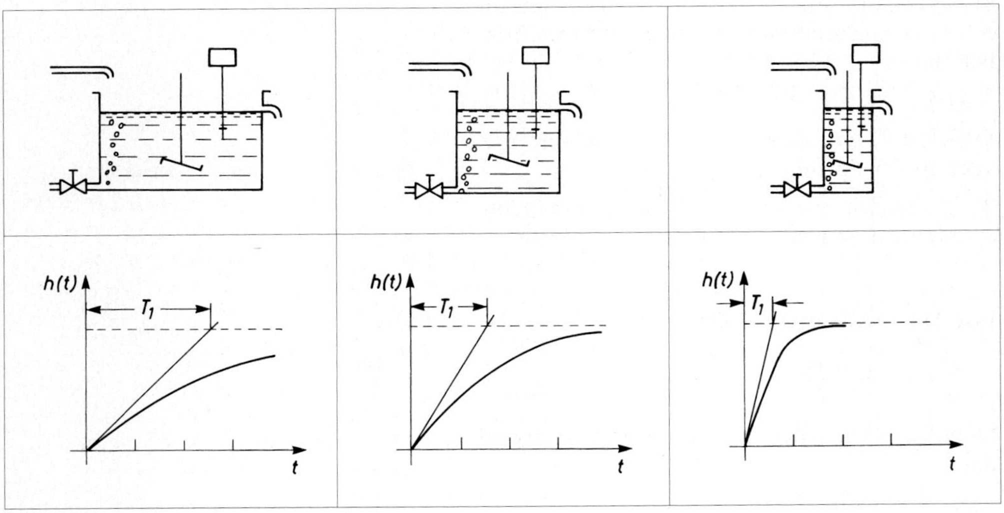

Die Zeitkonstanten einiger gängiger Strecken liefert folgende Tabelle:

Regelung der/des	**Regelstrecke**	**Zeitkonstanten T_1**
Temperatur	Glühofen, klein Glühofen, groß Milcherhitzer Raumheizung	5...15 min 20...120 min 10...60 min 10...60 min
Druckes	Gasrohrleitung Druckbehälter (pneumatisch) Faltenbälge	100 ms 1...60 s 10 ms
Anzahl	Kleinmotoren Großmotoren Turbinen (n_{Nenn} = 1000/min)	10...100 ms 0,1...60 s 10...20 s
Netzspannung	Generatoren, klein Generatoren, groß	1...52 s 5...15 s

▼ ***Lehrbeispiel***

Der Ladevorgang eines Kondensators an Gleichspannung zeigt PT_1-Verhalten.

$$U_c = U_o(1 - e^{-\frac{t}{RC}})$$

Man sieht, daß K_{PS} in diesem Falle gleich 1 ist. T_1 ist gleich RC. In der Elektrotechnik wird diese Zeitkonstante oft mit τ abgekürzt.

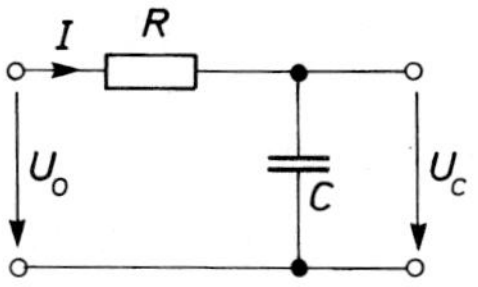

$K_{PS} = 1$

$T_1 = \tau = RC$

Für $C = 5\ \mu F$, $R = 20\ k\Omega$, $U_0 = 100$ V erhält man

$$T_1 = R \cdot C = 20\ k\Omega \cdot 5\ \mu F$$
$$= 20 \cdot 10^3\ \Omega \cdot 5 \cdot 10^{-6}\ F = 0{,}1\ \text{s}$$

Legt man eine sinusförmige Eingangsspannung $U_0 = \hat{U}_0 \cdot \sin(\omega t)$ an, so erhält man für den Frequenzgang

$$\underline{F}(j\omega) = \frac{1}{1 + j\omega T_1} = \frac{1}{1 + j\omega \cdot 0{,}1\ \text{s}}$$
$$= \frac{1 - j\omega\, 0{,}1\ \text{s}}{1 + \omega^2 \cdot 0{,}01\ \text{s}^2}$$
$$= \frac{1}{1 + \omega^2 \cdot 0{,}01\ \text{s}^2} - j \cdot \frac{0{,}1\ \text{s} \cdot \omega}{1 + \omega^2 \cdot 0{,}01\ \text{s}^2}$$

also $\quad \mathrm{Re}(\underline{F}) = \dfrac{1}{1 + \omega^2 \cdot 0{,}01\ \text{s}^2}$

$$\mathrm{Im}(\underline{F}) = -\frac{0{,}1\ \text{s} \cdot \omega}{1 + \omega^2 \cdot 0{,}01\ \text{s}^2}$$

damit läßt sich die Ortskurve konstruieren.

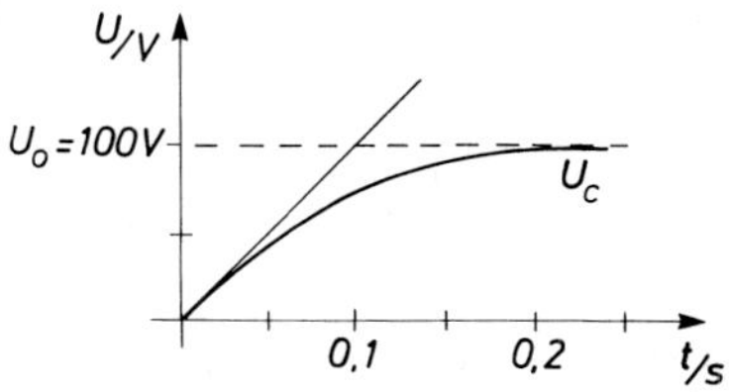

Sprungantwort

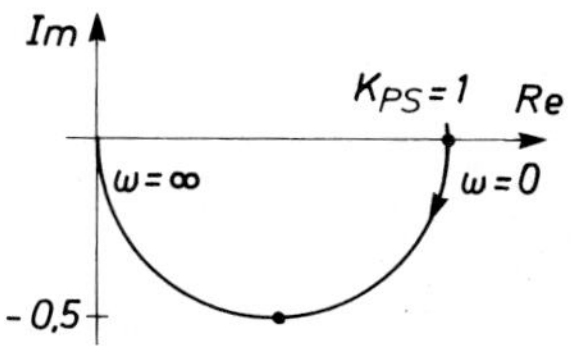

Ortskurve

Um das Bode-Diagramm zeichnen zu können, benötigt man

$$|\underline{F}| = \sqrt{[\mathrm{Re}(\underline{F})]^2 + [\mathrm{Im}(\underline{F})]^2}$$
$$= \sqrt{\frac{1}{(1 + \omega^2 \cdot 0{,}01\ \text{s}^2)^2} + \frac{(0{,}1\ \text{s} \cdot \omega)^2}{(1 + \omega^2 \cdot 0{,}01\ \text{s}^2)^2}}$$
$$= \frac{1}{\sqrt{1 + \omega^2 \cdot 0{,}01\ \text{s}^2}}$$

$$\varphi = -\arctan(\omega \cdot 0{,}1\ \text{s})$$

▲

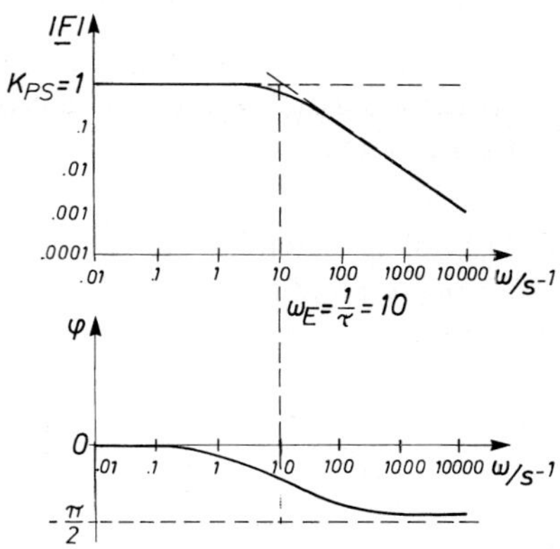

Bode-Diagramm

Beispiele für PT_1-Strecken

Feder mit Dämpfung (ohne Masse)	Stoffbahn
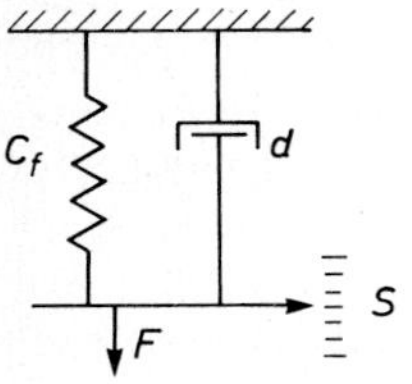 Feder mit Dämpfung und vernachlässigbar kleiner Masse. $s = \frac{F}{c_f}(1 - e^{-t/T_1})$ mit $T_1 = d/c_f$	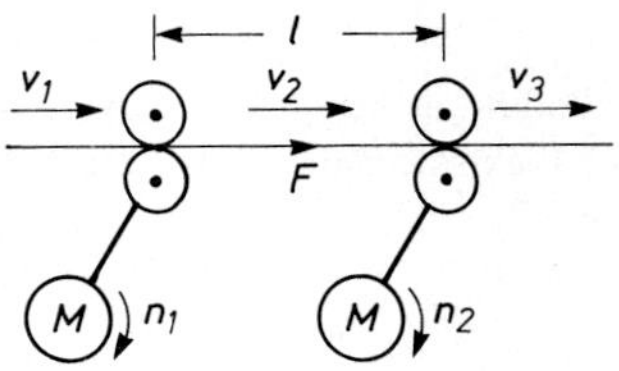 Regelung des Bandzuges einer Stoffbahn zwischen zwei angetriebenen Klemmstellen bei $v_1 \approx v_2 \approx v_3 \approx v$. $F = \frac{\varepsilon \cdot v_{\text{Nenn}} \cdot \Delta n}{v \cdot F_{\text{Nenn}}}(1 - e^{-t/T})$ mit $T = 1/v$ und $\Delta n = n_2 - n_1$

PT_2-Strecken

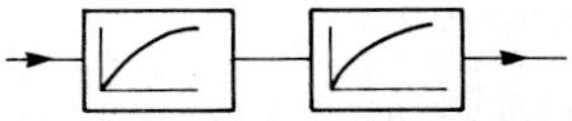

2 Speicher in Reihe geschaltet

Schalten wir zwei Speicherglieder in Reihe hintereinander, so ändert sich die Sprungantwort in grundlegender Weise. Die Strecke reagiert nun mit einem zunächst schwachen, dann zunehmend steiler werdenden Anstieg ihrer Ausgangsgröße im Zeitverlauf. Sie zeigt in dieser ersten Phase einen *progressiven Anstieg*. Nach einem Abschnitt des Steilanstiegs jedoch kehrt sich die Tendenz um. Die Funktion gewinnt zwar weiterhin an Höhe, sie steigt noch an, jedoch der Anstieg flacht ab, wird *degressiv*.

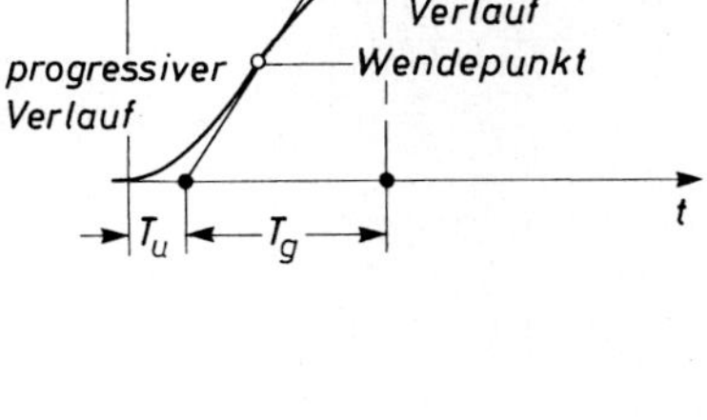

Der Punkt der Tendenzwende vom progressiven zum degressiven Verlauf heißt *Wendepunkt*, die durch ihn gelegte Tangente *Wendetangente*.

Auf der Zeitachse schneidet die Wendetangente die sogenannte *Ausgleichszeit* T_g ab. Sie wird auch regeltechnisch als Ersatzzeitkonstante angesprochen und übernimmt etwa die Rolle, die die echte Zeitkonstante bei der Strecke 1. Ordnung spielt.

Auf der Zeitlinie sind zwei bemerkenswerte Zeitabschnitte entstanden, T_g und T_u.

Die Ausgleichszeit T_g ist der von der Wendetangente abgeschnittene Zeitabschnitt.

Zwischen dem Zeitbeginn der Sprungantwort und dem Beginn der Ausgleichszeit liegt die Verzugszeit T_u. Sie ist die Zeitphase des ersten flachen Anstiegs. Der Name Verzugszeit drückt aus, daß die Reaktion der Strecke hier noch verzögert erfolgt. Ein zweiter Ausdruck hierfür ist *unechte Totzeit*. Sie wirkt sich praktisch ebenso schädlich wie eine echte Totzeit aus!

Die mathematische Beschreibung von PT_2-Strecken ist schon etwas aufwendiger. Deshalb seien hier nur einige typische Funktionsverläufe dargestellt.

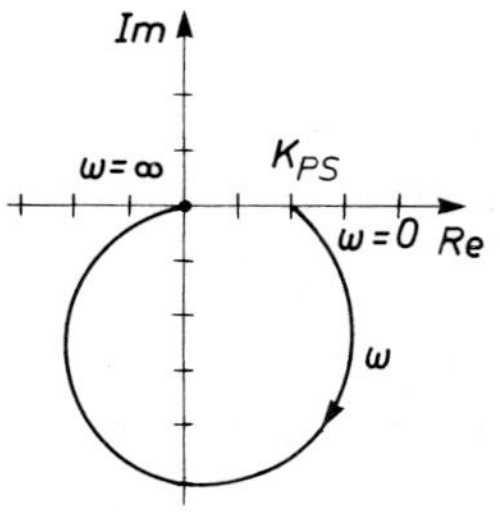

Ortskurve

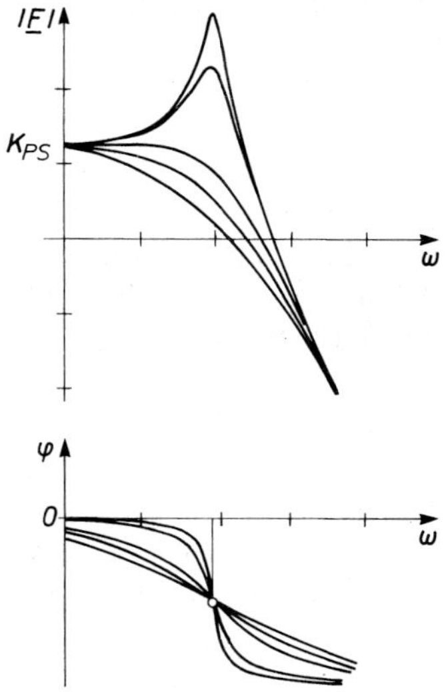

Bode-Diagramm für verschiedene Dämpfungen

Als Blockdiagramm findet man nebenstehende Darstellung.

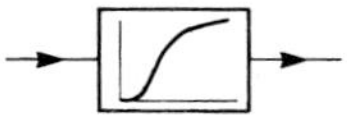

Beispiele für Strecken mit PT_2-Verhalten

Mechanisches System	Druckspeicher	*RLC*-Kreis
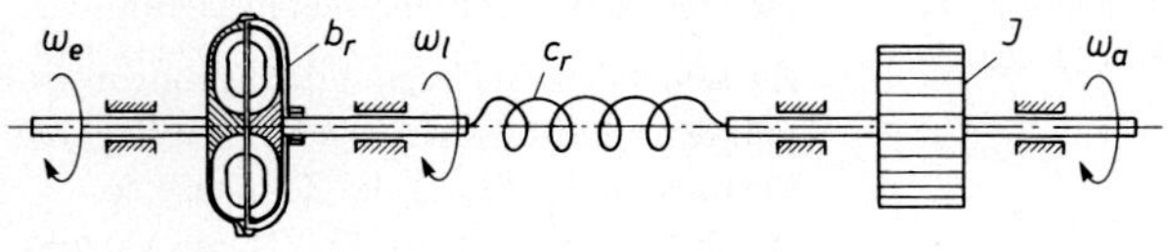	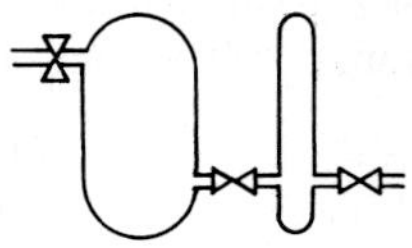	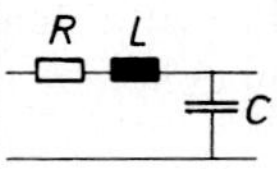

Regelstrecken mit Ausgleich höherer Ordnung (PT_n-Strecken)

In der Praxis der Verfahrenstechnik treten Speicher vielfach serienweise auf, obwohl sie nicht immer auf den ersten Blick zu entdecken sind. Ist zum Beispiel in nebenstehendem Wärmeaustauscher ein aggressives Produkt zu erwärmen und liegt außerdem noch ein hoher Druck an, so kann auf ein Schutzrohr im Hinblick auf die gewünschte Gebrauchsdauer des Meßgliedes nicht verzichtet werden. Das Schutzrohr ist in unserem Falle jedoch das dritte Speicherglied. Damit ist eine Strecke mit drei Speichern, eine Strecke 3. Ordnung vorhanden.

Wärmeaustauscher mit Meßglied im Schutzrohr

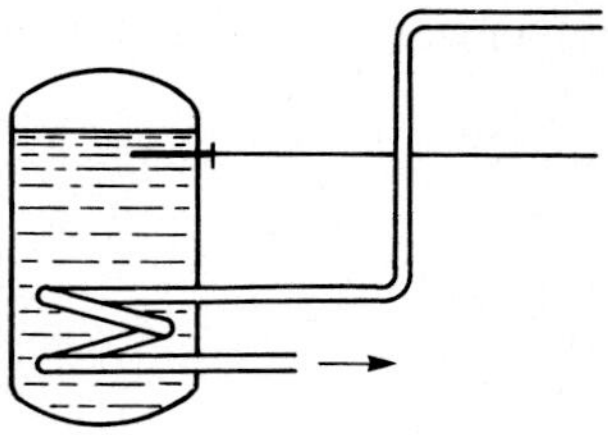

In dieser Strecke sind folgende Speicherglieder wirksam:

a) Produkt im Behälter
b) Heizmittel im Kreislauf
c) Schutzrohr

Das Übergangsverhalten unterscheidet sich nicht mehr grundlegend von einer PT_2-Strecke. Lediglich der Zusammenhang der Paramater T_u und T_g verändert sich. Deshalb interessiert auch nicht so sehr die Ordnung der Strecke sondern mehr ihre Parameter.

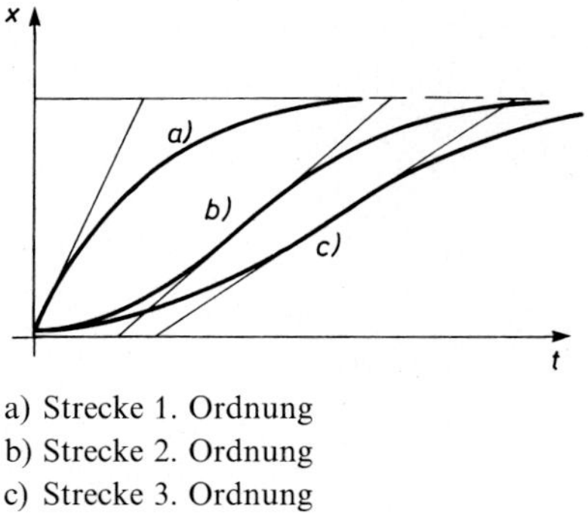

a) Strecke 1. Ordnung
b) Strecke 2. Ordnung
c) Strecke 3. Ordnung

▼ ***Lehrbeispiel***

Bestimmung der Streckenparameter aus der Sprungantwort.

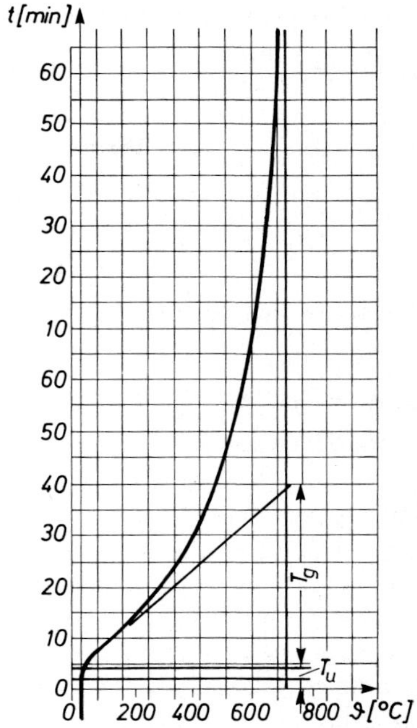

Nach Einzeichnen der Wendetangente liest man
für T_u etwa 2 min ab,
für T_g etwa 36 min.

▲

► ***Zur Selbstkontrolle***

1. Erklären Sie die Ausdrücke *Wendetangente* und *Wendepunkt*.
2. Welchen Verlauf nimmt die Sprungantwort zweiter und höherer Ordnung vor und nach dem Wendepunkt?
3. In welchem Falle zählt ein Temperaturfühler als Speicherglied?

3.2.4 Regelstrecken mit Totzeit (T_t-Strecken)

Bei einem Totzeit-Glied ist die Sprungantwort x um die Totzeit T_t gegenüber y verschoben.

$$x(t) = \begin{cases} 0 & \text{für } t \leq T_t \\ K_s \cdot y & \text{für } t > T_t \end{cases}$$

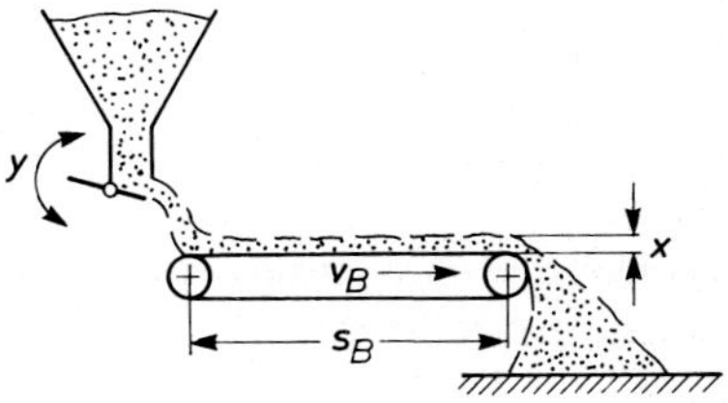

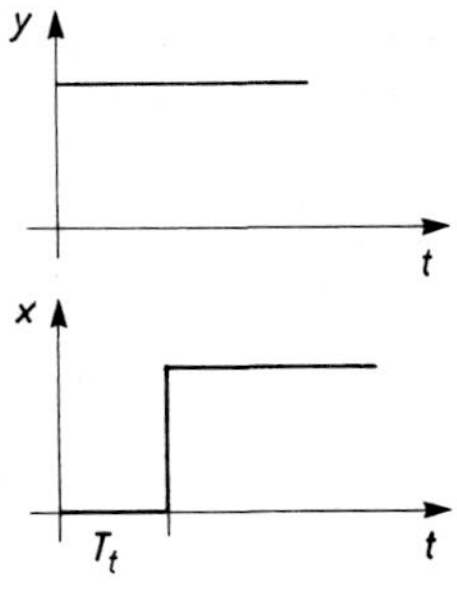

Für den Frequenzgang gilt

$\underline{F}(j\omega) = e^{-j\omega T_t}$

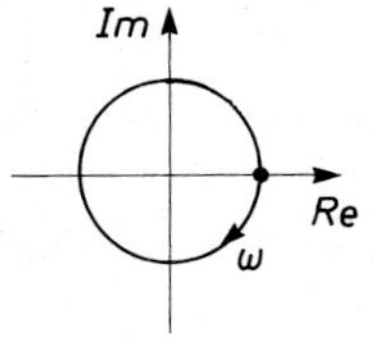

Damit ergibt sich nebenstehende Ortskurve und mit $|\underline{F}| = 1$
sowie $\varphi = -\omega T_t$
das Bode-Diagramm.

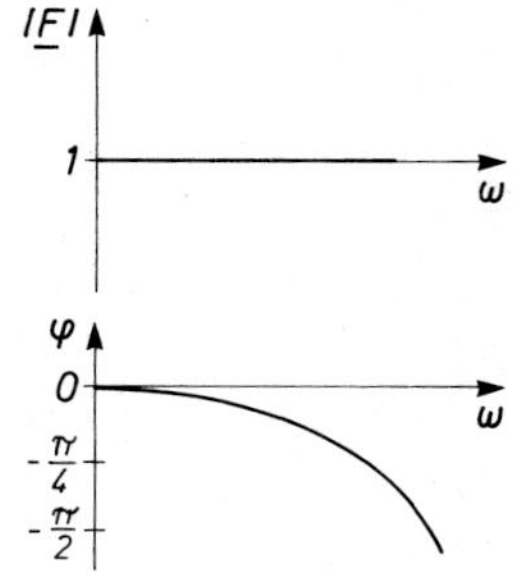

Als Blockschaltbild findet man

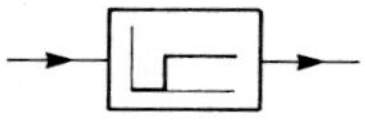

Ordnungszahl und Regelbarkeit

Das entscheidende Kriterium für die Regelbarkeit von Strecken höherer Ordnung ist das Verhältnis

$$\frac{\text{Ausgleichszeit}}{\text{Verzugszeit}} = \frac{T_g}{T_u}$$

Je größer der Zahlenwert dieses Verhältnisses ist, umso besser ist die Strecke regelbar.

Am günstigsten schneidet bei dieser Betrachtung die Regelstrecke 1. Ordnung ab, denn ihre Verzugszeit ist gleich Null, und daher wird das Verhältnis T_g/T_u gleich Unendlich, besser gesagt, strebt gegen Unendlich. In der Tat ist die Regelstrecke 1. Ordnung leicht und mit einfachen Mitteln zu regeln.

Regelstrecke 1. Ordnung

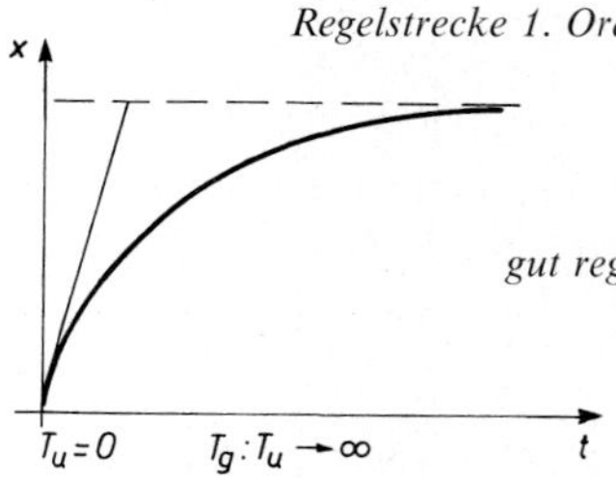

gut regelbar

Bei der Regelstrecke 4. Ordnung liegt ein Verhältnis $T_g/T_u = 3{,}5:1$ vor. Diese Strecke gilt als noch regelbar. Die regeltechnischen Mittel, die hierzu einzusetzen sind, sind jedoch wesentlich aufwendiger im Vergleich zur Strecke 1. Ordnung.

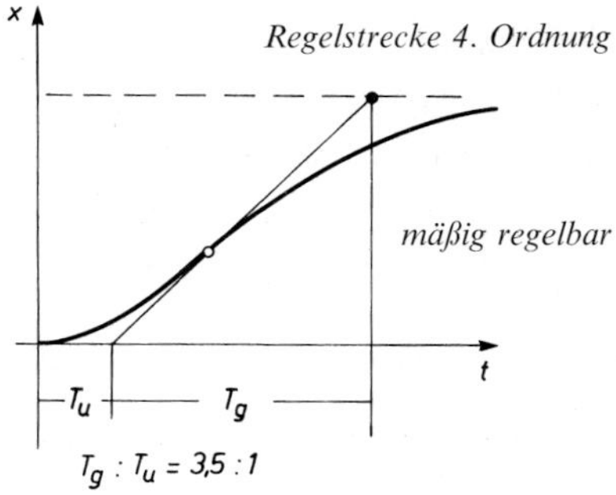

Die Regelstrecke 6. Ordnung hat bereits ein Verhältnis T_g/T_u von 2:1 und ist damit außerordentlich schwierig stabil auszuregeln. Sie erfordert regeltechnische Sonderverfahren.

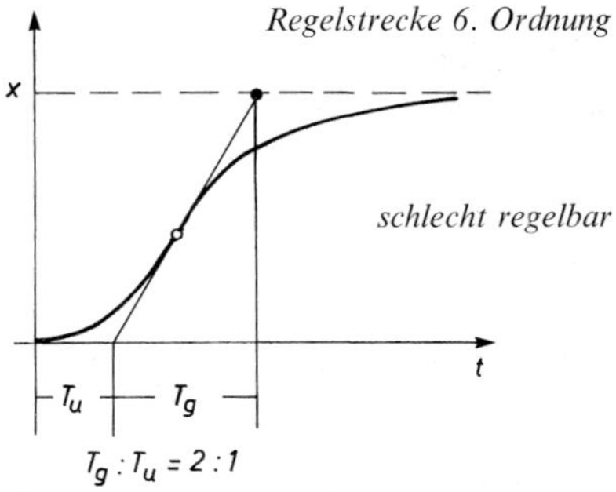

Generell gilt:

$T_g/T_u > 5$ gut regelbar

T_g/T_u 2,5...5 mäßig regelbar

T_g/T_u 1,2...2,5 schlecht regelbar

$T_g/T_u < 1{,}2$ sehr schlecht regelbar.

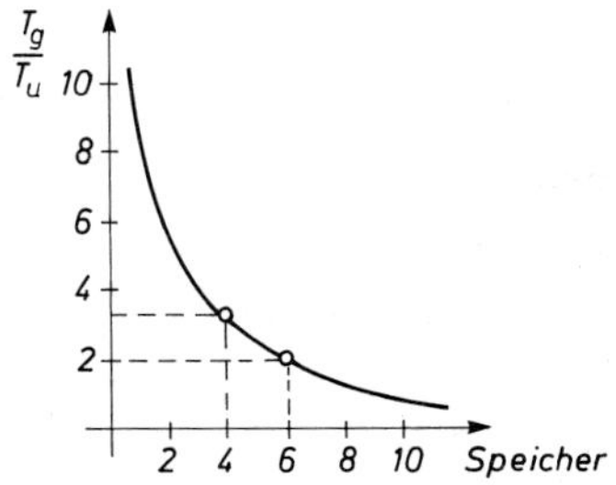

Von der Formulierung her gelten diese Regeln nur für PT_n-Strecken, denn nur dort tauchen die Parameter T_g und T_u auf.

Eine PT_0-Strecke läßt sich aber als Grenzfall einer PT_n-Strecke auffassen; dann erhält man $T_u = 0$ und $T_g = 0$.

Eine PT_1-Strecke ist ebenfalls als Grenzfall mit $T_u = 0$ und $T_g = T_1$.

Damit sind diese beiden Strecken sehr gut regelbar.

Bei einer PT_t-Strecke kann man die dort auftretende Totzeit und die Verzugszeit zu T_u zusammenfassen. Damit gelten die Formeln auch für diesen Fall.

▼ ***Lehrbeispiel***

Die unterschiedlichen Einflüsse von Teilen der Regelstrecke werden in folgendem Beispiel deutlich.

a) Einschalten des Brenners

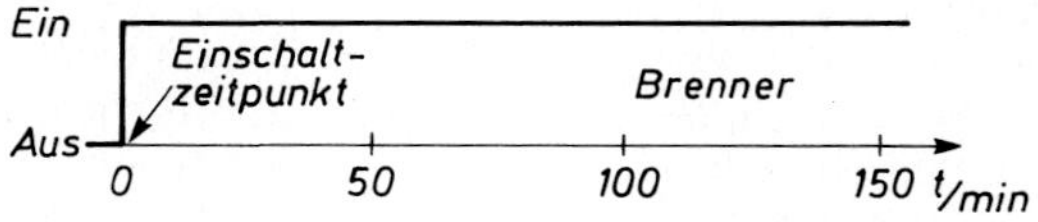

b) Temperaturanstieg des Kesselwasssers

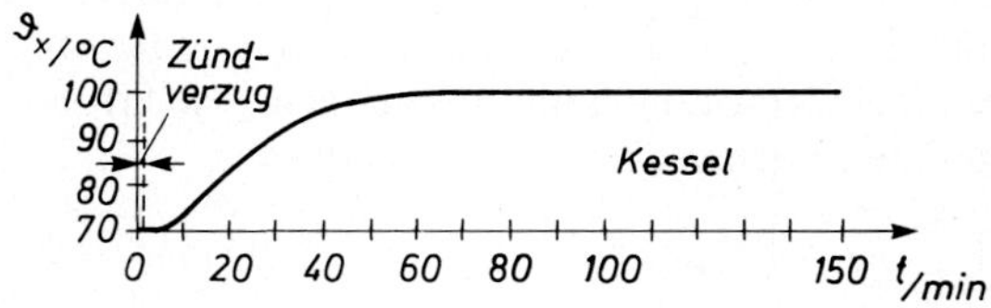

c) Temperaturanstieg am Heizkörper

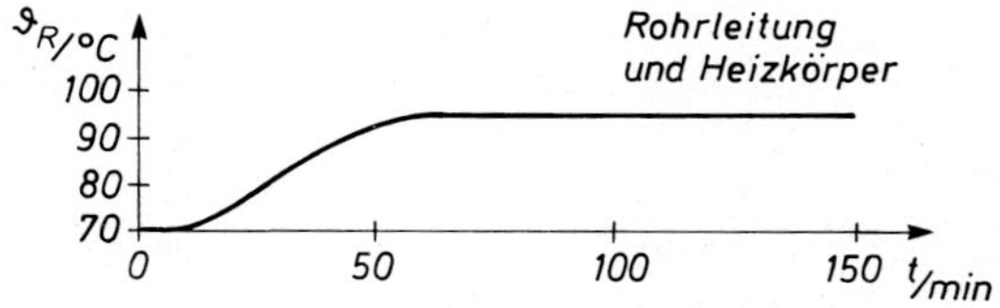

d) Anstieg der Raumtemperatur

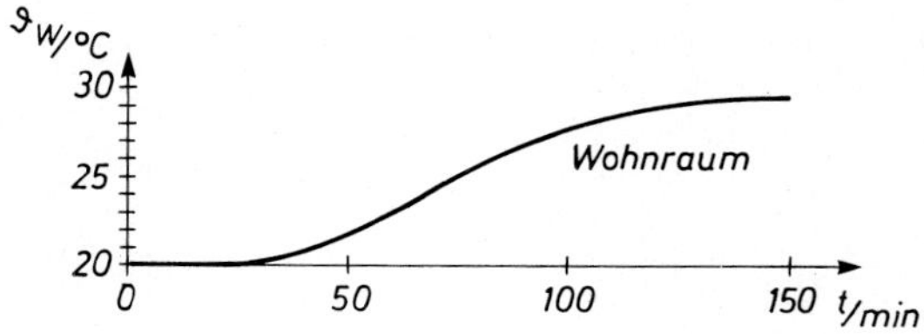

e) Temperaturanstieg im Fühler des Temperatursensors

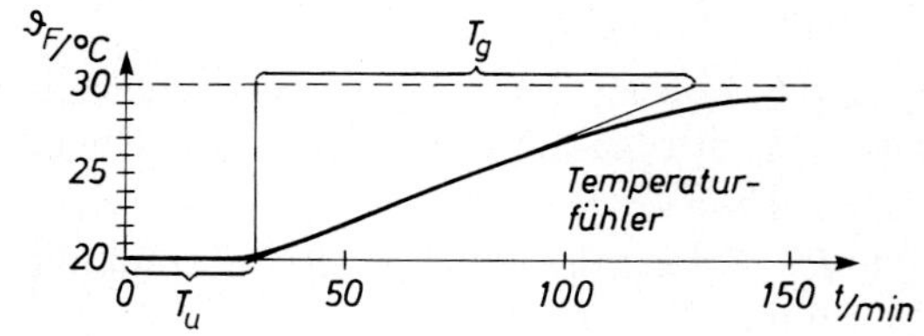

Warmwasser-Zentralheizungsanlage als Temperaturregelstrecke

Man liest hier ein Verhältnis

$$\frac{T_g}{T_u} \approx \frac{100}{30} \approx 3{,}3.$$

▲ Somit ist diese Strecke mäßig regelbar.

► ***Zur Selbstkontrolle***

1. Welchen Einfluß hat die Speicherzahl auf die Regelbarkeit einer Strecke?
2. Wie kann die Regelbarkeit einer Strecke nach dem Registrierstreifen beurteilt werden?
3. Wie läßt sich die Strecke 1. Ordnung regeltechnisch beurteilen?
4. Welchem Einfluß hat das Verhältnis T_g/T_u?

Diagnose der Regelstrecke

Das Studium der zu regelnden Anlage ist sowohl für den Regeltechniker als auch für den Anwender eine besonders wichtige Aufgabe.

Folgende Fragen helfen, die richtige Diagnose zu finden:

1. Wie antwortet die Strecke auf: einen Eingangssprung, einen Eingangsanstieg und einen Eingangsimpuls?
2. Sind Totzeiten vorhanden, und wie können diese gegebenenfalls veringert werden? Ist es beispielsweise möglich, den Abstand zwischen Meßglied und Stellglied klein zu halten? Können Meßglieder mit kleinen Ansprechzeiten eingesetzt werden?
3. Strebt die Regelgröße nach der Eingangsänderung einem neuen Beharrungswert zu, und hat die Strecke somit einen selbstregulierenden Charakter?
4. Neigt die Strecke zur Instabilität oder gar zur Schwingung?

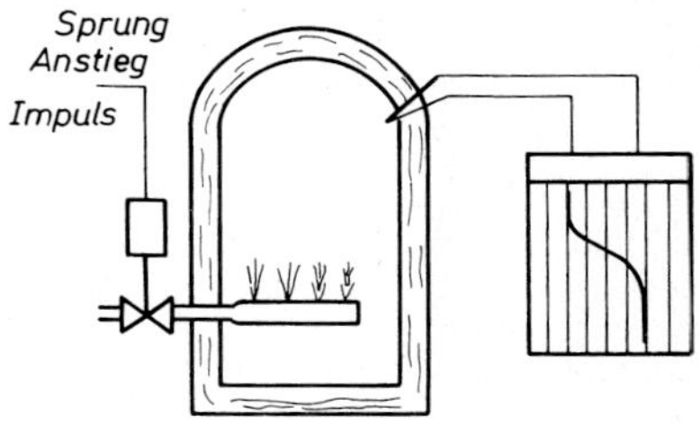

Die Aufnahme der Sprungantwort liefert die Diagnose

3.2.5 Übersicht: Regelstrecken

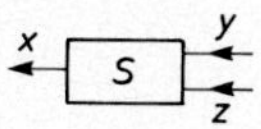	$x(t)$: ______-Antwort $x(y)$ bzw. $x(z)$: Übergangsverhalten $\frac{x}{y}$ bzw. $\frac{x}{z}$ = Übergangsfunktion $h(t)$ (nur für Sprung)	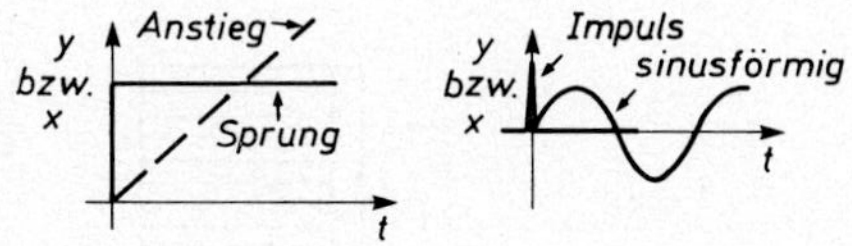	**Strecken**

	Strecken ohne Totzeit					Strecke mit Totzeit
	Strecke ohne Ausgl.	Strecken mit Ausgleich				
	Strecken ohne Verzögerung		Strecken mit Verzögerung			
	I	PT_0	PT_1	PT_2	PT_n	$PT_2\,T_t$ (z.B.)
Beispiel	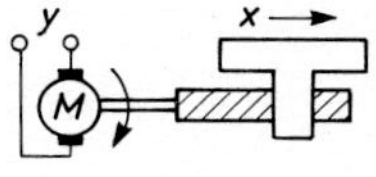		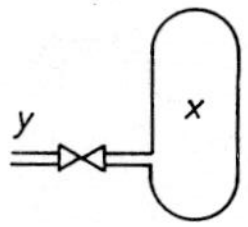	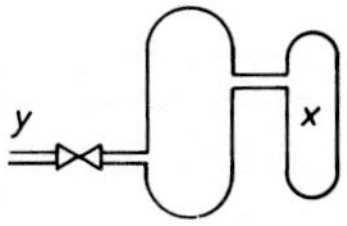	n Speicher	–
Sprung-antwort (z.B. vom x-t-Schreiber)	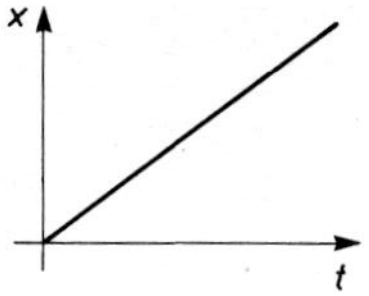	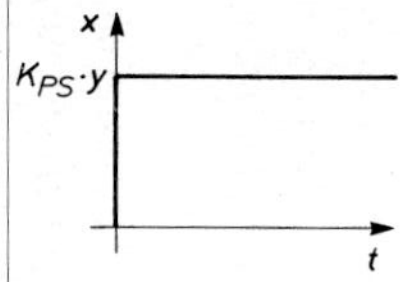	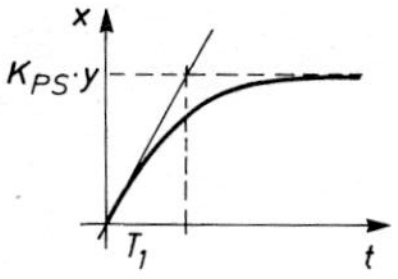	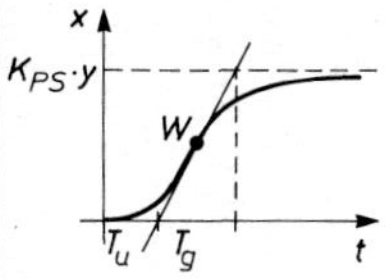	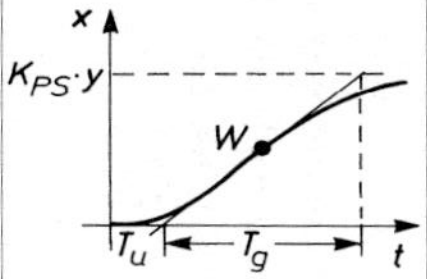	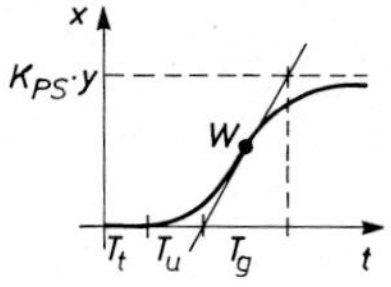
Sprung-antwort	$x = K_{IS} \cdot t \cdot y$ $(x = K_{IS} \cdot \int y\,dt)$	$x = K_{PS} \cdot y$	$x = K_{PS} \cdot y\left(1 - e^{-\frac{t}{T_1}}\right)$	kompliziert bis unbrauchbar		
Kennzeich-nende Parameter	$\underbrace{K_{TS}} \cdot t \to \infty$ Übertragungsbeiwert	Übertragungsbeiwert K_{PS}	Zeitkonstante T_1 jeder Speicher erhöht die Ordnungszahl	Verzugszeit T_u Ausgleichszeit T_g		Totzeit T_t
Regelbar-keit	–	$T_u = 0$ $T_g = 0$	$T_u = 0$ $T_g \leftarrow T_1$ $\frac{T_g}{T_u} \begin{cases} > 5 & \text{gut} \\ 2{,}5\,..\,5 & \text{mäßig} \\ 1{,}2\,..\,2{,}5 & \text{schlecht} \\ < 1{,}2 & \text{sehr schlecht} \end{cases}$			$T_u \leftarrow T_u' + T_t$

Block-symbol	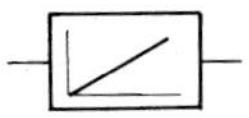	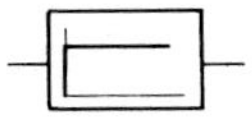	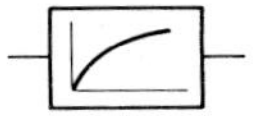	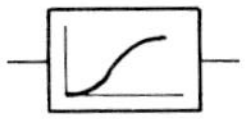	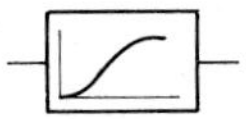	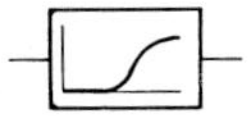
Kenn-linien	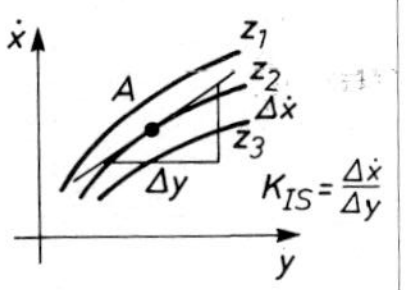	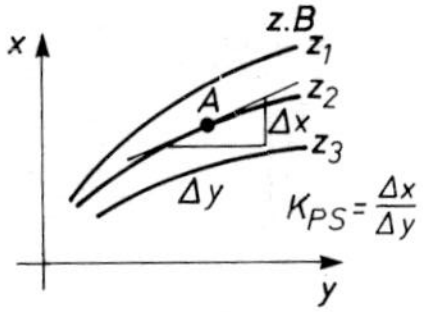				
Bemer-kungen	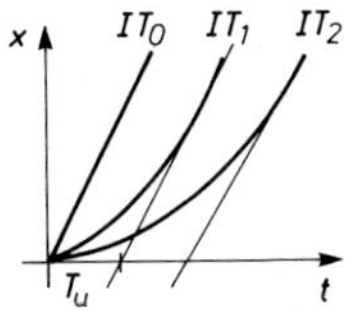	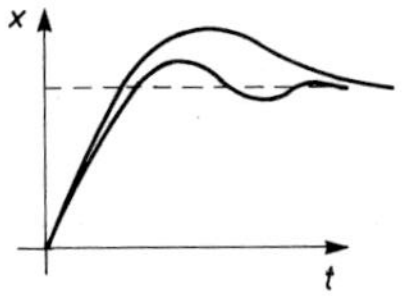 schwingendes Verhalten möglich				
Frequenz-gang	$\underline{F}(j\omega) = -j\,\frac{K_{IS}}{\omega}$	$\underline{F}(j\omega) = K_{PS}$	$\underline{F}(j\omega) = \frac{K_{PS}}{1 + j\omega T_1}$	kompliziert bis unbrauchbar		
Orts-kurve	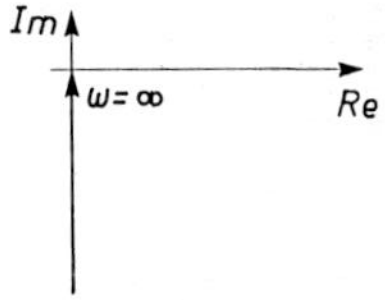	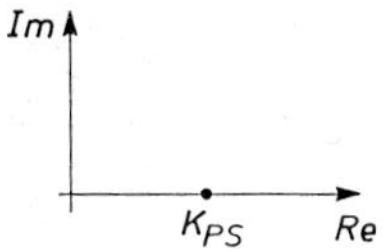	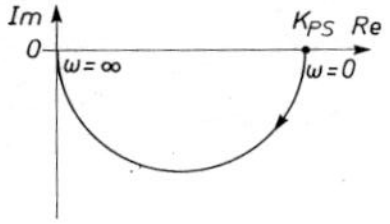	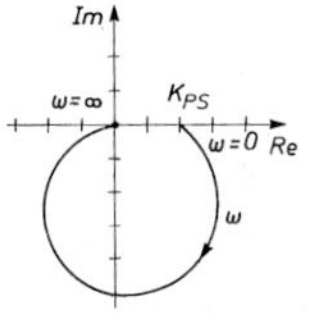		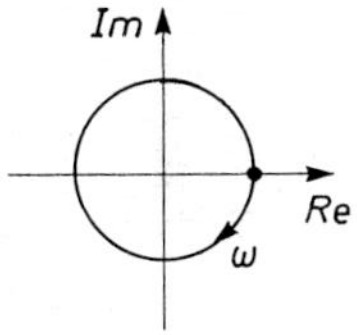
Bode-Diagramm	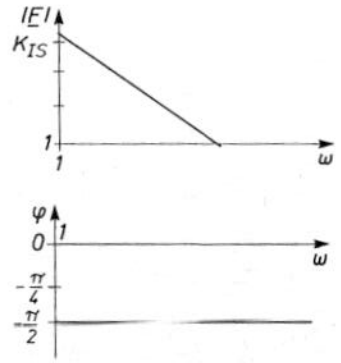	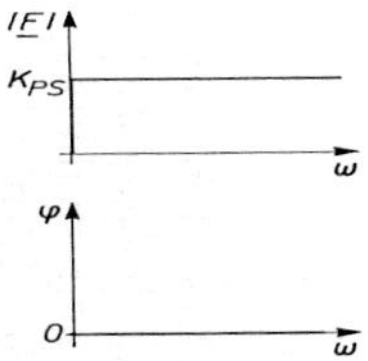	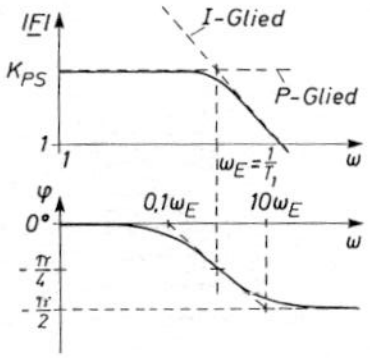	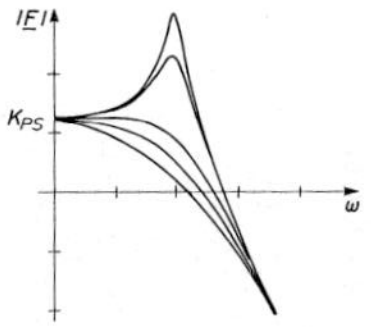	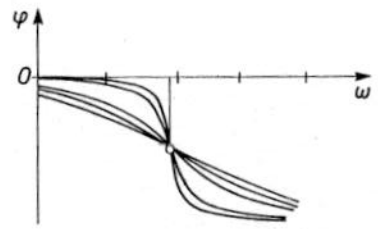	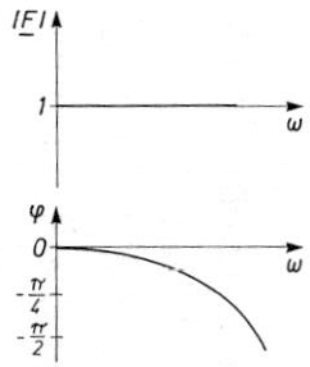

3.3 Regler

In einem Modell kann man die Strecke als „Patient“ und den Regelungstechniker als „Arzt“ ansehen. Die „Diagnose“ in Form der Klassifizierung und Parameteridentifizierung der Strecke ist geschehen. Nun interessiert die Frage, welche Mittel zur „Therapie“ zur Verfügung stehen. Oder: Welche Typen von Reglern gibt es?

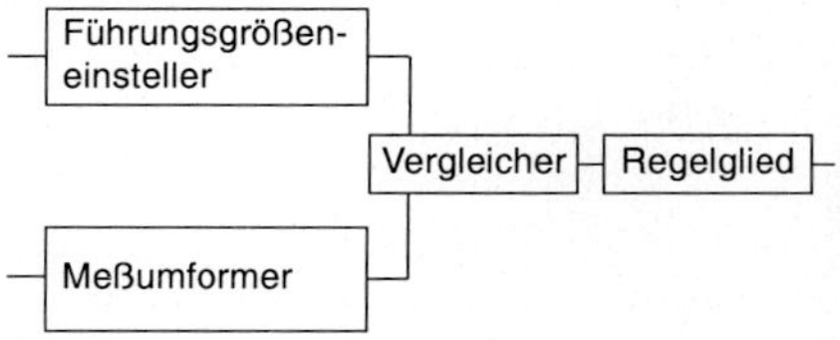

Funktionsblöcke eines Reglers

Regeldifferenz $e = w - x$
Regelabweichung $x_w = x - w = -e$

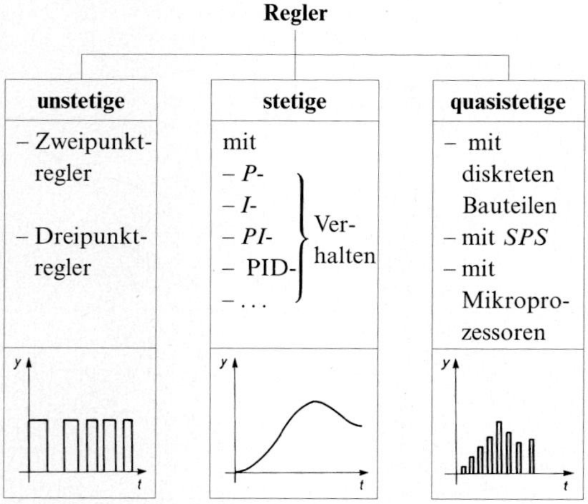

Einteilung von Reglern (Grundtypen)

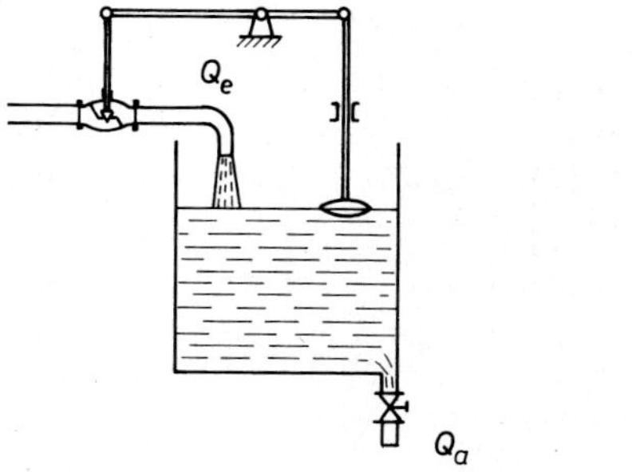

Flüssigkeitsstandregelung mit einer Regeleinrichtung ohne Hilfsenergie

Diese Übersicht beschreibt nur eine mögliche Einteilung der Grundtypen. Weitere Klassifizierungsmerkmale sind möglich und auch üblich. Beeinflußt die Regelabweichung die Stellgröße direkt, so handelt es sich um einen Regler ohne *Hilfsenergie*. Diese kostengünstige Anordnung ist nur für kleine Stelleistungen, -kräfte und -geschwindigkeiten geeignet.

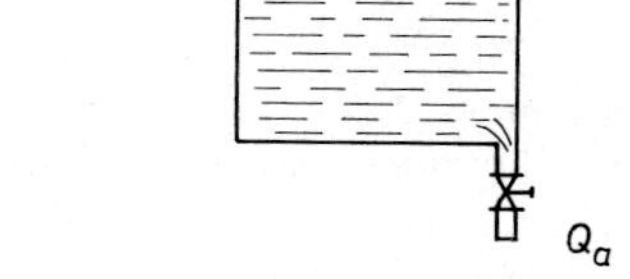

Flüssigkeitsstandregelung mit einer Regeleinrichtung mit Hilfsenergie

3.3.1 Unstetige Regler

Unstetige Regler üben die Stellfunktion in einer Folge von Energieimpulsen, von Einwirkzeiten mit festliegender Energiehöhe jedoch begrenzter Einwirkdauer aus. Sie werden auch *schaltende Regler* genannt und sind im technischen Alltag in größter Häufigkeit anzutreffen.

Unstetige Regler sind normalerweise weniger aufwendig im Aufbau und in der Wartung als stetige.

Im regeltechnischen Sinne ist mit *unstetigem Verhalten* das Stellverhalten des Reglers gemeint.

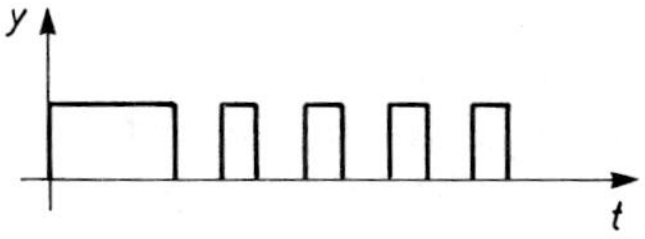

Der unstetige Regler greift mit immer gleicher Energiehöhe, jedoch mit kurzzeitigen Schaltsprüngen in den Prozeß ein.

Stetigkeit im allgemeinen Sinne kennzeichnet den *kontinuierlichen* Verlauf eines Prozesses, einer Handlung, einer Änderung. *Unstetigkeit* dagegen kennzeichnet einen Verlauf, der sich *in Schritten* vollzieht.

3.3.1.1 Zweipunktregler

Die in der Hausgeräte- und Heizungstechnik dominierenden *Zweipunktregler* weisen nur *zwei Werte* der Stellgröße, *Ein und Aus*, auf. Kennzeichnend für ein derartiges Stellverhalten sind die Stellglieder: Kontaktschalter und Magnetventil. Unter den Sammelbegriff *Kontaktschalter* fallen hier Grenzsignalgeber, Relais und Schaltschütze. Sie alle haben eine Gemeinsamkeit, sie operieren nicht mit Zwischenstellungen.

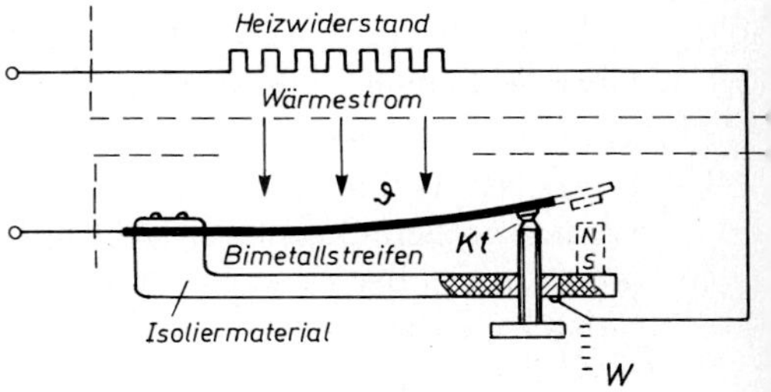

Stab-Temperaturregler.

Zweipunktregler sind billig und anspruchslos. Nachteilig ist der stoßartige Betrieb mit dem *sprunghaften Einschalten* der *vollen Höhe* der *Stellenenergie* sowie das unvermeidbare Schwanken des Istwertes um den Sollwert. Zwischen Einschalt- und Ausschaltpunkt pendelt die Regelgröße ständig in einer begrenzten Intervallhöhe, die wir als *Schwankungsbreite* oder auch als *Schwingspanne* bezeichnen. Sie ist das kennzeichnende Merkmal der Unstetigkeit.

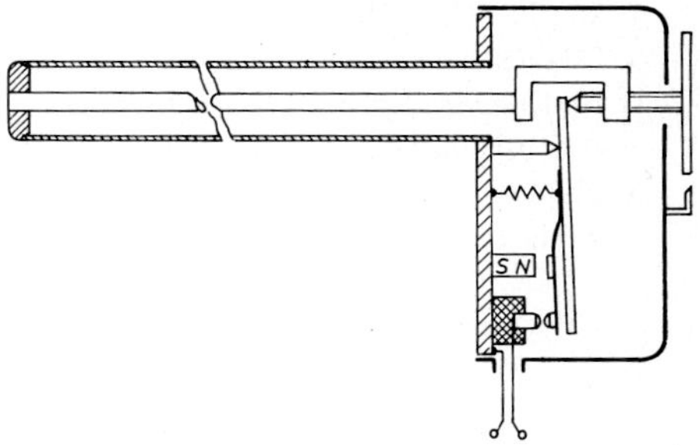

Trägheit und Beharrungsvermögen führen bei umkehrbaren Vorgängen oft dazu, daß zwischen dem zurückschreitenden und dem vorwärtsschreitenden Teil des Gesamtvorganges eine Differenz entsteht, obwohl der geometrische Verlauf zumindest Ähnlichkeit aufweist.

Das bekannteste Beispiel hierfür ist der Ummagnetisierungsvorgang mit der Richtungsumkehr im Wechselstrom. Dabei ist bekanntlich der Hystereseverlust durch die Größe der umschriebenen Fläche gekennzeichnet.

Bei unstetigen Reglern entsteht die Hysterese durch die Umkehr des Schaltvorganges. Sie ist die richtungsbedingte Differenz der Eingangssignale, bei denen das Ausgangssignal von Ein nach Aus und von Aus nach Ein springt.

mit Schaltdifferenz X_{sd}

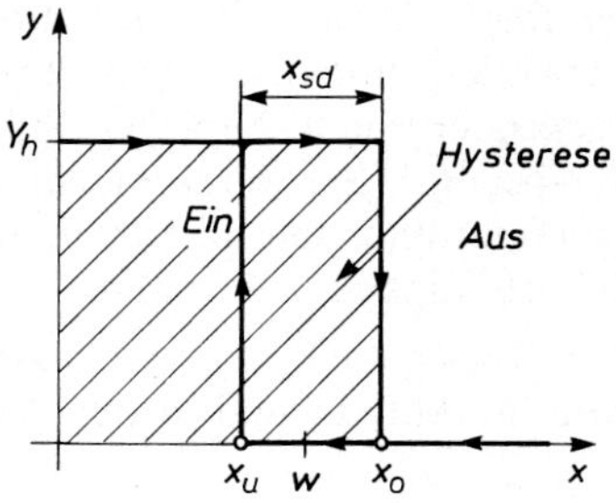

Kennlinie eines Zweipunktreglers

Je größer die geregelte Last ist, umso stärker wirkt sich beim Ein-Aus-Verfahren der stoßartige Betrieb aus. Für die Schalteinrichtung bedeutet das ein häufiges Einschalten der vollen Last und für die Regelgröße eine große Schwankungsbreite.

Bei großen Anlagen ist es vorteilhaft, nur den für die Lastschwankung vorausschaubar in Betracht kommenden Anteil im Zweipunktverfahren zu regeln und den größten Anteil der Last als Grundlast einfach durchlaufen zu lassen.

Wichtig ist dabei die Wahl des Anteils der Grundlast. Wählt man diesen Anteil zu groß, so können größere Störungen nicht mehr ausgeregelt werden. Bei zu kleiner Grundlast entfällt weitgehend der beabsichtigte Effekt.

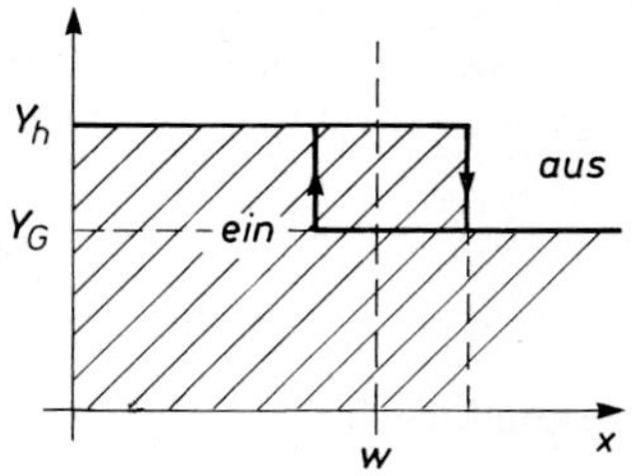

Zweipunktregler mit Grundlast

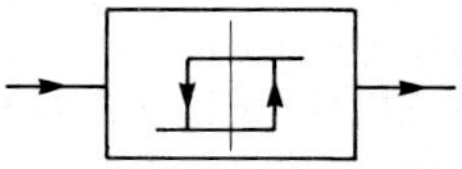

► ***Zur Selbstkontrolle***

2. Welche Stellglieder sind typisch für Zweipunktregler?
3. Erläutern Sie den Begriff *Schwankungsbreite*.
4. Erklären Sie den Begriff *Schaltdifferenz*.
5. Was begrenzen die Ein- und Ausschaltpunkte des Reglers mit Schaltdifferenz ohne Totzeit?
6. Erläutern Sie das Wort *Hysterese*.
7. Wodurch entsteht speziell die Schalthysterese?

3.3.1.2 Dreipunktregler

Unstetige Regler sind allgemein durch die begrenzte Anzahl von Werten der Stellgröße gekennzeichnet. In dem Ausdruck *begrenzt* liegt die Aussage, daß es außer der normalen Ein-Aus-Regelung und der Stark-Schwach-Regelung auch unstetige Regelungen gibt, die mehr als zwei Stellgrößenwerte, beispielsweise drei, aufweisen. Für die Praxis ist die Forderung nach einem dritten Wert der Stellgröße in folgenden Fällen wichtig:

a) Wird ein motorischer Stellantrieb mit zwei Drehzahlen benötigt, so erhält man die drei Stellwerte:

   langsamer – neutral – schneller

b) Bei Klimaanlagen mit Wärmepumpe kann die Raumtemperatur je nach dem Istwert sowohl durch Heizen als auch durch Kühlen an den Sollwert geführt werden. Es ergeben sich folgende Stellwerte:

   Heizen – neutral – Kühlen

c) Bei Industrieöfen wird zwar die Dauerlast gerne mit mäßiger Energie gefahren, für größere Störungen und um die Anheizzeit abzukürzen, wünscht man jedoch den zeitweiligen Einsatz einer kräftigen Stell-Leistung. Aus dieser Forderung ergeben sich folgende Möglichkeiten, beispielsweise:

   Leistungsgruppen I + II – Aus – Leistungsgruppe I –

Alle aufgezählten Beispiele haben als Gemeinsamkeit drei Werte der Stellgröße. Sie werden mit *Dreipunktreglern,* meist in der Ausführung als Meßwerkregler, ausgeführt.

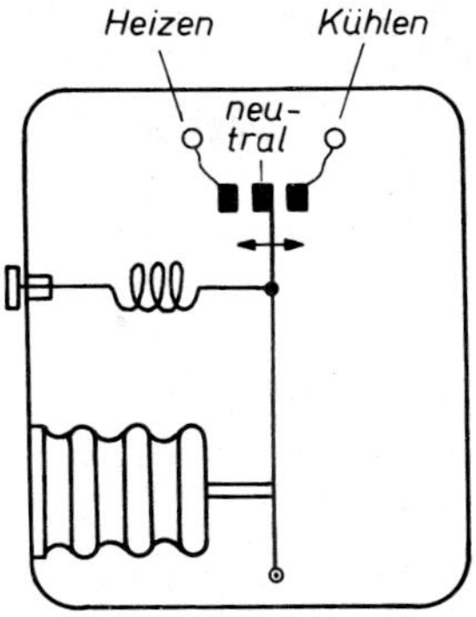

Das Stellglied eines Dreipunktreglers weist drei Positionen auf

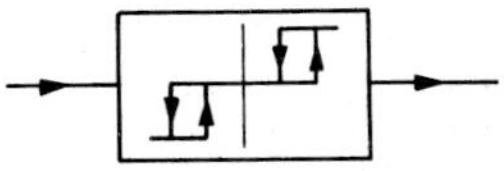

Blocksymbol eines Dreipunktreglers

► ***Zur Selbstkontrolle***

1. Erläutern Sie das Schaltsymbol des Dreipunktreglers.
2. Welche typischen Aufgabenstellungen fordern drei Stellwerte?

3.3.2 Stetige Regler

Praktische Technik ist stets ein Kompromiß zwischen der Forderung nach höchster Präzision in der Erfüllung der gegebenen Aufgabe und dem wirtschaftlich vertretbaren Maß des Aufwandes. Die Anwendung einer unstetigen Regelung ist immer eine derartige Kompromißlösung. Die Schwankungsbreite wird innerhalb der vertretbaren Grenzen hingenommen.

Jede Maßnahme zu ihrer Verringerung erhöht zwar die Präzision, steigert jedoch den regeltechnischen Aufwand. Mit Hilfe der Rückführung beispielsweise kann die Schwankungsbreite derart reduziert werden, daß der Regeltechniker mit Recht von einer *quasistetigen* Regelung spricht.

Damit ist der Übergang zu einer Regelung ganz ohne Schwankungsbreite und ohne Pendelung zwischen der unteren und der oberen Grenze und auch ohne den stoßartigen Energieeinsatz vorhanden.

Eine echte *stetige* Regelung greift ohne Unterbrechung in den Prozeß ein. Der Stellvorgang verläuft permanent. Die Stellgröße kann dabei nicht nur zwei oder drei Werte, sondern innerhalb eines bestimmten Bereiches, des definierten *Stellbereiches*, jeden beliebigen Zwischenwert einnehmen.

Stetige und unstetige Regelung lassen sich in ihrer Verhaltensweise mit dem stufenlosen und dem stufigen Getriebe vergleichen. Auch bei dem stufenlosen Getriebe liegt ein Bereich vor, in dem jeder Zwischenwert der Drehzahl einstellbar ist. Analog ist auch hier eine Beziehung zwischen Präzision und technischen Aufwand gegeben.

Gemeinsam ist allen stetigen Reglern die ununterbrochene Arbeitsweise und der stets vorhandene Eingriff in die Strecke. Unterschiedlich ist jedoch die Art des Eingreifens in den Prozeß.

Nach der Art des regelnden Eingreifens unterscheiden sich die stetigen Regler in grundlegender Weise. Da gibt es zum Beispiel eine Gruppe, die sehr schnell auf jede Änderung in der Strecke reagiert, dabei jedoch keine höchste Präzision in der Erreichung des Sollwertes erzielt. Eine andere Gruppe benötigt eine verhältnismäßig große Operationszeit, um dann aber auch ein sehr genaues Resultat zu bringen. Optimale Ergebnisse lassen sich oft nur durch die Kombination der Arten unter Inkaufnahme eines beträchtlichen gerätetechnischen Aufwandes erzielen.

3.3.2.1 Regler mit *P*-Verhalten

Ein proportionales Verhalten zwischen zwei voneinander abhängigen Variablen liegt immer dann vor, wenn beide in linearer Beziehung zueinander stehen, das heißt, wenn die Gleichung

$$\frac{y}{x} = a \text{ und } a = \text{konstant gilt}.$$

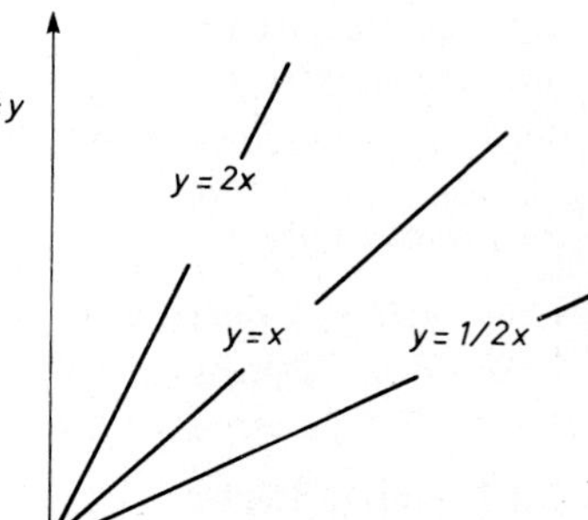

In der Regeltechnik ist ein solches Verhalten in idealisierter Form bei der Gruppe der stetigen *Proportional-Regler* (*P*-Regler) gegeben. Die beiden Variablen sind hier die Regeldifferenz $e = w - x$ und die Stellgröße y. Sie sind in einem bestimmten Arbeitsbereich durch einen konstanten Quotienten $\frac{y}{e}$ miteinander verknüpft.

Konstant bedeutet in diesem Sinne, daß jedem beliebigen Wert der Regelgröße innerhalb des konstruktiv festliegenden Stellbereiches ein ganz bestimmter Wert der Stellgröße zugeordnet ist. Diese Beziehung wird beispielsweise durch eine mechanische Übersetzung verwirklicht.

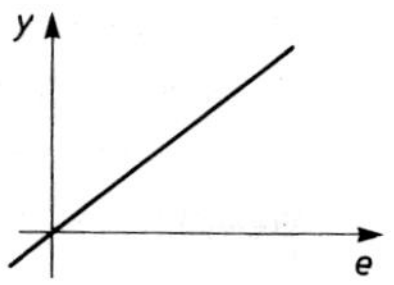

Der klassische Regler mit *P*-Verhalten ist der von *James Watt* zuerst angewendete Fliehkraftregler. Die Regelgröße ist die geradlinige Hubbewegung der Gleithülse. Zwischen beiden besteht eine feste Beziehung. Jeder Wellendrehzahl entspricht eine bestimmte Lage der Fliehkraftpendel und dieser wiederum eine ganz bestimmte Stellung der Gleithülse.

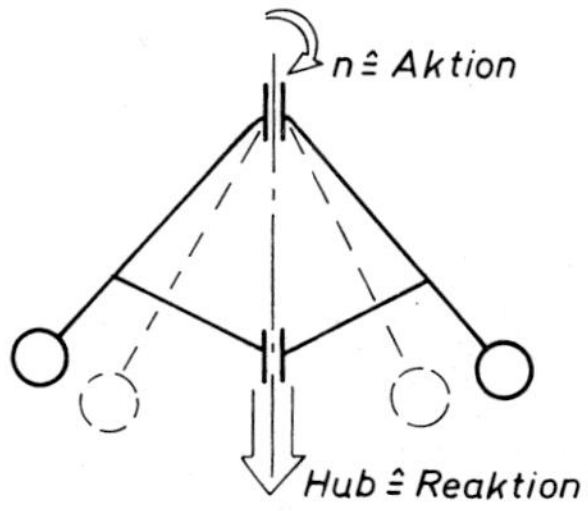

Beispiele für *P*-Regler

elektronisch	mechanisch
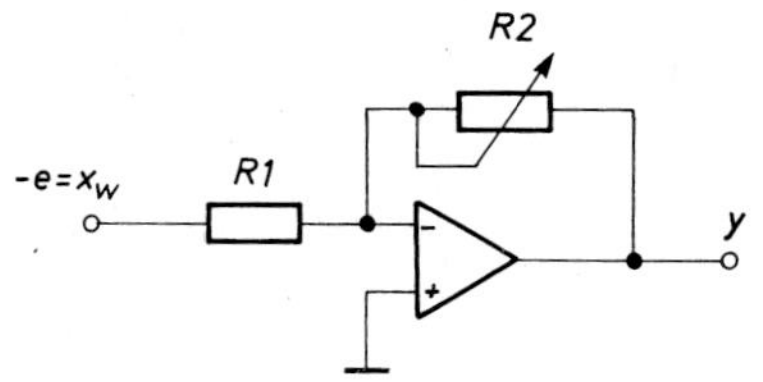	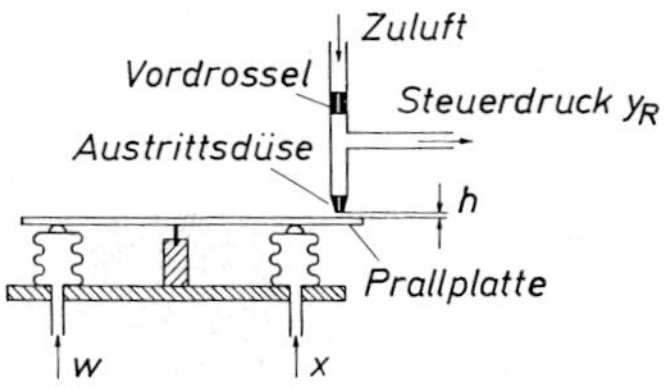

► ***Zur Selbstkontrolle***

1. In welcher Weise sind beim *P*-Regler die Regelgröße und die Stellgröße miteinander verknüpft?
2. Welcher Bereich des Reglers ist durch konstruktive Gegebenheiten starr festliegend?

Der Proportional-Bereich

Die dargestellte Niveaustands-Regelung ist typisch für das *P*-Verhalten. Jeder Stellung des Schwimmers entspricht eine bestimmte Position des Stellgliedes Zulaufschieber.

In diesem Beispiel ist die *Niveauhöhe* die Regelgröße und der *Hub* des Zulaufschiebers die Stellgröße. Beide sind durch das Hebelgestänge in starrer Zuordnung miteinander verbunden. Störungen können sowohl zulaufseitig als auch abflußseitig auf die Strecke einwirken. Der *Schwimmer* ist Meßglied und Stellantrieb zugleich. Da zum Stellen keine von außen zugeführte Energie erforderlich ist, handelt es sich um eine Regelung ohne Hilfsenergie.

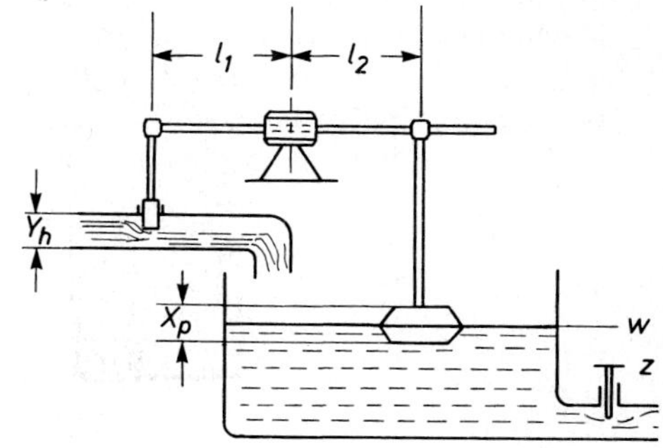

$$\frac{l_1}{l_2} = \frac{1}{1}$$

Stellbereich gleich *P*-Bereich

Zwischen Stellantrieb und Stellglied liegt die Hebelübersetzung mit den beiden Hebelarmen l_1 und l_2. Der konstruktiv gegebene Stellbereich Y_h liegt zwischen der vollständigen Öffnung und dem vollständigen Verschluß des Zulaufschiebers.

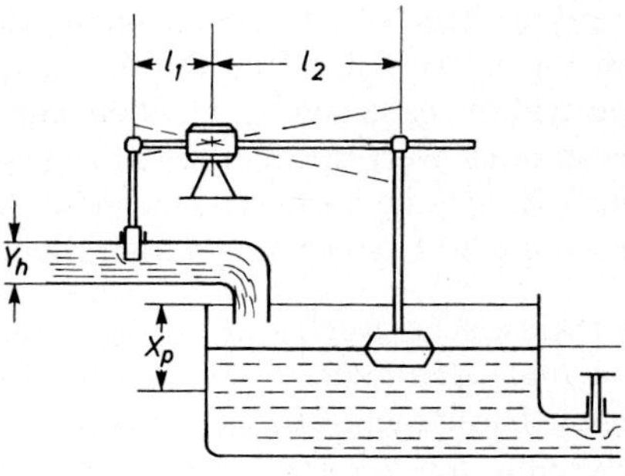

Großer P-Bereich:
Regler greift schwach ein

Der Bereich des Niveaustandes, der durchfahren werden muß, um den Schieber zwischen den Stellungen *geschlossen* und *voll geöffnet* zu bewegen, ist der Proportionalbereich X_p. Innerhalb dieses Bereiches ändert sich die Stellgröße (Stellbereich Y_h) proportional zur Änderung der Regelgröße.

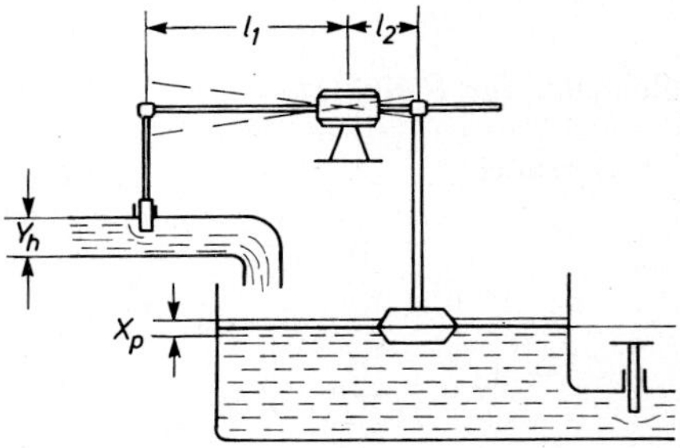

Kleiner P-Bereich:
Regler greift stark ein

Ist die Hebelübersetzung $l_1 : l_2 = 1$, so gilt: Schwimmerhub gleich Schiebhub. Ändern wir das Übersetzungsverhältnis durch Verschieben des Drehpunktes nach links, so muß der Schwimmer einen größeren Hub zurücklegen, um den Schieber zum Durchfahren des Stellbereiches zu zwingen. Umgekehrt wird beim Verschieben des Drehpunktes nach rechts der *P*-Bereich kleiner.

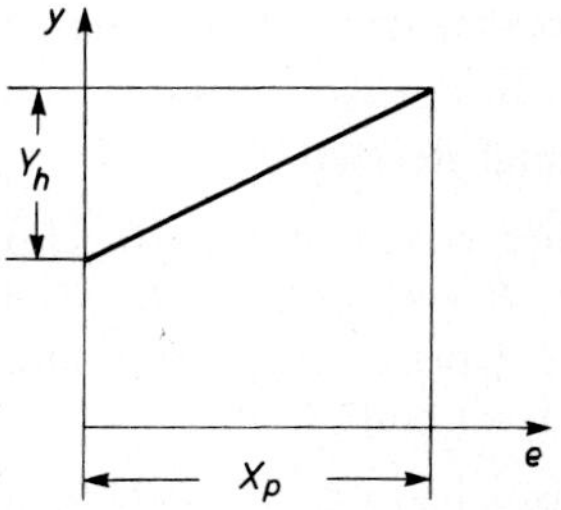

Sprungantwort und Übertragungsbeiwert des *P*-Reglers

Die Sprungantwort der Strecke gab uns Auskunft über den zeitlichen Verlauf der Regelgröße nach einer Eingangsänderung in der Strecke. Analog gibt uns die Sprungantwort des Reglers Auskunft über den zeitlichen Verlauf der Stellgröße nach einem Sprung im Reglereingang. Da der Streckenausgang jetzt Reglereingang und der Reglerausgang jetzt zum Streckeneingang wird, vertauschen wir jetzt die Position beider. Die Regelgröße x ist nun die Aktion, und die Stellgröße y wird zur Reaktion, zur Antwort.

Im Falle des *P*-Reglers ist die Antwort auf den Eingangssprung wiederum ein Ausgangssprung. Die Stellgröße antwortet in idealisierter Darstellung ohne Verzögerung in proportionaler Sprunghöhe. Das Verhältnis der Ausgangsänderung zur Eingangsänderung ist durch einen konstanten Faktor auszudrücken. Dieser Faktor ist der Proportionalbeiwert des Reglers K_{PR}.

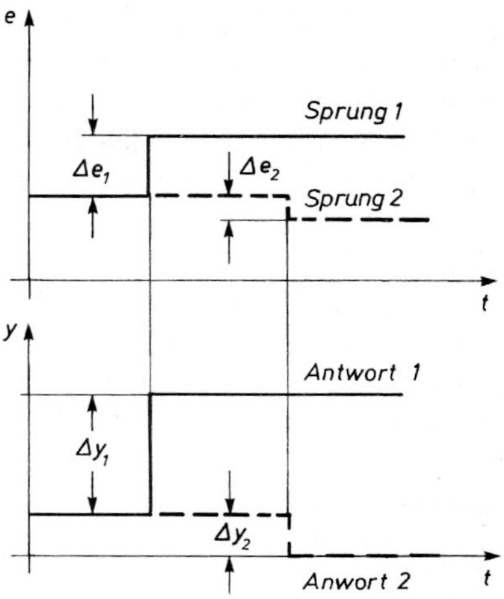

Idealisierte Sprungantwort eines P-Reglers
Die Antwort erfolgt verzögerungsfrei und ohne abgerundete Übergänge.

$$K_{PR} = \frac{\Delta y_1}{\Delta e_1} = \frac{\Delta y_2}{\Delta e_2}$$

$$K_{PR} = \frac{\Delta y}{\Delta e}$$

Dieser charakteristische Faktor wurde früher als Verstärkung des *P*-Reglers bezeichnet. Der Ausdruck Verstärken ist im strengen Sinne des Wortes hier jedoch nicht exakt, da es sich dann um gleiche Dimensionen und somit um ein Übersetzungsverhalten handeln muß. Beim Proportionalbeiwert haben jedoch e und y i. a. verschiedenartige Dimensionen.

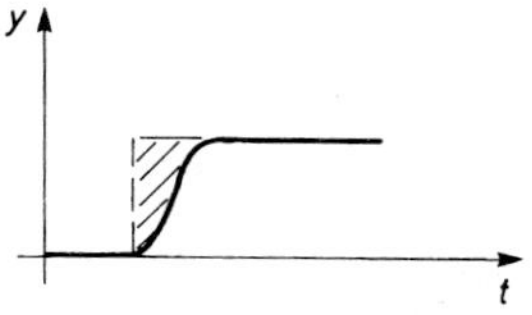

In der Praxis haben wir es mit der *realen Sprungantwort* zu tun, die durch gerundete Übergänge und eine zumindest geringe Verzögerung gekennzeichnet ist.

Kennlinie und Gleichung des *P*-Reglers

Innerhalb des Stellbereiches sind beim *P*-Regler Regelgröße und Stellgröße durch eine lineare Beziehung miteinander verknüpft. Das bedeutet, daß in diesem Bereich die *Kennlinie* einen geradlinigen Verlauf haben muß und daß die Steigung dieser Geraden durch das Verhältnis $Y_h : X_p$ ausgedrückt werden kann. Bei Benutzung der Regeldifferenz erhalten wir eine steigende Kennlinie, denn wie wir uns erinnern, wenn die Regelgröße kleiner wird wächst die Regeldifferenz e an. Mit kleiner werdender Regelgröße

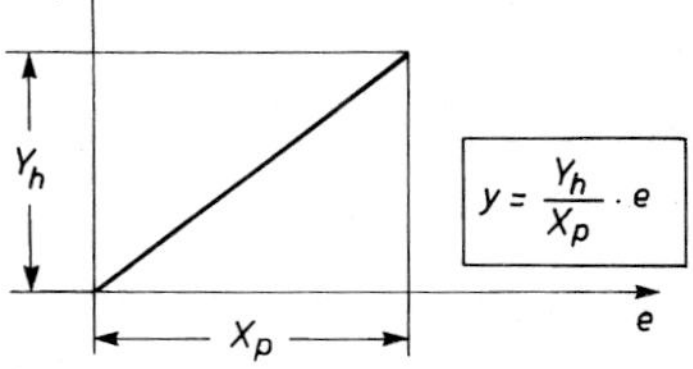

muß jedoch die Stellgröße logischerweise ansteigen. Setzen wir jedoch in die Kennlinie statt der Regeldifferenz die Regelabweichung x_w ein, so muß die Kennlinie eine fallende Tendenz aufweisen, denn mit steigender Regelgröße wird die Regelabweichung größer.

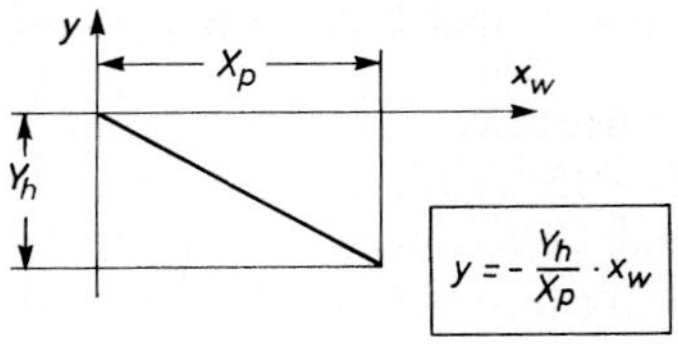

In der fallenden Tendenz der Kennlinie kommt die Umkehrung des Wirkungsinnes zum Ausdruck, denn der Regler muß ja doch der Änderung der Regelgröße mit der Stellgröße entgegenwirken. Bei zu großer Regeldifferenz muß er steigernd und bei zu großer Regelabweichung muß er drosselnd wirken.

Aus der Proportionalität läßt sich die Gleichung ableiten:

$$\frac{y}{e} = \frac{Y_h}{X_p} \quad \text{und} \quad y = \frac{Y_h}{X_p} \cdot e$$

Mit dem Proportionalbeiwert kann man Schreiben:

$$y = K_{PR} \cdot e$$

Der Anstiegswinkel der Kennlinie ist durch den *Übertragungsbeiwert* bestimmt. Er ist der lineare Faktor, mit dem Regelgröße und Stellgröße verbunden sind.

$$K_{PR} = \frac{Y_h}{X_p} = \frac{\Delta y}{\Delta x}$$

Es läßt sich zeigen, daß für den Frequenzgang eines *P*-Reglers gilt:

$\underline{F}(j\omega) = K_{PR}$

Damit ergibt sich die nebenstehende Ortskurve.

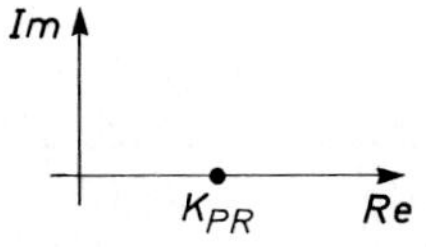

Ortskurve

Mit $|\underline{F}| = K_{PR}$

und $\varphi = 0$

erhält man das Bode-Diagramm.

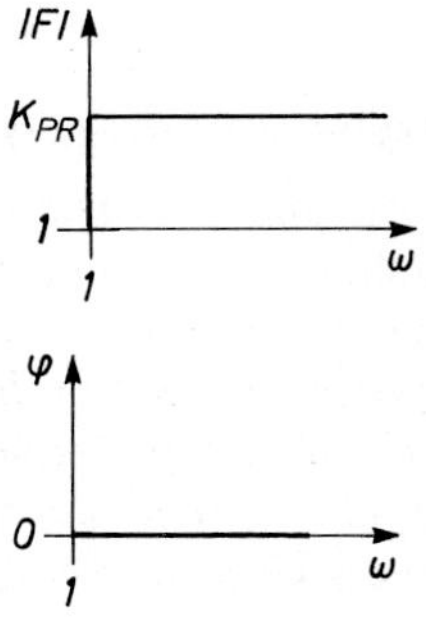

Bode-Diagramm

Als Blocksymbole findet man

Bleibende und vorübergehende Abweichung vom Sollwert

Die bleibende Abweichung vom Sollwert ist im Beharrungszustand der Regelgröße dauernd vorhanden. Sie kann in der Bauart oder in der Einstellung des Reglers begründet sein. Bleibende Abweichung mindert auf jeden Fall die Genauigkeit des Regelprozesses. Die verfahrenstechnischen Anforderungen entscheiden, ob sie innerhalb bestimmter Grenzen vertretbar ist.

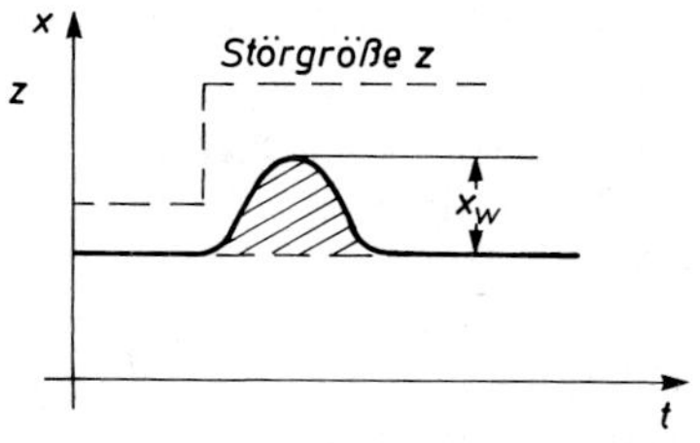

Durch einen Störgrößensprung verursachte vorübergehende Abweichung vom Sollwert.

Vorübergehende Abweichungen treten in Übergangsphasen und beim Eintreten von Störungen auf. Je nach der Aufgabenstellung können sie sich schädlich auswirken. Oft liegen sie besonders bei kurzzeitiger Dauer innerhalb vertretbarer Grenzen.

Gefährlich wird eine vorübergehende Abweichung immer, wenn sie eine schroffe Änderung der Materialstruktur bewirkt. Beispiele für schädliche Auswirkungen sind: Grobstruktur und Karbidausscheidung durch Überschwingungen der Härtetemperatur; Überschreiten der Zersetzungsgrenze bei der Plastifizierung thermoplastischer Kunststoffe.

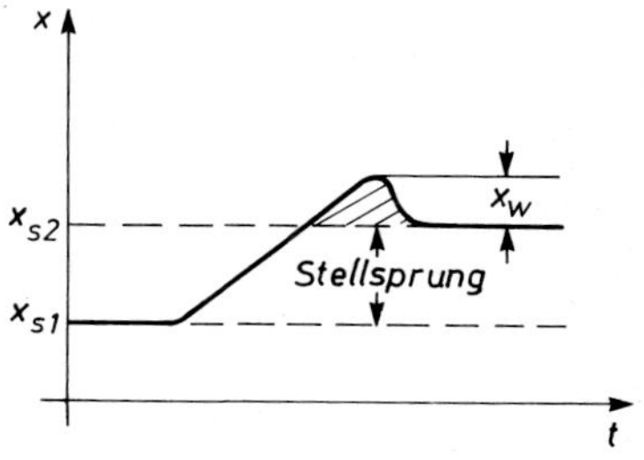

Durch eine Stellsprung verursachte vorübergehende Abweichung vom Sollwert. Diese Abweichung wird vom neuen Sollwert x_{s2} aus gerechnet.

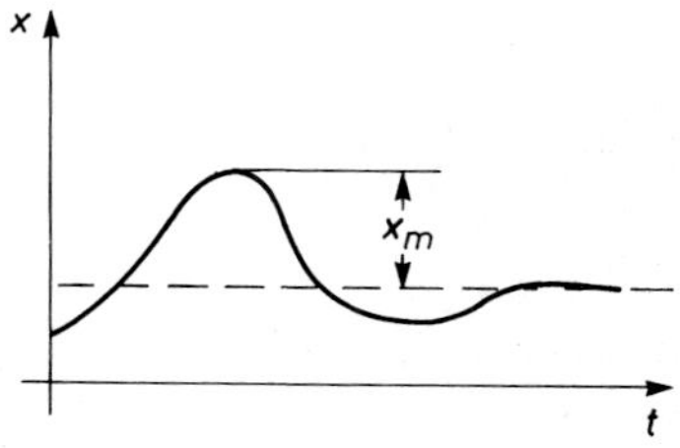

Überschwingweite und Einschwingvorgang

Die größte vorübergehende Sollwertabweichung ist die Überschwingweite x_m. Schon das einmalige Überschwingen kann entsprechend der Regelaufgabe schädlich sein. In den meisten Fällen ist die Dämpfung des Überschwingens durch Einsatz regelungstechnischer Mittel möglich. Hier liegt eine Aufgabe vor, die der Dämpfung des Einschaltstromes bei Elektromotoren vergleichbar ist.

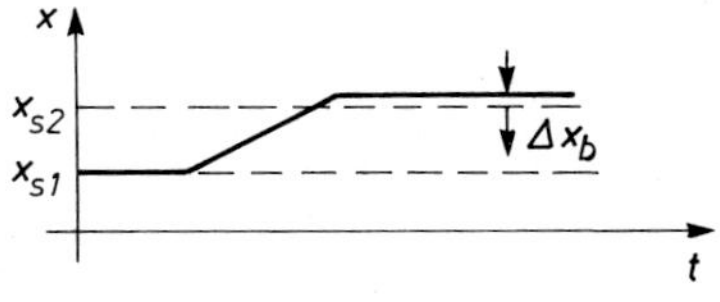

Δx_b *bleibende Regelabweichung*

Die bleibende Regelabweichung des *P*-Reglers

Der *P*-Regler benötigt eine *Regelabweichung*, um in den Prozeß eingreifen zu können. Er fängt die Abweichung ab und verharrt dann in der neugewonnenen Position. Wenn wir von einem kurzzeitigen schwachen Überschwingen absehen, so bedeutet das Eingreifen des *P*-Reglers nur die Stabilisierung auf einem neuen Beharrungswert und nicht die Rückgewinnung des Sollwertes. Der *P*-Regler begrenzt somit die Störung zwar schnell, macht jedoch deren Auswirkung nicht mehr voll rückgängig. Im neuen Beharrungswert ist ein neuer Gleichgewichtszustand erzielt und damit eine *stabile* Position, bis eine erneute Störung die Lage wieder verändert.

Der *P*-Regler regelt auf einen neuen Beharrungswert

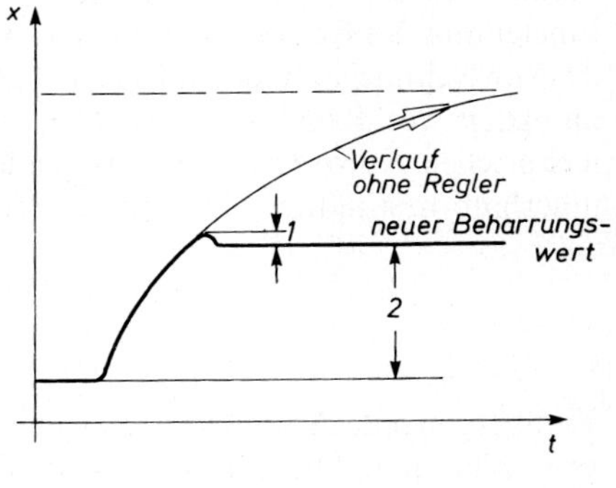

1 = Überschwingen
2 = bleibende Abweichung

Zeichnerisch läßt sich die bleibende Abweichung des *P*-Reglers durch die Eintragung der Störgrößen in das Kennlinienfeld ermitteln. Es gibt nur eine einzige Störgröße innerhalb des ganzen *P*-Bereiches, deren Schnittpunkt mit der Kennlinie genau auf der Höhe des Sollwertes liegt.

Dieser Punkt wird der *Arbeits-* oder *Betriebspunkt* des Reglers genannt. Im Betriebspunkt ist die Regelabweichung gleich Null. Die Schnittpunkte aller übrigen Störgrößenwerte weichen, bedingt durch die Neigung der Kennlinie, von der Höhe des Betriebspunktes ab. Der Ordinatenabstand dieser Schnittpunkte vom Betriebspunkt ist der Wert der bleibenden Abweichung.

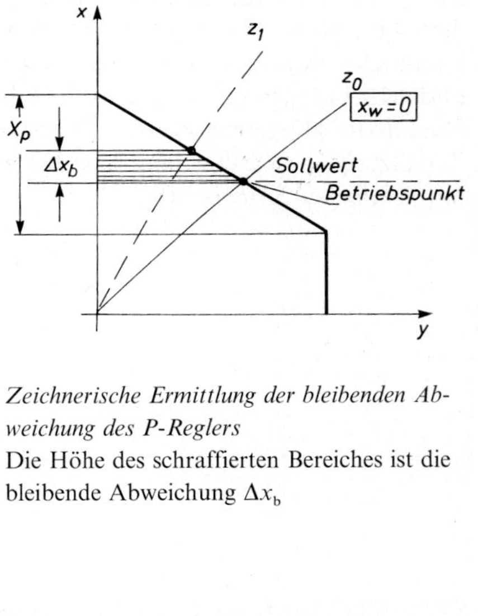

Zeichnerische Ermittlung der bleibenden Abweichung des P-Reglers
Die Höhe des schraffierten Bereiches ist die bleibende Abweichung Δx_b

Präzision kontra Stabilität

> Technik verwirklichen heißt im allgemeinen, Vorteile *hier* gegen begrenzte Nachteile *dort* abwägend einzutauschen, um in einem ausgewogenen Kompromiß eine tragbare Lösung zu finden.

Die stets anzustrebende Präzision der Regelung fordert eine möglichst geringe bleibende Abweichung, die nur mit einem kleinen *P*-Bereich zu erzielen ist. Wie aus der Kennlinie hervorgeht, führt ein kleiner *P*-Bereich zu einem relativ flachen Verlauf, während ein großer *P*-Bereich den steilen Anstieg der Kennlinie zur Folge hat.

Nun könnte die Schlußfolgerung auftauchen, daß man nur den Proportionalbereich X_p so klein wie möglich zu halten hätte, um beste Reglerergebnisse zu erzielen. Leider sind uns hier Grenzen gesetzt. Mit kleinem X_p gewinnt man zwar Präzision, muß aber auch gleichzeitig Instabilität in Kauf nehmen. Bei winzig kleinem X_p schwingt der Regler mit hoher Frequenz, während er bei größerem X_p nach kurzem vorübergehendem Überschwingen auf dem neuen Beharrungswert schnell zur Ruhe kommt. Wir zahlen somit einen sehr hohen Preis für die geringe bleibende Abweichung, wir opfern die beste Eigenschaft des *P*-Reglers, den schnellen stabilisierenden Eingriff nach einer eingetretenen Störung.

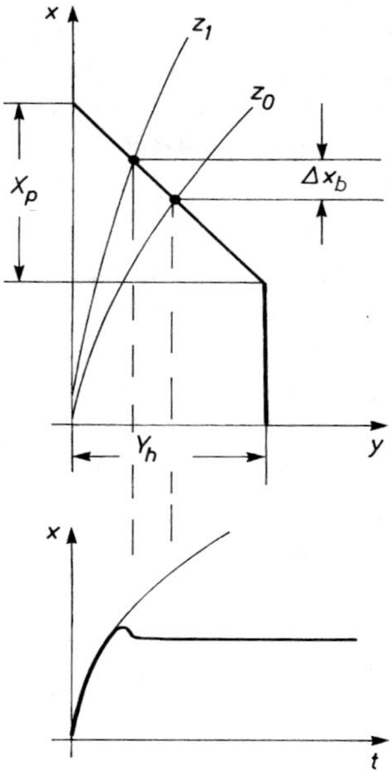

Kennlinie und Verlauf der Regelgröße bei großem *P*-Bereich

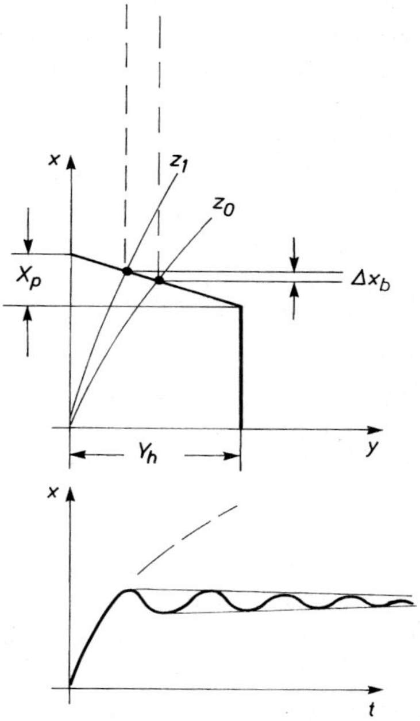

Kennlinie und Verlauf der Regelgröße bei kleinem *P*-Bereich

Das bedeutet für den Einsatz:

> Hat die *Stabilität Vorrang*, so wählt man den *größeren* Proportional-Bereich!
>
> Hat jedoch die *Präzision* in Richtung auf den Sollwert *Vorrang*, so ist der Proportionalbereich so *klein* wie im Hinblick auf die Stabilität vertretbar zu wählen!

Stellbereich

Wenn wir den *P-Bereich* X_p konstant lassen, dafür aber den *Stellbereich* Y_h verändern, so ändern wir damit auch automatisch die *Steigung* der Kennlinie.

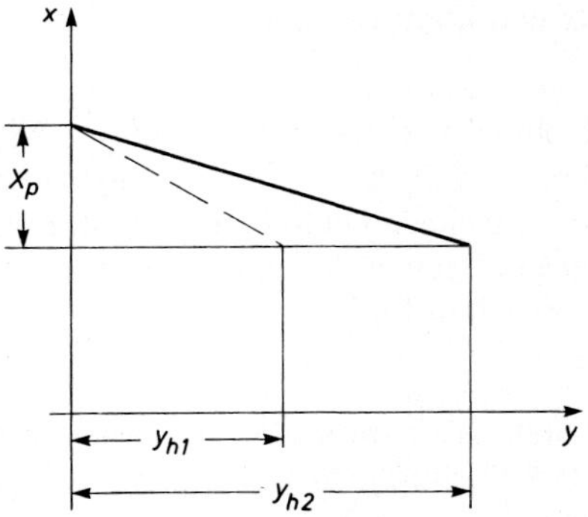

Vergrößern wir den Stellbereich, so wird die Kennlinie *flacher* und umgekehrt durch Verkleinerung des Stellbereiches wird sie *steiler*. Daraus folgt, daß eine Vergrößerung des Stellbereiches zur Verkleinerung der bleibenden Abweichung führt, während eine Verkleinerung des Stellbereiches die bleibende Abweichung Δx_b vergrößert.

In Formeln ergibt sich

$$\Delta y = K_{PR} \cdot \Delta x_b$$

$$\text{also } \Delta x_b = \frac{\Delta y}{K_{PR}} = \frac{\Delta y \cdot X_P}{Y_h}.$$

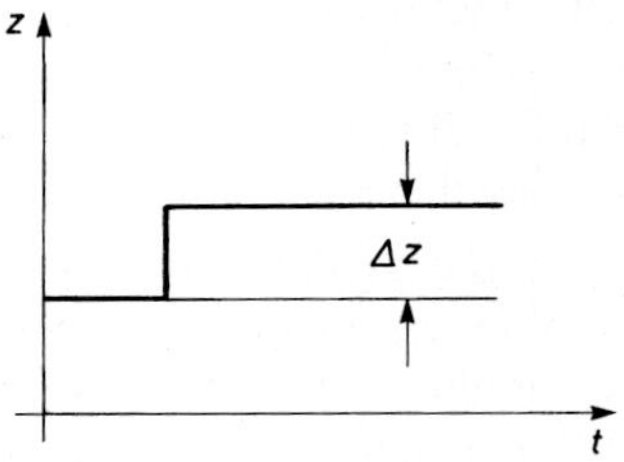

► ***Zur Selbstkontrolle***

1. Wie stark ist das Eingreifen des *P*-Reglers bei kleinem Proportionalbereich?
2. Erläutern Sie den Begriff *Übertragungsbeiwert des P-Reglers*!
3. Wie unterscheiden sich Kennlinie und Gleichung des *P*-Reglers, je nachdem die Regeldifferenz oder die Regelabweichung als Variable eingesetzt wird?
4. Auf welchen Wert regelt der *P*-Regler die Regelgröße ein?
5. Welcher Zusammenhang besteht zwischen der Größe X_p-Bereiches und der bleibenden Abweichung?
6. Warum läßt sich der X_p-Bereich nicht ohne Schaden auf einen Minimalwert reduzieren?
7. Wie wird die bleibende Abweichung aus dem Störgrößensprung und dem Übertragungsbeiwert rechnerisch ermittelt?

3.3.2.2 Regler mit *I*-Verhalten

Der Proportional-Regler ist sicher für jene Anwendungen am Platze, bei denen es mehr auf das schnelle Abfangen der Gefahr, als auf das exakte Wiederherstellen des Sollwertes nach der Störung ankommt. Wird jedoch aus zwingenden Gründen gerade diese Forderung nach genauer Regelung auf den Sollwert betont, so kommt ein Regler mit *I-Verhalten* in Frage. Zumindest muß dann in einer Reglerkombination ein Regelelement mit diesem Verhalten vorhanden sein.

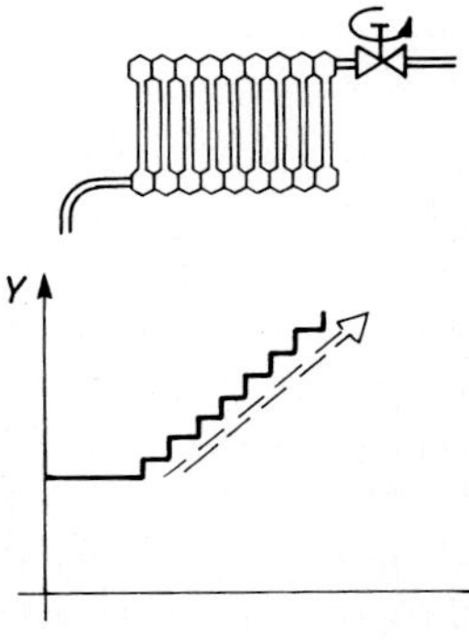

Durch Stellen in vielen kleinen Schritten läßt sich mit etwas Zeitaufwand auch manuell ein gutes Regelergebnis erzielen. Werden die Schritte unendlich klein, so erhalten wir ein lineares Anstiegsverhalten der Stellgröße.

Der Buchstabe *I* steht in diesem Zusammenhang für das Wort *Integral*. Ein Integralregler arbeitet ähnlich wie ein Bedienungsmann, der ein Stellventil in vielen kleinen Stellschritten manuell so lange betätigt, bis die Störung exakt ausgeregelt ist. Eine derartige manuelle Regelung in kleinen Schritten zeigt das für jede *I*-Regelung typische Anstiegsverhalten. Bei einer automatischen Regelung wird der zeitabhängige Anstieg der Stellgröße durch die Anwendung von Stellgliedern mit Laufzeit erzielt. Derartige Stellglieder sind beispielsweise:

- Ventile mit Motorantrieb
- Klappen mit Stellmotor
- Hydraulikkolben.

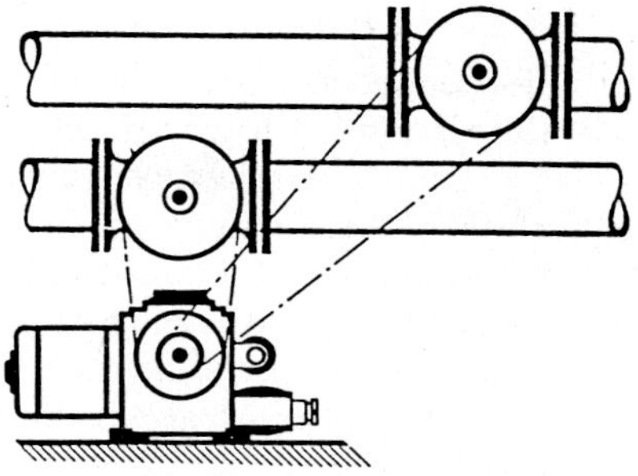

Motorventile, Motorklappen und Hydraulikkolben sind typische Stellglieder mit *I*-Verhalten. Laufzeit und Stellgeschwindigkeit sind charakteristische Eigenschaften.

Beim Regler mit Integralverhalten ist nicht die Stellgröße selbst, sondern die Geschwindigkeit ihrer Änderung, die *Stellgeschwindigkeit*, proportional der *Regeldifferenz*.

Tritt zum Beispiel im geregelten Betrieb sprunghaft eine Störung auf, die eine große Abweichung zur Folge hat, so arbeitet der Regler mit hoher Stellgeschwindigkeit, während er eine kleine Abweichung mit kleiner Stellgeschwindigkeit bekämpft.

Der *I*-Regler gleicht somit einem Kurier, dessen Laufgeschwindigkeit von der Dringlichkeit des erteilten Auftrages abhängt.

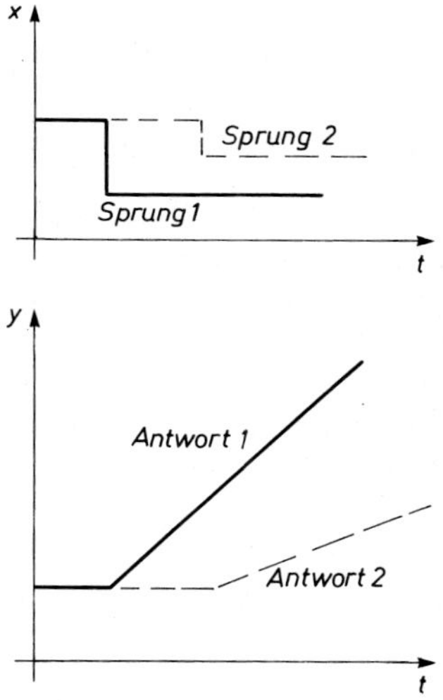

Präzision kostet Zeit!

Verlangt man von einem Regelelement ein schnelles Handeln, so kann man gleichzeitig keine große Zielgenauigkeit erwarten. Verlangt man jedoch hohe Treffsicherheit im Erreichen des Sollwertes, so muß man dem geeigneten Regelelement die entsprechende Zeit lassen. Präzises Regeln setzt schon im manuellen Betrieb sorgfältiges Nachstellen voraus, und das benötigt einfach Zeit.

Die Stellgeschwindigkeit (Laufgeschwindigkeit des Stellantriebes) ist umso größer, je größer die auslösende Abweichung ist.

Die Stellgeschwindigkeit v_y ist der Abweichung proportional.

Der Anstiegswinkel der Stellgröße ist ein Maß der Stellgeschwindigkeit.

Der I-Regler ist träge, aber präzise!

Der *I*-Regler neigt zum Überschwingen, er strebt jedoch immer wieder den echten Sollwert an. Nach dem Überschwingen kehrt sich im Regler die Wirkungsrichtung um, und die Regelgröße wird wieder zur Sollwertlinie hin geführt. Im Normalfalle führt das zu einer gedämpften Schwingung, deren Amplitude nach einer gewissen Zeit nicht größer ist als ein vorgegebener Toleranzbereich. Diese Ausregelzeit benötigt der *I*-Regler in jedem Fall.

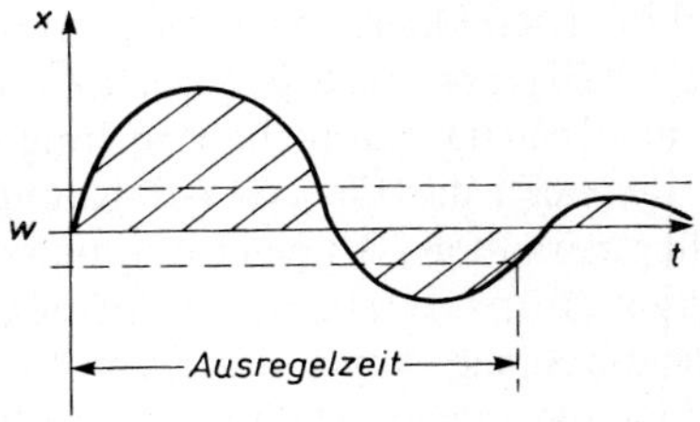

Ein Regelkreis mit *I*-Regler neigt zum Überschwingen, korrigiert jedoch stets das Überschwingen durch Umkehrung der Wirkungsrichtung.

Die Sprungantwort des *I*-Reglers

Das *I*-Verhalten eines Reglers ist im Grunde dadurch gekennzeichnet, daß der handelnde Eingriff *stetig* stärker wird. Die Stellgröße wächst mit konstanter Änderungsgeschwindigkeit. Dieses Anwachsen benötigt Zeit, die Laufzeit des Stellantriebes. Auf diese Weise kommt die Sprungantwort als Anstiegsfunktion zustande. Wird dabei als Sprungvariable die Regelabweichung x_w gewählt, so ist die notwendige Umkehrung der Wirkungsrichtung zu beachten.

> Regelabweichung x_w als Sprungvariable: setzt *Umkehrung* der Wirkungsrichtung voraus!

$$x_w = x - w$$

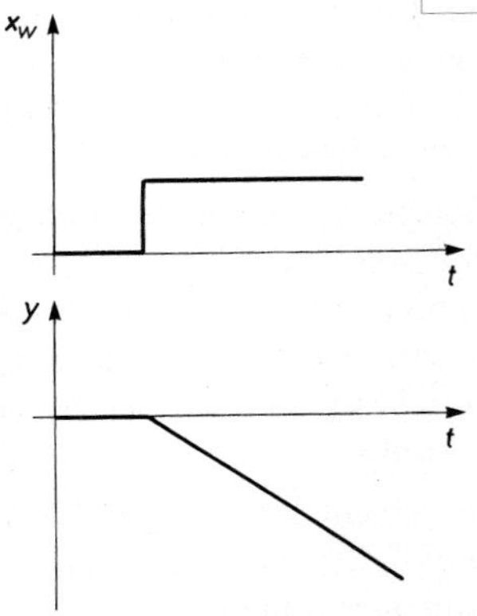

x_w als Sprungvariable setzt Umkehr der Wirkungsrichtung voraus!

Wird dagegen die Regeldifferenz *e* als Sprungvariable genommen, so darf keine Umkehrung des Wirkungssinnes erfolgen!

> Regeldifferenz *e* als Sprungvariable: Wirkungsrichtung *nicht* umkehren!

$$e = w - x$$

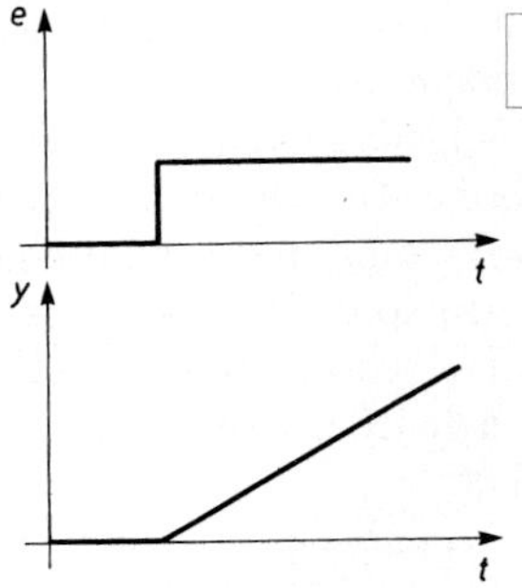

Setzen wir die Regeldifferenz dagegen ein, so darf keine Umkehr erfolgen!

Die Kennlinie des *I*-Reglers

Da die kennzeichnende Eigenschaft des *I*-Reglers die variable und lastabhängige Stellgeschwindigkeit ist, liegt es nahe, diese Eigenschaft in einer Kennlinie als Variable einzusetzen. Da beim idealen *I*-Regler sich die Stellgeschwindigkeit linear mit der Regelabweichung ändert, erhalten wir eine gerade Kennlinie, die einen bestimmten Anstiegswinkel α aufweist und durch die Endstellungen des Stellgliedes – voll geöffnet und voll geschlossen – begrenzt ist. Im Koordinatenursprung liegt die Richtungsumkehr des Stellgliedes mit der Stellgeschwindigkeit Null und der Regelabweichung Null. Im Nulldurchgang der Schwingung muß die Richtungsumkehr erfolgen. Gäbe es keine Trägheit und keine Totzeiten, so würde auch keine Schwingung entstehen.

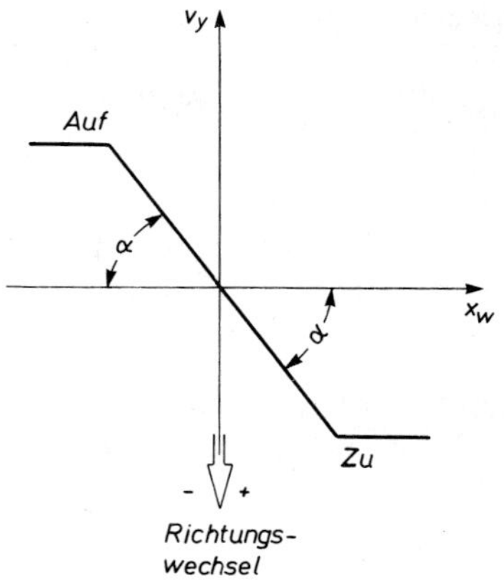

► ***Zur Selbstkontrolle***

1. Erläutern Sie den Ausdruck *integrales Regelverhalten*!
2. Welche Stellglieder sind typisch für ein integrales Verhalten?
3. In welcher Weise hängt die Stellgeschwindigkeit beim *I*-Verhalten von der Größe der Abweichung ab?
4. Auf welchen Wert regelt der *I*-Regler exakt ein?

Übergangsverhalten des *I*-Reglers

Die Stellgeschwindigkeit ist bei einem Eingangssprung proportional zur Sprunghöhe.

Also gilt

$$K_{IR} = \frac{v_y}{e}$$

oder $$K_{IR} = \frac{\frac{y}{t}}{e} = \frac{y}{t \cdot e}$$

also $$\boxed{y = K_{IR} \cdot e \cdot t}$$

$K_{IR} \cdot t$ ist der Übertragungsbeiwert K; er wächst für $t \to \infty$ über alle Grenzen

$$K = K_{IR} \cdot t \to \infty.$$

K_{IR} heißt auch Integrierbeiwert

Für eine beliebige Eingangsgröße erhält man

$$y(t) = K_{IR} \cdot \int e\, dt$$

Es läßt sich zeigen, daß für den Frequenzgang eines *I*-Reglers gilt

$$\underline{F}(j\omega) = \frac{K_{IR}}{j\omega} = -j\,\frac{K_{IR}}{\omega}$$

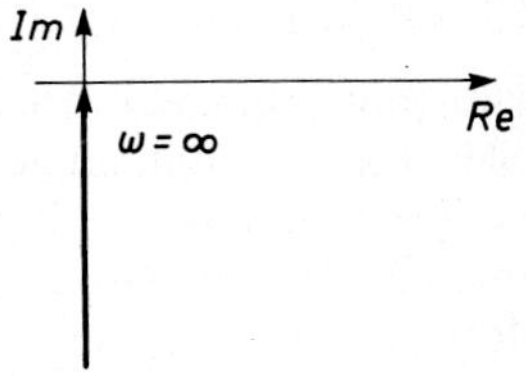

Ortskurve

Die Funktion ist rein imaginär, d. h. die Ortskurve sieht wie nebenstehend aus.

Mit

$$|\underline{F}| = \frac{K_{IR}}{\omega}$$

und

$$\tan\varphi = \frac{\mathrm{Im}(\underline{F})}{\mathrm{Re}(\underline{F})} \to -\infty \to \varphi = -\frac{\pi}{2}$$

ergibt sich das Bode-Diagramm

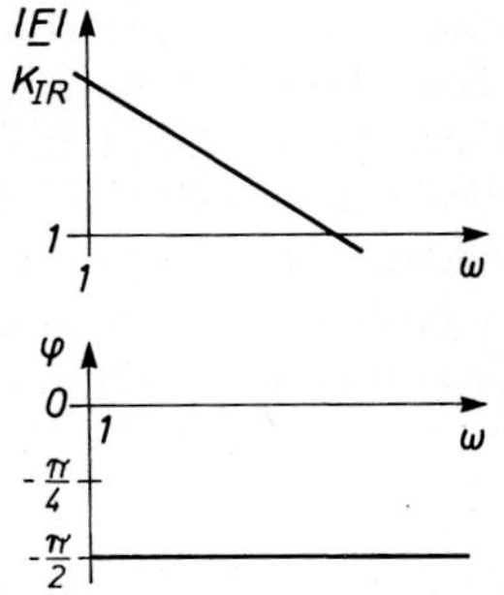

Bode-Diagramm

Als Blocksymbole findet man

Beispiele für Regler mit *I*-Verhalten

elektronisch	**Motorgetriebenes Ventil**
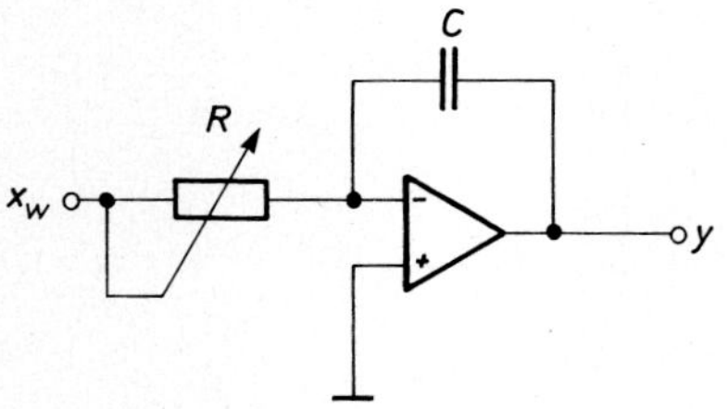	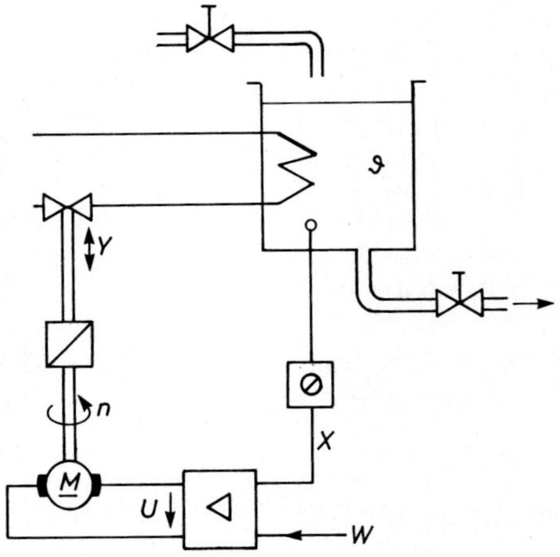

3.3.2.3 Regler mit *D*-Verhalten

Wenn die *Stellgröße Änderungsgeschwindigkeit der Regelabweichung* ist, nennt man dieses Verhalten ***D*-Verhalten**. Es gilt dann

Allgemein gilt

$$y = K_{DR} \cdot \dot{e}$$

$$K_{DR} = \frac{Y}{v_e} = \frac{Y}{\frac{\Delta e}{\Delta t}} = \frac{y \cdot \Delta t}{\Delta e}$$

damit $y = K_{DR} \cdot \frac{\Delta e}{\Delta t}$.

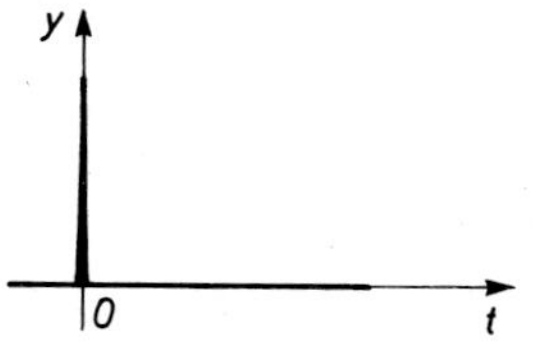

ideale Sprungantwort eines *D*-Gliedes

Bei einem Eingangssprung ist die Änderungsgeschwindigkeit nur bei $t = 0$ von Null verschieden. D. h., es ergibt sich die nebenstehende ideale Sprungantwort.

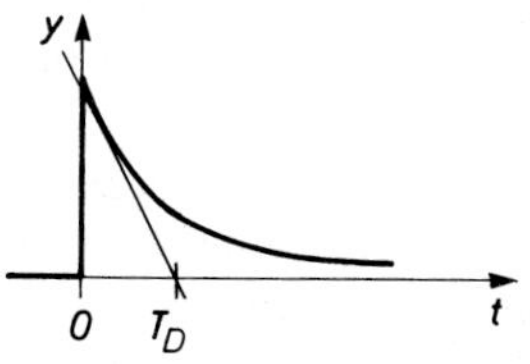

reale Sprungantwort eines *D*-Gliedes

In der Realität ergibt sich aber immer eine „abgerundete" Kurve. Ein Maß für die Steilheit des Abfalls ist die Zeitkonstante T_D. Im idealen Fall gilt $T_D = 0$.

Es läßt sich zeigen, daß für den Frequenzgang gilt

$$\underline{F}(j\omega) = j \cdot \omega \cdot K_{DR}.$$

Damit ergibt sich die nebenstehende Ortskurve.

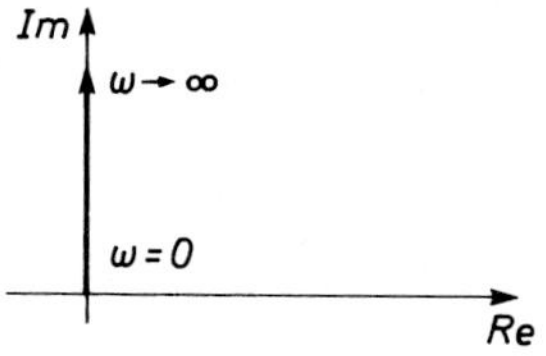

Ortskurve eines *D*-Reglers

Mit $|\underline{F}| = \omega \cdot K_{DR}$

und $\tan\varphi = \frac{\text{Im}(\underline{F})}{\text{Re}(\underline{F})} = \frac{\omega K_{DR}}{0} = \infty$ damit $\varphi = \frac{\pi}{2}$

das nebenstehende Bode-Diagramm.

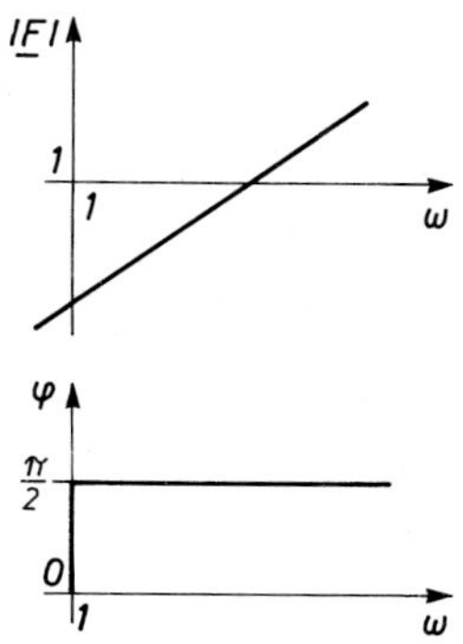

Bode-Diagramm eines *D*-Gliedes

Als Blocksymbol findet man

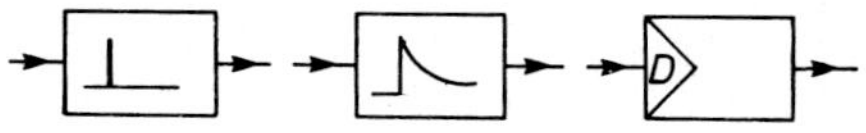

3.3.2.4 Regler mit *PI*-Verhalten

Reine *P*-Regler und reine *I*-Regler sind jeweils nur für bestimmte und begrenzte Aufgabenstellungen geeignet. In zahlreichen Fällen wird keiner von beiden der Regelaufgabe gerecht. Wenn beispielsweise Stabilität, schnelles Anregeln und Ausregeln sowie Präzision im Hinblick auf das Erreichen der Führungsgröße gleichzeitig in einer Aufgabe verlangt werden, ist weder ein *P*-Regler noch ein *I*-Regler ausreichend.

Die *PI*-Kombination *addiert* die *Vorzüge* und *schaltet* die *Nachteile* weitgehend *aus!*

Nun wissen wir aus der Erfahrung bereits, daß Kombinationslösungen oft optimale Ergebnisse bringen. So liegt es nahe, in einer additiven Verbindung des *P- und* des *I*-Verhaltens die Lösung zu suchen. Die kombinierte Anwendung beider Verhaltensweisen bringt einen Reglertyp, der *schnelles Handeln*, *Stabilität* und *präzises Ausregeln* als positive Eigenschaften aufweist.

P-Verhalten:

Stabilität

bleibende Abweichung

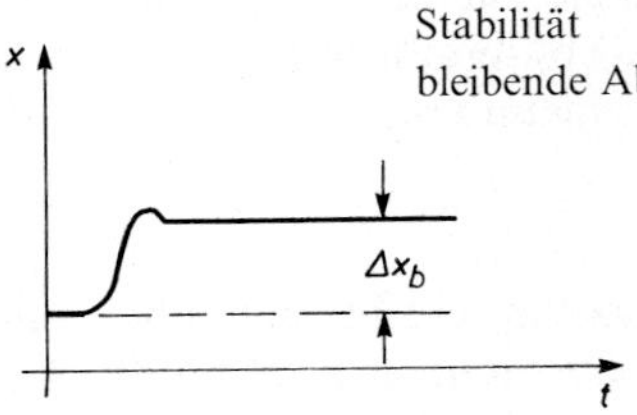

Eine solche Reglerkombination müßte vorweg im schnellen Zugriff die auflaufende Störung abfangen und in der zweiten Phase die Restabweichung präzise beseitigen.

Die *PI*-Kombination ermöglicht:

- eine kürzere Ausregelzeit im Vergleich zum reinen *I*-Regler,
- eine bessere Stabilität im Vergleich zum reinen *I*-Regler,
- eine Regelung, die im Gegensatz zum reinen *P*-Regler keine bleibende Abweichung hinterläßt, sondern exakt den Sollwert liefert.

I-Verhalten:

Instabilität

Präzision

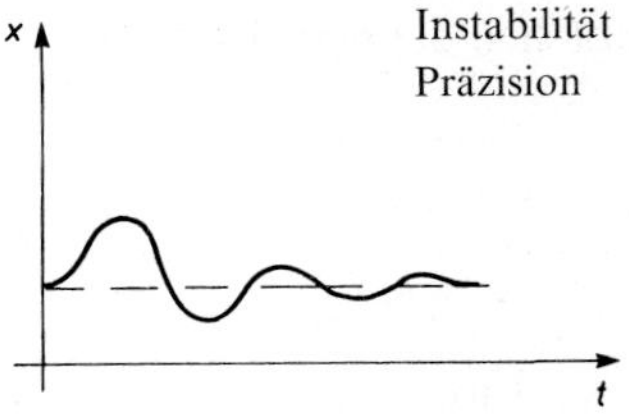

Ganz sicher ist beim *PI-Regler* der gerätetechnische Aufwand größer. Die erzielbare Regelgüte läßt jedoch gerade diesen Reglertyp für die Mehrzahl der Anwendungsfälle geeignet erscheinen.

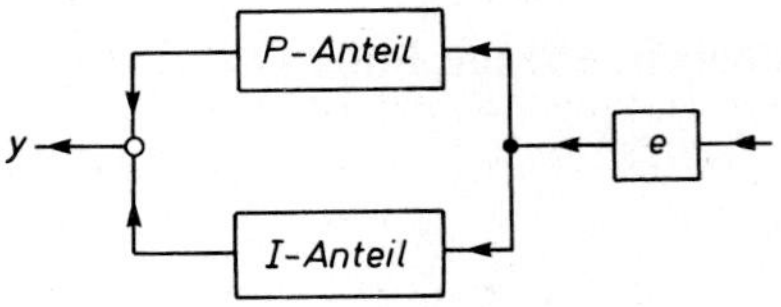

Der *P-Anteil* fängt die Störung in schnellem Zugriff ab und beseitigt damit unmittelbar die größte Gefahr.

Der *I-Anteil* beseitigt abschließend die entstandene Abweichung vom Sollwert und liefert damit die Präzision der Regelung.

Die Gleichung des *PI*-Reglers leitet sich aus denen des *P*- bzw. *I*-Reglers her.

$$y_{PI} = y_P + y_I$$

mit $y_P = K_{PR} \cdot e$

$$y_I = K_{IR} \cdot \int e\,dt$$

also:

$$\boxed{y_{PI} = K_{PR} \cdot e + K_{IR} \cdot \int e\,dt}$$

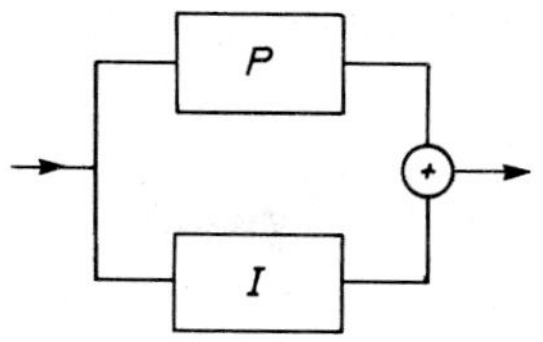

Für eine Sprungantwort gilt

$$y_{PI} = K_{PR} \cdot e + K_{IR} \cdot e \cdot t$$

und mit dem Ergebnis der rechten Spalte:

$$y_{PI} = K_{PR} \cdot e + \frac{K_{PR} \cdot e}{T_n} \cdot t$$

$$\boxed{y_{PI} = K_{PR}\left(1 + \frac{t}{T_n}\right) \cdot e}$$

Schließlich läßt sich K_{PR} noch durch Y_h/X_p ausdrücken.

$$\boxed{y_{PI} = \frac{Y_h}{X_p}\, e\left(1 + \frac{t}{T_n}\right)}$$

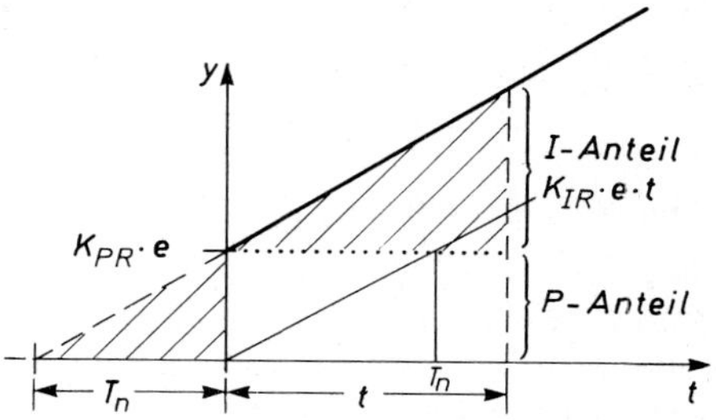

Aus der Ähnlichkeit der schraffierten Dreiecke folgt

$$\frac{K_{PR} \cdot e}{T_n} = \frac{K_{IR} \cdot e \cdot \not{t}}{\not{t}}$$

und damit

$$K_{IR} \cdot e = \frac{K_{PR} \cdot e}{T_n}.$$

Die Größe T_n heißt Nachstellzeit

In dieser Form enthält die Gleichung die beiden Regelparameter X_p und T_n. Sie läßt auch klar die Abhängigkeiten erkennen. Wächst zum Beispiel die Laufzeit, so wird die Stellgröße wachsen, und das Umgekehrte ist der Fall, wenn X_p oder T_n größer werden.

Für den Frequenzgang läßt sich allgemein zeigen, daß

$$\underline{F}(j\omega) = \underline{F}_p + \underline{F}_I = K_{PR} - j\frac{K_{IR}}{\omega}$$

$$= K_{PR} - j\frac{K_{PR}}{T_n \cdot \omega} = K_{PR}\left(1 - j\frac{1}{T_n\omega}\right).$$

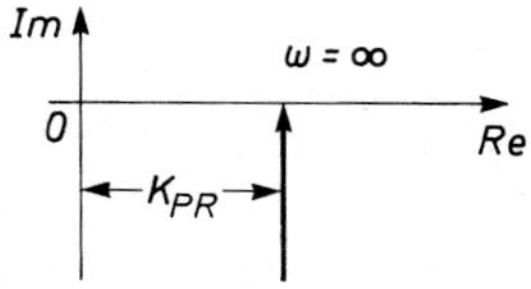

Ortskurve

Damit ergibt sich nebenstehende Ortskurve und mit

$$|\underline{F}| = K_{PR}\sqrt{1 + \left(\frac{1}{\omega T_n}\right)^2}$$

und

$$\tan\varphi = \frac{\text{Im}(\underline{F})}{\text{Re}(\underline{F})}$$

$$= -\frac{1}{T_n\omega} \rightarrow \varphi = -\arctan\frac{1}{T_n\omega}$$

das Bode-Diagramm.

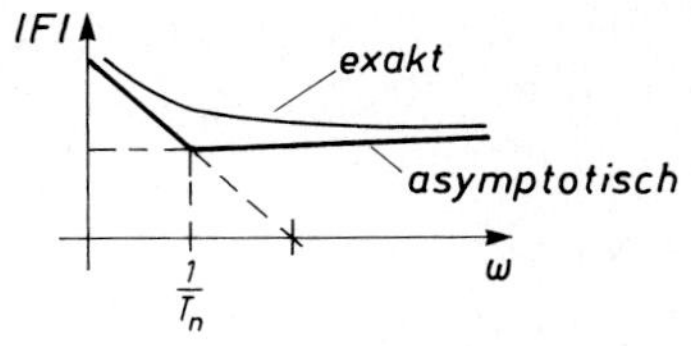

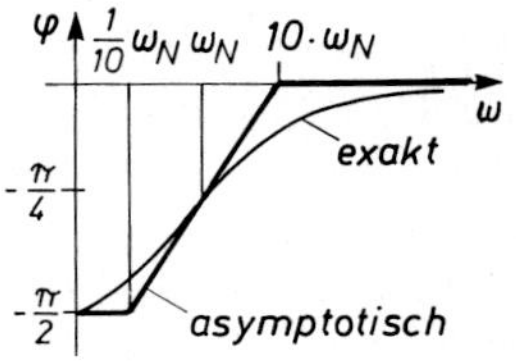

Als Blocksymbole findet man

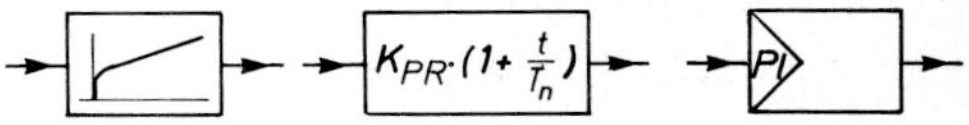

Der Regelparameter T_n

Bei einem *PI*-Regler sind X_p und T_n die *einstellbaren* Regelparameter. Sie können beide einzeln und auch beide gleichzeitig verstellt werden. In jedem Falle wandeln sich die Verhältnisse am Reglerausgang in unterschiedlicher Weise.

Wir lassen zunächst X_p in fester Einstellung und ändern nur die Einstellung der Nachstellzeit T_n.

In diesem Falle bleibt der *P*-Anteil der Stellgröße gleich hoch, denn der Übertragungsbeiwert K_R dieses Anteils hat sich nicht geändert. Y_h ist im Stellglied konstruktiv festliegend und X_p bleibt konstant.

Die Steilheit des Anstieges und damit die Stellgeschwindigkeit des *I*-Anteils ändert sich jedoch umgekehrt proportional zur Änderung von T_n, d.h. der Tangens des Anstiegswinkels und Y_I wachsen mit dem Faktor $1/T_n$. Vergrößern wir T_n, so verringert sich die Stellgeschwindigkeit, und verringern wir T_n, so erhöht sich diese. Damit steigt aber auch der Grad der Schwingungsdämpfung mit wachsendem T_n, während mit stetigem Verkleinern von T_n die Schwingungsneigung des Reglers und die Instabilität stärker in Erscheinung treten. Mit der Änderung von T_n ist stets eine Änderung des Integrierbeiwertes K_{IR} des *I*-Anteiles verbunden, denn der Integrierbeiwert ist ja der Quotient v_y/x_d, und mit wachsender Stellgeschwindigkeit v_y wächst auch K_{IR}.

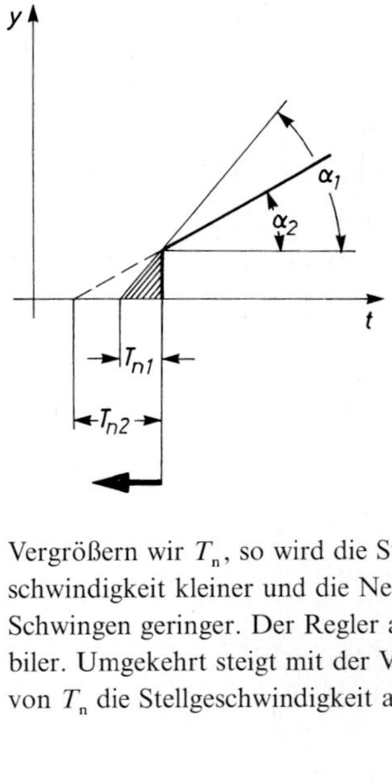

Vergrößern wir T_n, so wird die Stellgeschwindigkeit kleiner und die Neigung zum Schwingen geringer. Der Regler arbeitet stabiler. Umgekehrt steigt mit der Verringerung von T_n die Stellgeschwindigkeit an.

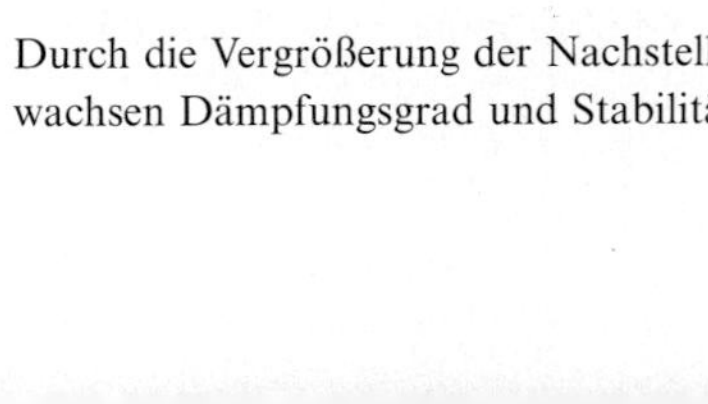

Durch die Vergrößerung der Nachstellzeit wachsen Dämpfungsgrad und Stabilität.

Wird die Nachstellzeit so groß, daß sie gegen Unendlich geht, so erhalten wir die Verhaltensweise eines reinen *P*-Reglers.

Der Regelparameter X_p

Wir lassen nun die Nachstellzeit T_n fest eingestellt und verstellen den Regelparameter X_p.

Mit wachsendem X_p greift nun der Regler schwächer in den Regelvorgang ein, daß heißt, die Höhe des *P*-Anteils an der Gesamtverstellung wird kleiner. Gleichzeitig wird aber im gleichen Verhältnis die Stellgeschwindigkeit kleiner, weil ja nun der Anstiegswinkel des *I*-Anteils ebenfalls kleiner wird. Durch die Änderung von X_p ändern sich im gleichen Verhältnis beide Stellgrößenanteile und damit auch beide Beiwerte K_{PR} und K_{IR}. Die Verhältnisgleichheit der Änderung setzt einen gemeinsamen Proportionalitätsfaktor voraus, und das ist in diesem Falle die konstant gebliebene Nachstellzeit T_n.

Damit erhält T_n auch eine ganz neue Deutung. Die Nachstellzeit ist der Quotient aus den beiden Beiwerten K_{PR} und K_{IR}.

Es ist

$$T_n = \frac{K_{PR}}{K_{IR}}$$

Daraus folgt

$$K_{IR} = K_{PR} \cdot \frac{1}{T_n}$$

Das bedeutet, daß der Übertragungsbeiwert des *I*-Anteils durch K_R und T_n ausgedrückt werden kann.

Die Dimensionsgleichung des Quotienten aus beiden Beiwerten muß stets eine Zeitdimension liefern. Die Division durch diese Zeit verwandelt letzten Endes den Stellgrößenausgang im Proportionalbeiwert K_{PR} in den Ausgang Stellgeschwindigkeit im Integrierbeiwert K_{IR}.

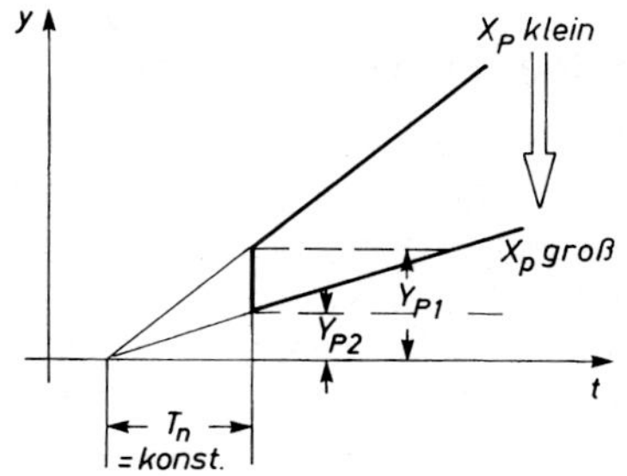

Verkleinern wir den Proportionalbereich X_p bei konstantem T_n, so wachsen beide Stellanteile, sowohl die Höhe des *P*-Anteils als auch der Anstiegswinkel der *I*-Verstellung. Umgekehrt werden beide Anteile im gleichen Verhältnis kleiner, wenn wir den *P*-Bereich vergrößern.

Vergrößern des *P*-Bereiches verbessert mithin das Stabilitätsverhalten, während das Verkleinern umgekehrt zur Schwingungsneigung führt.

Dimensionsbeispiele

$$[K_{PR}] = \frac{\text{mm}}{°\text{C}} \quad [K_{IR}] = \frac{\text{mm/s}}{°\text{C}}$$

$$[T_n] = \frac{[K_{PR}]}{[K_{IR}]} = \frac{\text{mm}/°\text{C}}{\dfrac{\text{mm/s}}{°\text{C}}} = \text{s}$$

► ***Zur Selbstkontrolle***

1. Skizzieren Sie das Blockschaltbild eines *PI*-Reglers!
2. Erklären Sie den Ausdruck *Regelparameter*!
3. Welche Bedeutung hat die Nachstellzeit T_n im Hinblick auf die Ausregelzeit?
4. Welche Dimension muß die Nachstellzeit aufweisen?
5. Wie läßt sich die Nachstellzeit des *PI*-Reglers ermitteln, wenn beide Beiwerte K_{PR} und K_{IR} gegeben sind?

3.3.2.5 Regler mit *PID*-Verhalten

Der *PID*-Regler vereinigt die Vorteile des *D*-Gliedes (schnelles Reagieren) mit denen des *PI*-Regler (Genauigkeit, keine bleibende Regelabweichung). Er ist aber auf der anderen Seite umständlicher zu handhaben. Deshalb wird man ihn nur dort einsetzen, wo höchste Anforderungen an die Güte der Regelung gestellt werden.

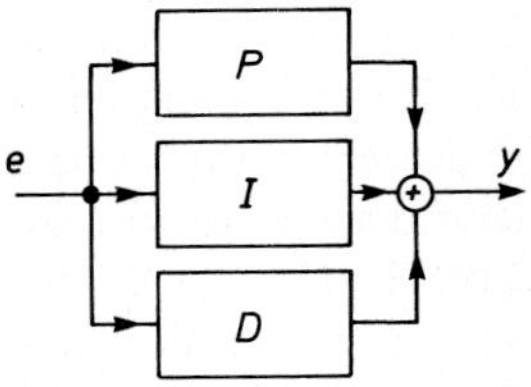

Der *PID*-Regler wird gebildet aus der Parallelschaltung von *P*-, *I*- und *D*-Regler

Seine Gleichung für eine Sprungantwort läßt sich herleiten aus

$$y_{PID} = y_p + y_I + y_D$$
$$= K_{PR}\, e + K_{IR}\, et + K_{DR}\frac{e}{t}$$
$$= K_{PR}\left[1 + \frac{K_{IR}}{K_{PR}} t + \frac{K_{DR}}{K_{PR}\, t}\right] \cdot e$$

mit $\frac{K_{IR}}{K_{PR}} = T_n$ und $\frac{K_{DR}}{K_{PR}} = T_v$ gilt

$$y_{PID} = K_{PR} \cdot \left[1 + \frac{1}{T_n} t + \frac{T_v}{t}\right] \cdot e$$

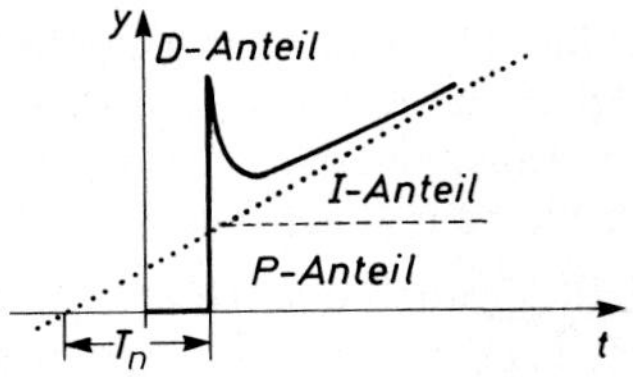

Die Sprungantwort läßt den Einfluß der einzelnen Komponenten erkennen

Für den allgemeinen Fall gilt

$$y_{PID} = K_{PR} \cdot \left[e + \frac{1}{T_n} \int e dt + T_v \dot{e}\right]$$

T_v wird Vorhaltezeit genannt.

Für den allgemeinen Fall läßt sich zeigen, daß für den Frequenzgang gilt

$$\underline{F}_{PID}(j\omega) = \underline{F}_P + \underline{F}_I + \underline{F}_D$$
$$= K_{PR} - j\frac{K_{IR}}{\omega} + j\omega K_{DR}$$
$$= K_{PR}\left[1 + j\left(\frac{K_{DR}}{K_{PR}}\omega - \frac{K_{IR}}{K_{PR}} \cdot \frac{1}{\omega}\right)\right]$$

und mit den Abkürzungen von oben

$$\underline{F}_{PID}(j\omega) = K_{PR}\left[1 + j\left(\omega T_v - \frac{1}{T_n\omega}\right)\right]$$

Damit ergibt sich nebenstehende Ortskurve.

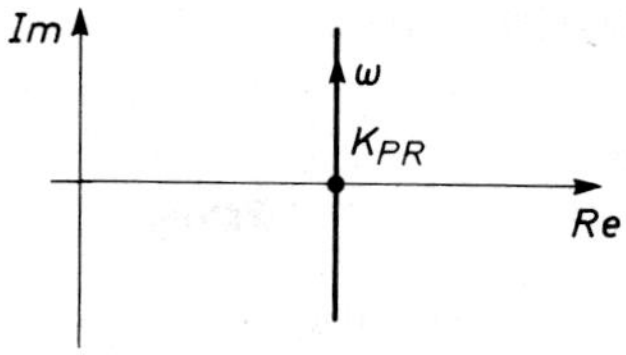

Ortskurve des *PID*-Reglers

Mit

$$|\underline{F}_{\mathrm{PID}}(j\omega)| = K_{\mathrm{PR}} \sqrt{\left[1 + \left(\omega T_{\mathrm{v}} - \frac{1}{T_{\mathrm{n}}\omega}\right)^2\right]}$$

und mit $\tan\varphi = \dfrac{\mathrm{Im}(\underline{F})}{\mathrm{Re}(\underline{F})} = \omega T_{\mathrm{v}} - \dfrac{1}{\omega T_{\mathrm{n}}}$

folgt

$$\varphi = \arctan\left(\omega T_{\mathrm{v}} - \frac{1}{\omega T_{\mathrm{n}}}\right)$$

und damit das nebenstehende Bode-Diagramm

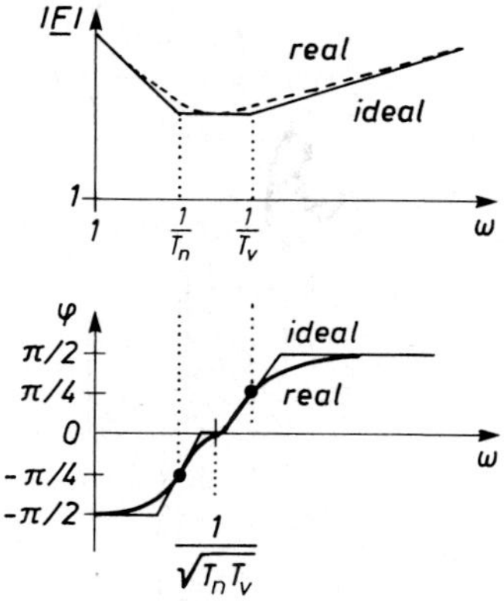

Bode-Diagramm des *PID*-Reglers

Als Blockdiagramm findet man

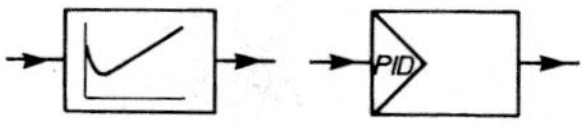

Beispiele für *PID*-Regler

elektronischer *PID*-Regler	**mechanischer *PID*-Regler**
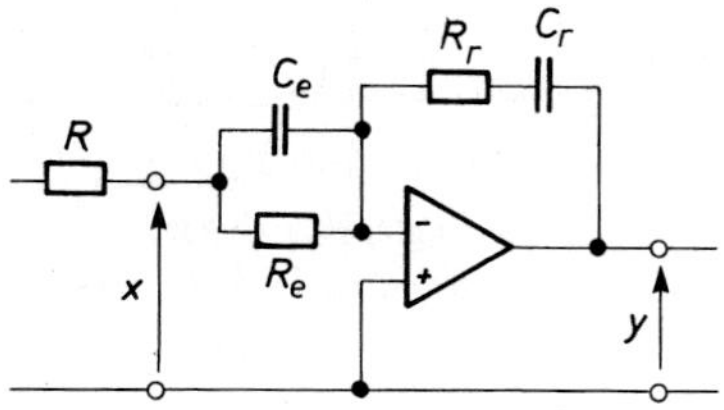 $K_{\mathrm{PR}} = \dfrac{Rr}{Re}$ $T_{\mathrm{n}} = R_{\mathrm{r}} \cdot C_{\mathrm{r}}$ $T_{\mathrm{v}} = R_{\mathrm{e}} \cdot C_{\mathrm{e}}$	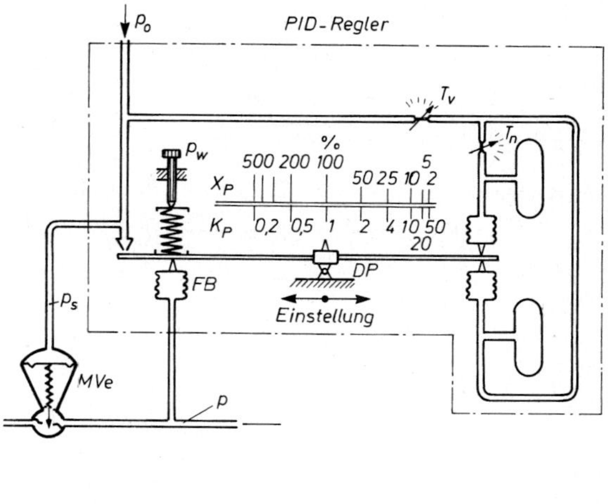 Pneumatischer Druckregler mit verzögerter und nachgebender Rückführung zum Erzeugen des *PID*-Verhaltens.

3.3.2.6 Übersicht: Regler

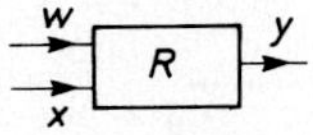	Eingang: x bzw. $e = w - x$ (Regeldifferenz) Ausgang: y	**Regler**	
	unstetige		
	Zweipunkt (zB)	***P***	***I***
Beispiel	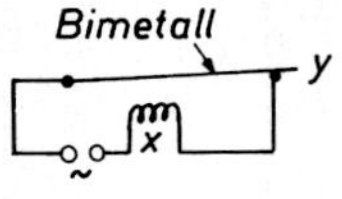	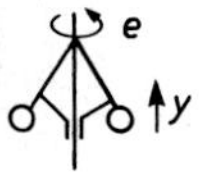	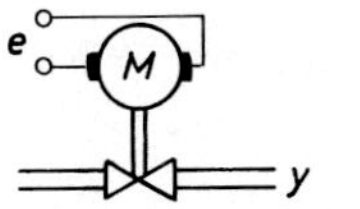
Kenn-linie	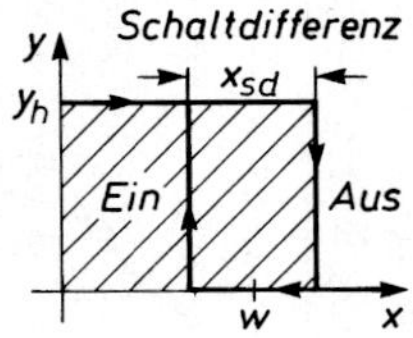	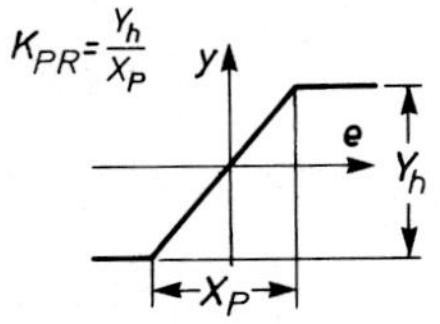	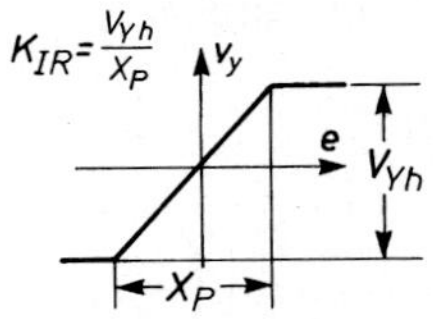
Sprung-antwort	–	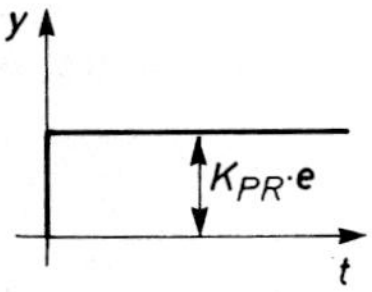	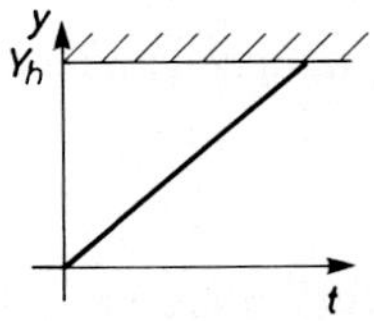
Übergangs-verhalten	–	$y = K_{PR} \cdot e$	$y = K_{IR} \cdot e \cdot t$ $(y = K_{IR} \cdot \int e\,dt)$
Kennzeich-nende Parameter	x_{sd} Y_h Stellbereich	K_{PR} *P*-Übertragungsbeiwert Y_h Stellbereich X_p Proportionalbereich	K_{IR} Integrierbeiwert Y_h Stellbereich
Block-schaltb.	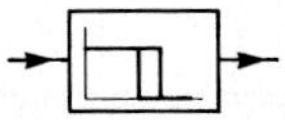	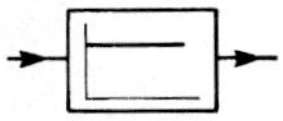	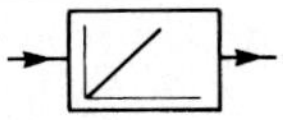
Bemerkungen	–	bleibende Regelabweichung Δx_b, Schnelles Reagieren	keine bleibende Regelabweichung, schwingt leicht
Frequenz-gang	–	$\underline{F}(j\omega) = K_{PR}$	$\underline{F}(j\omega) = -j\,\frac{K_{IR}}{\omega}$
Orts-kurve	–	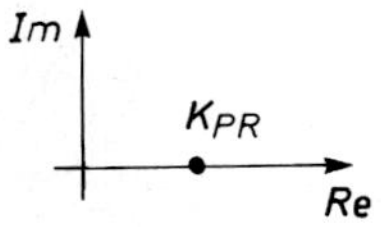	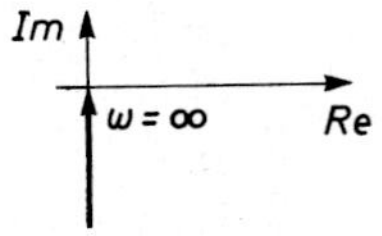
Bode-Diagramm	–	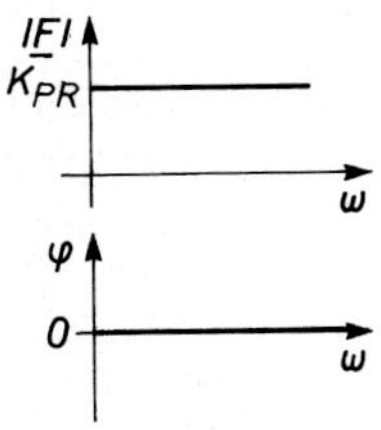	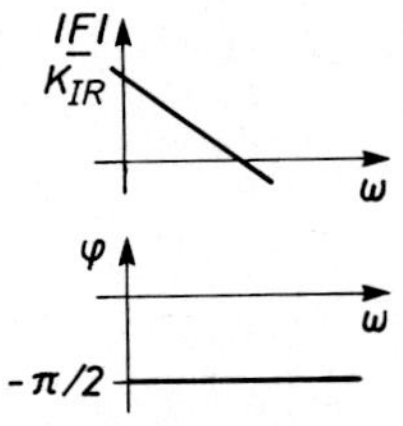

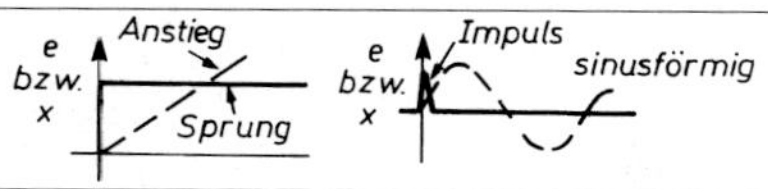	$y =$ _ _ _ _ _-Antwort $\frac{y}{e} = h(t)$ Übergangsfunktion $y(x)$ oder $y(e)$ Übergangsverhalten	
	stetige	
D	***PI***	***PID***
–	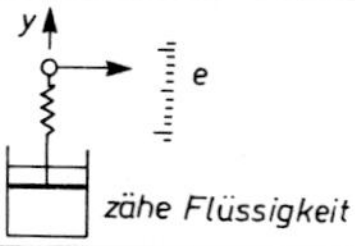	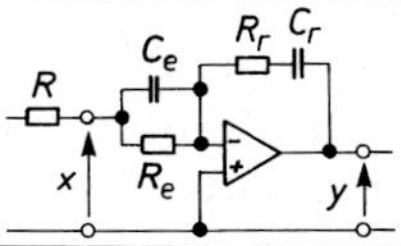
–	–	–
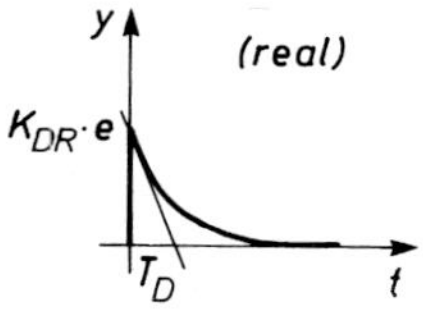	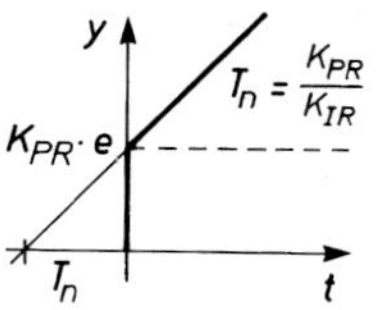	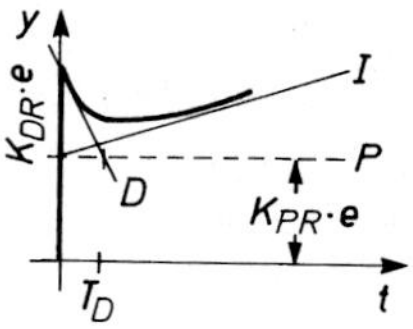
$y = K_{DR}\frac{\Delta e}{\Delta t}$ $(y = K_{DR}\cdot e)$	$y = K_{PR}\cdot\left(1+\frac{t}{T_n}\right)$ $\left(y = K_{PR}\left(e+\frac{1}{T_n}\int e\,dt\right)\right)$	$y = K_{PR}\cdot e\left(1+\frac{t}{T_n}+\frac{T_v}{t}\right)$ $\left(y = K_{PR}\left(e+\frac{1}{T_n}\int e\,dt + T_v\cdot\dot{e}\right)\right)$
K_{DR} T_D Zeitkonstante	T_n Nachstellzeit X_p Proportionalbereich (K_{PR}, K_{IR}, Y_h)	T_v, T_n, K_{PR}, T_D
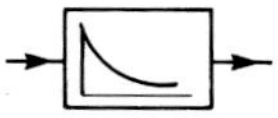	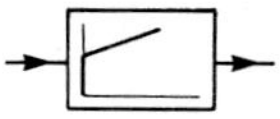	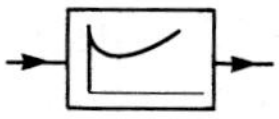
	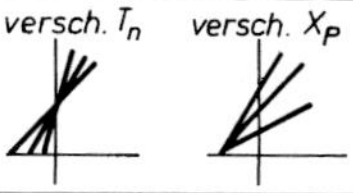	
$\underline{F}(j\omega) = j\omega K_{DR}$	$\underline{F}(j\omega) = K_{PR}\left(1-j\frac{1}{T_n\omega}\right)$	$\underline{F}(j\omega) = K_{PR}\left[1+j\left(\omega T_v-\frac{1}{T_n\omega}\right)\right]$
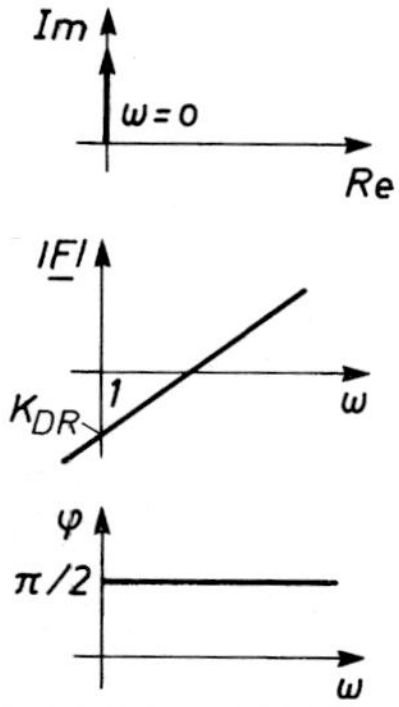	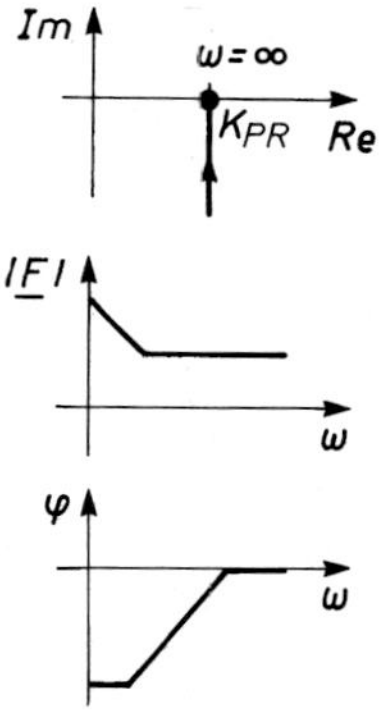	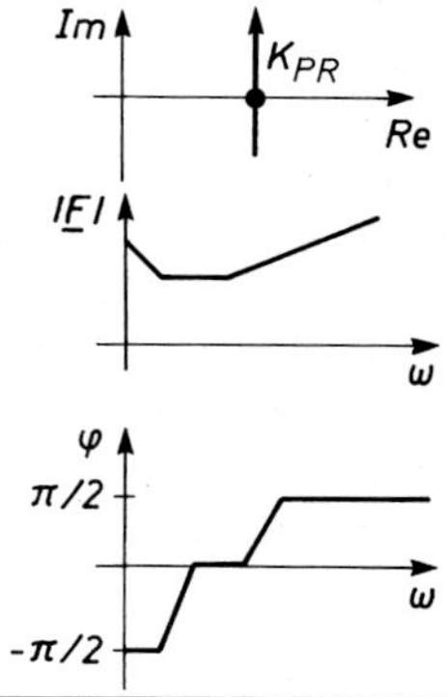

3.3.3 Quasistetige Regler

Bisher wurden analoge Regler vorgestellt. Eine Ausnahme bildeten die Zwei- bzw. Dreipunkt-Regler. Eine andere – immer mehr an Bedeutung gewinnende – Gruppe von Reglern wird als digitale oder quasistetige Regler bezeichnet. Hierbei wird der Regler durch eine elektronische Schaltung, einen Mikroprozessor, eine SPS oder einen Computer ersetzt. Das Verhalten des Reglers bestimmt ein Programm. Dadurch ergeben sich eine Reihe von Vorteilen. Durch die Programmsteuerung ist das Reglerverhalten beliebig einstellbar. Es läßt sich sogar zu verschiedenen Regelphasen ein jeweils unterschiedliches Programm fahren, das z. B. in der Anfahrphase den *I*-Anteil erhöht, um möglichst schnell zur Führungsgröße zu gelangen. Auch ist ein beliebiger Verlauf der Regelgröße einstellbar, der der Regelaufgabe angemessener ist. Dadurch, daß das Reglerverhalten als Software vorliegt, ist es leicht änderbar, da einfach nur das Programm ausgetauscht werden muß. Umbauarbeiten entfallen.

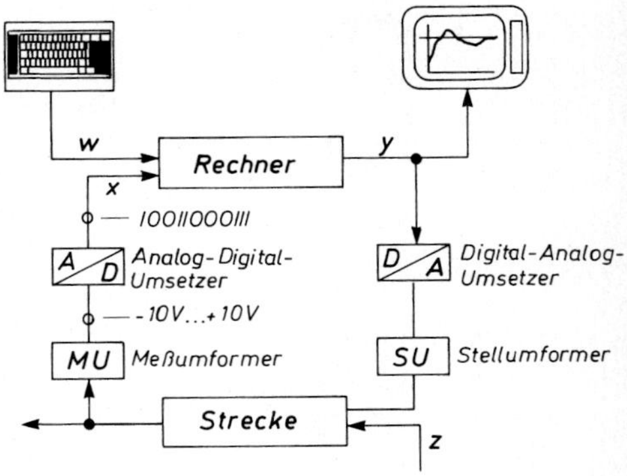

Computergesteuerte Regelung

Durch den Einsatz von Computern ist die Möglichkeit der Vernetzung gegeben, so daß die Prozesse bzw. Daten von Ferne abgefragt oder beeinflußt werden können. Auch die Verbindung und gegenseitige Beeinflussung von Regelkreisläufen wie sie z. B. bei chemischen Prozessen oft auftreten, ist jetzt möglich. Nachteilig wirken sich allerdings die oft hohen Investitionskosten aus, die jedoch bei steigender Verbreitung der Rechner noch weiter sinken werden.

Vorteile digitaler Regelung

- beliebiger Verlauf der Regelgröße
- schnell änderbar
- Datenaustausch
- andere Regelverfahren
- hohe Abtastrate möglich
- Mehrgrößenregulierung
- unempfindlich gegenüber Umwelteinflüssen
- Protokollierung

Nachteil

- hohe Investitionskosten

Idee der Digitalisierung

Die zu regelnden Prozesse sind meist analoge Prozesse, d. h. die zu steuernden physikalischen Größen können in einem gewissen Bereich kontinuierlich alle Werte annehmen. Ein Beispiel dafür ist die Temperatur in einem Glühofen. Diese analogen Werte können nicht direkt von einem Rechner verarbeitet werden, sondern müssen in mehreren Schritten in eine vom Rechner zu verarbeitende Form umgewandelt werden.

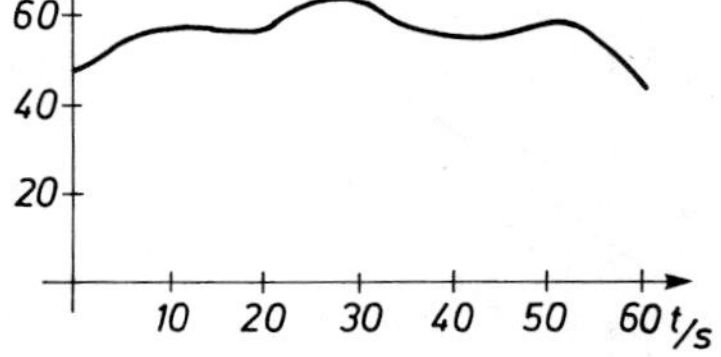

Temperaturkurve

Zunächst muß die zu regelnde physikalische Größe in eine elektrische Spannung umgewandelt werden. Dieses machen in der Regel geeignete Sensoren.

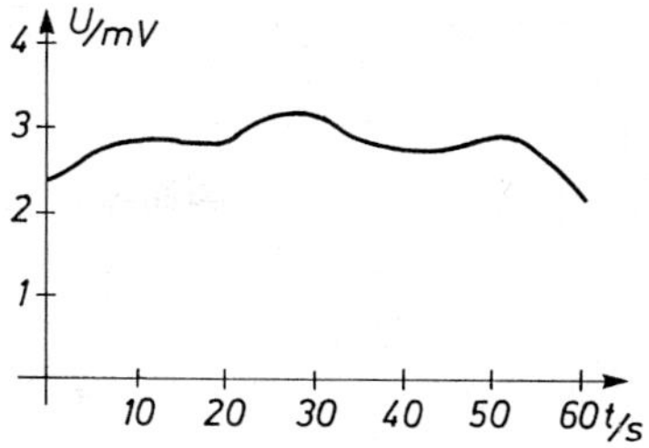

Meßwerte als Spannung

In einem nächsten Schritt werden die Meßwerte nur in bestimmten Zeitintervallen abgefragt. Deshalb werden diese Regler auch als *digitale Abtastregler* bezeichnet. Die Zeitintervalle sind je nach Prozeß unterschiedlich. So wird man für Temperaturmessungen ein Zeitintervall von einigen 10 s nehmen, für Drehzahlmessungen Millisekunden. Die Zeiten, zu denen die Meßwerte abgefragt werden, nennt man Abtastzeit, die konstanten Zeitabstände bezeichnet man mit T_A.

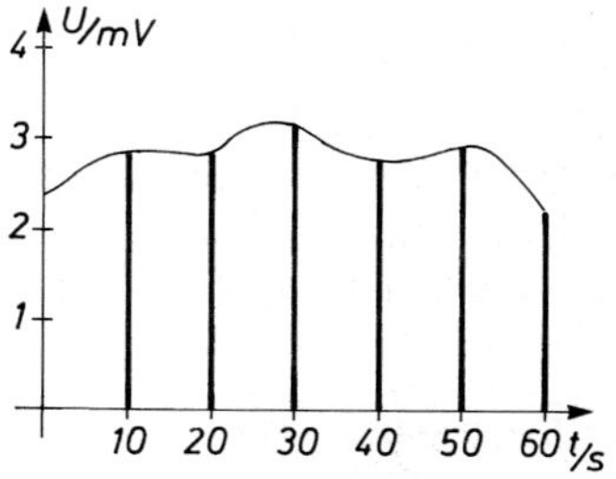

Meßwertabfrage zu Abtastzeiten

Dadurch erhält man nicht mehr eine kontinuierliche Meßkurve sondern nur einige Meßpunkte zu den Abtastzeiten. Das bedeutet sicherlich einen Ungenauigkeit, die bei ungünstiger Wahl der Abtastzeit zu unerwünschten Effekten führen kann. Deshalb wird man die Abtastzeit genügend klein machen, was bei den heutigen Rechnergeschwindigkeiten auch kein Problem darstellt.

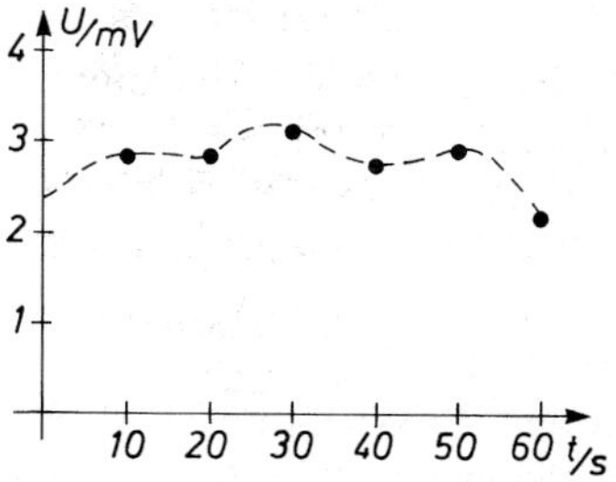

Meßpunkte

Diese digitalisierten Werte müssen noch für die Weiterverarbeitung aufbereitet werden.

Zunächst werden sie quantisiert, d.h. ihr Wert wird ermittelt. Dann werden diese Werte digitalisiert, d.h. sie werden in Dualzahlen umgewandelt.

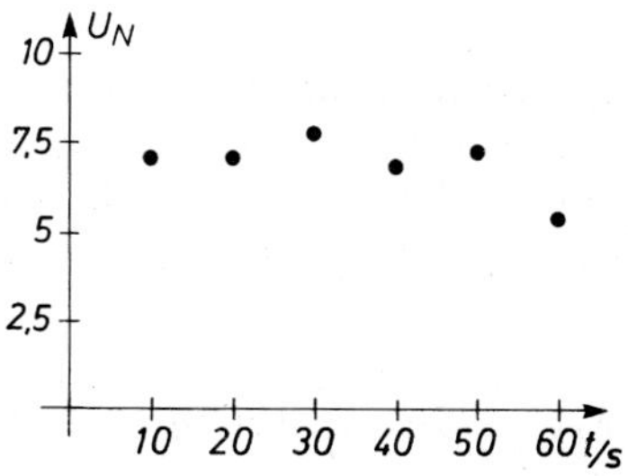

transformierte Werte

Sie können zwischengespeichert werden. Viele Programme können bereits diese Werte verarbeiten.

Intern schließt sich dann noch die Umwandlung dieser digitalen Werte in duale an. Diese Zahlen können dann direkt vom Rechner verarbeitet werden.

Takt k	Zeit t	Wert	Dualzahl
1	10	7,08	1011000100
2	20	7,10	1011000110
3	30	7,82	1100001110
4	40	6,93	1010110101
5	50	7,33	1011011101
6	60	5,63	1000110011

Zahlenwerte

> Durch die Umwandlung analoger Größen in digitale Werte läßt sich ein Regler durch einen Rechner ersetzen.

► ***Zur Selbstkontrolle***

1. Welche Schritte sind nötig, um ein analoges Signal zu digitalisieren?
2. Nennen Sie Vor- und Nachteile der Digitalisierung.

Idee der Programmierung

Über den Analog-Digital-Umsetzer bekommt der Rechner eine Folge von Ist-Werten $x(kT)$, dabei ist k die Nummer des Wertes und T die Abtastzeit. Im Rechner gespeichert ist die Formel für die Führungsgröße $w(kT)$. Im einfachsten Fall ist diese eine Konstante; aber auch Funktionen sind möglich. Daraus kann für jeden Zeitpunkt die Regeldifferenz

$$e(kT) = w(kT) - x(kT)$$

gebildet werden. Anhand eines im Rechner gespeicherten Programmteils, dem Regelalgorithmus, kann nun die Stellgrößenfolge $y(kT)$ berechnet werden. Im Folgenden soll kurz die Berechnung der Stellgrößenfolge für einen *PID*-Regler vorgestellt werden.

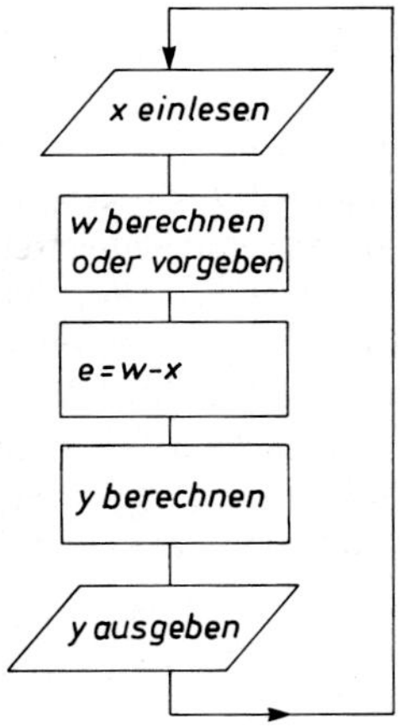

Regelalgorithmus

Der Übergang vom stetigen Regler zum quasistetigen wird dadurch vollzogen, daß die Integration durch die Summe und die Differentiation durch den Differenzenquotienten ersetzt wird. So wird aus

$$y(t) = K_{PR} \cdot \left[e(t) + \frac{1}{T_n} \int e(t)\,dt + T_v \dot{e}(t) \right]$$

$$y(k) = K_{PR} \cdot \left[e(k) + \frac{T}{T_n} \sum_{i=0}^{k-1} e(i) + \frac{T_v}{T}(e(k) - e(k-1)) \right]$$

Diese Formel kann mittels eines Unterprogramms ausgewertet werden. Die Grundstruktur eines *PID*-Algorithmus ist rechts abgebildet. *P*-, *I*-, *PI*- und *PD*-Regler werden durch Weglassen von Programmteilen gebildet.

Durch die Darstellung der Formel für die Stellgröße als Programm läßt sich ein Regler durch einen Rechner ersetzen.

PID-Algorithmus	
KP, *TN*, *TV*, *T* eingeben	
W eingeben (oder Formel)	
$k := 0$; sum $:= 0$; $e_$alt $:= 0$	
	x einlesen
	$e := w - x$
	$yp := e$
	sum $:=$ sum $+ e$
	$yi := T/TN *$ sum
	$dif := e - e_$alt
	$yd := TV/T * dif$
	$y = KP * (yp + yi + yd)$
	y ausgeben
	$e_$alt $:= e$
wiederhole bis Prozeßende	

PID-Regelalgorithmus

Idee der Simulation

Der Einsatz von Rechnern in der modernen Regelungstechnik zeigt sich an weiteren Anwendungsfällen. Nicht bei allen Regelstrecken ist es nämlich möglich, die Stellgröße sprunghaft zu ändern, um den Verlauf der Ausgangsgröße aufzuzeichnen, damit man die Kenngrößen der Strecke ermitteln kann. Auch die direkte Untersuchung von vermaschten technischen Anlagen ist meist nicht durchführbar. Oft sind aber die Gleichungen, die diesen Prozessen zugrunde liegen, bekannt. Diese lassen sich wiederum als Programm in einem Rechner darstellen und bearbeiten.

Am Rechner lassen sich viele Versuche durchführen, aus denen dann das Verhalten der Regelstrecke und ihre Kenngrößen ermittelt werden können. Sogar Störungen, die in der Wirklichkeit nur sehr schwer oder gar nicht dargestellt werden könnten, sind hier simulierbar.

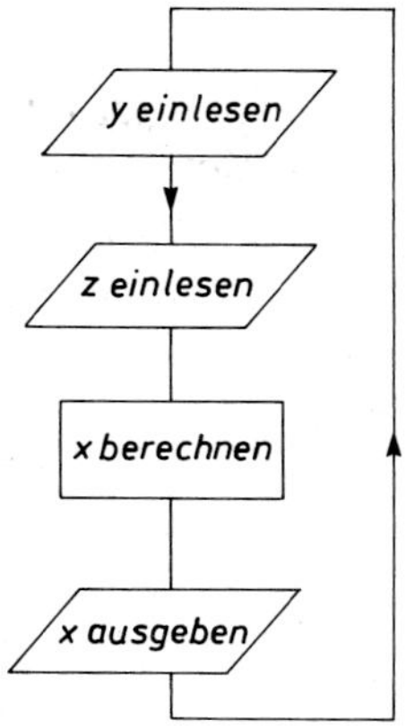

Simulation einer Regelstrecke

Die Güte der Simulation hängt entscheidend von der Güte der Beschreibung der tatsächlichen Verhältnisse durch die mathematischen Gleichungen ab. Je genauer diese die Wirklichkeit widerspiegeln, desto besser ist die Simulation. Und hierin liegt das Problem der Simulation. Man ist sich in vielen Fällen nicht sicher, ob man wirklich alle Einflußgrößen in den Gleichungen berücksichtigt hat, ob nicht die Vereinfachungen, die man notgedrungen machen mußte, die Wirklichkeit doch zu stark verzerren.

Beispiele für Regelstrecken, die simuliert werden

- Neutronenflußregelung im Atomreaktor,
- Lageregelung bei Raumfähren,
- Prozeßregelungen an einer Produktionsstraße im Walzwerk.

Regelstrecken, an denen man keine geeigneten Versuche durchführen kann, werden in einem Rechner simuliert. Hier lassen sich alle denkbaren Stell- und Störgrößen darstellen und die Reaktion der Strecke darauf ermitteln. Die Güte der Simulation hängt entscheidend von der Güte der mathematischen Beschreibung der Realität ab.

3.4 Zusammenwirken von Regler und Strecke

Zuvor haben wir die Grundglieder von Reglern und Strecken und einige ihrer Kombinationen kennengelernt. Jetzt werden wir uns der eigentlichen Aufgabe der Regelungstechnik zuwenden. Oft ist eine Strecke gegeben. Ihre Kennwerte müssen aber meist erst empirisch ermittelt werden. Die Ergebnisse stellt man entweder als Frequenzgang, im Bode-Diagramm oder in der Ortskurve dar.

Aufgabe der Regelungstechnik
Für eine – meist vorgegebene – Strecke soll ein der Aufgabe gemäß passender Regler ausgewählt werden und seine Parameter für ein optimales Regelverhalten eingestellt werden.

Aus der Aufgabe ergeben sich Fragen

- Welche Aufgaben gibt es für einen Regelkreis?
- Welche Güte- oder Beurteilungskriterien gibt es für einen Regelkreis?
- Wie kann man das Verhalten des Regelkreises beschreiben?
- Was heißt „optimales Verhalten"?
- Wie kann man die dazu gehörenden Parameter ermitteln?
- Wie findet man einen zur Strecke passenden Regler?

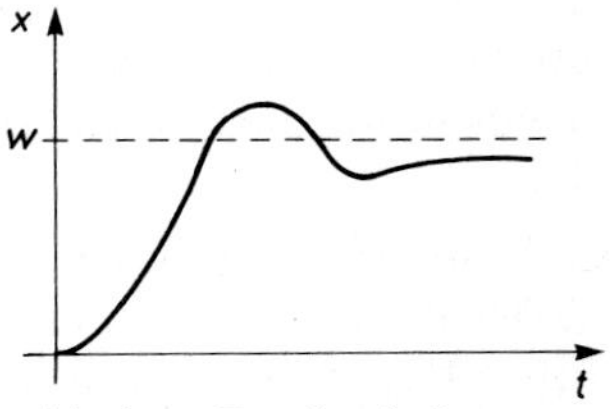

schlechtes Regelverhalten

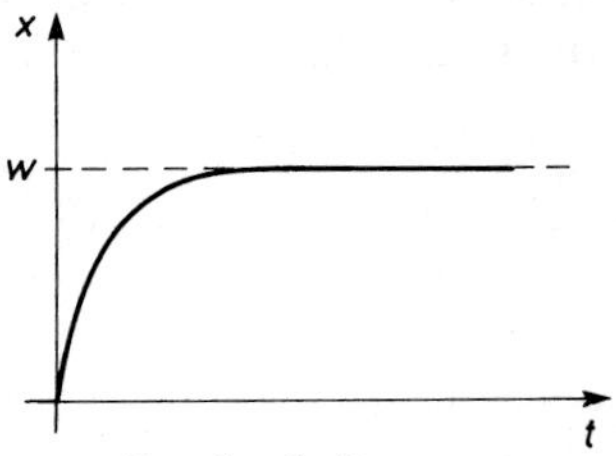

gutes Regelverhalten

3.4.1 Begriffe zur Beurteilung von Regelkreisen

Die Aufgaben und Einsatzgebiete von Regelkreisen sind vielfältig; jedoch müssen von **jedem** Kreis drei unterschiedliche Aufgaben bewältigt werden.

- **Anfahrverhalten**

Die Regelgröße x soll nach dem Einschalten den Sollwert erreichen.

Dies kann auf unterschiedliche Art und Weise geschehen. So ist es bei der einen Regelaufgabe zulässig, daß der Sollwert auch kurzfristig überschritten wird (z. B. Temperaturregelung); bei einer Drehmaschine ist dies sicherlich unerwünscht. In einem anderen Fall kann es darauf ankommen, den Sollwert möglichst schnell zu erreichen.

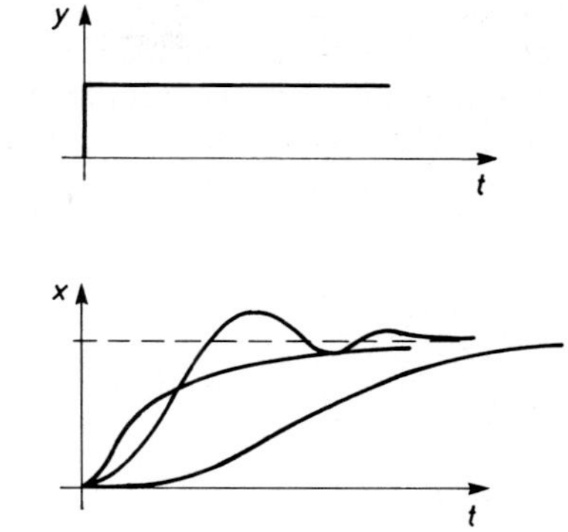

Anfahrverhalten bei einem Stellsprung

- **Führungsverhalten**

Der Regelkreis muß auf eine Veränderung der Führungsgröße w mit einer Änderung der Regelgröße x reagieren. Vom Einfluß einer Störgröße wird hier im allgemeinen abgesehen.

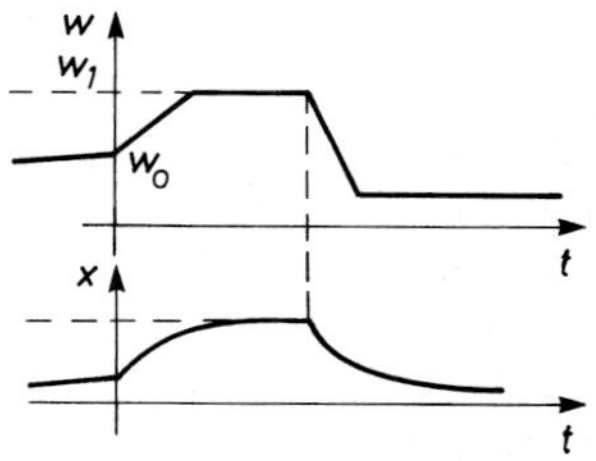

Führungsverhalten

- **Störverhalten**

Tritt eine Störung z auf, so soll die Regelgröße x möglichst schnell und fehlerfrei den alten Wert annehmen, den sie vor der Störung hatte. Hierbei wird meist von einer konstanten Führungsgröße ausgegangen.

Zu diesen allgemeinen Aufgaben kommt noch ein weiterer Begriff, der zur Beurteilung des Regelkreises wichtig ist:

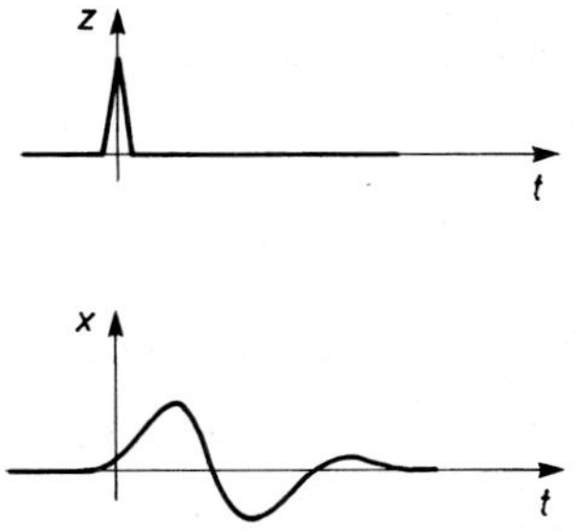

Störverhalten

- **Stabilität**

Damit ist die Eigenschaft eines Regelkreises gemeint, aus einem schwingenden Verhalten nach einer gewissen Zeit zu einem stabilen Zustand zu gelangen. D.h., falls eine Schwingung vorliegt, muß sie eine abklingende Amplitude aufweisen.

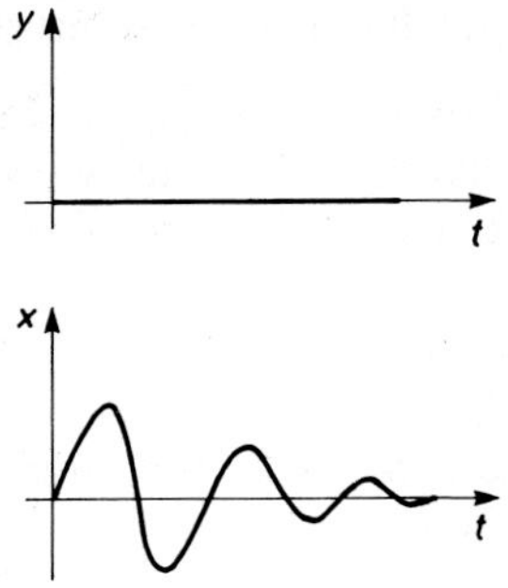

Stabilität

3.4.2 Regelung mit stetigen Reglern

3.4.2.1 Mathematische Zusammenhänge

Regler und Strecke sind im Signalflußplan in ihrem Zusammenwirken durch Angabe des Frequenzganges darstellbar. Daraus läßt sich dann eine Gleichung für die Regelgröße aufstellen.

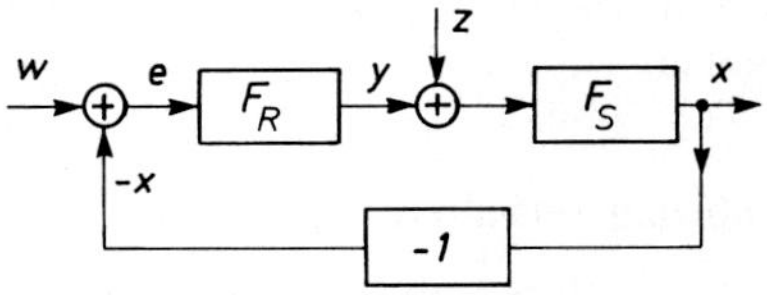

Bild Regelkreis mit F_R und F_S

$$[\underbrace{(\overbrace{w - x}^{e})\, F_R}_{y} + z]\, F_S = x$$

Oder nach x aufgelöst

$$x = \frac{F_R F_S}{1 + F_R F_S} w + \frac{F_S}{1 + F_R F_S} z$$

Hieraus läßt sich eine Gleichung für das Führungs- und Störverhalten ableiten.

Führungsverhalten ($z = 0$)	**Störverhalten ($w = 0$)**
$\frac{x}{w} = \frac{1}{1 + F_R \cdot F_S} \cdot F_R \cdot F_S$	$\frac{x}{z} = \frac{1}{1 + F_R \cdot F_S} \cdot F_S$

Ebenso läßt sich hieraus eine Gleichung für die bleibende Regelabweichung ermitteln

$$e = w - x = w - \left(\frac{F_R F_S}{1 + F_R F_S} w + \frac{F_S}{1 + F_R F_S} z \right)$$

$$e = \frac{1}{1 + F_R F_S} w - \frac{F_S}{1 + F_R F_S} z$$

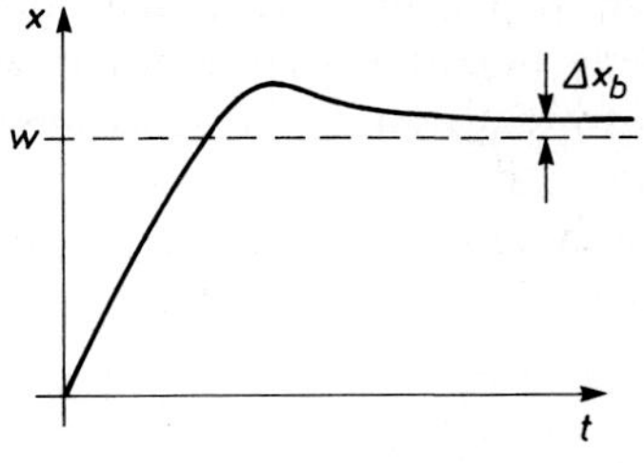

bleibende Regelabweichung

Für $z = 0$, also für den Fall, daß keine Störung vorliegt, ergibt sich eine bleibende Regelabweichung Δx_b

$$\Delta x_b = \frac{1}{1 + F_R F_s} w$$

Der **Regelfaktor** R bestimmt die bleibende Regelabweichung. Er beeinflußt ebenso das Stör- und Führungsverhalten.

Die Größe $\frac{1}{1 + F_R F_S}$ nennt man Regelfaktor R.

Stabilitätsuntersuchung

Ein Regelkreis ist dann an seiner Stabilitätsgrenze, wenn bei sinusförmigem Eingang gilt

$x(t) = y(t)$,

d.h. insbesondere

$$V_0 = \frac{\hat{y}}{\hat{x}} = 1 \text{ und } \varphi = n \cdot 2\pi,$$

denn in diesem Fall schwingt die Regelgröße genau wie die Stellgröße und zwar amplituden- und phasengleich, d.h. es findet bei der Regelgröße weder ein Abklingen noch ein Aufschwingen statt.

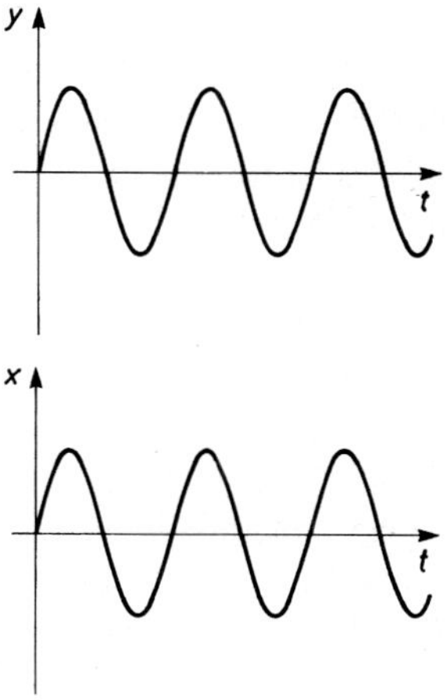

Regelkreis an der Stabilitätsgrenze

Die beiden Bedingungen nennt man auch die Stabilitätsbedingungen.

An seiner Stabilitätsgrenze schwingt ein Regelkreis ungedämpft. Er ist an seiner Stabilitätsgrenze.

In der **Ortskurve** ist $+1$ auf der reellen Achse der Punkt, an dem die beiden Stabilitätsbedingungen erfüllt sind. Schneidet nun der Frequenzgang $\underline{F}_0 = -\underline{F}_R \underline{F}_S$ die reelle Achse links von den Punkt, so ist der Regelkreis stabil, rechts davon ist er instabil. Dieses Kriterium nennt man das vereinfachte **Nyquist-Kriterium**.

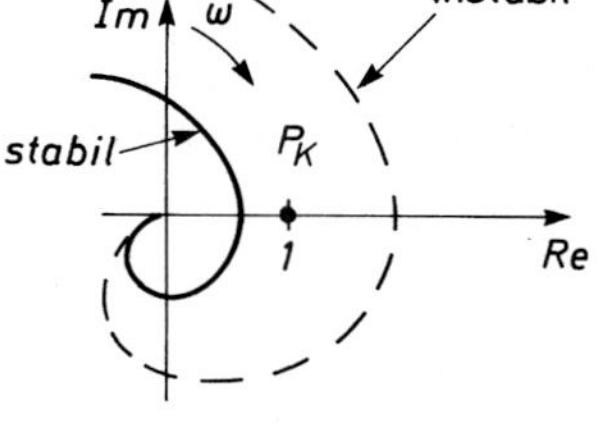

Stabilität bei der Ortskurve

Für die Stabilitätsuntersuchung gibt es mit dem Bode-Diagramm eine zweite Möglichkeit. Addiert man nämlich grafisch F_R und F_S (das entspricht ja wegen der logarithmischen Teilung einer Multiplikation), so erhält man $-F_0$. Addiert man die Größen φ_R und φ_S und realisiert die Vorzeichenumkehr durch Addition von π, so erhält man φ_0. Der kritische Punkt P_k ist nun der Punkt, bei dem der Phasengang φ_0 die ω-Achse schneidet ($\varphi = 0$). Im Frequenzgang wird nun nachgesehen, welchen Wert $|F_0|$ hat. Ist dieser Wert <1, so ist der Regelkreis stabil, ist er >1, instabil.

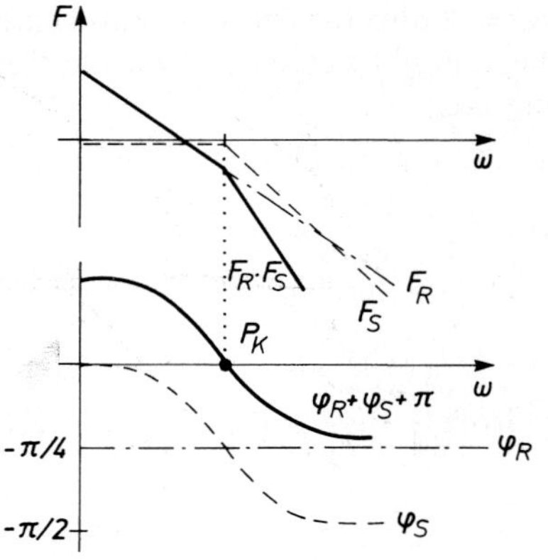

Stabilität im Bode-Diagramm

Weitere Parameter

Weitere, oft bei der Beurteilung eines Regelkreises herangezogene Werte sind

- Anregelzeit T_{an}
- Ausregelzeit T_{aus}
- Überschwingweite $x_ü$

An- und Ausregelzeit beginnen, wenn der Wert der Regelgröße nach einem Eingangssprung einen vorgegebenen Toleranzbereich der Regelgröße verläßt. Die Anregelzeit endet, wenn er in diesen Bereich erstmals wieder eintritt, die Ausregelzeit, wenn er in diesen Bereich dauerhaft wieder eintritt. Die Überschwingweite ist die größte vorübergehende Sollwertabweichung.

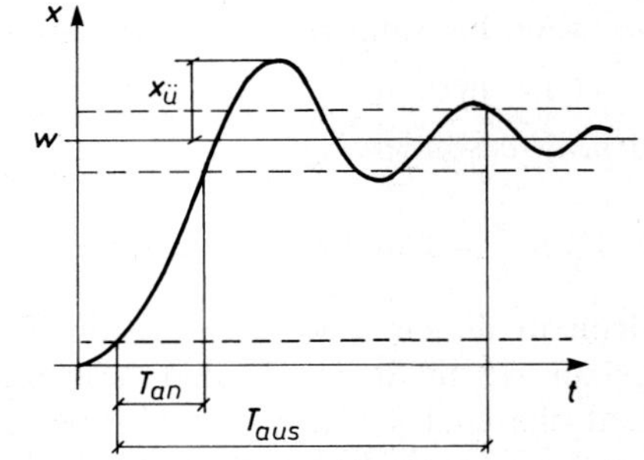

Bild Parameter

In der folgenden Übersicht sind die oben behandelten Zusammenhänge noch einmal verkürzt dargestellt.

Kriterium	**Kennwerte**	**Parameter**
Anfahrverhalten Führungsverhalten Störverhalten Stabilität	Überschwingweite $x_ü$ Ausregelzeit T_{aus} Anregelzeit T_{an} bleibende Regelabweichung x_{wb} Regelfaktor R kritischer Punkt P_k	Proportionalbeiwert der Strecke K_{PS} Proportionalbeiwert des Reglers K_{PR} Nachstellzeit T_n Vorhaltezeit T_v Zeitkonstante T_D Stellbereich Y_h Totzeit T_t Ausgleichzeit T_g bzw. T_l Verzugszeit T_u

▼ ***Lehrbeispiel***

Gegeben ist eine PT_1-Regelstrecke, für die der dimensionslose Proportionalbeiwert K_{PS} und die Zeitkonstante T_1 durch Messungen bekannt sind. $K_{PS} = 2$, $T_1 = 0{,}2$ s. Diese Strecke soll mit einem P-Regler, der auf $K_{PR} = 2{,}5$ eingestellt ist, geregelt werden.

a) Untersuchung der Stabilität mit Hilfe des Bode-Diagramms

Für die PT_1-Strecke gilt

$$\underline{F}_S(j\omega) = \frac{K_{PS}}{1 + j\omega T_1} = \frac{2}{1 + 0{,}2\ \text{s} \cdot j\omega}$$

sowie daraus

$$|\underline{F}_S| = \frac{2}{\sqrt{1 + 0{,}04\ \text{s}^2\,\omega^2}}$$

und

$$\varphi = \arctan\left(-\frac{1}{0{,}2\ \text{s} \cdot \omega}\right).$$

Für den Regler gilt

$$\underline{F}_R(j\omega) = K_{PR} = 2{,}5$$

damit $|\underline{F}_R| = 2{,}5$ und $\varphi = 0$.

Man sieht, daß der Regelkreis strukturstabil ist, da der Phasengang die ω-Achse nirgends schneidet.

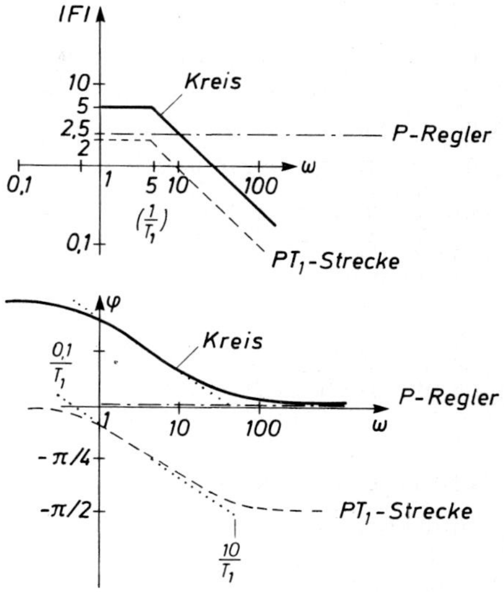

Bode-Diagramm

b) Untersuchung der Stabilität mit Hilfe der Ortskurve

Für den Frequenzgang der Ortskurve gilt

$$\underline{F}_0 = -\,\underline{F}_R \cdot \underline{F}_s = \frac{-2 \cdot 2{,}5}{1 + 0{,}2\ \text{s} \cdot j \cdot \omega}$$

$$= \frac{-5}{1 + 0{,}2\ \text{s} \cdot j \cdot \omega}$$

$$= \frac{-5}{1 + 0{,}04\ \text{s}^2\omega^2} + j \cdot \frac{\omega}{1 + 0{,}04\ \text{s}^2\omega^2}$$

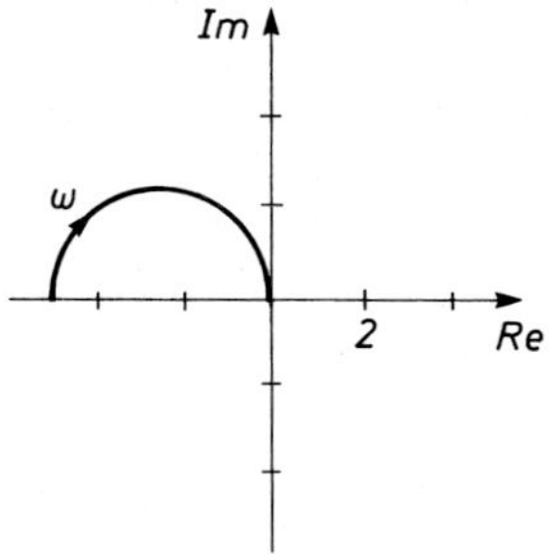

Ortskurve

Auch hier sieht man die Strukturstabilität, da die Re-Achse nirgends geschnitten wird. ▲

3.4.2.2 Kriterien für die Reglerauswahl

Nachdem nun in den vorhergehenden Kapiteln die Komponenten eines Regelkreises vorgestellt und die Beurteilungskriterien für die Güte und die Stabilität angesprochen wurden, ist es nun möglich, die zu einzelnen Strecken geeigneten Regler zu suchen und Richtlinien für deren Einstellung zu finden. Dabei sollen die Vor- und

Nachteile der einzelnen Kombinationen deutlich werden, damit der Regelungstechniker eine Grundlage für seine Entscheidungen erhält.

Der Prozeß der Reglerauswahl geschieht meist nach nebenstehendem Schema. Aus den regelungstechnischen Anforderungen des technologischen Prozesses und den – zu ermittelnden – Kenndaten der Strecke wird der für diese Aufgabe geeignete Regler ausgewählt. Die Parameter dieses Reglers werden dann zunächst grob und in der Optimierungsphase fein eingestellt.

Im ersten Schritt muß also ermittelt werden, welcher Regler zu welcher Strecke paßt und welche Eigenschaften diese Kombination hat. Eine Übersicht zeigt die Tabelle auf S. 328.

Für eine Kombination aus zwei Feldern soll hier exemplarisch ihr Inhalt hergeleitet werden.

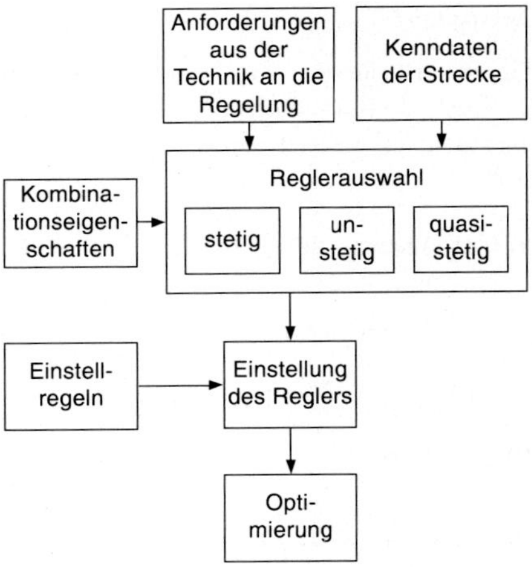

Auswahl und Einstellung eines Reglers

I-Strecke und *P*-Regler

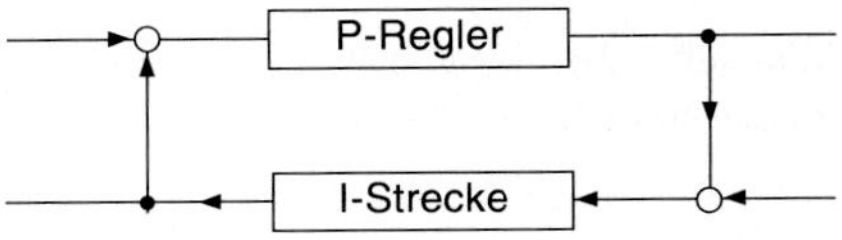

In diesem Falle gilt (vgl. 3.4.2)

$$\underline{F}_R = K_{PR}$$

und $\underline{F}_S = \dfrac{K_{IS}}{j\omega}$

also

$$\underline{x} = \frac{K_{PR} \cdot K_{IS}}{j\omega\left(1 + \dfrac{K_{PR} \cdot K_{IS}}{j\omega}\right)} \cdot \underline{w} + \frac{K_{IS}}{j\omega\left(1 + \dfrac{K_{PR} \cdot K_{IS}}{j\omega}\right)} \cdot \underline{z}$$

$$= \frac{1}{1 + j\omega \dfrac{1}{K_{PR} \cdot K_{IS}}} \cdot \underline{w} + \frac{\dfrac{1}{K_{PR}}}{1 + j\omega \dfrac{1}{K_{PR} \cdot K_{IS}}} \cdot \underline{z}$$

Das *Führungsverhalten* zeigt T_1-Verhalten (vgl. 3.2.3)

$$\frac{x}{w} = \frac{1}{1 + j\omega \dfrac{1}{K_{PR} \cdot K_{IS}}}$$

mit $T_1 = \dfrac{1}{K_{PR} \cdot K_{IS}}$. Es strebt mit einer abklin-

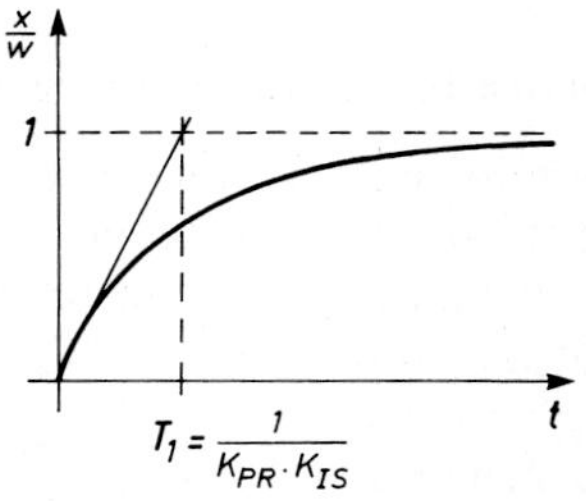

Führungsverhalten

genden e-Funktion $\left(1 - e^{-\frac{T_1}{2}}\right)$ der Führungsgröße zu. T_1 kann verkleinert werden, wenn K_{PR} größer gewählt werden kann.

Eine bleibende Regelabweichung tritt nicht auf.

Für das *Störverhalten* gilt

$$\frac{x}{z} = \frac{\frac{1}{K_{PR}}}{1 + j\omega \frac{1}{K_{PR} \cdot K_{IS}}}$$

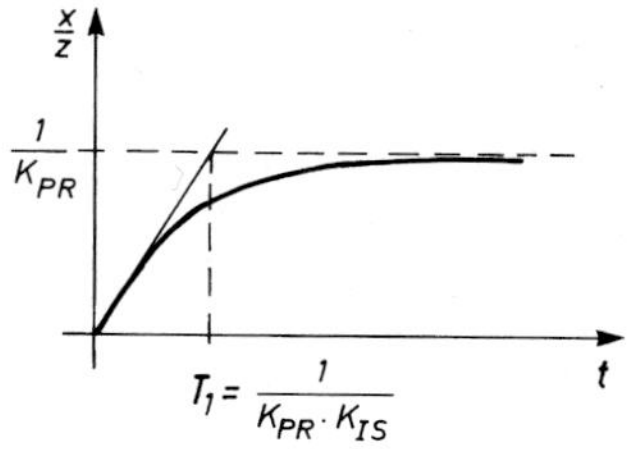

Störverhalten

Auch hier liegt wieder T_1-Verhalten vor, wobei die Einflußgröße der Störung mit $\frac{1}{K_{PR}}$ reduziert wird. D.h. mit ausreichend großem K_{PR} kann man den Einfluß der Störung beliebig klein halten, aber nicht ganz ausregeln.

Stabilität

Da für $\underline{F}_0 = -\underline{F}_R \cdot \underline{F}_S$ gilt

$$\underline{F}_0 = -K_{PR} \cdot \frac{K_{IS}}{j\omega} = j \cdot \frac{K_{PR} \cdot K_{IS}}{\omega},$$

die Ortskurve sich also auf der imaginären Achse befindet, ist das System strukturstabil.

Also kann man die oben gestellte Forderung, das K_{PR} groß gewählt werden muß, ohne Stabilitätsprobleme erfüllen.

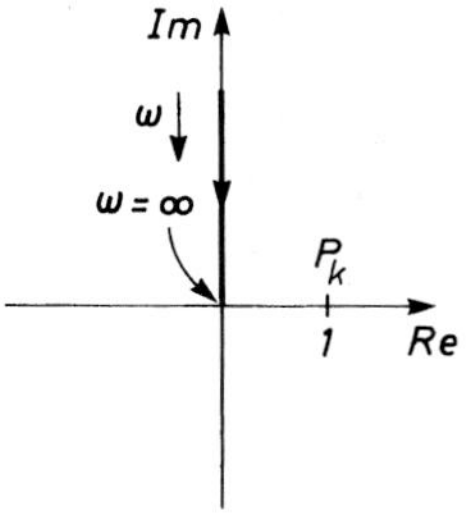

Ortskurve

Nachfolgend ist eine Tabelle aufgeführt, die die Eigenschaften einiger wichtiger Kombinationen aufführt. Die Angaben in den Zeilen sind von links nach rechts zu lesen, da man in den meisten Fällen versuchen wird, einen möglichst einfachen Regler zu finden. Erst wenn dieser die Regelaufgabe nicht befriedigend löst, wird man einen anderen Regler wählen.

3.4.2.3 Übersicht: Kombinationen von Reglern und Strecke

Strecke	typisches Auftreten	Regler: ***P***	***I***	***PI***	***PD***	***PID***
I		gut, wenn K_{PR} hoch genug ist	ungeeignet	sehr gut geeignet	keine Verbesserung	keine Verbesserung
PT₀		+ immer stabil bedingt geeignet, falls Regelstrecke unbegrenzten Proportionalbereich besitzt	− große kurzzeitige Regelabweichung möglich bei einer Störung − Ausregelzeit groß + immer stabil + $\Delta x_b = 0$	+ mögliche große kurze Regelabweichung fällt weg − Ausregelzeit noch größer	keine Verbesserung	keine Verbesserung
PT₁	Drehzahl	+ immer stabil gut, wenn K_{PR} hoch genug ist	− macht Regelkreis instabil	gut, falls K_{PR} und K_{IR} richtig gewählt	keine Verbesserung	keine Verbesserung
PT₂	Temperatur	− Δx_b wählt man K_{PR} größer, würde Δx_b kleiner; gleichzeitig aber auch die Dämpfung und damit die Schwinggefahr	+ $\Delta x_b = 0$ − neigt zur Instabiliät − starkes Überschwingen möglich − lange Regelzeit wenig geeignet	+ $\Delta x_b = 0$ + schneller als *I*-Regler − Überschwingweite und Regelzeit schlechter als *P* − kann instabil werden	− Δx_b + keine Stabilitätsprobleme	+ optimal − kompliziert einzustellen
PTₙ		+ schnell − Δx_b	− sehr langsam + $\Delta x_b = 0$	+ $\Delta x_b = 0$ + schneller als *I* + einfach einzustellen	+ große K_R möglich ohne Instabilität − Δx_b aber: kleiner als beim *P*-Regler + bei langsamer Änderung regelt er schneller als *P*	+ schneller als *PI* + *D*-Anteil erlaubt größeres K_I ohne Stabilitätsprobleme, daher schneller + *I*-Anteil erlaubt größeres K_D, daher reagiert er bei langsamer Änderung schneller − optimale Einstellung schwierig
Tₜ					keine Verbesserung	keine Verbesserung

3.4.2.4 Einstellregeln

Sind die Kenngrößen der Strecke unbekannt oder ist der mathematische Aufwand für die exakte Betrachtung zu groß, gibt es ein **experimentelles Näherungsverfahren von Ziegler und Nichols**, das es gestattet, die Reglereinstellung zu ermitteln.

Voraussetzung ist, daß der Kreis zu Schwingungen angeregt werden kann. Dann verfährt man nach nebenstehendem Verfahren in Verbindung mit der nachfolgenden Tabelle.

Regler	**Kenngrößen**
P-Regler	$K_{PR} = 0{,}5\ K_{PR_{krit}}$
PD-Regler	$K_{PR} = 0{,}8 \cdot K_{PR_{krit}}$ $T_v = 0{,}12 \cdot T_{krit}$
PI-Regler	$K_{PR} = 0{,}45 \cdot K_{PR_{krit}}$ $T_n = 0{,}83 \cdot T_{krit}$
PID-Regler	$K_{PR} = 0{,}6 \cdot K_{PR_{krit}}$ $T_n = 0{,}5 \cdot T_{krit}$ $T_v = 0{,}125 \cdot T_{krit}$

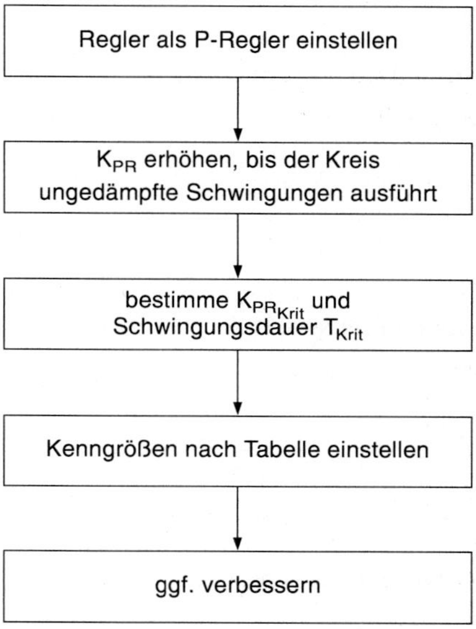

Der Vorteil dieses Verfahrens ist leicht einzusehen, der mathematische Aufwand ist sehr gering. Jedoch sind die erzielten Ergebnisse nur als Näherungswerte zu verstehen. Die Reglereinstellung ist den Anforderungen der Aufgabe entsprechend noch zu verbessern.

▼ ***Lehrbeispiel***

Fehlerhafte bzw. ungünstige Einstellungen zeigen sich deutlich bei der Sprungantwort der Regelgröße. Aus den sich ergebenden Einschwingvorgängen können Rückschlüsse auf notwendige Korrekturen gezogen werden. In den Beispielen wird *PID*-Regelung angenommen, T_v und T_n werden meistens gemeinsam verändert.

Der *I*-Anteil ist zu stark, der *D*-Anteil zu schwach:

T_v und T_n größer wählen.

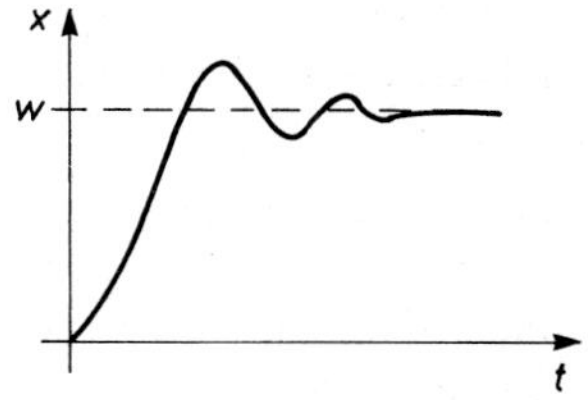

Der I-Anteil ist zu schwach, der D-Anteil zu stark:

T_v und T_n kleiner wählen.

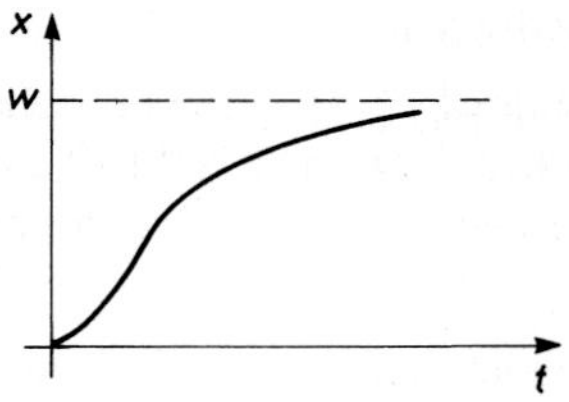

Der P-Anteil ist zu schwach:

K_p größer wählen.

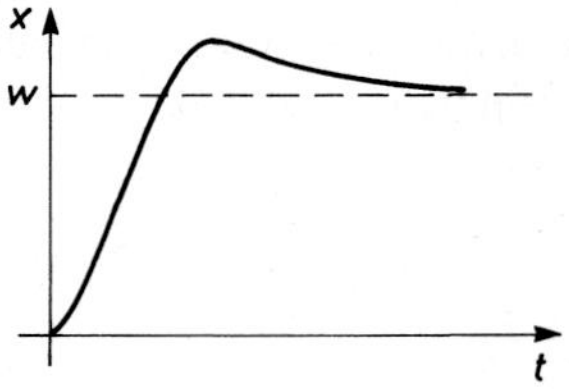

Der P-Anteil ist zu stark:

K_p kleiner wählen.

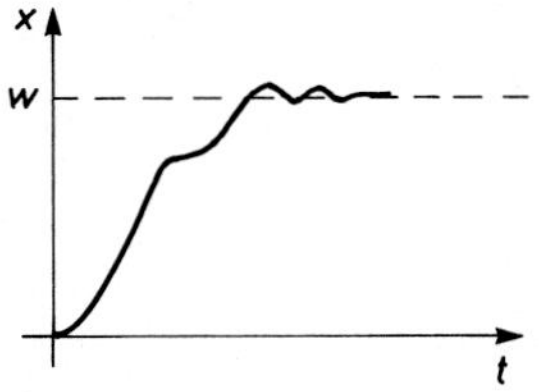

Optimale Reglereinstellung

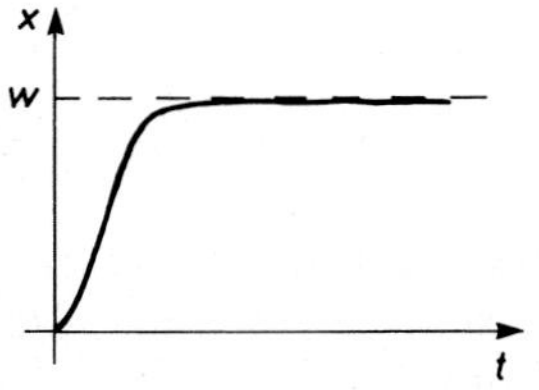

▲

3.4.3 Regelung mit Zweipunktreglern

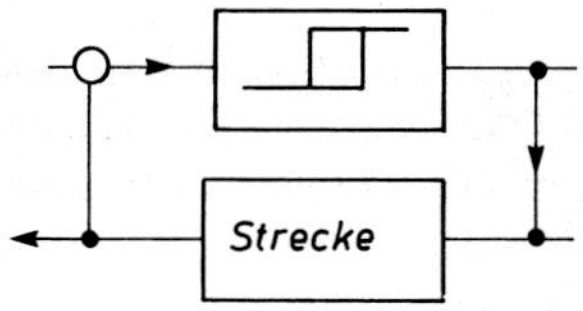

Die Auslegung von Zweipunktreglern erfolgt prinzipiell nach den gleichen Gesichtspunkten. Der Zweipunktregler ist mit einem P-Regler vergleichbar. Um den Verlauf der Regelgröße zu bestimmen kann man jedoch in einfachen Fällen ein grafisches Verfahren anwenden. Aus der Kurve können dann auch die Kenngrößen abgelesen werden.

Ausgangspunkt ist die – experimentell aufgenommene – Sprungantwort der Strecke. Links daneben zeichnet man, um $-90°$ gedreht, die Kennlinie des Reglers. Unter die Sprungantwort zeichnet man eine Koordinatensystem für die Stellgröße. Dann läßt sich der Verlauf der Regelgröße konstruieren, indem man die Kennlinie mit der Sprungantwort kombiniert.

▼ ***Lehrbeispiel***

PT_1-Strecke mit Totzeit T_t; Zweipunktregler mit Schaltdifferenz x_{sd}.

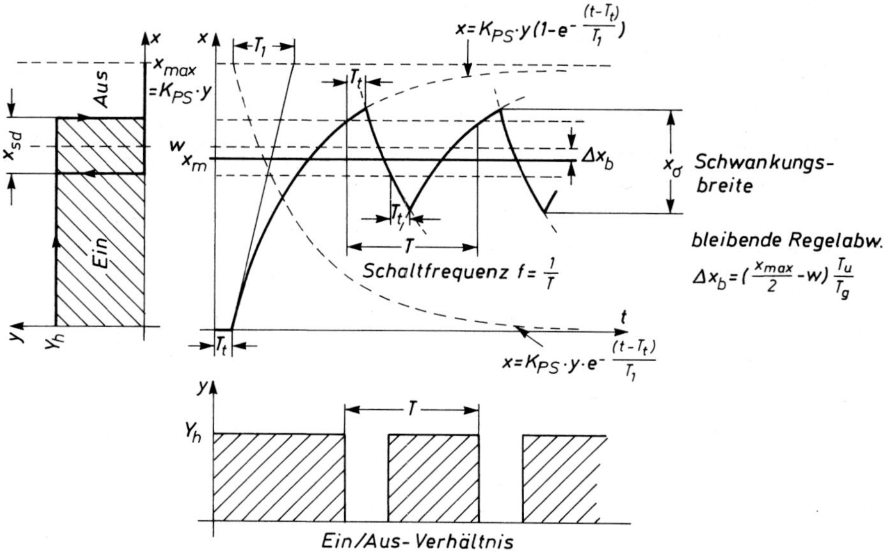

Ohne Regler würde die Regelgröße nach dem Einschalten verzögert nach einer e-Funktion mit der Zeitkonstanten T_1 auf den Endwert x_{max} ansteigen. Wird der Sollwert auf w eingestellt, so ist nach dem Einschalten zunächst $x = 0$ und $e = w - x = w$. Daher schaltet der Zweipunktregler ein und die Regelgröße steigt gemäß der Einschaltkurve an.

Infolge der Schalthysterese schaltet der Zweipunktregler bei Erreichen von w noch nicht ab, sondern erst bei $x = x_{ob}$. Wegen der Totzeit reagiert die Strecke nicht sofort, sondern erst nach Verlauf von T_t. Nach dieser Zeit fällt die Regelgröße entsprechend der Ausschaltkurve (die übrigens nicht die gleiche Zeitkonstante haben muß wie die Einschaltkurve; hier wird aber davon ausgegangen) bis auf $x = x_u$. Dann wird der Regler wieder eingeschaltet. Wiederum reagiert die Strecke erst nach T_t. ▲

Aus dem sich ergebenden Verlauf der Regelgröße lassen sich einige allgemeine Hinweise für den Einsatz von Zweipunktreglern ableiten.

- Eine Verkleinerung der Schaltdifferenz x_{sd} erzeugt auch eine kleinere Schwankungsbreite, was häufig erwünscht ist. Damit nimmt man aber eine höhere Schaltfrequenz in Kauf und damit eine kürzere Lebensdauer des Reglers.
- Eine Verkleinerung der Zeitkonstante T_1 bringt nur eine Verringerung der Periodendauer und damit der Frequenz.
- Die Verkleinerung der Totzeit hat ebenfalls direkten Einfluß auf die Schwingungsweite und die Schaltfrequenz.

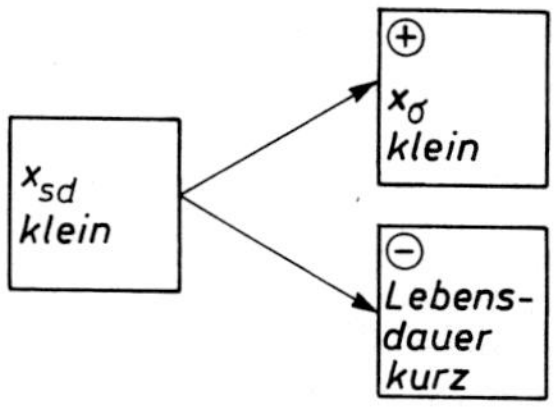

Einfluß von x_{sd}

- Die Lage des Sollwerts – und das ist neu hier – hat ebenfalls Einfluß auf die Schaltfrequenz. In der nebenstehenden Skizze ist der Verlauf der Regelgröße für verschiedene Sollwerte eingezeichnet. Man sieht, daß für $w = 0{,}5\, x_{max}$ die höchste Schaltfrequenz auftritt. Wird w vergrößert oder verkleinert, wird die Schaltfrequenz jeweils kleiner. Zu sehen ist auch, daß die Anfahrphase bei großem w wesentlich länger dauert als bei kleinem. Aber etwas anderes ist entscheidender. Wenn w 50 % von x_{max} beträgt, ist keine bleibende Regelabweichung vorhanden. Das ist der große Vorteil dieser speziellen Lage. Diese läßt sich durch Einführung einer sog. Grundlast erreichen. Soll w bei 70 % von x_{max} liegen und die Schankungsbreite $\pm 10\,\%$ von x_{max} betragen, so wird man eine Grundlast so auslegen, daß der ungeregelte Teil des Kreises 40 % von x_{max} beträgt. Dann liegt nämlich der Sollwert in der Mitte des geregelten Bereichs. Dadurch erreicht man, daß sich neben anderen Vorteilen keine bleibende Regelabweichung einstellt und die stoßweise Belastung des Kreises merklich kleiner wird. Großer Nachteil aber ist das ungünstige Störverhalten. Die Grundlast schränkt den Wirkungsbereich des Reglers ein. Sie muß auch bei jeder Änderung der Führungsgröße neu eingestellt werden.

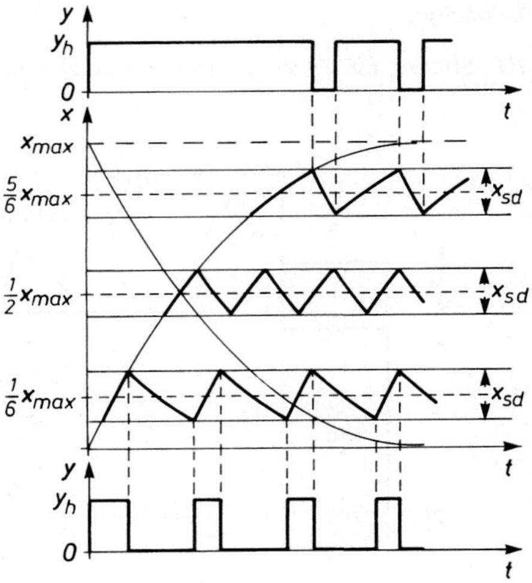

Lage des Sollwerts

Auch die Rückführung verbessert das Verhalten des Zweipunktreglers. Die Idee dabei ist, daß man den Regler bereits vor Erreichen des Sollwertes abschaltet bzw. wieder einschaltet. Durch geeignete Bemessung der Rückführung wird die Schwankungsbreite oft erheblich reduziert.

> Als Maßnahmen für die Verringerung der Schwankungsbreite ergeben sich also
>
> - Verringung der Schaltdifferenz
> - Verkleinerung der Verzugszeit
> - Einführen einer Grundlast
> - Vergrößerung der Ausgleichzeit
> - Verwendung einer Rückführung

▼ ***Lehrbeispiel***

Der skizzierte Durchlauf-Temperofen ist mit einer Dreieck-Stern-Aus-Regelung ausgerüstet.

a) Erläutere die Vorzüge dieser Regelart für den vorliegenden Fall.

b) Gib den entsprechenden Buchstaben für folgende Funktionsglieder der Regelung an:
Sternpunkt, Meßfühler, Verriegelung gegen gleichzeitiges Einschalten von Dreieck und Stern, Meßwerk, Grenzwertschalter für Dreieck-Stern und Aus.

c) Wie reagiert der Regler auf starke Abweichungen?

d) Skizziere je ein Diagramm des *Regelgröße-Zeit*-Verlaufs und des *Leistungs-Zeit*-Verlaufs.

Lösung

a) Beim Temperofen erfolgt die Beschickung nicht kontinuierlich, sondern in gewissen Zeitabständen stoßweise. Hierdurch treten bedeutende Temperaturschwankungen auf. Da der Ofen eine verhältnismäßig große Wärmekapazität aufweist, fällt die Anheizzeit ins Gewicht.

Das *Dreieck-Stern-Aus-Verfahren* erlaubt kurze Anheizzeiten und liefert eine hohe Energiereserve für starke Schwankungen der Regelgröße. Beides wird für den Temperofen gefordert.

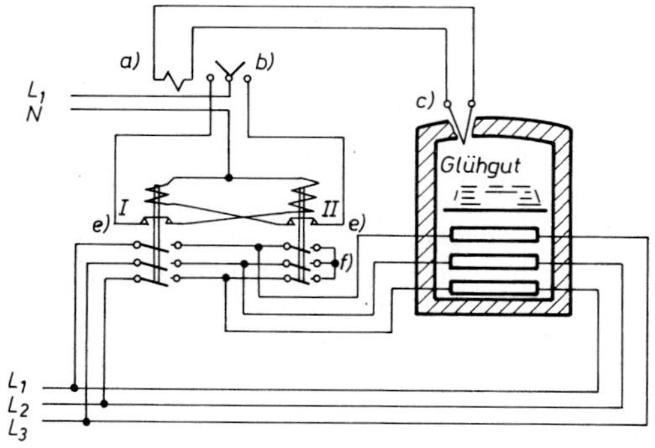

b) Sternpunkt: *f*; Meßfühler: *c*; Verriegelung gegen gleichzeitiges Einschalten von Dreieck und Stern: *e*; Meßwerk: *a*; Grenzwertschalter für Dreieck-Stern und Aus: *b*.

c) Bei sehr großer negativer Abweichung schaltet der Regler automatsich wieder die hohe Dreieckleistung ein und erzielt dadurch eine kurze Ausregelzeit. Bei sehr positiver Abweichung dagegen wird die Ausschaltphase entsprechend verlängert.

d)

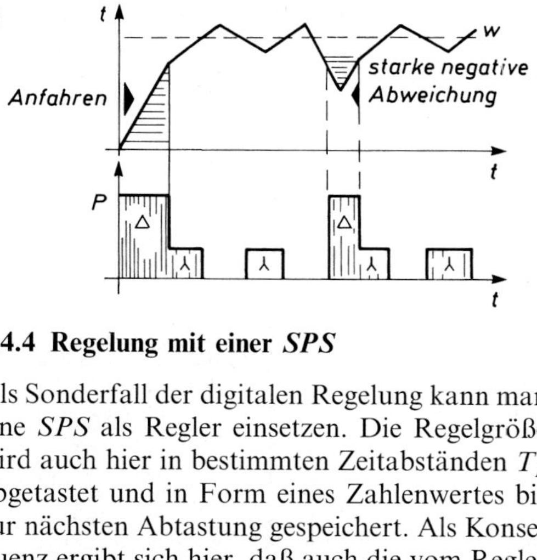

▲

3.4.4 Regelung mit einer *SPS*

Als Sonderfall der digitalen Regelung kann man eine *SPS* als Regler einsetzen. Die Regelgröße wird auch hier in bestimmten Zeitabständen T_A abgetastet und in Form eines Zahlenwertes bis zur nächsten Abtastung gespeichert. Als Konsequenz ergibt sich hier, daß auch die vom Regler ermittelte Stellgröße *y* für die Dauer der Abtastzeit auf dem gleichen Wert bleiben muß.

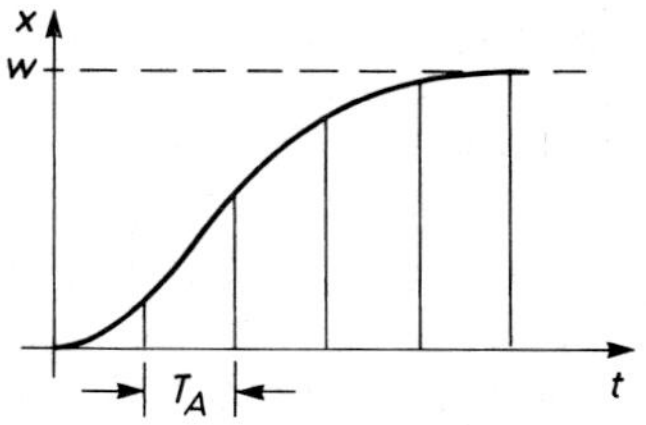

Abtastung des Ist-Wertes

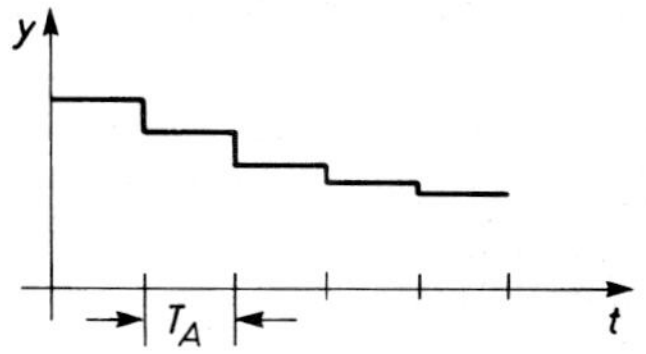

Ausgabe einer Stellgröße

Für den Einsatz einer *SPS* heißt das, daß sich eine zeitgesteuerte Programmbearbeitung des Regelalgorithmus mit einem entsprechenden Organisationsbaustein anbietet.

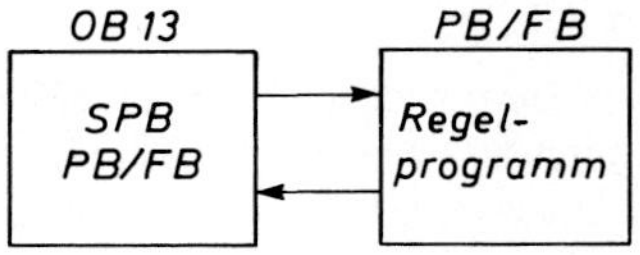

OB13 = Zeitgesteuerter Organisationsbaustein (Aufruf vom System z. B. alle 0,5 s)

Mit einer *SPS* können sowohl stetige Regler als auch unstetige Regler realisiert werden. Für unstetige Regler stehen die bekannten binären Signalausgänge und für stetige Regelungen entsprechende Analogausgänge zur Verfügung.

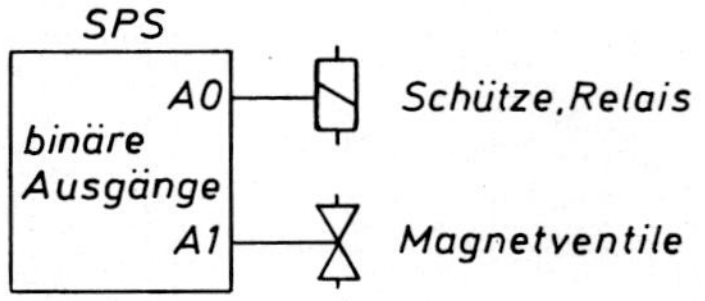

binäre Stellglieder

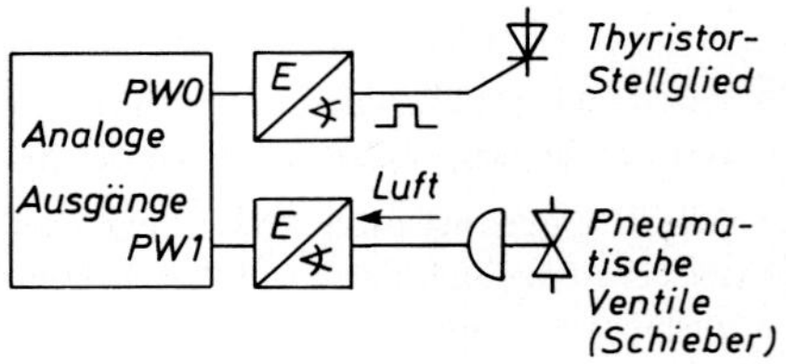

analoge Stellglieder

▼ ***Lehrbeispiel***

Behälterfüllstandsregelung mit einer *SPS* als Zweipunktregler

Der Füllstand im Behälter ist die Regelgröße x, die in geeigneter Weise mit einem Sensor erfaßt und von einem Meßumformer in ein elektrisches Signal umgewandelt wird. Ein Einsteller liefert die Führungsgröße w, die ein bestimmtes Füllstandsniveau vorgibt.

Aufgabe der Füllstandsregelung ist es, den Füllstand auf einem vorgegebenen Niveau konstant zu halten, wobei der Einfluß nicht vorhersehbarer Störgrößen z ausgeschaltet werden soll. Als nicht vorhersehbare Störeinflüsse können Veränderungen der Entnahmemenge oder des Pumpendrucks angesehen werden. Der Regler soll das Problem dadurch lösen, daß er eine Stellgröße y abgibt, die das Magnetventil in passender Weise ansteuert (1 = offen, 0 = geschlossen). Mit Schalter S kann die Regelung ein- bzw. ausgeschaltet werden.

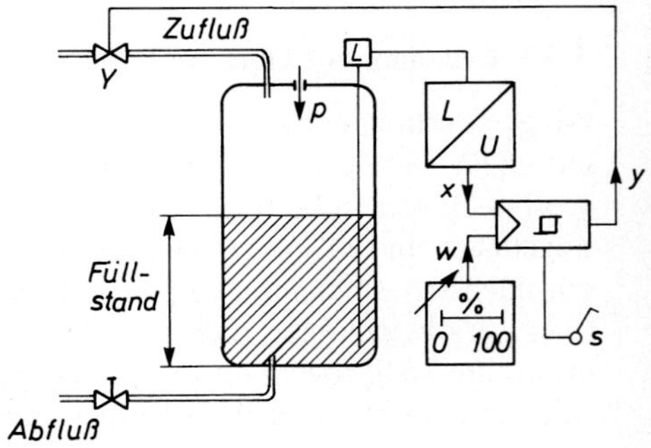

Technologieschema

Eingangsvariable	Betriebsmittelkennzeichen	Logische Zuordnung
Reglerfreigabe	S	Schalter gedrückt, $S = 1$ (*EIN*)
Sollwertgeber 0...99 %	w	*BCD*-codiert, 2-stellig
Füllstandgeber	x	Analogwert 0...10 V
Ausgangsvariable		
Magnetventil 24 V	Y	Magnetventil auf, $Y = 1$

Zuordnungstabelle

$S = E\,0.0$ $\qquad Y = A\,0.0$
$w = EW12$
$x = PW160$

MW10 = Istwert x, dual-codiert
MW12 = Sollwert w, *BCD*-codiert
MW14 = Sollwert w, dual codiert
MW16 = Schaltdifferenz Δx (Hysterese Xh)
MW18 = Halbe Schaltdifferenz $\Delta x/2$
MW20 = Obere bzw. untere Schaltschwelle x_1

Der grundlegende Gedanke des Regelalgorithmus für den Zweipunktregler lautet:

Ist der Istwert der Regelgröße x kleiner als die festgelegte untere Schaltschwelle, dann muß die Stellgröße $y = 1$ werden (Magnetventil *AUF*). Ist der Istwert der Regelgröße x größer als die festgelegte obere Schaltschwelle, dann muß die Stellgröße $y = 0$ werden (Magnetventil *ZU*). Liegt der Istwert der Regelgröße x zwischen der unteren und der oberen Schaltschwelle, dann bleibt die Stellgröße y unverändert (Magnetventil *AUF*, wenn es zuvor *AUF* war bzw. Magnetventil *ZU*, wenn es zuvor *ZU* war ⇒ Leerfeld im Struktogramm!).

Aus Gründen der einfachen Programmgestaltung wird die Schalthysterese Δx abhängig vom Betrag des Sollwertes w auf 25 % vom Sollwert festgelegt: $\Delta x = w/4$.

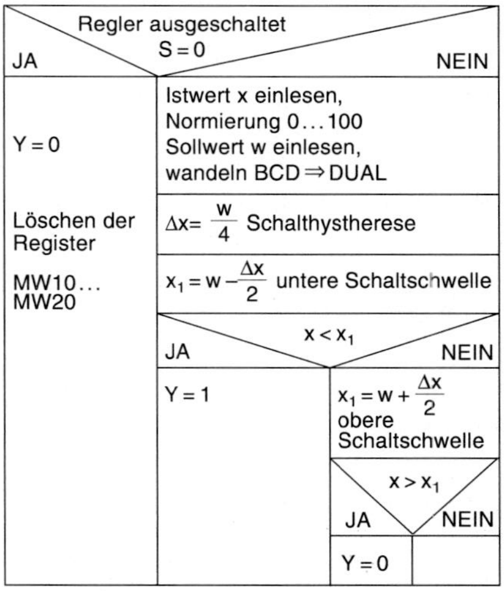

Regelalgorithmus

Anweisungsliste:

```
FB 1
NAME :ZWEIPKT
     :UN  E    0.0          Abfrage Reglerfreigabe
     :R   A    0.0          Magnetventil Y zu, wenn S = 0
     :SPB =M001             Bedingter Sprung zur Marke
     :SPA FB 250            Istwert x (analog) einlesen
NAME :RLG:AE
BG   :    KF +160           Baugruppenadresse 160
KNKT :    KY 0,4            Kanal 0; Kanaltyp KT=4(unipolar)
OGR  :    KF +100           Obergrenze 100%
UGR  :    KF +0             Untergrenze  0%
EINZ :    M  100.0
XA   :    MW  10            Istwert x (dual-codiert)
FB   :    M  100.1
BU   :    M  100.2
TBIT :    M  100.3
     :
     :L   EW  12            Abfrage Zahleneinsteller zur
     :T   MW  12            Vorgabe des Sollwertes w
     :SPA FB 240            Wandlung BCD-->Dual
NAME :COD:B4
BCD  :    MW  12            Sollwert w (BCD-codiert)
SBCD :    M  100.2
DUAL :    MW  14            Sollwert w (dual-codiert)
     :
     :L   MW  14            Hysterese Xh = w/4 berechnen
     :SRW      2
     :T   MW  16
     :
     :L   MW  16            Halbe Schaltdifferenz Xh/2
     :SRW      1            berechnen
     :T   MW  18
     :
     :L   MW  14            Untere Schaltschwelle X1
     :L   MW  18            berechnen
     :-F
     :T   MW  20
     :L   MW  10            Vergleich x < X1 ?
     :L   MW  20
     :<F
     :S   A    0.0          Wenn ja, Magnetventil Y oeffnen
     :BEB                   und Bausteinbearbeitung beenden
     :
     :L   MW  14            Obere Schaltschwelle X1
     :L   MW  18            berechnen
     :+F
     :T   MW  20
     :L   MW  10            Vergleich x > X1
     :L   MW  20
     :>F
     :R   A    0.0          Wenn ja, Magnetventil Y zu
     :BEA                   und Bausteinbearbeitung beenden
M001 :L   KF +0             Loeschen der Register, wenn
     :T   MW  10            keine Reglerfreigabe
     :T   MW  12
     :T   MW  14
     :T   MW  16
     :T   MW  18
     :T   MW  20
     :BE
```

▲

▼ *Lehrbeispiel*

Behälterfüllstandsregelung mit einer *SPS* als quasikontinuierlichen Regler

Speicherprogrammierbare Steuerungen haben einen Analogausgang und können das analoge Ausgangssignal durch einen Stellungsalgorithmus bilden. Dabei sei hier vorausgesetzt, daß der *DA*-Umsetzer eine genügend hohe Auflösung hat, so daß das Stellgrößensignal y in sehr kleinen Stufen alle Zwischenwerte des Stellbereiches erreichen kann. Der Sollwert soll hier durch einen *BCD*-codierten Zahleneinsteller vorgegeben werden.

Da *PID*-Regler Standardregler sind, gibt es auch für die *SPS* fertige *PID*-Regelalgorithmus-Bausteine. Mit diesem Baustein können die unterschiedlichen Übertragungsverhalten des Reglers durch die Vorgabe der entsprechenden Regelparameter (K_{PR}, T_n, T_v, T_t) erreicht werden.

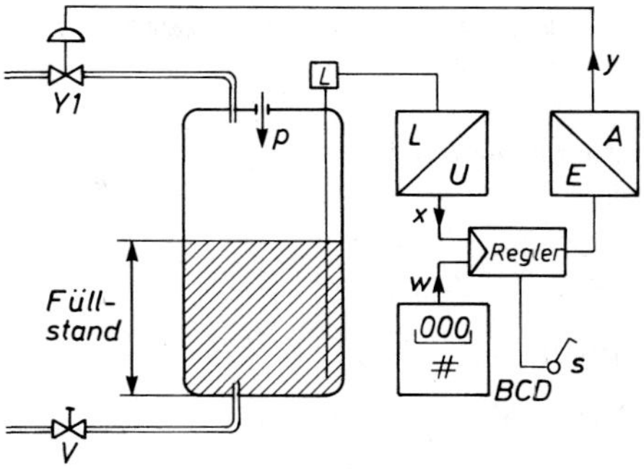

Technologieschema

Für die Regelung werden dann benötigt:

OB13	FB10	DB10	OB251
SPA FB10 Name: Regeln : : BE	1. Aufruf DB10 2. SPA FB250 Analogwert-eingabe: Istwert x, 3. SPA FB240 Codewandeln BCD ⇒ KF: Sollwert w 4. SPA OB251 PID-Regel-algorithmus 5. SPA FB252 Analogwert-ausgabe: Stellgröße y 6. BE	0: 1: Parameter K 3: Parameter R 5: Parameter TI 7: Parameter TD 9: Sollwert w 11: Steuerwort KH: 12: Handwert H 14: BGOG 16: BGUG 22: Istwert x 48: Stellgröße y Die nicht spezifizierten Datenworte mit Nullen vorbesetzen	PID-Regel-algorithmus
Abtastzeit	Regelungsprogramm	Datenbaustein	

Man erkennt, daß das Regelungsprogramm aus einer Zusammenstellung mehrerer Funktionsbausteine besteht.

S = E 0.0	y = BG = 192	MW10 = Istwert (dual-codiert)
	KN = 0	DW12 = Sollwert (*BCD*-codiert)
w = EW12	KT = 0	DW14 = Sollwert (dual-codiert)
x = BG = 160		DW14 = Sollwert (dual-codiert)
KN = 0	A1 = *A* 1.0	KF = 33 für *K*-Regler „*EIN*“
KT = 4		KF = 37 für *K*-Regler „*AUS*“

Zuordnungstabelle

```
FB 10
NAME :KREG

          :A    DB   10                    Aufruf Datenbaustein DB10
          :
          :UN   E     0.0                  Abfrage Reglerfreigabe S
          :SPB  =M001                      Wenn S=0, Sprung zu Marke M001
          :L    KF  +33                    Wenn S=1, Steuerwort fuer Regler
          :T    DW   11                    "EIN" nach Datenwort DW11
          :
          :SPA  FB  250                    Istwert x (analog) einlesen
     NAME :RLG:AE
     BG   :     KF  +160                   Baugruppenadresse 160
     KNKT :     KY  0,4                    Kanal 0; Kanaltyp KT=4(unipolar)
     OGR  :     KF  +1000                  Obergrenze +1000 =  100,0% Fuell
     UGR  :     KF  +0                     Untergrenze     0 =   0,0% Fuell
     EINZ :     M   101.0
     XA   :     MW   10                    Istwert x (dual-codiert)
     FB   :     M   101.1
     BU   :     M   101.2
     TBIT :     M   101.3
          :
          :L    MW   10                    Istwert nach Datenwort DW22
          :T    DW   22
          :
          :L    EW   12                    Sollwert w (BCD) einlesen
          :T    MW   12
          :
          :SPA  FB  240                    Wandeln: BCD --> Dual
     NAME :COD:B4
     BCD  :     MW   12                    Sollwert w (BCD-codiert)
     SBCD :     M   101.4
     DUAL :     MW   14                    Sollwert w (dual-codiert)
          :
          :L    MW   14                    Sollwert w nach Datenwort DW9
          :T    DW    9
          :
          :SPA  OB  251                    PID-Regelalgorithmus
          :
          :SPA  FB  251                    Stellgroesse y (analog) ausgeben
```

```
NAME :RLG:AA
XE   :    DW  48            Stellgroesse y (dual-codiert)
BG   :    KF +192           Baugruppenadresse 192
KNKT :    KY 0,0            Kanal 0; Kanaltyp KT=0(unipolar)
OGR  :    KF +1000          Obergrenze 1000 = 10V
UGR  :    KF +0             Untergrenze    0 = 0V
FEH  :    M  101.5
BU   :    M  101.6
     :BEA
     :
M001 :L   KF +37            Steuerwort fuer Regler "AUS"
     :T   DW  11            nach Datenwort DW 11
     :
     :SPA OB 251            Bearbeiten des Regelalgorithmus-
     :                      bausteins zum Loeschen der
     :                      Vergangenheitswerte
     :L   KF +0
     :T   MW  10            Loeschen der Register
     :T   MW  12
     :T   MW  14
     :T   PW 192
     :BE
```

▲ Anweisungsliste für *FB*10

3.5 Anhang: Komplexe Zahlen

Komplexe Zahlen werden zur Darstellung von Punkten in einer Ebene – komplexe oder Gaußsche Zahlenebene – verwendet.

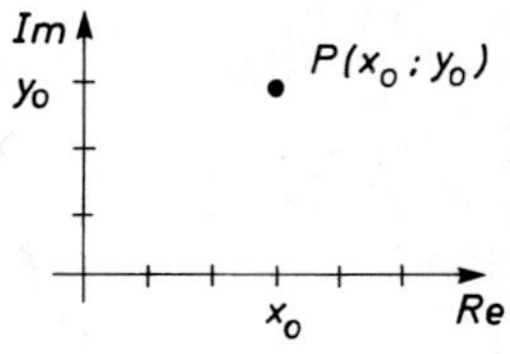

Das Koordinatensystem besteht aus reeller Achse (Re) als Abszisse und imaginärer Achse (Im) als Ordinate.

Durch diese Wahl können Punkte mit *einer* Zahl – nämlich einer komplexen Zahl – beschrieben werden.

Gekennzeichnet wird eine komplexe Zahl z. B. durch einen Unterstrich unter dem Namen der Zahl.

Für komplexe Zahlen gibt es drei Darstellungsformen.

Komponentenform

$$\underline{z} = x + jy$$

Dabei nennt man x den *Realteil* von $\underline{z}$ und bezeichnet ihn mit $\mathrm{Re}(\underline{z})$, y den *Imaginärteil* von $\underline{z}$ und bezeichnet ihn mit $\mathrm{Im}(\underline{z})$. j ist die sog. *Imaginäre Einheit* $\sqrt{-1}$.

Komponentenform

$\underline{z} = x + j \cdot y$
$x = \mathrm{Re}(\underline{z})$
$y = \mathrm{Im}(\underline{z})$
$j = \sqrt{-1}$

Dargestellt wird eine komplexe Zahl durch einen *Zeiger* in der Gaußschen Zahlenebene. Dabei findet man den Endpunkt des Zeigers, indem man den Realteil von $\underline{z}$ auf der Re-Achse abträgt und dem Imaginärteil auf der Im-Achse. Der Anfangspunkt des Zeigers ist der Ursprung.

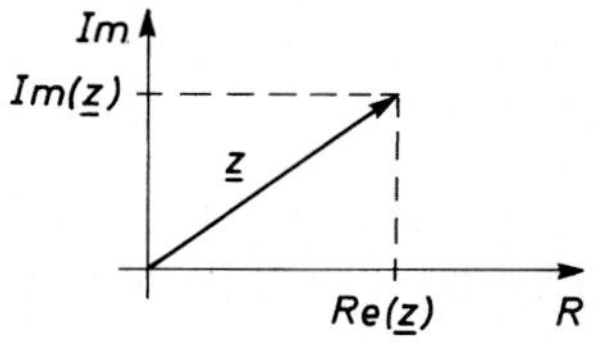

▼ ***Lehrbeispiel***: $\underline{z} = 2 + j \cdot 3$

$\mathrm{Re}(\underline{z}) = 2$

▲ $\mathrm{Im}(\underline{z}) = 3$

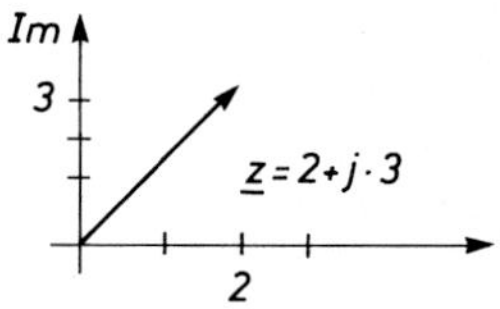

Die reelle Zahl $+\sqrt{(\mathrm{Re}(\underline{z}))^2 + (\mathrm{Im}(\underline{z}))^2}$ nennt man Betrag der komplexen Zahl z und bezeichnet sie mit $|\underline{z}|$.

Der Betrag gibt den Abstand der Zeigerspitze vom Ursprung an.

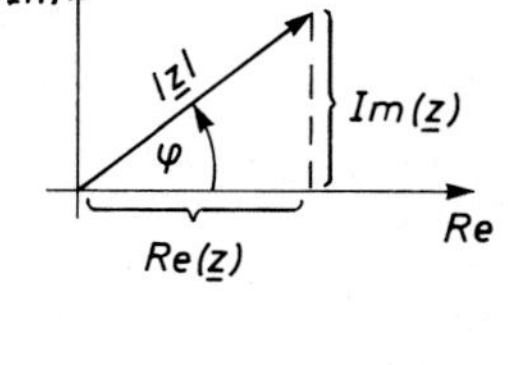

Trigonometrische Form

Der Zeiger wird auch eindeutig durch den Abstand $|\underline{z}|$ seines Punktes vom Ursprung und den Winkel φ, um den der Zeiger gegenüber der Re-Achse geneigt ist, beschrieben (Polarkoordinaten). Um den Zeiger in der Gaußschen Zahlenebene leichter zeichnen zu können, benötigt man die Umrechnung in die Komponentenform.
Aus der Skizze sieht man:

$$\mathrm{Re}(\underline{z}) = |\underline{z}| \cdot \cos\varphi$$

$$\mathrm{Im}(\underline{z}) = |\underline{z}| \cdot \sin\varphi$$

also $\underline{z} = |\underline{z}| \cdot (\cos\varphi + j \cdot \sin\varphi)$

> Trigonometrische Form
>
> $\underline{z} = |\underline{z}| (\cos\varphi + j \cdot \sin\varphi)$
>
> $|\underline{z}|$ = (Betrag von $\underline{z}$) Länge des Zeigers
>
> φ = Drehwinkel des Zeigers

$$|\underline{z}| = + \sqrt{(\mathrm{Re}(\underline{z}))^2 + (\mathrm{Im}(\underline{z}))^2}$$

Betrag einer komplexen Zahl

Exponentialform

Von Leonard Euler stammt eine Formel, die es gestattet, eine komplexe Zahl noch eleganter zu schreiben. Er hat gezeigt, daß

$$e^{\pm j\varphi} = \cos\varphi \pm j \cdot \sin\varphi .$$

Vergleicht man diese Formel mit der trigonometrischen Form einer komplexen Zahl, so sieht man, daß gilt

$$\underline{z} = |\underline{z}| \cdot e^{j\varphi} .$$

Diese Darstellung nennt man die Exponentialform.

> Exponentialform
>
> $\underline{z} = |\underline{z}|\, e^{j\varphi}$
>
> $|\underline{z}|$ = Betrag von $\underline{z}$
>
> φ = Drehwinkel des Zeigers

Umrechnungsformeln

Für die Beschreibung von komplexen Zahlen werden also alternativ zwei Zahlenpaare benötigt. Zum einen das Paar $(x; y)$ zum anderen das Paar $(|\underline{z}|; \varphi)$. Die Umrechnung ineinander wird häufig benötigt. Deshalb sei sie hier in Form einer Tabelle dargestellt.

gegeben / gesucht	$x; y$	$\lvert\underline{z}\rvert; \varphi$
$x; y$		$x = \lvert\underline{z}\rvert \cdot \cos\varphi$ $y = \lvert\underline{z}\rvert \cdot \sin\varphi$
$\lvert\underline{z}\rvert; \varphi$	$\lvert\underline{z}\rvert = \sqrt{x^2 + y^2}$ $\tan\varphi = \frac{y}{x}$	

▼ ***Lehrbeispiel:*** a) Gegeben ist $\underline{z} = 2 + j \cdot 3$

$$|\underline{z}| = \sqrt{2^2 + 3^2} = \sqrt{13}$$

$$\tan\varphi = \frac{3}{2} \Rightarrow \varphi = \text{Arctan}\,\varphi = 0{,}3128\,\pi$$

also: $\underline{z} = \sqrt{13}\, e^{j \cdot 0{,}3128\,\pi}$

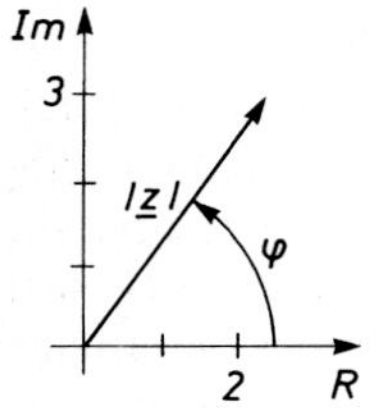

b) Gegeben ist $\underline{z} = 5 \cdot e^{-j \cdot \frac{\pi}{3}}$

$$x = 5 \cdot \cos\left(-\frac{\pi}{3}\right) = 5 \cdot 0{,}5 = 2{,}5$$

$$y = 5 \cdot \sin\left(-\frac{\pi}{3}\right) = 5 \cdot (-0{,}8660) \approx -4{,}330$$

also $\underline{z} = 2{,}5 - j \cdot 4{,}330$

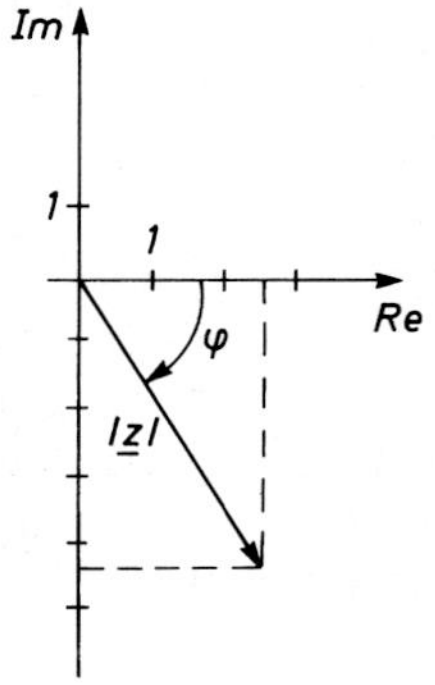

▲

Das Rechnen mit komplexen Zahlen kann man sich vereinfachen, wenn man die richtige Form der Darstellung wählt.

Addition und Subtraktion

Gegeben seien

$$\underline{z}_1 = x_1 + jy_1 \text{ und } \underline{z}_2 = x_2 + jy_2 .$$

Dann gilt

$$\begin{aligned}\underline{z} = \underline{z}_1 \pm \underline{z}_2 &= x_1 + jy_1 \pm (x_2 + jy_2)\\ &= x_1 \pm x_2 + j(y_1 \pm y_2).\end{aligned}$$

Zwei komplexe Zahlen lassen sich also sehr einfach in der Komponentenform addieren, bzw. subtrahieren, indem man die Real- und Imaginärteile getrennt addiert bzw. subtrahiert.

▼ ***Lehrbeispiel:***

$\underline{z}_1 = 2 + j \cdot 3 \qquad \underline{z}_2 = 5 \cdot e^{-j \cdot \frac{\pi}{3}}$

Die Addition ist leicht, wenn die komplexen Zahlen in Komponentenform vorliegen. Wir benutzen die Umwandlung von z_2 aus dem letzten Lehrbeispiel:

$\underline{z}_2 = 2{,}5 - j \cdot 4{,}330$

$\underline{z} = \underline{z}_1 + \underline{z}_2 = 2 + 2{,}5 + j(3 - 4{,}330)$

$\underline{z} = 4{,}5 - j \cdot 1{,}330$

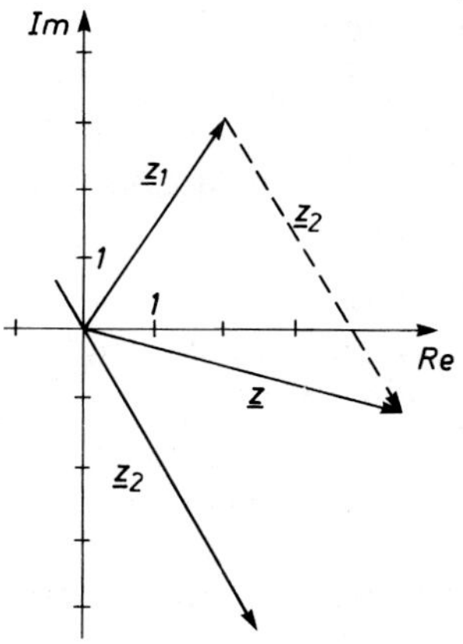

▲

Multiplikation und Division

Gegeben seien

$\underline{z}_1 = |\underline{z}_1| \cdot e^{j\varphi_1}$ und $\underline{z}_2 = |\underline{z}_2|\, e^{j\varphi_2}$

Dann gilt

$$\underline{z} = \underline{z}_1 \cdot \underline{z}_2 = |\underline{z}_1| \cdot e^{j\varphi_1} \cdot |\underline{z}_2|\, e^{j\varphi_2} = \underbrace{|\underline{z}_1| \cdot |\underline{z}_2|}_{|\underline{z}|} \cdot e^{j\overbrace{(\varphi_1 + \varphi_2)}^{}_{\varphi}}$$

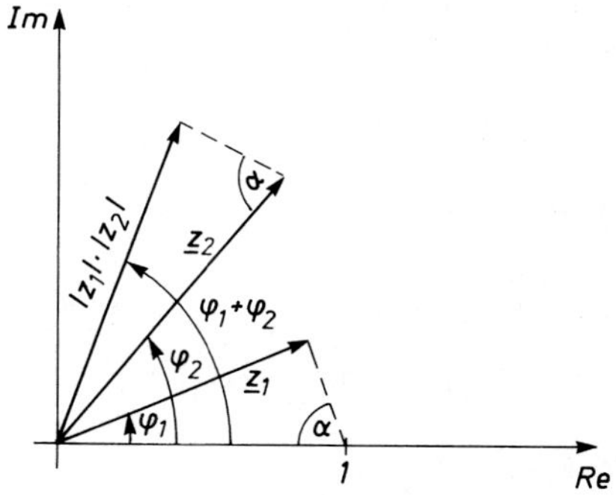

▼ ***Lehrbeispiel***

$\underline{z}_1 = 2 + j \cdot 3 \qquad \underline{z}_2 = 5 \cdot e^{-j0{,}3\pi}$

Die Multiplikation ist leicht, wenn die komplexen Zahlen in Exponentialform vorliegen. Wir benutzen die Umwandlung von z_1 aus dem obigen Lehrbeispiel

$\underline{z}_1 = \sqrt{13}\, e^{j \cdot 0{,}312\pi}$

damit

$\underline{z} = \underline{z}_1 \cdot \underline{z}_2 = \sqrt{13} \cdot 5 \cdot e^{j(0{,}3128\pi - 0{,}3\pi)}$

▲ $\qquad = 18{,}028 \cdot e^{j \cdot 0{,}0128\pi}$

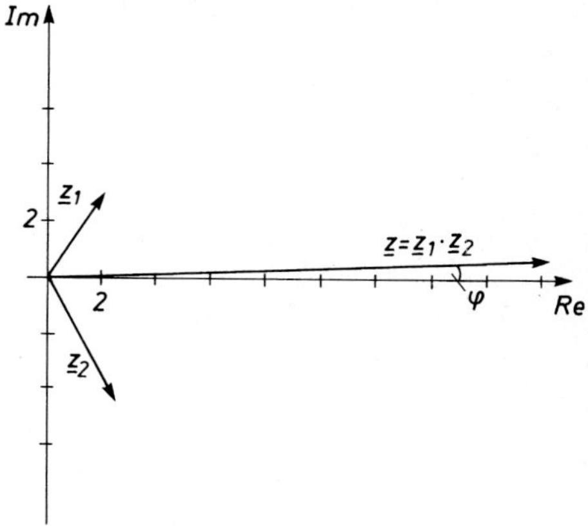

Komplexe Funktionen

Wenn der Winkel φ nicht mehr konstant, sondern eine Funktion der Zeit t ist, z. B. $\varphi(t) = \omega \cdot t$, so ist auch die komplexe Zahl eine Funktion der Zeit

$$\underline{z}(t) = |\underline{z}| \cdot e^{j\omega t},$$

d. h. auch die komplexe Zahl $\underline{z}$ ändert in Abhängigkeit von t ihren Wert.

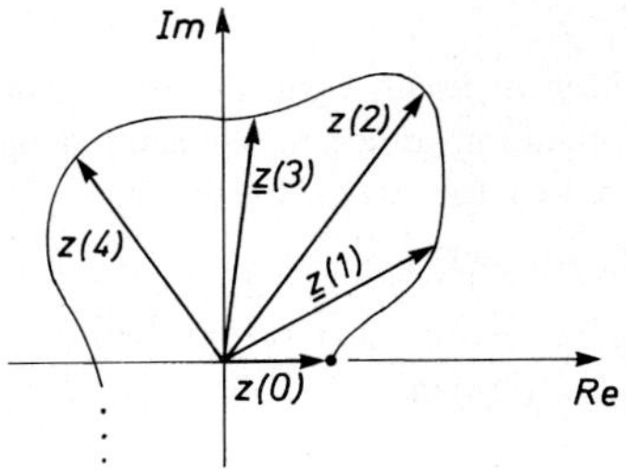

Diese Abhängigkeit verdeutlicht man sich grafisch analog zu reellen Funktionen in der Gaußschen Ebene. Man trägt dort für verschiedene t die zugehörenden Zeiger ein und verbindet dann deren Spitzen. Die entstehende Kurve nennt man *Ortskurve*.

Es ist natürlich auch möglich, daß der Betrag $|\underline{z}|$ eine Funktion der Zeit ist.

▼ ***Lehrbeispiel***

$$\underline{z}(t) = \frac{1}{\pi} \cdot t \cdot e^{j\omega t}$$

$$= \frac{t}{\pi} [\cos(\omega t) + j \sin(\omega t)]$$

$$\mathrm{Re}(\underline{z}) = \frac{t}{\pi} \cdot \cos(\omega t)$$

$$\mathrm{Im}(\underline{z}) = \frac{t}{\pi} \sin(\omega t)$$

▲

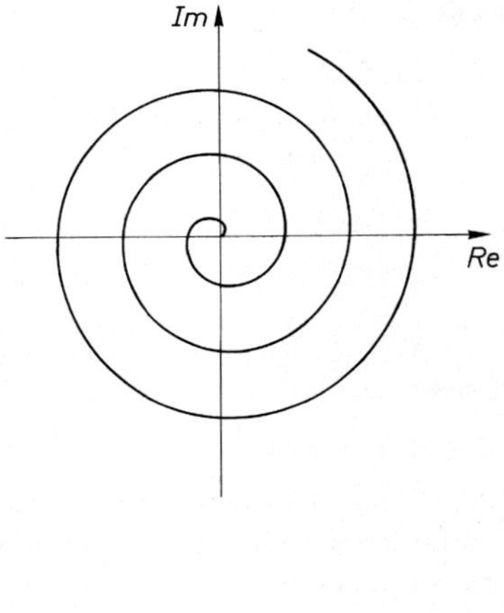

4 Automatisierungstechnik

Seit Beginn der technischen Produktion haben die Menschen den Wunsch, durch *Verbesserungen* im *Produktionsablauf* die *Qualität* der Produkte und die *Produktivität* zu steigern.

Im Verlauf der Industrialisierung stand die Leistungssteigerung des eigentlichen Fertigungsprozeßes im Vordergrund der Überlegungen. Rationalisierung und *Automatisierung* bezogen sich überwiegend auf die Großserienproduktion.

Die *moderne Industriegesellschaft* stellt weitergehende Anforderungen an die Produktion.

Unter **Automatisierung** versteht man die selbständige Durchführung von Tätigkeiten im Produktionsprozeß mit Hilfe von Steuerungen und Regeleinrichtungen. Der Mensch beschränkt sich dabei auf Einrichtungs- und Überwachungsfunktionen.

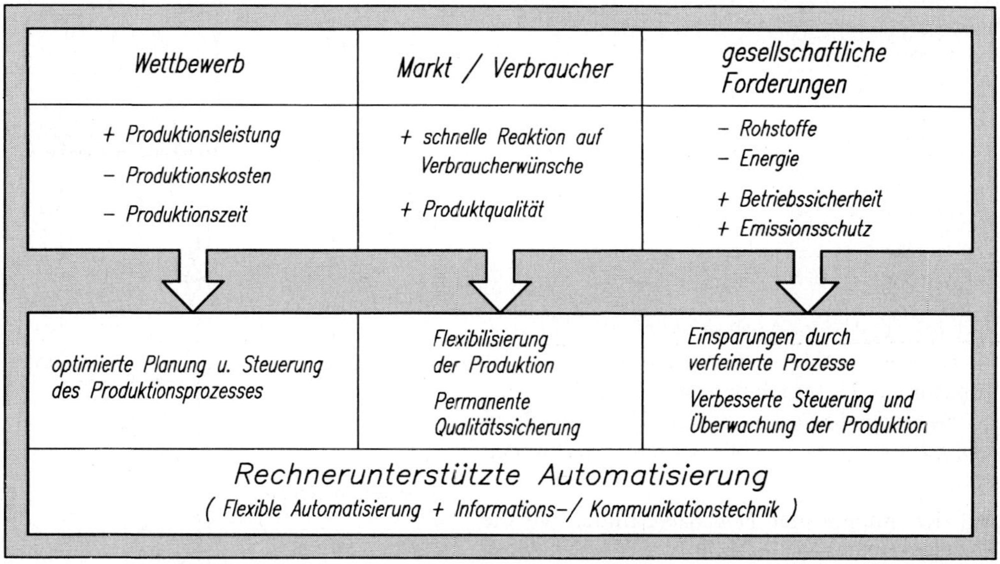

Bild 4-1: Anforderungen an die moderne Produktion

Die moderne Entwicklung der MSR-Technik und der Rechnersysteme ermöglicht es, diesen Anforderungen gerecht zu werden.

Die *Produktionsprozesse* lassen sich in zwei grundsätzliche Bereiche einteilen.

Verfahrenstechnische Prozesse ***Fertigungstechnische Prozesse***

4.1 Automatisierung verfahrenstechnischer Prozesse

4.1.1 Prozeßleittechnik/Prozeßleitsysteme

In *verfahrenstechnischen Prozessen* entstehen Werkstoffe, Hilfsstoffe und Fertigprodukte, z. B. Mineralöl, Farben, Arzneimittel oder Zement.

Die Anforderungen an die moderne Produktion haben die Prozeßabläufe so verfeinert und kompliziert, daß sie ohne rechnerunterstützte Automatisierung nicht mehr zu bewältigen sind.

Die **Prozeßleittechnik** verbindet die Meß-, Steuer- und Regeleinrichtungen und die Bedienungsmannschaft zu einem leistungsfähigen, rechnerintegrierten Gesamtsystem.

Auch die Stahlerzeugung erfolgt in einem verfahrenstechnischen Prozeß. Durch Aufblasen von Sauerstoff auf eine Roheisenschmelze werden die unerwünschten Eisenbegleiter entfernt.

Die präzise Regulierung der Sauerstoffzufuhr über eine Lanze ist für den Prozeßablauf entscheidend.

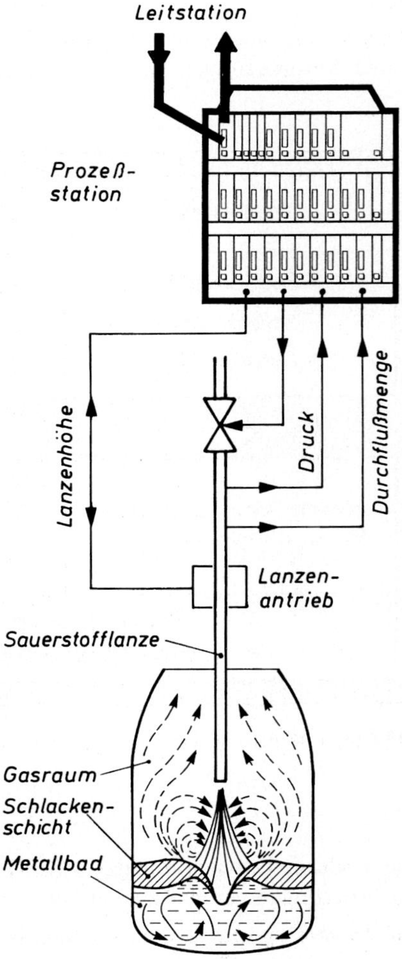

Bild 4-2: Prozeßstation-Lanzenantrieb

Bild 4-3 zeigt den Aufbau eines *Prozeßleitsystems* in der Stahlerzeugung. Entsprechend der Funktion im Unternehmen ist es in verschiedene *hierarchische Ebenen* unterteilt, die über *Kommunikationssysteme* (Netzwerke) verbunden sind.

Auf der unteren, der *Feldebene*, finden wir die Einzelgeräte der MSR-Technik. Sensoren, Meßgeräte, Analysegeräte und Stellgeräte stellen die Verbindung vom Prozeß zu den Leitebenen her.

Prozeßstationen (PS) übernehmen im prozeßnahen Bereich die Automatisierung von Teilanlagen. Sie enthalten Programme zur Überwachung, Steuerung, Regelung.

Prozeßstationen und Leitstationen sind speziell aufgebaute Rechner, etwa mit der Leistungsfähigkeit moderner PC's.

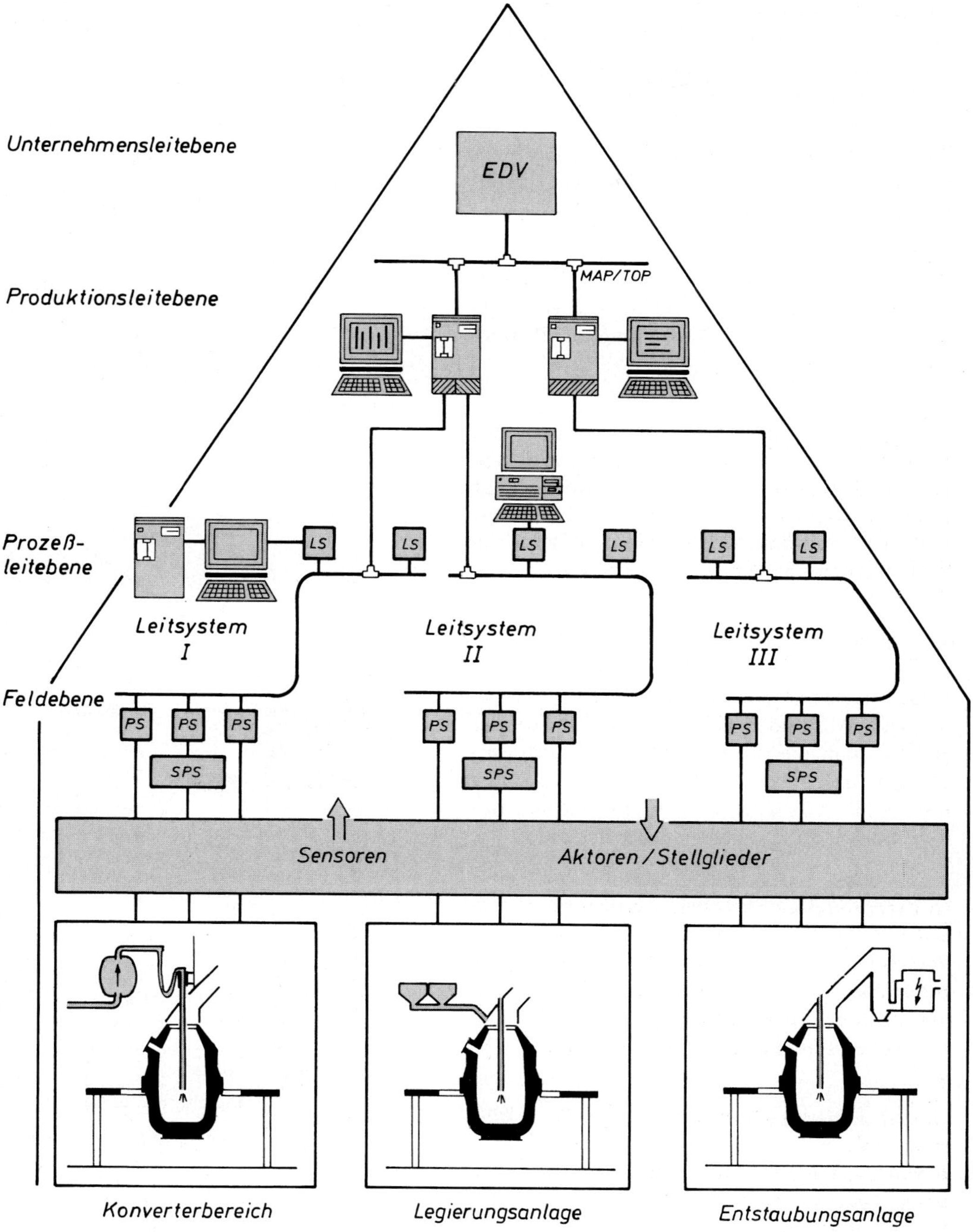

Bild 4-3: Aufbau eines Prozeßleitsystems in der Stahlerzeugung

Die *Leitstationen (LS)* ermöglichen die übergeordnete Beobachtung und Bedienung der Automatisierungsfunktionen im Leitsystem. Über ein Kommunikationssystem hat die Leitstation ständig Zugriff auf alle Daten im Leitsystem.

MSR-Programme und die *Prozeßführung* über Bildschirme im *Dialog* mit dem Menschen kennzeichnen die Arbeitsweise der Leitstationen.

Zur *Prozeßbeobachtung* werden auf Farbbildschirmen *hierarchische Übersichtsbilder* angezeigt, die eine schnelle Beurteilung der Prozeßabläufe ermöglichen.

Über eine umfangreiche Tastatur oder einen Lichtgriffel hat der *Prozeßbediener* die Möglichkeit, in den Prozeß einzugreifen. Weitgehende Eingriffe können durch Sperren auf bestimmte Bediener beschränkt werden, nicht logische Eingriffe werden vom System abgewiesen.

Von Druckern ausgegebene Protokolle dienen zur *Dokumentation des Prozeßgeschehens*. Im Prozeßbereich Entstaubung z.B. werden in regelmäßigen Abständen (Monat, Jahr) Protokolle erstellt, um die Einhaltung von Emissionsauflagen nachzuweisen. Aber auch Prozeßereignisse, z.B. Störfälle, können Protokolle auslösen, die dann zur Fehlersuche dienen.

In der *Produktionsleitebene* werden die *Einzelprozesse* der Produktion, vom Auftrag bis zum Versand, *koordiniert*. Von hier erhält die Prozeßleitebene ihre Vorgaben (Sollwerte). Informationen über den aktuellen Stand der Produktion gehen ständig an die Betriebsführung.

Hauptfunktionen der automatisierten Prozeßführung sind:

- Starten, Unterbrechen, Beenden
- Überwachen, Kontrollieren
- Fehlerdiagnose, Fehlerkorrektur
- Dokumentation

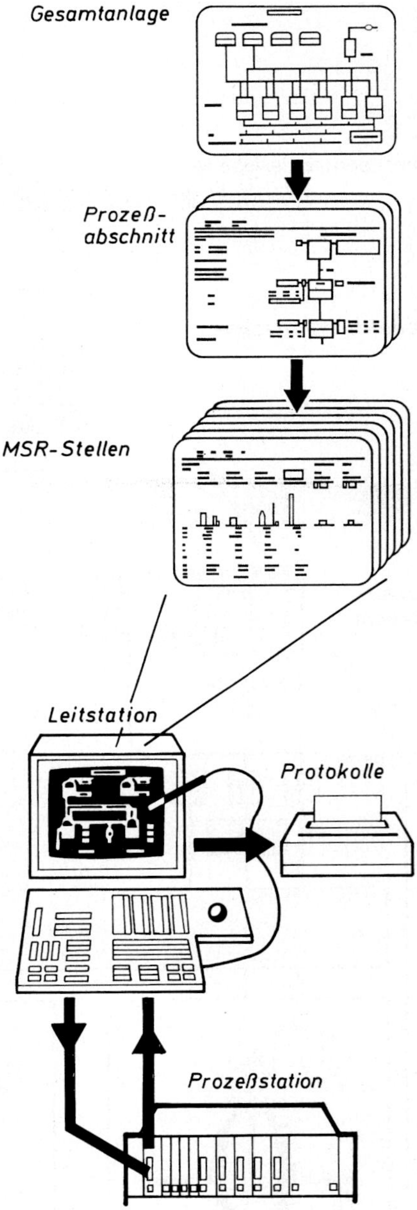

Bild 4-4: Prozeßführung durch die Leitstation

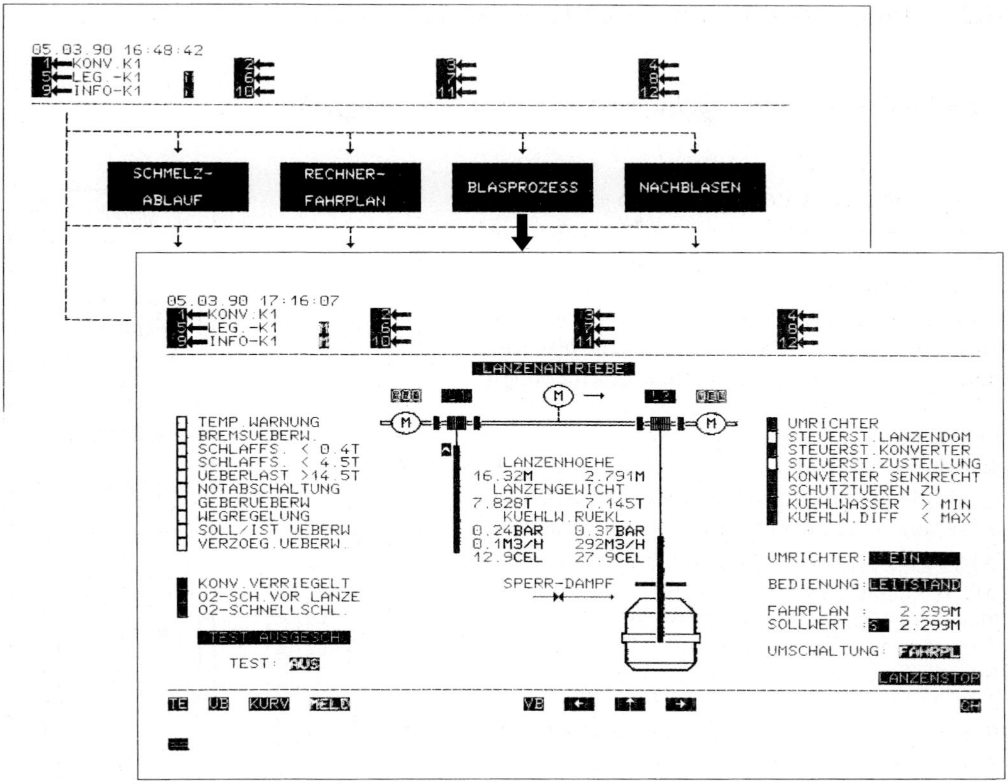

Bild 4-5: Hierarchische Übersichtsbilder

Besondere Vorteile der Prozeßleitsysteme
Im Gegensatz zu älteren Leitsystemen, bei denen über verdrahtete Installationen und Steuerwarten mit fest eingebauten Flußbildern und Anzeigeinstrumenten der Prozeß gesteuert wurde, haben moderne Prozeßleitsysteme einige Vorteile.

Der *Hardware-Aufbau* mit *baukastenartig* zusammenstellbaren *Funktionsbausteinen* ermöglicht einen variablen Auf- und Ausbau des Systems.

Die Übernahme der *MSR-Funktionen* durch Programme (*MSR-Software*) ist schnell, sicher und läßt sich sich ohne Hardwareänderungen an neue Gegebenheiten anpassen.

Umfangreiche Funktionen für Bedienen und Beobachten in einem Gesamtsystem ermöglichen eine *optimale Prozeßführung*. Bei Ausfall eines Teilsystems können andere Systeme dessen Aufgabe übernehmen (*Redundanz*).

Der *Platzbedarf* für Installationen und Leitstände (hierarchische Bilder) wird wesentlich *verringert*.

4.2 Automatisierung fertigungstechnischer Prozesse

4.2.1 Produktionsleittechnik/Rechnerintegrierte Produktion (CIM)

Die veränderten Anforderungen an eine moderne Produktion, die *Weiterentwicklung der Fertigungs-, MSR-* und *Informations-/Kommunikationstechnik* hat in allen Bereichen zur Einführung von *rechnerunterstützten Einzelsystemen* (CAD, CNC, SPS) geführt, die die bisherige manuelle Bearbeitung wesentlich beschleunigte.

Die Entwicklung zeigte jedoch, daß diese als *Einzelsysteme* (Insel) arbeitenden Rechnersysteme das Leistungsvermögen moderner Datenverarbeitung nicht ausnutzen und somit keinen optimalen Arbeitsablauf ermöglichen. Immer noch wurden Daten in den verschiedenen Bereichen mehrfach erstellt und bearbeitet, und die Datenübertragung (Kommunikation) zwischen den Bereichen war langsam und umständlich.

Erst mit der *Integration* (Vernetzung) der Einzelsysteme zu einem *Gesamtsystem* ließ sich dieser Zustand verbessern. Diese Erkenntnis führte zur Entwicklung der *Rechnerintegrierten Produktion (CIM)*. Zunehmende Leistungssteigerung der Rechner bei gleichzeitiger Kostensenkung begünstigt diese Entwicklung.

Bei der Realisierung eines CIM-Projektes sollte man beachten, daß CIM lediglich eine *Unternehmens-/Organisations-Philosophie* ist. Je nach Art des Unternehmens kann die Installation von wenigen Komponenten auf PC-Basis bis zur Gesamtintegration eines Großunternehmens mit Investitionen im Millionenbereich reichen.

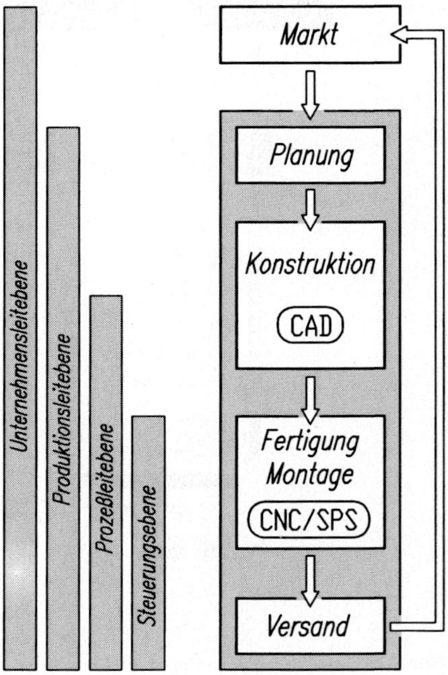

Bild 4-6: Produktionsstruktur

Vorteile integrierter rechnerunterstützter Produktion:

- Zentrale Datenspeicherung (Datenbank):
  keine Mehrfacherarbeitung
  schnelle, fehlerfreie Übertragung
  leicht zu überarbeiten
- Schnelle, flexible Produktion:
  kurze Rüstzeiten
  kleine Losgrößen möglich
  kurze Durchlaufzeiten

Unter **CIM** (**C**omputer-**I**ntegrated-**M**anufacturing = rechnerintegrierte Produktion) versteht man die *Integration* (Vernetzung) aller bei der *Produktentstehung* (vom Auftragseingang über Konstruktion und Fertigung bis zum Versand) anfallenden *Tätigkeiten* und eingesetzten *Rechnersysteme*.

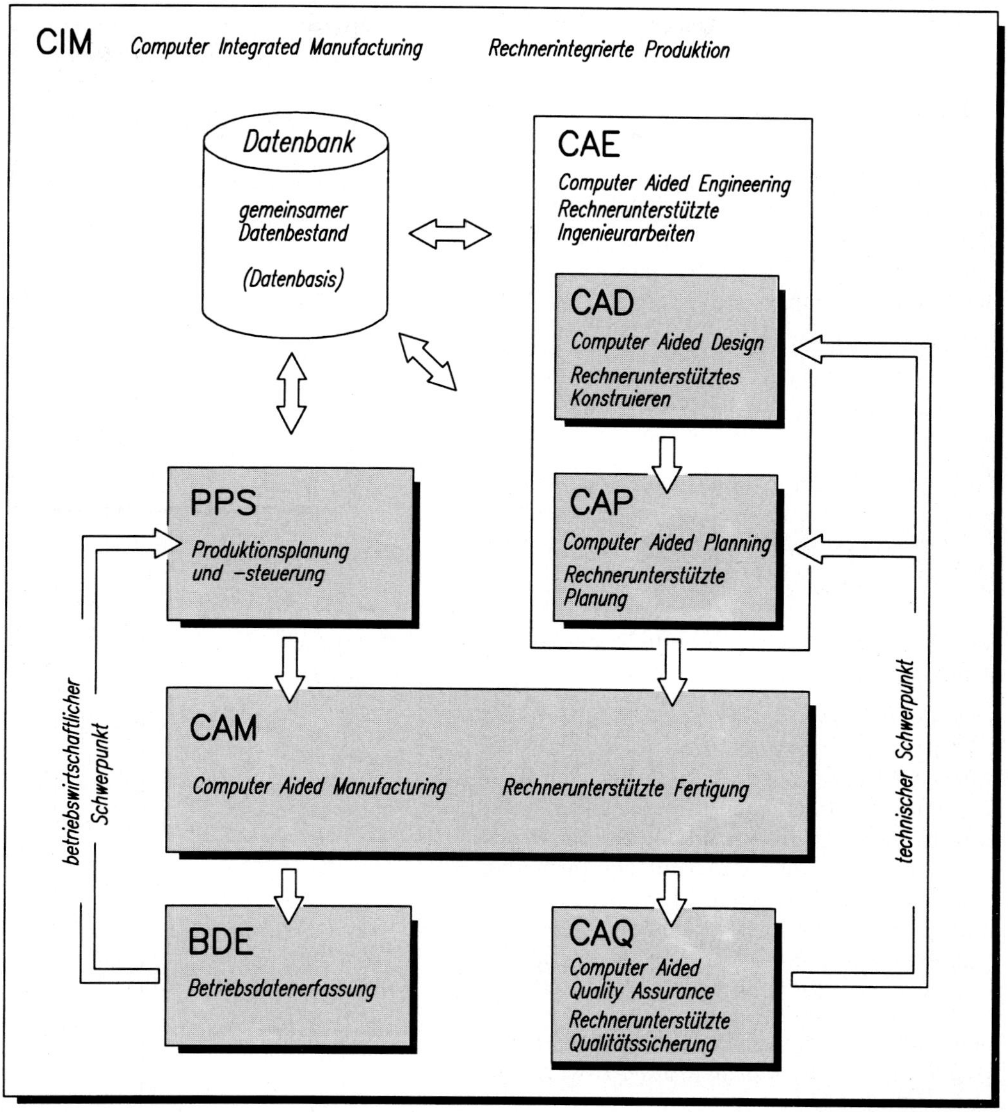

Bild 4-7: CIM: Bausteine und Struktur im Unternehmen

► ***Selbstkontrolle:***

1. Welche Anforderungen an die Produktion führten zur Entwicklung rechnerunterstützter Automatisierung?
2. Nennen Sie die wichtigsten Funktionen der automatisierten Prozeßführung (Prozeßleitsysteme).
3. Wodurch unterscheiden sich die Aufgaben der Prozeß- und der Leitstationen?
4. Welche besonderen Vorteile haben rechnerunterstützte Prozeßleitsysteme?
5. Wodurch unterscheiden sich die Ziele der Prozeßleittechnik und der Produktionsleittechnik (CIM)?
6. Welche CIM-Bausteine sind mehr betriebswirtschaftlich, welche technisch orientiert?

4.2.2 Produktionsplanung und -steuerung (PPS)

Unter **PPS** versteht man die rechnerunterstützte *Planung, Steuerung* und Überwachung der *Produktionsabläufe* von der Angebotserstellung bis zum Versand des fertigen Produktes.

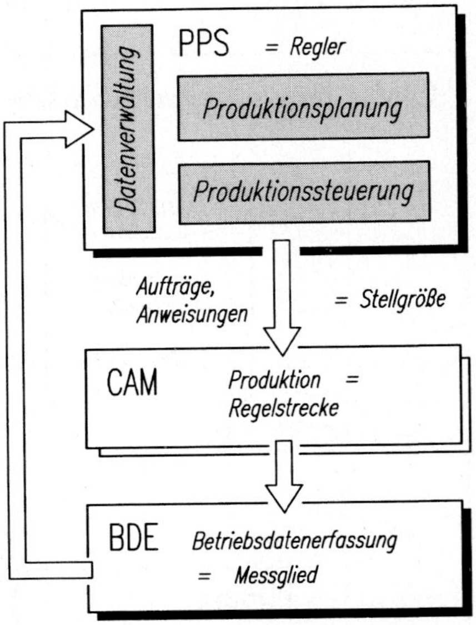

Bild 4-8: PPS als Regelkreis

Zielsetzung der PPS ist es, durch eine möglichst *optimale Planung der Fertigungsabläufe* die *Kosten* zu verringern und die *Liefertermine* einzuhalten bzw. zu verkürzen. Betriebswirtschaftliche Zusammenhänge stehen dabei im Vordergrund.

Ausgangspunkt der Produktion in einem Unternehmen sind entweder die *Kundenaufträge* (Auftragsfertiger) oder die *Verkaufspläne* der Unternehmensleitung (Serienfertiger).

Die *Produktionsplanung* ermittelt auf dieser Grundlage in der:

- *Produktionsprogrammplanung* die benötigte Menge an Fertigprodukten.
- *Mengenplanung* die noch zu fertigenden Bauteile und erforderlichen Materialien.
- *Terminplanung* (ausgehend von den Lieferterminen) den zeitlichen Ablauf der Fertigung und der Zulieferung von Fremdfirmen.
- *Kapazitätsplanung* die Reihenfolge der geplanten Fertigungsschritte entsprechend der vorhandenen Betriebsmittel.

Damit ist die Phase der Produktionsplanung abgeschlossen. Die *Fertigungsaufträge* bzw. *Bestellungen* können weitergegeben werden.

Die *Produktionssteuerung* (Fertigungssteuerung) bildet die Schnittstelle zwischen PPS und CAM. Sie ist teilweise direkt der Fertigung zugeordnet und wird deshalb auch *Werkstattsteuerung* genannt. Hier erfolgt die direkte, kurzfristige Steuerung und Überwachung der Produktionsabläufe.

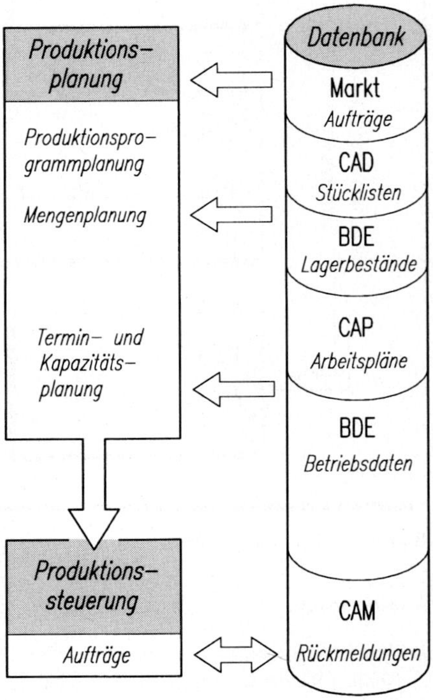

Bild 4-9: Informationsübergabe an die PPS-Hauptfunktionen

Wegen des großen Umfangs sind PPS-Programmsysteme entsprechend der beschriebenen Hauptfunktionen in *Teilprogramme (Module)* unterteilt.

Muß der Anwender den Programmablauf durch Eingaben und Entscheidungen beeinflussen, so arbeiten die Module *dialogorientiert*. So kann z. B. bei der Terminplanung der Anwender verschiedene Varianten durchspielen und die optimale Lösung auswählen.

Module die selbständig ablaufen können, arbeiten *batchorientiert* (Batchverarbeitung = Stapelverarbeitung). Hierzu gehört z. B. die Ermittlung der Lagerbestände aus Zu- und Abgängen und die Zusammenfassung von Stücklisten.

Datenverwaltung
Die Produktionsplanung und -steuerung und die anderen CIM-Komponenten benötigen umfangreiche Daten und Informationen. Die *Datenverwaltung* ist für die *Datenorganisation* (sammeln, aktualisieren, bereitstellen) zuständig. In Form einer Datenbank stehen die Informationen *allen Bereichen der Produktion* zur Verfügung.

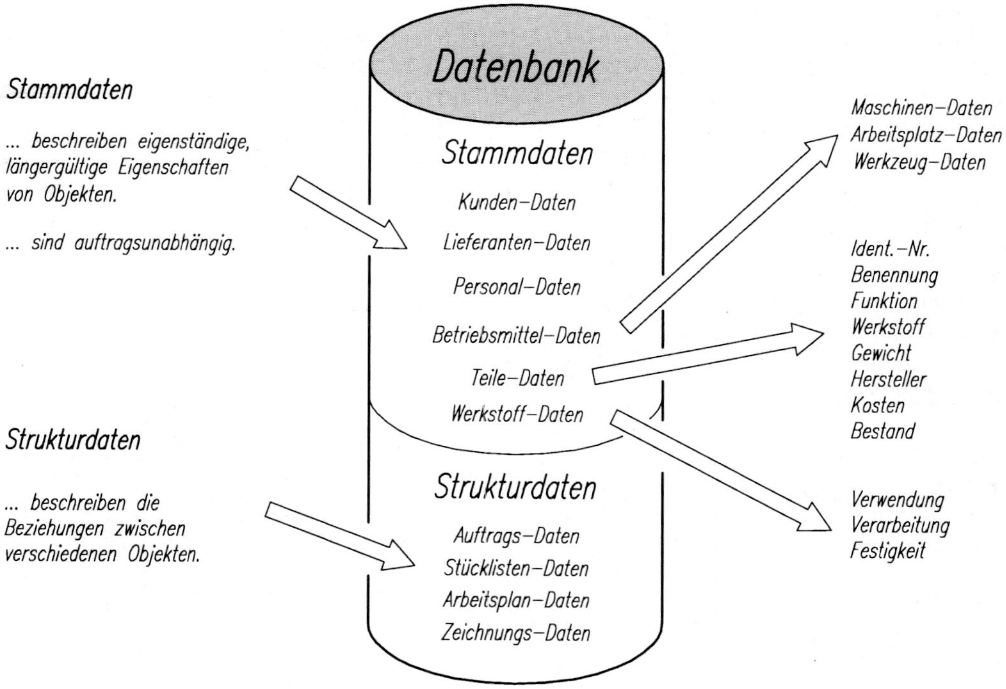

Bild 4-10: Datenbestand eines CIM-Systems (Auszug)

4.2.3 Betriebsdatenerfassung (BDE)

Die *Betriebsdatenerfassung (BDE)* ermittelt mit Hilfe automatischer Datengeber (Sensoren) und/oder von Mitarbeitern bedienter Datenstationen *ausgewählte, im Produktionsprozeß anfallende Daten.*

Diese Daten dienen unter anderem
- der PPS als Grundlage für weitere Planungen,
- zur Ermittlung der Lagerbestände,
- dem betrieblichen Rechnungswesen als Kalkulationsgrundlage,
- zur Lohnabrechnung und
- zur Überwachung der Fertigungsanlagen.

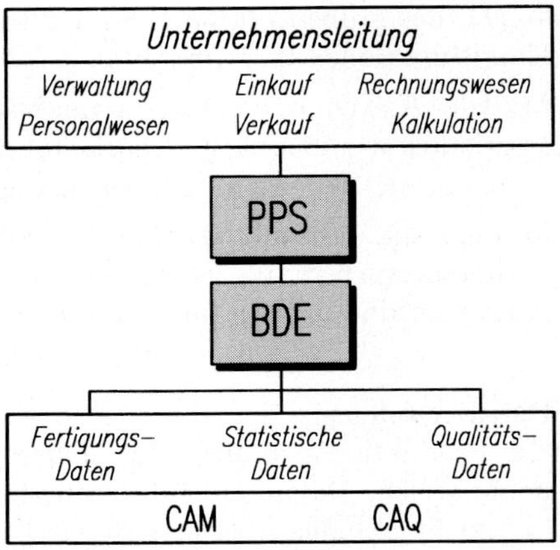

Bild 4-11: BDE im Unternehmen

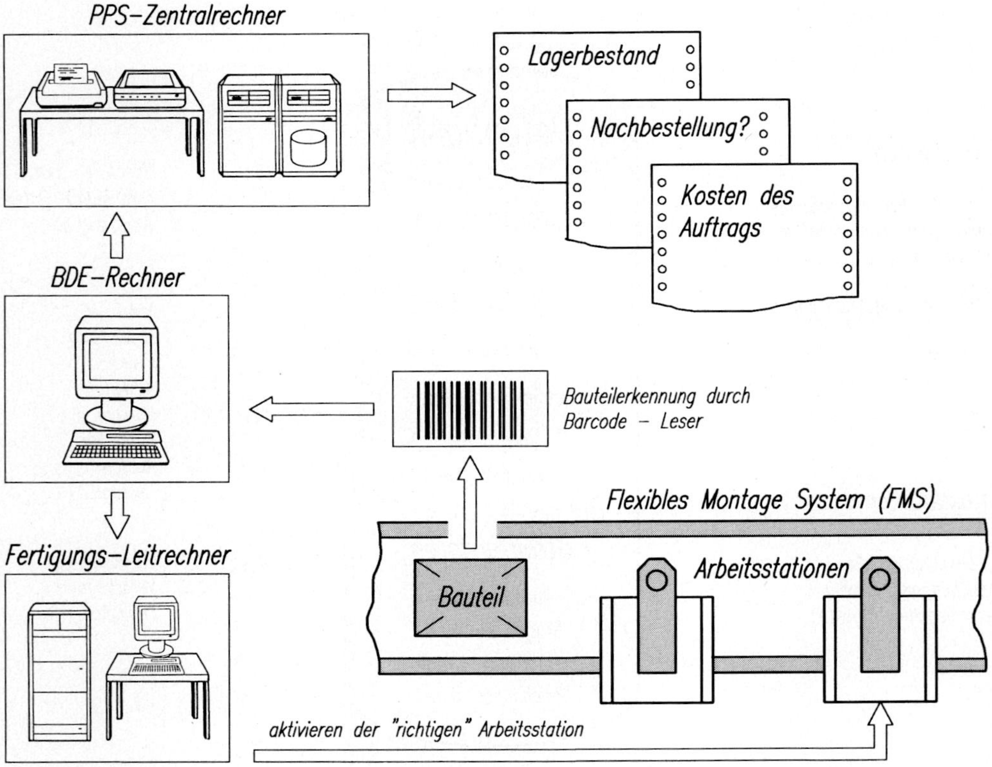

Bild 4-12: Bauteilerkennung und Betriebsdatenerfassung

► ***Selbstkontrolle:***

1. Welche Ziele verfolgt die PPS?
2. Welche Teilplanungen umfaßt die PPS?
3. Nennen Sie Vorteile einer zentralen Datenverwaltung.
4. Wie ermittelt die BDE die Produktionsdaten?
5. Wozu werden die von der BDE ermittelten Daten benutzt?

4.2.4 Rechnerunterstützte Konstruktion (CAD)

Von der Produktionsplanung und -steuerung erhält die *Konstruktionsabteilung* die Aufträge für *Neu-* bzw. *Änderungskonstruktionen.*

Zur Rechnerunterstützung dieses Prozeßes wurden umfangreiche Programm- und Informationssysteme entwickelt. Im Zentrum dieses Systems steht das CAD-Programm zur rechnerunterstützten Zeichnungserstellung, das dem Gesamtsystem auch seinen Namen gegeben hat.

Unter **CAD** (**C**omputer **A**ided **D**esign = Rechnerunterstütztes Konstruieren) versteht man die *Rechnerunterstützung* aller im Zusammenhang mit der Entwicklung und *Konstruktion* auftretenden Arbeiten.

CAD-Arbeitsplatz

Der typische CAD-Arbeitsplatz besteht aus einem *Personal-Computer* oder einer *Workstation* (Computer oberhalb der PC-Klasse). Ein *Digitalisiertablett* erleichtert die Befehlseingabe.

Über ein Kommunikationssystem (*Netzwerk*) sind alle Rechner mit einem *Server* verbunden. Der Server organisiert die *zentralen Dienste* und verwaltet den gemeinsamen *Datenbestand* (Zeichnungen, Normteilbibliotheken usw.). Die Zeichnungsausgabe erfolgt durch einen *Plotter* oder Drucker mit hoher Auflösung. Die Verbindung mit dem *Zentralrechner* ermöglicht den Zugriff auf alle Informationen im Unternehmen.

Der eigentliche Konstruktionsprozeß läßt sich in vier Phasen einteilen:

Planen und Analysieren der Aufgabenstellung,

Konzipieren und Erarbeiten des Funktionsprinzipes,

Entwerfen und Berechnen von Bauteilen und Baugruppen,

Ausarbeiten der Zeichnungen und Fertigungsunterlagen.

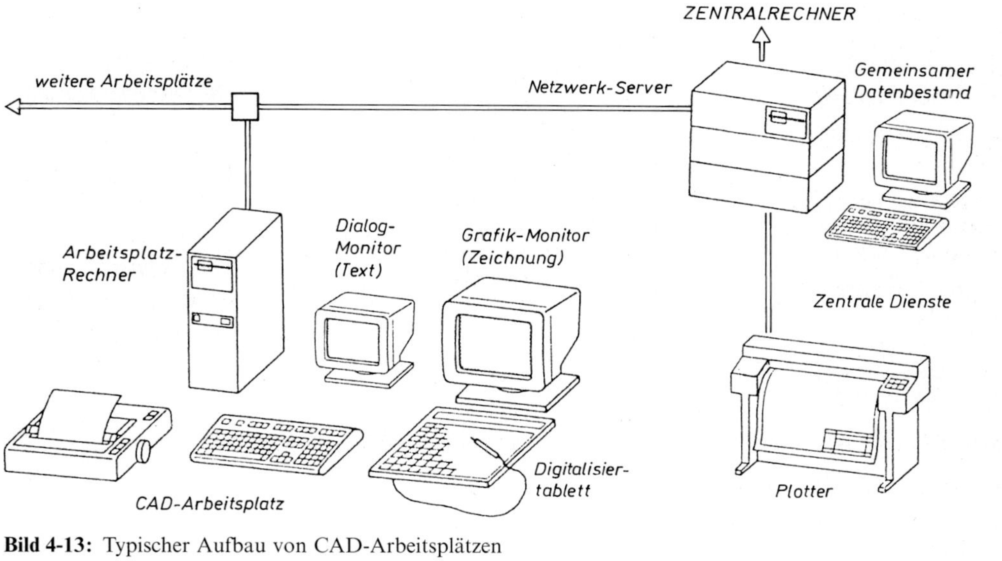

Bild 4-13: Typischer Aufbau von CAD-Arbeitsplätzen

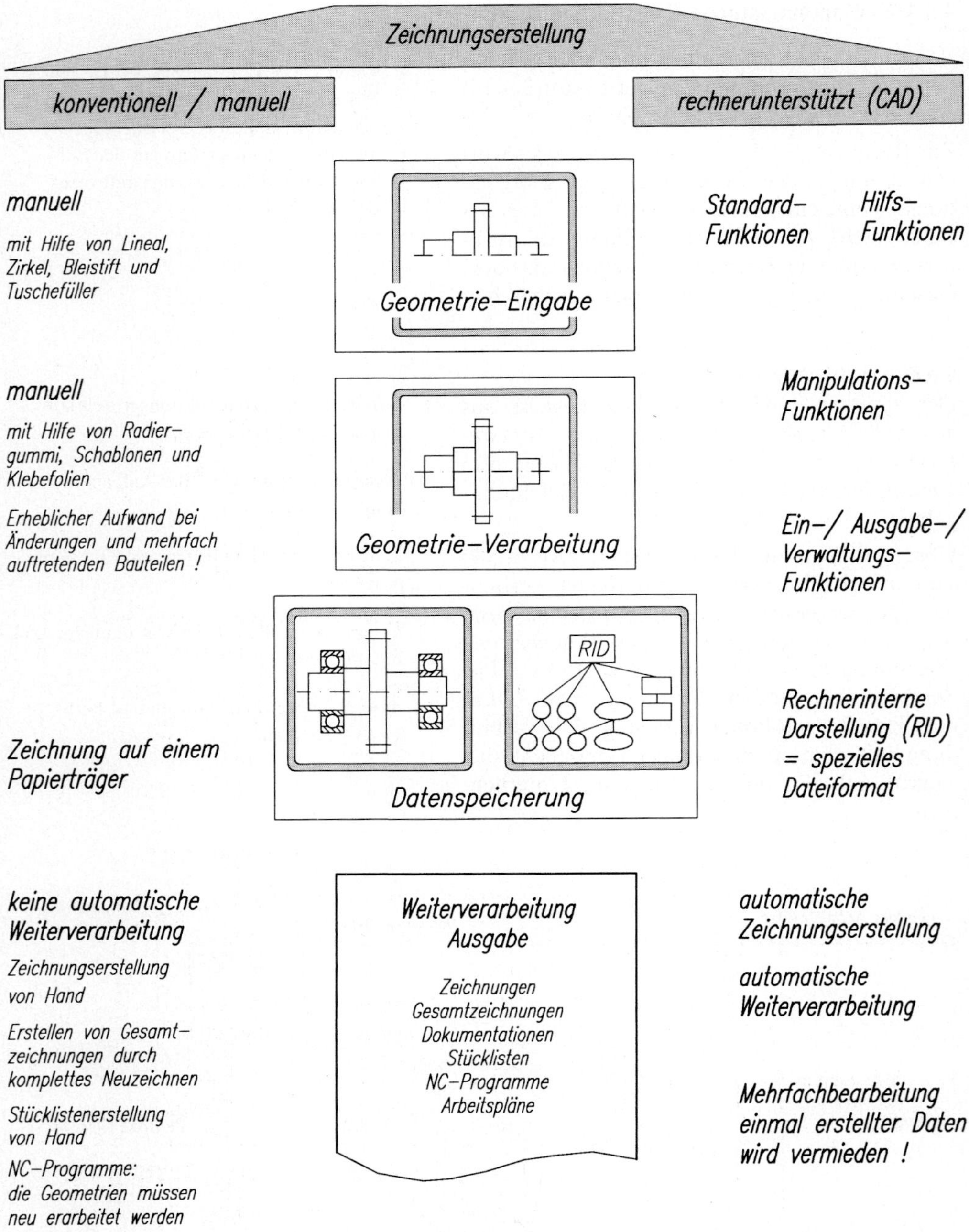

Bild 4-14: Gegenüberstellung konventioneller und rechnerunterstützter Zeichentechnik

2D-/3D-CAD-Programme

Es gibt zwei unterschiedliche Arten von CAD-Programmen.

3D-Programme erstellen die Zeichnungsgeometrie aus Volumenelementen (Quader, Zylinder, Kegel). Sie ermöglichen u.a. die automatische Erstellung von Ansichten, Schnitten, Perspektiven, Abwicklungen. Typische Einsatzgebiete sind räumliche Konstruktionen im Karosserie- und Formenbau.

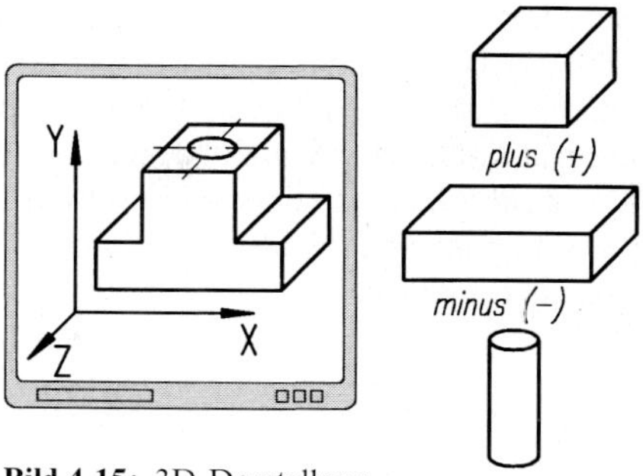

Bild 4-15: 3D-Darstellung

2D-Programme erstellen die Zeichnungsgeometrie in einem zweidimensionalen Koordinatensystem. Die Erzeugung von Darstellungen, Ansichten, Schnitten usw. erfolgt nach den gleichen Regeln wie in der konventionellen Zeichentechnik. Diese Programme werden überwiegend eingesetzt, da sie für die meisten Anwendungen ausreichend sind.

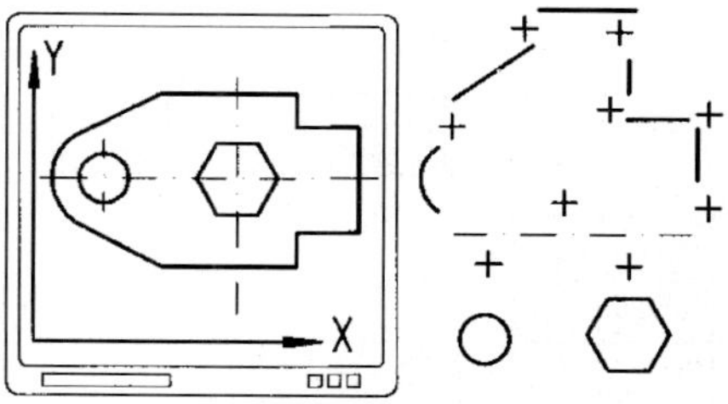

Bild 4-16: 2D-Darstellung

Geometrie-Eingabe (Geometrieerstellung)

Standard-Funktionen

Zur Geometrieerstellung enthalten die CAD-Programme eine Vielzahl von *Funktionen*, die sich über Befehle aktivieren lassen. Aus den *Grundelementen* PUNKT, LINIE, KREIS, BOGEN, ELLIPSE, VIELECK lassen sich die gewünschten Geometrien erzeugen.

Wie viele Möglichkeiten bereits in diesen wenigen Grundelementen stecken wird deutlich, wenn man sich den Befehl zur Erzeugung eines Kreises näher ansieht.

Operator	Operand	Spezifikation	Positionieren	Eingabe	Identifizieren
Erzeugen	Punkt				
Ändern	Linie	Mittelpkt. u. Radius	Mittelpunkt	Radius	
	Kreis	Mittelpkt. u. Durchm.		Durchmesser	
Löschen	Bogen	2 Punkte			P1 P2
Ein- /	Ellipse	3 Punkte			P1 P2 P3
Ausblenden	Vieleck	2 Tangenten, Radius		Radius	T1 T2

Die *Befehlseingabe* erfolgt in der Regel im *Dialog*, d.h. das CAD-Programm erfragt entsprechend dem Befehlsaufbau die benötigten Informationen. Um den Dialog schnell und komfortabel zu gestalten, haben sich zwei *Eingabesysteme* entwickelt.

Bei der *Menuetechnik* wird der Benutzer schrittweise durch ein *hierarchisch* aufgebautes *Menuesystem* geleitet. Mit einem Zeigegerät (z. B. einer Maus) kann er Menueteile auswählen und so den gewünschten Befehl zusammenstellen. Dateneingaben erfolgen über die Tastatur.

Die Befehlseingabe über ein *Tablettmenue* (Digitalisiertablett) ist noch komfortabler. *Einzelbefehle* und Befehlsgruppen (*Makros*) können mit Hilfe der *Lupe* direkt aktiviert werden, das gelegentlich langwierige Durchblättern der Menues entfällt.

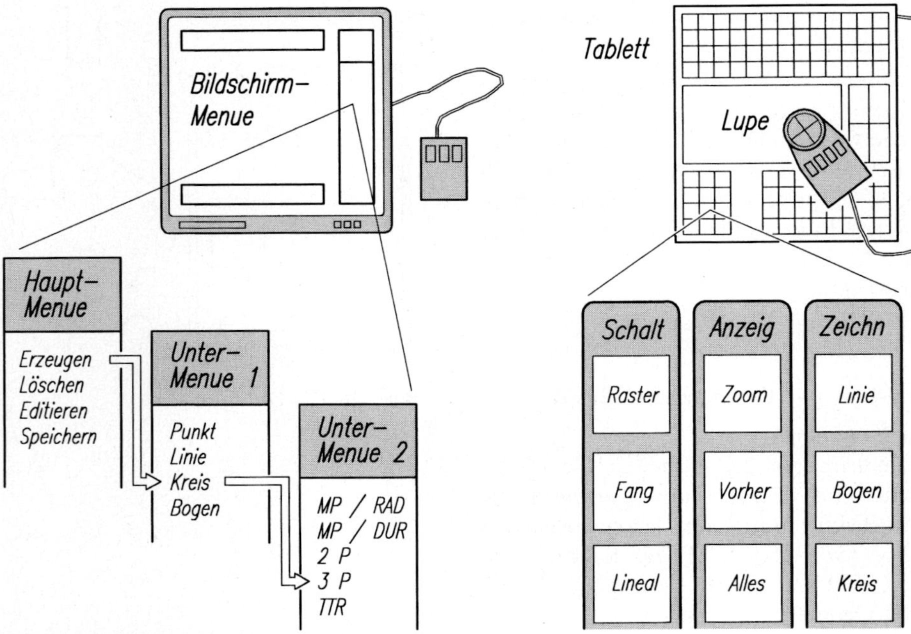

Bild 4-17: Bildschirmmenue und Tablettmenue

Geometrie-Verarbeitung

Manipulations-Funktionen

Die Daten der erzeugten *Elemente* werden *rechnerintern gespeichert* und stehen damit einer *automatischen Weiterverarbeitung* zur Verfügung. Hier beginnen die eigentlichen Vorteile der CAD-Technik. Durch umfangreiche *Manipulationsfunktionen* kann die Zeichenarbeit wesentlich beschleunigt werden.

- Der Befehl *SPIEGELN* ermöglicht die Erzeugung symmetrischer Bauteile um eine beliebige Spiegelachse.
- Der Befehl *DUPLIZIEREN* vervielfältigt Elemente bzw. Elementengruppen in kreisförmiger oder rechteckiger Anordnung.

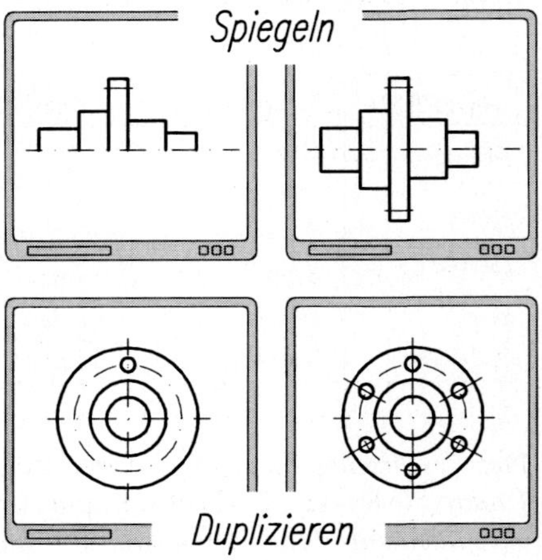

- Der Befehl *SKALIEREN* vergrößert bzw. verkleinert die gewählten Elemente.
- Der Befehl *DEHNEN* ermöglicht das Strecken oder Stauchen von Elementengruppen.

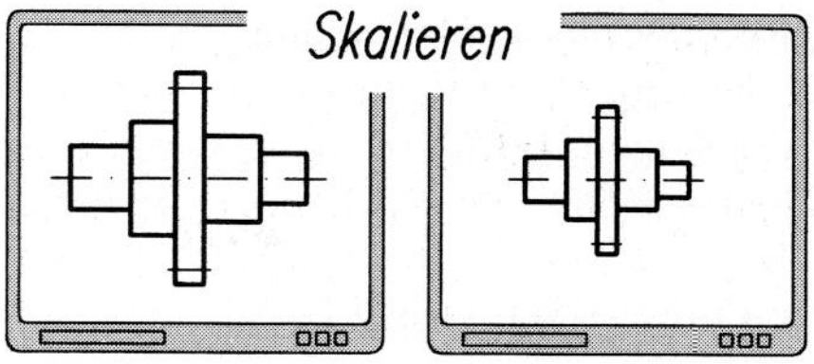

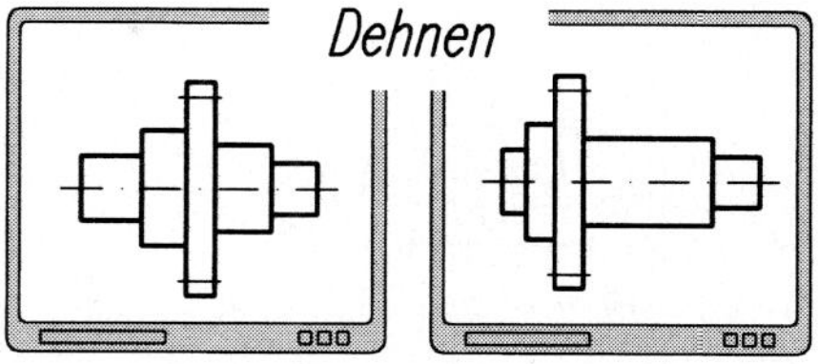

Hilfsfunktionen
Hilfsfunktionen erleichtern das Bearbeiten der Zeichnung.

- *ZOOMEN* vergrößert oder verkleinert den Bildausschnitt.
- *BLOCK, MAKRO* faßt Elemente zu Gruppen zusammen.
- *LAYER* schaltet verschiedene Zeichnungsebenen ein, so daß z. B. Geometrie und Bemaßung getrennt bearbeitet werden können.
- *SYSTEMPARAMETER* ermöglicht u. a. die Grundeinstellung von Linienarten, Schriftgrößen, Maßstäben, Hilfsrastern oder Bemaßungsgenauigkeiten.

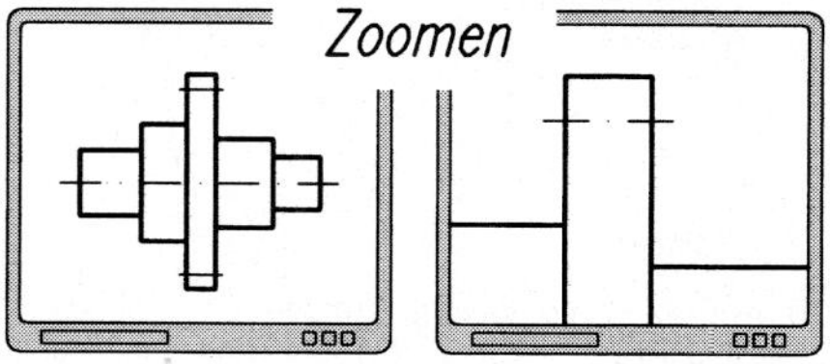

Attribut-Funktionen
Bauteilbeschreibungen (für die Stückliste) und *Fertigungsangaben* können den Geometrieelementen über sogenannte *Attribute* fest zugeordnet werden. Sie werden rechnerintern mitgespeichert und stehen damit weiteren Verarbeitungen zur Verfügung.

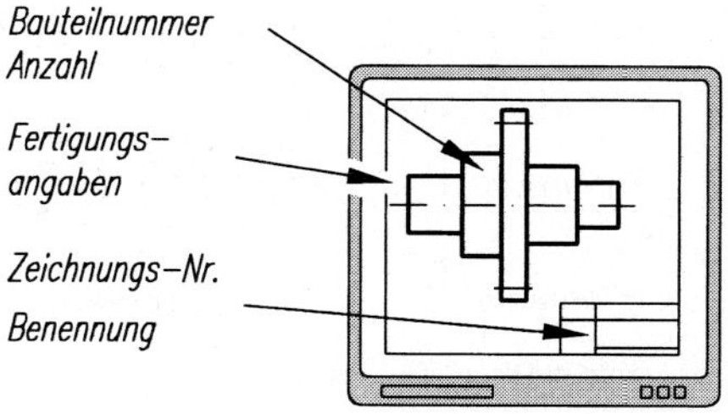

Eingabe- und Ausgabe-Funktionen
Ausgabefunktionen ermöglichen das *Sichern* der Zeichnung auf einem externen Speicher (*Festplatte*). Gespeicherte Zeichnungen und Zeichnungsteile können somit *überarbeitet* oder *wiederverwendet* werden, indem sie z. B. einer Zeichnung hinzugefügt werden (Normteile, Standardbauteile).

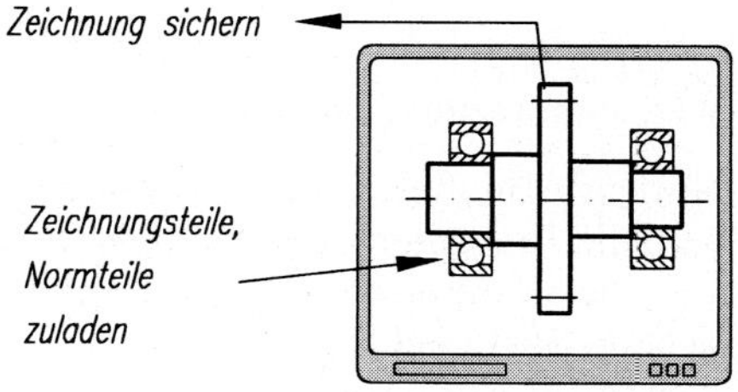

Variantenkonstruktion
Die Variantenkonstruktion ermöglicht die automatische Zeichnungserstellung für *ähnliche*, jedoch maßlich unterschiedliche *Bauteile*. Die *Hauptmaße* des Bauteils werden durch Variable ersetzt, denen bei der Zeichnungserstellung unterschiedliche Werte zugeordnet werden können.

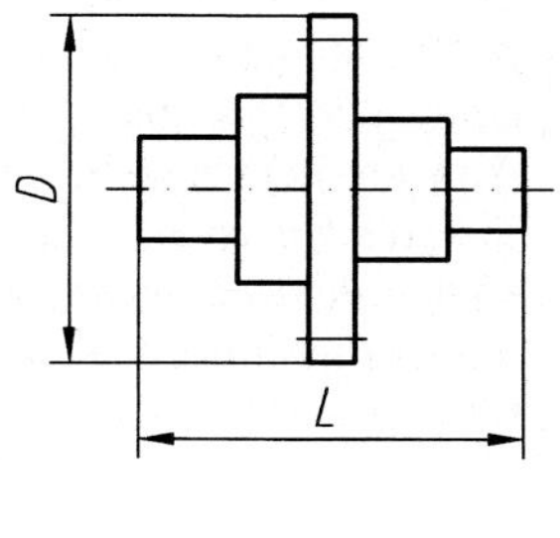

Rechnerinterne Darstellung (RID)

Alle vom CAD-Benutzer in das System eingegebenen Informationen werden im Arbeitsspeicher des Rechners in einem *speziellen Dateiformat*, der rechnerinternen Darstellung (RID) gespeichert.

In der RID sind *alle Bauteilinformationen* (Geometrien, Maße, Attribute) und ihre gegenseitige Verknüpfung enthalten. Die Verknüpfung ermöglicht es, aus der RID einzelne, zusammengehörende Informationen herauszulesen und getrennt weiterzuverarbeiten.

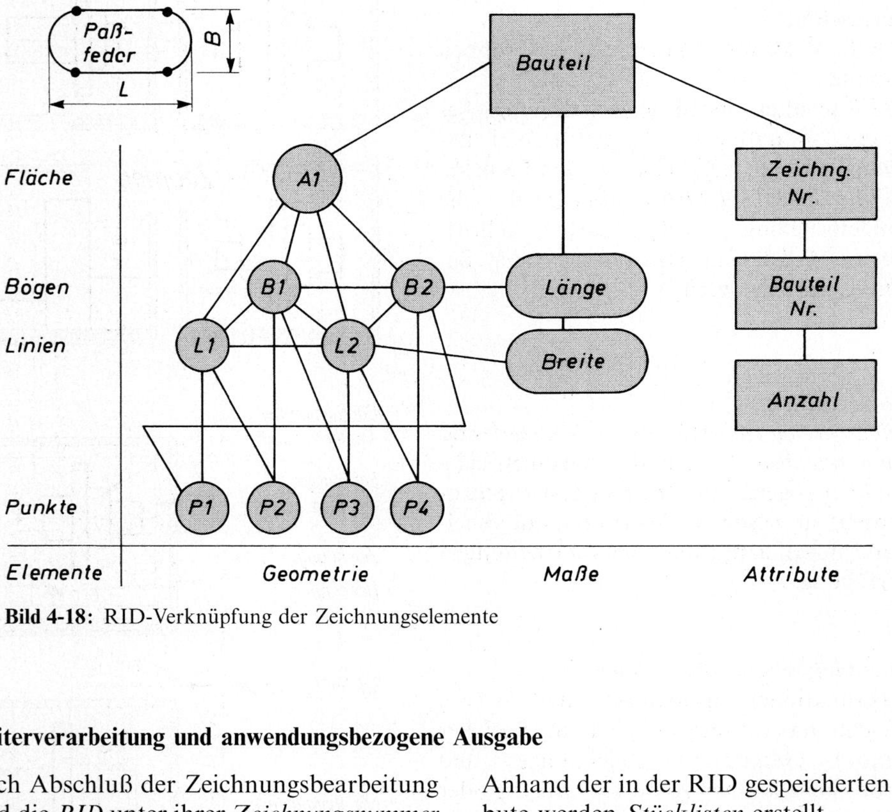

Bild 4-18: RID-Verknüpfung der Zeichnungselemente

Weiterverarbeitung und anwendungsbezogene Ausgabe

Nach Abschluß der Zeichnungsbearbeitung wird die *RID* unter ihrer *Zeichnungsnummer* auf einem externen Speicher (*Festplatte*) gesichert. Hier steht sie den verschiedenen Weiterverarbeitungen durch Zusatzprogramme zur Verfügung.

Als Arbeitsunterlage wird die RID mit Hilfe eines *Plotters* als *Zeichnung* ausgegeben. Aus der RID einzelner Bauteile können *Gesamtzeichnungen* ganzer Maschinen oder *technische Dokumentationen* (Prospekte, Benutzeranleitungen usw.) zusammengestellt werden.

Anhand der in der RID gespeicherten Attribute werden *Stücklisten* erstellt.

Die Erarbeitung von *NC-Programmen* mit Hilfe der gespeicherten Geometrien und fertigungstechnischen Informationen ist eine weitere wichtige Anwendung.

Die *Arbeitsplanung* (CAP) benutzt bei der Erstellung der Arbeitspläne ebenfalls die RID.

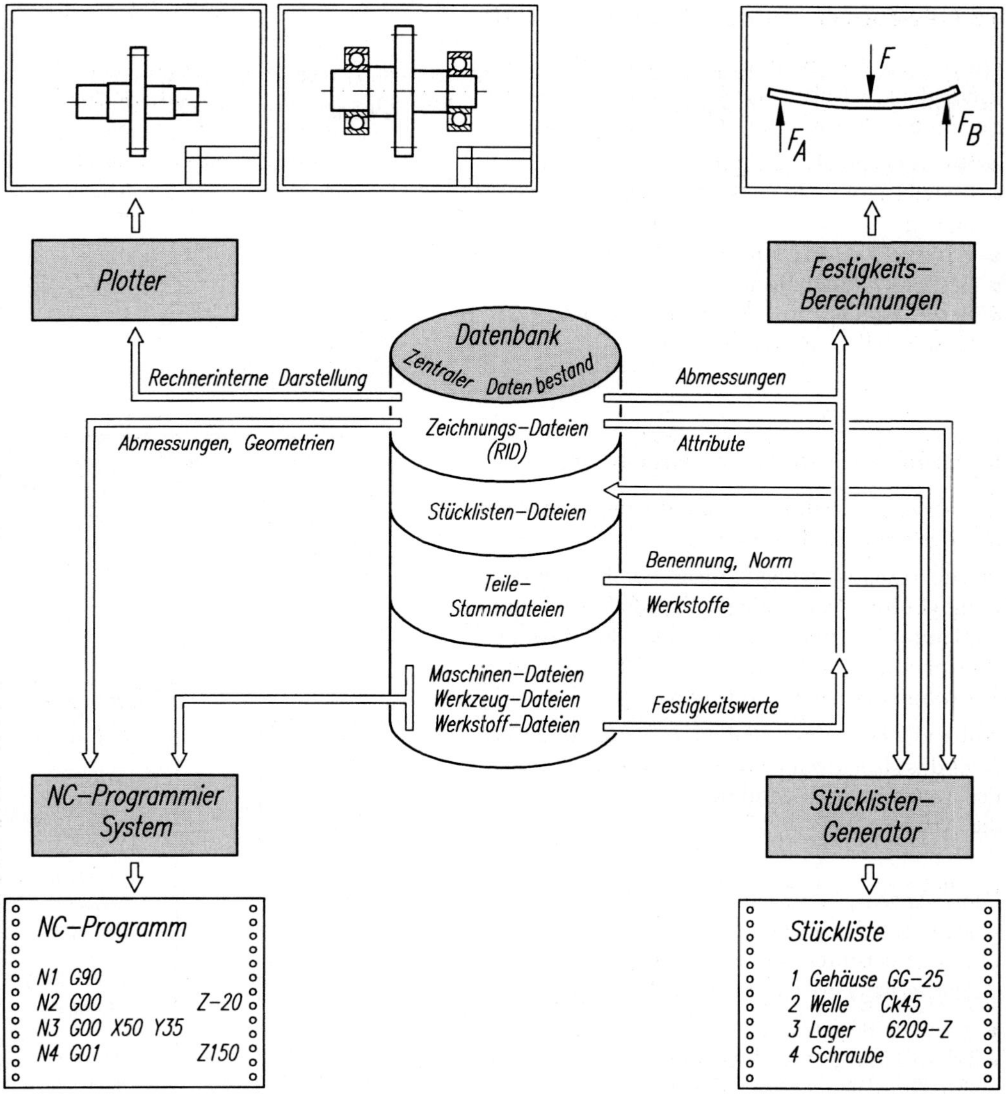

Bild 4-19: Weiterverarbeitung und Ausgabe gespeicherter Daten

► ***Selbstkontrolle:***

1. Welche Aufgaben umfaßt der Begriff CAD?
2. Beschreiben Sie den Aufbau eines CAD-Arbeitsplatzes.
3. Wodurch unterscheiden sich 2D- und 3D-CAD-Programme in Arbeitsweise und Anwendung?
4. Beschreiben Sie Arbeitsweise und Vorteile der beiden Menuetechniken?
5. Wann läßt sich die Variantenkonstruktion sinnvoll einsetzen?
6. Was versteht man unter RID?
7. Welche besonderen Vorteile hat die CAD-Technik?

4.2.5 Rechnerunterstützte Arbeitsplanung (CAP)

Die *Arbeitsplanung* (Arbeitsvorbereitung) ist das Bindeglied zwischen der Konstruktion und der Fertigung. Ihre wichtigsten Aufgaben sind:

- Beratung der Konstruktion,
- Erstellung von Arbeits-, Montage- und Prüfplänen,
- Programmierung von NC-Maschinen,
- Betriebsmittelplanung
- Bereitstellung von Verwaltungsdaten (z. B. Kostenstellen, Zeitvorgaben)

Unter **CAP** (**C**omputer **A**ided **P**lanning = Rechnerunterstützte Planung) versteht man die *Rechnerunterstützung* aller im Zusammenhang mit der *Arbeitsplanung* (Arbeitsvorbereitung) auftretenden Arbeiten.

Rechnerunterstützte Arbeitsplanerstellung

Arbeitspläne bestimmen den gesamten Ablauf der Fertigung und Montage.

Darüberhinaus stellen sie u. a. der Kostenrechnung (Lohn-, Materialbelege), der Betriebsmittelplanung (Vorgabezeiten) und der Produktionsplanung und -steuerung (PPS) wichtige *Verwaltungsdaten* zur Verfügung.

Anhand der bereitgestellten Informationen erstellt das *Arbeitsplanerstellungs-System* automatisch oder im Dialog mit dem Planer (interaktiv) die Arbeitspläne.

Diese Arbeit umfaßt eine große Menge von *Ermittlungen, Entscheidungen und Berechnungen.* Die rechnerunterstützte Arbeitsplanerstellung (Generierung) erleichtert diese Tätigkeit durch:

- gezieltes Bereitstellen von Informationen,
- Entscheidungserleichterung durch Entscheidungstabellen (Auswahltabellen),
- automatische Durchführung von Berechnungen,
- Bereitstellung von Standardarbeitsplänen,
- Arbeitsplanverwaltung (Suche, Wiederverwendung).

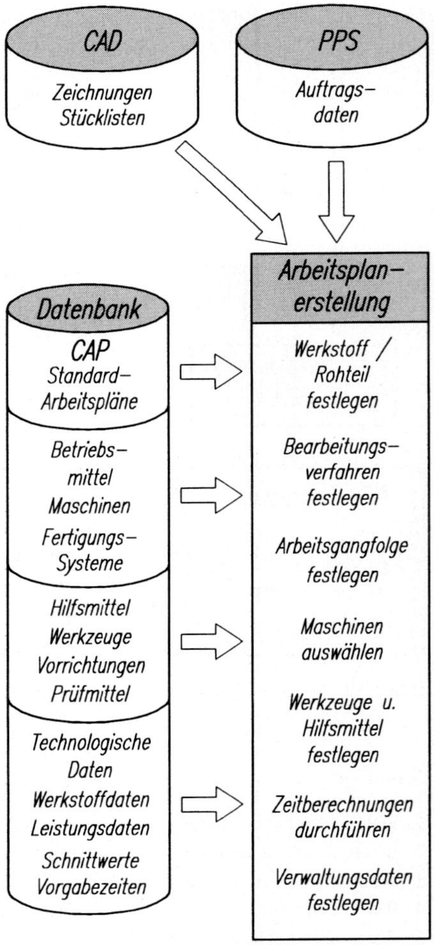

Bild 4-20: Informationsbereitstellung bei der Arbeitsplanerstellung

ARBEITSPLAN

Zeichnungs-Nr.	Werkstück-Nr.	Alt.-Pl.	Benennung	Auftrag-Nr.	DLZ
PVC-4711-000	4711-000-08-02	001	Grundplatte	0592-06246	27

Material: Platte 589-6012T-00, 38 × 1145 × 1990

Zusatz-Info.:
- Zeichnung PVC 4711-000 Bl. 1 – 3
- Stückliste PVC 4711 ST
- Werkzeugplan PVC 4711-000 W
- NC-Band PVC 4700-001 N
- Aufspannvorschrift PVC 4711-000 A
- Bohrplan PVC 4711-000V
- Spannmittel SPM 110 T1
- Spannmittel SPM 115 K

KOPFDATEN

Losgröße	Teile/Palette	gültig ab	gültig für
24	12	18.1.89	Ax, Bx, K7, PVx

AGNr	Kost	MaGr.	Zeile	Arbeitsgang	TR	TE/St	V–Art	LG
030	0150	000	0	Palette rüsten	45,0	0	A	28
			1	nach Aufspannvorschrift				
			A	PVC 4711-000 A				
			2	mit Spannmitteln				
			S	SPM 110 Ti				
			S	SPM 115 K				
040	0151	000	0	Werkzeuge bereitstellen	35,0	0	A	26
			1	nach Werkzeugplan				
			W	PVC 4711-00 W				
050	0375	040	0	NC-Fräsen 2-spindelig	5,0	105,0	K	28
			1	nach NC-Band				
			N	PVC 4700-001 N				
080	0485	010	0	Maßprüfung manuell	10,0	30,0	A	28
			1	Kennzeichnen				
			2	nach Zeichnungsangaben				
999	0152	100	0	Werkstücke an Lagerplatz 315	5,0	20,0	A	25

Geprüft:	Planung	Disposition	Material	Qualitätssicherung
	P100	D096	M037	Q112

ARBEITSGANGDATEN

Arbeitsgang-Nummer

Kostenstelle: Kostenrechnung Buchhaltung

Maschinengruppe: Termine Kapazitäten

Vorgabezeiten: Termine Kosten Löhne

Arbeitsplan-Nummer

Barcode für die BDE

Qualitätsplan-Nummer

ARBEITSGANGKARTE

Werkstück-Nr. 4711-000-08-02
Benennung: Grundplatte
Material: M 037
Auftrags-Nr. 0592-06246

AGNr	KoSt	MaGr	Arbeitsgang	TR	TE	LG
050	0375	040	NC-Fräsen-2-sp. NC-Programm PVC4700-001N	5,0	105,0	28
Los- größe:	24	Stck	Arbeitsbeginn:	12.04 1992	09.30	

Lohngruppe: Löhne Kosten

Arbeitsbeginn + Vorgabezeit = Termin

Bild 4-21: Arbeitsplan (Auszug) und Arbeitsgangkarte

Rechnerunterstützte NC-Programmierung

Die Kopplung von *NC-Programmiersystem* und *CAD-System* ist in der rechnerunterstützten Produktion sehr verbreitet. Kennzeichnend ist hierbei die *direkte Wiederverwendung* der in der Zeichnung (RID) *gespeicherten Informationen.*

In *Teilschritten* erstellt das NC-Programmiersystem selbständig oder im Dialog mit dem Programmierer das NC-Programm.

Zuerst werden durch ein *Kopplungsmodul* (Teilprogramm) die für die NC-Programmierung benötigten Daten aus der rechnerinternen Darstellung des CAD-Systems herausgelöst und aufbereitet.

- *Aufbereiten der Werkstücksgeometrie* Identifizieren und logisches Verknüpfen der Geometrieelemente der Werkstückkontur
- *Aufbereiten der Werkstücktechnologie* Toleranzen, Oberflächenqualität ...

Ein zweites Teilprogramm, der *Prozessor*, übernimmt diese Daten und erstellt daraus mit Hilfe geometrischer und technologischer Berechnungen ein *maschinenneutrales NC-Programm.* Dieses Programm wird CLDATA genannt.

(**CLDATA** = **c**utter **l**ocation **data**: Werkzeugpositionsdaten)

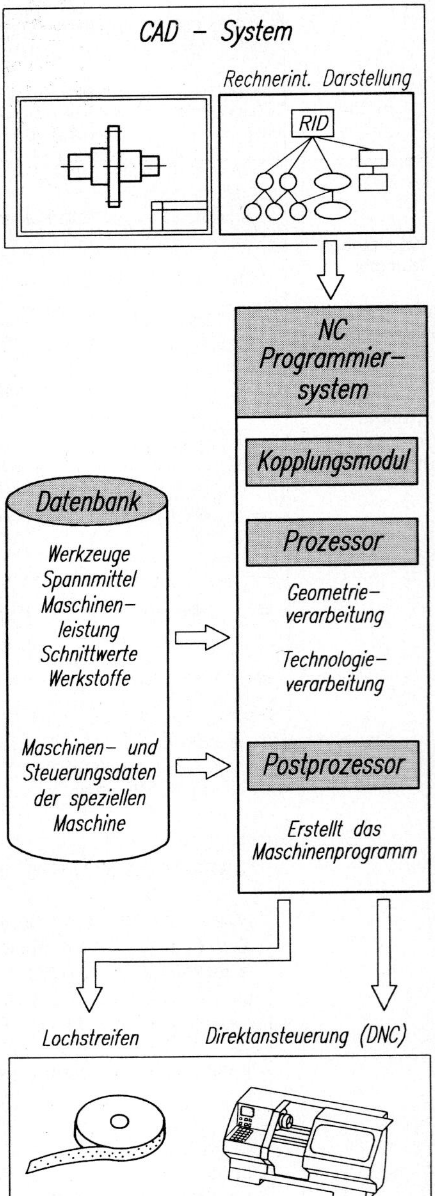

Bild 4-22: Rechnerunterstützte NC-Programmierung

Erst der *Postprozessor* übersetzt dieses Programm in die Programmiersprache einer speziellen NC-Maschine, dem *maschinenspezifischen Programm* nach DIN 66025 (Postprozessor = nachgeschalteter Prozessor).

Das fertige NC-Programm kann anschließend auf *Lochstreifen* ausgegeben oder über eine direkte Verbindung (**DNC** = **D**irect **N**umeric **C**ontrol) an die Werkzeugmaschinen weitergegeben werden.

Technologische Daten

Werkzeug-Nr.	T 0101
Schneiden-radius	0,8 mm
Schnitt-geschw.	160 m/min
Schnittiefe	2,5 mm
Schneid-stoff	P 25
Vorschub	0,4 mm

Geometrische Daten

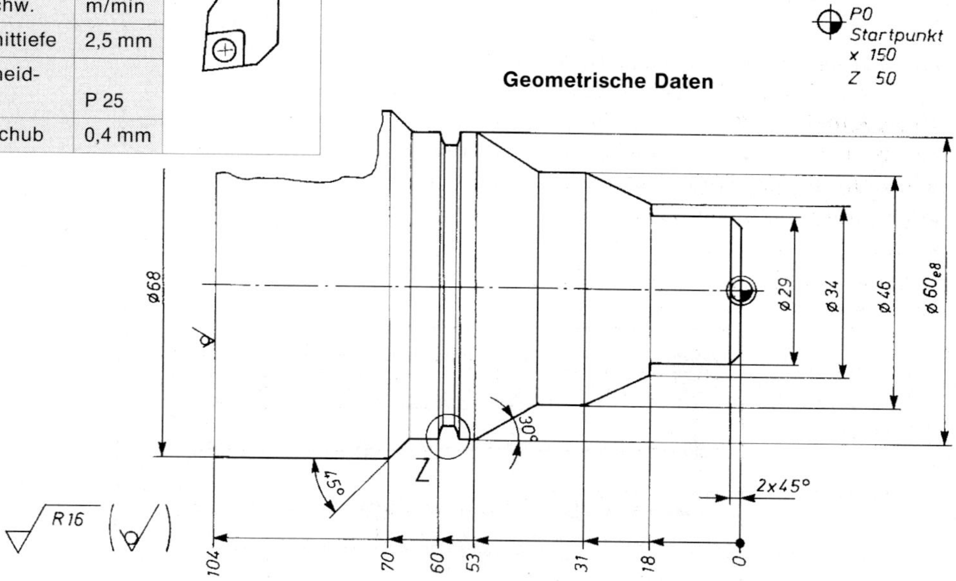

Bild 4-23: NC-Programmierung

	Satz-Nr.	Wegbedingung	X (Koordinaten)	Y (Koordinaten)	Z (Koordinaten)	F (Vorschub)	S (Drehzahl)	T (Werkzeug)
Eilgang	N1	G 00	X 150		Z 50			
Drehzahlbegrenzung	N2	G 92					S 2500	
Schnittgeschw. konstant	N3	G 96				F 0,4	S 160	T 0101
	N4	G 00	X 70		Z 1			
Arbeitsvorschub	N5	G 01	X-1,6					
	N6				Z 2			
	N7	G 00	X 70					
	N8	G 01			Z 0,1			
	N9		X-1,6					
	N10				Z 1			
Abspanzyklus	N11	G 82	X 60		Z-65			

► ***Selbstkontrolle:***

1. Beschreiben Sie die Aufgaben der Arbeitsplanung.
2. Welche Informationen enthalten die Arbeitspläne?
3. Beschreiben Sie den Ablauf der rechnerunterstützten NC-Programmierung.
4. Wie können die NC-Programme an die NC-Maschinen weitergegeben werden?

4.2.6 Rechnerunterstützte Fertigung (CAM)

Fertigungsleittechnik

Bei der Automatisierung verfahrenstechnischer Prozesse (4.1.1 Prozeßleittechnik) steht der präzise Ablauf eines verfahrenstechnisch/chemischen Prozesses im Vordergrund der Überlegungen.

Die *Leittechnik in der industriellen Fertigung* muß einen sich ständig *verändernden Prozeß* zwischen Kundenwunsch und Fertigungsmöglichkeiten steuern und überwachen und die Entscheidungen der Unternehmensleitung durch präzise Informationen unterstützen.

Unter **CAM** (**C**omputer **A**ided **M**anufacturing = Rechnerunterstützte Fertigung) versteht man die *Rechnerunterstützung* der Fertigungsfunktionen: *Fertigen; Handhaben; Transportieren und Lagern.*

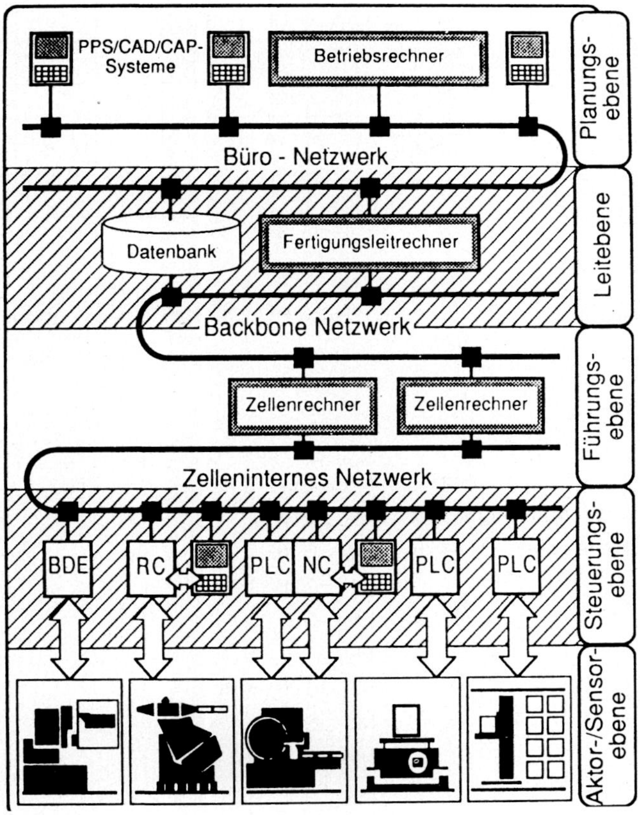

Bild 4-24:
Rechnerintegrierte Fertigung durch ein hierarchisch aufgebautes Kommunikations- und Rechnerverbundnetz

Flexible Fertigungs-Systeme (FFS)

Als Beispiel für eine CAM-Konzeption können die sogenannten Flexiblen Fertigungs Systeme dienen.

Ein *FFS* enthält *mehrere Bearbeitungsstationen* (z. B. Werkzeugmaschinen, Montageplätze), *Handhabungseinrichtungen* (z. B. Roboter), *Transporteinrichtungen und Lager* (Zwischenlager), die von einem *Leitrechner* gesteuert werden.

In einem FFS können, im Rahmen der vorhandenen Bearbeitungsstationen, *unterschiedliche Werkstücke* einer Teilefamilie einer *mehrstufigen, automatischen Fertigung* unterzogen werden, indem sie das FFS auf unterschiedlichen Wegen durchlaufen.

FFS bilden somit ein Bindeglied zwischen den starren, nur auf eine Aufgabe ausgerichteten Transferstraßen und den universell einsetzbaren Einzelmaschinen.

Teilfunktionen der Fertigung:

- Fertigen (incl. Montieren)
- Transportieren
- Handhaben
- Lagern

Teilefamilie:

- Zusammenfassung von Bauteilen mit geometrischen und/oder fertigungstechnischen Ähnlichkeiten.

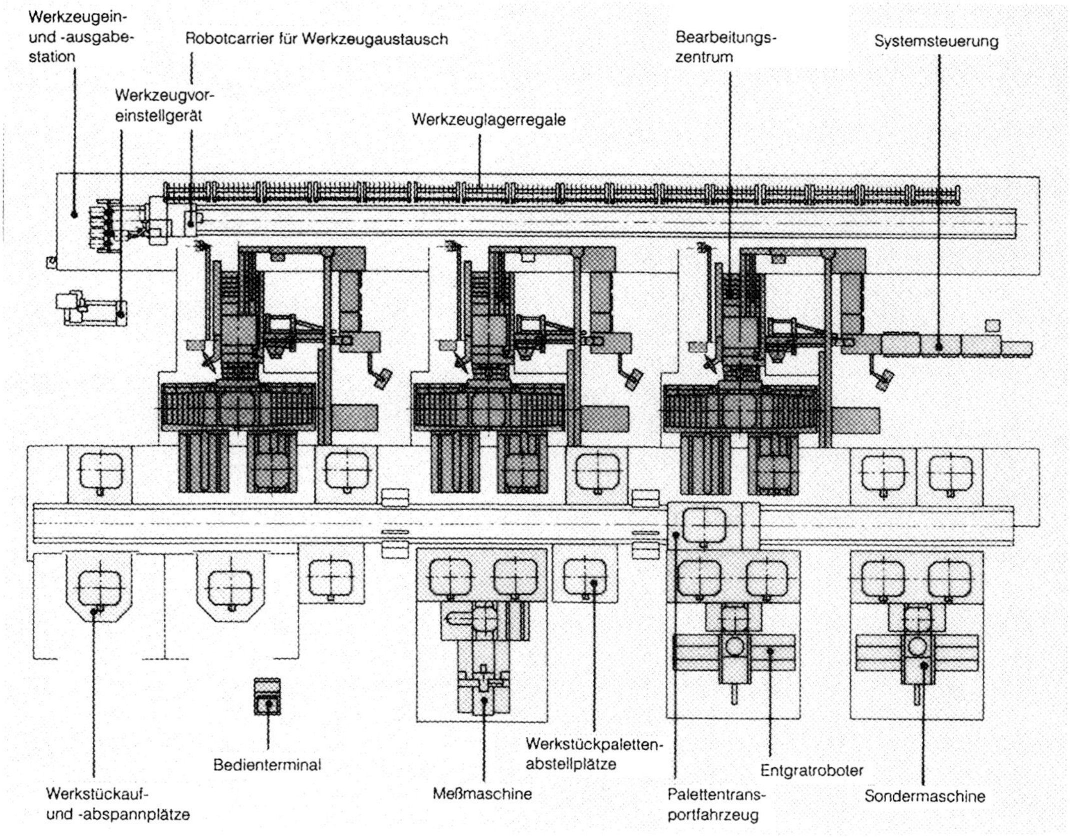

Bild 4-25: Flexibles Fertigungs System mit 3 Bearbeitungszentren

NC-Maschinen/Numerische Steuerungen

Bei den *manuell gesteuerten Werkzeugmaschinen* werden die einzelnen Arbeitsschritte vom Maschinenbediener ausgeführt. Er stellt u. a. Drehzahl, Vorschub- und Zustellbewegung ein und vergleicht das Arbeitsergebnis mit den gewünschten Maßen.

Numerisch gesteuerte Werkzeugmaschinen führen diese Arbeitsschritte, geführt von einem *NC-Programm*, automatisch aus. Das NC-Programm besteht aus einer *Folge von Steuerbefehlen*, die alle Arbeitsschritte beschreiben. Die numerische Steuerung veranlaßt die Ausführung der Steuerbefehle und überprüft deren präzise Durchführung mit Hilfe von *Wegmeßsystemen.*

Bei den *NC-Steuerungen* wird das in der Arbeitsplanung erstellte NC-Programm in einen Lochstreifen gestanzt. Da die NC-Maschinen über *keinen Programmspeicher* verfügen, werden die im Lochstreifen gespeicherten Steuerbefehle satzweise von der Maschine eingelesen und ausgeführt. Der fehlende Programmspeicher und die nicht programmierbare Rechenschaltung machen die NC-Steuerung *unflexibel.* Notwendige Programmänderungen können nicht an der Maschine, sondern müssen zeitraubend in der Arbeitsplanung (Programmierplatz) durchgeführt werden.

CNC-Steuerungen verfügen zusätzlich über einen *Programmspeicher*. Ein *Mikrocomputer* und ein *CNC-Programmsystem* ersetzen die festverdrahtete Rechenschaltung. Das einmal eingegebene NC-Programm kann aus dem Programmspeicher beliebig oft abgerufen werden. Neuprogrammierungen und Überarbeitungen sind direkt an der Maschine möglich (*Werkstattprogammierung*).

DNC-Steuerungen schließen mehrere *NC-Maschinen* und einen *Fertigungsrechner* zu einem *Steuerungssystem* zusammen. Die Programmübertragung, Programmverwaltung und die Integration in ein Fertigungssystem (CAM, BDE, ...) werden hierdurch wesentlich erleichtert.

Vorteile numerisch gesteuerter Werkzeugmaschinen:

- hohe, gleichbleibende Qualität
- weniger Ausschuß
- kurze Bearbeitungs- und Rüstzeiten (Flexibilität)
- weniger Vorrichtungen

Steuerungstypen:
NC-Steuerungen (**N**umerical **C**ontrol)
CNC-Steuerungen (**C**omputer **N**umerical **C**ontrol)
DNC-Steuerungen (**D**irect **N**umerical **C**ontrol)

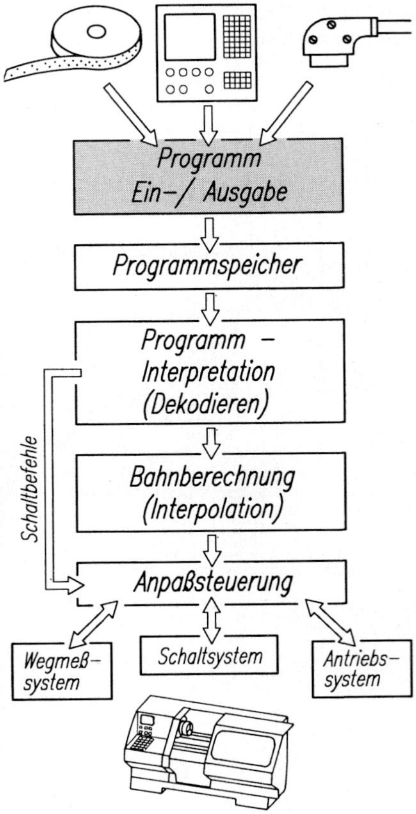

Bild 4-26: Informationsverarbeitung in NC-Steuerungen

Neben den verschiedenen *Schaltfunktionen* (Futter spannen/entspannen, Kühlmittel ein/aus) ist die Steuerung der Vorschubantriebe (*Wegfunktionen*) eine der Hauptaufgaben der numerischen Steuerungen.

Die *präzise Positionierung* der Maschinenschlitten bzw. Werkzeuge erfolgt durch die *Lageregelung*. Die Güte der bei der Lageregelung verwendeten *Wegmeßsysteme* hat entscheidenden Einfluß auf die Bearbeitungsgenauigkeit. Man unterscheidet zwischen *indirekten und direkten* Wegmeßsystemen.

Bei der *indirekten Wegmessung* werden, z. B. durch einen *Drehmelder*, die Umdrehungen der Antriebsspindel erfaßt. In Verbindung mit der Gewindesteigung ermittelt der Rechner daraus den verfahrenen Weg. Spiel im Antriebsmechanismus kann den erfaßten Meßwert verfälschen.

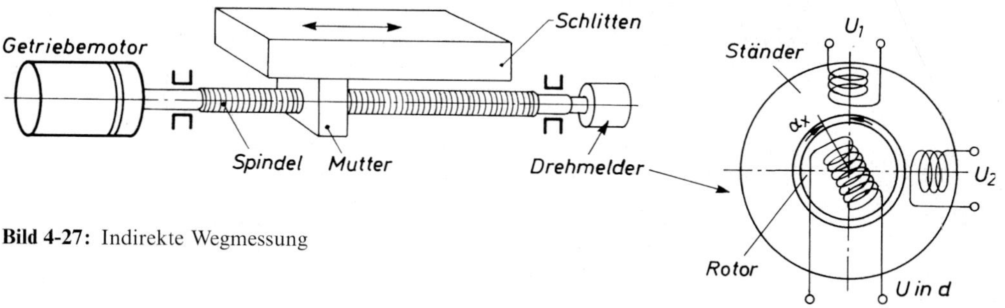

Bild 4-27: Indirekte Wegmessung

Drehmelder arbeiten nach dem *Transformatorprinzip*. Die beiden Ständerwickelungen werden mit Wechselspannungen gespeist. Dadurch wird an der Rotorwicklung eine Spannung induziert, deren Größe abhängig von der Winkellage des Rotors ist.

Wird die Antriebsspindel mit dem Rotor verbunden, so läßt sich aus der Veränderung der induzierten Spannung der Drehwinkel der Spindel berechnen. Mehrfachumdrehungen werden durch den Rechner „mitgezählt".

Bei der *direkten Wegmessung* wird direkt der verfahrene Weg am Maschinenschlitten ermittelt. Da die Messung unabhängig vom Spiel im Antriebsmechanismus ist, ergibt sich eine größere Genauigkeit.

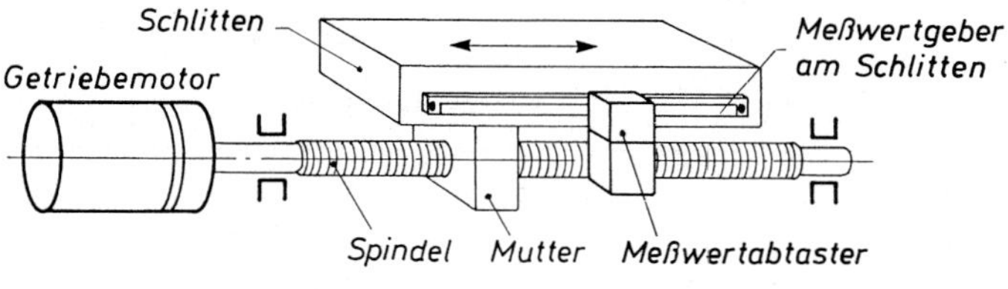

Bild 4-28: Direkte Wegmessung

Zur *Erfassung der Verfahrwege* gibt es zwei Meßmethoden.

Bei der *absoluten Wegmessung* wird die Schlittenposition mit Hilfe eines codierten Maßstabes ermittelt. Jeder Schlittenposition läßt sich ein eindeutiger Zahlenwert (Meßwert) zuordnen.

Bei der *inkrementalen Wegmessung* werden Strichmaßstäbe als Weggeber benutzt. Eine Auswertelektronik ermittelt anhand der Bewegungsrichtung und der Anzahl der hell/dunkel-Wechsel den zurückgelegten Weg. Die genaue Schlittenposition ergibt sich dann aus einem vor Arbeitsbeginn eingegebenen Referenzpunkt und dem Verfahrweg.

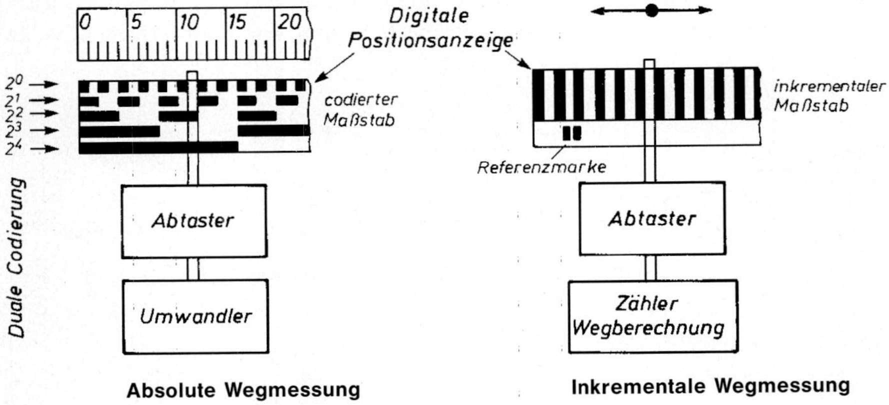

Bild 4-29: Wegmeßsysteme

Die meisten CNC-Maschinen verwenden die inkrementale Wegmessung. Die folgende Abbildung zeigt den Aufbau (Regelkreis) einer solchen Lageregelung.

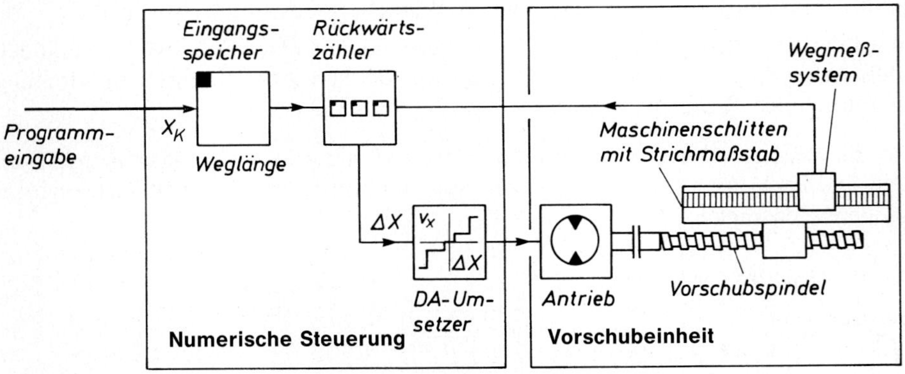

Bild 4-30: Digitale Lageregelung mit Inkrementalgeber

► ***Selbstkontrolle:***

1. Wodurch unterscheiden sich die Aufgaben der Automatisierungstechnik in der Fertigungstechnik und der Prozeßtechnik?
2. In Flexiblen-Fertigungs-Systemen werden verschiedene Bauteile einer Teilefamilie gefertigt. Was bedeutet in diesem Zusammenhang der Begriff „Teilefamilie"?
3. Erklären Sie die Begriffe NC-, CNC- und DNC-Steuerung.
4. Beschreiben Sie die Arbeitsweise der direkten Wegmessung bei NC-Maschinen.

Robotertechnik

Maschinell gesteuerte Handhabungsgeräte werden in der Fertigung zum Transportieren, Beschicken, Bearbeiten, Montieren und Prüfen eingesetzt.

Festprogrammierte Handhabungsgeräte verwendet man für immer gleichbleibende Arbeitsabläufe. Elektropneumatische Steuerungen übernehmen, z. B. mit Hilfe einer SPS, das Einlegen von Einzelteilen in eine Montagevorrichtung (*Pick-and-Place-Geräte*).

Industrieroboter sind Handhabungsautomaten die:

- universell einsetzbar sind,
- über mehrere Bewegungsachsen verfügen,
- frei programmierbar sind,
- sensor gesteuert werden können.

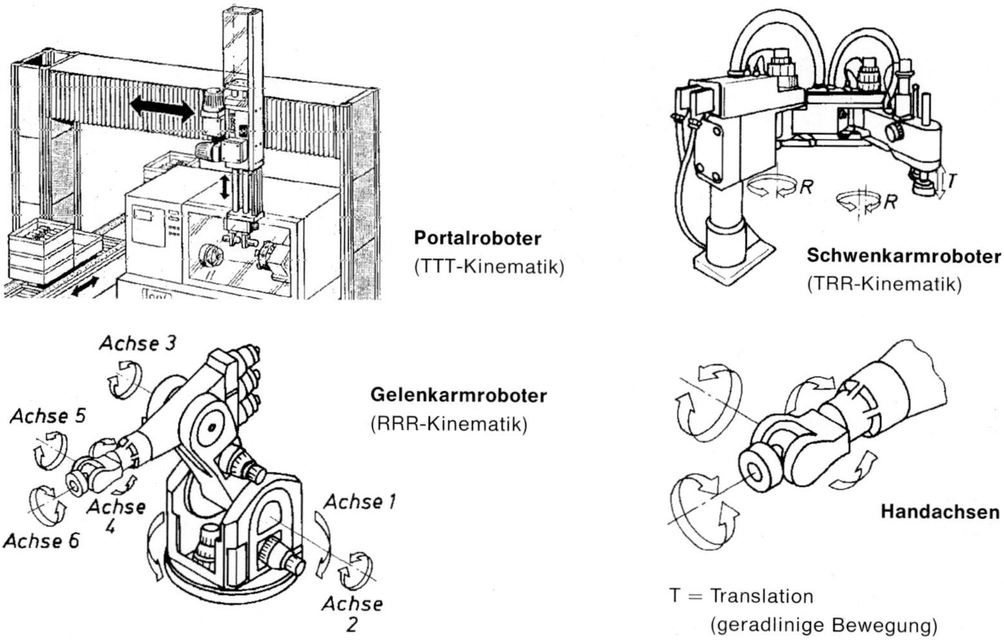

Bild 4-31: Roboterbauformen und ihr kinematischer Aufbau

T = Translation (geradlinige Bewegung)
R = Rotation (Drehbewegung)

Der *kinematische Aufbau*, d. h. die Art, Anzahl und Anordnung der Bewegungsachsen bestimmt die Anwendungsmöglichkeiten und das Aussehen der Roboter. Die Vielzahl der Bauformen entspricht der großen Anzahl der Anwendungsmöglichkeiten.

Portalroboter werden überwiegend zum Be- und Entladen im Transport- und Montagebereich benutzt.

Schwenkarmroboter werden häufig als Montageroboter eingesetzt. Ihr einfacher Aufbau ergibt einen preiswerten Roboter mit hoher Genauigkeit, Geschwindigkeit und Montagekraft.

Gelenkarmroboter verfügen über die größtmögliche Bewegungsfreiheit. Eingesetzt werden diese Roboter für Bearbeitungen im „freien“ Raum. Das Lackieren, Schweißen oder Montierten komplizierter Bauteile (Fahrzeugbau) sind typische Anwendungen.

Die *Robotersteuerung* ist ähnlich aufgebaut wie die numerische Steuerung von Werkzeugmaschinen, stellt jedoch wegen der höheren Beweglichkeit (Freiheitsgrade) der Roboter erhöhte Anforderungen an die Rechenkapazität und -geschwindigkeit der Steuerungshardware.

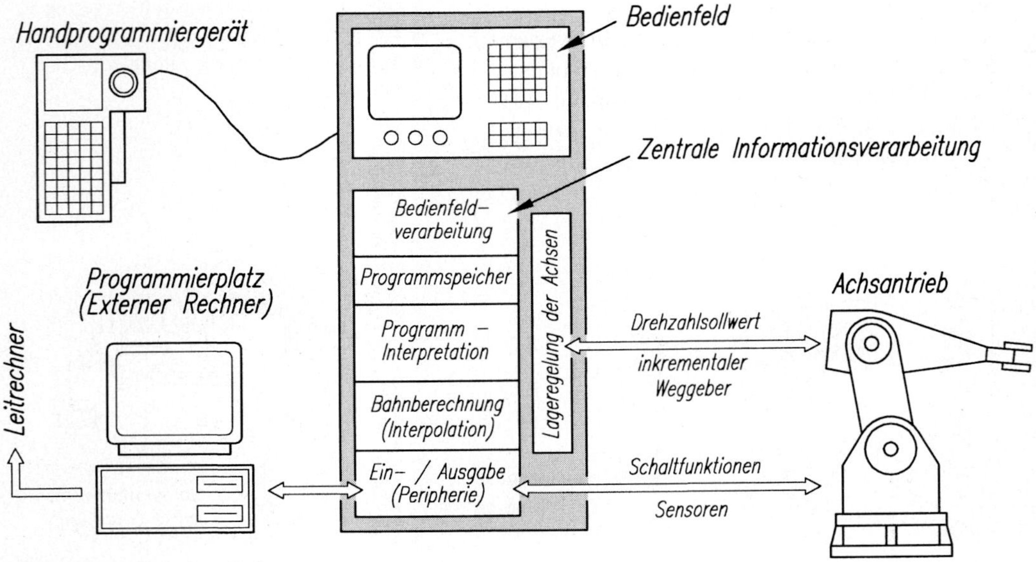

Bild 4-32: Aufbau einer Robotersteuerung

Programmierung von Robotern

Bei der *Teach-in-Programmierung* wird mit Hilfe des Handprogrammiergerätes der Roboterarm zu den einzelnen Positionspunkten bewegt. Nach dem Abspeichern der Position wird der nächste Positionspunkt angefahren.

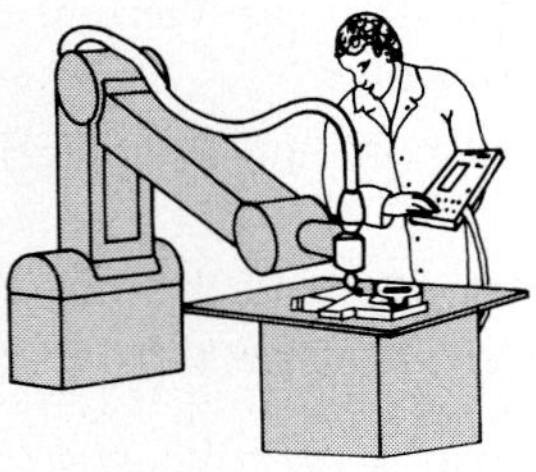

Die *Play-back-Programmierung* wird z. B. bei Robotern für Lackierarbeiten angewandt. Die Roboterhand wird manuell entsprechend der geplanten Lackierbewegung geführt. Die Robotersteuerung speichert automatisch die Positionspunkte des Bewegungsablaufes.

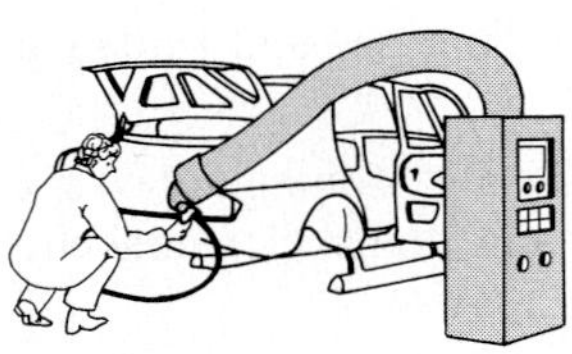

Bei der *Off-line-Programmierung* wird das Programm getrennt (= off-line) von der Robotersteuerung an einem Programmierplatz erstellt. Bei komfortablen Programmiersystemen kann die Roboterbewegung simuliert und auf dem Bildschirm überprüft werden.

Bild 4-33: Programmierverfahren

Sensorführung von Robotern

Die zusätzliche Sensorführung von Robotern hat die Aufgabe, den Roboter mit einer *„eigenen Intelligenz“* auszustatten. Damit kann er unabhängig von dem fest vorprogrammierten Arbeitsablauf flexibel auf unterschiedliche Gegebenheiten in seinem Arbeitsbereich reagieren.

Ziele der Sensorführung:

- Erhöhung der Sicherheit
- Erhöhung der Genauigkeit
- Erhöhung der Leistung
- Hilfe bei der Programmierung

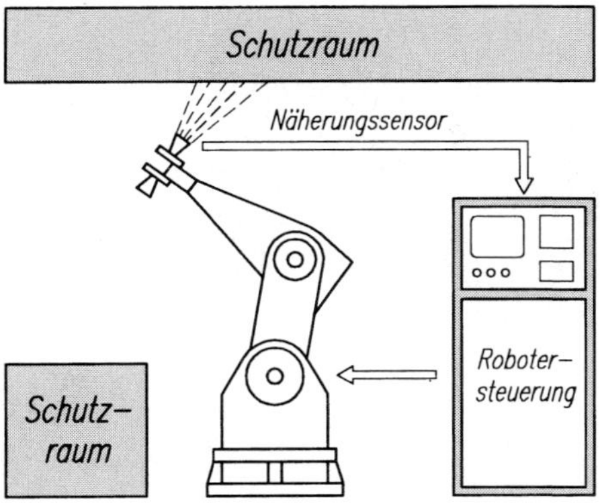

Sicherheit
Sensoren überwachen den Roboterarbeitsraum, Kollisionen werden vermieden.

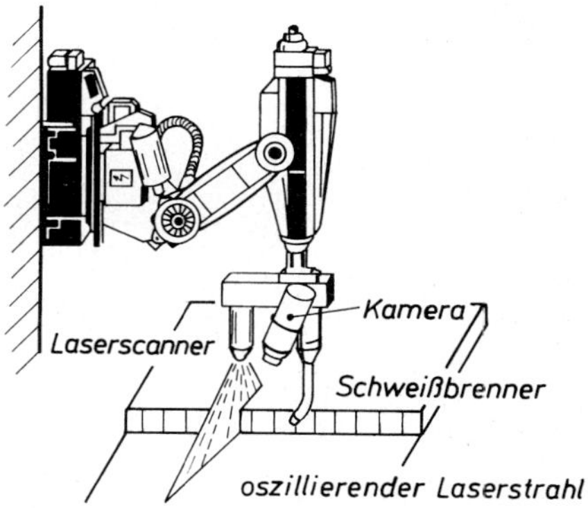

Genauigkeit
Laserscanner-Sensoren ermitteln die genaue Lage der Schweißfuge, die Bahn des Schweißbrenners wird entsprechend korrigiert.

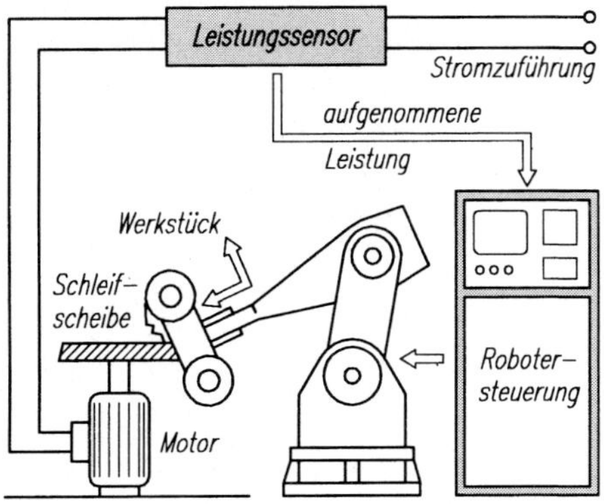

Leistung
Leistungssensoren erfassen die Schleifmotorleistung. Sinkt diese ab (geringer Grad), so wird der Vorschub erhöht bzw. umgekehrt.

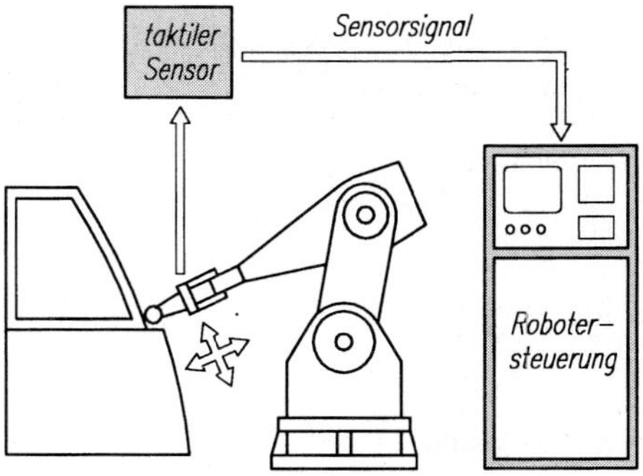

Programmierhilfe
Ein tastender (taktiler) Sensor erfaßt die zu programmierenden Bahndaten.

Bild 4-34: Sensorführung von Robotern

Transportsysteme

Die folgende Abbildung zeigt den Aufbau eines *flexiblen Transportsystems*. Der Transport der Werkstücke, die Zuführung zu den Arbeitsstationen und die Zwischenlagerung nicht sofort benötigter Werkstücke wird über eine SPS gesteuert. Die Arbeitsstationen rufen die Werkstücke entsprechend ihrem eigenen Arbeitstakt ab. Eingebunden ist die SPS in ein Leitrechnersystem, das über Codeleser und Codesetzer den Arbeitsfortschritt ständig kontrollieren kann. Damit ist über den Leitrechner ein ständiges Beobachten und Steuern des technologischen und organisatorischen Ablaufs im Gesamtsystem möglich.

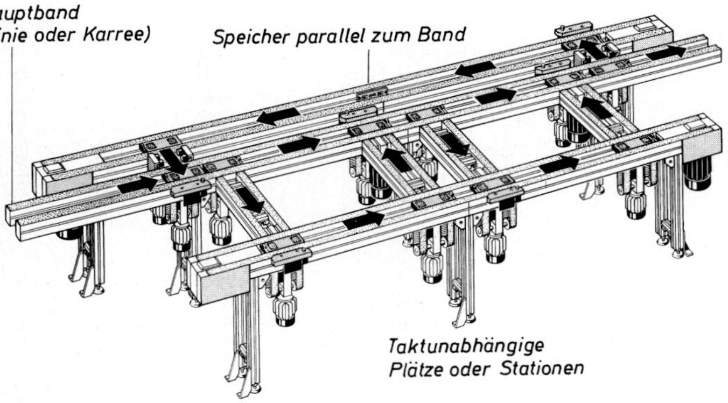

Prinzip Doppelgurtband

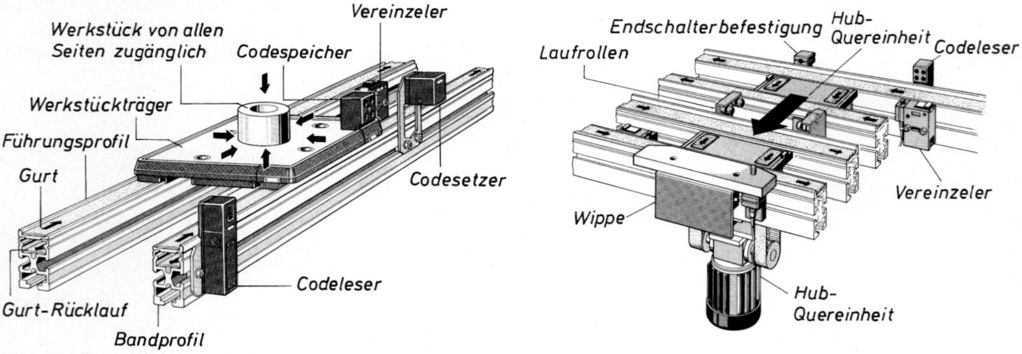

Bild 4-35: Bausteine und Funktionsprinzip flexibler Transportsysteme

► ***Selbstkontrolle:***

1. Begründen Sie den Zusammenhang zwischen dem kinematischen Aufbau eines Roboters und seiner Anwendung.
2. Beschreiben Sie die drei Verfahren der Roboterprogrammierung.
3. Welche Zielsetzung verfolgt die Sensorführung von Robotern?
4. Flexible Transportsysteme: Wozu könnten die am Werkstückträger codierten Informationen außerhalb des Transportsystems benutzt werden?

4.2.7 Rechnerunterstützte Qualitätssicherung (CAQ, CAT)

Die *Qualitätssicherung* umfaßt alle Maßnahmen die notwendig sind, um die geforderte *Produktqualität* zu gewährleisten.

- Entwurfsqualität (Konstruktion)
- Qualität der Arbeitsplanung
- Qualität der Rohstoffe/Zulieferteile
- Fertigungs-/Montagequalität
- Versand- und Kundendienstqualität

Unter **CAQ** (**C**omputer **A**ided **Q**uality Control = Rechnerunterstützte Qualitätssicherung) und **CAT** (**C**omputer **A**ided **T**esting = Rechnerunterstütztes Durchführen von Tests) versteht man die Rechnerunterstützung aller im Zusammenhang mit der Qualitätssicherung durchzuführenden Arbeiten.

In der konventionellen Qualitätssicherung wird die erforderliche Produktqualität häufig nachträglich (Endkontrolle) durch Aussortieren der „schlechten" Produkte bzw. durch Nacharbeiten gesichert.

- Diese Arbeitsweise ist unwirtschaftlich.

Die *rechnerunterstützte Qualitätssicherung* ist in den Produktionsprozeß integriert. Das Ziel ist, mit Hilfe der Qualitätssicherung als Regelkreis *Qualität* zu *produzieren* und teuren Ausschuß erst gar nicht entstehen zu lassen.

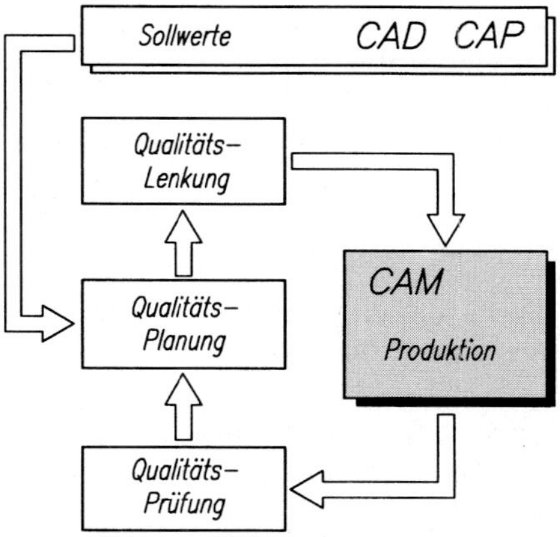

Bild 4-36: Hauptfunktionen der Qualitätssicherung

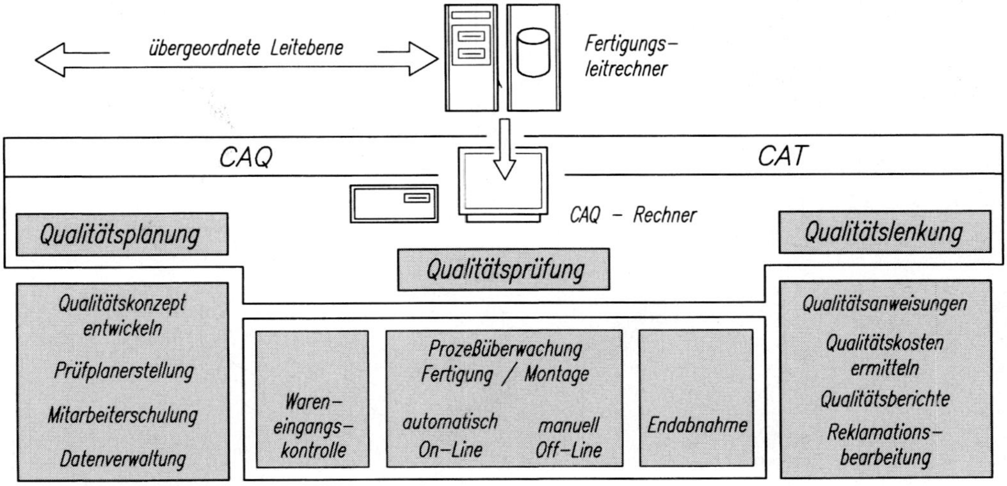

Bild 4-37: Aufgaben der Qualitätssicherung

Entscheidend für den Erfolg der rechnerunterstützten Qualitätssicherung sind *schnelle, prozeßnahe Prüfsysteme*.

Mit der statistischen Prozeßregelung **SPC** (= **S**tatistical **P**rocess **C**ontrol) kann der Fertigungsprozeß laufend überwacht und korrigiert werden.

In einer *Vorstudie* wird der zu überwachende Prozeß analysiert. *Fehlerquellen* und *Qualitätsveränderungen* werden ermittelt und statistisch ausgewertet.

Anhand dieser Daten werden *Grenzwerte* festgelegt, bei deren Erreichen in den Fertigungsprozeß eingegriffen wird. Die Grenzwerte liegen unterhalb der Produkttoleranzen. Bevor Ausschuß entsteht, werden die Bearbeitungswerte korrigiert.

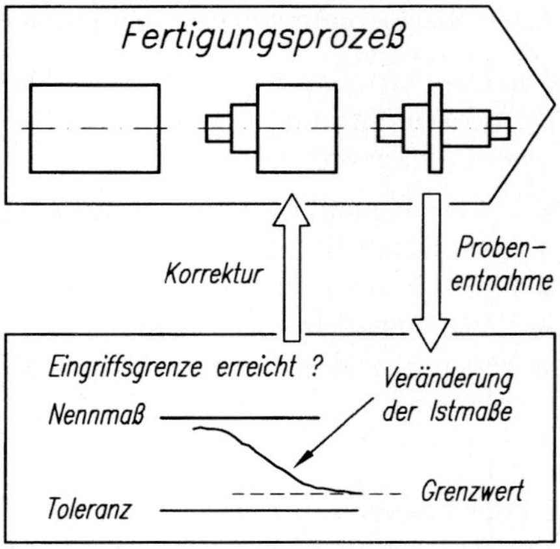

Bild 4-38: Qualitätsregelung mit SPC

Neben den konventionellen Meßwerkzeugen wird in der industriellen Qualitätssicherung zunehmend die *Koordinatenmeßtechnik KMT* eingesetzt.

Koordinatenmeßgeräte ermöglichen mit Hilfe leistungsfähiger Rechner *exakte Geometrieberechnungen* in einem dreidimensionalen Koordinatensystem. Maße, Form- und Lagetoleranzen selbst komplizierter Werkstücke können in einer Aufspannung in kurzer Zeit erfaßt und ausgewertet werden. Da alle Meßvorgänge rechnerisch ausgewertet werden, ist eine Integration in das CIM-System (CAQ, BDE) unproblematisch.

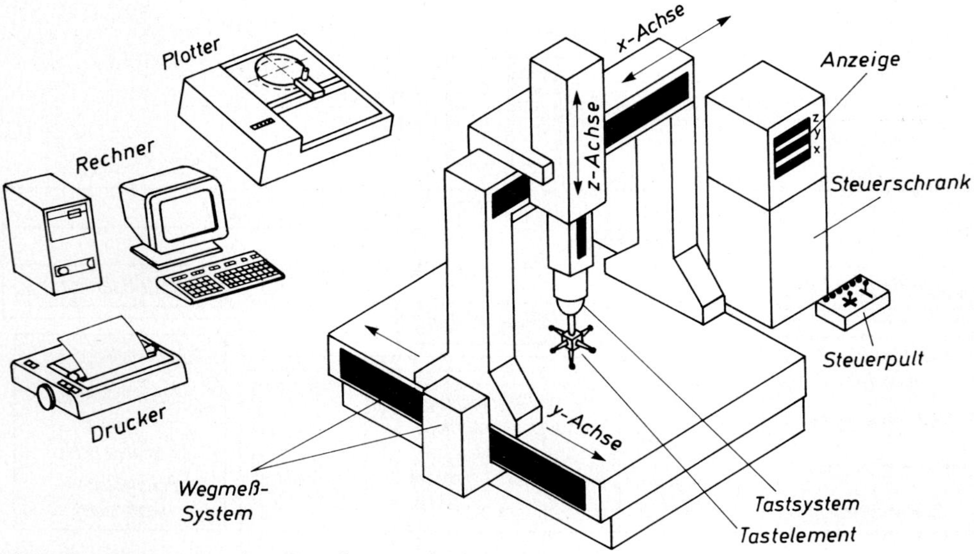

Bild 4-39: Komponenten einer Koordinatenmeßanlage

Die größte Prozeßnähe erreicht man mit der *In-Process-Meßtechnik.*

Die Messungen erfolgen *direkt* in der *Maschine*, mit dem Ziel:

- die zum Erreichen der Endmaße notwendigen Zustellbewegungen zu ermitteln,
- Rauhheit (= Werkzeugverschleiß) zu erkennen,
- durch Erkennen der Werkstücklage das Einrichten der Maschine und die NC-Programmierung zu erleichtern.

Eingesetzt werden robuste elektromechanische und elektrooptische Meßverfahren.

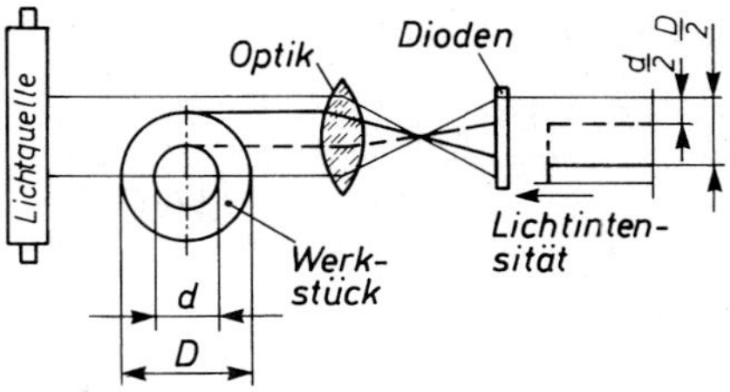

Bild 4-40: Optisches Meßsystem zur Durchmesserbestimmung

Bei der Automatisierung werden menschliche Tätigkeiten durch Maschinen verrichtet. Der Gesichtssinn des Menschen, kombiniert aus Auge (Optik) und Gehirn (Rechner), kann jedoch mit einem Blick so viele Details erfassen und beurteilen, wie es mit Meßvorrichtungen nicht möglich ist.

Mit der *Bildverarbeitung* wird versucht, den *Gesichtssinn des Menschen* auf die Maschine zu übertragen.

Wichtige Anwendungsgebiete der Bildverarbeitung sind:

- Erkennung der Werkstücklage (Montageerleichterung),
- Roboterführung (z. B. erkennen der Schweißnahtlage),
- erkennen schwer meßbarer Werkstückfehler (Risse, Grate).

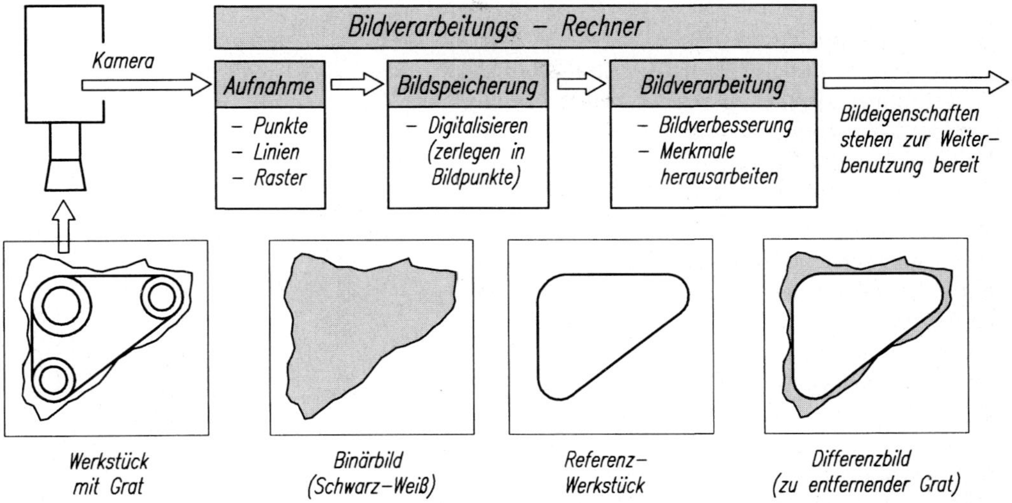

Bild 4-41: Prinzip der Bildverarbeitung

► ***Selbstkontrolle:***

1. Welche besondere Zielsetzung unterscheidet die rechnerunterstützte von der konventionellen Qualitätssicherung?
2. Erklären Sie die Arbeitsweise der statistischen Prozeßregelung (SPC).
3. Versuchen Sie in Firmenprospekten oder Fachzeitschriften einige Beispiele für die In-Process-Meßtechnik zu finden.

4.2.8 Kommunikationssystem in der rechnerintegrierten Produktion

Entscheidende *Voraussetzung* für die Realisierung von *CIM-Systemen* ist ein *durchgängiger Informationsfluß* zwischen allen Leitungs- und Prozeßebenen.

Lokale Netze (LAN)

Arten der Vernetzung

Ermöglicht wird dieser Informations- und Datenaustausch durch die Verbindung aller Kommunikationsstationen des Unternehmens zu einem *Netz*. Da diese Netze nur einen begrenzten Raum umfassen (z. B. das Firmengelände), werden sie lokale Netze oder **LAN** (= **L**okal **A**rea **N**etwork) genannt.

Für die Art der *Vernetzung* gibt es verschiedene Möglichkeiten, sogenannte *Topologien.*

Die einfachste Vernetzung ist die *Punkt-zu-Punkt-Verbindung* zweier Kommunikationsstationen.

Sehr verbreitet ist die *BUS-Struktur* bei der alle Kommunikationsstationen an einer Sammelschiene (BUS) angeschlossen sind. Busförmige Netze lassen sich beliebig erweitern. Der Ausfall bzw. das Einfügen einer Station hat keinen Einfluß auf die Informationsübertragung. Verschiedene BUS-Systeme im Unternehmen können zu einer *BAUM-Struktur* zusammengefaßt werden.

Die *RING-Struktur* verbindet die Kommunikationsstationen zu einem geschlossenen Ring. Besondere Vorrichtungen stellen sicher, daß beim Herausnehmen (Ausfall) oder Einfügen einer Station der Ring nicht unterbrochen wird.

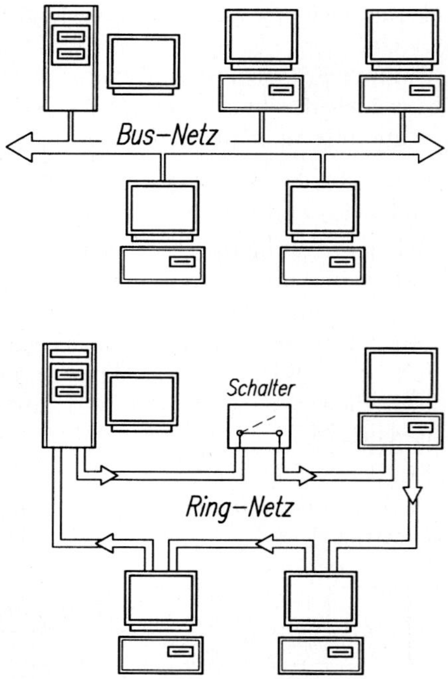

Bild 4-42: Netz-Strukturen

Zugriffsverfahren

Versuchen verschiedene Netzteilnehmer gleichzeitig das *Übertragungsmedium* zu benutzen, so besteht die Möglichkeit der *Datenkollision*, es kommt zu Störungen im Netz. Festgelegte Regeln, sogenannte *Zugriffs-Protokolle*, ordnen daher die Sende- und Empfangsvorgänge im Netz.

BUS-Netze verwenden meistens das:

CSMA/CD-*Verfahren* = **C**arrier **S**ense **M**ultiple/**C**ollision **D**etection (Konkurrenzbetrieb mit Kollisionserkennung)

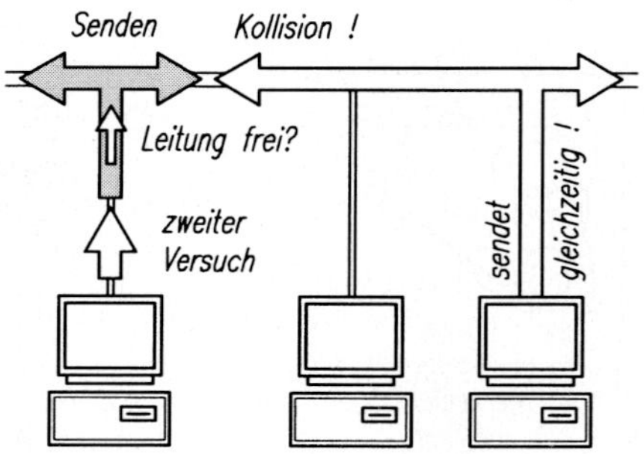

Bild 4-43: CSMA/CD-Zugriffsverfahren

- Prüfen ob die Leitung frei ist
- Senden der Nachricht
- Bei Kollision Übertragungsabbruch
- neuer Versuch, bei Erfolg ...
- Empfänger sendet Bestätigung
- kommt keine Empfangsbestätigung, erfolgt ein weiterer Sendeversuch

In Token-Bus- und Token-Ring-Netzen wird das **TOKEN**-*Verfahren* angewandt.

- Im Netz „kreist" ein Freizeichen, Token (engl. = Zeichen) genannt, in Form eines bestimmten BIT-Musters.
- Erhält ein Teilnehmer das freie Token, so belegt er es und schickt es mit seiner Nachricht weiter.
- Die Empfangsstation kopiert die Nachricht und leitet das Token weiter.
- Erreicht das Token wieder die Sendestation, so ist das die Empfangsbestätigung. Das wieder freie Token wird an die nächste Station weitergegeben.

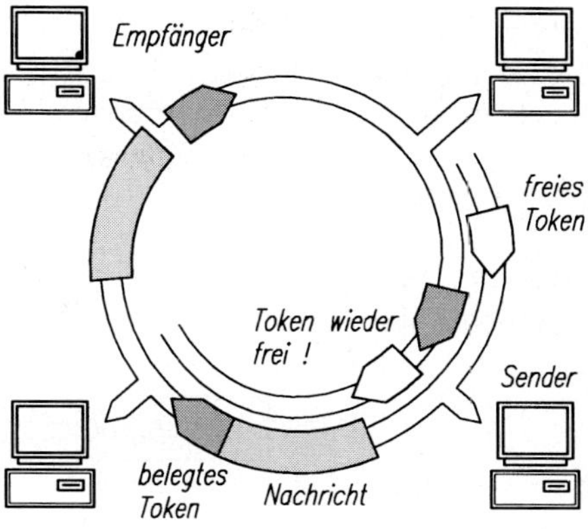

Bild 4-44: Token-Ring-Verfahren

Zusätzlich zur *Netzwerk-Hardware* benötigt man eine *Netzwerk-Software*, die den gesamten Netzbetrieb einschließlich der Zugriffsverfahren steuert und überwacht (vergleichbar dem Betriebssystem beim PC).

Übertragungstechnik

Man unterscheidet zwischen Basis- und Breitbandübertragung. Bei der *Basisbandübertragung* wird auf einem Kanal jeweils ein digitales Signal übertragen. Die *Breitbandübertragung* benutzt mehrere Kanäle gleichzeitig (ähnlich dem Kabelfernsehen), ist damit leistungsfähiger aber auch aufwendiger.

Übertragungsmedien

verdrillte Kupferleitungen

\+ kostengünstig + leicht zu verlegen

– störanfällig – niedrige Übertragungsrate

koaxial Leitungen

\+ häufig angewandte, sichere Technik

\+ Basis- und Breitbandübertragung

\+ weniger störanfällig

\+ höhere Übertragungsrate

Lichtleiter

\+ kaum störanfällig

\+ hohe Übertragungsrate

\+ sehr große Bandbreite

– Ausbau/Erweiterung sind kompliziert

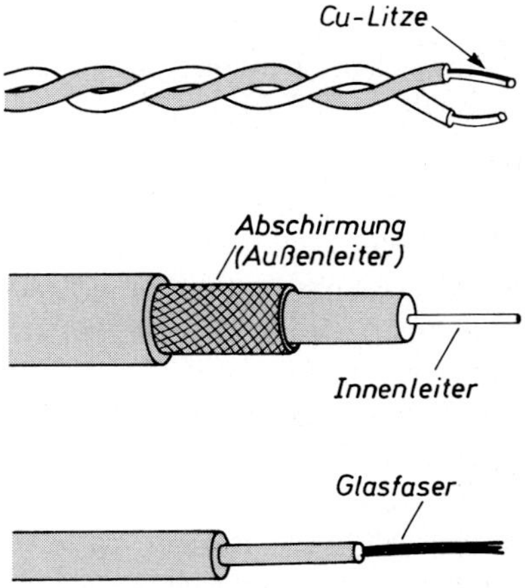

Bild 4-45: Übertragungsmedien

Ethernet

In der rechnerintegrierten Produktion sind entsprechend den Anforderungen der verschiedenen Ebenen abgestufte Netzkonzepte notwendig.

Ein in den Leit- und Planungsebenen sehr verbreitetes LAN ist *Ethernet*. Es wurde ursprünglich von amerikanischen Softwarehäusern entwickelt und später in eine Norm übernommen. Ethernet ist ein *BUS-Netz* mit *CSMA/CD-Zugriffsverfahren*. Genormt ist nur die Datenübertragung, für das „Verstehen" der Informationen müssen die Benutzer selbst sorgen.

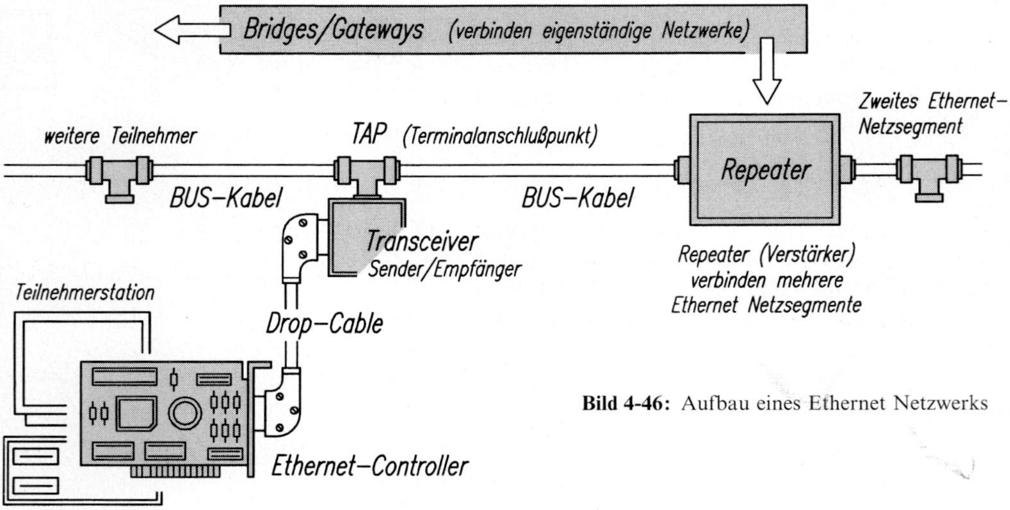

Bild 4-46: Aufbau eines Ethernet Netzwerks

Schnittstellen

Damit die Kommunikation zwischen Computern, NC-Maschinen, BDE-Terminals usw. einwandfrei funktioniert, müssen Daten nicht nur übertragen, sondern auch verstanden werden.

Für die sichere Datenübertragung sorgen die *Netzhardware* und *Netzsoftware*.

Für das Verstehen sind die Übergangsstellen zwischen verschiedenen EDV-Geräten und Programmen, die *Schnittstellen* zuständig.

Die Steckverbindungen (*Hardware-Schnittstellen*) sind weitgehend genormt. Häufig verwandt wird die sogenannte *V.24-Schnittstelle* (V.24 = Normnummer) die einen 25-poligen Verbindungsstecker benutzt.

Die *Software-Schnittstelle* beschreibt die Form und Anordnung der Daten (*Protokoll* genannt), die zwischen verschiedenen Benutzern bzw. Programmen übertragen werden sollen.

Ein funktionierendes Stromnetz ist noch keine Garantie dafür, daß Sie sich im Urlaub rasieren können. Ein passender Stecker (Hardwareschnittstelle) und der richtige Strom „220 V – 50 Hz" (Softwareschnittstelle) sind weitere Voraussetzungen.

Erst die Verbindung von Netz und Schnittstelle ermöglicht die gewünschte Kommunikation

Bei der riesigen Zahl verschiedener Programme und Programmhersteller ist es verständlich, daß eine Vereinheitlichung bisher kaum erfolgt ist.

Diese Uneinheitlichkeit ist eines der größten Probleme der rechnerintegrierten Produktion.

Netzwerkkonzepte MAP/TOP

Die Notwendigkeit einer Vereinheitlichung wurde von den CIM-Großanwendern (Automobilindustrie) zuerst erkannt. Sie entwickelten eigene Netzkonzepte mit dem Ziel, einen internationalen Standard durchzusetzen.

Zwei standartisierte Software-Schnittstellen (MAP, TOP) und ein einheitliches Netzwerk sollen die problemlose Informationsübertragung gewährleisten.

Software-Schnittstelle

- für den Fertigungsbereich: MAP-Technik (Manufacturing Automation Protocol)
- für den Planungsbereich: TOP-Technik (Technical Office Protocol)

Netzwerk

- BUS-Netz mit Token-Zugriffsverfahren
- Breitbandübertragung

In den Netzen der Planungs- und Leitebenen werden überwiegend größere Datensätze (z. B. Zeichnungen, NC-Programme) „paketartig" übertragen.

Feldbus-Systeme

An die Vernetzung im Maschinen- und Anlagenfeld werden andere Anforderungen gestellt. Hier müssen zwischen einzelnen Maschinen, Sensoren und Steuerungen wenige Daten laufend sehr schnell (*Echtzeitbetrieb*) übertragen werden.

Dazu werden einfache, kostengünstige und robuste BUS-Systeme benutzt, die zum größten Teil noch herstellerspezifisch ausgelegt sind.

Eine genormter Feldbus ist das **Profi-Bus-System** (**Pro**cess **Fi**eld **Bus** = Prozess-Feld-Bus), ein offenes Kommunikationssystem mit standardisierten Schnittstellen und Protokollen.

Aktive Teilnehmer betreuen das Netz. Sie senden Informationen an die passiven Teilnehmer und übergeordnete Netze. Die *passiven Teilnehmer* reagieren nur auf Befehle und Abfragen.

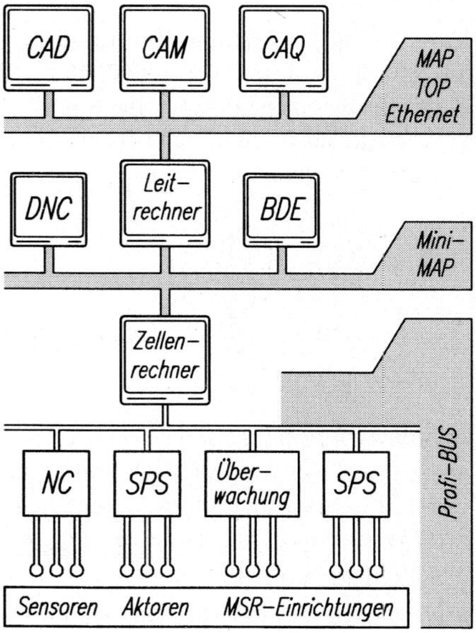

Bild 4-47: Netzwerkkonzepte

► ***Selbstkontrolle:***

1. Nennen Sie die wichtigsten Arten der Vernetzung.
2. Was versteht man unter einem „Token"?
3. Warum ist das „Protokoll" in der Kommunikationstechnik so besonders wichtig?
4. In welchen Bereichen der Produktions- und Prozeßleittechnik werden Feldbus-Systeme eingesetzt?

4.2.9 Datenbanken in der rechnerintegrierten Produktion

Ein *gemeinsamer*, stets *aktueller Datenbestand* (Datenbasis) ist eine weitere wichtige Voraussetzung für das Funktionieren einer rechnerintegrierten Produktion.

Dieser Datenbestand ist das Sammelbecken aller Produktionsdaten und die Quelle aller rechnerunterstützten Anwendungen.

Als *Datenträger* für die laufende Arbeit werden hauptsächlich *Magnetplatten* eingesetzt, die eine große Speicherkapazität mit schnellem Datenzugriff verbinden.

Der logische Zusammenhang der Daten auf dem Datenträger wird als *Datenstruktur* bezeichnet.

Eine Menge von Daten, die für einen bestimmten Zweck zusammengefaßt werden, nennt man *Datei*. In einem EDV-System werden alle Arten von Informationen, auch Programme, in Dateien gespeichert.

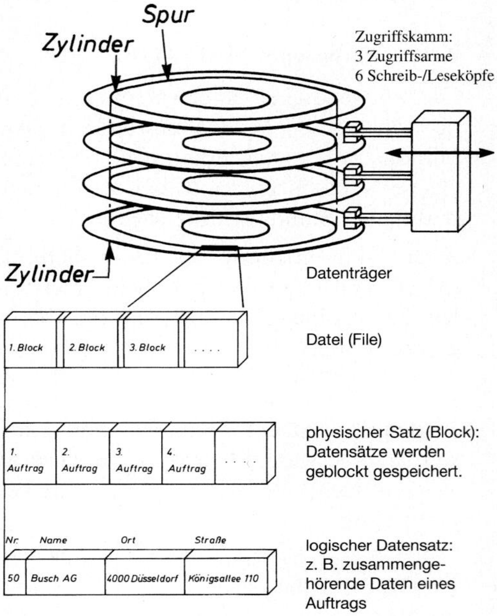

Bild 4-48: Datenstruktur auf einem Magnetplattenspeicher

In *konventionellen Dateisystemen* erstellt und benutzt jedes Anwenderprogramm seine eigenen Dateien. Das führt in der rechnerintegrierten Produktion und bei anderen integrierten Anwendungen zu Problemen:

- Mehrfachspeicherung gleicher Daten an verschiedenen Stellen (*Redundanz*)
- erschwerte Übersicht und Aktualisierung
- jede Änderung der Dateistruktur bedingt eine Programmänderung (und umgekehrt)

Datenbanken trennen den Datenbestand von der direkten Anbindung an die Anwenderprogramme. Der Datenbestand wird von einem zusätzlichen Programm, dem *Datenbankverwaltungssystem* (**DBMS** = **D**ata **B**ase **M**anagement **S**ystem) übersichtlich und programmunabhängig strukturiert. Auf diesen allgemeinen Datenbestand können nun alle Anwenderprogramme zugreifen.

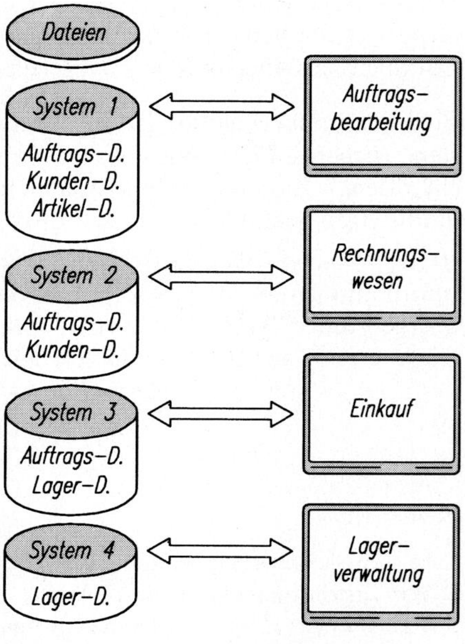

Bild 4-49: Konventionelle Dateisysteme

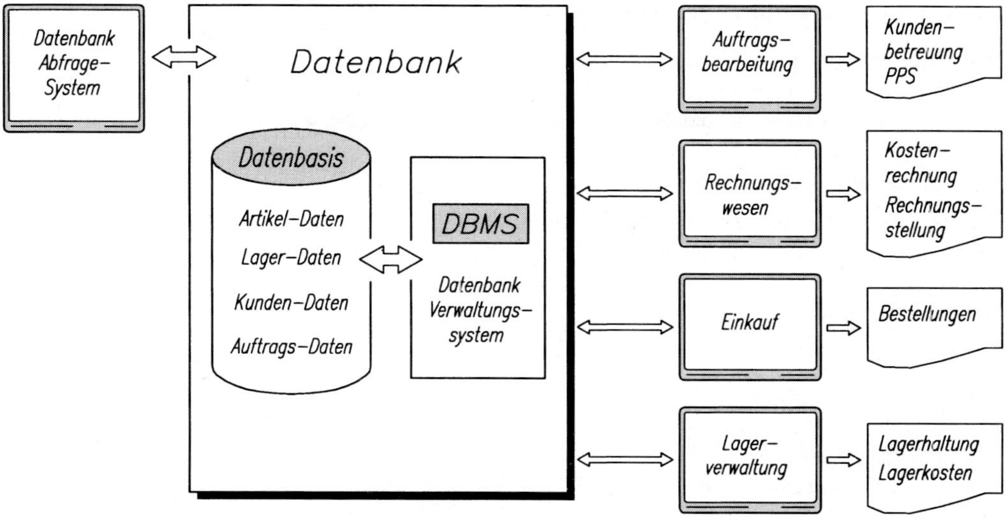

Bild 4-50: Einsatz einer Datenbank in den Bereichen Einkauf, Verkauf, Rechnungswesen

Vorteile einer Datenbank sind:

- *Strukturierung*
  - keine Redundanz (Mehrfachspeicherung)
  - leichter Datenabruf durch verschiedene Programme
- *Flexibilität*
  - bei der Aktualisierung/Erweiterung
  - zwischen Datenbestand und Programmen
- *Datenintegrität*
  - Eingabekontrolle vermeidet Fehler und Widersprüche
  - Datensicherung (Verlust, -fälschung)
  - Datenschutz (Zugriffsberechtigung)

Während sich in den Bereichen, in denen große Mengen eher gleichartiger Daten zu verwalten sind (Banken, Reisebüros) *zentrale Datenbanksysteme* bewährt haben, konnten diese Systeme bei der rechnerintegrierten Produktion nicht immer überzeugen.

Zu unterschiedlich sind die in der Verwaltung, Konstruktion, Planung und Fertigung anfallenden Daten. Die räumliche Trennung der verschiedenen Datenstationen und deren unterschiedliche Hardwareausstattung (PC's, Prozeßrechner, NC-Steuerungen) spricht ebenfalls gegen ein zentrales Datenbanksystem.

Da man nicht auf getrennte, konventionelle Dateisysteme mit allen ihren Kommunikationsproblemen zurückfallen wollte, wurden sogenannte *verteilte Datenbanksysteme* entwickelt.

Der Datenbestand wird aufgeteilt und jeder Bereich erhält die Daten/Dateien, die er benötigt (Redundanz ist wahrscheinlich!). Das Datenverwaltungssystem sorgt dafür, daß sich immer alle Daten/Dateien an allen Stellen im Unternehmen auf dem neuesten Stand befinden. Der Anwender bemerkt keinen Unterschied zum zentralen Datenbanksystem.

► ***Selbstkontrolle:***

1. Warum ist die ständige Aktualisierung in konventionellen Dateisystemen so schwierig?
2. Was haben konventionelle Dateisysteme und verteilte Datenbanksysteme gemeinsam und wodurch unterscheiden sie sich?

4.2.10 Expertensysteme in der rechnerintegrierten Produktion

Die in der rechnerintegrierten Produktion eingesetzten Programme spiegeln die typische Arbeitsweise des Technikers wider, Aufgaben nach festgelegten Formeln, Regeln und Arbeitsschritten (sogenannten *Algorithmen*) zu lösen.

Das zur Verarbeitung komplexer Zusammenhänge notwendige *Fachwissen* und die *Erfahrung* der Mitarbeiter (Experten) kann auf diese starre Weise nicht programmiert werden.

Expertensysteme sind *wissensbasierte Programmsysteme*, die versuchen, das Sach- und Erfahrungswissen von Experten zur Lösung komplexer Probleme heranzuziehen.

Sie arbeiten mit Methoden der *künstlichen Intelligenz* und werden daher auch **KI-Systeme** genannt.

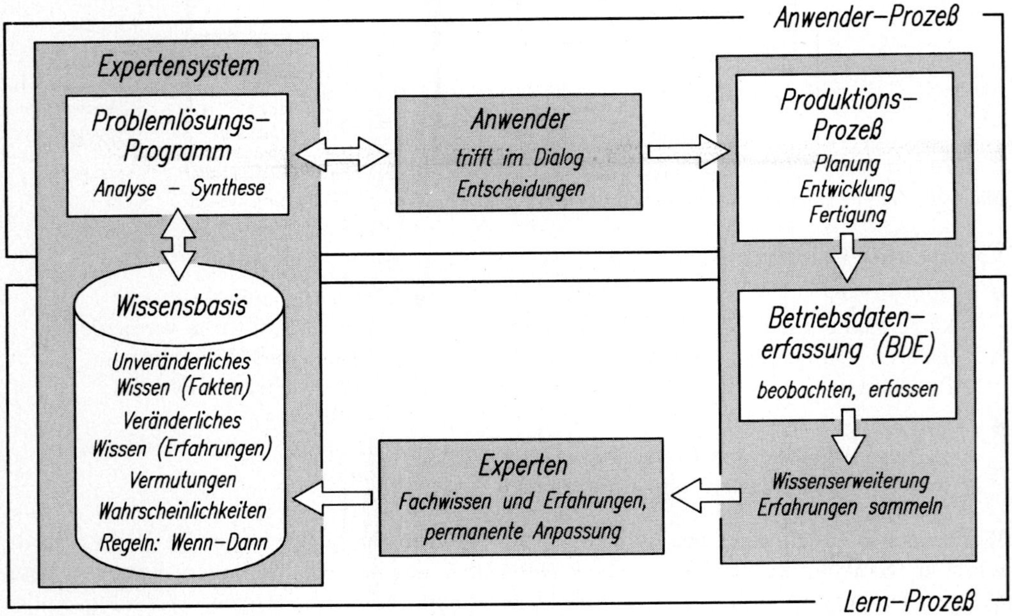

Bild 4-51: Expertensysteme im Produktionsprozeß

Expertensysteme trennen ein Programm in *Wissensbasis und Problemlösungsprogramm.*

Fachwissen und Erfahrungen von Experten zu einem bestimmten Problembereich werden von *Wissensprogrammierern (Knowledge Engineer)* aufbereitet und in der *Wissensbasis* (Datenbank) gespeichert. Neue Erkenntnise können ohne Programmänderungen eingearbeitet werden, das Expertensystem ist *lernfähig*.

Ein mit den Methoden der *Künstlichen Intelligenz* (KI) erstelltes *Problemlösungsprogramm* erarbeitet aus der Wissensbasis Lösungsvorschläge die der Entscheidungsunterstützung dienen.

KI geht davon aus, daß Maschinen intelligentes menschliches Verhalten nachbilden können.

Wie ein Schachspieler, der nicht stur einen festen Plan verfolgt, sondern nach jedem Zug die Situation neu bewertet, arbeiten KI-SYSTEME nach einer Methode die man *zielgerichtetes Probieren* nennen könnte.

Ein *Ausgangszustand* wird mit Hilfe festgelegter Regeln variiert. *Zwischenergebnisse* werden bewertet und führen zu neuen Lösungswegen, bis der gewünschte *Endzustand* erreicht ist.

Expertensysteme lassen sich grundsätzlich in zwei Bereiche einteilen, in

- *wissensbasierte Diagnose* und
- *wissensbasierte Planung.*

Diagnosesysteme kann man an einem Beispiel aus der vorbeugenden Instandhaltung erklären.

In großen Produktionsanlagen, z. B. bei Brennöfen oder Walzwerken, führen Lagerschäden zu langen Reparaturzeiten mit entsprechendem Produktionsausfall und Kosten. Langjährige Mitarbeiter in diesen Bereichen haben oft ein, wenn auch nur vages Wissen, inwieweit die Lagertemperatur, Schwingungen und Geräuschentwicklung das Ende der Lagerlebensdauer ankündigen.

Dieses Wissen, aufbereitet, mit Regeln verknüpft und in einem Expertensystem gespeichert, kann zur frühzeitigen Fehlererkennung genutzt werden. Erfahrungen mit diesem System fließen unmittelbar in die Wissensbasis zurück und verfeinern mit der Zeit die Diagnose.

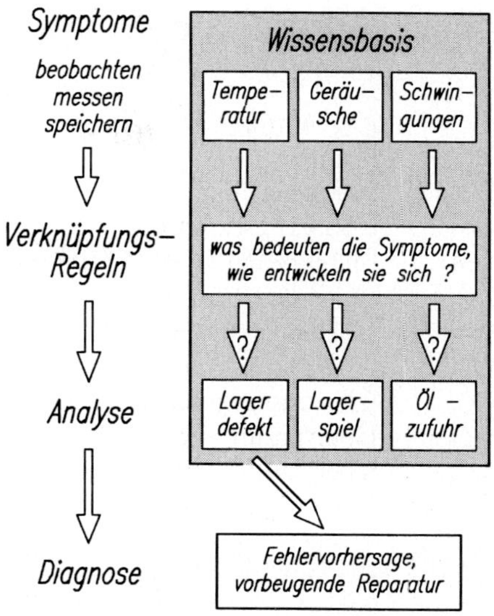

Bild 4-52: Expertensystem zur Fehlerdiagnose

Planungssysteme stellen aus einer Vielzahl von Lösungselementen ein Gesamtsystem zusammen. Auf diese Weise erstellt man unter anderem:

- Konstruktionslösungen
- Stücklisten
- Arbeitspläne

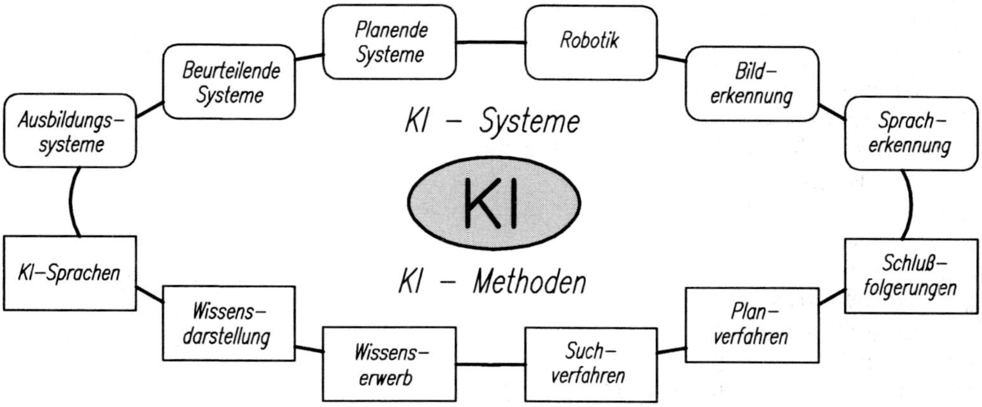

Bild 4-53: Wichtige KI-Systeme (Expertensysteme) und ihre Methoden

► ***Selbstkontrolle:***

1. Beschreiben Sie den grundsätzlichen Aufbau eines Expertensystems?
2. Was bedeutet im Zusammenhang mit den Expertensystemen der Begriff „lernfähig"?
3. In welchen Bereichen der rechnerintegrierten Produktion können Expertensysteme eingesetzt werden?

Verzeichnis der Abkürzungen

e	Regeldifferenz ($= -x_w$)
f	Frequenz
$\underline{F}(j\omega)$	Frequenzgang
$h(t)$	Übergangsfunktion ($= x_a(t)/x_e$) (nur bei Sprungantwort definiert)
$Im(\underline{z})$	Imaginärteil einer komplexen Zahl $\underline{z}$
j	Imaginäre Einheit ($= \sqrt{-1}$)
K	Übertragsungsbeiwert ($= \Delta x_a/\Delta x_e$)
K_{DR}	Übertragungsbeiwert eines D-Reglers
K_{IR}	Übertragungsbeiwert eines I-Reglers
K_{IS}	Übertragungsbeiwert einer I-Strecke
K_{PR}	Übertragungsbeiwert eines P-Reglers
K_{PS}	Übertragungsbeiwert einer P-Strecke
φ	Winkel
$Re(\underline{z})$	Realteil einer komplexen Zahl $\underline{z}$
T	Periode
T_1	Zeitkonstante bei der PT_1-Strecke
T_{an}	Anregelzeit
T_{aus}	Ausregelzeit
T_D	Zeitkonstante beim D-Regler
T_g	Ausgleichszeit
T_n	Strecke n-ter Ordnung oder Nachstellzeit
T_t	Totzeit
T_u	Verzugszeit
T_v	Vorhaltezeit
v_e	Änderungsgeschwindigkeit der Regelabweichung
w	Führungsgröße
ω	Kreisfrequenz
x	Regelgröße
$x_a(t)$	Ausgangsgröße
$\hat{x}_a$	Amplitude bei sinusförmiger Ausgangsgröße
$x_e(t)$	Eingangsgröße
$\hat{x}_e$	Amplitude bei sinusförmiger Eingangsgröße
X_h	Regelbereich
X_P	Proportionalbereich
x_{sd}	Schaltdifferenz
$x_{ü}$	Überschwingweite
x_w	Regelabweichung ($= -e$)
Δx_b	bleibende Regelabweichung
y	Stellgröße
Y_G	Grundlast
Y_h	Stellbereich
z	Störgröße
$\lvert\underline{z}\rvert$	Betrag einer komplexen Zahl $\underline{z}$
$\underline{z}$	komplexe Zahl

Literaturverzeichnis

Büttner, W., Digitale Regelungssysteme, Vieweg-Verlag, Braunschweig
Geitner, U. W. (Hrsg.), CIM-Handbuch, Vieweg-Verlag, Braunschweig
Kriechbaum, G., Pneumatische Steuerungen, Vieweg-Verlag, Braunschweig
Mann/Schiffelgen, Einführung in die Regelungstechnik, Carl Hanser Verlag, München
Merz, L., Grundkurs der Meßtechnik, R. Oldenbourg, München
Gunnar, P., CIM-Basiswissen, Vieweg-Verlag, Braunschweig
Reuter, M., Regelungstechnik für Ingenieure, Vieweg-Verlag, Braunschweig
Samal, E., Grundriß der praktischen Regelungstechnik, R. Oldenbourg, München
Schaaf, B.-D., Automatisierungstechnik, Carl Hanser Verlag, München
Schink, H., Fibel der Verfahrensregelungstechnik, R. Oldenbourg, München
Schneider, W., Regelungstechnik für Maschinenbauer, Vieweg-Verlag, Braunschweig
Taschenbuch für den Maschinenbau/Dubbel, Springer-Verlag, Berlin
Vajna, S. / Schlingensiepen, J., CIM-Lexikon, Vieweg-Verlag, Braunschweig

Für die Unterstützung der im folgenden genannten Firmen danken die Autoren:

AEG, Frankurft am Main
W. Bälz & Sohn KG, Heilbronn
Bopp & Reuther GmbH, Mannheim-Waldhof
Robert Bosch GmbH, Stuttgart
Crouzet, Düsseldorf-Erkrath
I. C. Eckardt AG, Stuttgart
Festo-Maschinenfabrik G. Stoll, Esslingen/Neckar
K. Fischer Meß- und Regeltechnik, Bad Salzuflen
GEC Elliot Automation GmbH, Solingen
Mannesmann-Hartmann & Braun AG, Frankfurt am Main
W. H. Jones & Co GmbH, Düsseldorf
De Limon Fluhme & Co., Düsseldorf
Martonair, Alpen/Ndrrh.
P.I.V. Antriebe Werner Reimers KG, Bad Homburg
Rota Apparatebau und Maschinenbau Dr. Henning KG, Wehr/Baden
Samson Apparatebau AG, Frankfurt am Main
Schoppe & Faeser GmbH, Minden/Westfalen
Siemens AG, Automatisierungstechnik, Karlsruhe
Traub AG, Reichenbach/Fils
Werner & Kolb Werkzeugmaschinen GmbH, Berlin

Sachwortverzeichnis

Steuerungstechnik mit SPS

von Günter Wellenreuther und Dieter Zastrow

2., überarbeitete und erweiterte Auflage 1993. XII, 537 Seiten mit 101 Abbildungen, 71 Beispielen, 108 Übungsaufgaben und einem kommentierten Programmverzeichnis
(Viewegs Fachbücher der Technik) Kartoniert.
ISBN 3-528-14580-3

Das Lehrbuch behandelt die Themen aus der Steuerungs- und Regelungstechnik, wie sie für den Einsatz von speicherprogrammierbaren Steuerungen notwendig sind.

Im ersten Teil des Buches werden die Grundlagen der Steuerungstechnik, der Aufbau und die Funktionsweise einer SPS erläutert.

Im zweiten Teil werden die Verknüpfungs- und Ablaufsteuerungen behandelt.

Der dritte Teil führt in die Verarbeitung von digitalen Signalen ein, um die Grundoperationen für digitale Steuerungen, die Wortverarbeitung, die Beschreibungsmittel und Entwurfsmethoden von digitalen Steuerungsprogrammen vorzustellen.

Der abschließende vierte Teil thematisiert die Grundbegriffe der Regelungstechnik. Es wird gezeigt, wie die regelungstechnischen Grundelemente in eine SPS umgesetzt werden.